Die Familie in Westdeutschland

Deutsches Jugend-Institut
Familien-Survey
Band 1

Hans Bertram (Hrsg.)

Die Familie in Westdeutschland

Stabilität und Wandel
familialer Lebensformen

Leske + Budrich, Opladen 1991

Die Deutsche Bibliothek — CIP-Einheitsaufnahme

Die Familie in Westdeutschland : Stabilität und Wandel familialer Lebensformen / Hans Bertram
(Hrsg.). — Opladen : Leske und Budrich, 1991
 ISBN: 3-8100-0926-1
NE: Bertram, Hans [Hrsg.]

© 1991 by Leske + Budrich, Opladen
Das Werk einschließlich aller seiner Teile ist urheberrechtlich geschützt. Jede Verwertung außerhalb der engen Grenzen des Urheberrechtsgesetzes ist ohne Zustimmung des Verlags unzulässig und strafbar. Das gilt insbesondere für Vervielfältigungen, Übersetzungen, Mikroverfilmungen und die Einspeicherung und Verarbeitung in elektronischen Systemen.

Druck und Verarbeitung: Druckpartner Rübelmann GmbH, Hemsbach
Printed in Germany

Die Familie in
Westdeutschland

Inhaltsverzeichnis

Bertram, H.:
Einführung in das Gesamtwerk i

Soziale Beziehungen

Bien, W./Marbach, J.:
Haushalt - Verwandtschaft - Beziehungen: Familienleben
als Netzwerk 3

Schlemmer, E.:
Soziale Beziehungen junger Paare 45

Bertram, H./Dannenbeck, C.:
Familien in städtischen und ländlichen Regionen 79

Partnerschaft

Tölke, A.:
Partnerschaft und Eheschließung - Wandlungstendenzen
in den letzten fünf Jahrzehnten 113

Keddi, B./Seidenspinner, G.:
Arbeitsteilung und Partnerschaft 159

Krombholz, H.:
Arbeit und Familie: Geschlechtsspezifische Unterschiede
in der Erwerbstätigkeit und die Aufteilung der Erwerbstätigkeit in der Partnerschaft 193

Soziale Situation

Bertram, H.:
Familie und soziale Ungleichheit   235

Weidacher, A.:
Einkommen in ausgewählten Altersphasen unter
Gesichtspunkten der Familienentwicklung   275

Müller, H.-U.:
Familie und Wohnen - Wohnung und Wohnumfeld   311

Walper, S.:
Finanzielle Belastungen und soziale Beziehungen   351

Kinder

Nauck, B.:
Familien- und Betreuungssituationen im Lebenslauf
von Kindern   389

Bertram, H.:
Einstellung zu Kindheit und Familie   429

Löhr, H.:
Kinderwunsch und Kinderzahl   461

Alt, Chr.:
Stichprobe und Repäsentativität   497

Literaturverzeichnis   533

Schlagwortverzeichnis   563

Hans Bertram
Einführung in das Gesamtwerk

Die Perspektive

Zurückgehende Heiratsziffern, steigende Scheidungszahlen, geringere Kinderzahlen sowie die unübersehbare Zunahme von Alleinlebenden in unserer Gesellschaft haben zu der These geführt, daß Ehe und Familie als Lebensformen in eine Krise geraten seien.
  Da diese Tendenzen nicht nur in der Bundesrepublik, sondern in allen westlichen Industrienationen in ähnlicher Weise nachzuweisen sind, wird gefolgert, daß die sogenannte strukturelle Rücksichtslosigkeit moderner Industriegesellschaften gegenüber der Familie, die zunehmende Mobilität, sowie ein tiefgreifender Wertewandel in den letzten 20 bis 25 Jahren hierzu beigetragen haben.
  Da das Leben in einer Ehe und das Aufziehen von Kindern in einer Familie in modernen Gesellschaften als strikte Privatsache betrachtet wird, so das Argument, wird in der Regel von Wirtschaft, Politik aber auch von sozialen Diensten auf Sonderbedürfnisse und -belange von Familien, insbesondere mit kleinen Kindern, keine Rücksicht genommen; daraus wird die *These der strukturellen* Rücksichtslosigkeit abgeleitet. Denn solange die Erfordernisse der Wirtschaft und die Organisation des Arbeitsplatzes für wichtiger gehalten werden als die Erziehung und Entwicklung von Kindern, solange wird in einem Konfliktfall zwischen beiden immer zugunsten des Arbeitsplatzes und der Wirtschaft entschieden, mit der Konsequenz, daß diejenigen, die Kinder zu erziehen haben, hier strukturell benachteiligt werden.
  Hierfür gibt es eine Reihe von Belegen, wie die intensive Diskussion um die Vereinbarkeit von Familie und Beruf zeigt. Diese wird in der Regel als Diskussion darüber geführt, wie das Kinderbetreuungsangebot besser an die Arbeitszeit angepaßt werden kann und nicht darüber, wie die Arbeitszeit besser an den Bedürfnissen von Kindern ausgerichtet werden kann.
  Eng verbunden mit der These der strukturellen Rücksichtslosigkeit ist die *These der steigenden Mobilität*. Wenn berufliche Karriere einen Wohnortwechsel voraussetzt, so ist dies für jemanden, der allein lebt, sehr viel leichter zu bewerkstelligen, als für jemanden, der in einer Familie lebt. Besonders schwierig wird es in jenen Fällen, in denen Mann und Frau erwerbstätig sind, weil ein Wohnortwechsel häufig für einen der Partner eine Erwerbslosigkeit mit sich bringt. Dies hat zur Konsequenz, daß man entweder auf Karrieremöglichkeiten oder aber auf Ehe und Familie verzichtet. Darüber hinaus ist die Familie allerdings auch darauf angewiesen, von einer vertrauten Nachbarschaft und

i

Verwandtschaft Unterstützungsleistungen und Hilfestellungen zu bekommen, wenn Kinder zu erziehen oder ältere Menschen zu unterstützen sind. In einer mobilen Gesellschaft, so die These, sind solche familial-verwandtschaftlichen Hilfs- und Unterstützungsleistungen nur noch schwer zu organisieren, so daß auch dadurch das Leben in Ehe und Familie schwieriger wird.

Neben diesen beiden Thesen wird als drittes häufig auf den *Wertewandel* der letzten 20 bis 25 Jahre hingewiesen, der dazu geführt haben soll, daß Ehe und Familie mit ihrem sehr hohen Verpflichtungscharakter sowohl gegenseitig für die Partner als auch auf Kinder bezogen heute zunehmend weniger gewünscht werden. Es heißt, von einem wachsenden Teil der Bevölkerung werden die Tendenzen zur Selbstverwirklichung und Kreativität den eher sekundären Tugenden, wie Verpflichtung, Disziplin und Fleiß vorgezogen. Die Konsequenz daraus ist, daß man lieber in eher unverbindlichen Lebensgemeinschaften lebt, als sich den Verpflichtungen einer Ehe und Familie zu unterziehen.

Alle drei genannten Thesen, wie aber auch die *These von der Krise der Familie*, stellen interessante und wichtige Deutungen der Gegenwart dar, die sich allerdings im wesentlichen auf das Bild von Familie stützen, das die amtliche Statistik zeichnet bzw. zeichnen kann.

Nun sind aber amtliche Statistiken (vor allem die für das Thema Familie besonders wichtige Bevölkerungs- und Ehestatistik) nicht konzipiert worden, um den *Wandel und die Entwicklung familialer Lebensformen* in einer Gesellschaft zu untersuchen. Sie dienen vielmehr dazu, anhand einfacher und nachvollziehbarer Indikatoren bestimmte grundlegende Bewegungen in der Bevölkerung zu messen.

Will man also die oben genannte These von der Krise der Familie aufgrund einer zunehmenden strukturellen Rücksichtslosigkeit der modernen Industriegesellschaft gegenüber Ehe und Familie, zunehmender Mobilität oder eines Wertewandels empirisch überprüfen, ist man gezwungen, diese Thesen auch selbst *zum Gegenstand empirischer Untersuchungen* zu machen.

So begrüßenswert die Untersuchungen der deutschen Familienforschung der letzten Jahre gewesen sind, so ist doch bezeichnend, daß sie sich in der Regel mit speziellen Gruppen (wie nichtehelichen Lebensgemeinschaften, Eltern mit kleinen Kindern, Eltern junger Erwachsener) auseinandergesetzt haben. Somit sind Deutungen der Entwicklung von Ehe und Familie in der Bundesrepublik, wenn sie sich nicht allein auf die amtlichen Statistiken stützen wollen, gezwungen, aus einer Vielzahl von empirischen Untersuchungen, die nicht notwendigerweise miteinander in Beziehung stehen, ein kohärentes Bild zusammenzusetzen.

Die vielen Mutmaßungen über Ehe und Familie, die insgesamt nur wenigen Informationen der amtlichen Statistiken zur Ehe und Familie und die Tatsache, daß wir über spezielle Gruppen und spezielle Lebensformen unserer Gesellschaft ein außerordentlich differenziertes Datenmaterial haben, aber über die Lebensrealität von Familien nur wenig wissen, haben das Bundesministerium für Jugend, Frauen, Familie und Gesundheit 1987 veranlaßt, das Deutsche Jugendinstitut mit der Entwicklung von Konzeptionen zu beauftragen, die es ermöglichen, Wandel und Entwicklung familialer Lebensformen in der Bundesrepublik zu beschreiben. Dabei kam es vor allem darauf an, *Lebensbedingungen, Veränderungstendenzen* und *mögliche Zukunftsperspektiven von Familien mit Kindern* in den Mittelpunkt zu stellen.

Dies war und ist mit erheblichen Schwierigkeiten verbunden: Wer gehört eigentlich zur Familie, sind es die Eltern, die gemeinsam mit ihren kleinen Kindern im Haushalt leben, oder sind es alle jene Personen, die gemeinsam in einem Haushalt wirtschaften, wie es die amtliche Statistik festlegt? Definiert sich Familie über die rechtlichen Beziehungen ihrer Mitglieder oder definiert sie sich über gelebte Beziehungen, die Personen zueinander haben? Ist also die alleinerziehende Mutter, die mit einem Lebenspartner zusammenlebt, eine Familie, während der Vater, der alleine lebt, sich aber noch um die Erziehung seines Kindes kümmert, nicht mehr Bestandteil der Familie ist? Bilden die verwitwete Tochter und ihre verwitwete Mutter, mit der sie zusammenlebt, eine Familie, nicht aber die sich in der gleichen Lebenssituation befindenden, zusammenlebenden Cousinen? Was heißt überhaupt "zusammenleben"? Ist die alleinlebende Mutter und Großmutter einer Familie, die im Nachbarhaus lebt, Familienmitglied, oder ist sie alleinstehend?

Es ist außerordentlich schwierig, über Ehe und Familie in einer Form zu berichten, die der Lebensrealität in der Bundesrepublik gerecht wird. Wie will man darüber hinaus in einer *Querschnittsuntersuchung*, die zu einem bestimmten Zeitpunkt durchgeführt wird, etwas über den *Wandel familialen Lebens* sagen? Wir wissen alle, das Erinnerungsvermögen von Menschen ist begrenzt und Dinge, die sie heute über ihre Einstellungen aus früheren Jahren mitteilen, sind möglicherweise eher Ausdruck ihrer gegenwärtigen Einstellungen als tatsächlich wahrheitsgetreue Erinnerungen. Welche Bedingungsfaktoren können dann für einen möglichen Wandel von Ehe und Familie herangezogen werden? Sind es alle jene klassischen Faktoren, wie etwa die Veränderung der Geschlechterverhältnisse, die neue Auseinandersetzung um die Gleichheit von Mann und Frau, die gleichmäßige Teilhabe von Mann und Frau an Wirtschaft und Gesellschaft, die diesen Wandel hervorgerufen haben? Oder sind es, wie es etwa in der These über die strukturelle Rücksichtslosigkeit der modernen Industriegesellschaft gegenüber der Familie zum Ausdruck kommt, vor allem sozioökonomische Faktoren, die zu einer Benachteiligung von Familien in der Gesellschaft führen?

Ist der vieldiskutierte Wandel tatächlich ein gesamtgesellschaftliches Phänomen, oder findet er möglicherweise nur in großen urbanen Zentren statt? Könnte es sein, daß der Wandel von Ehe und Familie einseitig im Licht der Entwicklung in den urbanen Zentren interpretiert wird, weil dort sowohl Medien als auch Universitäten angesiedelt sind? In welchem Verhältnis stehen der Wertewandel und die Tendenz zur Selbstverwirklichung zur Lebensform von Ehe und Familie? Gibt es hier überhaupt plausible Beziehungen? Oder ist es nicht ganz ähnlich wie beim Kinderwunsch, der seit Jahrzehnten intensiv untersucht wird und nur in sehr lockerer Beziehung zur realisierten Kinderzahl steht? Man könnte diese Liste von Fragen fortsetzen und käme zu dem Ergebnis, daß eine empirische Untersuchung zur Analyse der Situation von Ehe und Familie in der Bundesrepublik notwendigerweise eine *fundierte Theorie* voraussetzt und darüber hinaus, um Wandel analysieren zu können, als *Längsschnittstudie* angelegt werden sollte. Auch wenn wir uns mit vielen theoretischen Ansätzen der Familienforschung sowie einer Vielzahl von gesellschaftstheoretischen Konzepten auseinandergesetzt haben, haben wir bei der Entwicklung unseres Untersuchungskonzepts, davon Abstand genommen. Denn die Thesen zum Zustand der Familie sind ja sehr häufig weniger auf der Basis fundierter familientheoretischer Überlegungen entwickelt worden, sondern eher Ausdruck einer soziologisch-informierten Zeitkritik. In der öffentlichen Diskussion spielen familientheoretische Überlegungen nur sehr selten eine Rolle und wenn diese überhaupt zur Kenntnis genommen werden, dann lassen sie sich in der Regel unter zwei Interpretationsmuster subsumieren. Autoren wie LE PLAY (1855), OGBURN und TIBBITTS (1933) oder BECK (1986), die die *Krisentendenzen von Ehe und Familie* in den Mittelpunkt ihrer Erörterungen stellen, haben schon seit jeher ein hohes Maß an Aufmerksamkeit erhalten; denn viele ihrer Argumente basieren auf einem hohen Maß an Evidenz. Zurückgehende Kinderzahlen, steigende Scheidungszahlen und auch die rückläufige Heiratsneigung haben sich in den letzten 150 Jahren immer wieder nachweisen lassen, da die Entwicklung dieser Indikatoren nie linear verlief. Wer erinnert sich heute noch daran, daß die Bildungskatastrophe der 60er Jahre auch mit den damals steigenden Geburtenraten begründet wurde. Die öffentliche Wahrnehmung familiensoziologischer Überlegungen und Interpretationsmuster ist vermutlich eher Ausdruck bestimmter zeitkultureller Strömungen, als Ausdruck der Dignität der jeweiligen Theorien. In den 50er und 60er Jahren - die heute einige Autoren sogar als goldenes Zeitalter von Ehe und Familie bezeichnen - war vor allem PARSONS mit seiner *These der Funktionalität der modernen Kernfamilie für die Entwicklung der Industriegesellschaft* gefragt, weil mit diesem Konzept gut begründet werden konnte, wie Familie in Form der Kernfamilie aufgrund der zunehmenden Mobilität moderner Industriegesellschaften besser gelebt werden kann als die Familie im verwandtschaftlichen Kontext. Es geht hier nicht darum, zu überprüfen, ob diese These der Funktionalität der Kernfamilie für die Industriegesellschaft richtig ist. Die Prominenz dieses Ansatzes in den 50er und 60er Jahren ist vielmehr ein Hinweis darauf, daß in der öffentlichen Diskussion vor allem jene Autoren zu Wort gekommen sind, die der allgemeinen Stimmungslage in Medien, Politik und Bevölkerung am ehesten entsprachen.

Da es bei unserer Fragestellung darum ging, Ehe und Familie in ihren vielfältigen Erscheinungsformen darzustellen und die gelebte Realität nicht in bestimmte Interpretationsraster zu zwängen, haben wir hier einen empirischen Zugang gewählt. Das heißt nicht, daß wir nicht in vielen Punkten auf theoretische Fragestellungen und Hypothesen zur Familie und zu den Lebensbedingungen von Kindern eingehen. Wir haben den expliziten Versuch unternommen, statt ein theoretisches Gesamtgemälde zu entwerfen, die verschiedenen Aspekte von Ehe und Familie in ihren Einzelheiten empirisch zu erfassen. Dies hat dazu geführt, daß in den Untersuchungen nicht in allen Aspekten ein kohärentes Bild entsteht. Aber die Widersprüchlichkeiten, die sich zum Teil in der vorliegenden Veröffentlichung zeigen, sind auch Ausdruck der Tatsache, daß empirische und deskriptive Darstellungsformen von Ehe und Familie die Widersprüchlichkeiten dieser Lebensformen in einer Industriegesellschaft abzubilden vermögen und sie möglicherweise stärker ins Bewußtsein rücken als theoretische Versuche, ein kohärentes Bild von Familie zu zeichnen. Das Leben in Ehe und Familie, das Aufziehen von Kindern, die Plazierung der Kinder in Schule und Beruf, die Integration von Mann und Frau das Erwerbsleben sowie das Verhältnis der Geschlechter zueinander sind in modernen Gesellschaften so widersprüchlich, wie diese Gesellschaften selbst.

Diese Offenheit und diese Widersprüchlichkeiten deutlich zu machen, ist ein wesentliches Anliegen der Untersuchungen in diesem Band. Wir haben uns bei der Anlage und Durchführung auch an jenen familienhistorischen Untersuchungen orientiert, die sich von der lang vorherrschenden Vorstellung einer konsistenten Entwicklung von der Groß- zur Kleinfamilie freigemacht und die den Versuch unternommen hatten, die *Pluralität familialer Lebensformen*, die Vielfalt und Widersprüchlichkeit der Familienentwicklung in historischer Perspektive herauszuarbeiten. Genau wie einige historische Demographen und Familienforscher sich von bestimmten Vorstellungen über die Entwicklung der Familie freigemacht und versucht haben, die historische Vielfalt familialer Lebensformen zu rekonstruieren, haben wir uns bemüht, uns sowohl von der Vorstellung der Krise der Familie, als auch von der Vorstellung, die moderne Familie sei funktional für die Entwicklung moderner Gesellschaften und die heute zu beobachtenden Krisenphänomene seien allenfalls Randerscheinungen, freizumachen.

Wenn man nun versucht, unabhängig von diesen beiden dominanten Positionen zur Krise der Familie bzw. Funktionalität der modernen Kernfamilie ein Untersuchungsdesign zu entwickeln, das die Vielfalt familialen Lebens und die Vielfalt der Beziehungen von Familie und familialen Lebensformen in der industriellen Gesellschaft berücksichtigt, wird man versuchen müssen, in bestimmten Bereichen neue Wege zu gehen (etwa wie man Familie messen kann, wie man den Wandel von Ehe und Familie sichtbar machen kann). Um vergleichbare Daten zu haben, muß man aber auch - beispielsweise bei der Diskussion des Wandels von Einstellungen zur Ehe und Familie - mit Konzepten arbeiten, die in früheren Untersuchungen verwandt worden sind. Auch sollte man eine Untersuchung so anlegen, daß, selbst wenn neue Wege beschritten werden, eine Vergleichbarkeit mit anderen Ansätzen möglich bleibt, weil nur so unterschiedliche Ergebnisse erklärt werden können.

In der vorliegenden Veröffentlichung wird zunächst nur über eine Erhebung berichtet, die an etwa 10 000 Befragten im Alter zwischen 18 und 55 Jahren durchgeführt wurde, während über die Untersuchungen, die im Rahmen des Gesamtprojekts - das weiter unten im einzelnen dargelegt wird - durchgeführt wurden bzw. werden, in späteren Publikationen berichtet werden wird. Dabei sei schon hier hervorgehoben, daß die Entwicklungen in den fünf neuen Bundesländern im November 1990 untersucht wurden und ein Vergleich zwischen alten und neuen Bundesländern in absehbarer Zukunft erscheinen wird.

Hier werden zunächst Thematik und Fragestellungen der ersten Hauptuntersuchung in der Bundesrepublik dargestellt, während im abschließenden Teil der Einleitung das Gesamtkonzept der verschiedenen Untersuchungen und ihre Verschränkung mit anderen Untersuchungen bzw. den Daten der amtlichen Statistik skizziert werden sollen.

Die Familie: Der gemeinsame Haushalt und/oder gelebte Beziehungen

Wenn man über Familie reflektiert, stellt man sich in der Regel Eltern mit heranwachsenden Kindern vor, die gemeinsam in einem Haushalt leben, gemeinsam wirtschaften, gemeinsam die Verantwortung für die Kinder tragen und sich wechselseitig unterstützen. Die Kinder entwickeln sich in der Familie, zunächst von den Eltern erzogen, zu Jugendlichen, die sich dann zunehmend vom Elternhaus lösen, bis sie wiederum eine eigene Familie gründen.

Natürlich weiß man, daß dies ein idealisiertes Verständnis von Familie und familialem Leben ist, weil es nur eine von vielen möglichen Familienformen ist. Auch alleinerziehende Eltern, alte und alleinlebende Ehepaare, deren Kinder außer Haus leben, sind Bestandteil unserer Wahrnehmung von Familie.

Man macht sich dabei in der Regel allerdings nicht klar, daß dieser Familienbegriff historisch gesehen ein junges Phänomen ist, das, wie FLANDRIN (1975) nachgewiesen hat, von der Academie Française erst 1835 als eine von vier Familiendefinitionen in die 6. Auflage des Wörterbuchs der Akademie aufgenommen wurde. Darüber hinaus wurde noch betont, daß dies eine sehr seltene Form von Familie sei (FLANDRIN, S. 19). Daß dies nicht nur für Frankreich galt, sondern auch für die anderen Sprachräume Europas, wird in der gleichen Studie im einzelnen ausgeführt.

So kann man sagen, daß der Begriff *Familie* historisch gesehen vermutlich sehr viel stärker auf Beziehungen von Personen zueinander als auf das Zusammenleben von Vater, Mutter und Kindern in einem Haushalt abgehoben hat.

Diese Beziehungen waren teilweise juristisch definiert und bezeichneten die Beziehungen abhängiger Personen zu einer höhergestellten Persönlichkeit (wie es etwa in den Begriffen der Bischofs- und der Königsfamilie zum Ausdruck kommt), wobei diese Familienmitglieder nicht notwendigerweise einem Haushalt zugehörten. "Familie" konnte sich aber auch auf die Beziehungen eines Meisters zu seinen Gesellen beziehen, wobei von einer Handwerkerfamilie gesprochen wurde, wenn die Gesellen und Diener unter dem gleichen Dach wohnten.

Nun könnte man einwenden, daß dies ferne Vergangenheit sei, die mit der heutigen Lebensrealität nichts mehr zu tun habe, weil heute eben Familie in Form zusammenlebender Eltern mit Kindern das zentrale Definitionselement von Familie darstellt.

Aber ist es tatsächlich so? Gehört beispielsweise die Großmutter, die im Nachbarhaus wohnt oder die sogar im selben Haus nur in einem anderen Haushalt wohnt, eigentlich nicht mehr zur Familie? Gehört nicht die 60jährige verwitwete Tochter, die die in der Nachbarschaft lebende Mutter und eine Großtante samt Onkel betreut und gleichzeitig noch enge Beziehungen zu den hochbetagten Schwiegereltern unterhält, die möglichweise alle in einer relativ geringen Entfernung voneinander leben, nicht auch zu einer Familie? Sind die zusammenlebenden Paare, die aus früheren Ehen Kinder haben, die bei ihnen leben, nur dann eine Familie, wenn sie im gemeinsamen Haushalt leben, aber dann, wenn sie beispielsweise aus beruflichen Gründen oder auch aus anderen Gründen nicht zusammenleben, aber ansonsten gemeinsam wirtschaften und sich auch bemühen, die Kinder aus früheren Verbindungen nach gemeinsamen Prinzipien zu erziehen, weniger eine Familie als jene Familien, bei denen der Vater aufgrund der rigorosen Trennung von Arbeitplatz und Lebensort der Familie nur alle 14 Tage nach Hause kommen kann? Gehören der Sohn oder die Tochter, die an einem Studienort eine eigene Wohnung und dort auch den ersten Wohnsitz haben, aber dennoch am Wochenende regelmäßig zu den Eltern nach Hause kommen und sich von der Mutter in gleicher Weise versorgen lassen, wie dies vorher der Fall war, nicht mehr zur Familie, während der Sohn oder die Tochter, deren Beziehungen genauso eng oder locker wie die im vorher erwähnten Fall sind, noch eine Familie darstellen, weil sie mit den Eltern zusammen in einem Haushalt leben?

Nun mag man sagen, daß solche Überlegungen zwar interessant, aber mehr oder minder akademische Auseinandersetzungen um einen Begriff sind, und keinerlei soziale oder familienpolitische Bedeutung haben.

Ist dies aber wirklich so? Ist nicht gerade in einer Gesellschaft, in der ältere Menschen zunehmend auf intakte Beziehungen zur ihrer Verwandtschaft angewiesen sind und der Solidarität der nachwachsenden Generation in einer Weise bedürfen, wie dies historisch schon deswegen nicht der Fall gewesen ist, weil es kaum über 65jährige gab, die Frage zu stellen, ob diese Vorstellung von Familie verkürzt ist. Sollte unser Familienbegriff neben zusammenlebenden Eltern mit ihren Kindern nicht auch jene Personen mitberücksichtigen, zu denen verwandtschaftliche Beziehungen bestehen und die in einem sozialen Netz leben, das jene Form von gegenseitigen Unterstützungen ermöglicht, die wir mit dem Begriff der Familie verbinden.

Die Verkürzung des Familienbegriffs auf die Kernfamilie hat möglicherweise pragmatische Ursachen, weil diese Familiendefinition nicht nur im Rahmen der amtlichen Statistik, sondern auch in der empirischen Sozialforschung und in der Gesetzgebung eindeutig und klar von anderen Lebensformen abgrenzt werden kann. Dagegen sind Familienbegriffe, die auf gelebten Beziehungen miteinander verwandter Personen aufsetzen, im Rahmen der Volkszählung oder des Mikrozensus bzw. von Gesetzgebungsverfahren wie auch in empirischen Untersuchungen nur schwer zu erfassen und darzustellen.

Will man nun diese vielfältigen familialen und verwandtschaftlichen Beziehungen erfassen und so systematisieren, daß daraus auch eine klar erkennbare Struktur abzuleiten ist, ist man auf eine mehrstufige Vorgehensweise angewiesen, da sich diese eigentlich sehr einfachen Fragen empirisch nur schwer umsetzen lassen.

In der hier vorliegenden Untersuchung haben wir uns in einer ersten Annäherung bemüht, Familie nicht allein als Wohn- bzw. Haushaltsform zu definieren, sondern gelebte Beziehungen in den Mittelpunkt der Analyse zu stellen. Dabei haben wir Aktivitäten, die in der Regel innerhalb der Familie gemeinsam ausgeübt werden, wie gemeinsame Mahlzeiten, gemeinsames Wirtschaften, wechselseitige finanzielle Unterstützung und gemeinsame Freizeitgestaltung erfaßt und uns alle Personen, mit denen dieses unternommen wird, nennen lassen, um auf der Basis der verwandtschaftlichen Beziehungen zu diesen Personen herauszufiltern, inwieweit diese sozialen Beziehungen familial und verwandtschaftlich geprägt sind, oder inwieweit solche Aktivitäten und die dahinterliegenden Beziehungen mit nichtverwandten Personen ausgeübt werden bzw. inwieweit man viele dieser Aktivitäten inzwischen alleine vollzieht.

Dies ist ein *netzwerktheoretischer Zugang*, da wir versucht haben, die sozialen Beziehungsnetze, in denen sich die befragte Person ihrer eigenen Wahrnehmung nach bewegt, vollständig zu erfassen. Aufgrund der verwandtschaftlichen Beziehungen, in der die befragte Person zu den von ihr genannten Personen steht, ist es uns nun möglich, empirisch zu überprüfen, ob denn das gemeinsame Wohnen, das gemeinsame Wirtschaften und die Kinder im Haushalt der Eltern tatsächlich das dominante Lebensmuster von Familie in unserer Gesellschaft darstellen.

Dieser Zugang, der methodisch und theoretisch ausführlich im Kapitel von BIEN und MARBACH dargelegt wird, ermöglicht es aber nicht nur, die tatsächlich gelebten familialen und verwandtschaftlichen Beziehungen und Aktivitäten in der Bundesrepublik darzustellen, sondern er ermöglicht es auch, zu überprüfen, ob dieses empirisch gefundene Bild der Familie mit dem für uns dominanten Bild der Haushaltsfamilie übereinstimmt oder ob es heute Lebensformen gibt, die von dieser dominanten Form in erheblichem Umfang abweichen.

Da in der gegenwärtigen sozialpolitischen Diskussion aufgrund der demographischen Veränderungen die Beziehungen insbesondere der älteren Generation zur nachwachsenden Generation von besonderem Interesse sind, haben wir eine Zusatzerhebung durchgeführt, die explizit nicht nur Informationen über gelebte Beziehungen durch eine befragte Person enthält, sondern gleichzeitig auch Eltern und Großeltern der Befragten miteinbezogen hat. Da mit dieser Untersuchung aber noch eine Vielzahl anderer Fragestellungen verbunden ist, schien es uns sinnvoll zu sein, in diesem Reader zunächst nur die oben skizzierte Fragestellung der gelebten familialen Beziehungen zu untersuchen und davon die Analyse der Beziehungen zwischen verschiedenen Generationen und der damit verbundenen Solidarleistungen deutlich abzutrennen.

Dies schien uns auch deswegen sinnvoll zu sein, weil unser Zugang die Möglichkeit eröffnet, auf der Basis der Angaben der Befragten ein empirisch fundiertes Bild von Familie in unserer Gesellschaft zu erhalten. In welchem Umfang rechnen Befragte andere verwandte Personen zur Familie? Gibt es Personen in unserer Gesellschaft, die sich zu keiner Familie rechnen und keine familialen Beziehungen aufrecht erhalten, also alleinstehend im eigentlichen Sinne sind? Leben möglicherweise sogenannte Alleinstehende in verwandtschaftlichen und familialen Beziehungen, obwohl sie einen eigenen Haushalt führen?

In unserer Untersuchung fanden sich Angaben zu insgesamt 12 000 Kindern. Mit diesen Kindern haben wir eine eigenständige Untersuchungseinheit gebildet und einige der gegenwärtig familien- und sozialpolitisch intensiv diskutierten Fragen im einzelnen untersucht. In dem Kapitel von NAUCK wird auf der Basis dieser 12 000 Kinder untersucht, in welchen familialen Konstellationen Kinder in unterschiedlichen Altersphasen leben. Dieser Perspektivenwechsel ermöglicht es, die familienpolitisch relevante Fragestellung nach dem Anteil der Kinder, die bei Alleinerziehenden aufwachsen, zu untersuchen, und auch der Frage nachzugehen, wieviele Kinder in der Bundesrepublik bis zum 18. Lebensjahr von bestimmten Lebensereignissen - wie etwa Scheidung der Eltern - betroffen werden.

Darüber hinaus wird im Beitrag von NAUCK auch der Versuch unternommen, herauszuarbeiten, wie sich Einstellungen und Orientierungsmuster von Eltern im Lebensverlauf der Kinder wandeln können. Darüber hinaus soll auch noch die Frage der Betreuungsform von Kindern eine erhebliche Rolle spielen und gemeinsam mit den Kapiteln über die ökonomische Situation von Familien mit Kindern ein theoretischer und empirischer Rahmen sichtbar werden, der eine Sozialberichterstattung für Kinder in der Bundesrepublik ermöglichen könnte.

Die große Stichprobe hat aber auch die Möglichkeit geschaffen, sich nicht nur mit den Kindern und Jugendlichen unter 18 Jahren auseinanderzusetzen, sondern andere Teiluntersuchungsgruppen zu bilden, wie beispielsweise junge verheiratete und nichtverheiratete Paare, um auf diese Weise Wandel und Entwicklung von Partnerschaft und die Beziehungen von jungen Erwachsenen, die sich im Ablösungsprozeß vom Elternhaus befinden und beginnen, eigene neue soziale Beziehungen aufzubauen, im einzelnen zu untersuchen.

Im Beitrag von SCHLEMMER werden Fragen der Bedeutung der vorehelichen Partnerschaft bzw. der nichtehelichen Partnerschaft ebenso thematisiert wie die Art der Beziehungen der Paare zu ihren Eltern. Dies wird natürlich jeweils im Vergleich zu jenen Befragten durchgeführt, die auch schon im jugendlichen Alter verheiratet sind. Diese Fragestellung ist aber nicht nur unter der Perspektive wichtig, wie sich Beziehungen junger Erwachsener zu ihren Eltern gestalten. Sie hat natürlich auch erhebliche Bedeutung für die intensiv diskutierten Fragen der Veränderung der Jugendphase, deren Ende eben nicht mehr durch den traditionellen Übergang zum Erwachsenenstatus über die gleichzeitige ökonomische Selbständigkeit, die Gründung eines Hausstandes und einer Familie definiert ist, sondern die für viele Jugendliche und junge Erwachsene dadurch gekennzeichnet ist, daß diese Lebensereignisse nicht mehr gemeinsam, sondern zeitlich weit auseinandergezogen auftreten. Somit ist auch die Jugendphase und die Lebensphase der jungen Erwachsenen eine Lebensphase eigener Qualität geworden.

Wandel und Entwicklung familialer Lebensformen/Einstellung und Orientierung zur Ehe und Familie

Wir berichten hier über eine Querschnittsuntersuchung, die keine Daten über Wandel und Entwicklung familialer Lebensformen, Beziehungsmuster und Einstellungen/Orientierungen enthält, sondern die *aktuelle Situation* erfaßt.
Um dennoch Aussagen über Wandel und Entwicklung familialer Lebensformen, innerfamilialer Beziehungsmuster und Einstellungen machen zu können, haben wir eine Reihe von empirischen Strategien entwickelt, die es auch im Rahmen einer Querschnittsuntersuchung ermöglichen, bestimmte Aussagen über Wandel und Entwicklung treffen zu können.
So haben wir versucht, die Biographie der Befragten und ihrer Partner (bis zum vierten Partner) retrospektiv zu erfassen, wobei wir uns im wesentlichen auf die objektiven Lebensereignisse im Bildungs-, Familien- und Berufsbereich konzentriert haben.
Die Erhebung von Ereignisdaten ermöglicht einen Vergleich zwischen Generationen bzw. Kohorten, um Wandlungs- und Entwicklungstendenzen im Bereich des Heiratsverhaltens, der familialen Entwicklung und der Berufsbiographien im einzelnen zu analysieren.
In einem ersten Schritt werden Wandlungstendenzen im Bereich des Heiratsverhaltens verschiedener Kohorten analysiert. Dabei galt besonderes Interesse möglichen Veränderungstendenzen im Verhalten von Männern. Änderungen im Bereich von Ehe und Familie werden häufig vor allem mit dem veränderten Berufsverhalten von Frauen in Verbindung gebracht (TÖLKE).
Sehr viel schwieriger sind Wandlungstendenzen im Bereich von Einstellungen und Orientierungen zu untersuchen, weil bei einer Querschnittsuntersuchung davon auszugehen ist, daß aktuell geäußerte Einstellungen und Orientierungen mehr über jetzige Einstellungen aussagen als über Einstellungen in früherer Zeit. Um auch hier zu einer differenzierten Analyse zu gelangen, haben wir uns bemüht, Einstellungen und Orientierungsmuster zu Ehe und Fa-

milie durch Replikationen von Meßinstrumenten aus früheren Studien zu erfassen. Durch ein solches Vorgehen können Wandel und Entwicklung im Bereich von Einstellungen und Orientierungen verschiedener Bevölkerungsgruppen analysiert werden; Schlüsse auf die Entwicklung von Einstellungen und Orientierungen von einzelnen Personen sind damit jedoch nicht möglich.

Die Frage, ob bei bestimmten Bevölkerungsgruppen der Kinderwunsch abgenommen hat, oder ob die Einstellung zu Kindern heute weniger positiv ist als vor 20 Jahren, ob die Erziehungskonzepte der Eltern insgesamt liberaler geworden sind oder ob heute individuelle Werte wie Selbstverwirklichung dominieren, läßt sich nur beantworten, wenn die verwandten Meßinstrumente mit jenen, die vor 10, 15 oder 20 Jahren eingesetzt worden sind, vergleichbar sind.

Besonders bei Einstellungen zu Erziehungszielen und Berufsorientierung, sowie zur Frage des Materialismus und Postmaterialismus haben wir uns um eine sehr genaue Replikation von früheren Untersuchungen bemüht und haben dabei darauf geachtet, daß diese Instrumente internationale Anwendung gefunden haben.

Lediglich bei der Frage der Einstellungen zu Ehe und Kindern sind wir von vorliegenden Instrumenten abgewichen, weil sich viele der früheren Untersuchungen darauf beschränkt haben, ausschließlich positive oder negative Einschätzungen abzufragen. Dagegen haben wir den Versuch unternommen, von diesen Dichotomien wegzukommen und den Befragten die Möglichkeit zu geben, sich differenziert zu den Vorteilen einer Ehe, aber auch zu ihren Lasten zu äußern. Auch bei den Einstellungen zu Kindern wurde nach ihrer Bedeutung für das eigene Leben, nach möglichen Lasten und möglichem Nutzen von Kindern für das Alter gefragt.

Im Zusammenhang dieses Wertewandels hat uns auch interessiert, ob möglicherweise in verschiedenen Altersgsruppen bestimmte Lebensformen mit bestimmten Einstellungsmustern verbunden sind. Wir können nachweisen, daß dies zutrifft, so daß man in weiteren Analysen im einzelnen untersuchen kann, warum bestimmte Lebensformen häufiger auftreten. Lassen sich solche Zusammenhänge nachweisen, ist es einfacher, retrospektiv objektive Bedingungen für das gehäufte Auftreten bestimmter Lebensformen zu bestimmen, anstatt bestimte Veränderungen in Einstellungen und Verhaltensbereichen zu analysieren (BERTRAM). Da man den gesamten Themenkomplex Einstellungen und Orientierungen zu Ehe und Familie, zu Erziehung und Beruf nicht abschließen kann, ohne das Thema Kinderwunsch im Kontext einer Familienuntersuchung behandelt zu haben, haben wir uns mit diesem Thema unter der Perspektive eines Altersgruppenvergleichs auseinandergesetzt. Auf diese Weise konnten wir prüfen, ob bestimmte Lebensformen mit bestimmten Kinderzahlen und bestimmten Wertvorstellungen gegenüber Kindern verbunden sind (LÖHR).

Soziale Bedingungen familialer Lebensformen

Traditionell wurden die Einflußfaktoren auf Ehe und Familie, auf die Erziehung der Kinder und das Verhältnis der Ehepartner zueinander überwiegend im Rahmen von Konzepten untersucht, die unterschiedliche Schichtungsgruppen, Berufspositionen oder Arbeitsbedingungen zum Ausgangspunkt ihrer Analyse gemacht haben. Sozialökologische Konzepte, die die Bedeutung der konkreten Lebensumwelt auf die Entwicklung von Ehe und Familie und die Erziehung der Kinder zum Gegenstand haben, wurden in der Bundesrepublik selten angewandt, obwohl fast alle diese Untersuchungen ein hohes Maß an Einblick in die Wechselwirkungen zwischen sozialer Umwelt und familialem Leben gewähren. Die Gründe hierfür sind leicht nachvollziehbar. Es ist eben leichter, im Rahmen empirischer Analysen Schichtung oder Beruf zu erfassen, als die Lebensumwelt von Eltern und Kindern einigermaßen umfassend zu berücksichtigen.

Unter einer eher theoretischen Perspektive kann aber kein Zweifel bestehen, daß die sozialen Räume, in denen sich Familien bewegen und in denen Kinder aufwachsen, für die Entwicklung von Ehe und Familie, sowie für die Sozialisation und Erziehung von Kindern bedeutungsvoller sind, als die Zugehörigkeit des Vaters oder der Mutter zu einer bestimmten Berufsgruppe.

So zeigen schon die Daten der amtlichen Statistik, daß die großen urbanen Zentren - und zwar nicht nur in der Bundesrepublik, sondern in ganz Westeuropa, in der Regel nicht die Gebiete sind, in denen es viele Familien mit Kindern gibt. Hier ist die Wahrscheinlichkeit, in einem Stadtteil zu leben, in dem kaum Kinder aufwachsen, sehr viel größer, als in allen anderen Räumen.

Da in der empirischen Sozialforschung - und zwar sowohl national als auch international - bisher nie der empirische Versuch unternommen wurde, ein Land nach verschiedenen Regionen und nach familialen Lebensformen, nach Scheidungsraten oder Kinderzahlen zu differenzieren, sondern regionale Differenzierungen in der Regel lediglich auf der Basis von Wirtschaftsindikatoren vorgenommen worden sind, haben wir in dieser Studie die Bundesrepublik zunächst einmal ansatzweise regional nach familialen Lebensformen, Kinderzahlen und Scheidungsquoten differenziert, um auf der Basis einer solchen vorläufigen Typologie zu prüfen, ob die von uns identifizierten Räume auf Einstellungen zu Kindern, Ehe und Familie oder auf die Formen familialen Zusammenlebens einen Einfluß haben, oder ob die familialen Beziehungen und familialen Einstellungen gleichmäßig verteilt sind.

Dies kann natürlich nur ein erster Schritt sein, um zu einer Typologie familialen Lebens in der Bundesrepublik zu gelangen. Dieser Zugang ermöglicht es auch, zu prüfen, welche Bedeutung in diesen sozialen Räumen die klassischen Faktoren wie Beruf und Schichtungszugehörigkeit für die Lebensbedingungen von Familien und Kindern haben.

Dieser Zugang hat allerdings auch den großen Vorzug, daß der von der international vergleichenden Familienforschung häufig beschrittene Weg, Nationen miteinander zu vergleichen, ersetzt werden kann durch den Vergleich kulturell möglichst homogener Regionen.

In der Regel wird davon ausgegangen, daß man die italienische Familie mit der deutschen Familie vergleichen könne, obwohl wir wissen, daß es weder die deutsche noch die italienische Familie gibt, sondern daß es innerhalb von Deutschland von jeher mindestens ebenso große Variationen familialer Lebensformen gibt wie in Italien. Es ist anzunehmen, daß bestimmte homogene kulturelle Räume - wie beispielsweise die großen oberitalienischen Städte - im Bezug auf familiale Lebensformen mehr mit den großen süddeutschen Städten als beispielsweise mit Städten in Süditalien gemein haben.

Darüber hinaus haben wir auch den klassischen Ansatz der Berufsklassen berücksichtigt, um herauszufinden, welche Bedeutung Berufsklassen heute noch für Partnerwahlverhalten und für die Plazierung der Kinder haben. Gerade diese Ansätze haben in den 60er und 70er Jahren nicht nur den Anstoß für die Entwicklung der schichtspezifischen Sozialisationsforschung gegeben, sondern waren auch für die Entwicklung der Bildungspolitik von zentraler Bedeutung. Wir konnten in unserer Studie sowohl für diese beiden Bereiche, als auch für die eheliche Homogamie einen Wandel und Entwicklungen nachweisen.

Darüber hinaus konnte die Bedeutung dieses 'klassischen' Modells sozialer Ungleichheit auch für Formen der Lebensführung analysiert und die Bedeutung von Schichten und Klassen für Lebensstile und Lebensführungen im Bereich von Familie, etwa im Vergleich zu oben skizziertem regionalen Ansatz ausgewertet werden.

Dieser klassische Ansatz hat aber nicht nur in den Bereichen der schichtspezifischen Sozialisationsforschung und der Diskussion um Lebensstile und Lebensführungen eine erhebliche Rolle gespielt, sondern soziale Ungleichheit zwischen Familien war auch immer eine Frage der ökonomischen Ungleichheit zwischen Familien, weil natürlich die ökonomischen Ressourcen die Lebensbedingungen von Kindern in einer Gesellschaft in erheblichem Umfange mitbeeinflussen (BERTRAM).

Deshalb haben wir zum einen geprüft, inwieweit die ökonomische Situation von Familien stärker von Berufsklassen oder stärker durch Familiengröße und Berufstätigkeit der Ehefrau beeinflußt wird. Zum anderen haben wir versucht, die Entwicklung der ökonomischen Situation der Familie im Verlauf verschiedener Familienphasen zu rekonstruieren, um herauszufinden, in welcher Familienphase die ökonomischen Restriktionen besonders ausgeprägt sind. Zudem haben wir Familien in Problemlagen gesondert berücksichtigt. Dies war aufgrund der großen Stichprobe möglich. Wir konnten diese Gruppen mit der Gesamtpopulation vergleichen und eine Reihe von Aussagen über Armutsrisiken und Ursachen von Armut in Familien treffen. Die Risiken ökonomischer Deprivation sind in vielen Fällen sehr familienbezogen und lassen sich auch eindeutig identifizieren. Es ergab sich die Möglichkeit, nicht nur bestimmte Risikofaktoren für finanzielle Benachteiligung im Bereich von Familie im einzelnen darzulegen, sondern auch die Bedeutung finanzieller Benachteiligung für die sozialen Beziehungen im Bereich von Partnerschaft und Familie zu untersuchen (WALPER).

Die Einkommens- und Wohnsituation von Familien ist aber nicht nur von einer möglichen erreichten Berufsposition und der Wohngegend abhängig, sondern natürlich auch von der Lebensphase der Eltern, so daß es sinnvoll ist, neben dem Einfluß sozialer Räume, sozialer Schichten und ökonomischer Deprivation zu untersuchen, welche Bedeutung die Altersphasen auf das Einkommen von Familien haben, bzw. welche Bedeutung die Altersphasen für die Entwicklung des Wohnens und Wohnumfeldes von Familien haben. Dies konnte in dieser Untersuchung nur ansatzweise geschehen (WEIDACHER/ MÜLLER). Wir haben daher in diesen Bereichen lediglich versucht, bereits vorhandene Thesen zu replizieren.

Die Frage der sozialen Ungleichheit zwischen Mann und Frau zeigt sich nicht nur in der ungleichen Arbeitsteilung innerhalb der Familie, sondern ebenso beim Einkommen und bei den diskontinuierlichen Berufsverläufen. Von den möglichen Schwerpunkten, die sich im Lauf der Diskussionen in diesem Bereich ergaben, haben wir hier zunächst nur die geschlechtsspezifischen Unterschiede in der Erwerbstätigkeit und die Aufteilung der Erwerbstätigkeit in der Partnerschaft (KROMBHOLZ) einer eingehenden Betrachtung unterzogen.

Es mag vielleicht unbefriedigend sein, wenn in der kurzen Darstellung dessen, was in diesem Band berichtet wird, immer wieder auf weitere Auswertungen und Studien hingewiesen werden muß, aber ein empirischer Zugang zum Thema Familie und Kinder, der den Anspruch hat, sich nicht gleich in jene klassischen Interpretationsmuster einzuordnen, sondern in dem der Versuch unternommen wird, sowohl die Widersprüchlichkeiten der Entwicklung von Ehe und Familie sichtbar zu machen, als auch in bestimmten Teilbereichen von den traditionellen Formen der empirischen Sozialforschung zur Analyse von Ehe und Familie abzuweichen, bedeutet für alle Beteiligten einen erheblichen Aufwand.

Wenn es mit dem vorliegenden Band zumindest gelungen sein sollte, hinsichtlich der Frage, wie eigentlich Familie zu begreifen sei, aufzuzeigen, inwieweit Beziehungen und nicht externe Definitionsmerkmale wie Haushalt zur Analyse herangezogen werden sollten, um über Ehe und Familie zu diskutieren, wenn es gelungen sein sollte, zu zeigen, daß auch in Querschnittsuntersuchungen über Wandel und Entwicklung von Ehe und Familie Aussagen gemacht werden können, wenn man auf der einen Seite versucht, eine biographische Perspektive in diese Untersuchung einzubringen und zum anderen im Bereich der Einstellungen zur Ehe und Familie sich des Instruments der Replikation anderer Studien bedient und wenn uns darüber hinaus auch noch gelungen ist zu zeigen, daß der Zugang über die sozialräumliche Variation familialer Lebensformen eine sinnvolle Diskussion um familiale Entwicklungen darstellt, dann hätten wir mit dieser Studie viel erreicht.

Das Untersuchungskonzept

Dieser Reader basiert im wesentlichen auf einer 1988 durchgeführten Befragung von *10 043 Personen zwischen 18 und 55 Jahren*. Der Fragebogen war so konstruiert, daß oben dargelegte Themen mit einer Vielzahl von Indikatoren, die entweder mit dem Mikrozensus oder aber mit Fragen aus der Volkszählung 1987 übereinstimmten, verbunden wurden (ALT). Dies sollte einerseits sicherstellen, daß die von uns beschrittenen neuen Wege auch in optimaler Weise mit der amtlichen Statistik verglichen werden konnten und andererseits, daß die in diesem Fragebogen auf individueller Ebene erhobenen Daten verknüpft werden konnten mit Daten, die gesammelt wurden im Rahmen einer Datenbank, die im Deutschen Jugendinstitut auf der Basis amtsstatistischer Daten aufgebaut wurde.

Die enge Anlehnung an die amtliche Statistik zeigt auch, wo es sinnvoll ist, über deren Fragestellungen und Perspektiven hinauszugehen, und wo sie möglicherweise eklatante Schwächen aufzuweist.

Aus der Stichprobe der 10 000 Befragten wurde *eine weitere Stichprobe* gezogen, nämlich *alle jungen Erwachsenen, die zwischen 18 und 32 Jahre alt waren und von denen wir sowohl die Eltern als auch die Großeltern befragen konnten*. Diese Substichprobe umfaßt insgesamt *etwas mehr als 400 vollständige Dreigenerationennetze*. Diese Dreigenerationennetze werden eigenständig unter der Perspektive der Solidarität der Generationen ausgewertet. Sie geben uns zudem die Möglichkeit, zumindest an dieser ausgewählten Gruppe zu überprüfen, ob sich die Informationen, die uns die Befragten über ihre Beziehungen zu den Eltern und Großeltern gegeben haben, auch aus der Wahrnehmung der Eltern und Großeltern in gleicher Weise darstellen.

Hilfe und Unterstützung durch die ältere Generation und Kommunikation bzw. Interaktion zwischen den Generationen, sowie die methodische Überprüfung, ob die Informationen, die ein einzelner Befragter über soziale Beziehungen zur eigenen Familie gibt, auch valide sind, sind einerseits von Bedeutung, weil es bisher in der Bundesrepublik kaum solche Untersuchungen gegeben hat, und andererseits wird hier die Möglichkeit gegeben sein, zu überprüfen, ob der von uns gewählte Weg, über lediglich einen Befragten sämtliche Beziehungen des Befragten zur Verwandtschaft, zu Bekannten, Eltern und Großeltern zu erfassen, ein hinreichend genaues und richtiges Bild dieser Beziehungen ergibt.

In Kooperation mit dem Institut für Familienforschung und Frühpädagogik wurde außerdem eine Zusatzerhebung von *ca. 2000 weiblichen Befragten* in Bayern durchgeführt, wobei der Fragebogen in Bayern zu ungefähr 70 bis 75 % mit dem Fragebogen des Gesamtsurveys übereinstimmte. Dies ermöglichte es einerseits, spezifische familien- und sozialpolitische Fragestellungen, die das Institut für Frühpädagogik und Familienforschung für das Bayerische Sozialministerium zu erarbeiten hatte, zu erheben und gleichzeitig für den Freistaat Bayern in sehr kleinräumiger Differenzierung familiale Lebensformen, biographische Entwicklungen und Einstellungen zu untersuchen und auch zu überprüfen, ob es nicht genügt, Familienuntersuchungen auf Dauer statt bundesweit repräsentativ in ausgewählten Regionen durchzuführen.

Die deutsche Vereinigung erfordert auch in den fünf neuen Bundesländern, entsprechend dem von uns entwickelten Konzept Erhebungen durchzuführen, um einen Vergleich zwischen den fünf neuen und den elf alten Bundesländern zu ermöglichen.

Dies wurde gemeinsam mit dem früheren Zentralinstitut für Jugendforschung in Leipzig geplant, das dann während der Durchführungsphase leider aufgelöst wurde. Die laufende Untersuchung konnte daher nur mit großen Schwierigkeiten zu Ende geführt werden. Zwischen November 1990 und Februar 1991 konnten dennoch *knapp 2000 Befragungen* durchgeführt werden.

Dieser *deutsch-deutsche Vergleich*, der vermutlich zum ersten Mal Familienentwicklungen in einem demokratischen System mit Familienentwicklungen in einem totalitären System vergleicht, war nur durch das Engagement der Kollegen und Kolleginnen aus dem Zentralinstitut für Jugendforschung in so kurzer Zeit durchführbar.

Durch diese zusätzliche Erhebung stehen nun Informationen über ca. 14 000 Befragte zur Verfügung, wobei ca. 70 % der Fragen übereinstimmen. Dabei ist entscheidend, daß im Bereich der Familienbeziehung und der Partnerschaftsbiographien vollständige Übereinstimmung besteht.

So werden wir die regional differenzierende Analyse nicht nur innerhalb der alten Bundesländer durchführen können, sondern in gleicher Weise z.B. zwischen den Großstädten Sachsens und Bayerns, um beispielsweise unterschiedliche Familienentwicklungen in beiden Regionen erarbeiten zu können.

Geplant ist darüber hinaus eine weitere Erhebung zu den Familienbeziehungen älterer Menschen. Die jetzige Erhebung soll um die Befragung der über 55jährigen ergänzt werden, um einerseits die Beziehungen in unterschiedlichen Altersgruppen und andererseits die Lebensbedingungen und Beziehungen alter Menschen in unterschiedlichen Regionen der Bundesrepublik vergleichen zu können.

Parallel zu diesen empirischen Erhebungen wurde vom Herausgeber dieses Readers gemeinsam mit *Hiltrud Bayer, Ernst Lorenz* und *Renate Bauereiß* eine regionale Datenbank erstellt, die auf Kreisebene für jeden der 328 Kreise der Bundesrepublik ca. 200 bis 300 Indikatoren zu den Lebensbedingungen von Kindern und Familien in der Bundesrepublik enthält.

Diese regionale Datenbank, die auch dazu diente, die regionalen Differenzierungen, die in den Surveys vorgenommen wurden, vorzubereiten, kann aufgrund ihrer gegenwärtigen technischen Struktur ohne Schwierigkeiten mit den Individualdaten des Surveys verknüpft werden.

Die wesentlichen Quellen dieser regionalen Datenbank sind die *Volkszählungsdaten*, die - soweit sie Ehe und Familie und Kindheit betreffen - inzwischen vollständig regionalisiert vorliegen - die *Gebäude- und Wohnstättenzählung*, Teile der *fortlaufenden Amtsstatistiken* (wie beispielsweise *Sozial-* und *Einkommens-* oder *Jugendhilfestatistiken*), einige wenige ausgewählte Daten der *Bundesanstalt für Landesforschung und Raumordnung*, sowie die *Statistiken der Arbeitsämter*.

Es wird gegenwärtig ein *Regionalatlas* erstellt, der zunächst nur die alten Bundesländer umfaßt, weil die entsprechenden Daten in den fünf neuen Bundesländern noch nicht zur Verfügung stehen.

Dieses hier sehr knapp zusammengefaßte Konzept wird in der nächsten Zeit zu einem Vergleich der familialen Entwicklungen in den alten und neuen Bundesländern führen, eine Analyse der wechselseitigen Hilfe und Unterstützungsleistung zwischen drei Generationen, sowie eine räumliche Differenzierung der Entwicklung familialer Lebensformen in der Bundesrepublik ermöglichen. Solche Datenmengen und Analysen, wie wir sie hier vorliegen haben, sind in der Bundesrepublik bisher in dieser Breite im Bereich von Kindheit und Familie noch nie vorgestellt worden. Auch im internationalen Vergleich gibt es nur wenige vergleichbare Studien.

Es darf nicht übersehen werden, daß ein solches Projekt eigentlich erst dann zu einem befriedigenden Abschluß gelangt, wenn es gelingt, die vielfältigen empirischen Anstrengungen wieder zu einer theoretisch kohärenten Perspektive zusammenzufügen. Dies ist in diesem Reader mit Sicherheit noch nicht der Fall und wird vermutlich auch in den jetzt noch vorzulegenden Arbeiten nicht der Fall sein können, weil die vielfältigen empirischen Probleme, die bei einer innovativen Perspektive gelöst werden müssen, noch eine ganze Zeit der empirischen und theoretischen Reflexion bedürfen.

Dennoch steht hinter diesem gesamten Unterfangen eine Perspektive, die wiederum zu einer Zusammenfügung der vielen Einzelteile führen kann.

Entsprechend der hier thematisierten regionalen Differenzierung familialer Lebensverhältnisse gehen wir davon aus, daß Lebensformen in der Bundesrepublik - wie überhaupt in Europa - in Zukunft nicht mehr allein unter der Perspektive schichtspezifischer Differenzierungen zu betrachten sind, sondern sinnvollerweise die soziale räumliche Differenzierung von Lebensformen als Pluralität von Lebenslagen einen adäquateren Weg zur Analyse von Lebensformen in der Bundesrepublik und Europa darstellt. Die *These von der Pluralität der Lebenslagen* wird im Rahmen der weiteren theoretischen Arbeit inhaltlich und empirisch ausgefüllt werden müssen.

Hier wird es vor allem darum gehen, den Zusammenhang zwischen der Entwicklung bestimmter familialer Lebensformen, der Entwicklung der Erwerbsstruktur in Regionen, der wirtschaftlichen Entwicklung und kulturellen Traditionen bestimmter ausgewählter Räume theoretisch so miteinander zu verknüpfen, daß sich diese Räume hinreichend genau voneinander unterscheiden lassen.

Die Entwicklung eines Konzepts der Pluralität von Lebenslagen muß in einem zweiten Schritt mit einem Konzept der *Individualisierungen von Lebensführungen* verbunden werden.

Wenn man davon ausgeht, daß im Rahmen dieser Ausdifferenzierung von Lebenslagen diese auf der Sozialstrukturebene zu beobachtenden Prozesse die Lebensformen und Lebensführungen von Individuen beeinflussen, dann ist es erforderlich, jene Formen der Lebensführung zu identifizieren, die mit bestimmen Strukturtypen von Lebenslagen konvergieren.

Dies ist einerseits eine theoretische Herausforderung, weil das Konzept der Lebensführungen noch im einzelnen zu elaborieren ist. Dabei gibt aber schon die Anlage dieser Untersuchung die Elemente an, die unserer Meinung nach unterschiedliche Aspekte der Lebensführung von Menschen darstellen.

Soziale Beziehungen, Lebensverläufe bzw. Biographien, individuelle Einstellungen und Orientierungsmuster bis hin zu Formen der familialen Arbeitsteilung sind mit Sicherheit Elemente eines Konzeptes der Lebensführungen, das es ermöglicht, sowohl theoretisch als auch empirisch soziale Gruppen zu unterscheiden.

Das gesamte Untersuchungsdesign, das hier nur knapp dargestellt worden ist, ergibt auch die Möglichkeit, ein für die Sozialwissenschaften schwieriges Problem zu lösen, an dem bisherige sozialökologische Ansätze, wie sie beispielsweise BRONFENBRENNER u.a. vorgelegt haben, gescheitert sind.

Durch die Anlage der Erhebungen und die Größe der Stichproben ist sichergestellt, daß diese Daten mit denen der Datenbanken verknüpft werden können, so daß uns zur Pluralität von Lebenslagen Strukturdaten zur Verfügung stehen, die im wesentlichen Daten der amtlichen Statistik darstellen und wir bei der Entwicklung des Konzeptes der Individualisierung von Lebensführung im wesentlichen auf Befragungsdaten zurückgreifen können.

Auf diese Weise ist es uns möglich, Mehrebenenmodelle zu konstruieren, die Strukturebene und Individualebene in einer Weise verknüpfen, wie dies bisher noch nicht möglich war, weil die meisten vorhandenen Mehrebenenmodelle letztendlich auch bei der Analyse der Strukturdaten auf Individualdaten zurückgegriffen haben.

Danksagungen

Derart groß angelegte Studien, von denen eine erste Auswertung vorliegt, werden in den Sozialwissenschaften, vor allem im Bereich von Ehe und Familie relativ selten durchgeführt.

Die ganze Bedeutung eines solchen Unternehmens zeigt sich vermutlich erst dann, wenn eine solche Untersuchung bzw. Teile davon in regelmäßigen Abständen wiederholt werden, um dann auch einen gesicherten Fundus über Entwicklungstendenzen gelebter familialer Beziehungen zu erhalten.

Es gehören dazu viel Mut und Vertrauen derjenigen, die ein solches Unternehmen finanzieren, in diejenigen, die es dann durchführen.

Für dieses Vertrauen sei insbesondere der jetzigen Bundestagspräsidentin, *Frau Prof. Dr. Rita Süssmuth*, gedankt, in deren Amtszeit als Ministerin für Jugend, Familie, Frauen und Gesundheit die Mittel für das Großprojekt bewilligt wurden. Von den vielen Mitarbeiterinnen und Mitarbeitern des BMJFFG und heutigen BMFS, die diese Studie begleitet haben, sei vor allem *Frau Haines*, der zuständigen Forschungsreferentin, und *Frau Dr. Zimmermann*, ihrer Mitarbeiterin, gedankt, die in zahlreichen Diskussionen Vorschläge eingebracht hat, um familienpolitische Überlegungen bei einem solchen Forschungsprojekt auch genügend zur Geltung zu bringen.

Eine ihrer Anregungen war beispielsweise, einen Kreis von Kolleginnen und Kollegen einzurichten, mit dem die Fragebogenkonstruktion sowie die Auswertung im einzelnen diskutiert wurde. Hierfür möchte ich in alphabetischer Reihenfolge den Kollegen *Charlotte Höhn, Max Kaase, Friedhelm Neidhardt, Klaus Schneewind, Rosemarie von Schweitzer* und *Wolfgang Sodeur* danken.

Den fachkundigen Rat von ZUMA Mannheim und hierbei insbesondere von *Dagmar Krebs*, das Engagement von Infratest und besonders von *Bernd von Rosenbladt*, das weit über einen normalen Auftrag hinausging, möchte ich hier auch dankend hervorheben.

Die Studie wäre mit Sicherheit nicht in der vorliegenden Form ausgewertet worden, wenn das Institut für Frühpädagogik und Familienforschung durch seinen Direktor, *Herrn Prof. Dr. mult. Fthenakis*, seinen Mitarbeitern, nämlich *Bernhard Nauck, Heinz Krombholz* und *Sabine Walper*, nicht die Genehmigung erteilt hätte, neben ihren Auswertungen für die Bayern-Erhebung an diesem Projekt kontinuierlich mitzuarbeiten.

Neben den Autorinnen und Autoren, die in diesem Reader publiziert haben, waren eine Reihe weiterer Mitarbeiterinnen und Mitarbeiter des DJI an diesem Projekt beteiligt. Hierbei sei besonders *Donald Bender*, der für die Organisation der Datenbank verantwortlich war, sowie *Franz J. Neyer, Klaus Späth, Ruth Stagelschmidt, Willibald Strobel* und *Michaela-Christine Zeller* gedankt, die in den verschiedenen Phasen des Projektes wertvolle und wichtige Unterstützung geleistet haben.

Layout und Schlußredaktion für das Gesamtbuch lagen bei *Renate Bauereiß*.

Soziale Beziehungen

Walter Bien, Jan Marbach

Haushalt - Verwandschaft - Beziehungen Familienleben als Netzwerk

1. Einführung

2. Bausteine zu einem neuen Familienkonstrukt

2.1 Das Für und Wider einer haushaltsgebundenen Sicht der Familie
2.2 Beziehungsgeflechte als Opportunitätsstrukturen für die familiale Sozialisation
2.3 Operationalisierung

3. Ergebnisse

3.1 Traditionelle Zugänge zur Beschreibung der Situation von Familie
3.1.1 Vergleich der Umfragedaten mit der amtlichen Statistik
3.1.2 Familie als Verwandtschaftsbeziehungen

3.2 Neue Zugänge zur Beschreibung von Familie
3.2.1 Überschneidungen der Familiendefinitionen
3.2.2 Homogenität der Familiendefinitionen

3.3 Anwendungen des Konstrukts "Familiennetz"
3.3.1 Die "Haushaltsfamilie"
3.3.2 Die "Hausfamilie"
3.3.3 Familienfunktionen am Beispiel der Mehrgenerationenfamilie

3.4 Familienfunktionen am Beispiel der Kernfamilie: Soziales Netzwerk und Sozialisation
3.4.1 Die Teilnahme von Kindern am sozialen Netzwerk ihrer Eltern (innerfamiliales Netz)
3.4.2 Die Einbindung der Eltern in ihre soziale Umwelt (außerfamiliales Netz)

4. Zusammenfassung und Ausblick

Anmerkungen

1. Einführung

Aus sozial- und familienpolitischer Sicht ist es problematisch, daß Aussagen über Familien in Wirklichkeit häufig Aussagen über Haushalte sind. Darunter leidet, ohne daß dies auf den ersten Blick erkennbar ist, die Brauchbarkeit von Antworten auf Fragen, die die Familie als Lebenszusammenhang betreffen. Denn die Haushalts- und Familientypen der amtlichen Statistik werden einigen soziologisch wesentlichen Aspekten des Zusammenlebens nicht oder nur unzureichend gerecht.

Wer, obwohl der Familie angehörig, nicht Mitglied des Haushalts ist, auf den sich das Visier der Haushaltsstatistik richtet, der wird als Teil eines Lebenszusammenhangs nicht wahrgenommen: das Kind eines geschiedenen Elternteils, das beim Expartner lebt, auch wenn es noch sooft zu Besuch kommt und in fast allen Enscheidungen eine Rolle spielt; die studierende Tochter (oder der studierende Sohn), die unter der Woche am Studienort lebt und dort auch angemeldet ist, aber die meisten Wochenenden im Elternhaus verbringt; die Großmutter, die eine Einliegerwohnung im selben Haus wie der untersuchte Familienhaushalt hat und dort als Babysitter und Haushaltsstütze hochwillkommen ist; der Ehepartner, der aus beruflichen Gründen anderswo einen zweiten Haushalt unterhält, mit dem die ebenfalls berufstätige befragte Frau gleichwohl nicht in Trennung lebt; oder die Freundin nebenan, mit der ein alleinstehender junger Mann in Lebensgemeinschaft lebt, aber eben nicht unter einem Dach. Andere Haushaltsformen, z.B. Wohngemeinschaften, erwecken dagegen leicht den Eindruck einer hohen Dichte des Zusammenlebens, obwohl sich die Situation der einzelnen Mitglieder in vielen Fällen kaum von der Alleinlebender unterscheidet.

Familienpolitisch problematisch ist auch, daß der auf die Haushaltszugehörigkeit verengten Sicht der Familie ein wichtiger Teil dessen entgeht, was Familienleben im allgemeinen Verständnis ausmacht. Weder Gefühle der Liebe und Zusammengehörigkeit oder die Verbreitung familialer Traditionen und Werte noch praktische Hilfen wie etwa die Pflege der altgewordenen Eltern durch die erwachsenen Kinder sind an Haushaltsgrenzen gebunden. Das gleiche gilt für die verschiedenen Wege, auf denen Familienangehörige im Alltag miteinaner kommunizieren, für finanzielle Unterstützung und für die gegenseitige Wahrnehmung als Familienmitglied. Künstlich erscheint die Aufteilung der Welt in den Einzelhaushalt und das restliche Universum auch deshalb, weil viele der angesprochenen Aktivitäten zwar den einzelnen Haushalt überschreiten, aber sich gleichwohl in enger räumlicher Nachbarschaft vollziehen.

Im folgenden Kapitel unternehmen wir den Versuch, die Haushaltsperspektive der Familie mithilfe eines auf Netzwerkinformationen beruhenden Konzepts zur Beschreibung von Familie zu ergänzen. Es handelt sich bewußt nicht um ein Gegenmodell zum Haushaltsansatz, weil es einerseits unbestritten ist, daß gemeinsames Wohnen und Wirtschaften auch heute noch konstitutiv für das Leben in Kernfamilien ist, vor allem für die Sozialisation von minderjährigen Kindern; zum anderen sprechen auch methodische Gründe der Vergleichbarkeit und des Bedarfs an kumulierbarem Wissen dafür, ein Konzept zu wählen, das die traditionellen Sichten als Spezialfälle einschließt.

Wir gehen zunächst auf Argumente für und gegen die Behandlung der Familie als Untermenge von Haushalten ein. Im Anschluß versuchen wir, ein Familienmodell zu begründen, das auf alltäglichen Handlungen und Beziehungen beruht. Diese "Netzwerksicht" erlaubt auch ein Anknüpfen an die Familienforschung der 70er Jahre, die überwiegend auf Sozialisationsprozesse gerichtet war. Nachdem wir die Operationalisierung des Familienmodells in Form ego-zentrierter Netzwerke im Familiensurvey erläutert haben, stellen wir das Konzept des "Familiennetzes" und seiner Ausprägungen in Gestalt der "Haushaltsfamilie", der "Hausfamilie" und der "Mehrgenerationenfamilie" vor. Von da schlagen wir eine Brücke zu traditionellen Konzepten der Familienbeschreibung wie etwa der "Kernfamilie" und beziehen in den Vergleich nach Möglichkeit Erkenntnisse aus dem Mikrozensus mit ein. Anschließend gehen wir auf unterschiedliche Aspekte der einzelnen Teilkonzepte ein.

2. Bausteine zu einem neuen Familienkonstrukt

2.1 Das Für und Wider einer haushaltsgebundenen Sicht der Familie

Obwohl die Thematisierung von Familie im Horizont des Einzelhaushalts immer wieder - vor allem als Quelle von Mißverständnissen und Fehldeutungen - kritisiert worden ist (u.a. von BENDER 1967: 490f; HAREVEN 1984: 141f, 1987: 40f; SKOLNICK 1987: 66f), gibt es doch Gründe, die sie verständlich erscheinen lassen. Einer dieser Gründe ist geschichtlicher Art. Wie LASLETT (1965: 2) am Beispiel Englands zeigt, war im frühneuzeitlichen Verständnis "Familie" bedeutungsgleich mit der Haushaltsgemeinschaft als produzierender und reproduzierender Einheit. Sie wurde geleitet von einem männlichen Oberhaupt, das für einige der leibliche Vater, für andere (in der Regel nichtverwandte Mitglieder) einschließlich der Frau ein Vaterersatz war. Im Begriff des "Haushaltsvorstands", der in der Bundesrepublik erst 1985 aus dem Sprachgebrauch der amtlichen Statistik verschwand, klang diese Tradition noch nach.

Theoretisch gestützt wird die Haushaltsperspektive auf die Familie vor allem durch die Familientheorie von PARSONS (1943, 1955, 1964). Gegen ältere Theorien, die die Auflösung der Familie im Gefolge von Industrialisierung und Urbanisierung voraussagten (z.B. WIRTH 1938), behauptete PARSONS eine eher wachsende Bedeutung der Familie in der Industriegesellschaft. Ihre zentralen Funktionen sah er in der Sozialisation von Kindern und der psychischen Stabilisierung der Erwachsenen. Um dies zu gewährleisten, mußte die Familie ihre ökonomischen (Produktiv-) Funktionen an die Berufswelt abtreten, auf eine Berufstätigkeit beider Gatten verzichten und der Kernfamilie eine weitgehende Autonomie gegenüber der weiteren Verwandtschaft einräumen. Damit verbunden sah PARSONS eine Reduktion von Haushalten auf Kernfamilien und die Trennung der Haushalte von Zeugungs- und Herkunftsfamilien.

Unterstützung findet die Haushaltsperspektive auch in empirischen Befunden. So zieht PÖSCHL (1989: 632) aus einer Analyse des Mikrozensus 1988 den Schluß, daß zwischen Haushalt und Familie immer noch weitgehende Kongruenz herrsche: 88 % der Mehrpersonenhaushalte in der Bundesrepublik bestanden danach aus einem Ehepaar mit oder ohne ledige Kinder oder einem alleinerziehenden Elternteil mit ledigen Kind(ern). Eltern(-teile) mit ledigen Kindern repräsentierten noch 54 % der Mehrpersonenhaushalte. Ähnliche Befunde teilt GYSI (1989: 596) aus der ehemaligen DDR mit. Der Volkszählung von 1981 gemäß bestanden 91,5 % aller Mehrpersonenhaushalte aus Ehepaaren mit oder ohne ledige Kinder bzw. aus alleinstehenden Eltern mit ledigen Kindern. Gegen diese empirischen Argumente ist allerdings einzuwenden, daß sie das, was sie beweisen sollen, implizit bereits voraussetzen. Denn die Begrenzung des Betrachtungshorizonts auf den Einzelhaushalt läßt zwar Aussagen darüber zu, welche Mitglieder eines Haushalts der Kernfamilie angehören oder Verwandte bzw. Nichtverwandte sind. Im Dunkeln bleibt aber, welche und wieviele Familienmitglieder außerhalb eines Zielhaushalts leben. Auch hier wird also ein Familienbegriff verwendet, der eine Teilmenge des Haushalts darstellt.

Trotz dieser stützenden Argumente stößt die haushaltsgebundene Sicht der Familie auch auf Seiten der amtlichen Statistik auf ein kritisches Bewußtsein. So weist PÖSCHL (1989: 634) auf die Mängel der Haushaltsstatistik bei der Untersuchung unkonventioneller Lebensformen wie etwa nichtehelicher Lebensgemeinschaften mit getrennter Haushaltsführung hin. Die Statistik zähle solche Paare korrekt als zwei Ein-Personenhaushalte und leiste damit ungewollt dem Eindruck Vorschub, es handele sich um "Einzelgänger". Aus der Zunahme von Ein-Personenhaushalten werde dann im nächsten Schritt auf eine "Vereinzelung" in der Gesellschaft geschlossen. Entgegengesetzte Verzerrungen und Fehlschlüsse verursachen dagegen Ehepaare, die beispielsweise aus beruflichen Gründen in zwei verschiedenen Haushalten leben ("commuter marriages"; vgl. GERSTEL 1977, GROSS 1980). Befinden sich diese Haushalte im Inland, dann wird diese Ehe in der Familienstatistik doppelt gezählt und damit insgesamt die Zahl der Familien überschätzt.

Für eine Überwindung der Betrachtung von Familien als Untermengen von Haushalten spricht auch die Debatte um die Individualisierung der Lebensführung und Lebensverläufe in der postindustriellen Gesellschaft. Eines ihrer Leitthemen ist die Sorge um den Fortbestand elementarer Solidarbeziehungen in unserer Gesellschaft. Solidarität ist aber nicht an Haushaltsgrenzen gebunden. Neuere Untersuchungen bestätigen dies. So stellte NEIDHARDT (1985: 25) anhand der Daten des Wohlfahrssurveys von 1980 fest, daß bei einem Ausfall der den Haushalt führenden Person etwa ein Drittel der Befragten "in erster Linie" auf Mitglieder des eigenen Haushalts, aber deutlich über die Hälfte (56 %) auf Verwandte, Nachbarn und Freunde außerhalb des eigenen Haushalts zurückgreifen konnte. Nur etwa 11 % waren auf öffentliche Hilfe angewiesen. Bei den "in zweiter Linie" mobilisierbaren Hilfen erhöhte sich der Anteil der privaten Unterstützung aus anderen Haushalten auf 72 %.

In einer Studie in Niedersachsen über die Wohnsituation und Hilfenetze im Alter ermittelte SCHUBERT (1990: 15) jüngst einen Anteil von rund drei Vierteln der über 55järigen, die im Fall einer Pflegebedürftigkeit über informelle Unterstützungs- und Betreuungsgelegenheiten verfügen können. Gemessen an der Hilfe, die die Befragten selbst aktiv leisteten, gehörten mehr als die Hälfte (52 %) der Empfänger fremden Haushalten an. Der Autor konstatiert einen Hilfekreislauf zwischen jungen (55-69jährigen) und alten Alten (über 70jährigen), der primär durch familiäre Bindungen in Gang gehalten werde.

Die Autoren des 4. Familienberichts haben solche Erkenntnisse haushaltsüberschreitender Solidarität in die Konstruktion eines erweiterten Familienbegriffs umgesetzt. Angelehnt an die Perspektive alternder Menschen, löst sich dieser Familienbegriff bewußt von der Vorstellung gemeinsamen Wohnens und Wirtschaftens mit ledigen Kindern und betont die sozialen Beziehungen, insbesondere gegenseitige Hilfe und Anteilnahme, zu einem weiten Personenkreis aus verwandten und verschwägerten Personen (SCHWEITZER 1987: 162). Einen ähnlichen Gedanken formuliert TROTHA (1990: 453) mit seiner These, daß die "Einheitlichkeit der Haushaltsorganisation auf der Grundlage der Kernfamilie" zugunsten einer neuen Vielfalt von Lebensformen verloren gehe. Diese Pluralisierung führe zwar nicht zu einer Erweiterung der Kernfamilie, es sei aber möglich, daß intergenerationelle Beziehungen über getrennte Haushalte hinweg im Rahmen einer "supplementären Mehrgenerationenfamilie" an Bedeutung gewännen, vor allem bei alleinerziehenden Eltern.

Unabhängig von dieser späteren Diskussion entschied sich unsere Arbeitsgruppe im Einklang mit dem finanzierenden Ministerium schon in der Phase der Planung und Umsetzung des Familiensurveys, um die Mitte 1985, Familiendaten über Haushaltsgrenzen hinweg zu erheben. Nachdem wir bereits in einer vorangehenden Umfrage Erfahrungen mit Instrumenten der Netzwerkanalyse gesammelt hatten (MARBACH 1987, 1989; MARBACH & MAYR-KLEFFEL 1988), schien uns der Netzwerkansatz auch für die Fragestellung des Familiensurvey ein angemessenes Verfahren zu sein.

2.2 Beziehungsgeflechte als Opportunitätsstrukturen für die familiale Sozialisation

Wie vor allem BRONFENBRENNER (1976, 1977) herausgearbeitet hat, bilden familiale und die Familie umgebende Beziehungsgeflechte eine soziale Matrix für Sozialisationsprozesse. Mithilfe dieses Grundgedankens läßt sich eine Brücke zwischen unserer Untersuchung und der Sozialisationsforschung der 70er Jahre schlagen. Das von BRONFENBRENNER wesentlich beeinflußte Programm einer ökologischen Sozialisationsforschung ist zwar, wie VASKOVICS (1982: 10,14) resümiert, empirisch ungeprüft geblieben und daher in seinem Erkenntniswert umstritten. Das liegt aber nicht zuletzt an dem überaus hohen Anspruch, Sozialisationseffekte in ihren Wechselwirkungen über mehrere analytische Ebenen zu verfolgen, nämlich ausgehend vom Kind über die Gruppenebene der Familie, das sozialräumliche Aggregat des "ökologischen Kontextes" bis hin zur Aggregatebene gesamtgesellschaftlicher Strukturen.

Wir vertreten die These, daß eine Untersuchung von Familienbeziehungen das Komplexitätsdilemma der ökologischen Sozialisationsforschung mildern kann, und zwar ohne eine nennenswerte Einbuße an sozialpolitischer Relevanz. Dazu ist es notwendig, mögliche Zusammenhänge zwischen Beziehungsgeflechten innerhalb und außerhalb der Familie einerseits und der Entwicklung von Kindern andererseits theoretisch zu begründen.

Nach einem häufig zitierten Modell von COCHRAN & BRASSARD (1979) üben soziale Netzwerke auf verschiedenen Wegen Einfluß auf die Familie als sozialisierende Gruppe aus. Die Autoren begrenzen ihren Netzwerkbegriff auf Personen außerhalb des Familienhaushalts. Sie folgen damit BRONFENBRENNER (1977: 515), der "informelle soziale Netzwerke" der Umweltebene des "Exosystems" zuordnet, weil sie raum-zeitlich vom Haushaltsgeschehen getrennt seien. Außenstehende Personen sind dann Mitglieder in dem persönlichen Netzwerk eines Familienmitglieds, wenn sie gemeinsame Aktivitäten und Tauschbeziehungen affektiver und materieller Art mit ihm pflegen. In diesem Sinn können alle Familienmitglieder über eigene persönliche Netzwerke verfügen, die sich zu einem Netzwerk der gesamten Familie zusammenfügen lassen. Die Einflüsse des persönlichen Netzwerks können direkter oder indirekter Art sein. *Direkte Einflüsse* betreffen die Eltern als Individuen und ihre Beziehung zueinander, ferner die Kinder als Individuen sowie ihre Beziehung zu den Eltern und untereinander. *Indirekte Einflüsse*, die die Autoren nur im Hinblick auf die Kinder untersuchen, kommen durch die Vermittlerrolle der Eltern zustande. COCHRAN & BRASSARD (1979: 602) differenzieren die Wirkung von Netzwerken auch danach, ob sie die Entwicklung von Kindern fördern oder beeinträchtigen.

Für die familiensoziologische Umfrageforschung bietet das Modell von COCHRAN & BRASSARD (1979) interessante Möglichkeiten, Fragen von sozialisationstheoretischer und sozialpolitischer Relevanz nachzugehen. Da Umfragen, wie auch der Familiensurvey des DJI, Kinder normalerweise nicht einbeziehen können, läßt sich nicht beantworten, welche sozialisationsrelevanten Netzwerkeinflüsse letztlich "beim Kind ankommen". Doch kann zumindest das Vorfeld dafür aufgeklärt werden. Dies setzt jedoch voraus, daß man die Frage, ob der Einfluß eine positive oder negative Wirkung beim Kind erzielt, bewußt offenläßt. Denn nur dann ist es möglich, anstelle der schwer zu fassenden und für Querschnittserhebungen praktisch unzugänglichen Sozialisationseffekte die Beziehungsaktivitäten von Eltern als "Sozialisationsvorfeld" zu untersuchen, d.h. unter der Annahme, daß diese einen

Gelegenheitsraum für Sozialisationsprozesse darstellen. Die Frage, ob diese Prozesse förderlich oder abträglich sind, ließe sich nur im Längsschnitt und "am Kind" beantworten.

Wir nehmen also an, daß Kinder, die in der Befragung von ihren Eltern in wichtigen Teilbereichen des Alltags als Kontaktpartner genannt werden, in etwa diesem Umfang auch sozialisiert werden. In der Terminologie des Modells von COCHRAN & BRASSARD (1979) bedeutet das, daß der Sozialisationseffekt hier direkt ist und sich aus der *Teilnahme des Kindes am Netzwerk der Eltern* ergibt. Wir nehmen ferner an, daß von der *Einbindung der Eltern in ihre soziale Umwelt* ein indirekter Sozialisationseffekt ausgeht. Beide Möglichkeiten erscheinen plausibel, wenn man bedenkt, daß Sozialisation mehr umfaßt als die gezielte Einwirkung von Erziehern auf das Kind, nämlich die "Gesamtheit von beabsichtigten und unbeabsichtigten Lernerfahrungen ..., die Kinder mit der Teilnahme an Kommunikationsprozessen erleben...", (BMJFG 1975: 13).

Der durch unsere Netzwerkinformationen erfaßte Gelegenheitsraum stellt eine hinreichende, aber keine notwendige Bedingung für Aussagen über Sozialisationsprozesse dar. Wenn also, um eine typische Eltern-Kind-Konstellation aufzugreifen, der befragte Elternteil mit seinem Kind regelmäßig zusammen ißt, ihm sehr enge Gefühle entgegenbringt und einen Großteil seiner Freizeit mit ihm verbringt, dann macht das Kind damit aller Wahrscheinlichkeit nach Lernerfahrungen im Sinne des oben umrissenen Sozialisationsbegriffs. Ein Umkehrschluß ist aber nicht möglich. Wenn ein im Haushalt lebendes Kind nicht in dieser oder in einer anderen Konstellation von alltäglichen Situationen genannt wird, dann kann das verschiedene Gründe haben, z.B. ein zu geringes Alter des Kindes oder besondere Lebensumstände, die durch unsere Auswahl von Situationsvorgaben (dazu Näheres weiter unten) nicht zureichend erfaßt sind. Auf jeden Fall ist es unzulässig, daraus zu schließen, Sozialisation finde in diesem Fall nicht statt.

2.3 Operationalisierung

Eines der Hauptziele des Familiensurveys ist es, die Beschreibung von familialen Lebensformen auf eine erweiterte Grundlage zu stellen. Um dem komplizierten Verhältnis von Familienbeziehungen und Haushalt Rechnung zu tragen und eine willkürliche Vorabdefinition dessen, was Familie ist oder zu sein hat, zu vermeiden, haben wir die konventionelle (haushaltsbezogene) und eine funktions- bzw. tätigkeitsbezogene Sichtweise von familialer Interaktion mit einer Sichtweise von Familie als Eltern-Kind- (sprich Verwandschafts-beziehung kombiniert. Um die funktionsbezogenen Angaben nicht zusehr durch subjektive Befindlichkeiten der Befragten einzufärben, haben wir gemeinsame Handlungen anstelle von Einstellungen in den Mittelpunkt unserer Betrachtung gestellt, aber die subjektive Einschätzung von Familie durch den Befragten zusätzlich erhoben. Dabei erwies es sich als glücklicher Umstand, daß sich die konventionelle Frage nach der Zusammensetzung des Zielhaushalts ohne Schwierigkeiten in das Instrument zur Erhebung von Familienfunktionen integrieren ließ.

Aufgrund dieser Überlegungen haben wir Familienbeziehungen sowohl konventionell wie funktionell mithilfe des Instruments "ego-zentrierte Netzwerke" erhoben. Um den verschiedenen Dimensionen gerecht zu werden, setzen sich die Fragen nach den Beziehungsnetzen aus mehreren Stimulussituationen bzw. "Namensgeneratoren" (BURT 1984) zusammen. Dieses Vorgehen sollte sicherstellen, daß alle potentiell zur Familie zählenden Personen im Umfeld der Befragten erfaßt werden.

Die Auswahl der Namensgeneratoren stützt sich auf die Annahmen, daß

- Familie einerseits auf Verwandtschaftsbeziehungen beruht,
- andererseits ihren Alltag als Haus-, Bett- und Tischgemeinschaft bewältigt.

Die Verwandtschaftsbeziehungen werden (entsprechend der folgenden Liste) in den Generatoren 7 bis 9 angesprochen. Sie sollen sicherstellen, daß die erstellte Namensliste alle lebenden Eltern der Befragten und ihrer Partner enthält, sowie eigene leibliche, Stief- oder Adoptivkinder. Hiermit werden die direkten Linienverwandten erfaßt, also der Personenkreis, der in der Regel Adressat staatlicher familialer Maßnahmen ist, sei es im Bereich des Familienlastenausgleichs, oder im Bereich zugeschriebener, familialer Aufgaben nach dem Subsidiaritätsprinzip. Dieser Personenkreis muß nicht mit der Haushaltszusammensetzung übereinstimmen. Zwischen diesen Verwandten müssen auch nicht zwangsläufig tatsächlich ausgefüllte Familienbeziehungen bestehen. Die hier genannten Eltern und Kinder stellen aber den Gelegenheitsraum für enge Familienbeziehungen dar, so daß die Nutzung der Kontaktmöglichkeiten durch die einzelnen Befragten beschrieben werden kann, insbesondere da in einer gesonderten Frage auch die Anzahl der lebenden Großeltern und Geschwister der Befragten und ihrer Partner erfragt wurde. Nur unter der Bedingung bekannter Gelegenheitsverhältnisse lassen sich die berichteten Beziehungsgeflechte sinnvoll vergleichen.

Die Erhebung der Haushaltsgemeinschaft haben wir über die Frage der Zusammensetzung des ersten und zweiten Haushalts (die Generatoren 10 und 11) erhoben und über eine Wohnentfernungsskala und eine Häufigkeitsskala für Kontakte, auf denen die Ausprägung "Haushaltsmitglied" die kürzeste Distanz bzw. die häufigste Kontaktart anzeigt, kontrolliert. Mithilfe dieser beiden Skalen kann jede Beziehung zwischen einer genannten Person und dem Befragten raum-zeitlich lokalisiert werden.

Als Indikator für einen Kernbereich familialer Gemeinsamkeit dient eine Frage nach den Partnern, mit denen *der Hauptteil* der Freizeit verbracht wird (6). An die Stelle der Bettgemeinschaft, die wegen der Schwierigkeit, sie valide zu erheben und den zu erwartenden Protesten bei den Befragten nicht gestellt wurde, tritt eine Frage nach Personen, zu denen die Befragten sehr enge gefühlsmäßige Beziehungen unterhalten (3). Diese Modifikation entspricht näherungsweise der Vorstellung "unbedingter Zuneigung" von NEIDHARDT (1975: 184). Die Tischgemeinschaft findet in der Frage nach Partnern bei regelmäßigen Mahlzeiten ihren Niederschlag (2).

Unter den ersten 6 Namensgeneratoren findet sich des weiteren eine Frage nach Gesprächspartnern in wichtigen persönlichen Angelegenheiten (1) als ein Indikator für eine wichtige innerfamiliale Solidarleistung. Dieser in vergleichbaren amerikanischen und deutschen Umfragen mehrfach verwendete Generator (1)[1] repräsentiert das wichtige Gebiet der familialen (teilweise auch außerfamilalen) Kommunikation. Die Generatoren (4) und (5) betreffen empfangene und geleistete Finanzhilfen. Sie thematisieren einen Aspekt von sozialer Unterstützung, der erfahrungsgemäß die Kernfamilie mit der weiteren Verwandtschaft verbindet und damit auch Haushaltsgrenzen überschreitet.

Die ersten 6 Namensgeneratoren repräsentieren nicht nur Tätigkeiten und Beziehungen, die signifikant für Familienleben sind, sondern geben über die von ihnen erschlossenen Personen auch den Gelegenheitsraum für familiale Sozialisationsprozesse an. Die Tatsache, daß neben Familienangehörigen im engeren Sinn auch nichtverwandte Kontaktpersonen erfaßt werden können, operationalisiert den von COCHRAN & BRASSARD (1979) entfalteten Aspekt der Einbindung in die soziale Umwelt. Der letzte Generator (12) schließlich erlaubt den Befragten, ihr eigenes Verständnis von Familie mit einzubringen.

Den Befragten wurde die Liste mit allen Namensgeneratoren vorgelegt. Sie wurden aufgefordert, für jede Frage diejenigen Personen mit ihren Vornamen oder Initialen in eine Liste mit durchnumerierten Zeilen einzutragen, die bei der betreffenden Tätigkeit oder Situation von Bedeutung für sie waren. Es konnten im Fortgang jeweils neue Namen notiert oder schon vorhandene mit ihrer Zeilennummer angegeben werden. Um die Anonymität sicherzustellen, trugen die Interviewer nur die (Zeilen-) Nummern in den Fragebogen ein, während die Namensliste bei den Befragten blieb.

Die Namensgeneratoren haben folgenden Wortlaut:

1 Mit wem besprechen Sie Dinge, die Ihnen persönlich wichtig sind?
2 Mit wem nehmen Sie - ob an Wochentagen oder werktags - regelmäßig gemeinsame Mahlzeiten ein (ohne Kantine und Arbeitsessen)?
3 Zu wem haben Sie eine sehr enge gefühlsmäßige Bindung?
4 Von wem erhalten Sie ab und zu oder regelmäßig finanzielle Unterstützung?
5 An wen geben Sie ab und zu oder regelmäßig finanzielle Unterstützung?
6 Mit wem verbringen Sie hauptsächlich Ihre Freizeit?
7 Sofern Ihre Eltern noch leben: Nennen Sie Ihren Vater und Ihre Mutter!

8   Sofern Sie einen Partner haben und dessen Eltern noch leben: Nennen Sie Vater und Mutter Ihres Parters!
9   Sofern Sie Kinder haben (auch Stief- und Adoptivkinder): Nennen Sie Ihre Kinder!
10 Welche Personen außer Ihnen selbst leben in Ihrem Haushalt? Falls Sie einen zweiten Wohnsitz haben, ist zunächst der Haushalt an Ihrem Hauptwohnsitz gemeint.
11 Wenn Sie einen zweiten Wohnsitz haben: Welche Personen leben, von Ihnen abgesehen, zeitweise oder immer im dortigen Haushalt?
12 Nennen Sie mir zum Schluß bitte die Nummern der Personen, die sie persönlich zu Ihrer Familie zählen bzw. schreiben Sie diese Personen neu auf die Liste, falls sie bisher noch nicht aufgeführt sind!

Zu jedem Namen auf der Liste wurden das Geschlecht, die Art der Beziehung zur befragten Person, die räumliche Entfernung und die Kontakthäufigkeit erfragt. Außerdem wurden die Interviewten gebeten, für nichtverwandte Netzwerkpersonen auch das Alter zu nennen[2]. Mithilfe der Gesamtheit der erhobenen Netzwerkinformationen läßt sich feststellen,

* in welchen Situationen des Familienalltags ein Mitglied des familialen Netzwerks genannt wird, d.h. welche Inhalte die jeweilige Beziehung abdeckt;
* wieviele Personen in einer bestimmten Situation genannt werden, wie groß also der Umfang eines Teilnetzes ist; faßt man alle Situationen zusammen und berücksichtigt, daß eine Person mehrfach genannt werden kann, dann läßt sich auch der Umfang des Gesamtnetzwerks bestimmen;
* wie intensiv eine Beziehung ist, gemessen an der Häufigkeit des Kontakts;
* ob Gelegenheiten für ein Ausleben der jeweiligen Beziehung überhaupt existieren; dies geschieht durch Berücksichtigung der räumlichen Entfernung zwischen Befragten und Netzwerkpersonen; bei einigen Kategorien naher Angehörigen der Herkunftsfamilien der Befragten (Eltern, Großeltern und Geschwister) läßt sich auch feststellen, wieviele der vorhanden Möglichkeiten, d.h. Kontaktgelegenheiten tatsächlich genutzt werden.

3. Ergebnisse

3.1 Traditionelle Zugänge zu Beschreibung der Situation von Familien

3.1.1 Vergleich der Umfragedaten mit der amtlichen Statistik

Die Annahme, daß die "Haushaltsbrille" ein verzerrtes Bild der Familie zeichnet, läßt sich auch an unseren Daten leicht begründen, zum Beispiel durch eine Differenzierung der amtsstatistischen Kategorien (s.a. PÖSCHL 1989) durch zuätztliche Informationen aus der Umfrage.
"Einpersonenhaushalte" (Singles). In unseren Daten gehören 1100 Personen zu dieser Kategorie, dies entspricht in etwa der zu erwartenden Größenordnung für 18-55jährige von 12% im Mikrozensus 1988. Im Einpersonenhaushalt zu leben, heißt nicht unbedingt, allein auf der Welt zu sein. 26% der von uns befragten Singles haben einen Lebenspartner, ein Viertel davon haben mindestens ein Kind, das außerhalb des Haushalts lebt. Weitere 5% der Befragten haben zwar keinen Lebenspartner, aber mindestens ein Kind außerhalb des Haushalts.

Für diese Personen, aber auch für die restlichen 69% der Singles gilt: Im Durchschnitt hat jede Person, die in einem Einpersonenhaushalt lebt, genauso wie jeder andere Befragte, ungefähr zwei Personen mit dem sie z.B. persönlich wichtige Dinge besprechen kann, zu der sie eine enge emotionale Beziehung hat oder mit der sie gemeinsam den größten Teil der Freizeit verbringt. Befragt man die Singles, so geben sie im Durchschnitt zwei bis drei Personen an, die sie zu ihrer Familie rechnen. Dies ist eine Person weniger als im Durchschnitt der Bevölkerung. Schaut man sich die Absolutzahlen an, sieht man, daß zwar 20% aller Singles angeben, sie hätten keine Familienmitglieder, aber nur 0,1% der befragten Singles (1 Person) gab niemand aus der Verwandtschaft und dem Freundes- oder Nachbarkreis als Mitglied ihres inneren Netzwerks an. Wir konnten in unserer Stichprobe also nur einen wirklich einsamen Single nachweisen.

Die Kategorie Einpersonenhaushalte reicht also nicht aus, um die Anzahl der isoliert Lebenden im soziologischen Sinn zu beschreiben. Die Anzahl dieser Personen ist wesentlich geringer als die Zahl der Einpersonenhaushalte.

Ähnliches gilt für *"ledige Personen mit und ohne Kinder"*. Von diesen Befragten (cirka 3000) haben die Hälfte schon mindestens eine Partnerschaft hinter sich, cirka die Hälfte aller ledigen Befragten hat zur Zeit keinen Partner. 30% haben einen Partner, aber leben ohne ihn, 20% der Ledigen unserer Stichprobe leben mit dem Partner zusammen.

Ledige Personen haben nur in seltenen Fällen (8%) Kinder im Haushalt. Wenn Sie Kinder im Haushalt haben, existiert in 3/4 aller Fälle ein Lebenspartner, der in 85% dieser Fälle mit im Haushalt wohnt. Ledige Personen mit Partner haben in 60% der Fälle gemeinsame Kinder, in 40% der Fälle hat jeweils ein Partner Kinder mit eingebracht. Von den 95% ledigen

Personen ohne Kinder im Haushalt sind 1% in der Phase des "leeren Nestes", d.h. die Kinder haben den Haushalt bereits verlassen.

Hier wird deutlich, daß der Stand "Ledigsein" für die meisten der Betroffenen durch die amtsstatistischen Kategorien angemessen beschrieben ist. Allerdings werden, wenn man eine Hochrechnung wagt, cirka 50.000 Ledige in der Phase, in der ihre Kinder den Haushalt verlassen haben, von der Amtsstatistik nicht als Familie erfaßt. Außerdem ist aus der Amtsstatistik auch nicht erschließbar, daß die meisten Ledigen mit Kindern (75%) einen Lebenspartner haben.

Betrachtet man die "*Geschiedenen und Verwitweten*", so zeigt sich über die Daten, die aus der Amtsstatistik bekannt sind, hinaus, daß sich die Geschiedenen von den Verwitweten in Bezug auf neue Partnerschaften drastisch unterscheiden. 50% der Geschiedenen haben einen neuen Partner, aber nur 13% der Verwitweten. Dies ist sicherlich zum Teil altersbedingt. Die Geschiedenen sind im Schnitt 40 Jahre, die Verwitweten mit Partner im Durchschnitt 45, die Verwitweten ohne Partner im Durchschnitt 50 Jahre alt. Aber Alter allein ist nicht als Erklärung ausreichend, denn bei den Geschiedenen haben auch 47% der 40-45j., 44% der 45-50j. und 32% der 50-55j. einen Partner. Da sich auch die Verteilung über den Familienzyklus nicht dramatisch unterscheidet, läßt sich schließen, daß die Verwitweten erheblich größere Probleme mit der Partnerwahl als die Geschiedenen haben oder daß sie häufiger auf Nachfolgepartnerschaften verzichten. Leben Geschiedene mit einem Partner zusammen, sind 70% der dann angegebenen Kinder gemeinsame Kinder, jeweils 30% der Kinder sind von den einzelnen Partnern eingebracht.

Eine weitere interessante Gruppe ist die "*Ein-Generationenfamilie*" (Ehepaare ohne Kinder im Haushalt). Im Familiensurvey gehörten ca. 1400 der Befragten zu dieser Kategorie. Von diesen haben 56 % tatsächlich keine Kinder, 44 % haben Kinder außerhalb ihres Haushalts.

Die naheliegende Einstufung der Ein-Generationenfamilien als "DINKis" (Double Income No Kids) ist zwar verständlich, aber zumindestens als generelle Einschätzung falsch. Fast die Hälfte der Ein-Generationenfamilien hat Kinder, die zwar nicht im Haushalt, aber, wie weitere Analysen zeigen, im Durchschnitt in einer Wohnentfernung von unter einer Stunde leben. Mit ihnen besteht ungefähr jede Woche mindestens einmal ein Kontakt. Auch die Ausgestaltung dieser Kontakte ist ähnlich wie bei den Ehepaaren mit Kindern im Haushalt. Z.B. geht auch bei den Ehepaaren ohne Kinder im Haushalt im Durchschnitt die Hälfte aller regelmäßigen Unterstützungszahlungen für Dritte an ihre Kinder. Generell kann gesagt werden, daß die Konzentration auf Haushalte eine Vielzahl von Eltern-Kindbeziehungen unterschlägt.

Hinsichtlich der Repräsentativität unser Stichprobe zeigt sich, daß wir, insbesondere in den kleineren Zellen, z.B. Ledige mit Kindern, z.T. doppelt soviel Personen interviewt haben, als dies durch den Mikrozensus zu erwarten war. Anderseits haben wir bei den Verheirateten mit Kindern cirka 8% weniger Fälle als der Mikrozensus angibt (s.a. ALT in diesem Reader). Wie auch andere Untersuchungen zeigen (ESSER u.a., 1990), geben Umfragen mit ihren begrenzten Stichproben gute Beschreibungen für die beobachteten Gruppen und Zusammenhänge zwischen Fakten. Für eine Schätzung der Größenverhältnisse in der Gesamtbevölkerung, sind sie allerdings weniger geeignet.

Über alle Kategorien läßt sich sagen, daß eine differenziertere Analyse bedeutsame Fakten über die Situation von Familien enthüllt, die über die Aussagekraft der amtsstatistischen Kategorien hinausgeht, unabhängig von der eigenständigen Bedeutung dieser Kategorien. Amtsstatistik kann nur über *Haushalts*konfigurationen im *Rahmen der Kategorien, die durch die entsprechenden Gesetze zur Erhebung von Amtsstatistiken zugelassen sind*, Auskunft geben. Aus dieser Problematik kommt man auch nicht vollständig heraus, wenn, wie für den ALLBUS vorgeschlagen, die differenziertere Familien-und Haushaltstypologie nach PORST verwendet wird (BECKMANN & TROMETER, 1991). Zwar wird damit der größere Freiheitsraum außerhalb der Amtsstatistik (HOFFMEYER-ZLOTNIK & EHLING, 1991) genutzt, aber die Haushaltsbegrenzung bleibt.

Eine angemessenere Beschreibung der Situation von Familien, die sowohl familienzyklische Einflüsse, wie auch die Unterscheidung in tatsächlich gelebte bzw. tatsächlich nutzbare Beziehungen und nur theoretisch vorhandene Gelegenheitsbeziehungen berücksichtigt, erreicht man aber nur, wenn die Beschreibung wesentlich differenzierter ist und über die Haushaltsgrenze hinausgeht. Die damit verbundenen höheren Kosten in der Datenerhebung und die erhöhte Komplexität bei der Auswertung sollten nicht abschrecken, dem Gegenstand adäquate Verfahren zu verwenden. Die hohe Komplexität der vorgefundenen Familienstrukturen macht es auch unmöglich, sie adäquat in einer einfachen Tabelle zusammenzufassen.

Auf der anderen Seite gibt die Amtsstatistik eine Vielzahl von Informationen über die Verteilung einfacher Kategorien von familialen Lebensformen, die in dieser Genauigkeit nicht durch Umfragen mit den üblichen Fallzahlen unter 10.000 Personen erreichbar ist. Bedingt durch die hohen Fallzahlen (Vollerhebung oder 1% Stichprobe) ist die amtliche Statistik, wie der Vergleich mit den Surveydaten zeigt, unersetzlich als Referenzstatistik und kann weniger differenziert in einfachen Tabellen eine schnelle Übersicht geben.

3.1.2 Familie als Verwandtschaftsbeziehungen

Familienpolitische Maßnahmen begründen sich durch staatliche Regelungen auf Gesetzesebene oder auf Grund anderer normativer Möglichkeiten, die die hiervon betroffenen Personen durch Definition einbeziehen oder ausgrenzen. Die Haushaltszugehörigkeit ist bei der Definition der betroffenen Person zwar sehr oft ein notwendiges Merkmal, es ist aber selten hinreichend.

Manche Familientransfermaßnahmen, wie z.B. Anrechnung von Kinderbetreuungskosten, erfordern, daß die Kinder im Haushalt leben, andere, wie der Kinderfreibetrag, erfordern dies nicht. Wichtig ist in jedem Fall, daß ein Kindschaftsverhältnis existiert, d.h. Verwandschaft ersten Grades oder ein Pflegekindschaftsverhältnis. Für das Kindergeld gilt z.b., daß für leibliche und adoptierte Kinder unabhängig von der Haushaltsgemeinschaft gezahlt wird. Für Stief-, Enkel- und Pflegekinder wird nur gezahlt, wenn sie im Haushalt des Betroffenen leben. Die meisten dieser Maßnahmen gelten nur für Angehörige der Kernfamilie, d.h. der Linienverwandten ersten Grades bzw. für verheiratet Zusammenlebende (Ehegattensplitting).

Auf der anderen Seite sind Ansprüche auf Unterstüzung, wie z.B. der Sozialhilfe, erst dann erfüllt, wenn Unterhaltsansprüche in der Familie nicht geltend gemacht werden. Das BundesSozialHilfeGesetz (BSHG) bezieht hier über die Kernfamilie hinaus andere Verwandte und Verschwägerte, die im selben Haushalt leben, mit ein. Auch nicht im Haushalt lebende Verwandte ersten Grades und getrennt lebende und geschiedene Ehegatten können hier mit berücksichtigt werden. Partner aus nichtehelichen Lebensgemeinschaften, die eine Wohn- und Wirtschaftsgemeinschaft bilden, werden ebenfalls, wie ihre im Haushalt lebenden Verwandten, wechselseitig angerechnet und können damit eine Ablehnung der Sozialhilfe bedingen (HUBER, 1990).

Aus diesen wenigen Beispielen wird deutlich, daß für eine Bestimmung der Auswirkungen und Kosten familienpolitischer Maßnahmen Haushaltszahlen allein nicht ausreichen, sondern auch die existierenden Verwandtenbeziehungen (inklusive Verschwägerung, Partner, ehemalige Partner) wichtig werden. Die Kenntnis über Verwandtschaftsbeziehungen allein reichen aber ebenfalls nicht aus, um die möglichen Ansprüche, die sich aus einer geplanten Maßnahme bzw. Maßnahmenänderung ergeben, zu beschreiben, da nicht einmal Linienverwandtschaft in allen Fällen staatlicher Maßnahmen ohne Einschränkung eine Zugehörigkeit zur Gruppe der Betroffenen bedingt.

Die von uns analysierten Daten zeigen eine starke Einbettung aller verschiedenen Lebensformen in Verwandschaftsnetze, obwohl es bemerkenswerte Unterschiede gibt. Andererseits zeigen die Daten aber auch, daß Verwandschaftsbeziehungen nicht unbedingt bedeuten müssen, daß sie auch tatsächlich als Solidarbeziehung genutzt werden. Tabelle 1 gibt die niedrigeren Kontakthäufigkeiten für einzelne Verwandschaftskategorien "mehrmals im Jahr", "seltener" und "nie" an.

Tabelle 1

Verteilung geringer Kontakthäufigkeiten zu Verwandten.

Verwandtschafts-kategorie	mehrmals im Jahr	seltener	nie	von	Gesamt
eigenes Kind	2.4%	1.2%	1.0%		11544
eigene Eltern	9.2%	3.8%	2.1%		13086
Partnereltern	13.2%	8.1%	3.4%		9367
eigene Geschwister	17.7%	6.9%	.6%		6736
Partnergeschwister	23.0%	9.0%	.4%		1338
Großeltern	14.5%	6.4%	.3%		1194

Die ersten drei Kategorien beziehen sich auf alle lebenden Kinder und Eltern. Es sind dabei immerhin 116 eigene Kinder angegeben worden, zu denen die Befragten nie Kontakt haben, bei den Eltern waren es 272 Elternteile und bei den Partnereltern 323 Personen, zu denen die Befragten angaben, nie Kontakt aufzunehmen.

Die letzten drei Kategorien beziehen sich nur auf Anteile der im Netz genannten Geschwister und Großeltern, nicht auf alle lebenden Geschwister und Großeltern. Bei den Geschwistern sind bei den Netzangaben nur 33% der lebenden Personen angegeben worden, zu denen wiederum bei über 25% nur ein paarmal im Jahr oder weniger ein Kontakt besteht. Partnergeschwister sind nur zu 8% genannt worden, und zu über 30% von diesen besteht nur ein paarmal im Jahr oder weniger Kontakt. Großeltern (4358) bzw. Partnergroßeltern (2217) tauchen nur zu 18% (1194) in den Familiennetzen auf, und auch von diesen werden cirka 20% weniger als einmal im Monat kontaktiert.

Vorhandene Familienkontakte bedeuten also noch lange nicht, daß sie auch für den einzelnen Betroffenen nutzbar sind bzw. genutzt werden. Auf der anderen Seite zeigen unsere Daten, daß Personen mit wenigen Familienkontakten (BIEN, 1990) Solidarbeziehungen zu Nichtverwandten aufbauen, die sie kompensatorisch nutzen.

Exakte Schätzungen des Betroffenenpotentials familialer Maßnahmen sind sicherlich nur mit extremem Aufwand durchzuführen, Schätzungen für die tatsächliche Bedürftigkeit oder aber die tatächliche Nutzung lassen sich selbst mit differenzierten Angaben, wie sie unsere Umfrage liefert, nur in sehr grobem Maß vornehmen.

3.2 Neue Zugänge zur Beschreibung von Familie

Um uns so wenig wie möglich im vorhinein auf bestimmte Familiendefinitionen festzulegen, haben wir, wie oben erwähnt, vier verschiedene Arten, Familien zu beschreiben, in der Liste der Namensgeneratoren berücksichtigt. Diese vier Zugangswege sind:

* *Verwandtschaft* mit den Befragten (explizit erhoben bei Eltern und Kinder, bzw. implizit erschlossen über Nennungen in den folgenden drei Zugangswegen), bzw. Partnerschaft (Ehe)
* Mitgliedschaft im *Haushalt* der Befragten
* Präsenz über eine *Funktion* in mindestens einer der ersten 6 Namensgeneratoren
* subjektive Nennung als Mitglied in der *wahrgenommenen Familie* der Befragten.

Ein Ziel dieser Untersuchung ist es zu prüfen, ob es zulässig ist, von Informationen eines Zugangsweges (z.B. Haushaltszugehörigkeit) auf Sachverhalte zu schließen, die in den Bereich eines anderen Zugangsweges (z.B. enge Verwandtschaft) fallen. Wenn die vier Zugänge ähnliche oder identische Informationen zutage fördern, dann wären solche wechselseitigen Schlüsse zulässig. Es wäre dann auch unproblematisch, sich je nach Vorliebe für die eine oder andere Familiendefinition zu entscheiden. Ergeben sich jedoch Unterschiede, muß fallweise entschieden werden, welcher Aspekt von Familie beschrieben werden soll, womit dann auch der Zugangsweg festlegt ist. Es ist andererseits auch möglich, daß die verschiedenen Familiendefinitionen zwar unterschiedliche Beschreibungen liefern, aber dennoch zu ähnlichen Schlußfolgerungen führen. In diesem Fall muß der Variationsbereich der einzelnen Definitionen genauer beschrieben werden, um die Inhalte abgrenzen zu können, die stabil über die Definitionen sind.

Als erstes betrachten wir die Anzahl der Personen, die durch die verschiedenen Familiendefinitionen generiert werden. Es zeigen sich deutliche Unterschiede in den durchschnittlichen Zahlen von Familienmitgliedern pro 100 Befragten:

Familiendefinition	Teilmengen auf 100 Befragte
* Verwandte	570
* Haushaltsmitglieder	211
* Funktionsträger	396
* Wahrgenommene Familie	408

Die Anzahl der Verwandten (Partner, Eltern, Kinder, sowie Verwandte, die Funktionen übernehmen, bzw. im Haushalt leben) ist deutlich größer als die Anzahl der im Haushalt lebenden Personen und die Anzahl der Funktionen übernehmenden Personen. Sie ist selbst größer als die Anzahl der Personen die subjektiv von den Befragten zur Familie gerechnet werden. Die Anzahl der Haushaltsmitglieder ist die kleinste genannte Zahl. D.h. selbst der erste Blick auf die Zahlen bestätigt die bereits oben beschriebene Eingeschränktheit der Haushaltsbrille, zeigt aber auch, daß vermutlich eine undifferenzierte Berücksichtigung von Verwandschaftsbeziehungen dem realen Familienleben nicht entspricht. Die Zahlen widerlegen auch die einfache Hypothese, daß jeder der Zugangswege zu einer Beschreibung von Familie führt, die nur unwesentlich von den Beschreibungen der anderen Zugangswege abweicht.

3.2.1 Überschneidungen der Familiendefinitionen

Die generellen Zahlen geben allerdings keine Auskunft darüber, inwieweit sich die einzelnen Familiendefinitionen überschneiden. Rein theoretisch wäre es ja möglich, daß alle Haushaltsmitglieder Funktionsträger sind, alle Funktionsträger zur eigenen Familie gerechnet werden und alle Personen, die zur eigenen Familie gerechnet werden, Verwandte sind. In diesem Fall wäre der Zugang zur Erfassung von Familie lediglich ein Problem der zu wählenden Größe. Ein nicht unübliches Verfahren, zeigt doch z.B. Huber (1990), daß bei staatlichen Maßnahmen, die Ressourcen in die Familie transferieren (Familienlastenausgleich), der Kreis der betroffenen Familienangehörigen wesentlich kleiner ist als der Kreis der Familienangehörigen, auf die verwiesen wird, wenn sich gesetzliche Regelungen auf die Selbsthilfe der Familie beziehen. Gibt es allerdings Personen, die z.B. dem Haushalt angehören, aber keine Verwandten sind, d.h. sind die vier betrachteten

Zugangswege relativ unabhängig voneinander, werden die Probleme sehr viel komplexer.

Ein angemessenes Verfahren für die Darstellung von Mengen und Schnittmengen ist ein Venn-Diagramm, das überlappende und nicht überlappende Bereiche, hier Mengen von Personen, übersichtlich darstellen kann. Die folgenden beiden Schaubilder illustrieren die Überlappungen der Zugangswege in Venn-Diagrammen. Sie zeigen, daß die Definitionen nicht voneinander unabhängig sind, sondern daß es Überschneidungen größeren Ausmaßes gibt. Aus Gründen der Übersichtlichkeit demonstrieren wir dies in Schaubild 1 zunächst nur für drei Definitionsbereiche, nämlich für Verwandte, Haushaltsmitglieder und Funktionsträger:

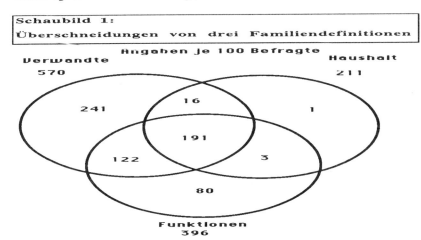

Außerhalb der Ellipsen stehen die generellen Zahlen für die Zugangswege, die oben bereits beschrieben worden sind. Innerhalb der Ellipsen, aber außerhalb der überlappenden Bereiche, ist die Anzahl der Personen angegeben, die ausschließlich durch den jeweiligen Zugangsweg erschlossen wird, die also durch keine andere Definition erfasst werden. Wie aus Schaubild 1 ersichtlich, enthält jede der Definitionen solche Personen.

Beispielsweise kommen auf je 100 Befragte 241 Verwandte, die in keinerlei Handlungen (soweit von uns erfaßt) eingebunden sind und nicht dem Haushalt der Befragten angehören. Ein anderes Beispiel: In je 100 Familien findet sich jeweils eine Person als Haushaltsmitglied, die weder verwandt (d.h. auch kein Lebenspartner des Befragten) ist, noch in Handlungen (Funktionen) eingebunden wird. Dies sind bei 10.000 Befragten in unserer Umfrage immerhin rund 100 Personen. Rechnet man diese auf die Gesamtbevölkerung in den alten Bundesländern hoch, erreicht man schon fast Millionenhöhe. Wesentlich größer, 80 Personen auf 100 Befragte, ist die

Zahl der Personen, die Funktionen übernehmen, aber weder verwandt mit den Befragten sind, noch in deren Haushalt wohnen. Diese Personen werden in keinem traditionellen Ansatz zur Familie berücksichtigt. Sie werden aber, zumindestens anteilsmäßig sowohl im Solidarbereich wie bei den Sozialisationsleistungen eine Bedeutung haben. Zusammenfassend läßt sich sagen: Welchen Zugang man auch wählt, stets vernachlässigt man Personen, die durch andere Zugänge erschlossen werden.

Die Überlappungen von zwei Zugängen (Schnittmengen zwischen jeweils zwei Ellipsen) beziehen sich auf Personen, die den betreffenden zwei Familienzugängen zugleich genügen, aber nicht der jeweils dritten.

In 100 Familien leben 16 Verwandte im Haushalt, die nicht in Handlungen ("Funktionen") einbezogen sind, dies können Kinder und Eltern, aber auch andere Verwandte sein. 122 Verwandte erscheinen zwar in solchen Handlungen, leben aber nicht im Haushalt. Diese Personen sind in die Familie einbezogene Verwandten, die durch wichtige Aktionen mit den Befragten und dessen engerer Familie (Haushaltsfamilie) verbunden sind. Dies sind auch die Personen, die bei Solidarleistungen innerhalb der Familie wahrscheinlich wichtiger sind als die maximal als Gelegenheitsraum zu interpretierenden *Nurkinder* und *Nureltern* ohne Funktionen. Drei Personen je 100 Befragte (Haushalten) sind nicht mit diesen verwandt, aber Mitglied im Haushalt und in Handlungen einbezogen. D.h. drei Viertel aller in Haushalten lebenden Nichtverwandten (hier sind keine Lebenspartner enthalten) sind in wichtige Funktionen eingebunden. Rechnet man diese Zahl auf die Gesamtbevölkerung hoch, liegen die Erwartungszahlen auch hier und erst recht für die ersten beiden Fälle in Millionenhöhe.

Die Zahl im Zentrum des Diagramms (Dreierschnittmenge) gibt die Anzahl der Personen an, die sowohl mit den Befragten verwandt sind (bzw. Partner der befragten Person sind), als auch in deren Haushalt leben, als auch in den ersten sechs Namensgeneratoren mindestens einmal von ihnen genannt werden. Diese 191 Personen je 100 Befragte erfüllen alle bisher betrachteten Bedingungen, sind also objektiv gesehen die engste Beschreibung von Familie.

Schaubild 1 vermittelt bereits einen Eindruck von der Variation, die aus den verschiedenen Sichten der Familie resultiert. Es macht deutlich, daß die gelebten Familienbeziehungen wesentlich komplexer sind als die einzelnen Definitionen, seien sie über Verwandschaft oder über den Haushalt erschlossen. Familie ist aber auch hochgradig subjektiv bestimmt, sodaß zu erwarten ist, daß die eigene Meinung der Befragten, wer zur Familie gehört und wer nicht, ebenfalls einen eigenständigen Personenkreis beschreibt.

Im Schaubild 2 ist, durch die Aufteilung in schraffierte und nichtschraffierte Flächen auch die subjektive Sicht der Befragten als vierter Zugangsweg berücksichtigt. Die schraffierten Flächen enthalten die Personen, die auch subjektiv der Familie zugerechnet werden (wahrgenommene Familie), die nicht schraffierten Flächen enthalten die Personen, die nicht von den Befragten zur eigenen Familie gerechnet werden. Man sieht deutlich, daß durch diese zusätzliche Sicht auf die Familie weitere Varianz erzeugt wird, d.h. es entstehen neue Mengen mit z.T. beträchtlichen Zellenbesetzungen. Beispielsweise werden nur zwei Drittel der Verwandten (81), die in Handlungen (Funktionen) einbezogen sind, aber nicht im Haushalt leben, zur eigenen Familie gerechnet. Von den Verwandten, die nicht in Handlungen einbezogen sind und nicht im Haushalt leben, werden nur cirka die Hälfte (128) zur eigenen Familie gerechnet, die anderen nicht. Dies können nur die über die explizite Frage erschlossenen Eltern und Kindern der Befragten bzw. Eltern und Kinder der Partner sein.

Schaubild 2:
Überschneidungen von 4 Familiendefinitionen

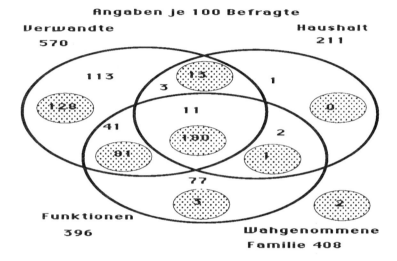

Verwandte, die im Haushalt leben und keine Funktionen erfüllen, werden immerhin zu etwa vier Fünfteln (13) zur eigenen Familie gezählt. Allerdings gibt es immer noch einen beträchtlichen Anteil von Verwandten, die im Haushalt leben (3), aber nicht zur Familie gerechnet werden und keine Funktionen erfüllen. Es sei nochmals darauf hingewiesen, daß der Zahl (3) etwa 300 genannte Personen im Survey entsprechen, der bei einer Hochrechnung auf die Gesamtbevölkerung in den alten Bundesländern eine Zahl in Millionenhöhe entspricht.

Überraschend ist sicherlich auch, daß cirka 5 % der Verwandten, die im Haushalt leben und Funktionen erfüllen, von den Befragten nicht zur Familie gerechnet werden (11). Die restlichen 95 %, die innere schraffierte Fläche (180 Personen je 100 Familien) enthält diejenigen Personen, die im Haushalt der Befragten leben, mit ihnen verwandt sind, von ihnen in einer der Familienfunktionen genannt werden und als Mitglieder ihrer Familie wahrgenommen werden. Wir bezeichnen diese Personen, die alle von uns als relevant angesehen Zugangswegen entsprechen, als "*Haushaltsfamilie*".

Nicht überraschend ist, daß nur cirka 5 % der Nichtverwandten (ohne Lebenspartner), die Funktionen erfüllen, zur eigenen Familie gerechnet, werden (3). Leben die Nichtverwandten im Haushalt und übernehmen sie Funktionen, wird ein Drittel von ihnen zur eigenen Familie gerechnet. Üben sie keine Funktionen aus, werden sie von den Befragten nicht zur Familie gerechnet. Immerhin werden je 100 Befragte sechs nichtverwandte Personen zur eigenen Familie gerechnet, 600 Personen in der Umfrage. Das heißt, daß die eher objektiven Zugänge (Schaubild 1) nicht vollständig ausreichen, um die Vorstellung von Familie zu erfassen, die die einzelnen Betroffenen haben und leben.

Andererseits können wir relativ sicher sein, daß unser Verfahren praktisch alle Personen erfaßt hat, die auch im weitesten Verständnis als Familienmitglieder der Befragten bezeichnet werden können. Dies sieht man an der trotzdem relativ niedrigen Besetzung der wahrgenommenen Familie (die schraffierte Fläche außerhalb des Diagramms 2 bzw. rund 200 Personen absolut). Dies zeigt, daß die drei anderen Definitionen auch die "idiosynkratische Sicht" von Familie zwar nicht vollständig, aber doch gut repräsentieren.

Das Venn-Diagramm in Schaubild 2 gibt eine Idee davon, daß man durch unterschiedliche Kombination der einzelnen Schnittmengen auf vielen Wegen zu Definitionen von Familien gelangen kann. Jede dieser Definitionen unterscheidet sich von anderen durch die Art und Anzahl der erfaßten Personen. Ein Beispiel ist die "*Haushaltsfamilie*", deren Mitglieder alle Zugänge erfüllen, und die wohl weitgehende Akzeptanz finden dürfte.

Wenn man weiter gefaßte Familienbegriffe, die über das Modell der "*Haushaltsfamilie*" hinausgehen, zu definieren versucht, dann tauchen einige Probleme auf, die deutlich machen, daß solche Definitionen nur für bestimmte Fragestellungen sinnvoll sind, aber kaum allgemeine Akzeptanz finden dürften. Z.B. wäre es denkbar, alle die Personen als Familienmitglieder zu definieren, die mindestens in jeweils 2 Teilmengen auftauchen. Man würde dann von den hier erfassten Personen nur solche ausschließen,

* die als Familienmitglied bezeichnet werden, aber nicht verwandt sind, keine Funktionen erfüllen und nicht im Haushalt leben
* die zwar verwandt sind, aber nicht zum Haushalt gehören, keine Funktion erfüllen und auch nicht zur Familie gerechnet werden
* die im Haushalt leben, aber nicht verwandt sind, keine Funktionen erfüllen und nicht zur Familie gerechnet werden
* die zwar Funktionen erfüllen, aber nicht verwandt sind, nicht im Haushalt leben und nicht zur Familie gerechnet werden.

Dies kann z.B. bei der Untersuchung von Solidaraufgaben im Bereich der nach dem Subsidiaritätsprinzip zu lösenden Probleme im Familienbereich sinnvoll sein. Allerdings läßt sich sicher darüber streiten, ob diese die Zweierschnitte einbeziehende "*Schnittmengenfamilie*" sinnvoll ist, d.h. ob tatsächlich alle in diesem Zusammenhang auftauchenden Personen in jedem Fall zur Familie der Befragten gerechnet werden können. Darunter können sich eben auch Freunde befinden, mit denen man ein Großteil der Freizeit verbringt und die man vielleicht deswegen als Familienmitglied ansieht. Eingeschlossen sind aber auch nichtverwandte Haushaltsangehörige, mit denen man regelmäßig Mahlzeiten einnimmt. Die Schaubilder zeigen allerdings, daß solche Konstellationen eher selten sind, die Bedeutung einer solchen Definition also nicht tangieren würden.

Es gibt aber sicherlich noch andere theoretische Ansätze der Familienbeschreibung, die nicht bruchlos in die Struktur der hier gezeigten Venndiagramme passen, z.b. das konventionelle Verständnis von *Kernfamilie*. Zur *Kernfamilie* gehören Verheiratete mit Ehepartner und Kindern, soweit sie im gemeinsamen Haushalt leben.

Über die in den Schaubilder enthaltenen Familiendefinitionen hinaus geht auch eine Erweiterung des Haushaltsbegriffs auf die Wohnentfernung "gemeinsames Haus". Ein Diagramm, das dem in Schaubild 2 entspricht, aber statt dem Haushaltszugang, einen Zugang über das Wohnen in einem gemeinsamen Haus enthielte, hätte als innere Schnittmenge eine Familienkonstellation, die wir "*Hausfamilie*"nennen. Ihre Mitglieder würden unter einem Dach wohnen, wären verwandt miteinander, würden Funktionen erfüllen und würden von dem Befragten als Familienmitglieder wahrgenommen.

3.2.2 Homogenität der Familiendefinitionen

Nun kann es ja immer noch sein, daß die vier verschiedenen Familiendefinitionen und beispielsweise, die zwei aus den Mengendiagrammen hergeleiteten Definitionen (nämlich die "*Haushaltsfamilie*" und die "*Schnittmengenfamilie*") zwar unterschiedliche Mengen von Personen erschliessen, aber dennoch bei ähnlichen Fragen zu ähnlichen Befunden führen. Sollte dies der Fall sein, dann könnte man die Unterschiede zwischen den Definitionen praktisch vernachlässigen. Diese Hypothese soll im folgenden an einer Reihe von Merkmalen der Befragten untersucht werden.

Geschlecht

Außer bei der Haushaltszugehörigkeit nennen Frauen immer deutlich mehr Personen als Männer. Dies trifft bei Verwandten, Funktionsträgern und Mitgliedern der wahrgenommenen Familie zu. Auch bei der "*Haushaltsfamilie*" und der "*Schnittmengenfamilie*" gibt es deutliche Unterschiede in der beschriebenen Richtung. Frauen haben also mit wenigen Ausnahmen größere Familienkontexte als Männer. Dies korrespondiert mit dem Befund, daß bei den Einpersonenhaushalten und bei den Ledigen ohne Partner der Männeranteil deutlich über dem der Frauen liegt. Insgesamt läßt sich feststellen, daß Männer in den von uns betrachteten Altersgruppen häufiger als Frauen alleine leben und - wenn man einmal gleiche Gelegenheitsräume für beide Geschlechter unterstellt - diese Gelegenheitsräume weniger nutzen. Dieser Befund ist unabhängig vom Zugangsweg, wenn man von der Haushaltszusammensetzung absieht.

Familienstand

Verheiratete leben über alle Definitionen hinweg in deutlich größeren Familienkontexten als Geschiedene, Verwitwete oder Ledige. Nur als Funktionsträger haben Ledige in etwa so viele Personen genannt wie Verheiratete. Verwitwete geben die geringste Anzahl von Verwandten an. Da aber Witwenschaft sehr hoch mit dem Alter korreliert, die Anzahl der genannten Verwandten deutlich altersabhängig ist und Verwitwete in der Altersgruppe der 45 bis 55jährigen überrepräsentiert sind, sollte man diesen Befund nicht auf Witwenschaft zurückführen.

Kinder im Haushalt

Personen ohne Kinder im Haushalt haben über alle Familiendefinitionen hinweg die wenigsten Familienmitglieder. Mit der Anzahl der Kinder im Haushalt wachsen linear auch die familialen Netze. Der Zuwachs kommt nicht allein dadurch zustande, daß mehr Kinder auch mehr Familienmitglieder bedeuten, denn Familien mit Kindern leben auch über ihre Kinder hinaus in einer größeren Familienumgebung.

Familienzyklus

Der vorige Befund wird bestätigt, wenn man den Familienzyklus betrachtet. Im Übergang von der Phase "keine Kinder" zur Phase "Kinder unter 3 Jahre" ist der deutlichste Zuwachs zu verzeichnen. Das dabei erreichte Niveau sinkt im Anschluß daran bis zur Phase des "leeren Nests". Es nähert sich dem Zustand in der ersten kinderlosen Phase und sinkt in den Bereichen Haushalt, Funktionsträger und wahrgenommener Familie auch darunter ab. Diese Bewegung kann aber auch hier auf einen Alterseffekt zurückgehen, da Befragte in der Phase des "leeren Nests" in der Altersgruppe der 45 bis 55jährigen überrepräsentiert sind. Diese Altersgruppe hat die wenigsten Verwandten und Funktionsträger genannt.

Altersgruppen

Während man bei den Merkmalen Geschlecht, Familienstand, Kinder im Haushalt und Familienzyklus unabhängig von der jeweils verwendeten Familiendefinition zu ähnlichen Ergebnissen gelangt, sieht es im Bereich Altersgruppen etwas anders aus. Die jüngste Altersgruppe nennt die wenigsten Verwandten, Haushaltsangehörigen und Mitglieder der wahrgenommenen Familie. Auch die *"Haushaltsfamilie"* und die *"Schnittmengenfamilie"* haben in der jüngsten Altersgruppe den geringsten Umfang. Dagegen verfügt diese Altersgruppe über die meisten Funktionsträger. Die Altersgruppen der 25 bis 34jährigen und der 35 bis 44jährigen haben, von Funktionsträgern einmal abgesehen, bei allen Familiendefinitionen die meisten Familienmitglieder. Die wenigsten Verwandten, Funktionsträger und Mitglieder der wahrgenommenen Familie finden sich in der Altersgruppe der 45 bis 55jährigen. Die Haushaltsgröße erreicht in dieser Altersgruppe mittlere Werte. Mit anderen Worten: Die verschiedenen Familiendefinition führen bei den Altersgruppen zu leicht unterschiedlichen Befunden. Bei den Funktionsträgern gibt es einen linearen Rückgang mit steigendem Alter. Bei den anderen Definitionen liegen eher umgekehrt u-förmige Verteilungen vor, deren Scheitelpunkte entweder zwischen dem 25. und 34. oder dem 35. und 44. Lebensjahr liegen.

Soziale Ungleichheit

Auch im Bereich sozialer Ungleichheit (Index nach FEATHERMAN) gelangt man mit verschiedenen Familiendefinitionen zu unterschiedlichen Befunden. Einfache Angestellte und Beamte nennen deutlich mehr Verwandte als die anderen Gruppen. Eine erhöhte Anzahl von Verwandten wird auch von der Dienstleistungsklasse II genannt. Für die wahrgenommene Familie und die "Schnittmengenfamilie" gilt Dasselbe. Bei kleinen Selbständigen und der Dienstleistungsklasse II ergibt die *"Haushaltsfamilie"* deutlich mehr Familienmitglieder als bei den anderen Gruppen. Die Haushaltsgröße und die Zahl der Funktionsträger variieren nicht mit dem sozialen Status.

Resümee

Der Befund zur Homogenität der Familiendefinitionen ist zwiespältig. Bei den Merkmalen Geschlecht, Familienstand, Kinderzahl im Haushalt und Familienzyklus mag es in vielen Fällen zweitrangig sein, ob man den Raum der Familienbeziehungen über die Verwandtschaft, den Haushalt, die Familienfunktionen, die subjektive Wahrnehmung von Familie oder über ein auf diesen Elementarmengen aufbauendes Konstrukt wie die *"Haushaltsfa-*

milie" oder die "*Schnittmengenfamilie*" erschließt. In diesen Fällen ist es zulässig, von den Befunden eines Zugangsweges Rückschlüsse auf andere Zugangswege zu ziehen. Bei den Merkmalen Lebensalter und soziale Ungleichheit könnten solche Rückschlüsse jedoch zu Fehlschlüssen führen, da die Befunde sich hier mit den Zugangswegen ändern. Da man bei weiteren Merkmalen nie von vornherein sicher sein kann, wie homogen die Familiendefinitionen auf sie einwirken, können wir an dieser Stelle bezüglich des Aufwandes bei der Auswahl von Familiendefinitionen leider keine "Entwarnung" geben. In jedem Fall ist letztlich die Fragestellung ausschlaggebend.

3.3 Anwendungen des Konstrukts "Familiennetz"

3.3.1 Die "*Haushaltfamilie*"

Die bisherigen Überlegungen zeigen, daß die Einbeziehung von Netzwerkinformationen ein geeigneter Zugang zur Beschreibung familialer Lebensformen ist. Einzelne abgeleitete Konzepte wie z.B. die "*Haushaltsfamilie*" enthalten dabei immer nur Untermengen der relevanten Information.

Beschreibt man z.B die "*Haushaltsfamilie*" (die innere schraffierte Fläche in Schaubild 2) als Anteil der Teilmengen, aus denen sie sich aufbaut, dann erfaßt sie,

* 31.6 % der Verwandten (soweit durch die 12 Namensgeneratoren erschlossen sind)
* 85.3 % der Mitbewohner des ersten (und ggf. zweiten) Haushalts
* 46.6 % der Personen in die zumindestens eine der sechs Familienfunktionen erfüllen
* 44.1 % der wahrgenommenen Familie.

D.h. der Zugang *Haushalt* kommt dem Konstrukt der *Haushaltsfamilie* ziemlich nahe. Ausgeschlossen sind hier alle Haushaltsmitglieder, die nicht verwandt (bzw. kein Lebenspartner des Befragten) sind, bzw. keine Funktionen erfüllen und nicht zur Familie gerechnet werden. Das bisherige Vorgehen des Zensus und der meisten Umfragen hat, wenn die "*Haushaltsfamilie*" untersucht werden soll, demnach auch im Licht unserer Betrachtungen eine gewisse Berechtigung. Das ändert aber nichts daran, daß die "Haushaltsbrille" der Familienstatistik und großer Teile der Familiensoziologie eine Zweiteilung der Familienwelt in die Binnensphäre des Haushalts und eine übrige Welt bewirkt. Diese Dichotomie begünstigt nicht nur Trugschlüsse bei Spezialpopulationen, etwa Alleinlebenden, sondern blendet auch generationsübergreifende Lebenszusammenhänge unter "normalen" Familien aus, wie wir weiter unten zeigen werden.

Die Flexibilität des Konstrukts "Haushaltsfamilie" äußert sich darin, daß es sich zu klassische Konzepten, wie z.B. der *Kernfamilie* in Beziehung setzen läßt. Zur *Kernfamilie* gehören Personen, die Teil des Haushalts sind und entweder der Kategorie "Ehepartner" oder "Kind" entsprechen. Implizit wird dann herkömmlicherweise vorausgesetzt, daß Personen, die diese Kriterien erfüllen, auch wichtige alltägliche Situationen im Sinn der Liste der Namensgeneratoren teilen bzw. auch als Mitglieder der eigenen Familie angesehen werden. Unser Ansatz erlaubt es, solche Aspekte explizit zu machen. Wenn einzelne Mitglieder der *Kernfamilie* entweder keine Funktionen erfüllen oder vom Befragten nicht zur eigenen Familie hinzugerechnet werden, dann ist der Umfang der resultierenden *Haushaltsfamilie* kleiner als der der *Kernfamilie*.

Die Ergebnisse zeigen, daß über alle Konstellationen immer Haushaltsmitglieder vorhanden sind, die entweder nicht zur Familie gerechnet werden, oder die keine Funktionen erfüllen. Erwartungsgemäß sind dies in der Kernfamilie relativ wenige Personen, die aber doch nicht zu vernachlässigen sind. Immerhin handelt es sich hier um Ehepartner oder Kinder, die entweder nicht zur eigenen Familie gerechnet werden, oder zu denen weder eine enge emotionale Beziehung besteht, noch werden mit ihnen gemeinsame Mahlzeiten eingenommen, noch trifft einer der anderen Funktionen auf sie zu. In der Dreigenerationenfamilie ist dies im Durchschnitt allerdings bereits eine Person, in nichtehelichen Lebensgemeinschaften kommt fast auf jeden zweiten Haushalt eine solche Person. Über alle Konstellationen wird also deutlich, daß Familienleben nicht unbedingt dem entspricht, was die einzelnen Haushaltskonstellationen implizieren.

Tabelle 2

Haushaltsfamilie, Haushaltsgröße (jeweils ohne Befragte) und Zahl der Kinder je 100 Haushalten nach Lebensform der Befragten

Lebensform	Haushalts-familie	Kinder im Haushalt	Haushalts-größe	N	Haushalts-größe MZ
Kernfamilie	251	173	278	4082	282
3-G-Familie	304	120	403	377	k.A.
Alleinerziehende	146	152	164 382	151	k.A.
Nichteheliche LG	101	0	143	1461	k.A.
Alleinlebende	0	0	0	648	0
Mittelwert	193	224	116	6950	

MZ Mikrozensus 1988 (Pöschl 1989) k.A. = Keine Angaben

Ähnliches gilt für andere familiale Konstellationen. In der Tabelle 2 werden klassische Familienkonstellationen mit dem von uns entwickelten Konzept verglichen. Dabei gilt:

Kernfamilien
> bestehen aus zusammenlebenden Ehepaaren mit einem oder mehreren Kindern beliebigen Alters im Haushalt;

Drei-Generationen-Familien
> umfassen Angehörige von drei verwandten oder angeheirateten Generationen im Haushalt;

Alleinerziehende Elternteile
> leben mit einem oder mehreren Kindern beliebigen Alters, aber ohne Partner im Haushalt;

Als *nichteheliche Lebensgemeinschaften*
> bezeichnen wir hier partnerschaftlich verbundene Personen, die in einem oder zwei Haushalten ohne Kinder leben;

Unter *Alleinlebenden*
> verstehen wir Bewohner von 1-Personen-Haushalten ohne festen Partner

Der Vergleich der Haushaltsgröße mit den Mikrozensusdaten zeigt, daß einerseits nicht für alle Konstellationen Vergleichswerte vorhanden sind, daß aber andererseits bei den bekannten Daten die Abweichungen relativ gering sind, selbst bei den Alleinerziehenden.

3.3.2 Die Hausfamilie

Eine der problematischsten Einschränkungen bei der Identifikation von Familien mit Haushalten ist die undifferenzierte Betrachtung aller Personen, die nicht im Haushalt wohnen. Unter diesen können sich z.B. Personen befinden, die unter einem Dach leben, aber aus steuerlichen und anderen Gründen verschiedene Haushalte führen.

Im folgenden vergleichen wir Personen, die in Haushalten zusammenleben, mit Personen, die unter einem Dach zusammenleben. Gibt es relevante Unterschiede, die es rechtfertigen würden, die Grenzen von Familien zwischen diesen Personengruppen zu lokalisieren? Sollten sich keine Unterschiede finden, ist zu prüfen, wie groß der Fehler ist, den man macht, wenn man Familien ausschließlich im Rahmen von Einzelhaushalten betrachtet.

Erwartungsgemäß ist die Anzahl der in einem Haus Zusammenlebenden größer als die Anzahl der Personen, die in einem Haushalt zusammenleben. Sieht man sich die Zusammensetzung der in einem Haushalt und der in einem Haus Zusammenlebenden an, dann fallen einige Verschiebungen auf. Durch die Erweiterung auf das Haus werden kaum mehr Kinder erfaßt. Eltern nehmen allerdings um 24 % zu, Geschwister ungefähr um 10 % und Großeltern um 62 %. Bei den von uns betrachteten 18-55jährigen kommen durch eine Erweiterung auf das Haus im wesentlichen ältere oder gleichalte Personen hinzu. Von den Befragten wurden insgesamt 215 Freunde genannt, die im gleichen Haushalt mit den Befragten leben. Im gleichen Haus leben ca. 370 Freunde. Die im Haus lebenden Freunde sind intensiv ins Familienleben miteinbezogen. Etwa ein Drittel von ihnen bespricht persönlich wichtige Dinge mit den Befragten, nimmt an gemeinsamen Mahlzeiten teil oder hat eine starke emotionale Beziehung zu den Befragten. Immerhin 15 % der Freunde unter einem Dach werden von den Befragten zur eigenen Familie gerechnet.

Vergleicht man die Haushaltsmitglieder mit den Hausbewohnern bezogen auf die Familienfunktionen, zeigt sich, daß ungefähr ein Drittel der außerhalb des Haushalts im Haus Lebenden für die Funktionen "persönlich wichtige Dinge besprechen", "sehr enge gefühlsmäßige Bindung" und "Erhalten und Geben von finanzieller Unterstützung" in Anspruch genommen werden. Der Zuwachs bei "regelmäßigen gemeinsamen Mahlzeiten" und "gemeinsam verbrachter Freizeit" ist nur minimal. Minimal ist allerdings auch der Rückgang der Kontakthäufigkeit, wenn statt einem Haushalt die Hausgemeinschaft betrachtet wird.

Zusammenfassend läßt sich sagen, daß mit Familienmitgliedern, die außerhalb des Haushalts, aber im gleichen Haus leben, ein sehr intensiver Kontakt gepflegt wird. Die Einbindung in die eigene Familie ist aber geringer als bei den Haushaltsmitgliedern. Dies wird auch dadurch deutlich, daß *"Hausfamilien"* nur um 2 % größer sind als *"Haushaltsfamilien"*, während der Zuwachs von Haushalt zum gemeinsamen Haus bei allen genannten Personen 8,5 % beträgt.

Der Fehler, der bei der Betrachtung von *Haushaltsfamilien* gemacht wird, wenn man *Hausfamilien* mitberücksichtigen will, liegt also bei 2 %. Bezogen auf die alten Bundesländer, bei denen die Amtsstatistik von ca. 50 Millionen Personen ausgeht, die in Familien leben, wären dies immerhin rund eine Million Personen, die falsch eingestuft sind.

3.3.3 Familienfunktionen am Beispiel der Mehrgenerationenfamilie (Nachbarschafts-und Verwandtschaftsnetze)

Unsere bisherigen Betrachtungen lassen es sinnvoll erscheinen, die Wohnentfernung bei der Beschreibung von Lebensformen mit zu berücksichtigen. Die Unterscheidung in die beiden dichotomen Wohnentfernungskategorien "Haushaltsmitglied" und "unendlich weit voneinander entfernt", hat aus juristischer Sicht wegen ihrer Eindeutigkeit sicher etwas Bestechendes, ist aber weit entfernt vom tatsächlichen sozialen Leben.

In der soziologischen Literatur (BARTH 1973, VASKOVICS 1988) gibt es Hinweise darauf, daß die Zunahme von Wohnraum Intimität auf Distanz erlaubt. Dem zugrunde liegt eine Vorstellung von angenehmer Nähe durch Ausgewogenheit von Intimität und Distanz zu anderen Personen. Wenn der Raum frei gestaltbar ist, so diese Vorstellung, dann wird sich räumliche Nähe individuell auf einer Skala ausprägen, die feinere Abstufungen hat als "gleicher Haushalt" und "nicht zusammenwohnen". Intimität, Zuneigung, familiale Hilfeleistung und Kommunikationsbedürfnis sind Funktionen, die in der Familie befriedigt werden können. Die maximal tolerable Wohnentfernung zwischen Personen, die durch solche Funktionen verbunden sind, variiert mit den Funktionen. Gemeinsame Mahlzeiten und Kinderbetreuung beispielsweise erfordern eine geringere Wohnentfernung als gelegentliche Hilfeleistungen oder die Befriedigung des Kommunikationsbedürfnisses, das über das Telefon nahezu erdumgreifend erfüllt werden kann. Da andererseits auch negative Begleitumstände wie gegenseitige Einflußnahme, Kontrolle oder Überbeanspruchung von der Wohnentfernung abhängig sind, spricht viel dafür, daß auf einem hypothetischen freien Markt der Distanzwahlen die optimalen Lösungen durch die jeweilge Konstellation bestimmt sind und nicht immer durch eine gemeinsame Haushaltsführung erreicht werden. Wenn dem so ist, kann die Abnahme großer Haushalte eventuell auch durch einen verbesserten Wohnungsmarkt erklärt werden und nicht allein durch einen Wertewandel in Bezug auf die Familie.

Im folgenden lösen wir die Dichotomie von Haushalt versus Nichthaushalt in eine soziologisch relevante Differenzierung auf, um zu prüfen, welche Wirkung eine Verschiebung der "Haushalts"-grenze entlang dieser Dimension auf die Verteilung der Lebensformen ausübt.

Wie in anderen empirischen Untersuchungen, scheint eine lineare Differenzierung entlang der physikalischen Wohnentfernung nicht sinnvoll zu sein. Hier wurden Kategorien so gewählt, daß ein Unterschied zwischen diesen auch einem unterschiedlichen Einfluß auf die Lebensgewohnheiten der Betroffenen entspricht. Daher wurde insbesondere im physikalisch nahen Bereich eine feinere Differenzierung vorgenommen, die zu Lasten der physikalisch größeren Distanzen ging. Es wurden folgende Kategorien gewählt: "Im gleichen Haushalt", "im gleichen Haus", "in unmittelbarer Nachbarschaft", "im gleichen Ortsteil, weniger als 15 Minuten Fußweg", "im gleichen Ort, aber mehr als 15 Minuten Fußweg", "in einem anderen Ort, erreichbar in weniger als einer Stunde", "weiter entfernt". Die ersten vier Kategorien lassen vermuten, daß einerseits der soziale Alltag von Personen innerhalb dieser Kategorien unterschiedlich ist, aber insbesondere die Eltern - Kind-Beziehungen trotzdem sehr ausgeprägt sein werden.

Interessant ist die Frage, ob ein relevanter Bevölkerungsteil diese Art des Zusammenlebens praktiziert. Tabelle 3 gibt für die Erweiterung der Entfernung vom "Haushalt" über "im gleichen Haus" leben bis hin zu im "gleicher Ort" leben, die Verteilungen über die "Haushalts"- bzw. "Lebensform"-typen an. Der Begriff Haushalt wird hier stufenweise auf Hausgemeinschaft, Nachbarschaft, Wohnviertel und Ortschaft ausgeweitet und geprüft, wie sich die entsprechenden Lebensformen unter den jeweiligen räumlichen Konstellationen ausbilden. Z.B. wenn ein Großelternteil in der Nachbarschaft wohnt, wird aus einer Zweigenerationenkonstellation auf Hausgemeinschaftsebene eine Dreigenerationenkonstellation auf der Nachbarschaftsebene. Oder die Eltern eines Alleinlebenden wohnen im selben Haus, dann wird aus einem Einpersonenhaushalt ein Zweigenerationenhaushalt in der Entfernung "gleiches Haus". Die Tabelle zeigt einen Rückgang der Einpersonenkonstellationen von 11 % nach 2 %[3].

Der Zuwachs von Drei- und Mehrgenerationenkonstellationen von 4 % auf 30 % beinhaltet die Hauptaussage dieser Tabelle. Nicht nur Einzelhaushalte, sondern insbesondere Ein- und Zweigenerationenhaushalte sind häufig in Wirklichkeit auf engem Raum zusammenlebende Mehrgenerationenkonstellationen. Bereits für den Bereich, der in 15 Minuten Fußweg erreichbar ist, leben 21 % aller Befragten in Dreigenerationenkonstellationen. Und wie der Vergleich mit der Kontakthäufigkeit gezeigt hat, ist diese enge Wohnentfernung verbunden mit einem regen sozialen Austausch.

Betrachtet man die Mehrgenerationenbeziehungen näher, so sieht man, daß die gewählte Abstufung sinnvoll ist. Über die einzelnen Funktionen ist die Verteilung allerdings unterschiedlich. Dies bestätigt die Hypothese, daß für einzelne Konstellationen mit bestimmten Anforderungen an familiale Funktionen das Optimum der Wohnentfernung anders liegt. Die Verhältnisse sind in der Tabelle 4 "Anteil der Linienverwandschaft (Eltern, Kinder, Großeltern und Enkel, ohne den Befragten selber und dessen Partner) über die Wohnentfernung" näher beschrieben.

Der Großteil der Personen, die mit den Befragten Mehrgenerationenfamilien bilden, lebten in sehr großer Nähe zu den Befragten. Nur 20 % dieser Personen leben mehr als eine Stunde von den Befragten entfernt. Das

Bild der Amtsstatistik mit nur 4 % Mehrgenerationenhaushalten wird dem differenzierten Leben von Mehrgenerationenkonstellationen nicht gerecht.

Tabelle 3

Lebensformen über die Generationenzugehörigkeit definiert, für unterschiedliche räumliche Umgebungen.

Haushaltstypen	Haushalte	gl. Hausteil	gl. Nachbarschaft	gl. Stadt	gl. Ort
Insgesamt	10.000	10.000	10.000	10.000	10.000
Einpersonenkonstellationen	11%	9%	7%	4%	2%
Mehrpersonenkonstellationen	89%	91%	93%	96%	98%
davon	----	----	----	----	----
- nicht geradlinig Verwandte	1%	1%	1%	2%	2%
- nicht verwandte Personen	7%	8%	9%	9%	8%
- 1 Generation	14%	11%	9%	6%	3%
2 Generationen	63%	63%	60%	58%	55%
3 und mehr Generationen 4%	8%	13%	21%	30%	

Es gibt eine Vielzahl von Mustern der Lebensführung in solchen Konfigurationen, deren Ausprägung deutlich entfernungsabhängig ist. Die tatsächliche Involvierung der Linienverwandten (Mitglieder von Mehrgenerationenkonstellationen) in das Leben der Befragten nimmt von der Entfernung "Haushaltsmitglied" aus kontinuierlich ab, ganz deutlich bei den Kategorien, gemeinsame Mahlzeiten und gemeinsam verbrachte Freizeit. Der Anteil der Linienverwandten als Gesprächspartner für persönlich wichtige Dinge reduziert sich selbst bei den mehr als eine Stunde entfernt Lebenden nur auf die Hälfte. Bei engen gefühlsmäßigen Beziehungen, ist es eine Reduktion auf ein Drittel. In der Wahrnehmung als Familienmitglied führt die größte Entfernungskategorie zu einer Reduktion des Anteils auf gut die Hälfte.

Die durchschnittliche Kommunikationshäufigkeit liegt erst bei einer Wohnentfernung, die über den Stadtteil hinausgeht (47 % aller Linienbefragten), bei "einmal die Woche" oder häufiger. Das heißt, für über die Hälfte der Linienverwandten gilt, daß die durchschnittliche Kommunikationshäufigkeit bei "mehrmals in der Woche" und häufiger liegt, also eine intensiv gelebte soziale Beziehung vorhanden ist.

Tabelle 4

Anteil der Linienverwandschaft (Eltern, Kinder, Großeltern und Enkel, ohne den Befragten selber und dessen Partner; cirka 37.000 beschriebene Personen in der Hauptuntersuchung) über die Wohnentfernung.

	Haushalt	gl. Haus	Nachbarsch.	gl. Stadtt.	gl. Ort	Mehr als 1 Stunde
Anteil von Dreigenerationenfamilien bei 10.000 Interviews	4%	8%	13%	21%	30%	
Anzahl der Linienverwandten	11151	2030	2244	3774	4423	7118
mit einer durchschnittlichen Kommunikationshäufigkeit von	täglich 1,1	täglich 1,3	mehrmals Woche 2,1	einmal Woche 2,6	einmal im Monat 3,0	mehrmals im Jahr 4,6
Anteil der Linienverwandten an						
Besprechen	20%	18%	17%	16%	13%	10%
Mahlzeit	84%	28%	9%	5%	4%	2%
enge gef. Beziehung	63%	29%	27%	23%	21%	19%
Freizeit	61%	16%	10%	8%	6%	5%
als Familie wahrgenommen	94%	67%	63%	54%	55%	51%

Mehrgenerationenkonstellationen sind nicht selten, sondern wenn die Gelegenheit gegeben ist (lebende Verwandte), eher häufig. 64 % aller Linienverwandten der Befragten leben in einem Umkreis, der in weniger als einer Stunde erreichbar ist, und sind in einen regen sozialen Austausch mit den Befragten eingebunden. Selbst bei einem Großteil der weiter entfernt Lebenden ist ein solcher Austausch noch gegeben.

In einer Zusatzuntersuchung werden noch ein mal 600 ausgesuchte Familien, die in solchen Mehrgenerationenkonstellationen leben, intensiv in Bezug auf die Austauschströme zwischen den Generationen untersucht werden. Die Ergebnisse sollen in einem weiteren Band dieser Reihe veröffentlicht werden. Daß die Wohnentfernung eine sozial bedeutsame Variable ist, zeigt ihre hohe Korrelation mit der Kontakthäufigkeit, die mit den Kategorien "täglich", "mehrmals die Woche", "einmal die Woche" "einmal im Monat", "mehrmals im Jahr", "seltener" und "nie" erhoben wurde. Die Rangkorrelation nach SPEARMAN beträgt .80.

Tabelle 5

Wohnentfernung über Kontakthäufigkeit " mehrmals die Woche" und mehr. Absolutzahlen und Prozentwerte über alle Kontaktkategorien. Gesamt entspricht der Anzahl der genannten Personen für die entsprechende Beziehungskategorie.

Beziehungs-kategorie	Haus-halt	Wohnentfernung gl. Haus	Nach-barsch.	gl. Ortsteil	gl. Ort	Gesamt
Partner	6814 98%	121 97%	128 95%	189 91%	228 90%	8204
Kinder	8180 99%	302 94%	226 80%	278 61%	273 49%	11721
Eltern	2246 97%	888 96%	801 80%	975 59%	726 39%	13221
Schwieger-eltern	183 95%	552 97%	488 67%	564 41%	401 24%	9453
Groß-eltern	127 98%	104 93%	89 76%	55 47%	46 27%	1220
Enkel	31 100%	40 100%	57 87%	94 73%	62 59%	508

Tabelle 5 zeigt für die Mitglieder der direkten Linie von Dreigenerationenfamilien die kumulierte Häufigkeit für die Kontaktkategorie "mindestens mehrmals die Woche". Man sieht, daß sich die Werte für "im Haushalt" und "im gleichen Haus" kaum unterscheiden. Bei Schwiegereltern liegt die Häufigkeit für diese Kontaktkategorie sogar "bei im gleichen Haus lebend", höher als "für im gleichen Haushalt" lebend. Auch bei der unmittelbaren Nachbarschaft ist diese Kategorie noch sehr hoch besetzt, so daß hier von einem regen sozialen Leben ausgegangen werden kann. Selbst bei den Kategorien "im gleichen Orsteil" bzw " im gleichen Ort" kann noch von einem regen sozialen Leben ausgegangen werden, da hier die niedrigste

Häufigkeit für "mindestens einmal Kontakt in der Woche" bei 80 %, bzw. bei 60 % liegt (Zahlen nicht in der Tabelle 5). Die von uns verwendeten Kategorien der Wohnentfernung sind also bedeutsam für die Beschreibung des sozialen bzw. familialen Umfelds. Insbesondere die ersten Kategorien weisen auf einen engen sozialen Kontakt hin. Dies ist auch plausibel. Jeder wird Beispiele von Konstellationen der zweiten bis dritten Wohnentfernungskategorie kennen, die zumindestens mit einigen Konstellationen der ersten Haushaltskategorie im Alltag identisch oder zumindestens vergleichbar sind ("living apart together" vs. "living together apart").

3.4 Familienfunktionen am Beispiel der Kernfamilie: Soziales Netzwerk und Sozialisation

Wir haben oben versucht zu zeigen, daß die Thematisierung der Familie als Netzwerk erlaubt, familiale Solidarbeziehungen auch aus einer sozialisationstheoretischen Sicht zu interpretieren. In diesem Zusammenhang haben wir im Anschluß an COCHRAN & BRASSARD (1979) zwei Variablenkomplexe hervorgehoben:

* die Teilnahme von Kindern am sozialen Netzwerk ihrer Eltern
* die Einbindung der Eltern in ihre soziale Umwelt.

Im folgenden Abschnitt werden wir zu beiden Komplexen einige Ergebnisse vortragen.

3.4.1 Die Teilnahme von Kindern am sozialen Netzwerk ihrer Eltern (innerfamiliales Netz)

Die Teilnahme von Kindern an den sozialen Kontakten ihrer Eltern ist nach COCHRAN & BRASSARD (1979: 607f) eine Form des direkten Einflusses, den soziale Netzwerke auf die Sozialisation ausüben. Da die Surveydaten über gemeinsame Kontakte der befragten Eltern und ihrer Kinder mit dritten Personen keine Auskunft geben, konzentrieren wir uns auf die Art und Weise, in der Kinder als Bezugspersonen ihrer Eltern in den Familienfunktionen auftauchen: in Gesprächen ("Gespräche"), bei gemeinsamen Mahlzeiten ("Mahlzeiten"), als Adressaten von Gefühlen ("Gefühle"), als Quelle ("Finanzerhalt") und Adressaten von finanzieller Unterstützung ("Finanzgabe") und als Partner in der Freizeit ("Freizeit"). Die Tabelle 6 zeigt, in welchen Zusammensetzungen von Familienfunktionen die befragten Eltern ihre (leiblichen, Pflege- und Stief-) Kinder am häufigsten genannt haben.

Sowohl insgesamt wie in Kernfamilien, Drei-Generationen-Familien und bei alleinerziehenden Eltern ist die Kombination "das Kind nimmt an gemeinsamen Mahlzeiten teil, es besteht eine enge gefühlsmäßige Beziehung zu ihm und es ist ein wichtiger Partner in der Freizeit" die häufigste. Insgesamt entfallen auf diese Konstellation rund 36 % aller Nennungen, in Kernfamilien sind es sogar 42 %, in 3-Generationen-Familien 38 % und bei Alleinerziehenden 35 %. Da die Konstellationen den Gelegenheitsraum beschreiben, in dem unserer Annahme nach familiale Sozialisation von Kindern stattfindet, signalisieren die Prozentwerte auch so etwas wie den Kristallisationsgrad von bestimmten "Sozialisationsstilen". Gemessen an diesem Kristallisationsgrad konzentrieren sich Befragten aus Kernfamilien, Drei-Generationen-Familien und Alleinerziehende stärker als Personen in den anderen Lebensformen auf einen "dichten", mehrere Funktionen umfassenden Sozialisationsstil.

Tabelle 6
Häufigste Konstellationen von Familienfunktionen im Verhältnis von Eltern und Kindern nach Lebensformen der befragten Eltern (Bezugsbasis: Kinder)

K: Kernfamilie
D: Drei-Generationen-Familie
A: Alleinerziehende Eltern
N: Nichteheliche Lebensgmeinschaft
S: Singles

GENERATOR	K	D	A	N	S
"Gespräche"					
"Mahlzeiten"	x	x	x		
"Gefühle"	x	x	x		x
"Finanzerhalt"					
"Finanzgabe"				x	
"Freizeit"	x	x	x		
% aller gewählten Konstellationen	42	38	35	28	27

Bei nichtehelichen Lebensgemeinschaften und Singles zeigt die häufigste Konstellation ein anderes inhaltliches Profil. Befragte mit nichtehelichen Partnern unterstützen ihre Kinder finanziell, teilen aber sonst keine Funktion mit ihnen. Singles nennen an erster Stelle eine ausschließlich gefühlsmäßige Beziehung zu ihren Kindern. Beide Konstellationen enthalten also nur ein "Thema" und drücken allein schon deswegen eine gewisse Distanz zwischen Eltern und Kindern aus. Da nach der hier zugrunde gelegten Defintion weder nichteheliche Lebensgemeinschaften noch Singles Kinder im (gemeinsamen oder getrennten) Haushalt haben, läßt sich die in den Konstellationen spürbare Distanz damit erklären, daß vorhandene Kinder entweder bei einem ehemaligen bzw. geschiedenen Partner leben - dies tirfft vor allem auf Befragte mit nichtehelichen Partnern zu - oder alt genug sind, um einen eigenen Haushalt zu haben. Letzteres ist vermehrt bei den Alleinlebenden der Fall.

Sowohl bei Befragten mit nichtehelichen Partnern als auch bei den Singles deutet die verhältnismäßig kleine Prozentzahl, die auf die häufigste Konstellation entfällt, auf einen niedrigen Kristallisationsgrad bzw. eine stärkere "Streuung" des "Sozialisationsstils". Allerdings dürfte es angesichts der Lebensumstände der nichtehelichen Lebensgemeinschaften und der Alleinlebenden mitunter fraglich sein, ob das in der häufigsten Konstellation zum Ausdruck kommende "Themenprofil" noch unserer Annahme gemäß einen Gelegenheitsraum für Sozialisationsprozesse darstellt oder nur mehr Kontaktanlässe ohne sozialisatorische Bedeutung beschreibt.

Tabelle 7
Zweithäufigste Konstellationen von Familienfunktionen im Verhältnis von Eltern und Kindern nach Lebensformen der befragten Eltern (Bezugsbasis: Kinder)

K: Kernfamilie
D: Drei-Generationen-Familie
A: Alleinerziehende Eltern
N: Nichteheliche Lebensgmeinschaft
S: Singles

	Zweithäufigste Konstellation				
GENERATOR	K	D	A	N	S
"Gespräche"			x		x
"Mahlzeiten"	x	x	x		
"Gefühle"			x	x	x
"Finanzerhalt"					
"Finanzgabe"					
"Freizeit"	x	x	x		
% aller gewählten Konstellationen	16	14	8	19	21

Bei Kernfamilien, Drei-Generationen-Familien und Alleinerziehenden galt in der häufigsten Konstellation: Mit Kindern wird regelmäßig gegessen und ein Großteil der Freizeit verbracht, und sie werden geliebt. Aber die enge gefühlsmäßige Bindung tritt in der zweithäufigsten Konstellation (Tabelle 7) der Kernfamilie und der Drei-Generationen-Familie bemerkenswerterweise nicht auf. Wir werden diesen Sachverhalt weiter unten noch näher beleuchten. Anders verhält es sich bei Alleinerziehenden und Singles. Hier haben Konstellationen, die enge gefühlsmäßige Beziehungen enthalten, eine relativ größere Bedeutung. Betrachtet man den Anteil von Konstellationen, die enge Gefühle zwischen Eltern und Kindern enthalten, an den jeweils auf Rang 1 bis 5 liegenden Konstellationen (die im Schnitt über 70 % aller angegebenen Konstellationen repräsentieren), dann führen überraschenderweise die Singles mit 63 % vor den Alleinerziehenden mit 55 %, den Kernfamilien mit 51 %, den Dreigenerationenfamilien mit 48 % und den nichtehelichen Lebensgemeinschaften mit 37 %.

Bemerkenswert ist zunächst die große Kluft zwischen Singles und Befragten in nichtehelichen Lebensgemeinschaften, die sich im Hinblick auf ihre Kinder ja in einer ähnlichen Lage befinden. Offenbar ist es für die Singles leichter, emotionale Beziehungen zu ihren häufig schon erwachsenen Kindern aufrechtzuerhalten als für die Personen mit nichtehelichen Partnern, deren Kinder meistens bei früheren Partnern leben. Beachtenswert ist aber auch die Häufigkeit der emotionalen Beziehungen bei Alleinerziehenden im Vergleich zu Kernfamilien und Dreigenerationenfamilien, die im Hinblick auf Kinder ebenfalls in einer ähnlichen Situation leben.

Zu beachten ist ferner, daß bei Alleinerziehenden und prozentual noch stärker bei den Alleinlebenden Kinder als Gesprächspartner auftauchen. Während dies bei den Singles eher auf das höhere Alter ihrer Kinder zurückzuführen ist, hat dieser Effekt bei den Alleinerziehenden viel weniger Bedeutung. Beispielsweise taucht eine Konstellation mit Kindern als Gesprächspartnern bei Kernfamilien erst an 7. Stelle mit einem Anteil von 4 % an allen Konstellationen auf. Da sich Alleinerziehende und Befragte aus Kernfamilien nicht wesentlich im Alter (auch im Alter ihrer Kinder, das für die Kommunikationsfähigkeit wichtig ist) unterscheiden, lassen sich daraus gewisse Rückschlüsse auf die Art und Weise ziehen, in der Kernfamilien und alleinerziehende Eltern "Systemtransparenz" im Sinne NEIDHARDTs (1975: 172) herstellen, d.h. Empathie und gegenseitiger Rücksichtnahme pflegen. Bei alleinerziehenden Eltern spielen dabei die Kinder auch unabhängig von ihrem Alter offenbar eine größere Rolle.

Alle weiteren Konstellationen sind in Kernfamilien, aber auch bei den anderen Lebensformen, nur noch von geringer Bedeutung. Wir wollen daher am Beispiel der beiden am häufigsten genannten Konstellationen von Kernfamilien untersuchen, ob und in welcher Form sie in Zusammenhang mit bestimmten Merkmalen von Kernfamilien stehen (Tabelle 8).

Es zeigen sich große Unterschiede über die Phasen des Familienzyklus. Mit zunehmendem Alter des jüngsten Kindes geht der Anteil an Nennungen, der auf die häufigste Konstellation "Mahlzeiten / Gefühle / Freizeit" entfällt, deutlich zurück. Dasselbe gilt für die Konstellation "Mahlzeiten / Freizeit" auf dem 2. Rang. Es handelt sich offenbar um Konstellationen, die für Eltern mit jüngeren Kindern typisch sind. Das heißt aber auch, für einen Teil der Familien gilt über alle Altersstufen der Kinder, daß kein expliziter emotionaler Bezug der Eltern zu ihren Kindern besteht. Etwas schwächer ist der Einfluß der Bildung. Mit höherem Schulabschluß wächst die relative Bedeutung der Konstellation "Mahlzeiten / Gefühle / Freizeit", während bei der Konstellation "Mahlzeiten / Freizeit" eher eine abnehmende, wenn auch nur schwach ausgeprägte Tendenz herrscht. Der Gefühlsanteil scheint mit steigender Bildung eine leicht polarisierende Wirkung zu haben.

Bei der Zahl der Kinder im Haushalt werden parallele Tendenzen bei beiden Konstellationen sichtbar. Der Zusammenhang ist jeweils umgekehrt u-förmig und kulminiert bei 3 Kindern im Haushalt.

Tabelle 8
Zusammenhänge zwischen den am häufigsten genannten Konstellationen von Familienfunktionen und Merkmalen von Kernfamilien

Merkmal		Prozentanteile der beiden am häufigsten genannten an allen Konstellationen	
		Gespräche Mahlzeiten Freizeit	Mahlzeiten Freizeit
Familienzyklus jüngstes Kind	unter 3	57.6	20.2
	3 bis 5	58.9	22.8
	6 bis 14	46.9	18.0
	15 bis 17	23.4	11.3
	18 bis 24	11.1	4.1
	25 und älter	4.2	2.5
Kinder im Haushalt	1 Kind	34.0	9.5
	2 Kinder	44.8	17.7
	3 Kinder	46.4	21.0
	4+ Kinder	41.6	18.7
Bildung	Volks-/Hauptschule	38.1	16.8
	mittler Reife/ Fachhochschulreife	44.5	15.0
	Abitur	51.4	14.3

Die in der Tabelle 8 aufgeführten Prozentzahlen beziffern den Anteil an Nennungen über alle (nicht aufgeführten) Konstellationen, der auf die jeweils betrachtete Konstellation entfällt. Daher addieren sich die Zahlen in der Tabelle nicht zu Hundert. Zum Beispiel entfallen auf die Familienzyklus-Phase "jüngstes Kind unter 3 Jahre" 57.6 % der Nennungen, die Befragte in dieser Phase der Kernfamilienentwicklung für alle möglichen Konstellationen von Familienfunktionen abgegeben haben. Es herrscht in diesem Fall also ein sehr hoher Kristallisationsgrad des Sozialisationsstils. Die Prozentwerte lassen sich über die verschiedenen Merkmale hinweg direkt vergleichen. Ihre Variation gibt in etwa (da nur bivariat ermittelt) Auskunft über die Stärke des Zusammenhangs zwischen dem Sozialisationsstil und dem Merkmal.

3.4.2 Die Einbindung der Eltern in ihre soziale Umwelt (außerfamiliales Netz)

Die Einbindung der befragten Eltern in ihre soziale Umwelt gibt Auskunft über das, was NEIDHARDT (1975) die "Umweltoffenheit" der Familie nennt. Nach COCHRAN & BRASSARD (1979: 603) handelt es sich um einen Kanal für indirekte Einflüsse sozialer Netzwerke auf die familiale Sozialisation. Als Indikatoren bieten sich folgende Variablen an:

* der Anteil von nichtverwandten Personen an den Sozialbeziehungen der Befragten, insbesondere denjenigen, die sich um die Familienfunktionen ranken
* die Kontakte der Befragten zu bzw. ihre Teilnahme an öffentlichen Einrichtungen, Verbänden und Institutionen; hier sind vor allem freiwillige Kontakte von Interesse, weil sie "Umweltoffenheit" als intentionales Handeln und nicht nur als passive Öffnung unter äußerem Druck signalisieren.

Die beiden Variablen können nicht als gleichwertige Indikatoren angesehen werden. Der Anteil von Nichtverwandten stellt zweifellos die schwächere Form von "Umweltoffenheit" dar, weil sie die Nichtverwandten nicht weiter nach Herkunft und Einfluß differenziert. Außerdem ist die Aussagefähigkeit dieses Indikators abhängig von einer Kontrolle der Gelegenheiten. Wenn jemand - etwa aufgrund höheren Alters - weniger lebende Verwandte hat als ein anderer, dann läßt ein höherer Anteil von Nichtverwandten nicht unbedingt auf eine größere "Umweltoffenheit" im Sinne einer bewußten Haltung schliessen. Es ist allerdings auch nicht auszuschließen, daß ein nur durch Gelegenheitszwänge in die Höhe getriebener Anteil von Nichtverwandten rückwirkend einen ähnlich gerichteten, wenn auch vermutlich schwächeren Einfluß auf die Sozialisation ausübt wie ein vorwiegend aus Wahlhandlungen stammender Nichtverwandtenanteil. Das Engagement der Befragten in Vereinen, Parteien und Gewerkschaften ist dagegen ein relativ unproblematischer Indikator für "Umweltoffenheit". In der Tabelle 9 vergleichen wir die oben unterschiedenen Lebensformen im Hinblick auf den Anteil der Nichtverwandten am Netzwerk der Befragten ("Anteil Nichtverwandte") und die Häufigkeit und den Umfang der Teilnahme an Sport-, Kultur- und Bildungseinrichtungen bzw. -vereinen sowie an Parteien, Gewerkschaften und Bürgerinitiativen ("Öffentliches Engagement"). Ergänzend ist noch die Größe des Netzwerks über alle 12 Namensgeneratoren angegeben, um die Bezugsgröße für den Anteil der Nichtverwandten zu kennzeichnen. In allen Fällen handelt es sich um kontrollierte Beträge, d.h. es ist bereits berücksichtigt, daß

* mit höherem Alter der Anteil der Nichtverwandten am Netzwerk sinkt (von 14 % bei den 18- bis 24-Jährigen auf 11 % bei den 45-bis 55- Jährigen), das öffentliche Engagement bis zur Altersgruppe der 35- bis 44- Jährigen leicht wächst (von 5.1 auf 5.6 Aktivitätseinheiten[4]), um dann wieder geringfügig zu sinken, und das Gesamtnetzwerk schrumpft (von 7.7 Personen bei den 18- bis 24-Jährigen auf 6 Personen bei den 45- bis 55- Jährigen)
* mit der Zahl der Kinder im Haushalt der Anteil der Nichtverwandten fällt (von rund 20 % bei Kinderlosen auf rund 7 % bei Befragten mit 4 und mehr Kindern), das öffentliche Engagement u-förmig verteilt ist (5.4 Aktivitätseinheiten bei Kinderlosen, 5.0 bei Befragten mit 1 Kind und

dann ansteigend bis auf 5.6 bei Befragten mit 4 und mehr Kindern) und auch der Umfang des Gesamtnetzes eine in etwa u-förmige Verteilung aufweist (6.9 Personen bei Kinderlosen, 6.4 Personen bei Befragten mit 1 Kind, dann kontinuierlich ansteigend auf 8.9 Personen bei Befragten mit 4 und mehr Kindern).

Außerdem ist berücksichtigt, daß bei Frauen der Anteil der Nichtverwandten etwas höher ist (13.7 %, Männer 11.6 %) und höhere Bildung sowohl den Anteil der Nichtverwandten (von 11.1 % bei Volks-/Hauptschulabsolventen auf 16.4 % bei Abiturienten) als auch das öffentliche Engagement (von 4.6 Aktivitätseinheiten bei Volks-/Hauptschulabsolventen auf 6.5 bei Abiturienten) in die Höhe treibt. Schließlich ist auch herausgerechnet, daß der Anteil der Nichtverwandten am Netzwerk mit mehr öffentlichem Engagement der Befragten steigt, aber mit einer wachsenden Zahl lebender Verwandter (als Gelegenheitsstruktur) fällt.

Tabelle 9
Anteil der Nichtverwandten am Netzwerk, öffentliches Engagement und Größe des Gesamtnetzwerks nach der Lebensform der Befragten

LEBENS-FORM	Anteil der Nichtverw. (%)	Öffentliches Engagement (Einheiten)	Umfang des Gesamtnetzes (Personen)
Kernfamilie	11.6	5.1	7.3
3-G-Familie	11.8	5.0	7.1
Alleinerz.	20.5	4.3	6.4
NEL	6.2	5.5	6.8
Singles	27.2	4.8	5.2
Mittel	12.4	5.1	6.9

In Sachen "Umweltoffenheit" braucht die Kernfamilie den Vergleich mit den anderen Lebensformen nicht zu scheuen. Bei beiden Indikatoren rangiert sie, fast deckungsgleich mit der 3-Generationen-Familie, auf einem mittleren Niveau. NEIDHARDTs (1975: 174) Feststellung, daß die PARSONSsche These von der Isolation der modernen Kernfamilie zwar in Bezug auf allgemeine Sozialkontakte widerlegt sei, aber für Kontakte zu öffentlichen Institutionen in hohem Maße gelte, findet durch unsere Befunde keine zwingende Bestätigung, da zwischen den Familientypen keine großen Unterschiede sichtbar werden. Man kann natürlich trotzdem den absoluten Umfang dieser Konakte für zu gering halten. Außerdem gewichtet unser Indikator "öffentliches Engagement" die Teilnahme an einem Sport- oder Hobbyverein genau so wie parteipolitische oder gewerkschaftliche Aktivitäten. Das mag zwar aus einer dichotomen Sicht von Privatheit und Öffentlichkeit gerechtfertigt erscheinen, doch genügt es sicher nicht einem emphatischen Verständnis von staatsbürgerlicher Mitwirkung. Es sei dahingestellt, welches

Verständnis der Frage nach der sozialisatorischen Bedeutung von "Umweltoffenheit" angemessener ist.

4. Zusammenfassung und Ausblick

Familie bezeichnet komplexe Personenkonstellationen, für die es keine einfache und für alle Fragestellungen gültige Definition gibt. Daran ändert auch der Zugang über gemeinsame Handlungen und Beziehungen nichts. Es ist aber offensichtlich, daß das Haushaltskonzept der Familie zu kurz greift, obwohl es sich unter den verschiedenen denkbaren Zugangsmöglichkeiten (z.b. Verwandtschaft, Haushalt, Funktionen, wahrgenommene Familie) als brauchbares Konzept behauptet. Für die Beschreibung der Situation von Familie sind sehr unterschiedliche Theorien (z.b. über Sozialisation, Reproduktion, Solidarität) und daraus folgend sehr unterschiedliche Operationalisierungen notwendig. Je nach Schwerpunkt der Fragestellung ist die Sichtweise und damit das verwendete Konstrukt bestimmt. Unser Vorgehen ohne vorherige Festlegungen erweist sich damit als gerechtfertigt. Auf der anderen Seite zeigt sich, daß eine Vielzahl von Aussagen unabhängig von der geraden gewählten Sichtweise sind.

Das Konstrukt des Familiennetzes erlaubt es, unterschiedliche Theorien und unterschiedliche Operationalisierungen parallel zu berücksichtigen. Es führt zu einer Beschreibung von Familie, die zwar redundant ist, aber den Familienraum nahezu vollständig erfaßt. Da die Redundanz genützt werden kann, um auf spezifische Fragestellungen gezielt eingehen zu können, scheint unser Ansatz auch für andere Untersuchungen in der Familienforschung eine Perspektive zu bieten. Die aus dem Familiennetz ableitbaren Konstrukte der Kernfamilie, der Haushaltsfamilie und der Hausfamilie erlauben es einerseits, an klassischen Vorstellungen von Familie anzuknüpfen, andererseits erschließen sie aber zusätzliche Analysemöglichkeiten. Mit ihrer Hilfe ließ sich u.a. zeigen, daß Familienmitglieder in der Regel nicht sozial isoliert sind, sondern in vielfältige familiale und außerfamiliale Beziehungen eingebunden sind. Familie lebt durch Handlungen, die von ihren Mitgliedern gemeinsam vollzogen werden. Diese Mitglieder können, aber müssen nicht im gleichen Haushalt leben. Familienmitglieder sind meist Verwandte, müssen es aber nicht sein. Aus der Sicht der Befragten sind jedoch nicht alle, die zur Familie gehören könnten, auch tatsächlich Mitglieder ihrer Familie. Andererseits werden Personen zur eigenen Familie gerechnet, die nach dem allgemeinen Verständnis nicht dazu gehören.

Familienkontakte lassen sich nicht in die Dichotomie von Haushalt versus Außenwelt (und daher "außer Sichtweite") einengen. Familien nützen die Möglichkeiten, die sich aus dem Zusammenleben in einem Haus, in der unmittelbaren Nachbarschaft und im gleichen Stadtteil ergeben. Unsere Ergebnisse zeigen, daß dies in einem erheblichen Maß geschieht. Die untersuchten Familien haben vielfältige Verwandtenkontakte, Kontakte zu

Nichtverwandten und zu Einrichtungen des öffentlichen Lebens. Familie als soziale Einheiten sind also auf vielfache Weise in die Gesellschaft integriert. Diese soziale Integration schließt allerdings nicht aus, daß es zwischen unterschiedlichen Typen von Familien, unterschiedlichen Altersgruppen (siehe Beitrag SCHLEMMER) und unterschiedlichen Regionen (siehe Beitrag BERTRAM & DANNENBECK) Variationen gibt.

Anmerkungen

1. Der Namensgenerator 1 entspricht weitgehend dem ursprünlich von FISCHER (1982) stammenden, später von BURT (1984) für den "General Social Survey" von 1985 weiterentwickelten Generator für ein "core discussion network". Repräsentative Ergebnisse für die USA liegen von MARSDEN (1987) und BURT (1989) vor. Im Rahmen eines Vergleichs von Instrumenten zur Erhebung egozentrierter Netzwerke am "Zentrum für Umfragen, Methoden und Analysen" (ZUMA) in Mannheim ist dieser Generator auch in der Bundesrepublik, wenn auch nicht an einer repräsentativen Stichprobe, erprobt worden (PFENNING 1987, HILL 1988). Repräsentative Daten zum "Diskussionsnetzwerk" in der Bundesrepublik liegen aus der dritten Welle eines Panels zur Bundestagswahl 1987 (N=1311) vor. Den Rahmen bildet das Forschungsprojekt "Soziale Bewegungen und Wahlverhalten" (PAPPI & MELBECK 1988:231).

2. Der Grund für diese Begrenzung liegt darin, daß die im Hintergrund stehende Auswertungsfrage nach der Altershomophilie von Kontakten nur sinnvoll bei freigewählten, also nicht "geerbten" bzw. verwandten Beziehungspartnern zu beantworten ist. Abgesehen davon geht aus den meisten Verwandtschaftspositionen das relative Alter der Genannten im Verhältnis zu den Befragten hervor.

3. Dies ist erstmal nicht verwunderlich, da ja Freunde und Nachbarn, wenn sie zur Familie gerechnet werden, in den Nichtverwandtenkonstellationen linear zunehmen können, wenn die Wohnentfernung zunimmt. Überraschend wird dieses Ergebnis erst, wenn man sieht, daß der Bereich nichtverwandte Personen nur von 7% nach 9% zunimmt, der Bereich nicht geradlinig Verwandte von 1% nach 2%.

4. Häufige Teilnahme wurde mit 2 kodiert, vereinzelte Teilnahme mit 1 und fehlende Teilnahme mit 0. Der Möglichkeitsraum umfaßt 10 verschiedene Aktivitätsbereiche. Die angegebene Einheit ist jeweils die gewichtete Summe der genannten Aktivitäten, an denen der/die Befragte teilnimmt.

Elisabeth Schlemmer

Soziale Beziehungen junger Paare

1. Einleitung

2. Differenzierung von Partnerschaftsformen

3. Lebensformen junger Paare

3.1 Lebensalter und Dauer der Beziehung

3.2 Alternative Rollenmuster junger Paare

3.3 Alternative Beziehungsmuster junger Paare

3.3.1 Unabhängigkeitsbestrebungen
3.3.2 Subjektive Beziehungsmuster
3.3.3 Familienwahrnehmung

3.4 Junge Paare mit Kindern

4. Schlußfolgerungen

Anhang

1. Einleitung

Junge Paare zeichnen sich im Vergleich mit der Elterngeneration durch "unkonventionelle" Lebensformen aus: sie leben - zumindest nach landläufiger Meinung - in "wilden Ehen" zusammen, heiraten später oder auch gar nicht und zeigen oft auch in ihrer Partnerschaft veränderte Verhaltensweisen. Dies gab vielerlei Anlaß zu Vorbehalten und Diskussion, die sich zwischen den Aussagen, die Ehe stecke in einer Krise (SCHWARZ 1980) oder sie verliere ihre Monopolstellung (TYRELL 1988:151) bewegt.

Die Motive für die Wahl der Partnerschaft außerhalb der Institution Ehe sind allerdings bislang nicht hinreichend geklärt (BERTRAM/BORRMANN-MÜLLER 1988). Die Erklärungsmuster zu "nichtehelichen" Partnerschaften bewegen sich zwischen den beiden Polen "Vorehe" oder "Alternative zur Ehe". Der Pol "Vorehe" wird als neue Phase im Familienzyklus beschrieben, der sich zwischen Jugend und eigentliche Familiengründung schiebt (H. SCHENK, 1987:213; E.D. MACKLIN 1980). Damit ist sie als "moderne Vorform der Ehe" (LEHR 1982:49) bestimmt bzw. als eine "neue Form des Verlöbnisses" (BMJFG, 1985:8) oder eine "Ehe auf Probe". Den Gegenpol zu dieser These bildet die Bestimmung der nichtehelichen Partnerschaft als Alternative zur - an rechtliche und ökonomische Zwänge gebundenen - Ehe. Sie ist für die Vertreter dieses Aspekts der Ort der Ermöglichung harmonischer Liebesbeziehungen, der "freien Liebe" (vgl. z.B. SCHENK 1987:233) und "freien Lebensgemeinschaft" (PFISTER, 1983:177). Befürworter dieser Lebensform sehen in ihr eine "Ehe ohne Trauschein", der man jedoch - nicht unbegründet - juristischen Beistand leisten muß (z.B. A. ERNST 1983). Unter beiden Bestimmungspolen gerät die nichteheliche Partnerschaft selbst, ihr spezifischer Charakter, leicht aus dem Blickfeld: Unter dem Aspekt der "Vorehe" wird die nichteheliche Partnerschaft "nur" als Übergang einer Lebensform in eine andere bzw. als Zwischenphase im Familienzyklus betrachtet; als Alternative zur Ehe wird diese Lebensform oft idealisierend hervorgehoben, im Extremfall so weitgehend, daß ihre Ausweitung als automatischer Prozeß gesehen wird: "Die nichteheliche Lebensgemeinschaft ist nichts anderes als eine weitere Etappe in dem sich bereits seit Jahrhunderten vollziehenden Individualisierungsprozeß, also eine notwendige Konsequenz der Liebesehe" (SCHENK 1987:233). Dies hat zur Folge, daß häufig den Untersuchungen zu nichtehelichen Partnerschaften die Tendenz zur Wertung dieser Lebensform am vermuteten Verlust der traditionellen Lebensform der Ehe anhängt.

Wie leben junge Paare tatsächlich und was denken sie? Dies ist die Fragestellung dieses Beitrags. Nichteheliche Partnerschaften sollen dabei als eigenständiges Phänomen der jungen Generation aufgenommen und vergleichend mit den ehelichen Partnerschaften untersucht werden. Der Wandel, der sich im Bereich Ehe und Familie vollzogen hat, wird herausgestellt. In der Literatur wird er unter individuellem und gesellschaftlichem Aspekt begründet: Vom Blickpunkt des Individuums aus werden Befreiungsprozesse (z.B. Frauensemanzipation) gegenüber dem institutionellen Korsett "Ehe" beschrieben (z.B. BECK-GERNSHEIM 1986), vom Blickpunkt der Gesellschaft aus werden - durch das Entstehen eines Wohlfahrtsstaates - Freisetzungsprozesse von ehemaligen ökonomischen Abhängigkeiten geltend gemacht, in dessen Folge durch Verlängerung der Bildungszeiten und damit einhergehender Freisetzung von Zwängen des frühen Erwerbslebens die neue Lebensphase der "Jugend" entstand (U. BECK 1986, BECK-GERNSHEIM 1986). Dies steckt den gesellschaftlichen Hintergrund nichtehelicher Partnerschaften im sozioökonomischen Bereich ab.

2. Differenzierung von Partnerschaftsformen

Die jüngste historische Entwicklung zeigt, wie sich der Literatur entnehmen läßt, daß ab den späten sechziger und anfänglichen siebziger Jahren die Ehe "institutionelle Instabilitäten" (HOFFMANN-NOWOTNY 1988) zu verzeichnen hat. Rückläufigkeit der Heiratsziffern und Verschiebung des Heiratsalters nach oben werden als zwei zentrale Phänomene der Deinstitutionalisierung (TYRELL 1988:151) von ehelich-familialem Verhalten insbesondere bei der jungen Generation herangezogen. Diese Thesen sollen mit Ergebnissen aus dem Familiensurvey konfrontiert werden.

Untersucht man die junge Generation vergleichend mit der älteren Generation nach ihrem Familienstand (Tabelle 1), so erhält man folgendes Ergebnis:

Tabelle 1:
Altersgruppen nach Familienstand

	verh.	gesch.	verw.	ledig	N	Gesamt %
18-32	39,6	2.5	0.2	57.7	4173	100.0
33-55	80.9	8.7	3.0	7.4	5870	100.0

Die ältere Generation ist zu mehr als 80% verheiratet und ist und war es - rechnet man Geschiedene und Verwitwete hinzu - mit deutlich über 90%. Auswertungen auf Grundlage des Mikrozensus zeigen ein sehr ähnliches Bild (CLAUSEN/LINKE 1985:146). Dies bestätigt die These, daß der institutionelle Charakter der Ehe im Sinne von "Inklusion" (LUHMANN) des ganzen Volkes wirkte. Diesen "Inklusionserfolg" der Ehe (TYRELL 1988:151) weisen auch die Daten des Familiensurvey für die ältere Generation aus. Für die junge Generation hingegen kann dies nicht bestätigt werden: Die Verheirateten machen ungefähr 40% in der jungen Generation aus. Dagegen sind weit über die Hälfte der 18-32jährigen ledig, gegenüber "nur" 7.4% Ledigen aus der älteren Generation. Dies erscheint als selbstverständlich, da die junge

Generation - wenn auch spät - noch heiraten kann, verweist aber auch auf Veränderungen in den Lebensformen bei diesen Befragten[1].
Die Ledigen ohne Kinder sind in der Amtsstatistik aus der Familiendefinition ausgeschlossen (STAT. BUNDESAMT 1990 (1): 14). Das Statistische Bundesamt definiert sie als "Alleinstehende Personen in Haushalten" (ebd.). Die Daten des Familiensurveys erschließen dagegen für die junge Generation, nach deren subjektiver Auskunft zum Bestehen einer Partnerschaft, daß zwar ein knappes Drittel Ledige ohne Partner sind, also als "Alleinstehende Personen" gelten können. Zugleich läßt sich aber auch mit dem Familiensurvey ein weiteres Drittel Lediger erfassen, die in zwei verschiedenen Partnerschaftsformen leben: nichteheliche Partnerschaften mit gemeinsamen Haushalt (= nichteheliche Paare zusammenwohnend, Abk.: neP zus.w.) und ohne gemeinsamen Haushalt (= nichteheliche Paare getrennt wohnend, Abk.: neP getr.w.). Mehr als ein Drittel in dieser Generation sind Ehepaare (Tabelle 2). Nichteheliche Partnerschaften sind in der jungen Generation also fast so stark vertreten, wie eheliche Partnerschaften:

Tabelle 2:
Familienstand nach Lebensformen. Altersgruppe 18-32

	verh.	ledig	N	Gesamt %
ohne Partner	-	47.4	1200	29.0
neP getr.w.	-	33.4	833	20.1
neP zus.w.	-	19.2	496	12.0
Ehe	100.0	-	1610	38.9
Gesamt	100.0	100.0	4139	100.0

Mindestens jeder zweite Ledige in dieser Altersgruppe hat einen Partner, den er selbst als solchen bei der Erhebung angibt. Von den ledigen Personen geben um 20% an, in einem gemeinsamen Haushalt mit dem Partner zu wohnen (Abk.: neP zus.w.), aber sogar über 33% geben an, mit ihrem Partner den Haushalt nicht zu teilen (Abk.: neP getr.w.) (Tabelle 2).
Als Gruppe ohne Partner, im Sinne von "Alleinstehenden", bleibt nur knapp die Hälfte aller Ledigen in der Altersgruppe 18-32. Der größere Anteil der Ledigen, nämlich der Teil, der in einer Partnerschaft lebt, wird von der Amtsstatistik nicht vollkommen mit seinen gelebten Beziehungen erfaßt.
Nichteheliche Paare werden durch das STATISTISCHE BUNDESAMT für den Mikrozensus wie folgt definiert: Der Begriff "nichteheliche Lebensgemeinschaften bezieht Paare unterschiedlichen Geschlechts (mit und ohne Kinder unter 18 Jahren) ein, die nicht miteinander verwandt, noch miteinander verheiratet sind und einen gemeinsamen Haushalt führen" (STAT. BUNDESAMT (1) 1990:14). Wie sehr diese Definition den Untersuchungs-

raum einschränkt, zeigt die Tabelle 3.1 zur Haushaltssituation der Befragten in unterschiedlichen Partnerschafts- und Lebensformenformen:

Tabelle 3.1:
Lebensformen nach Haushalt, Altersgruppe 18-32 (Spaltenprozent)

	ohne Partner	neP getr.w.	neP zus.w.	Ehe	Gesamt %
HH-Mitglied bei Eltern	56.9	51.4	3.8	2.9	28.7
im gleichen Haus wie Eltern	5.8	6.0	5.7	8.3	6.7
eigener HH	37.3	42.6	90.5	88.8	64.6
Gesamt	100.0	100.0	100.0	100.0	100.0

Der Tabelle ist zu entnehmen, daß von der Altersgruppe 18-32 ca. zwei Drittel im eigenen Haushalt wohnen und ein Drittel bei den Eltern im Haushalt oder bei ihnen im gleichen Haus leben. Die Amtsstatistik zählt als Paare von diesem Drittel nur die Ehepaare und nichtehelich zusammenwohnenden Paare. Von den Befragten, die einen nichtehelichen Partner haben, wohnt aber der Großteil bei den Eltern im gleichen Haushalt oder zumindest im gleichen Haus, wenn sie nicht mit dem angegebenen Partner einen gemeinsamen Haushalt teilen, das sind etwas unter 60%. Als Paare werden diese Befragten, entgegen der eigenen Auskunft, wie der Familiensurvey zeigt, von - auf amtsstatistischen Daten beruhenden - Untersuchungen nichtehelicher Partnerschaften nicht erfaßt. Ebenso werden zumindest Ungenauigkeiten in der Erfassung der ca. 10% nichtehelicher Paare mit gemeinsamem Haushalt auftreten, wenn sie diesen Haushalt auch noch mit den Eltern teilen bzw. im gleichen Haus mit ihnen wohnen. Damit geht ein wesentlicher Teil der - in verschiedenen Lebensformen ausgedrückten - real gelebten Beziehungen der jungen Generation verloren und mit ihnen ein sozialwissenschaftlich relevanter Forschungsaspekt.

Mit dem Familiensurvey läßt sich nun zeigen: gut 40% der im elterlichen Haushalt lebenden 18-32jährigen sind junge Paare (Tabelle 3.2). Von diesen jungen Paaren lebt, wie auch oben beschrieben, der Großteil nicht mit dem eigenen Partner im elterlichen Haushalt zusammen. Ledige Paare, die im elterlichen Haushalt zusammenwohnen, sind zwar nur mit 1.6% vertreten, aber mit immerhin 10.2% leben sie anteilig mit den Eltern im gleichen Haus.

Die Haushalte der jungen Generation werden grob gerechnet von 30% nichtehelichen Paaren gegenüber 50% Ehepaaren bewohnt. Der eigene Haushalt ist also nicht nur Lebensstätte von jungen Ehepaaren, sondern mit einem Drittel auch der von nichtehelichen Paaren, auch wenn dies nicht immer der gemeinsame Haushalt ist, wie bei 13.5% der Fall ist. Es haben etwas mehr Befragte einen eigenen Haushalt, die mit ihrem Partner auch zusammenwohnen (17%) als diejengen, die nicht mit dem Partner zusammenwohnen (13.5%). Das Verhältnis ist in etwa 3 zu 4.

Tabelle 3.2:
Haushaltssituation nach Lebensformen, Altersgruppe 18-32 (Zeilenprozent)

	ohne Partner	neP getr.w.	neP zus.w.	Ehe	Gesamt %
HH-Mitglied bei Eltern	57.8	36.7	1.6	3.9	100.0
im gleichen Haus wie Eltern	24.9	18.1	10.2	46.8	100.0
eigener HH	16.9	13.5	17.0	52.6	100.0

Sozialwissenschaftliche Untersuchungen von Paarbeziehungen auf Grundlage von Daten der Amtsstatistik arbeiten aber mit einer Klassifikation von Lebensgemeinschaften über Haushalts-Zugehörigkeit und Familienstand. Diese Definition führt zu einer einengenden, ökonomischen Darstellung von Haushaltskonstellationen, die keine psychologische "Beziehungsqualität" aufzeigen kann (vgl. CLAUSEN/LINKE 1985:143, BIEN/MARBACH, 1991, i.d. Band). Untersucht man Partnerschaften ausschließlich nach Familienstand und Haushaltszugehörigkeit, so tangiert dies den subjektiven Aspekt der Beziehungsfelder nicht ausreichend: Nichteheliche Paare ohne gemeinsamen Haushalt werden überhaupt nicht und Paare mit gemeinsamem Haushalt werden teilweise nicht erfaßt, wie gezeigt werden konnte.

Die familiären Beziehungen stellt die Amtsstatistik ebenfalls über den Haushaltsfokus dar. Tabelle 4 (1. Teil) ist zu entnehmen, wie die amtsstatistische Klassifikation familiärer Beziehungen (STAT. BUNDESAMT 1990(1):26) sich im Familiensurvey abbildet. Vorrangig will das STAT. BUNDESAMT mit dieser Familienstatistik über die Generationenzugehörigkeit Eltern-Kind-Verhältnisse abbilden. Darüber hinaus sollen aber auch verwandtschaftliche Beziehungen zu weiteren Personen im Haushalt dargestellt werden können. Für Ehepaare gibt es eine eindeutige Zuordnung zu den "Eingenerationen-Haushalten" (ebd.): Ehepaare ohne Kinder lassen sich mit einem 24%-Anteil dem Familiensurvey somit direkt entnehmen. Mit dem objektiven Kriterium der Haushaltszugehörigkeit beschreibt also die Tabelle familiäre Beziehungsstrukturen eindeutig, soweit es sich um Verwandte bzw. Verheiratete handelt. Allerdings vermag dieses Kriterium nur sehr eingeschränkt Aussagen über die Lebenssituation nichtehelicher Paare zu leisten. Bezieht man das subjektive Analysekriterium des selbstwahrgenommenen Beziehungskontextes zum Bestehen einer Partnerschaft mit ein, dann ergeben sich folgende Schwierigkeiten: Die Paare, die nicht zusammenwohnen, tauchen mit 30% im "Einpersonen-Haushalt" auf und werden nach Definition des Statistischen Bundesamtes als "Alleinlebende" bzw. "Singles" geführt (1990 (1):14). Unter der Kategorie "Zweigenerationen-Haushalte" erscheinen gut 60% dieser Paare. Da aus Tabelle 3.1 hervorgeht, daß knapp 60% Befragte mit einem Partner, mit dem sie keinen gemeinsamen Haushalt teilen, im elterlichen Haushalt leben, ist zu schließen, daß diese Befragten unter der Kategorie "Zweigenerationen-Haushalt" bei den Eltern leben. Sie zählen insoweit als "Kinder" und werden damit in ihren gelebten Beziehungen nur einseitig - auf die Eltern hin - erfaßt.

Tabelle 4:
Familiäre Beziehungen innerhalb des Haushalts. Altersgruppe 18-32

	neP getr.w.	neP zus.w.	Ehe	N/%
Teil 1:				
Einpersonen-HH	30.2	1.0	0.6	
Eingenerationen-HH	-	-	24.0	
Zweigenerationen-HH	60.5	24.6	68.9	
Dreigenerationen-HH	5.0	1.4	3.6	
H H mit Verwandten	1.1	1.2	0.3	
H H ohne Verwandte	3.2	71.8	2.5	
N	837	496	1610	2943
Gesamt%	100.0	100.0	100.0	100. 0
Teil 2: = Aufsplittung "HH ohne Verwandte"				
HH mit Partner	0.4	70.5	2.1	
H H mit Partner, Verw.+Sonst.	-	2.9	0.6	
H H ohne Partner, mit Verw.+Sonst.	4.0	0.4	0.2	

Die Partnerschaftsbeziehungen bleiben, da sie weder unter einen Haushalts- noch unter einen Verwandtschaftsraster zu beugen sind, ausgeklammert. Ähnlich ist das Resultat, wenn man die nichtehelich zusammenwohnenden Paare nach den amtsstatistischen Kategorien analysiert: Sie werden überwiegend mit mehr als 70% in der Kategorie "Haushalte ohne Verwandte" abgebildet. Hinter dieser anonymen Kategorie kann sich aber gleichermaßen die Wohngemeinschaft oder der Partner verbergen. Der Haushaltsfokus blendet also folgenschwer die gelebten Beziehungen der Befragten aus und schafft damit unklare bis paradoxe Bestimmungen der Befragten. Eine Aufsplittung dieser Kategorie nach "Haushalte mit und ohne Partner" ist sinnvoll (Tabelle 4, Teil 2).

Fast alle "HH ohne Verwandte" in der Amtsstatistik entpuppen sich bei den nichtehelichen, zusammenwohnenden Paaren - wie zu vermuten stand - als "Haushalte mit Partner". Sie machen einen Anteil von 70.5% aller Haushaltskonstellationen dieser Partnerschaftsform aus. Bei der Amtsstatistik treten diese Partnerbeziehungen nur als Schätzwerte in Erscheinung (STAT. BUNDESAMT (b) 1990:18ff), obwohl sie bedeutsam sind, werden sie nicht differenziert erhoben. Damit können umgekehrt auch zwei Personen unterschiedlichen Geschlechts, die sich nicht als Paar, sondern ausschließlich als "Wohngemeinschaft" verstehen, unter die Kategorie "Lebensgemeinschaft" fallen und andererseits werden nicht in einem gemeinsamen Haushalt lebende Paare - wie individuell bedeutsam deren Paarbeziehung auch sein mag - nicht erfaßt (vgl. BIEN/MARBACH 1991; i.d. Band, Familienstatistik). Pöschl (1989:634) stellt in ähnlichem Zusammenhang die Forderung auf, daß für die Berücksichtigung sozialpolitisch bedeutsamer Beziehungsgeflechte zwischen Personen - auch aus verschiedenen Haushalten - eine direkte Befragung zu diesem Sachverhalt erforderlich ist.

In einer EMNID-Studie (1985, Auftraggeber: BMJFG 1982) wird diesem Problem bei der Erfassung von nichtehelichen Partnerschaften bereits Rechnung getragen und der Selbstwahrnehmung zum Bestehen einer Partnerschaft Bedeutung beigemessen. Subjektives Befragungskriterium in einer Repräsentativstudie (ebd.) war: "mit einem andersgeschlechtlichen Partner eine nicht-eheliche Lebensgemeinschaft zu bilden". Diese Selbstdefinition wurde weiter differenziert durch die "Haushalts-Kategorie": "Nichteheliche Lebensgemeinschaft ohne gemeinsamen Haushalt" und "Unverheiratet zusammenlebende Paare" (ebd.:12). Die Daten des Familiensurvey zeigen - wie bereits in Tabelle 2 ausgeführt - auf Grundlage der Erhebung der gelebten Beziehungen der Befragten eine ähnliche Differenzierung von Partnerschaftsformen. Dies weist bei der Datenerhebung ein differenzierteres Zahlenmaterial auf als die Amtsstatistik.

Das Datenmaterial erhält je nach Klassifizierung der Partnerschaftsformen sehr unterschiedliche Zahlenwerte. Amtliche Sozialstatistiken geben an, daß die Zahl der nichtehelichen Partnerschaften in der alten BRD von 1972 bis 1988 von 137000 auf 820000 anwuchs und sich damit versechsfachte (STAT. BUNDESAMT (a) 1990:101ff und (2) 1990:20f). Die "Dunkelziffer" vermutet man jedoch weit höher (BIB LINKE/CLAUSEN 1985:143). 3.4% aller Haushalte gibt das Statistische Bundesamt als geschätzte Zahl von nichtehelichen Lebensgemeinschaften an (STAT. BUNDESAMT (a) 1990:ebd.), die sich wesentlich aus Ledigen zusammensetzen (STAT. BUNDESAMT (b) 1990:19). Das EMNID-Institut hat in einer Erhebung von 1983 bereits 7,5% Haushalte mit nichtehelichen Lebensgemeinschaften in der Bundesrepublik errechnet, dies sind insgesamt 1,9 Mill. Haushalte. In diesen Haushalten leben 66% ständig im gemeinsamen Haushalt, dies entspricht insgesamt 1,25 Mill. Haushalten mit unverheiratet Zusammenlebenden (1985:12; S. 25 wird ein gemäßigteres Zahlenverhältnis angegeben: 58% leben ständig im gemeinsamen Haushalt zusammen). Die m.E. realistischere Zahlenberechnung des EMNID-Instituts kann mit denen des STAT. BUNDESAMTES (1990 (2):19) über die Anzahl Lediger von derzeit 5,4 Mill. ergänzt werden. Diese leben zu einem Drittel mit anderen Personen im Haushalt, wobei es sich - nach Daten des STAT. BUNDESAMTES ((2)1990:19) häufig um nichteheliche Lebensgemeinschaften handelt. Der Familiensurvey erfaßt mit über 2800 Befragten ungefähr ein Drittel Ledige (Tabelle 1). Von denen leben über 50% in nichtehelichen Partnerschaften, das sind 1422 Befragte und damit gut 14% des gesamten Survey. Die Differenzierung nach Altersgruppen zeigt eine eindeutige Gewichtung hin zur jungen Generation[2]. Letzteres wird auch mit den amtstatistischen Daten durch CLAUSEN/LINKE (1985:149) belegt.

3. Lebensformen junger Paare

Die junge Generation lebt in drei verschiedenen Partnerschaftsformen, wie mit Tabelle 2 (Pkt. 2) gezeigt werden konnte:
1. Ehepaare (Abk.: Ehe): Der Befragte gibt an, einen Ehepartner zu haben und mit diesem/r PartnerIn im gemeinsamen Haushalt zusammenzuleben.
2. Nichteheliche Paare, die zusammenwohnen (Abk.: neP zus.w.): Der Befragte gibt an, zum Befragungszeitpunkt eine feste Partnerschaft zu haben und mit diesem/r PartnerIn in einem gemeinsamen Haushalt zusammenzuleben, ohne eine gemeinsame Ehe eingegangen zu sein.
3. Nichteheliche Paare, die getrennt wohnen (Abk.: neP getr.w.): Der Befragte gibt an, zum Befragungszeitpunkt eine feste Partnerschaft zu haben, lebt aber mit diesem Partner nicht in einem Haushalt zusammen und ist auch keine gemeinsame Ehe mit diesem Partner eingegangen.

Ein Befragter, der verheiratet ist, aber von seinem Ehepartner getrennt lebt, wurde entweder in die Gruppe der zwei Varianten von nichtehelichen Partnerschaften eingereiht - sofern er eine solche Partnerschaft angibt - oder er fällt in eine andere Lebensform, nämlich "ohne Partner". Diese Lebensform ist in dieser Untersuchung weitgehen ausgegrenzt, sie dient allerdings partiell als Vergleichsgruppe.

Diese drei Basis-Partnerschaftsformen werden noch danach differenziert, ob der Befragte Kinder hat oder nicht. So entstehen insgesamt sechs empirisch darstellbare Gruppen: Ehepaare mit und ohne Kinder, nichteheliche Paare, die zusammenwohnen mit und ohne Kinder, nichteheliche Paare, die getrennt wohnen mit und ohne Kinder.

Junge Paare bis 32 sind nach Daten des Familiensurvey ungefähr je zur Hälfte verheiratet oder leben in nichtehelichen Partnerschaften (Tabelle 2, Pkt. 2). Die nichtehelichen Partnerschaften dieser Altersgruppe setzen sich wiederum fast ausschließlich aus Ledigen zusammmen. Verheiratetet-getrennt-Lebende, Geschiedene und Verwitwete fallen dabei kaum ins Gewicht (Tabelle 1, Pkt. 2). Nichteheliche Paare sind also großenteils junge, ledige Paare.

Ein Wandel in den Paarbeziehungen gegenüber der Elterngeneration läßt sich insbesondere bei den nichtehelichen Partnerschaften feststellen:

Erstens ist die Altersverschiebung bei den nichtehelichen Paaren auffallend: Lebten auch noch in den siebziger Jahren hauptsächlich ältere und geschiedene bzw. verwitwete Männer und Frauen in nichtehelichen Lebensgemeinschaften (sog. Onkelehen) (vgl. Studie zur "Sonderauswertung von Mikrozensusdaten" für 1972 bis 1982, BIB, CLAUSEN/LINKE 1985: 149) so sind es heute hauptsächlich junge Ledige, die diese neue Lebensform bevorzugen.

Zweitens hebt sich quantitativ eine neue Partnerschaftsform ab, in der die Paare keinen gemeinsamen Haushalt bewohnen, z.t. sogar noch als Mitglieder des elterlichen Haushalts in den Statistiken erscheinen, und die dennoch als Partnerschaft von den Befragten definiert wird. Es sind dies die nichtehelichen Paare, die getrennt wohnen. Ein historisches Vorbild dieser Partnerschaftsform stellen z.B. Sartre und S. de Beauvoir dar (SCHENK, 1987). Das Motiv, eine solche Paarbeziehung einzugehen, wird jedoch eher in veränderten normativen und ökonomischen Bedingungen junger Menschen zu suchen sein, als in romatischem Nachvollzug eines philosophischen Weltbildes. BERTRAM (i.d. Band) stellt in seiner Analyse über "Kinder, Ehe, Erziehung und Beruf" heraus, daß ein allgemeiner normativer Wandel bei der jungen Generation stattgefunden hat: Die Lebensorientierung dieser jungen Ledigen hebt sich von traditionellen Mustern ab und bindet sich an individualistische Orientierungsmuster an, die u.a. Selbstverwirklichung und Partizipation als wichtigstes politisches Ziel enthalten.

3.1 Lebensalter und Dauer der Beziehung

Der Vergleich der älteren mit der jungen Generation (Tabelle 1, Pkt. 2) hat gezeigt, daß die ältere Generation großenteils verheiratet ist, während die junge ledig ist. Die Lebensformen der jungen Generation werden sich - so ist anzunehmen - mit dem Zeitablauf ändern. Um eine Richtung der Veränderung aufzeigen zu können, wird das Durchschnittsalter der jungen Generation je nach ihrer Lebensform untersucht: Das Durchschnittsalter der verschiedenen Lebensformen verläuft in Zwei-Jahres-Schritten aufsteigend von der Gruppe ohne Partner bis zur Ehe (Tabelle 5): Die Befragten ohne Partner sind die jüngste Gruppe, die in einer nichtehelichen Partnerschaft mit dem Partner nicht zusammenwohnen, sind in etwa gleich alt wie sie. Die Befragten, die mit ihrem Partner im gemeinsamen Haushalt wohnen, sind durchschnittlich zwei Jahre älter, als die, die nicht mit dem Partner den Haushalt teilen.

Tabelle 5:
Durchschnittsalter nach Lebensformen, Altersgruppe 18-32

	Durchschn.-Alter	Std.-Abweichg.	N
ohne Partner	24.0	4.02	1193
neP getr.w.	24.2	3.62	828
neP zus.w.	26.1	3.32	493
Ehe	28.6	2.96	1601

Die eindeutig älteste Gruppe sind die verheirateten Befragten. Die Lebensformen zeigen eine deutliche Altersabhängigkeit, die mit einer Streuung von ca. 27% (Eta Quadrat 0.27) überprüft wurde. Allerdings läßt der Alterseffekt bei den Lebensformen nicht den Schluß zu, daß jeder diese Lebensformen in seiner Biographie gleichermaßen durchläuft.

Die Entwicklung nichtehelicher Partnerschaften als "Vorehe" wird in der Literatur mit wachsender Tendenz dokumentiert (z.B. HÖHN/MAMMEY/SCHWARZ 1980). Die empirische Kohortenanalyse nach Daten des Familiensurveys junger Paare bis 30 Jahre belegt in Ausweitung hierzu, daß nichteheliche Partnerschaften vor der Ehe stark ansteigen (33.6% der Geburtskohorte 1954-56 lebte vor der Eheschließung im gemeinsamen Haushalt mit dem Partner. Bei der Kohorte 1960/61 waren es bereits über 40%) (TÖLKE 1991, in Vorb.). Dieselbe Datenbasis dokumentiert, daß junge Paare ebenfalls mit wachsender Tendenz (von 38.3% auf 47.9% in denselben Geburtskohorten) (ebd.) ledig bleiben und zwar über das Durchschnittsheiratsalter hinaus (vgl. TÖLKE, i.d. Band). WINGEN (1984:48) setzt mit dem Alter 30 eine Zäsur: jüngere Paare ordnet er der "Vorehe" und ältere der "Alternative zur Ehe" zu. Ob aber auch diese Paare - wenn auch sehr spät heiraten - läßt sich zumindest zum gegenwärtigen Analysezeitpunkt, wie die Kohortenanalyse dokumentiert, nicht mit Sicherheit prognostizieren. Ebensowenig, wie sich behaupten läßt, daß die jüngeren Paare heiraten werden. Die nichtehelichen Partnerschaften nur unter dem Blickwinkel des altersbedingten Umweges zur Ehe zu betrachten, wäre m.E. zu kurz gegriffen.

Die Dauer der Beziehung ist in der sozialwissenschaftlichen Literatur über nichteheliche Partnerschaften die zentrale Kategorie (SCHENK 1987: 191 ff; ARIES 1986:174; STRÄTZ 1980:303). Die Dauer ist nach WINGEN[3] "Ausdruck der Verbindlichkeit des Zusammenlebens" (1984:66). Allerdings steht dabei zu bedenken, wieweit zum Zeitpunkt der aktuell bestehenden Partnerschaft die Verbindlichkeit einer Beziehung auch eindeutig bestimmbar ist. Eine Partnerschaft muß noch nicht lange bestehen und kann doch von den Partnern ernst und verbindlich gemeint sein. Letztlich ist dieses Kriterium erst nach Beendigung der Partnerschaft meßbar.

Die Untersuchung der Dauer soll Aufschluß darüber geben, wieweit auch nichteheliche Partnerschaften in dieser Lebensphase eine Eigenständigkeit erreichen oder durch Brüche und Übergänge gekennzeichnet sind (Tabelle 6.1; vgl.Tabelle 6.2: Dauer von Partnerschaften mit und ohne Kinder, Altersgruppe 18-32 .34):

Eindeutig ergibt sich eine Steigerung der Dauer der Partnerschaft von den unverheirateten Paaren, die getrennt wohnen über die unverheiratet zusammenwohnenden Paare zu den Ehepaaren. Die langjährigen Paare sind Ehepaare: sie sind selbst in dieser jungen Altersgruppe in ihrer Beziehungsdauer sehr konstant. Die nichtehelichen Paare kennen sich dagegen noch nicht so lange wie die Ehepaare.

Tabelle 6.1:
Dauer der Partnerschaftsformen, Altersgruppe 18-32

	neP. getr.w.	neP. zus.w.	Ehe
1 Jahr	46.0	23.2	2.6
2 Jahre	21.0	15.8	4.2
3-5 Jahre	23.4	37.1	20.1
über 5 Jhr.	9.6	24.0	73.1
Gesamt	100.0	100.0	100. 0

Für die nicht zusammenwohnenden, unverheirateten Paare kennzeichnet die stärkere Häufung bei kurzer Dauer - zwei Drittel kennen sich 1 bis 2 Jahre - die Kennenlernphase und ist damit selbstverständlich. Allerdings ist immerhin ein knappes Viertel bereits 3-5 Jahre "zusammen" und sogar knapp 10% über fünf Jahre. Unter der Annahme, daß die Dauer der Beziehung auch eine Stabilisierung zuerst über einen gemeinsamen Haushalt und dann über die Institutionalisierung in der Ehe herbeiführt, müßte man zumindest eine äußerst lange Kennenlern- bzw. Probephase für nichteheliche Beziehungen konstatieren, wollte man sie in die Phase der "Vorehe" einreihen. Es läßt sich somit schließen, daß nicht alle diese Paare sich Vorstufe einer anderen Partnerschaftsform begreifen.

Bei den nichtehelich zusammenwohnenden Paaren sind 39% 1 bis 2 Jahre und 37% 3-5 Jahre befreundet. Ein Viertel sind langjährige Paare, die auch nach fünf Jahren diese Lebensform beibehielten. Ob es sich dabei um Ehegegner oder um Nachzügler handelt, läßt sich wiederum zum gegebenen Analysezeitpunkt nicht entscheiden. Doch lassen die unterschiedlichen Zahlenverhältnisse zwischen dem ersten und dem zweiten Jahr der Beziehungsdauer (1 Jahr: 23%, Absenkung im 2. Jahr auf 15%) und dann wieder nach dem fünften Jahr (3-5 Jahre: 37% Absenkung nach über 5 Jahren auf 24%) auf zwei mögliche Einschnitte für Übergänge in die Ehe oder auch Trennung interpretativ hindeuten.

Sicher läßt sich allerdings festhalten, daß auch die nichtehelichen Paare eine Beziehungskonstanz aufweisen, die diese Partnerschaftsform als eigenständige Lebensform kennzeichnet. Dem Resultat von WINGEN, daß es sich "bei nichtehelichen Lebensgemeinschaften junger Erwachsener weitgehend um eine (relativ) neue Form vorehelicher und vorfamilialer Partnerbeziehungen handelt und weniger um eine Alternative zu Ehe und Familie" (1989:67), d.h. um ein Übergangsstadium zur Ehe, kann damit nicht uneingeschränkt zugestimmt werden.

3.2 Alternative Rollenmuster junger Paare

Die unterschiedlichen Lebensformen junger Paare werden im folgenden auf der Verhaltensebene untersucht. Der Untersuchungsrahmen wird, geleitet durch die gelebten Beziehungen junger Paare, wie folgt abgesteckt: Die Sozial- und Individualbeziehungen junger Paare werden anhand objektiver Kriterien, wie Berufs- und Ausbildungssituation, und - in Pkt. 3.3.2 - anhand subjektiver Kriterien, wie Netzwerkstrukturen untersucht.

Die äußeren und gesellschaftlich bedingten Bestimmungsmerkmale von Partnerschaften sind durch Rollenzuweisungen und Arbeitsteilung zwischen Mann und Frau gekennzeichnet. Um eventuelle Veränderungen in diesem Bereich zu erfassen, werden im weiteren die Berufs- und Ausbildungssituation untersucht.

Erwerbstätig sind in der gesamten Altersgruppe 18-32 (Tabelle 7.1, Anmerkung 4) ca. zwei Drittel, 13.9% sind in Ausbildung, 14% sind im Haushalt tätig und der Rest ist arbeitslos (4,1%) bzw. sonstiges (3.6%).

Die Geschlechtsdifferenzierung in dieser Altersgruppe zeigt, daß sich Männer und Frauen in Ausbildung und Schule in etwa noch die Waage halten (Tabelle 7.2 und 7.3, Anmerkung 4), doch im Berufsleben dominieren bereits die Männer: sie sind mit deutlich über 75% gegenüber ca. 50% berufstätigen Frauen vertreten. Die Frauen sind anteilig in den Haushalt verschwunden (knapp 25%), die Männer sind dort kaum zu finden (0.2%).

Untersucht man die gleiche Altersgruppe eingeteilt in Partnerschaften so ergeben sich eindeutige Gewichtungen.

Tabelle 7.4:
Berufs- und Ausbildungssituation in Partnerschaften, Altersgruppe 18-32

	neP getr.w.	neP zus.w.	Ehe	N
beide erw-tätig	49.7	69.3	45.7	50.6
erw-tät/Ausbild	27.0	17.5	3.6	11.8
einer erw-tät.	2.8	5.5	49.0	30.2
beide in Ausbild	20.3	7.2	0.7	6.7
Ausb/n. erw-tät.	0.2	0.5	1.0	0.7
Gesamt	100.0	100.0	100.0	100.0

In der gesamten Altersgruppe sind bei über 50% beide Partner erwerbstätig. In den nichtehelichen Partnerschaften fällt das Hauptgewicht auf die Erwerbstätigkeit beider Partner, wie aus Tabelle 7.4 hervorgeht. Die nichtehelich zusammenwohnenden Paare ragen dabei mit knapp 70% heraus. Bei den getrennt wohnenden Paaren sind es noch knapp die Hälfte und damit etwas mehr als bei den Doppelverdiener in der Ehe (45.7%).

Die Ehepaare weisen zwei hauptgewichtete Pole auf: sie haben neben der Erwerbstätigkeit beider Partner den stärksten Pol bei der Erwerbstätigkeit eines Partners: knapp die Hälfte aller Ehepaare. Daß sich hinter dieser Zahl Männer verbergen, läßt das geschlechtsspezifische Verhältnis Beruf/Haushalt von oben (Tabelle 7.2 und 7.3, Anmerkung 4) leicht erschließen. Schlagend wird ein Stück traditioneller Rollenverteilung vorgeführt, die in nichtehelichen Partnerschaften unwesentlich geworden ist: Hier sind es nur 2.8% bei den getrennt wohnenden Paaren und 5.5% bei den zusammenwohnenden - und dies bei ca. einem Drittel aller 18-32jährigen Paare, bei denen einer erwerbstätig ist. Die Ehepaare machen davon sogar 94.6% aus, allerdings ist ihre Gruppe zahlenmäßig stärker (Tabelle 7.5, Anmerkung 4). Doch muß als Moment moderner Partnerschaften auch bei den Ehepaaren zentral hervorgehoben werden, daß sie mit einem 52.6%-Anteil der gesamten Altersgruppe 18-32 zu den sog. "Doppelverdienern" gehören. Die kleinere Hälfte der "Doppelverdiener" lebt in nichtehelichen Partnerschaften (Tabelle 7.4 entspricht Zeilenprozent in Tabelle 7.5, Anmerkung 4).

Bei den nichtehelichen Paaren findet sich die zweitstärke Gruppe in Ausbildung: Ist nur ein Partner erwerbstätig, dann befindet sich bei den Unverheirateten häufig der andere Partner in Ausbildung (27% der getrennt wohnenden nichtehelichen Paare und 17.5% der zusammenwohnenden nichtehelichen Paare, gegenüber 3.6% Verheirateten). Sind beide Partner in Ausbildung, dann wird die nichteheliche Partnerschaftsform mit getrenntem Haushalt bevorzugt: ein Fünftel aller nichteheliche getrennt wohnenden Paare befindet sich in Ausbildung. Bei den zusammenwohnenden nichtehelichen Paaren sind es noch 7.2%. Die Ehepaare koppeln sich hier ganz ab; denn nur 0.7% sind verheiratetet, wenn beide Partner in Ausbildung sind.

Nichteheliche Partnerschaften sind durch Berufstätigkeit und Ausbildung in Abweichung von der Ehe gekennzeichnet, bei der das Schwergewicht auf Berufstätigkeit und Haushalt gelegt wird. Die Tendenz zu alternativem Rollenverhalten im Gegensatz zur klassischen Arbeitsteilung in der Ehe wird in nichtehelichen Partnerschaften nicht nur bei der Berufstätigkeit der Partner deutlich, sondern auch in der partnerschaftlicheren Verteilung der anfallenden Hausarbeit (KEDDI/SEIDENSPINNER, i.d. Band).

Aus der hohen Gewichtung der Ausbildung bei den nichtehelichen Paaren geht weiter hervor, daß diese einer bestimmten Lebensphase - nicht Familienphase[5] -, nämlich der Ausbildungszeit und Zeit der ersten Berufserfahrung zuzuordnen sind. Dies belegt auch das Durchschnittsalter der Befragten, das 23.2 (beide in Ausbildung) und 24.5 Jahre (einer in Ausbildung) beträgt bei denjenigen, die sich in Ausbildung befinden und 27.3 (beide erwerbstätig) sowie 28.8 Jahre (einer erwerbstätig) bei den Erwerbstätigen[6].

Die Absicherung der ökonomischen Basis ist offensichtlich in der nichtehelichen Partnerschaft weder prinzipielle Voraussetzung, wie der hohe Anteil von Partnern in Ausbildung zeigt, noch ist sie an traditionelle Versorgungsmuster gebunden, wie der hohe Anteil je beider erwerbstätiger Partner zeigt[7]. Ergebnisse von EMNID (1985:36ff) zu den "Motiven für und gegen Heirat" können ergänzend angeführt werden: Für die Befragten bedeutsame Voraussetzung für eine Heirat ist berufliche und materielle Absicherung (27% nennen abgeschlosse Ausbildung, 18% Sicherung des Arbeitsplatzes). Auch VASKOVICS (1990:63) stellt unter der Fragestellung "Nichteheliche Lebensgemeinschaften, eine Alternative zur Ehe?" fest, daß berufliche Sicherheit ein zentrales Motiv für die Eheschließung ist (ca. ein Drittel), allerdings geben dies die Berufstätigen selbst nur zu 13% an. Nicht abgeschlossene Ausbildung gilt insbesondere Nicht-Berufstätigen als Ehe-Hindernis. Eine nichteheliche Partnerschaft erhebt offensichtlich einen solchen Anspruch nicht. BERTRAM kommt für die Gruppe der Ledigen - die hauptsächlich die nichtehelichen Paare strukturieren - zu einem unterstützenden Ergebnis: sie sind stärker postmateriell als materiell normativ orientiert und damit weniger auf materielle Sicherheit bedacht als die Verheirateten (i.d. Band: Kinder, Ehe, Erziehung und Beruf).

Fazit: Junge, unverheiratete Paare befinden sich häufig in der Lebensphase der Ausbildung, insbesondere, wenn sie nicht zusammenleben. Die Rollenbeziehungen junger Paare weisen eine Veränderung bei der gesellschaftlich bedingten, geschlechtsspezifischen Arbeitsteilung aus: die Erwerbstätigkeit beider Partner ist kennzeichnendes Merkmal, insbesondere bei den nichtehelich zusammenlebenden Paaren. Auch die jungen Ehepaare sind zur Hälfte erwerbstätig, allerdings geht die andere Hälfte in der traditionellen Rollenteilung - ein Partner ist erwerbstätig und der andere im Haushalt - auf. Insgesamt betrachtet scheint aber die traditionelle, geschlechtsspezifische Arbeitsteilung bei den jungen Paaren zugunsten einer Versorgungsverantwortung beider Partner umdefiniert zu werden.

3.3 Alternative Beziehungsmuster junger Paare

Veränderte Rollenvorstellungen und verändertes Rollenverhalten bei ledigen Paaren läßt Auswirkungen auf die Beziehungsmuster junger Paare vermuten; denn eine gleichberechtigtere Arbeitsteilung in der Partnerschaft schafft neue Kontakte durch neue Netzwerke, relativiert traditionelle Kontaktfelder aufgrund gewandelter normativer Orientierungen und schafft veränderte Beziehungsmuster aufgrund veränderter Anforderungen an Versorgung und Pflege in den Partnerschaften. Im weiteren wird die subjektive Seite der sozialen Beziehungen junger Paare beschrieben.

3.3.1 Unabhängigkeitsbestrebungen

Es war früher selbstverständlich, daß man bis zur Heirat unter gleichem Dach mit der Herkunftsfamilie wohnte[8]. Die jüngsten Ergebnisse der Jugendsoziologie verweisen dagegen auf einen "verfrühten und forcierten Trend zur Ablösung des Jugendlichen vom Elternhaus (ROSENMAYR 1974:39f; 1976:98ff). Nach den Daten des Familiensurvey leben bereits zwei Drittel der Altersgruppe 18-32 im eigenen Haushalt (Tabelle 8).

Tabelle 8:
Entfernung von den Eltern nach Partnerschaften, Altersgruppe 18-32

	ohne Partner	neP getr.w.	neP zus.w.	Ehe	Gesamt %
HH- Mitglied bei Eltern	56.9	51.4	3.8	2.9	28.7
im gleichen Haus wie Eltern	5.8	6.0	5.7	8.3	6.7
unmittelb. Nachbarsch.	3.3	3.9	9.6	10.3	6.9
gleicher Ortsteil	5.9	5.7	16.6	17.3	11.5
im gleichen Ort Entf.>15Min	8.4	9.6	21.2	17.2	13.6
in anderem Ort Entf.<1Std.	8.0	10.1	25.4	29.2	18.7
weiter entfernt	11.7	13.3	17.8	14.7	13.9
Gesamt	100.0	100.0	100.0	100.0	100. 0

Es scheint sich vor der eigenen Familiengründung eine Phase des Alleinlebens herauszukristallisieren. Wie auch Tabelle 3.1 ergeben hat findet sich der Großteil der Befragten ohne Partner und mit Partner ohne gemeinsamen Haushalt in Einpersonen-Haushalten. Die junge Generation zieht aus dem Elternhaus also nicht aus um zu heiraten bzw. eine Familie zu gründen. Als entscheidendes Kriterium beim Auszug bleibt aber das Eingehen einer Partnerschaft, selbst wenn kein gemeinsamer Haushalt mit dem Partner eingerichtet wird: Die Zahl aller im elterlichen Haushalt wohnenden Befragten sinkt von über der Hälfte derjenigen ohne Partner auf ungefähr ein Drittel ab, sobald eine Partnerschaft besteht, selbst wenn der/die PartnerIn nicht mit dem/r Befragte/n zusammenwohnt. Diese Tendenz zur Lösung vom elterlichen Haushalt ist so selbstverständlich nicht, bedenkt man noch die unsichere ökonomische Situation dieser Altersgruppe: Zwar sind ungefähr 65% aller 18-32jährigen erwerbstätig, das restliche Drittel befindet sich aber in Ausbildung, ist arbeitslos bzw. fällt unter sonstiges (Tabelle 7.1, Anmerkung 4)[4]. Die junge Generation scheint offensichtlich nach Unabhängigkeit und Selbständigkeit bei der Organisation des täglichen Lebens zu streben.

K. SCHWARZ (1989:39ff) kommt in einer Studie über Lebenslaufbeobachtungen aufgrund von Mikrozensusdaten zu dem Ergebnis, daß Kinder gegen das 25. Lebensjahr erst das Elternhaus verlassen. Dies läßt sich mit den Daten des Familiensurvey tendenziell ebenfalls bestätigen (s. Durchschnittsalter in Partnerschaften, Tabelle 5), allerdings zeigt die Paaruntersuchung, daß das Bestehen einer Partnerschaft bereits eine verstärke Lösung vom Elternhaus befördert. Dies ist bereits bei nicht institutionalisierten Paarbeziehungen und selbst bei Paaren ohne gemeinsamen Haushalt aufzeigbar. SCHWARZ zeigt dies nur für zusammenwohnende, nichteheliche Paare auf.

Wohnt der Befragte mit dem Partner zusammen, ob in einer ehelichen oder nichtehelichen Partnerschaft ist unerheblich, dann ist die Lösung vom Elternhaus zumindest äußerlich vollzogen: Diese Befragten wohnen kaum mehr im elterlichen Haushalt. Die zusammenwohnenden Paare leben auch häufiger in größerer Entfernung vom elterlichen Haushalt als die, die nicht zusammenwohnen.

Es lassen sich zwei parallele Verhaltensstränge in Bezug auf Nähe bzw. Distanz zum elterlichen Haushalt hervorheben: Paare ohne gemeinsamen Haushalt zeigen eher Nähe zum elterlichen Haushalt ähnlich wie Befragte ohne Partner. Zusammenwohnende Paare, eheliche wie nichteheliche, leben eher in wachsender Distanz zum elterlichen Haushalt. Die Gründung eines gemeinsamen Haushalts mit dem Partner ist damit besonderes Merkmal bei der Entfernung vom Elternhaus.

3.3.2 Subjektive Beziehungsmuster

"Versorgungsehe" vs. "Liebesehe" sind als konkurrierende Beziehungsmuster der Ehe von der sozialwissenschaftlichen Literatur beschrieben worden (z.B. BURKHART/KOHLI 1989). Nichtehelichen Partnerschaften wird das Attribut zuteil, daß sie der Ort der freien Liebe und damit auch der partnerschaftliche Ort für Selbstverwirklichung (z.B. SCHENK, H. 1987: 233) sind. Die nichtehelichen Partnerschaften treten also zusätzlich - für die Vertreter der These, daß sie eine Alternative zur Ehe seien - in Konkurrenz zu ihrer institutionalisierten Form der Ehe. Wie leben die Betroffenen selbst diesen "Streit", wie nehmen sie ihre Beziehung im privaten Bereich der Gefühle, gemeinsamen Gespräche und verbrachten Freizeit wahr? Die Daten des Familiensurvey enthalten zu diesen subjektiven Beziehungsmustern von Paarbeziehungen Informationen. Mit Hilfe der Netzwerkforschung (Methodik s. BIEN/MARBACH, i.d. Band) soll im weiteren untersucht werden, ob die verschiedenen Partnerschaftsformen auch verschiedene innere Beziehungsmuster ausprägen.

Die Daten hierzu sind in Tabelle 9.1 festgehalten: Sie zeigen die Anzahl der Befragten jeweils in der ersten Zeile. Die folgenden Zahlen geben an, wie oft die Netzwerkperson (z.B. der Partner) in der jeweiligen Netzwerksituation vom Befragten genannt wird. Bezugspunkt des Vergleichs sind je 100 Befragte: z.B. je 100 verheiratete Befragte nennen 96 mal den Partner in der Netzwerksituation "Gefühl" (Tabelle 9.1.-9.5 sind in gleicher Weise zu lesen).

Der Partner nimmt bei allen Paaren in allen Netzwerksituationen die erste Position ein (mit einer geringfügigen Ausnahme, s.u.). Dies verweist auf die hohe Bedeutsamkeit des Partners in allen Paarbeziehungen. Leben die Partner zusammen, so ergibt sich kein Unterschied, ob die Paare verheiratet sind oder nicht. Die subjektive Zugewandtheit zeigt sich folglich nicht vom institutionellen Charakter der Paarbeziehung abhängig. Wohnen die Paare getrennt, dann wird auch der Partner nicht so häufig in den Netzwerksituationen genannt, wie bei den zusammenwohnenden Paaren, doch bleibt er an der ersten Stelle. Die gemeinsame Lebenssituation in einem Haushalt scheint also für die subjektiven Faktoren in einer Partnerschaft bedeutsamer als die Institutionalität der Partnerschaft. In allen Partnerschaftsformen ist die Beziehung zum Partner bedeutsamer Mittelpunkt. Dies rechtfertigt über die subjektive Wahrnehmung von Beziehung die Bestimmung auch von denjenigen Befragten als Paaren, die angeben, mit ihrem Partner nicht in einem gemeinsamen Haushalt zu leben.

Tabelle 9.1:
Netzwerksituationen junger Paare

	neP getr.w	neP zus.w.	Ehe
alle Befragte	830	474	1434
Gefühle zu Partner	85	95	96
Eltern	76	60	51
Freunden	28	15	9
Gespräche mit Partner	77	94	93
Eltern	80	56	37
Freunden	50	33	20
Freizeit mit Partner	85	95	96
Eltern	10	8	15
Freunden	81	48	36

Die Untersuchung des emotionalen Aspekts erbringt, daß bei den Angaben der 18-32jährigen Befragten in Partnerschaften zu ihren engen gefühlsmäßigen Bindungen zu Partner, Eltern und Freunden die Partner immer an erster Stelle stehen. Bei der Relation zwischen den verschiedenen Partnerschaftsformen wird die höchste Intensität dem Partner in der Ehe zuteil. Die Partner werden bei den nichtehelich getrennt wohnenden Paaren 85 mal bei den nichtehelich zusammenwohnenden Paaren 95 mal und von den Ehepaaren 96 mal genannt. Das Zusammenwohnen der Partner verstärkt die Gefühlsintensität. An zweiter Stelle stehen die Eltern. Sie müssen einen Verlust von Gefühlen bei ihren Kindern hinnehmen (76, 60, 51), sieht man die nichtehelichen Partnerschaften fließend in die Ehe übergehen. Diese Gefühlsreduzierung kann zum einen einen sukzessiven Ablösungsprozeß dokumentieren, aber zum anderen auch eine Zentrierung der Gefühle auf den Partner kennzeichnen; denn auch Freunde haben mit Gefühlseinbußen zu rechnen (28,15,9). Eltern und Freunde verlieren also an gefühlsmäßiger Bedeutung mit der "Verfestigung" der Partnerbeziehung. Ein Ergebnis von EMNID (1985:37) bei der Erfragung von Heiratsmotiven ist die "Stärkung des Zusammengehörigkeitsgefühls" (30%) in der Ehe. Dieses scheint, so läßt sich beurteilen, nur durch eine Schwächung der Beziehungsbande bei Eltern und Freunden erreichbar.

Die drei Partnerschaftsformen weisen demnach unterschiedliche Zentralisierungsgrade der Gefühle auf. Die Ehe ist dabei am extremsten: die Gefühlsanbindung an den Partner ist sehr stark und wird durch Gefühlsbeziehungen zu Eltern und Freunden verhältnismäßig geringfügig relativiert (96 P/51 E/ 9 F). Dagegen ist die Aufteilung der Gefühle auf Partner, Eltern und Freunde bei den unverheirateten, zusammenwohnenden Paaren größer (95 P/60 E/15 F) und in der - nach institutionellem Maßstab - noch "lockeren" Partnerbeziehung der nichtzusammenwohnenden Paare am größten (85 P/76 E/28 F).

Aus umgekehrtem Blickwinkel kommt VASKOVICS zu dem Ergebnis, daß Befragte aus nichtehelichen Lebensgemeinschaften mit 18% das Motiv angeben, die eigene Unabhängigkeit wahren zu wollen (1990: 63). Dieses Motiv drückt sich, dies läßt sich mit Hilfe von Netzwerkdaten zeigen, bereits in verändertem Sozialverhalten bei den Gefühlsbeziehungen aus. Und damit läßt sich belegen, daß nichteheliche Partnerschaften eigenständige Sozialcharakteristika ausbilden, die keine ausreichende Erklärung mit der Bestimmung "Übergangsstadium" finden (wie VASKOVICS ebd. nachzuweisen versucht).

Die Untersuchung des kommunikativen Aspekts von Partnerschaften eröffnet, daß auch hier - mit einer geringfügigen Ausnahme - der Partner an erster Stelle steht (77/94/93). Die unverheiratet zusammenwohnenden Paare legen geringfügig mehr Wert auf die Kommunikation mit dem Partner als die verheirateten. Die Eltern folgen an zweiter (80/ 56/37) und die Freunde an dritter Stelle (50/33/20). Die Relationen zwischen den Gruppen sind ähnlich denen des emotionalen Aspekts. Allerdings sind die Freunde bei den nichtehelichen Partnerschaften häufiger als Gesprächsparter genannt, als diese im emotionalen Bereich Einfluß erlangen. Bei den Eltern stellt sich dies umgekehrt dar: Gefühle stehen vor Gesprächen. Bemerkenswert ist, daß die getrennt wohnenden Paare Gespräche mit den Eltern häufiger nennen, als mit dem Partner, wenn auch nur geringfügig. Dies läßt unter Umständen auf eine stärkere kognitive und/oder normative Bindung an die Eltern schließen, die allerdings im emotionalen Bereich nicht aufscheint. Eine Erklärung kann sein, daß noch ein Großteil dieser Befragten im elterlichen Haushalt wohnt (Tabelle 3.1) und für eine Gesprächsituation folglich eine günstige Gelegenheitsstruktur vorfinden. Bezieht man in die Überlegung die zusammenwohnenden, unverheirateten Paare mit ein, dann kann die stärkere Gewichtung von Gesprächen mit Eltern im Vergleich mit den verheirateten auch als kommunikative Offenheit verstanden werden.

Die Untersuchung des Freizeitverhaltens zeigt ebenfalls, daß Freizeit hauptsächlich mit dem Partner verbracht wird. Die angegebene Kontaktintensität im Freizeitbereich entspricht genau der Gefühlsintensität. In der Relation zwischen den Partnerschaften heißt dies: je intensiver das Gefühl, desto stärker auch der Freizeitkontakt. Dies gilt jedoch nur für den Partner. Die Eltern dagegen sind im Freizeitbereich vergleichsweise unbedeutend und rutschen an die dritte Stelle hinter die Freunde, obwohl sie im emotionalen und kommunikativen Bereich höher besetzt sind. Hier zeigt sich erstmals eine gegenläufige Tendenz unter den drei Partnerschaften: in die Freizeit werden die Eltern öfters von Verheirateten miteinbezogen als von den nicht verheirateten Paaren (10/8/15). Sind die Bande zu den Eltern - nach der Häufigkeit der genannten Interaktionen - lockerer im emotionalen und kommunikativen Bereich im Vergleich mit den unverheirateten Paaren, so sind sie in der Freizeit intensiver. Ob sie nun auch erwünschter sind oder traditionell stärkere Familienbande dies Ergebnis bewirken, läßt sich jedoch nicht aussagen.

Die Freunde stehen bei den Freizeitkontakten hoch im Kurs: Bei den getrennt wohnenden Paaren fast so hoch, wie der Partner (81:85), bei den zusammenwohnenden Paaren rutschen sie jedoch zurück, allerdings nicht so stark wie im emotionalen und kommunikativen Bereich (nichtehelich zusammenwohnende Paare 48/ Ehepaare 36). Die Unverheirateten zeigen hier insgesamt eine stärkere Außenorientierung als dies in der Ehe der Fall ist, in der umfassend die Gesamtheit der Kontakte auf die Binnenbeziehungen mit dem Partner hin zentriert ist. Herkunftsfamilie und Freundeskreis fallen dagegen ab.

Die geschlechtsdifferenzierte Untersuchung (Tabelle 9.2) von Paaren ohne Kinder zeigt annähernd die gleiche Tendenz wie bei allen Befragten zusammen (Tabelle 9.1, s. dort Leseanweisung):

Unterschiede zwischen Frauen und Männer ergeben sich beim Gefühl. Hier zeigen die verheirateten und in nichtehelichen Partnerschaften zusammenlebenden Männer: sie gewichten den Partner etwas stärker als die gesamte Altersgruppe und folglich auch die Frauen (Gesamt: 85,95,96/ Männer: 85, 97, 98/ Frauen: 86, 94, 95). Die Unterschiede sind allerdings verschwindend. Bei den Frauen ist über alle Partnerschaftsformen und Netzwerksituationen hinweg eine stärkere Bindung an die Eltern feststellbar. Dies fällt besonders markant bei den Angaben zu den Gefühlen (Frauen: 86,76,71/ Männer: 74,56,53) und für die nichtehelich mit dem Partner zusammenwohnenden Frauen bei den Gesprächen (Frauen: 81,66,44/ Männer: 82,55,42) auf. Auch die Freizeit verbringen die Frauen öfter mit den Eltern (Frauen: 11,13,21/ Männer: 10,2,10). Freunde sind nur bei den Männern in nichtehelichen Partnerschaften ohne gemeinsamen Haushalt in der Freizeit bedeutender, ansonsten geben Frauen durchgängig mehr Kontakte zu Freunden über alle Netzwerksituationen hinweg an. Frauen zeigen also eine stärkere Bindung an Eltern und Freunde, sie halten Interaktionskontakte auf die Familie hin und auch nach außen verstärkt aufrecht.

Tabelle 9.2:
Netzwerksituationen junger Frauen und Männer ohne Kinder in Partnerschaften

	neP getr.w	neP zus.w.	Ehe
befr. Männer ohne Kinder	434	183	204
Gefühle zu Partner	85	97	98
Eltern	74	56	53
Freunden	24	14	8
Gespräche mit Partner	76	94	94
Eltern	82	55	42
Freunden	39	27	19
Freizeit mit Partner	85	97	100
Eltern	10	2	10
Freunden	87	46	45
befr. Frauen ohne Kinder	356	219	243
Gefühle zu Partner	86	94	95
Eltern	86	76	71
Freunden	38	17	14
Gespräche mit Partner	78	93	92
Eltern	81	66	44
Freunden	63	36	31
Freizeit mit Partner	86	95	98
Eltern	11	13	21
Freunden	79	52	48

Zusammenfassend zeigen die Ehepaare vergleichsweise eine Distanz bei den Außenkontakten und eine Zentrierung auf den Partner. Eine verhältnismäßige Offenheit in den Kontakten existiert zu den Eltern. Man kann deshalb auf eine Binnenorientierung der Ehe hin zu Partner und Verwandtschaft (Herkunftfamilie) schließen. In den nichtehelichen Partnerschaften findet der Partner zwar ebenfalls eine starke Gewichtung, inbesondere bei den zusammenwohnenden Paaren, trotzdem ist der Kontakt zu Eltern und Freunden stärker als in der Ehe. Dies weist auf eine Beziehungsoffenheit der nichtehelichen Partnerschaften nach außen hin. Dieser Effekt ist am prägnantesten bei den nichtehelichen Paaren, die getrennt wohnen. Bei ihnen halten sich die Außenkontakte ungefähr die Waage zu den Partnerkontakten. Die Netzwerkpersonen werden in der Gesamtheit der Netzwerksituationen in etwa gleich häufig genannt, und der Ausschließlichkeitscharakter der Beziehung zum Partner im Vergleich zur Ehe verschwindet. Trotzdem kann man nicht von einer Außenorientierung sprechen. Außen- und Binnenorientrierung zu Partner und Herkunftfamilie sind in etwa ausgeglichen. Die geschlechtsspezifische Differenzierung läßt die Männer als streng partnerorientiert erscheinen und die Frauen als Knotenpunkt der Kontakte zu Herkunftsfamilie und nach außen zu den Freunden. Die Frau, die von Tradition her als der emotionale Mittelpunkt der Familie gesehen wird, nimmt diese psychische Position auch in der jungen Generation ein. Doch ist sie heute die "treibende Kraft" der Öffnung der Partnerschaften nach außen, dies war früher Refugium des Mannes.

3.3.3 Familienwahrnehmung

Begreift sich ein junges Paar als Familie, auch wenn es nicht verheiratet ist und/oder keine Kinder hat? Wen schließen junge Paare in ihre Bestimmung von Familie ein und wen nicht? Die Analyse der subjektiven Wahrnehmung von Familie (vgl. BIEN/MARBACH, i.d. Band), also der individuellen Beurteilung durch die Befragten, wieweit es sich bei den Netzwerkpersonen (z.B. Partner, Eltern, etc.) um Familienmitglieder handelt, soll Aufschluß darüber geben. (Leseanweisung s. Tabelle 9.1).

Tabelle 9.3:
Familienwahrnehmung junger Paare, Altersgruppe 18-32

	neP getr.w.	neP zus.w.	Ehe
alle Befragte	830	474	1434
als Familie wahrgenommen wurden			
Kinder	7	21	106
Partner	30	72	96
Eltern	160	137	94
P-Eltern	16	41	69
Geschwister	102	86	52

Die Eltern werden von fast allen Paaren an erster Stelle genannt (160/ 137/ 94), außer in der Ehe, dort werden die Kinder an erster Stelle der Familienmitgliedschaft genannt (106). Allerdings ist der Partner sehr stark gewichtet. Er wird zwar seltener als die Kinder und nur geringfügig häufiger als die Eltern genannt, die Differenz ist allerdings bedeutsam; denn der Partner kann nur einmal, die Kinder je nach Anzahl und die Eltern als Vater und/oder Mutter doppelt genannt werden[9]. An zweithäufigster Stelle werden von den nichtehelichen Paaren die Geschwister (102/86/52) und nicht etwa der Partner genannt. Dieser wird erst an dritter Stelle genannt und zwar mit eindeutiger Steigung (30/72/96) zwischen den Partnerschaften: Der Grad der Wahrnehmung des Partners als Familienmitglied wächst zum einen mit dem Errichten eines gemeinsamen Haushaltes und zum anderen mit der Institutionalisierung der Partnerschaft. In der Ehe ist der Partner nach subjektiver Beurteilung das bedeutsamste Familienmitglied. Vergleicht man dieses Ergebnis mit dem Ergebnis zu den Netzwerksituationen, dann zeigt sich, daß die Bedeutsamkeit der Gefühle in der Partnerschaft nicht gleichzusetzen sind mit der Beurteilung des Partners als Familienmitglied. Letzteres wird offensichtlich komplexer differenziert: Haushaltsmitgliedschaft und Institutionalisierung sind entscheidend. Bei den Gefühlen ist es die Haushaltsmitgliedschaft alleine.

Die Geschwister sind in der Ehe innerhalb des Familienkreises an die äußerste Stelle gedrängt. Als Familienmitglieder "bevorzugt" tauchen dafür die Eltern des Partners auf, die dagegen bei den nichtehelichen Paaren an letzter Stelle genannt werden (16/41/69).

Die Bedeutung der Eltern und Geschwister bei nichtehelichen Paaren verweist auf eine verhältnismäßig starke Bindung an die Herkunftsfamilie, die trotz Bestehen einer Partnerschaft noch wie eine Kernfamilie wahrgenommen wird. Dies läßt den Schluß zu, daß nichteheliche Paare ihre Partnerschaft nicht unbedingt im Sinne einer Familie definieren. Dagegen scheinen sich verheiratete Paare als neue, eigene Kernfamilie zu begreifen und ändern damit auch ihre Präferenzen in der Familienwahrnehmung. Die Herkunftsfamilien beider Partner werden dominant gegenüber gleichrangigen Mitgliedern der "alten" Familie, nämlich den Geschwistern. Die Änderung verläuft - läßt man die verschiedenen Partnerschaftsformen ineinander übergehen - fließend im Sinne einer Familienrückanbindung.

Die deutlichste Familiendefinition läuft über die Kinder. Diese tauchen in der Ehe an erster Stelle noch vor dem Partner auf. Bedenkt man auch hier die Personenanzahl, die genannt werden kann (durchschnittlich finden sich in der Ehe ein bis zwei Kinder, s.u.), dann wird kenntlich, daß die verheirateten Befragten sich über ihre Kinder und den Partner gleichermaßen als Familie definieren. Zur Familie gehören also nach subjektiver Einschätzung Kinder. In den nichtehelichen Partnerschaften tauchen die Kinder an letzter Stelle bei der Familiendefinition auf. Dies hat einmal die geringe Kinderzahl bei diesen Paaren zur Ursache. Und es zeigt folglich erneut, daß die nichtehelichen Paare sich nicht als neugegründete, eigene Familie - wie die Ehepaare - verstehen, sondern sich definitorisch eher noch der Herkunftsfamilie zugehörig fühlen.

Ergänzt man das subjektive Beurteilungskriterium der Familienwahrnehmung um das Handlungsmoment der Familienunterstützung, dann zeigt sich auch die Bindung an die Herkunftsfamilie im finanziellen Bereich bei den nichtehelichen Paaren besonders stark (Tabelle 9.4, Leseanweisung Tab. 9.1):

Tabelle 9.4:
Unterstützungsleistungen bei Partnerschaften

	neP getr.w.	neP zus.w.	Ehe
alle Befragte	830	474	1434
Finanz. Unterstützung			
an Partner geben	4	7	4
von Partner erhalten	2	12	14
an Eltern geben	9	2	2
von Eltern erhalten	52	25	10

Sind im allgemeinen die Unterstützungsleistungen nicht sehr ausgeprägt, so weisen sie doch ein eindeutiges Ergebnis bei den Finanzströmen von den Eltern zu den Kindern aus. Die meiste Unterstützung erhalten die Kinder, die einen nichtehelichen Partner haben, mit dem sie nicht zusammenwohnen, gefolgt mit der Hälfte der Unterstützungsleistung an Kinder, die mit dem Partner zusammenwohnen und mit der geringsten Leistung für die verheirateten Kinder. Rückblickend zur Berufs- und Ausbildungssituation erscheint dies selbstverständlich, da die weniger "stabilisierten" Partnerschaften auch auf eine unstabilere ökonomische Lage, meist durch Ausbildung bedingt, verweisen können. Die Eltern tragen finanziell ihre Kinder, obwohl diese bereits Partnerschaften eingegangen sind, allerdings auch in geringerem Umfang, je "stabiler" - zumindest nach außen - diese Partnerschaft erscheint. Die rückführende Unterstützungsleistung von den Kindern zu den Eltern ist bei den jungen Paaren kaum gewährleistet: ein Unterstützungskreislauf findet folglich von dieser sehr jungen Generation zu ihrer Elterngeneration (noch) nicht statt.

Die Unterstützungsleistungen zwischen den Partnern können dagegen vernachlässigt werden. Hingewiesen werden soll kurz auf folgende Ergebnisse: Die Leistungen, die an den Partner gegeben werden sind nur in den nichtehelichen Partnerschaften mit gemeinsamem Haushalt unbedeutend höher. Die Leistungen, die die Befragten vom Partner erhalten haben, sind bei den zusammenwohnenden Paaren - ehelich oder nichtehelich - höher als bei den getrennt wohnenden. Dieses Ergebnis mag überraschen; seinen Grund hat es vielleicht darin, daß finanzielle Leistungen an den Partner nicht im Sinne von "Unterstützung" verstanden werden. Sie mögen immer noch selbstverständlich und damit ohne weitere Wertung sein.

3.4 Junge Paare mit Kindern

Kinder gelten in der sozialwissenschaftlichen Diskussion als endgültiger Beweis, daß sich unverheiratete Paare in einem Übergangsstadium befinden. Nach VASKOVICS (1990:62f) sehen unverheiratete Paare keinen Grund zu heiraten, solange keine Kinder vorhanden sind (40%). Von EMNID (1985: 16/78ff) wird hervorgehoben, daß gemeinsame Kinder die Ausnahme sind (ca. 4%), Kinder aus früheren Partnerschaften dafür etwas häufiger auftreten als in der Ehe (bei jedem vierten bis fünften Paar).

Betrachtet man die Entwicklung der Zahlen, so hat sich nach amtsstatistischem Datenmaterial eine Erhöhung nichtehelicher Partnerschaften mit Kindern von 1972-1982 von 25 000 auf 70 900 um 182% ergeben (LINKE/CLAUSEN 1985:164). Die Zahl ist bis 1990 auf 97 000 angewachsen (STAT. BUNDESAMT (a) 1990:103) und hat sich also seit dem Basisjahr 1972 knapp vervierfacht. Aus dem Familiensurvey lassen sich folgende Informationen entnehmen (Tabelle 10.1):

Tabelle 10.1:
Kinder von Befragten aus verschiedenen Lebensformen, Altersgruppe 18-32 (Zeilenprozent)

	ohne Partner	neP getr.w.	neP zus.w.	Ehe	Gesamt
Kinder					
ja	6.1	2.8	6.5	84.6	100.0
nein	40.8	29.0	14.8	15.4	100.0

In der Altersgruppe 18-32 geben insgesamt 34.0% an, Kinder zu haben. Davon sind 6.1% derzeit ohne feste Partnerschaft, 2.8% leben in einer Partnerschaft ohne gemeinsamen Haushalt und 6.5% leben mit dem Partner zusammen. Gut 15% aller Kinder von Eltern dieser Altersgruppe stammen also mindestens aus aktuellen oder früher bestandenen nichtehelichen Partnerschaften (Zum Vergleich: der Anteil Geschiedener und Verwitweter beträgt in dieser Altersgruppe zusammen 2.7%, s. Tabelle 1). WINGEN kommt bereits für den Anfang der 80er Jahre zu einem Ergebnis von 10-15% (1984:43). Als Ausnahme kann man also Kinder in nichtehelichen Partnerschaften nicht mehr abtun. Die neueste Reaktion (Juni 1991) des Bundesverfassungsgerichtes zum nun gesetzlich geregelten Sorgerecht beider nichtehelicher Elternteile bestätigt dies.

Allerdings steht in der Altersgruppe der 18-32Jährigen gegen die Kinderzahl der nichtehelichen Paare die (erwartete) Überzahl von 84.6% ehelichen Paaren mit Kindern. Dieses Übergewicht wird auch durch 18.4% Eltern bei den zusammenwohnenden, nichtehelichen Paare nicht ausgeglichen (Tabelle 10.2). Zusammenwohnende Paare haben eher Kinder als nicht zusammenwohnende (4.8%). Dies stellt auch WINGEN (1984:45) fest für nichtehelich geborene Kinder.

Tabelle 10.2:
Lebensformen und Kinder, Altersgruppe 18-32 (Spaltenprozent)

	ohne Partner	neP getr.w.	neP zus.w.	Ehe	Gesamte Altersgruppe
Kinder					
ja	7.2	4.8	18.4	73.9	34.0
nein	92.8	95.2	81.6	26.1	66.0
Ges.	100.0	100.0	100.0	100.0	100.0

Knapp Dreiviertel der verheirateten Paare in dieser Altersgruppe haben Kinder. Elternschaft ist also eng mit der Ehe und vergleichsweise randständig mit nichtehelicher Partnerschaft verbunden. Paarbeziehung und Elternschaft fallen aber auch in der jungen Ehe heute nicht mehr grundsätzlich zusammen. Immerhin sind ein Viertel der jungen Ehepaare ohne Kinder, auch wenn nichteheliche Paare das Übergewicht halten: 95.2% aller nicht und 81.6% aller zusammenwohnenden Paare haben keine Kinder (Tabelle 10.2).

Die Untersuchung der Dauer der Beziehung in Zusammenhang mit Kindern (Tabelle 6.2, vgl. Tabelle 6.1 Dauer der Partnerschaftsformen, Pkt. 3.1) zeigt jedoch für Ehepaare eine längere Beziehungsdauer, wenn sie Kinder haben, die unverheiratet zusammenwohnenden Paare haben mit und ohne Kinder in etwa die gleiche Beziehungsdauer, und bei den nicht zusammenwohnenden Paaren - wenn auch für sehr kleine Fallzahlen - verlängert sich die Beziehungsdauer erheblich, wenn Kinder da sind. Dies läßt somit weniger auf eine zukünftige Entwicklung als auf einen Periodeneffekt innerhalb der Beziehung selbst schließen: langjährige Paare - verheiratet oder unverheiratet - haben eher Kinder:

Tabelle 6.2:
Dauer von Partnerschaften mit und ohne Kinder, Altersgruppe 18-32

	neP getr.w mK	neP getr.w. oK	neP zus.w. mK	neP zus.w. oK	Ehe mK	Ehe oK
1 Jahr	35.3	46.4	26.7	22.1	1.7	5.1
2 Jahre	20.6	21.0	14.4	16.1	3.1	7.2
3-5 Jahre	17.6	23.7	33.3	38.0	16.0	31.6
über 5 Jhr.	26.5	8.9	25.6	23.7	79.2	56.0
Gesamt	100.0	100.0	100.0	100.0	100.0	100.0

Die Rückblende zur Berufs- und Ausbildungssituation in Partnerschaften läßt weitere Ursachen für die "Kinderlosigkeit" der nichtehelichen Paare in ungesicherten ökonomischen Situationen (z.b. Ausbildung) vermuten. Bei den ehelichen Paaren spielt dies jedoch offensichtlich eine geringere Rolle; denn die Ausbildungssituation ist relativ unbedeutend (Tabelle 7.4). Die Entscheidung zwischen Beruf und Familie wurde bei jungen Ehepaaren öfter zugunsten der Familie getroffen unter Beibehaltung der traditionellen Arbeitsteilung. Doch wird auch in der Ehe die Schwierigkeit der Vereinbarkeit von Beruf und Familie deutlich: Die Berufstätigkeit der Frau (bei fast der Hälfte aller Ehepaare) kann - wie auch bei den nichtehelichen Paaren - eine so starke zusätzliche Belastung bedeuten, daß Kinder hintangestellt werden. Ökonomische Unsicherheit und Berufstätigkeit beider Partner sind damit mögliche Quellen des Auseinanderfallens von Paarbeziehung und Elternschaft in der Ehe und bei nichtehelichen Partnerschaften der jungen Generation (vgl. BECK/BECK-GERNSHEIM 1990).

Sind junge Ehepaare auch auf Partner und Familie hin zentriert - sie haben Kinder, nichteheliche Paare dagegen kaum - so zeigen sie doch auch partiell ähnliche Bilder wie die nichtehelichen Paare. Das Auseinanderfallen zwischen Kinderwunsch (LÖHR, i.d. Band) und Realität wird damit ein gesellschaftliches Phänomen, das sich über die subjektiven Lebenspläne aller Lebensformen mehr oder minder stark zieht. Es läßt Kinder als den "Preis" der funktionalen Einpassung in die gesellschaftlichen Antipoden Beruf und Familie erscheinen und eine Trennung junger Paarbeziehungen - ehelicher wie nichtehelicher - von Elternschaft feststellen.

Dieses Resultat ist ökonomischen Lasten und Zwängen zuzuordnen, mit denen Familien mit Kindern in verstärktem Maße auszukommen haben. Um zu klären, wieweit dies auch auf die subjektiven Beziehungsmuster einen Einfluß hat, sollen die unter Punkt 3.3.2 untersuchten Daten nach Partnerschaften mit Kindern differenziert werden (Tabelle 9.5, Leseanweisung s. Tabelle 9.1):

Die Kinder stehen bei der Angabe zu Gefühlsbeziehungen an erster Stelle (123,72,107), noch vor dem Partner, außer bei den nichtehelich zusammenwohnenden Paaren. Allerdings ist hier zu bedenken, daß nur sehr wenig nichteheliche Paare Kinder haben und folglich die Interpretation schwierig ist.

Die Freizeit wird in allen Partnerschaften meistens mit den Kindern verbracht (115,90,138) und zwar am häufigsten von den Ehepaaren, die auch insgesamt mehr Kinder haben, als die nichtehelichen Paare. Von den nichtehelichen Paaren, die nicht zusammenwohnen, wird die Freizeit zugunsten der Kinder verteilt, selbst die Partner haben große Einbußen hinzunehmen. Dies ist in den anderen Partnerschaften nicht der Fall; hier gibt es nur einen minimalen Rückgang der Freizeit mit dem Partner zugunsten der Kinder.

Tabelle 9.5:
Netzwerksituationen junger Paare mit Kindern

	neP getr.w.	neP zus.w.	Ehe
Befragte mit Kindern	40	72	987
Gefühle zu Kindern	123	72	107
Partner	88	92	96
Eltern	40	22	46
Freunden	25	10	8
Gespräche mit Kindern	8	4	5
Partner	78	94	94
Eltern	50	29	34
Freunden	55	39	17
Freizeit mit Kindern	115	90	138
Partner	68	92	92
Eltern	10	7	14
Freunden	40	42	32

Der Vergleich mit den Paaren ohne Kinder (Pkt.3.3.2) zeigt, daß diese erheblich intensiver an der Herkunftsfamilie haften. Im emotionalen und kommunikativen Bereich werden von allen Paaren ohne Kinder die Eltern zwei- bis fast vierfach öfter genannt als von den Paaren mit Kindern. Die Frauen in Partnerschaften ohne Kinder zeigen eine besonders starke Bindung an das Elternhaus. Haben die Befragten Kinder, dann wird dagegen die Unabhängigkeit vom Elternhaus und die Selbständigkeit in der eigenen Lebensführung endgültig.

4. Schlußfolgerungen

Moderne Gesellschaften fordern durch vorgegebene Arbeitsmarkt- und Ausbildungsstrukturen auf der einen Seite und Gleichstellungsforderungen für Frau und Mann auf der anderen Seite spezifische Leistungen von jedem einzelnen. Im Bereich Beruf und Familie bleibt dies nicht ohne Kollisionen. Junge Paare konstruieren neue Wege und Lebensformen bei der Ausgestaltung der modernen Antipoden Beruf und Familie. Sie zeigen dabei ein besonderes Bild der Eingepaßtheit in die moderne Gesellschaft.

Ausbildung ist Männern und Frauen heute zugänglich und wird von ihnen genutzt. Partnerschaften sind für die junge Generation selbstverständlich in die Ausbildungszeit eingegliedert. Doch zeigen diese Paare gegenüber - auch - der jungen Ehe veränderte Erwartungen: Ökonomische Absicherung, wie sie in der Ehe angestrebt wird, ist in diesen Partnerschaften keine notwendige Voraussetzung. Es erscheint die Beziehung selbst - ohne Anspruch auf Verpflichtung und auch ohne Realisierung von Familienbildung - vorrangig.

Die von der jungen Generation erlernten Berufe werden ebenfalls von Männern und Frauen ausgeübt. Beide Geschlechter müssen sich in die Bedingungen des Marktes, in dessen geforderte Mobilität und Flexibilität einbinden. Notwendige Folge ist ein - gegenüber der Ehe - verändertes Rollenbild: die Erwerbstätigkeit beider Partner ist das zentrale Kennzeichen nichtehelicher Partnerschaften. Traditionelle Arbeitsteilung, die die Versorgung des Paares bzw. der Familie durch die Erwerbstätigkeit nur eines Partners, meist des Mannes, gewährleistete, ist in der jungen Generation am abbröckeln. Zwischen den Antipoden Beruf und Familie ist die Entscheidung in den jungen Partnerschaften zumindest vorerst für den Beruf ausgefallen. Sind auch die nichtehelichen Paare besonders durch die Berufstätigkeit beider Partner gekennzeichnet, so trifft ebenfalls für junge Ehepaare schon zur Hälfte diese - der modernen Welt - angepaßte Rollenteilung zu. Bei der Hälfte aller jungen Paare tragen beide Partner die Versorgungsverantwortung.

Alternative Beziehungsmuster junger Paare weisen darauf hin, daß auch heute noch das Zentrum des subjektiven Lebens durch den Partner bestimmt ist, doch anders als in der traditionellen Ehe findet eine Öffnung nach außen statt, die eine umfassendere Bandbreite von Beziehungen beinhaltet. BECK (1990:190) sieht in der "Intensivierung des Freundschaftsnetzes" eine Notwendigkeit moderner Lebensführung und im Grunde ein Kennzeichen der Vereinzelung des Menschen. Diese Betrachtung mag auf die Ursache gesellschaftlicher Veränderungen und ihre Folgen im subjektiven Bereich hinweisen, die BECK als "Negation sozialer Bindungen, die in der Marktlogik zur Geltung kommt" (ebd:191) erklärt. Soll diese These aber nicht eine Einforderung früherer gesellschaftlicher Bedingungen sein, sondern anzeigen, daß ein Wandel in den familialen Bindungen notwendig in der modernen Gesellschaft stattfindet, dann läßt sich auch das Ergebnis der Analyse des Familiensurvey damit in Übereinstimmung bringen: Traditionelle Familienbindungen werden zugunsten einer Erweiterung von Netzwerkbindungen, die über die Familie hinausreichen, aufgegeben. Junge Paare haben bereits eine eigene Verlaufsform dafür geschaffen: Sie finden ihren Zusammenhalt - ob sie nun in einer institutionalisierten oder nichtinstitutionalisierten Partnerschaft leben - in der Beziehung mit dem Partner und zeigen darüberhinaus eine Bereitschaft, ihre Privatsphäre emotional und kommunikativ anderen zu öffnen. Es ist dies eine Verlaufsform, die nicht eine totale Negation von sozialen Bindungen - wie letztlich von BECK angenommen wird - bedeutet, sondern eine Umdefinition derselben.

Anlaß zu Jubel ist allerdings trotzdem nicht gegeben; denn der Prozeß der Umdefinition von Partnerschafts-Beziehungen weist neben der nicht geringen Mühe eine private Sphäre aufgrund veränderter gesellschaftlicher Bedingungen neu zu gestalten, auch seinen "Preis" auf. Neben den - in diesem Beitrag nicht bearbeiteten Problemen von Trennung, Scheidung, Scheidungswaisen, nichtehelichen Kindern und vielem mehr - zeigt sich an der Elternschaft - zumindest für die junge Generation - ein Bruch: Der Wunsch nach einem Kind hinkt hinter der Realität her. Junge Paare insbesondere nichteheliche Paare bleiben häufig kinderlos. Es scheint hier die Befreiung von Zwängen der Versorgungsehe durch den Verzicht auf die in ihr gesicherten Kinder eingeholt. Die Lösung dieses Problems wird auf der privaten Ebene nicht zu finden sein. Familien- und insbesondere arbeitsmarktpolitische Modelle sind notwendig, die Frauen wie Männern die Rückkehr in den Beruf z.b. über Beurlaubungsregelungen, Arbeitsplatzgarantien, geeigneten Fortbildungsmaßnahmen gewährleisten und die eine Parallelität von Familie und Beruf - für jedermann - durch geeignete und familienfreundliche Unterstützungsleistungen wie auch den veränderten Bedingungen angepaßte Organisation von Kinderkrippen, -gärten und -horten, ermöglichen.

Anhang

1. Die nichteheliche Paarbeziehung erlebt derzeit eine Renaissance, allerdings mit umgekehrtem Vorzeichen; denn erst im 19. Jahrhundert wurde die Ehe- und Familiengründung jedermann ermöglicht. Dies kennzeichnete damals "die revolutionäre Umwälzung in der Familienbildung" (Pfeil 1968:61). Es waren die Armen des vergangenen Jahrhunderts, für die die nichteheliche Lebensgemeinschaft "die einzige Ehechance" (SCHENK,H. 1987:233) war, bis zur endgültigen Durchsetzung der Ehe als Institution durch den Preußischen Staat (1797). Dies war eine - entgegen heute - unfreiwillige Wahl. Die Ehe dagegen war vor ihrer Institutionalisierung Privileg der Reichen.

2. Verlagerung der nichtehelichen Partnerschaften von der älteren zur jüngeren Generation:

Tabelle:
Ledige nach Lebensformen und Altersgruppen

	ohne Partner	neP getr. w.	neP zus.w.
1933-42	6.7	2.1	1.5
1943-57	16.7	11.3	19.0
1958-67	51.6	65.0	73.6
1968-70	25.0	21.6	5.9
N	1405	884	538
Gesamt %	100.0	100.0	100. 0

3. WINGEN (1984: 65ff) erarbeitete eine differenzierte "Typologie nichtehelicher Lebensgemeinschaften". Darin versucht er, schematisch eine "Vielfalt realer nichtehelicher Lebensgemeinschaften" über die "Dauer" zu gliedern. Dabei erfaßt er u.a. die sog. "Bafög-Ehe" als kurzfristig angelegt und das sog. "Rentner-Konkubinat" als langfristig. Die Motive, die in der alltagssprachlichen Benennung dieser Lebensform durchscheinen, z.B. ein ökonomisches Motiv bei "Bafög-Ehe", werden durch die Einordnung unter die formalen Kriterien "Dauer" und "Vielfalt" verallgemeinert und unkenntlich. Es könnten sich ja beispielsweise hinter einer Paarbeziehung zweier Studenten auch andere, individuelle Motive verbergen, wie z.B. Protesthaltung gegenüber traditionellen Lebensformen oder ganz einfach der Wunsch nach einem gemeinsamen Leben jenseits gegenseitiger institutioneller Inpflichtnahme (vgl. EMNID 1985:36ff).

4. Tabellenanhang zur beruflichen Situation der Altersgruppe 18-32:

Tabelle 7.1:
Berufliche Situation der Altersgruppe 18-32.

	erwerbs-tätig	Schule/Studium	arbeits-los	Haus-halt	sonstiges	Row Total
18-19	190 53.8 7.1	110 31.2 19.0	13 3.7 7.6	6 1.7 1.0	34 9.6 22.5	353 8.5
20-24	878 66.0 32.8	257 19.3 44.3	66 5.0 38.8	83 6.2 14.3	47 3.5 31.1	1331 32.0
25-29	1037 65.5 38.7	181 11.4 31.2	59 3.7 34.7	261 16.5 44.8	45 2.8 29.8	1583 38.0
30-32	575 64.2 21.5	32 3.6 5.5	32 3.6 18.8	232 25.9 39.9	25 2.8 16.6	896 21.5
Col. Total	2680 64.4	580 13.9	170 4.1	582 14.0	151 3.6	4163 100.0

Tabelle 7.2:
Berufliche Situation von Frauen in der Altersgruppe 18-32.

	erwerbs-tätig	Schule/Studium	arbeits-los	Haus-halt	sonstiges	Row Total
18-19	33 15.3 1.9	144 66.7 23.9	6 2.8 5.0	7 3.2 0.8	26 12.0 19.5	216 6.3 -
20-24	517 51.7 29.9	298 29.8 49.4	47 4.7 38.8	101 10.1 12.1	37 3.7 28.0	1000 29.2 -
25-29	759 55.0 43.9	136 9.9 22.6	44 3.2 36.4	389 28.2 46.5	52 3.8 39.4	1380 40.3 -
30-32	421 51.0 24.3	25 3.0 4.1	24 2.9 19.8	339 41.0 40.6	17 2.1 12.9	826 24.1 -
Col. Total	1730 50.6	603 17.6	121 3.5	836 24.4	132 3.9	3422 100.0

Tabelle 7.3:
Berufliche Situation von Männern in der Altersgruppe 18-32.

	erwerbs-tätig	Schule/Studium	arbeits-los	Haus-halt	sonstiges	Row Total
18-19	74 29.7 2.7	150 60.2 22.5	7 2.8 6.0	- - -	18 7.2 23.1	249 6.8 -
20-24	741 66.9 26.7	299 27.0 44.8	36 3.2 31.0	1 0.1 11.1	31 2.8 39.7	1108 30.4 -
25-29	1202 82.6 43.3	186 12.8 27.8	45 3.1 38.8	5 0.3 55.6	17 1.2 21.8	1455 39.9 -
30-32	756 90.9 27.3	33 4.0 4.9	28 3.4 24.1	3 0.4 33.3	12 1.4 15.4	832 22.8 -
Col. Total	2773 76.1	668 18.3	116 3.2	9 0.2	78 2.1	3644 100.0

Tabelle 7.5:
Berufs- und Ausbildungssituation in Partnerschaften

	neP getr.w.	neP zus.w.	Ehe	Row Total
beide erw-tätig	316 24.8 49.7	289 22.6 69.3	671 52.6 45.7	1276 50.6 -
erw-tät/Ausbild	172 57.7 27.0	73 24.5 17.5	53 17.8 3.6	298 11.8 -
einer erw-tät.	18 2.4 2.8	23 3.0 5.5	719 94.6 49.0	760 30.2 -
beide in Ausbild	129 76.3 20.3	30 17.8 7.2	10 5.9 0.7	169 6.7 -
Ausb/n. erw-tät.	1 5.9 0.2	2 11.8 0.5	14 82.4 1.0	17 0.7 -
Column Total	636 25.2	417 16.5	1467 58.2	2520 100.0

5. Als Zwischenphase im Familienzyklus werden nichteheliche Partnerschaften gesehen, wenn diese als "Vorehe" bestimmt sind.

6. Die Lebensformen mit Kindern zeigen eine deutliche Altersabhängigkeit, bei Überprüfung einer Streuung von ca. 21% (Eta Quadrat 0.21).

7. Der Bemerkung von SCHENK: "Stabilität qua Institution war nur in der traditionellen Sachehe möglich, der psychische Preis für die größere Intensität der Liebesehe ist die Instabilität ihrer Grundlage" (1987:223) kann trotzdem in dieser Uneingeschränktheit nicht zugestimmt werden. Denn die Verschiebung traditioneller Arbeitsteilung in Familie und Partnerschaft hin zu einem gleichheitlicheren Modus - insbesondere bei der Erwerbstätigkeit -, vollzieht sich aufgrund sozialer und ökonomischer Veränderungen und kann damit als allgemeines Phänomen betrachtet werden, wie sich auch - allerdings unter umgekehrtem Vorzeichen, nämlich "ökonomischer Sicherheit" - in der Ehe zeigt.

8. Die historische Lebenssituation der jungen Ledigen heute weist gegenüber früher veränderte soziale Beziehungen im Haushalt auf. Früher war der Übergang vom Elternhaus in die Ehe bzw. selbst gegründete Familie zeitlich verbunden; mehr noch, die - insbesondere auf dem Land vorhandene - starke Fürsorgebeziehung unter den Familienmitgliedern (vgl. Studie über Amerika des 19.Jhrh. von HAREVEN 1982: 75ff), führte zu einer starken Bindung und häufig verzögerten Loslösung vom Elternhaus (ebd.:79).

9. Mutter und Vater konnten getrennt genannt werden, dies ermöglicht zusammengefaßte Nennungen für die Eltern über 100. Im Extremfall hätten Mutter und Vater je 100 mal genannt werden können, also die Eltern eine Nennungshäufigkeit von 200 erreichen können. Ein Partner hätte dagegen im Höchstfall 100 als Nennungshäufigkeit erreichen können. Für ein Kind gilt auch 100 als höchste Nennungshäufigkeit, für mehrere Kinder je die Zahl der Kinder multipliziert mit 100.

Hans Bertram, Clemens Dannenbeck

Familien in städtischen und ländlichen Regionen

1. Einleitung
2. Zum Forschungsstand
3. Die einzelnen Regionen
4. Regionale Unterschiede in der Familien- und Sozialstruktur
5. Familienbeziehungen
6. Familiale Beziehungen und Nähe
7. Werte, Einstellungen und ihre regionale Verteilung
7.1 Kinderwunsch und Einstellungen zur Vereinbarkeit von Beruf und Familie
7.2 Individualismus als Ausdruck der Urbanisierung einer Gesellschaft

1. Einleitung

Kindererziehung, Unterstützung und Pflege der älteren Generation, Regeneration der Arbeitsfähigkeit, aber auch Feiern von Festen, gegenseitige Unterstützung in Notfällen und Kommunikation mit Vertrauten lassen sich am ehesten im Rahmen einer Familie verwirklichen, wenn die Familie in ihrem Kern nicht auf sich allein gestellt, sondern in ein System von Verwandtschaft und Nachbarschaft eingebettet ist.

J.COLEMAN (1986) hat, ähnlich wie R.N.BELLAH (1987), darauf hingewiesen, daß diese Einbettung der Familie in Nachbarschaft und Verwandtschaft am ehesten in traditionalen Gemeinden mit geringer Mobilität möglich ist. Formen wechselseitiger Unterstützung und Verpflichtung setzen voraus, daß man vertraut miteinander umgeht und die wechselseitigen Verpflichtungen auch als Teil der persönlichen Einbindung in das soziale Umfeld interpretiert.

In einer Reihe empirischer Untersuchungen (z.b. CAPOLW, 1982) konnte nachgewiesen werden, daß diese Form der nachbarschaftlichen und verwandtschaftlichen Einbettung von Familien in kleineren Städten und Gemeinden auch heute noch zu beobachten ist. Es gibt allerdings ältere familiensoziologische Untersuchungen (BOTT, 1957; KAMAROWSKY, 1976 sowie insbesondere YOUNG/ WILLMOTT 1973), in denen nachgewiesen wurde, daß auch in urbanen Regionen entsprechende Formen gegenseitiger Hilfe entwickelt werden können, wenn sich entsprechende Unterstützungssysteme in stabilen sozio-kulturellen Milieus herausbilden.

Solche Untersuchungen gibt es für die Bundesrepublik Deutschland nur in vergleichsweise geringem Umfang, doch wurde in den Studien von PFEIL und GANZERT (1983) und LÜSCHEN (1988), auf die wir schon im Kapitel "Familie und soziale Ungleichheit" hin-gewiesen haben, der Versuch unternommen, jene Sozialbeziehungen und Unterstützungsleistungen bei Familien in Großstädten zu analysieren. Autoren wie BELLAH, COLEMAN oder in der deutschen Diskussion BECK (1986) bzw. HOFMANN-NOWOTNY (1988) vertreten die These, daß die Formen wechselseitiger Unterstützung vor allem deswegen verloren gegangen sind, weil solche Sozialbeziehungen in einer mobilen Gesellschaft, besonders in den großen urbanen Zentren, gar nicht mehr entstehen können. Dagegen zeigt beispielsweise LÜSCHEN in seiner Studie zur Kommunikation und Interaktion in vier europäischen Großstädten, daß Mobilität auch dazu genutzt werden kann, neue Formen von Sozialbeziehungen zu entwickeln. Diese bauen nicht mehr a priori auf dem tatsächlichen Zusammenleben auf, sondern werden durch moderne Kommunikationsformen realisiert. Auch finanzielle Unterstützungen und Hilfeleistungen, insbesondere der älteren gegenüber der nachwachsenden Generation sind nachweisbar.

Ein genauer Vergleich der Hilfeleistungen zwischen Familie und Verwandtschaft ist eigentlich nur möglich, wenn man alle beteiligten Personen, also Kinder, Eltern und Großeltern wechselseitig über ihre Hilfs-, Unterstützungs-

und Kommunikationsleistungen befragt. Wir können hier aufgrund der Befragungstechnik egozentrierter Netze (vgl. das Kapitel von BIEN/ MARBACH) nur die Unterschiede zwischen eher traditionalen Regionen und eher urbanen Zentren der Bundesrepublik untersuchen. Es bleibt späteren Analysen vorbehalten, auch tatsächlich gewährten Hilfs- und Unterstützungsleistungen nachzugehen.

Beim Vergleich verschiedener Schichtungsgruppen (vgl. BERTRAM, Familie und soziale Ungleichheit, in diesem Band) hatte sich herausgestellt, daß von einer Differenzierung familialer Lebensformen nicht ausgegangen werden kann, weil sich in bezug auf Familiengröße, Kinderzahl und Mehrgenerationenhaushalte hinsichtlich familialer Lebensformen keine Ausdifferenzierung, sondern eher eine Angleichung zwischen unterschiedlichen Altersgruppen erkennen ließ.

Diese Angleichung familialer Lebensformen zwischen den Schichten aufgrund epochaler Veränderungen der Familiengröße und der Haushaltszusammensetzung kann mit einer gleichzeitigen Ausdifferenzierung von familialen Lebensformen zwischen städtischen und ländlichen Regionen einhergehen. Es ist nicht auszuschließen, daß unterschiedliche Lebensformen, die traditionellerweise zwischen Schichten zu beobachten waren, heute nur noch zwischen verschiedenen Regionen zu beobachten sind. Darüber hinaus können sich auch neue Formen von Partnerschaft oder etwa das Alleinleben regional stärker differenzieren als nach sozialen Schichten. Eine solche Entwicklung würde bedeuten, daß wir auf der einen Seite in bezug auf bestimmte Aspekte familialer Lebensformen durchaus eine Angleichung zwischen sozialen Gruppen, auf der anderen Seite gleichzeitig eine Ausdifferenzierung zwischen verschiedenen Regionen beobachten können.

2. Zum Forschungsstand

In der Bundesrepublik Deutschland hat vor allem die Bundesforschungsanstalt für Landeskunde und Raumordnung (BfLR, 1982) in einer Vielzahl von empirischen Untersuchungen eine Typologie von Regionen entwickelt, die sich im wesentlichen auf Bevölkerungsdichte, Wirtschaftskraft und Siedlungsstruktur stützt.

So erklärungskräftig und wichtig eine solche Typologie für die Analyse der unterschiedlichen wirtschaftlichen Entwicklungen in der Bundesrepublik Deutschland ist und so sinnvoll es auch sein mag, sich an bereits vorhandene Typologien anzulehnen, werden wir zunächst einen anderen Weg beschreiten.

Familie und familiale Lebensformen sind nicht nur von Bevölkerungsdichte, Siedlungsformen und Wirtschaftskraft sowie anderen ökonomischen Indikatoren einer Region abhängig, sondern auch in erheblichem Umfang von kulturellen Traditionen, historisch-geographischen Bedingungen, politischen Strukturen und aktuellen ökonomischen Entwicklungen. Augenfällig wird dies beispielsweise an den regionalen Wanderungsbewegungen, die wir gegenwärtig in der Bundesrepublik erleben. Die qualifizierten Facharbeiter aus den Industrieregionen Ostdeutschlands wandern in größerem Umfang als die weniger qualifizierten Arbeiter der ländlichen Regionen Ostdeutschlands.

Neben empirischen Argumenten sprechen auch eine ganze Reihe von theoretischen Gesichts-punkten dafür, nicht abstrakte Regionstypen als Grundlage der Analyse regionaler Differenzierung in der Bundesrepublik heranzuziehen, sondern sich mit konkreten historischen Räumen auseinanderzusetzen. Der französische Sozialhistoriker F.BRAUDEL (1986, 1987, 1989) hat in einer Vielzahl von Arbeiten über die Wirtschafts- und Sozialentwicklung Frankreichs anschaulich gemacht, wie stark die Sozialbeziehungen von konkreten wirtschaftlichen und sozialen Entwicklungen bestimmter historischer Räume abhängig sind, und wie sich selbst in ländlichen Regionen, die auf der Basis von Wirtschaftsindikatoren vergleichbar sind, unterschiedliche Sozialformen gebildet haben.

Ganz ähnlich haben eine Vielzahl von Sozialhistorikern von LASLETT (1956) über FLANDRIN (1978) bis hin zu M.MITTERAUER (1977) nachgewiesen, daß sich familiale Beziehungen in den kulturellen Räumen Europas und auch innerhalb einzelner Länder unterschiedlich entwickelt haben.

In der Bundesrepublik hat, unter soziologischer Perspektive, vor allem H.ROSENBAUM (1982, 1983) den Versuch unternommen, einen Zusammenhang zwischen sozialhistorischen und soziokulturellen Entwicklungen bestimmter historischer Räume Deutschlands und den Lebensformen innerhalb sozialer Schichten herzustellen. Sie arbeitet beispielsweise heraus, welche Konsequenzen bestimmte Formen des Erbrechts für die Lebensformen von Familien in unterschiedlichen Regionen Deutschlands gehabt haben.

Entsprechend der hier skizzierten Überlegungen haben wir nur einige ausgewählte Regionen der Bundesrepublik analysiert und werden erst in weiteren Analysen, unter Einbeziehung der Regionaltypen der BfLR, eine systematische historisch-kulturelle Beschreibung der Regionen der Bundesrepublik vornehmen.

Zwar ist eine solche Systematik erforderlich, um die These der kulturellen Bedeutung historischer Räume nachzuweisen, für die hier vorgenommene Analyse kann man sich jedoch auf ausgewählte Regionen beschränken. Diese müssen allerdings größer sein, als es für eine differenzierte soziologische Analyse historischer Räume in der Bundesrepublik sinnvoll wäre. Selbst bei 10.000 Befragten führt eine regionale Differenzierung sehr schnell zu kleinen Fallzahlen, so daß wir uns auch entschließen mußten, bestimmte Regionen zusammenzufassen, die bei späteren Analysen ausdifferenziert werden müßten.

3. Die einzelnen Regionen

Wir haben fünf Regionen der Bundesrepublik ausgewählt, um sie hinsichtlich ihrer Bedeutung für familiale Lebensformen zu untersuchen. Die norddeutschen Städte umfassen alle Großstädte von Schleswig-Holstein, Niedersachsen, Hamburg und Bremen, die eine Dichte von mehr als 1500 Einwohner pro qkm aufweisen. Diesen gegenübergestellt sind die süddeutschen Städte, zu denen alle Großstädte Baden-Württembergs und Bayerns mit einer Dichte von ebenfalls mehr als 1500 Einwohner pro qkm zählen. Die Kategorie der westdeutschen Dienstleistungszentren umfaßt einerseits am Rhein gelegene Großstädte mit vorwiegend katholischer Bevölkerung wie Köln, Düsseldorf oder Bonn, zum anderen aber auch Großstädte wie Bielefeld und Münster, die zwar nicht dem katholisch-strukturierten Rheinland zuzurechnen sind, jedoch auch nicht ohne weiteres zu den protestantischen Großstädten Norddeutschlands gezählt werden können. Infolgedessen rechnen wir diese Städte aufgrund ihrer konfessionellen Struktur sowie ihrer vorwiegend von Dienstleistungen geprägten Wirtschaftsstruktur zur Region der westdeutschen Dienstleistungszentren. Die beiden ländlichen Regionen, die wir unterscheiden, sind in erster Linie durch ihren jeweiligen Konfessionsanteil gekennzeichnet. Die norddeutschen ländlichen Kreise Schleswig-Holsteins, Niedersachsens und Nordrhein-Westfalens weisen durchwegs einen Anteil an protestantischer Bevölkerung von über 60% auf. Entsprechend beläuft sich der Anteil Katholiken in den süddeutschen ländlichen Regionen Bayerns und Baden-Württembergs ebenso auf jeweils über 60%. Da wir nicht geographische oder kommunalpolitische Kriterien zur Konstruktion unserer Regionen herangezogen haben, sondern an Aspekten einer gewissen historischen beziehungsweise kulturellen Einheit interessiert waren, rechneten wir zu den katholischen Kreisen Süddeutschlands auch diejenigen Kreise von Rheinland-Pfalz bzw. des Saarlandes, die auch über einen Anteil an Katholiken von über 60% verfügen, hinzu.

Zur Beschreibung der Regionen wurden Anteile ausgewählter Bevölkerungsmerkmale auf der Basis der Amtsstatistik herangezogen. Diese Anteilswerte liegen jeweils für die 328 Kreise und kreisfreien Städte der Bundesrepublik vor. Um diese Werte auch untereinander vergleichbar zu machen, wurden sie jeweils in 6er Gruppen zusammengefaßt, jede Gruppe umfaßt ein Sechstel der Kreise. Da wir über die regionale Kennziffer jedem Befragten einen Kreis zuordnen konnten, erhielten wir zusätzlich zu den von uns erhobenen Individualdaten eine Reihe von Strukturinformationen. Die im folgenden genannten Werte sowie die Grafik 1 geben die relative Größe der Anteile der Bevölkerungsmerkmale bezogen auf die sechsstufige Skala wieder. Dabei bedeuten die Ziffern 1 'geringer Anteil' und 6 'hoher Anteil'.

Auf der Basis der Regionaldaten der amtlichen Statistik lassen sich die *norddeutschen Großstädte*, die alle eine Dichte von mehr als 2.800 Einwohner pro qkm aufweisen, in vielen Punkten nicht nur von den ländlichen Regionen, sondern auch von den süddeutschen Großstädten in der Bundesrepublik unterscheiden[1].

Alle norddeutschen Großstädte weisen eine überdurchschnittliche Scheidungsquote auf. Sie liegt mit dem Punktwert 5,7 weit über demjenigen aller übrigen hier untersuchten Regionen. Die Frauenerwerbsquote liegt mit 4,4 nur etwas höher als in den ländlichen Regionen und den westdeutschen Dienstleistungszentren.

Grafik 1:
Anteile ausgewählter Bevölkerungsmerkmale in den Regionen

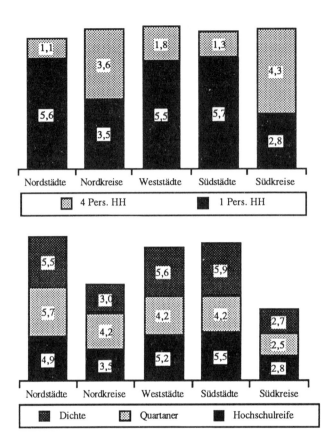

Quellenangaben der Rohdaten in Klammern; Anteile z.T. eigene Berechnungen
4 Pers. HH: Anteil der 4 u.m. Personen-Haushalte an allen Haushalten 1987 (Volkszählung)
1 Pers. HH: Anteil der Ein-Personen-Haushalte an den Haushalten insgesamt 1987 (Volkszählung)
Dichte: Einwohner pro qkm 1986 (Feststellung des Gebietsstandes und Fortschreibung des Bevölkerungsstandes)
Quartaner: Anteil der Schüler in der 7. Jahrgangsstufe in Gymnasien, Gesamt- und Realschulen an den Schülern der 7. Jahrgangsstufe insgesamt (BfLR)
Hochschulreife: Anteil der 15 bis unter 65jährigen mit höchstem Schulabschluß Abitur an dieser Altersgruppe der Gesamtbevölkerung 1987 (Volks- und Berufszählung)
Die Werte der Grafik geben die relative Größe der Anteile der Bevölkerungsmerkmale bezogen auf eine sechsstufige Skala wieder. Dabei bedeutet 1 = geringer Anteil; 6 = sehr hoher Anteil

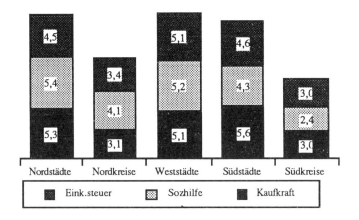

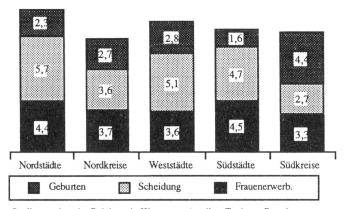

Quellenangaben der Rohdaten in Klammern; Anteile z.T. eigene Berechnungen
Einksteuer: Anteil der Einkommenssteuerpflichtigen insgesamt mit einem Gesamtbetrag der Einkünfte von über 100.000DM an allen Einkommenssteuerpflichtigen 1986 (Einkommenssteuerstatistik)
Sozhilfe: Anteil der 0 bis unter 18jährigen Empfänger laufender Hilfe zum Lebensunterhalt an der 0 bis 18jährigen Gesamtbevölkerung 1986 (Statistik der Sozialhilfe)
Kaufkraft: Kaufkraftkennziffer 1988 (Gesellschaft für Konsumforschung)
Geburten: Anteil der Lebendgeborenen aud 1.000 der Gesamtbevölkerung 1986 (Statistik der natürlichen Bevölkerungsbewegung)
Scheidung: Anteil der Ehescheidungen insgesamt an den Eheschließungen 1986 (Statistik der gerichtlichen Ehelösungen)
Frauenerwerb: Anteil der erwerbstätigen Frauen an den Erwerbstätigen insgesamt 1986 (Beschäftigungsstatistik)
Die Werte der Grafik geben die relative Größe der Anteile der Bevölkerungsmerkmale bezogen auf eine sechsstufige Skala wieder. Dabei bedeutet 1 = geringer Anteil; 6 = sehr hoher Anteil

Das Bildungsniveau, gemessen am Anteil der 15 bis unter 65jährigen mit höchstem Schulab-schluß Abitur an dieser Altersgruppe der Gesamtbevölkerung, liegt in den Großstädten weit höher als in den ländlichen Regionen (durchschnittlich über 5 gegenüber 2,8 bzw. 3,5 auf dem Land). Überdurchschnittliche Ausbildung der Bevölkerung und überdurchschnittlicher Schulbesuch der Kinder (Quartanerquote in den norddeutschen Großstädten 5,7) korrespondieren auch mit einer überdurchschnittlichen Kaufkraft der Bevölkerung (jeweils deutlich über 5 Punkt in den städtischen Regionen gegenüber 3 Punkt in den ländlichen Regionen) sowie erstaunlicherweise mit einem hohen Anteil an Sozialhilfeempfängern bei den 0- bis 18jährigen. Hier liegt der Wert mit 5,4 in den norddeutschen Großstädten am höchsten, wohingegen er bei den ländlich strukturierten Regionen 4,1 bzw. 4,3 beträgt. Eine Ursache dieses hohen Anteils junger Sozialhilfeempfänger dürfte allerdings in den hohen Scheidungsquoten zu suchen sein, da in der Regel der Anteil der Alleinerziehenden, die von der Sozialhilfe unterstützt werden müssen, relativ hoch ist.

Ein unterdurchschnittlicher Geburtenanteil weist zudem darauf hin, daß Kinder in diesen Regionen offenbar nicht zu den bevorzugten Lebenszielen der Bevölkerung gehören.

Teilweise nur wenige Autominuten entfernt von den norddeutschen Großstädten, zeigt sich in bezug auf die *ländlichen protestantischen Regionen Norddeutschlands* ein ganz anderes Bild. Nicht nur die Bevölkerungsdichte liegt deutlich unter dem Bundesdurchschnitt, sondern auch die Scheidungsquote in diesen ländlichen Regionen unterscheidet sich deutlich von derjenigen der norddeutschen Städte und liegt trotz der traditionell hohen Scheidungsquoten in protes-tantischen Gebieten unterhalb dem Wert für alle Städte, auch dem der katholischen Städte in der Bundesrepublik.

Der Wert für die Frauenerwerbsquote liegt mit 3,7 nur etwas niedriger als jener für die großen urbanen Zentren Norddeutschlands. Das Bildungsniveau der Gesamtbevölkerung liegt dagegen deutlich unterhalb demjenigen der Großstädte. Dafür ist der Wert für die Lebendgeborenen höher, die Kaufkraft deutlich geringer und auch der Anteilswert der bis zu 18jährigen Sozialhilfeempfänger liegt mit 4,1 unterhalb desjenigen der norddeutschen Großstädte und west-deutschen Dienstleistungszentren.

Wie die Tabelle der Regionstypen in bezug auf die hier diskutierten Indikatoren deutlich macht, wiederholt sich das hier auf der Basis amtlicher Daten skizzierte Muster einer hohen Bevölkerungsdichte bei relativ hoher Scheidungsquote, einem hohen Bildungsniveau, und zwar sowohl in bezug auf die Erwachsenen wie in bezug auf die Kinder, einschließlich der Kaufkraftunterschiede auch zwischen den *süddeutschen Großstädten* und den *katholischen ländlichen Regionen Süddeutschlands*. Wenn auch die Muster in etwa gleich sind, darf doch nicht verkannt werden, daß es dennoch deutliche Abstufungen zwischen den norddeutschen Großstädten, den süddeutschen Großstädten, den norddeutschen ländlichen protestantischen Regionen und den süddeutschen ländlichen katholischen Regionen gibt. So liegen die Scheidungsquoten der süddeutschen Großstädte deutlich unter den Scheidungsquoten der norddeutschen Großstädte (4,7 gegenüber 5,7), wie auch die Scheidungsquoten in den süddeutschen katholischen Regionen deutlich unter den Scheidungsquoten der norddeutschen ländlichen protestantischen Regionen liegen. Die Quartanerquote in den süddeutschen Großstädten liegt unterhalb derjenigen der norddeutschen Großstädte.

Während die Bildungsbeteiligung in den süddeutschen Großstädten in Relation zur gesamten Bundesrepublik überdurchschnittlich ist, liegen die süddeutschen ländlichen katholischen Gebiete weit unter dem Durchschnitt und erreichen mit 2,8 nur etwa die Hälfte des Wertes für die norddeutschen Großstädte. Andererseits muß auch hervorgehoben werden, daß der Anteilswert der Kinder und Jugendlichen an den Sozialhilfeempfängern in den süddeutschen Großstädten, wie auch in den süddeutschen ländlichen Regionen deutlich unterhalb desjenigen der entsprechenden norddeutschen Gebiete liegt.

Der Anteilswert für die Frauenerwerbsquote liegt in den süddeutschen ländlichen Regionen trotz des höheren Wertes für Geburten nur unwesentlich unter der Frauenerwerbsquote in den süddeutschen und auch norddeutschen Großstädten. Trotz dieser Frauenerwerbsquote ist die Kaufkraft in den süddeutschen ländlichen Regionen sehr niedrig. Neben den süddeutschen und norddeutschen Gebieten, haben wir aus Westdeutschland lediglich die *Dienstleistungszentren des Rheinlandes* untersucht, während wir sowohl die westdeutschen ländlichen katholischen Regionen als auch die religiös gemischten Gebiete und Dienstleistungszentren in der Mitte der Bundesrepublik nicht berücksichtigen. Hier geht es uns zunächst nur darum, zu prüfen, ob sich Variationen, die sich auf der Basis der amtlichen Daten in großer Deutlichkeit zeigen, in ähnlicher Weise auch auf der Individualebene zeigen lassen und sich daraus möglicherweise auch bestimmte Unterschiede in den Einstellungen zu Kindern, Familie und Beruf ableiten lassen.

4. Regionale Unterschiede in der Familien- und Sozialstruktur

Wie die Grafiken 2 und 3 zeigen[2], sind in den norddeutschen Großstädten nur 54% der Befragten verheiratet, 69% in den süddeutschen katholischen Kreisen und etwa ebensoviele in den norddeutschen protestantischen Kreisen.

Grafik 2:
Familienzyklus und Haushaltsgröße (Angaben in Prozent)

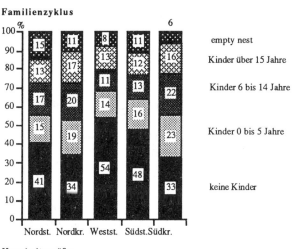

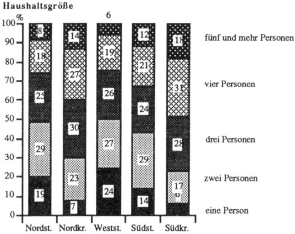

Die Quote derjenigen, die geschieden sind, ist mit knapp 10% in den norddeutschen Großstädten fast dreimal so hoch wie in den süddeutschen katholischen Kreisen (3,5%). Zwischen den städtischen und ländlichen Regionen der Bundesrepublik ist vor allem die Quote der Ledigen deutlich unterschiedlich. Sie liegt mit ca. 40% in den westdeutschen Dienstleistungszentren weit über den 25% der ländlichen Regionen Norddeutschlands.

Grafik 3:
Kinderzahl, Kinder im Haushalt, Familienstand und Erwerbstätigkeit in der Familie (Angaben in Prozent)

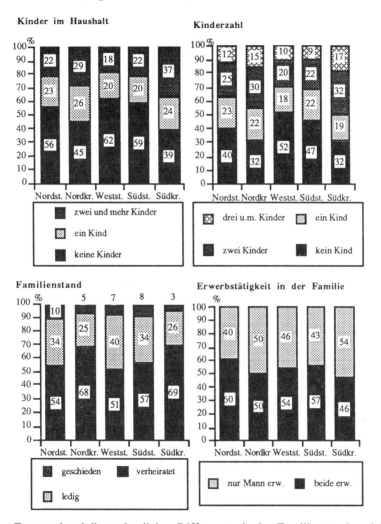

Entsprechend dieser deutlichen Differenzen in den Familienstandsvariablen ist es nicht verwunderlich, daß sich die Haushaltsgrößen auch auf der Individualebene innerhalb der städtischen und ländlichen Regionen der Bundesrepublik deutlich unterscheiden. Hier fällt vor allem auf, daß auf der einen Seite in den süddeutschen katholischen Kreisen mit 18% gegenüber 8% Fünf- und Mehr--Personenhaushalten in den norddeutschen Großstädten und nur knapp 6% in den westdeutschen Dienstleistungszentren bei den größeren Haushalten eine mindestens ebenso starke Differenz zwischen den Regionen auftritt, wie bei den Ein-Personen-Haushalten.

Diese können in den ländlichen katholischen Kreisen Süddeutschlands mit 6% im Gegensatz zu den städtischen Regionen, insbesondere den westdeutschen Dienstleistungszentren und norddeutschen Städten, kaum als übliche Lebensform angesehen werden. Ledigsein bedeutet in den süddeutschen ländlichen Kreisen eben nicht alleine zu leben, sondern zunächst einmal nur unverheiratet zu sein, wohingegen Leidigsein in den Großstädten Nord- und Westdeutschlands viel eher auch alleine zu leben bedeutet.

Anders als in den Amtsdaten wird bei unseren Daten die unterschiedliche Erwerbsbeteiligung zusammenlebender Paare bzw. Ehepaare in den einzelnen Regionen deutlicher. Während nur noch in den süddeutschen katholischen Kreisen eine Mehrzahl der Befragten angibt (54%), daß nur der Mann erwerbstätig ist, überwiegen in den übrigen Regionen die Angaben, daß beide erwerbstätig sind, wobei allerdings die Unterschiede zu den ländlichen protestantischen Kreisen Norddeutschlands minimal sind. Dabei darf nicht verkannt werden, daß dies auch etwas mit der Zahl der Kinder, die gegenwärtig im Haushalt leben bzw. mit der Kinderzahl insgesamt zu tun hat (vgl. Grafik 3). In den süddeutschen Großstädten geben knapp 59%, in den westdeutschen Städten sogar 62% der Befragten an, in einem Haushalt ohne Kinder zu leben, während in den süddeutschen ländlichen katholischen Kreisen lediglich 39% der Befragten eine solche Angabe machen, aber immerhin knapp 37% angeben, mit zwei und mehr Kindern zusammen in einem Haushalt zu leben.

Da natürlich ein Teil der Kinder bereits ausgezogen sein kann, ist es zusätzlich erforderlich, diese Angaben auch in bezug auf die Kinderzahl der Befragten zu überprüfen. Auch hierbei stellt sich heraus, daß in den westdeutschen Großstädten 52% und in den süddeutschen Großstädten 47% der Befragten keine Kinder haben, wohingegen das in den ländlichen Regionen Süddeutschlands nur 32% sind. Entsprechend geben in den süddeutschen ländlichen Kreisen 17% der Befragten an, drei und mehr Kinder zu haben, gegenüber nur 9% in den süddeutschen Großstädten.

Die unterschiedliche Erwerbsbeteiligung von Frauen innerhalb der einzelnen Regionen variiert also auch mit der Zahl der Kinder im Haushalt sowie der Kinderzahl insgesamt. Dies deutet zumindest darauf hin, daß in den süddeutschen katholischen Kreisen gegenüber den süddeutschen, westdeutschen und norddeutschen Großstädten in bezug auf Familie und Kinder noch sehr unterschiedliche Vorstellungen und Verhaltensweisen bestehen. Dabei ist der deut-liche Unterschied zwischen den süddeutschen Großstädten und den süddeutschen ländlichen Regionen besonders hervorzuheben, weil diese Lebensformen teilweise nur wenige Kilometer voreinander entfernt gelebt werden. Diese regionale Variation der Kinderzahl hat eine ganz unmittelbare Auswirkung auf den Familienzyklus einer Familie, da sich in den norddeutschen Großstädten bereits 15% der Befragten in der Empty-Nest-Phase befinden, gegenüber nur 6% in den süddeutschen katholischen Kreisen. Dabei ist allerdings hervorzuheben, daß es offensichtlich auch ein regional differenziertes Auszugsverhalten von Jugendlichen und jungen Erwachsenen gibt, auf das wir noch zu sprechen kommen. Es ist keine lineare Beziehung zwischen Familienzyklus und Kinderzahl festzustellen, hier gibt es noch zusätzlich erhebliche regionale Variationen.

Das Bild von Familie und familialen Lebensformen, das sich hier nur auf der Basis von objektiv abzufragenden Informationen abzeichnet, deutet darauf hin, daß die regionalen Unterschiede von Familie und familialen Lebensformen größer sind als die Unterschiede zwischen verschiedenen Berufsklassen. Dort waren, wie oben ausgeführt, weder Differenzen in bezug auf die Familiengröße noch auf Familienstand oder Erwerbstätigkeit von Mann und Frau nachweisbar.

Grafik 4:
Pro-Kopf-Einkommen und Schichtungsstruktur nach Featherman
(Angaben in Prozent)

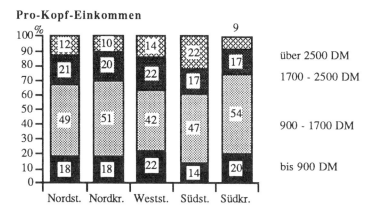

Es ist natürlich nicht auszuschließen, daß diese hochsignifikanten Unterschiede zwischen den Regionen auch damit zusammenhängen, daß Sozialstruktur und Bildungsverhalten innerhalb der einzelnen Regionen so verschieden sind, daß sie erst in der Kombination Erklärungswert besitzen.

Wie die folgenden Grafiken 4 und 5 "Pro-Kopf-Einkommen und Schichtungsstruktur nach FEATHERMAN" sowie "Höchster Schulabschluß des Befragten und Schulabschluß des Vaters" zeigen, gibt es zwischen den Regionen in der Tat ebenso eindrückliche Differenzierungen hinsichtlich Sozialstruktur, Einkommensstruktur und Bildungsniveau, wie dies hinsichtlich der Familienstruktur bereits beschrieben wurde.

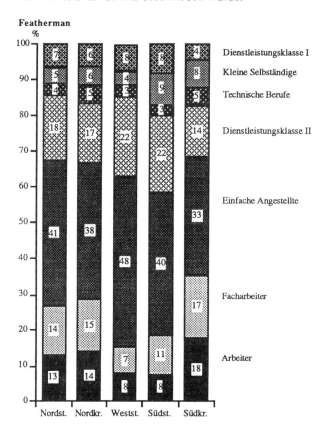

Unter Zugrundelegung des FEATHERMANschen Schichtungsmodells (1978)[3] zeigt sich, daß in den süddeutschen Großstädten die Dienstleistungsklasse und die Dienstleistungsberufe stärker vertreten sind als in den übrigen Regionen der Bundesrepublik, allerdings gibt es nur geringfügige Unterschiede zu den westdeutschen Großstädten.

Überraschenderweise finden sich die meisten angelernten Arbeiter und Facharbeiter in den ländlichen katholischen Regionen Süddeutschlands, wo sich wenige Vertreter der Dienstleistungsklassen finden, während die westdeutschen Großstädte und die süddeutschen Großstädte den geringsten Anteil an Arbeitern und Facharbeitern aufweisen.

Diese beiden Großstadtregionen sind als Dienstleistungszentren zu bezeichnen, während nach den hier vorliegenden Ergebnissen in den norddeutschen

Großstädten der Anteil der Arbeiter, ähnlich wie in den ländlichen Regionen Norddeutschlands, insgesamt immer noch höher liegt als in den west- und süddeutschen Großstädten. Wir können hier nicht die Konsequenzen der einzelnen Verschiebungen von Schichtungsgruppen untersuchen, doch deutet diese regionale Variation der Sozialstruktur darauf hin, daß die Lebensbedingungen und Lebenslagen zwischen den einzelnen Regionen aufgrund unterschiedlicher sozial- und wirtschaftsstruktureller Gegebenheiten, die auch in den objektiven Amtsdaten zum Ausdruck kommen, erheblich variieren und erhebliche Konsequenzen für familiale Lebensformen haben.

Entsprechend dieser unterschiedlichen Formen der Sozialstruktur ist es nicht verwunderlich, wenn sich bei den Einkommensverhältnissen in der Bundesrepublik ähnliche Differenzen zeigen. In den süddeutschen Großstädten verfügen 22% der Befragten über ein Pro-Kopf-Einkommen von mehr als 2.500 DM. In diesem Ausmaß zeigt sich dies weder in den west- noch in den norddeutschen Großstädten.

Allerdings sollte nicht verkannt werden, daß hier ein Bevölkerungsanteil von immerhin 14% nur über ein Pro-Kopf-Einkommen bis zu 900 DM im Monat verfügt. Immerhin knapp die Hälfte der Befragten, nämlich 47% liegen in der Gruppe mit einem Pro-Kopf-Einkommen zwischen 900 und 1.700 DM.

Allerdings ist zu vermuten, daß die in den süddeutschen Großstädten lebende Bevölkerung insgesamt nicht wohlhabender als der Rest der Bundesrepublik ist. Vielmehr sind hier die Einkommensunterschiede größer als in den anderen Großstädten und ländlichen Regionen der Bundesrepublik.

Schicht- und Einkommensunterschiede lassen ähnliche Variationen im Bildungsniveau der jeweiligen Regionen erwarten. Doch es ist erstaunlich, daß die Bildungsdifferenzen in der Bundesrepublik zwischen den hier untersuchten Regionen trotz der bereits 20 Jahre zurückliegenden Bildungsreform so gravierend ausfallen, obwohl über alle Regionen eine Zunahme höherer Schulabschlüsse von der Elterngeneration (Vater) zu den Befragten festzustellen ist.

Nach den Angaben der Befragten hat nur noch in den süddeutschen katholischen ländlichen Regionen eine Mehrheit Hauptschulabschluß, während in allen anderen hier untersuchten Regionen die Mehrzahl der Befragten mindestens über Realschulabschluß verfügt, wobei die westdeutschen Dienstleistungszentren mit 43% Abiturabschlüssen hervorstechen. Dabei ist zu beachten, daß die Unterschiede im Bildungsniveau der Bevölkerung in gewisser Weise eine Tradierung der Unterschiede darstellen, die schon in der älteren Generation zu beobachten war.

Obwohl wir die Mobilität der Befragten nicht analysieren können, jedoch mit Sicherheit davon auszugehen ist, daß ein Teil derjenigen, mit höheren Bildungsabschlüssen in die städtischen Regionen gewandert ist, ist doch darauf hinzuweisen, daß sich die Struktur der Unterschiede auch dann erhält, wenn man den Schulabschluß des Vaters regional ausdifferenziert. Das Bildungsniveau der Väter der Befragten ist in den großen urbanen Zentren der Bundesrepublik höher als in den ländlichen Regionen. In den ländlichen katholischen

Kreisen Süddeutschlands verfügen ca. 15% der Väter über Realschulabschluß oder Abitur. Dies ist ein extrem niedriger Wert, da selbst in den protestantischen ländlichen Regionen Norddeutschlands mit ca. 21% Realschulabschlüssen bzw. Abitur eine deutlich höhere Quote vorliegt. Angesichts dieser Ausgangssituation und der mit Sicherheit geringeren Wanderungen in diese Regionen stellen die mehr als 40% der Befragten mit mindestens Realschulabschluß einen ganz erstaunlichen Wandel des Bildungsniveaus auch in diesen ländlichen Regionen Süddeutschlands dar. Denn wir wissen, daß insbesondere in der Altersgruppe der 18- bis 25jährigen diejenigen mit höherem Bildungsabschluß in die großen urbanen Zentren Süd- oder Norddeutschlands abwandern, ohne hinterher in gleichem Umfang zurückzuwandern.

Grafik 5:
Höchster Schulabschluß des Befragten und Schulabschluß des Vaters
(Angaben in Prozent)

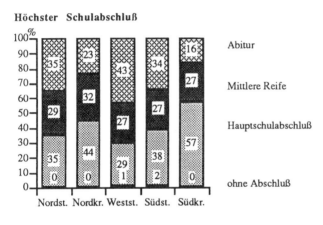

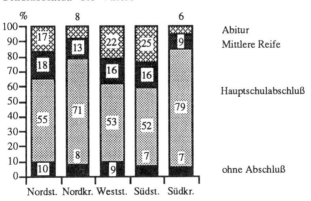

5. Familienbeziehungen

Diese Differenzen in Familienstruktur, Kinderzahl, Erwerbsstruktur, Einkommen und Bildungsniveau lassen vermuten, daß auch im Bereich der Familienbeziehungen erhebliche regionale Unterschiede bestehen.

Insbesondere müßten sich die von COLEMAN und BELLAH skizzierten Überlegungen zum Zusammenbruch von Familien- und Verwandtschaftsstrukturen in den großen urbanen Zentren auch in unseren Daten zeigen lassen.

Untersucht man, wen die Befragten zur Familie rechnen und als Teil der eigenen Familie interpretieren, so stellt man fest, daß die regionalen Variationen nicht sehr groß sind. In den norddeutschen Großstädten rechnen ca. 26% der Befragten mehr als sechs Personen zur Familie, in den süddeutschen Großstädten sind es 20% und in süddeutschen katholischen Landkreisen 23% - Prozentzahlen, die sich nicht in der gleichen Weise wie die vorhergehenden Daten zur Familienstruktur und Kinderzahl unterscheiden. Auch die anderen von uns gebildeten Indikatoren zu familialen Beziehungen zeigen zunächst keine großen Variationen zwischen den Regionen.

Diese Ergebnisse, die in ähnlicher Form auch PAPPI in einer netzwerktheoretischen Analyse von Stadt-Land-Differenzen erhielt, machen deutlich, daß sich die Zahl der Personen, die be-stimmte familiale Funktionen übernehmen und mit denen man familiale Beziehungen unterhält, regional nur wenig unterscheidet.

6. Familiale Beziehungen und Nähe

Dieses gleichförmige Muster darf aber nicht darüber hinwegtäuschen, daß sich die strukturell nachgewiesenen Unterschiede auch auf der individuellen Ebene nachweisen lassen, nämlich dann, wenn man den Indikator der räumlichen Nähe bzw. des Zusammenwohnens im Haushalt als weitere Differenzierungsvariable einfügt.

Grafik 6:
Familienbeziehungen und Nähe (Angaben in Prozent)

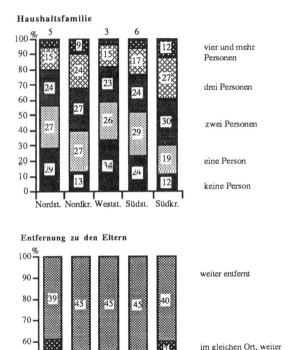

In der Variable "Haushaltsfamilie" sind, wie bereits früher ausgeführt, alle Personen zusammengefaßt, die gemeinsam in einem Haushalt leben und gleichzeitig familiale Funktionen ausüben. Auf diese Weise ist es möglich, jene Personen auszudifferenzieren, die in einem Haushalt leben, aber keinen gemeinsamen Haushalt führen. Es ist auch möglich, die Beziehungen und die Anzahl der Beziehungen darzustellen, die man zu Personen hat, die im gleichen Haushalt leben.

Hier sind die Differenzen regionalspezifisch außerordentlich stark. Während in den west-deutschen Dienstleistungszentren 34%, in den norddeutschen Großstädten 29% und in den süddeutschen Großstädten immerhin noch 24% der Befragten keine weitere Person benennen, mit der sie gemeinsam im Haushalt leben, sind dies in den ländlichen Regionen Nord-deutschlands 13% und in den ländlichen Regionen Süddeutschlands nur 12%. Die Zahl derjenigen, die von sich behaupten, daß sie als Single leben, ist zumindest in den westdeutschen Dienstleistungszentren dreimal so hoch wie in den katholischen ländlichen Regionen Süddeutschlands. Ähnliche Differenzen liegen auch für die norddeutschen Großstädte vor. Faßt man diejenigen Personen, die keine oder nur eine Person angeben, mit der sie familiale Beziehungen unterhalten zusammen, so sind dies in den norddeutschen Großstädten 56%, in den westdeutschen Dienstleistungszentren 60%. In den süddeutschen katholischen ländlichen Regionen sind dies lediglich 31% der Befragten. Umgekehrt benennen lediglich 18% derjenigen, die in den westdeutschen Dienstleistungszentren leben, drei und mehr Personen, mit denen sie familiale Beziehungen innerhalb eines Haushaltes unterhalten. Dagegen sind dies in den katholischen ländlichen Regionen Süddeutschlands 39%.

Als weiteren Indikator zur Messung des Zusammenhanges zwischen gemeinsamem Wohnen und sozialen Beziehungen haben wir die Entfernung zu den Eltern herangezogen. Hier zeigen sich analoge Unterschiede zwischen den einzelnen Regionen. In den norddeutschen Großstädten geben nur knapp 9% der Befragten an, daß sie gemeinsam mit den Eltern im gleichen Haushalt leben, wohingegen dies in den katholischen ländlichen Kreisen Süddeutschlands der Bundesrepublik noch über 22% tun. Auch in den protestantischen ländlichen Kreisen Norddeutschlands geben immerhin 17% der Befragten an gemeinsam mit den Eltern in einem Haushalt zu leben. Addiert man zu diesen Zahlen noch die Personen, die im selben Haus wie die Eltern leben, so bekommt man für die süddeutschen Kreise immerhin 31%. Hier zeigen sich auch deutliche Unterschiede zwischen den süddeutschen Großstädten, in denen der Prozentsatz dieser Lebensform noch bei 19% liegt, gegenüber den norddeutschen Großstädten mit ca. 11% und den westdeutschen Dienstleistungszentren mit 19%.

Mit der räumlichen Nähe variiert auch die Zahl der Personen, die in anderen Orten als ihre Eltern leben. In in den ländlichen Kreisen Süddeutschlands ist die Zahl der Personen, für die dies zutrifft, nur halb so hoch, als in norddeutschen Großstädten. Diese Ergebnisse zeigen, daß die räumliche- und die Beziehungsdistanz in den großen urbanen Zentren für eine bestimmte Teilgruppe der Bevölkerung, die je nach Großstadtregion bis zu 33% ausmachen kann, sehr viel größer ist als in den ländlichen Regionen der Bundesrepublik. Auch kann kein Zweifel daran bestehen, daß sich die Möglichkeiten der unmittelbaren Kommunikation in der Bundesrepublik aufgrund der räumlichen Nähe stark unterscheidet. In den urbanen Zentren der Bundesrepublik ist der Anteil derjenigen, die zu- oder abgewandert sind, sehr viel größer als in den ländlichen Regionen, in der das Zusammenleben zwischen den Generationen stärker ausgeprägt ist. Um zu prüfen, ob sich die hier aufgedeckten Zusammenhänge für die einzelnen Regionen je nach Alter unterschiedlich darstellen, haben wir die bereits im Beitrag zu Familie und sozialer Ungleichheit verwendete Altersgruppendifferenzierung herangezogen und geprüft, inwieweit sich die Generationen unterscheiden.

Grafik 7:
Haushaltsfamilie nach Alter

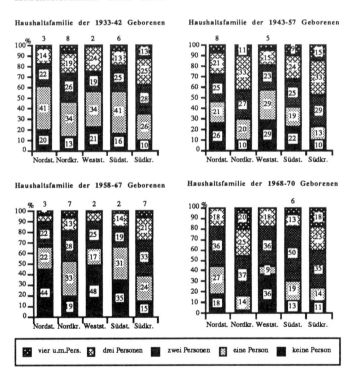

In der ältesten untersuchten Generation der zwischen 1933 und 1942 Geborenen geben immerhin ca. 21% der Befragten aus westdeutschen Dienstleistungszentren, ähnlich wie aus den norddeutschen Großstädten an, mit keiner weiteren Person, die familiale Funktionen erfüllt, zusammenzuleben. Ein Wert, der in der Altersgruppe der zwischen 1943 und 1957 Geborenen in den westdeutschen Dienstleistungszentren bei knapp 29% liegt und in der Generation der zwischen 1958 und 1967 Geborenen sogar knapp 48% beträgt. Ähnlich hohe Werte lassen sich bei den norddeutschen Großstädten beobachten, wogegen die entsprechenden Werte in den süddeutschen Großstädten je nach Generation 16%, 22% bzw. 35% betragen.

Wenn man also im Kontext neuer familialer Lebensformen überhaupt von einer Singularisierung sprechen will, dann ist dies lediglich für jene 30-50% der zwischen 1958 und 1967 Geborenen gerechtfertigt und da auch nur in den großen Städten. In den ländlichen Regionen finden sich weder in Nord- noch in Süddeutschland ähnlich dramatische Veränderungen über die Altersgruppen hinweg. In Süddeutschland ist lediglich ein Anstieg von 10% auf 15% zu beobachten, in den norddeutschen ländlichen Regionen von 13% auf 19%. Da es in der Lebensphase der 20- bis 30jährigen immer üblich gewesen ist, daß ein großer Prozentsatz der jungen Erwachsenen alleine lebt, muß die hier diskutierte Singularisierungsthese nicht bedeuten, daß diese Lebensform auch mit zunehmendem Lebensalter beibehalten wird. Möglicherweise drückt sich hierin, insbesondere in den großen urbanen Zentren, eine lebensphasenspezifische Suche nach Selbständigkeit und Eigenständigkeit aus. Der Prozeß der Herauslösung aus der Herkunftsfamilie scheint in ländlichen Regionen weniger ausgeprägt zu sein.

Diese These läßt sich allerdings für diejenigen, die zwischen 1943 und 1957 geboren wurden, nicht aufrechterhalten. Die 20-30% dieser Generation, die in den urbanen Zentren alleine leben, sind natürlich schon zu einem großen Teil über die Phase der Familiengründung und des Eingehens von neuen Partnerschaften hinaus. Aus der Amtsstatistik ist bekannt, daß der Anteil der Ledigen bei den zwischen 30- und 55jährigen überproportional zugenommen hat. Wir haben es hier möglicherweise mit jenen Personen zu tun, die wirklich die Lebensform des Single-Daseins als für sich sinnvoll und richtig gewählt haben.

Erstaunlich ist, daß insbesondere in den großen Dienstleistungszentren West- und Norddeutschlands im Unterschied zu den süddeutschen Großstädten ein deutlicher Anstieg dieser Lebensform zu beobachten ist. Dabei sollte bei der jüngeren Generation nicht verkannt werden, daß hier der Ablösungsprozeß vom Elternhaus möglicherweise früher stattfindet als in den ländlichen Regionen.

Wie der Vergleich der Entfernung zu den Eltern zeigt (vgl. Grafik 8), leben in den katholischen ländlichen Regionen Süddeutschlands immerhin noch 38% aller Befragten, die zwischen 1958 und 1967 geboren wurden bei ihren Eltern, gegenüber nur noch 13% in den norddeutschen Großstädten. Nimmt man noch diejenigen hinzu, die im gleichen Haus wohnen, sind es in den ländlichen katholischen Regionen Süddeutschlands sogar knapp 46%, gegenüber 16% in den norddeutschen Großstädten. Auch zeigt sich am Anteil der weiter von ihren Eltern entfernt lebenden Befragten dieser Altersgruppe, daß in den urbanen Zentren auch das hohe Maß an Mobilität für diese Lebensformen mitverantwortlich ist.

Grafik 8:
Entfernung von den Eltern nach Altersgruppen (Angaben in Prozent)

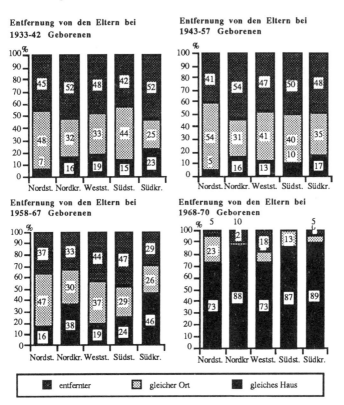

Es muß weiteren Untersuchungen vorbehalten bleiben, zu überprüfen, ob diese Lebensformen mit zunehmendem Alter wieder aufgegeben werden, oder ob die Singularisierung auf Dauer bestehen bleibt, bzw. in welchem Umfang sie wieder abnehmen wird.

Neben diesen möglichen Veränderungen in den Lebensformen der jüngeren Generation ist es wichtig hervorzuheben, daß auch bei den älteren Generationen sowohl in bezug auf den Personenkreis, der familiale Funktionen erfüllt, wie auch in bezug auf die Entfernung zu den Eltern deutliche regionale Differenzierungen nachzuweisen sind. Wenn beispielsweise in den Städten Norddeutschlands in der ältesten Generation der hier Befragten nur 7% mit den Eltern im gleichen Haushalt bzw. Haus leben, während dies in den ländlichen

Regionen Süd-deutschlands immerhin 23% und in den ländlichen Regionen Norddeutschlands noch 16% tun, so bedeutet dies für Pflege- und Unterstützungsleistungen, die diese Altersgruppe ihren Eltern geben kann, daß dies in städtischen Regionen ein sehr viel größeres Problem darstellt.

Für die nächste Generation, für die heute die Pflege und Unterstützung von Eltern aufgrund deren Alter noch nicht ansteht, zeigt sich allerdings auch in den ländlichen Regionen eine deutliche Tendenz des Rückgangs räumlicher Nähe. Hier leben nicht mehr 23%, sondern nur noch ca. 17% im gleichen Haushalt bzw. Haus wie die Eltern, gegenüber ca. 5% in den norddeutschen Großstädten.

Geht man aber davon aus, daß Pflege und Unterstützung auch geleistet werden können, wenn man zwar nicht im gleichen Haushalt bzw. Haus, aber in unmittelbarer Nähe bzw. im gleichen Ort lebt, dann sind die Unterschiede zwischen den städtischen und ländlichen Regionen geringer.

Wie Grafik 8 zeigt[4], in der nur danach unterschieden wurde, wer noch innerhalb des gleichen Ortes wohnt, sind hier die Unterschiede zwischen den Regionen nicht so gravierend wie bei der Blickrichtung gleicher Haushalt oder gleiches Haus, da lediglich zwischen 42% in den süddeutschen Großstädten und 52% in den ländlichen protestantischen Kreisen Norddeutschlands Eltern haben, die weiter entfernt wohnen.

Hierbei ist allerdings hervorzuheben, daß der Prozentsatz derjenigen, deren Eltern weiter als 15 Minuten entfernt wohnen, in den ländlichen Kreisen etwas höher ist als in den städtischen Regionen. Auch in der nachfolgenden Generation der zwischen 1943 und 1957 Geborenen schwankt dieser Prozentsatz zwischen 41% in den norddeutschen Großstädten und ca. 54% in den ländlichen Kreisen Norddeutschlands.

Es kann also kein Zweifel daran bestehen, daß es deutliche Unterschiede gibt, wie nahe die jeweiligen Generationen in den Regionen bei ihren Eltern wohnen. Die traditionalen Wohnformen im gleichen Haushalt oder gleichen Haus haben sich in den ländlichen Regionen Süddeutschlands offensichtlich stärker gehalten als in allen anderen Regionen der Bundesrepublik. In allen Regionen leben aber um die 50% der zwischen 1933 und 1942 Geborenen, sowie der zwischen 1943 und 1957 Geborenen außerordentlich nahe bei den eigenen Eltern, da 15 Minuten Entfernung im gleichen Ort für Hilfe und Unterstützungsleistungen und für die Möglichkeiten der täglichen Begegnung ausreichend erscheinen. Dabei ist anzunehmen, daß diejenigen, die alleine leben und keinerlei Funktionen mit anderen Familienmitgliedern gemeinsam erfüllen, tendenziell auch diejenigen sind, die weiter von ihren Eltern entfernt leben.

Die räumliche Nähe zu den Eltern, die innerhalb der einzelnen Regionen für etwa die Hälfte der Bevölkerung festgestellt wurde, muß nicht bedeuten, daß es altersgruppen- oder regionsspezifisch nicht trotzdem eine Gruppe von Menschen geben kann, die alleine lebt und kaum familiale Beziehungen unterhält.

7. Werte, Einstellungen und ihre regionale Verteilung

Nachdem nachgewiesen werden konnte, daß Lebensformen und familiale Beziehungen teilweise zwischen Regionen stärker variieren als zwischen sozialen Schichten, gleichzeitig aber der Familienbegriff bzw. die Größe der Verwandtschaft regional nicht unterschiedlich inter-pretiert wird, stellt sich die Frage, ob auch Einstellungen zu Kindern, zu Ehe und Familie regional unspezifisch sind, oder ob sie sich analog zu den gelebten Beziehungen regional ausdifferenzieren lassen.

7.1 Kinderwunsch und Einstellungen zur Vereinbarkeit von Beruf und Familie

Es kann kein Zweifel bestehen, daß es in der Bundesrepublik eine regionale Variation des Kinderwunsches gibt. Von den Befragten, die sich überhaupt Kinder wünschen, möchten in den norddeutschen Großstädten 17% nur ein Kind gegenüber 25%, die sich drei Kinder wünschen. In den südlichen ländlichen katholischen Kreisen wünschen sich dagegen nur knapp 10% ein Kind, aber immerhin 35% drei Kinder. Beim Kinderwunsch scheint es ein eindeutiges Nord-Süd-Gefälle zu geben. In den süddeutschen Großstädten möchten immerhin 30% drei Kinder gegenüber 25% in den westdeutschen Dienstleistungszentren, 28% in den ländlichen protestantischen Kreisen Norddeutschlands und 25% in den norddeutschen Großstädten.

Grafik 9:
Kinderwunsch (Angaben in Prozent)

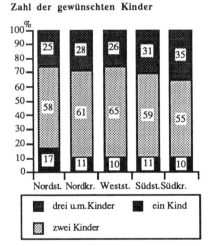

Diese regionalspezifischen Unterschiede bei der gewünschten Kinderzahl werden sichtbar größer bei der Frage, wie Beruf und Familie miteinander verbunden werden können. Dies macht Grafik 10 deutlich.

Grafik 10:
Vereinbarkeit von Beruf und Familie (Angaben in Prozent)

Kinder von 0 bis unter 3 Jahren

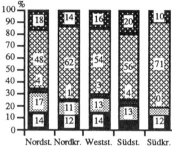

"Mann nicht berufstätig" oder "einer berufstätig"

"Frau nicht berufstätig"

"beide Teilzeit"
"beide berufstätig, Mann Teilzeit" oder "einer Teilzeit"
"beide berufstätig" oder "beide berufstätig, Frau Teilzeit"

Bei Kindern zwischen 3 und 6 Jahren

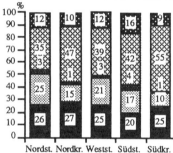

"Mann nicht berufstätig" oder "einer berufstätig"

"Frau nicht berufstätig"

"beide Teilzeit"
"beide berufstätig, Mann Teilzeit" oder "einer Teilzeit"
"beide berufstätig" oder "beide berufstätig, Frau Teilzeit"

Bei Schulkindern

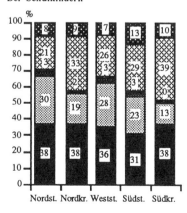

"Mann nicht berufstätig" oder "einer berufstätig"

"Frau nicht berufstätig"

"beide berufstätig, Mann Teilzeit" oder "einer Teilzeit"

"beide Teilzeit"

"beide berufstätig" oder "beide berufstätig, Frau Teilzeit"

Die Frage erfasst die Einstellungen zur Arbeits- und Rollenverteilung innerhalb der Ehe je nach dem Alter von Kindern

Wenn keine Kinder vorhanden sind, gibt es kaum regionale Variationen. Hier sind zwischen 78% und 82% der Befragten dafür, daß sowohl Mann als auch Frau voll erwerbstätig sein sollen. Diese klare Auffassung, daß bei einem Ehepaar ohne Kinder beide zu arbeiten haben, wird beim Vorhandensein von Kindern unter drei Jahren von der Mehrzahl der Befragten durch ein Modell ersetzt, in dem die Mutter ganz zu Hause sein sollte.

Alternativmodelle, wie gleichzeitige Reduktion der Arbeitszeit beider Ehepartner oder Erwerbs-tätigkeit eines Elternteils oder der Vater als hauptsächlicher Betreuer eines Kindes unter drei Jahren, werden von Männern wie Frauen für Kinder unter drei Jahren kaum akzeptiert.

Dieses sehr eindeutige Votum variiert regional allerdings außerordentlich. Während in den norddeutschen Großstädten lediglich 48% einem solchen Modell zustimmen, und einige andere Modelle wie beispielsweise gemeinsame Reduktion der Arbeitszeit von immerhin 10% bis 16% präferiert werden, ist in der Vorstellungswelt der Befragten in den süddeutschen Kreisen die Aufteilung der Arbeit zwischen Mann und Frau bei den Kindern unter drei Jahren für knapp 71% der Bevölkerung eindeutig so, daß hier nur die Mutter als Betreuerin in Frage kommt. Eine solche klare Orientierung an der Mutterrolle beim Vorhandensein Kindern unter drei Jahren findet sich nicht einmal in den ländlichen protestantischen Kreisen Norddeutschlands, die dieses Modell zu 62% bevorzugen.

Hinsichtlich der Vorstellungen, wer die Kinder zu betreuen hat, gibt es im Falle von Kindern unter drei Jahren ein ganz klares Nord-Süd-Gefälle. Auch in den süddeutschen Großstädten liegt der Prozentsatz, der dem Modell der alleinigen Betreuung durch die Mutter Vorrang einräumt mit 56% höher als in den norddeutschen Großstädten.

Diese Unterschiede setzen sich auch bezüglich älterer Kinder fort. In den norddeutschen Großstädten plädieren im Falle von drei- bis sechsjährigen Kindern knapp 35% der Befragten dafür, daß die Mutter die Kinder allein betreut und nicht erwerbstätig ist, während das in den katholischen ländlichen Regionen Süddeutschlands immerhin 55% tun. Bei Schulkindern sind in den norddeutschen Großstädten nur noch etwas mehr als 21% der Befragten für dieses Modell, gegenüber 39% in den süddeutschen Großstädten.

Es ist in diesem Zusammenhang darauf hinzuweisen, daß in allen Regionen der Bundesrepublik Modelle, die bei Kindern eine Vollerwerbstätigkeit beider Elternteile, bzw. eine gemeinsame Reduktion der Erwerbstätigkeit von Mann und Frau vorsehen, oder auch einen Tausch zwischen Mann und Frau für wünschenswert halten, wenig Zustimmung finden.

Mehrheitlich votieren die Befragten bei Schulkindern für eine Teilzeittätigkeit der Mutter. Dabei muß hervorgehoben werden, daß in den norddeutschen Großstädten knapp 21% dafür votieren, daß die Mutter ganz zu Hause bleibt gegenüber 38% die für eine Teilzeittätigkeit der Mutter stimmen. In den katholischen ländlichen Kreisen Süddeutschlands votieren knapp 38% für Teilzeit gegenüber 39%, die das Modell des Zuhausebleibens der Ehefrau präferieren.

Es gibt auch bei den anderen Modellen deutliche Unterschiede, die darauf hindeuten, daß die Lebensvorstellungen der Menschen in bezug auf die Vereinbarkeit von Familie und Beruf, die Integration der Frau in das Erwerbsleben und die Betreuung von Kindern regional in erheblichem Umfang variieren. Hier gibt es jedoch bestimmte Ausnahmen, wie etwa die Zustimmung zur Vollerwerbstätigkeit von Mann und Frau, solange keine Kinder vorhanden sind, sowie eine klare phasenspezifische Vorstellung über die Entwicklung der Betreuung von Kleinstkindern, Kindergartenkindern und Schulkindern.

Bei Kleinstkindern wird unter Berücksichtigung der regionalen Variation dem Modell der Betreuung des Kindes durch die Mutter und des Ausscheidens der Mutter aus dem Erwerbsleben ein klarer Vorrang eingeräumt, der aber schon bei den drei- bis sechsjährigen Kindern deutlich zurückgeht, da hier selbst in den ländlichen katholischen Kreisen Süddeutschlands nur noch 55% der Befragten ein solches Modell präferieren, während dann bei den Schulkindern auch in den ländlichen Regionen Süddeutschlands 60% der Bevölkerung davon ausgehen, daß eine Teilzeittätigkeit oder andere Modelle der Vereinbarkeit von Familie und Beruf gelebt werden sollten.

Die hier dargestellten Ergebnisse lassen keinen Zweifel daran, daß regionale Variationen hinsichtlich der Vorstellungen zur Integration von Frauen und Männern in das Erwerbsleben bestehen. Diese regionalen Variationen sind wiederum stärker ausgeprägt als die Variationen zwischen den sozialen Schichten.

Grafik 11:
Einstellungen zu Kindern (Angaben in Prozent)

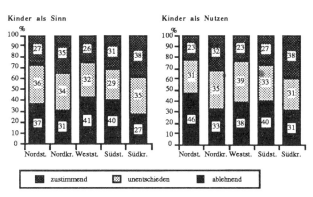

Nicht ganz so deutlich sind die Differenzen bei den Einstellungen zu Kindern. Während sowohl in den katholischen ländlichen Regionen Süddeutschlands als auch in den ländlichen protestantischen Regionen Norddeutschlands 38% bzw. 35% der Befragten Kinder als Sinn und Teil des eigenen Lebens interpretieren, sind dies in den norddeutschen Großstädten 27%, in den westdeutschen Großstädten 26% und in den süddeutschen Großstädten 31%.

Ähnliche Unterschiede lassen sich auch hinsichtlich einer eher funktionalen Einstellung zu Kindern in den einzelnen Regionen finden. Hier fällt sowohl in den nördlichen Kreisen als auch in den südlichen Kreisen die Zustimmung zu solchen Statements mit 32% bzw. 38% deutlich höher aus als in den norddeutschen Großstädten mit 23%.

7.2 Individualismus als Ausdruck der Urbanisierung einer Gesellschaft

In der Einleitung zu diesem Kapitel haben wir auf Überlegungen von R.N. BELLAH und J. COLEMAN hingewiesen, die die These formuliert haben, daß Familie und Verwandtschaftssysteme in ihren Unterstützungsleistungen vor allem deswegen an Bedeutung verlieren, weil in einer mobilen Gesellschaft die Stabilität von Beziehungen, die für solche Unterstützungsleistungen notwendig sind, zunehmend in Frage gestellt werden, und damit auch die wechselseitigen Verpflichtungen, die sich aus solchen Beziehungen ergeben, nicht aufrecht erhalten werden können. Die hier vorgelegten Ergebnisse stellen den generalisierenden Anspruch dieser Thesen in Frage.

Grafik 12:
Ehe- und Erziehungsorientierungen (Angaben in Prozent)

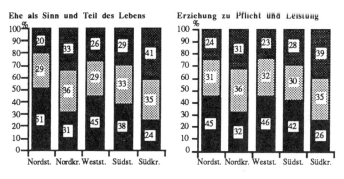

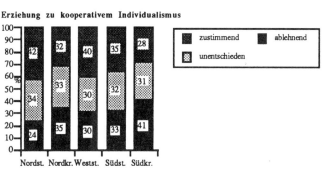

Wir konnten bei der Analyse der Familienbeziehungen nachweisen, daß in den einzelnen Regionen ein sehr hoher Prozentsatz von Befragten unterschiedlicher Altersgruppen in der Nähe ihrer Eltern wohnt. Dieser Prozentsatz variiert regional kaum. Dagegen variieren die Wohnverhältnisse, d.h. das Zusammenleben der Familienmitglieder im gleichen Haus und die Zahl der Personen, die allein leben und keine familialen Funktionen mit anderen Familienmitgliedern ausüben.

Unseres Erachtens gibt es deutliche Hinweise, daß die Unterschiede in diesen Lebensformen nicht nur auf Mobilitätsprozesse zurückgeführt werden können, sondern auch mit den unterschiedlichen Einstellungsmustern in den großen urbanen Zentren insbesondere Nord- und Westdeutschlands im Vergleich zu den ländlichen Regionen Süddeutschlands zusammenhängen.

Wenn beispielsweise in den ländlichen Regionen Süddeutschlands 41% der Befragten der Meinung sind, daß die Ehe ein Teil des eigenen Lebens sein sollte, und Statements wie "wenn man sich liebt, dann sollte man heiraten" und "Ehe bedeutet eine wechselseitige Verpflichtung" zustimmen, während sich in den norddeutschen Großstädten nur noch 20% gegenüber solchen Einstellungen positiv äußern - gegenüber 51%, die solche Statements eher ablehnen -, dann kommt darin nicht nur Skepsis gegenüber der Institution Ehe zum Ausdruck, sondern auch, daß Alleinleben und Unabhängigkeit in diesen Regionen für eine große Zahl von Befragten größere Attraktivität hat. Da diese Unterschiededen Unterschieden in den Lebensformen bzw. den gelebten Beziehungen in etwa entsprechen, kann man davon ausgehen, daß die gelebten Beziehungen und Lebensformen in den jeweiligen Regionen nicht nur quasi erzwungenermaßen aufgrund von Mobilitätsprozessen zustandegekommen sind, sondern auch aufgrund unterschiedlicher Wertmuster. Für diese These spricht auch, daß bei den Erziehungseinstellungen ähnlich gravierende Unterschiede bestehen, wie die Grafik 12 deutlich macht. Pflicht, Leistung und Gehorsam spielen in den südlichen ländlich strukturierten Regionen der Bundesrepublik für 39% der Befragten eine erhebliche Rolle, während dies in den nördlichen Städten nur für 24% zutrifft. Umgekehrt wird die Erziehungsorientierung "kooperativer Individualismus" in den norddeutschen Städten von immerhin 42% der Befragten gegenüber nur 28% in den südlichen ländlichen Regionen befürwortet.

Bei diesen Ergebnissen sind aber nicht nur die Unterschiede, sondern auch die enorme Systematik, in der sich die Unterschiede zwischen den Regionen darstellen, interessant.

Diese Einstellungsunterschiede zeigen sich ähnlich bei dem von INGLEHART (1979) ent-worfenen Index für Materialismus und Postmaterialismus (Grafik 13), nach dem in den süddeutschen ländlichen Kreisen nur 29% als postmateriell gegenüber immerhin 44% und 45% in städtischen Regionen Norddeutschlands aber auch Süd- und Westdeutschlands bezeichnet werden können. Die materialistischen Einstellungen, die unserer Meinung nach einen gewissen Traditionalismus ausdrücken, lassen sich in den süddeutschen

Großstädten zu etwa 7% gegen-über 11% in den süddeutschen katholischen ländlichen Regionen nachweisen.

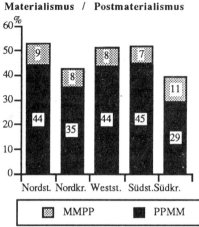

Grafik 13:
Inglehart (Angaben in Prozent)

Die Variablenbezeichnungen geben jeweils die gewählteReihenfolge der vier politischen Ziele nach ihrer Wichtigkeit wider.

M = Materialistische Orientierung:
Aufrechterhaltung von Ruhe und Ordnung
Kampf gegen steigende Preise

P = Postmaterialistische Orientierung
Mehr Einfluß der Bürger auf Entscheidungen der Regierung
Schutz des Rechtes auf freie Meinungsäußerung

Zusammen mit den hier nachgewiesenen Lebensformen sprechen diese sehr unterschiedlichen Wertmuster dafür, daß viele der Individualisierungstendenzen, die gegenwärtig diskutiert werden, vom Alleinleben bis hin zur Entwicklung neuer Lebensformen und neuer geschlechtsspezifischer Arbeitsteilungen, eben nicht, wie COLEMAN und BELLAH meinen, Ausdruck einer verstärkten Mobilität in der Gesellschaft, sondern tatsächlich Ausdruck urbaner Lebensformen sind.Während in den 70er und 80er Jahre Kinder zunehmend erst aus den Innenstädten und dann aus den Randlagen verschwanden, und Familien mit Kindern seitdem in den großen urbanen Zentren der Bundesrepublik eine Minderheit darstellen, scheint sich parallel ein deutlicher Einstellungswandel vollzogen zu haben.

Der Anstieg individualistischer Orientierungen, wie sie im INGLEHART--Index zum Ausdruck kommen, die zunehmende Skepsis gegenüber Erziehungsorientierungen, die Pflicht und Leistung als vorrangig einstufen, sowie eine zunehmende Distanzierung gegenüber der Institution Ehe scheint allerdings nach den hier vorliegenden Daten und dem Vergleich mit anderen empirischen Untersuchungen nicht notwendigerweise ein die gesamte Bundesrepublik erfassender Wandel zu sein. Die hier vorgelegten Daten lassen vielmehr den Schluß zu, daß sich diese Veränderungen regional höchst unterschiedlich verteilen.

Dabei scheinen die großen Städte insbesondere Nord- und Westdeutschlands sehr viel weiter fortgeschritten zu sein als die ländlichen Regionen der Bundesrepublik. Bei bestimmten Aspekten liegen die süddeutschen Großstädte hinsichtlich der Einstellungen und Orientierungs-muster zwischen den Großstädten Westdeutschlands und den ländlichen Regionen Süd-deutschlands. Dieser Wandel zeigt sich nun nicht nur in Einstellungen und gelebten Beziehungen, sondern auch in anderen Indikatoren wie z.B dem Kirchgang. Grafik 14 zeigt, daß in den ländlichen Regionen immerhin noch ein Drittel der Befragten häufig bis manchmal zur Kirche geht, während dies in den großen Städten Norddeutschlands nur noch 8% tun. 39% geben an, nie in die Kirche zu gehen.

Grafik 14:
Religion und Kirchgang (Angaben in Prozent)

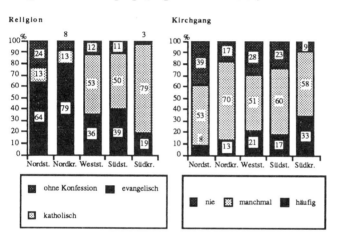

Der sehr viel höhere Prozentsatz derjenigen, die sich als keiner Religion zugehörig bezeichnen bzw. nicht-christlichen Religionen anhängen, zeigt auch, daß in diesen Regionen die Bindungen und Beziehungen zu bestimmten institutionellen Strukturen für bestimmte Teile der Bevölkerung brüchiger geworden sind als dies in den ländlichen, zum Teil aber auch in den städtischen Regionen Süddeutschlands der Fall ist.

Wir können diese Entwicklung hier zunächst nur deskriptiv darstellen, weil eine soziologisch orientierte Regionalforschung, die sich mit Unterschieden zwischen städtischen und ländlichen Lebensformen innerhalb historischer Regionen der Bundesrepublik befaßt, bisher noch nicht existiert.

Anmerkungen.

1. Im Tabellenband ist die Zusammensetzung unserer Regionen im einzelnen widergegeben.

2. Die entsprechenden Tabellen mit den einzelnen Absolutwerten und Prozentangaben befinden sich im Tabellenband

3. Zu FEATHERMANs Berufsklassifikation vgl. den Beitrag "Familie und soziale Ungleichheit" in diesem Band.

4. Hier sind nur die Eltern der Befragten aufgeführt. Der Blick geht also nur in eine Richtung. Der Beitrag von BIEN/MARBACH in diesem Band geht auf die Problematik ein, daß Befragte in Mehrgenerationsfamilien sowohl als Kinder ihrer eigenen Eltern als auch als Eltern ihrer eigenen Kinder auftreten können.

Partnerschaft

Angelika Tölke

Partnerschaften und Eheschließung
Wandlungstendenzen in den letzten fünf Jahrzehnten

1. Einleitung

2. Unzureichendes Wissen über das Verhalten von Männern

3. Datenbasis

4. Partnerschaften und Homogamie der Paare
4.1 Partnerschaftserfahrung
4.2 Alters- und Bildungshomogamie bei Paaren

5. Eheschließung
5.1 Allgemeine Entwicklungstendenzen
5.2 Streuung im Heiratsalter als Ausdruck individualisierter Verhaltensweisen
5.3 Einfluß der schulischen Ausbildung

6. Sequenzierung von Lebensereignissen
6.1 Folgen längerer Ausbildungsphasen auf das Heiratsverhalten
6.2 Beginn des Erwerbslebens und Heirat

7. Zusammenfassender Ausblick

Anhang

1. Einleitung

Veränderungen im Prozeß der Familiengründung und der Familienentwicklung werden sowohl in der Familiensoziologie als auch in der Familienpolitik wahrgenommen, doch die Ansätze zur Erklärung und die interpretative Einordnung der empirischen Ergebnisse sind ganz unterschiedlich. ULRICH BECK pointierte in seinem Eröffnungsvortrag zum 25. Deutschen Soziologentag in Frankfurt (1990b) die gegenwärtige Situation in der Weise, daß in Deutschland nur deshalb die Kleinfamilie so stabil sei, weil die Familiensoziologie so treu nach ihr frage. Die Soziologie denke in alten soziologischen Strukturkategorien, ohne nach Veränderungen im gesellschaftlichen und individuellen Bedeutungsgehalt zu fragen und statt neue strukturierende Dimensionen zu entwickeln, seien jenseits der traditionellen Strukturkategorien Individuen für sie nur als Loseblattsammlung vorstellbar. Auch HOFFMANN-NOWOTNY sieht für die Kernfamilie keine Zukunft und erwartet eine "große Varietät permanent wechselnder und nicht stabiler Lebensformen" (1988:13), wobei er Familie sehr traditionell, nämlich über die faktische Übernahme der familialen Rollen, Elternschaft, gemeinsamen Haushalt und wechselseitige Abhängigkeit ihrer Mitglieder definiert. Auf der anderen Seite wendet sich VASKOVICS gegen diese Krisendiskussion und subsumiert neue Lebensformen einfach unter die Kernfamilie; die Kernfamilie sei "immer nur eine mehr oder weniger länger andauernde, jedoch zeitlich befristete Phase" (1991:17); dies läge in der Natur der Sache, sie sei grundsätzlich ein "temporäres Phänomen". Voreheliche und nacheheliche Partnerschaften sind entweder meist vorübergehende Phasen oder - sofern Kinder vorhanden sind - ebenfalls Kernfamilien. Frühe oder späte Elternschaft, kurze oder längere Familienphasen - die Kernfamilie ist nach VASKOVICS immer erkennbar.

Diese Auseinandersetzungen, Einschätzungen und Spekulationen sollen hier weder in dieser Form verfolgt noch vertieft werden. Es werden aber die Fragen zu Wandlungsprozessen von Partnerschaft und Familie aufgegriffen. Bei den von mir durchgeführten empirischen Analysen werde ich mich auf frühe Partnerschaften und die Erstheirat beziehen und in der Analyse ausschließlich auf *traditionelle soziologische Kategorien* zurückgreifen; die subjektive Wahrnehmung der Betroffenen ihrer Lebenssituation und ihrer Biographie findet in diesem Beitrag gar keine Berücksichtigung, was aber nicht bedeutet, daß ich diesem Aspekt in der Individualisierungsdebatte einen untergeordneten Stellenwert beimesse. Selbst bei einem solch traditionellen, strukturorientierten Zugang zeigen sich deutliche Wandlungstendenzen, es zeigen sich aber auch Stabilitäten. Eine abnehmende Gleichförmigkeit in der Ausformung der Lebensphase von jungen Erwachsenen wird als Ausdruck einer zunehmende Individualisierung thematisiert. Individualisierung möchte ich allerdings nicht gleichsetzen mit Vereinzelung, Isolierung und Anonymisierung, wie dies HOFF-

MANN-NOWOTNY (1988) tut. Sie steht in diesem Beitrag vielmehr für eine - auf der objektiven Ebene gemessenen - Entstandardisierung des Lebenswegs. Diese findet ihren Niederschlag in einer zunehmenden Vielfalt in den Verhaltensweisen und in einer abnehmenden Bedeutung traditionell strukturierend wirkenden soziodemographischen Merkmalen. Für die Individuen geht dieser Prozeß der Entstandardisierung einher mit größeren Wahlmöglichkeiten und Entscheidungszwängen, die von dem Individuum jedoch nicht notwendig als solche empfunden werden müssen. Der einzelne Mensch stellt normalerweise seine Lebenssituation und Biographie nicht in Beziehung zu der von Menschen, die zu anderen Zeiten geboren wurden und unter anderen gesellschaftlichen Randbedingungen aufgewachsen sind. Dies kann dazu führen, daß der bzw. die einzelne das eigene Verhalten sowie das Auftreten und (Nicht-)Lösen von Problemen der eigenen (Un-)Fähigkeit zuschreibt, obwohl diese gesellschaftlich mit verursacht sind. Dieser Aspekt der Individualisierungsdebatte, nämlich die subjektive Wahrnehmung, bedürfte aber einer eigenen Diskussion.

Die folgenden Auswertungen des Familiensurveys beziehen sich auf die inhaltlichen Schwerpunkte: Partnerschaftserfahrung und Eheschließung. Für Befragte unterschiedlicher Geburtsjahrgänge wird die Phase des jungen Erwachsenenalters vergleichend dargestellt. Zunächst werden Veränderungen in der ersten *Partnerbeziehung* analysiert. In welchem Alter wird die erste Partnerschaft begonnen und in welchem Umfang nimmt die Anzahl der Partnerschaften zu? Für die vereinzelt in den Raum gestellte Einschätzung, daß Partnerschaften zunehmend beliebig eingegangen und gelöst werden (HOFFMANN-NOWOTNY 1988), wird nach einer empirisch fundierten Entsprechung gesucht. Den zweiten inhaltlichen Schwerpunkt bildet die *Heirat*. Als Ausdruck einer möglichen Individualisierung wird in diesem Kontext zunächst das Ausmaß von Homogamie im Prozeß der Partnerfindung analysiert. Die Norm, daß der Mann älter zu sein habe als die Frau und es von Vorteil sei, wenn er ihr bildungs- und statusmäßig überlegen sei, galt lange Zeit. Inwieweit dieses tradierte Verhalten bei der Partnerwahl noch immer das Handeln bestimmt, wird überprüft. Unterschiede bzw. Ähnlichkeiten in diesen beiden Merkmalen werden für Paare unterschiedlicher Geburtsjahrgänge, die das erste Mal heiraten, herausgearbeitet.

Anschließend werden globale Wandlungstendenzen bei der ersten *Eheschließung* aufgezeigt. Hierzu gibt es aus anderen Studien bereits fundierte Informationen, Männer fanden und finden allerdings meist wenig Beachtung. Das häufig für Männer angeführte Argument für eine spätere Familiengründung, die verlängerten Ausbildungszeiten, wird aus der Lebensverlaufsperspektive bearbeitet. Die Lebensphase der *jungen Erwachsenen* wird in einem dritten Schritt in der Abfolge sowie der zeitlichen Beziehung zentraler Lebensereignisse zueinander aufgegriffen. Denn die zeitliche (Ver-)Lagerung familiärer Ereignisse kann u.U. verursacht sein durch eine zeitliche Verschiebung anderer Lebensereignisse. Die Verlagerung von Ereignissen bzw. Übergängen ist hierbei nicht nur das Ergebnis individuell freier Entscheidungen, sondern zumindest in einigen Bereichen, etwa allgemeinbildende Schulzeit und Erwerbsarbeit, durch Institutionen vorgegeben oder durch gesellschaftliche und arbeitsmarktbedingte Rahmenbedingungen mehr oder weniger unmittelbar beeinflußt.

Diese drei Perspektiven können über verändertes Verhalten von Individuen in der Phase der Familiengründung sowie über die Bedeutung und den Bedeutungswandel strukturierender Merkmale im Lebensweg Aufschluß geben und damit einen Beitrag leisten zur Diskussion über Individualisierungsprozesse. Neben der Frage nach dem Ausmaß des Wandels, die über den *Vergleich unterschiedlicher Geburtsjahrgänge* beantwortet wird, finden *geschlechtsspezifische* Aspekte besondere Berücksichtigung. Die unterschiedliche Geschwindigkeit und das Ausmaß des Individualisierungsprozesses bei Frauen und Männern sind stets ein zentraler Punkt in der Individualisierungsdebatte. Die Familiensoziologie hat sich in ihren Problemstellungen und in der empirischen Forschung bisher jedoch weitgehend auf das Verhalten von Frauen beschränkt, über Männer wurde zwar - wie die anschließenden Ausführungen zeigen - vereinzelt nachgedacht, jedoch kaum geforscht. Aus den folgenden Ausführungen wird ersichtlich, daß diese Vernachlässigung weder zu rechtfertigen noch aufrecht zu erhalten ist. Auf der Basis meiner Analysen kann dieses Forschungsdefizit im Hinblick auf das Verhalten von Männern nur in einem kleinen Teilbereich aufgehoben werden; es ist das Ziel, die von mir hier geäußerte Einschätzung, daß auch die Verhaltensmuster von Männern einen entscheidenden Stellenwert für den Wandel der Familie haben, mit empirischen Befunden zu belegen und damit auf die Notwendigkeit weitergehender Untersuchungen zu verweisen. Jedoch können mögliche Gründe und Erklärungen für diese Veränderungen im Leben von Männern in diesem Beitrag noch nicht diskutiert werden. In der Darstellung meiner empirischen Ergebnisse werde ich das Verhalten von Männern nicht in einem eigenständigen Kapitel abhandeln, sondern werde stets Männer und Frauen vergleichend gegenüberstellen. Nur als Einstieg werde ich einige Bemerkungen speziell zum Wissensstand über Männer ausführen.

2. Unzureichendes Wissen über das Verhalten von Männern

Wandlungstendenzen im Familienbereich wurden bislang zumeist am veränderten Verhalten der Frauen festgemacht. Verbesserte Bildungschancen und die gestiegene Bildungspartizipation von Frauen haben zu veränderten Lebensperspektiven geführt; nicht mehr nur Ehe und Familie stehen im Mittelpunkt des Lebensentwurfs und des täglichen Lebens, sondern auch die Berufsarbeit hat einen zentralen Stellenwert bekommen (SEIDENSPINNER/ BURGER 1982). Gesellschaftliche Erfordernisse an

solche Veränderungen im Leben von Frauen werden nicht immer in Erwägung gezogen, und in der öffentlichen Diskussion muß nicht selten das wahrgenommene Bedürfnis nach Selbstverwirklichung als vermeintlich egoistisches Motiv als Ersatz für differenziertere Erklärungen herhalten.
Wie sich Männer zur Familiengründung verhalten wird nur selten thematisiert, sie werden meist nicht als möglicher - zusätzlicher oder eigenständiger - Faktor für Wandlungsprozesse im Familienbereich reflektiert. Da Frauen und die gesellschaftliche Situation sich verändern, die Verhaltensmuster von Männern aber relativ stabil bleiben (METZ-GÖCKEL/ MÜLLER 1986, KEDDI/ SEIDENSPINNER in diesem Band), gibt es Reibungspunkte. Denn Männer können heute nicht mehr so selbstverständlich wie früher der Frau den Bereich Familie zuordnen. In den 50er und 60er Jahren ging in der gesellschaftlichen Wahrnehmung der Wunsch nach einer Heirat noch viel stärker von der Frau als vom Mann aus. Bei einer Eheschließung hieß es nicht selten, daß sie "ihn rumgekriegt hat", eine Frau hatte mit einer Heirat also etwas dazugewonnen. Bei Männern dagegen wurde in den Vordergrund gestellt, daß sie etwas verloren haben, nämlich ihre Freiheit. Solche Einschätzungen entsprechen heute nicht mehr der allgemeinen Wahrnehmung, ja es werden sogar negative Seiten der Ehe für Frauen wahrgenommen; etwa daß sich traditionelle Rollenzuweisungen verfestigen. Frauen nehmen diese heute nicht mehr widerspruchslos an und, obwohl die Kinderbetreuung bzw. deren Organisation noch immer fast ausschließlich als Privatsache, und hier als Sache der Frauen gesehen wird, bedarf es nicht selten in der Paarbeziehung oft längerer und wiederkehrender Phasen der Auseinandersetzung bis sich traditionelle Muster im Alltag auch faktisch etabliert haben.

Die Veränderungen im Verhalten und in den Lebensentwürfen von Frauen müßten, so ist zu vermuten, will man Männern nicht Gleichgültigkeit gegenüber Partnerschaft und Vaterschaft unterstellen, auch Folgen für die Lebensentwürfe von Männern haben. Männer können nicht mehr selbstverständlich und ausschließlich den Frauen den Bereich der Familie zuordnen, und zwar weder den Wunsch nach einer Familie noch den Alltag der Familienarbeit. Junge Männer müßten sich heute somit stärker gefordert fühlen, nicht nur ihren beruflichen Werdegang zu reflektieren und diesen als ihren wesentlichen oder gar ausschließlichen Beitrag zur Familie sehen. Auch sie müßten sich überlegen, welche - aktive - Rolle sie selbst bei einer Familiengründung und im Familienalltag bereit sind zu übernehmen; solche Vorstellungen müßten sie stärker als bisher in eine Beziehung einbringen. Dies wäre als Reaktion auf die Veränderungen in den Lebensentwürfen und im Verhalten von Frauen zu erwarten oder zumindest vorstellbar. Damit einhergehen könnte der Wunsch, Familie nicht nur zu "haben", sondern auch "leben" zu wollen. Dies würde bedeuten, daß sich nun auch Männer in ihrer Lebensperspektive nicht mehr unhinterfragt und problemlos an einem traditionellen Lebensweg orientieren können oder wollen, sondern daß sie einen eigenen - normativ und institutionell - nicht vorgezeichneten Weg finden müssen. Ich gehe also davon aus, daß sich auch für Männer in den letzten Jahrzehnten die Ausgangsbedingungen, wie sie sich ihr Leben vorstellen und auch wie sie ihre Vorstellungen realisieren können, spürbar verändert haben.

Daß den Männern in der Familienforschung zunehmend mehr Bedeutung zur Erklärung der gegenwärtigen familialen Situation zugeschrieben werden sollte, findet sich begrüßenswerterweise zumindest als Forderung mittlerweile bei einigen Autoren (z.B. KAUFMANN 1990) und es gibt auch vereinzelt Untersuchungen über Männer (PRENZEL/ STRÜMPEL 1990, METZ-GÖCKEL/ MÜLLER 1986). Es liegen auch bereits einige vergleichende Analysen zum demographischen Verhalten von Männern und Frauen vor (HUININK 1988, 1989, DIEKMANN 1987, PAPASTEFANOU 1990). Jedoch liegt bei letzteren Autoren das Schwergewicht bei den Frauen und Erklärungsansätze für das Verhalten von Männern unterbleiben zum Teil ganz oder sind eher dürftig. Und selbst dort, wo Daten über Männer in gleicher Weise wie für Frauen vorliegen, erfolgen Analysen zum Teil trotzdem nur für Frauen (BLOSSFELD/ JAENICHEN 1990).

Die soziologische Wahrnehmung und Beurteilung der gegenwärtigen Verhaltens- und Einstellungsmuster von Männern sind unterschiedlich. Nach BECK (1990a) verteidigen die Männer noch immer bei verbaler Aufgeschlossenheit die eigene "Hausarbeits-Freiheit" mit "weitgehender Verhaltensstarre"; gleichzeitig heißen sie die Gleichberechtigung der Frau gut, ohne hierin einen Widerspruch zu sehen. Sie folgen noch immer dem Männlichkeitsideal des "guten Ernährers" und "fürsorglichen Ehemannes und Familienvaters", für das sie durch Berufsarbeit die Grundlage schaffen. Die schwerpunktmäßige und einseitige Verantwortung für die wirtschaftliche Sicherheit seiner Familie als seine heiligste, möglicherweise sogar einzige rechtmäßige Domäne und die Einschätzung, daß die "richtige" Art des Bevaterns indirekt zu erfolgen habe, seien früh und vielfach bestärkte Lektionen im Leben von Männern (PRUETT 1988). Diese weitgehende Ausrichtung des Lebens am Beruf macht Männer in besonderem Maß emotional unselbständig (BECK 1990a). Dagegen postuliert PRUETT für die USA, daß vielen Männern bereits klar geworden sei, "..., daß bei ihrer traditionellen Art des Arbeitens und Geldverdienens in ihrem Innern eine gähnende Leere in bezug auf ihr Vater-Sein herrscht, die ein Gefühl der Unsicherheit, der Verwirrung und Unfertigkeit als Mann, der Unvollkommenheit als Mensch hinterläßt" (1988:20). PRENZEL UND STRÜMPEL (1990) sehen auch den deutschen Mann bereits "nachdenklich werden".

KAUFMANN (1990) verweist auf die einseitige, frauenzentrierte Betrachtung in der bisherigen Familienforschung und hält die stärkere Einbeziehung der Männer in Ehe und Familie für eine Restabilisierung der Familie für unumgänglich. Bislang werde "...lediglich die Frauenerwerbstätigkeit als problematisch für die Familie angesehen, doch im Prinzip gilt dasselbe für die männliche Erwerbstätigkeit" (S.139). Diese Perspektive wird aber noch nicht von vielen geteilt. So benannte VASKOVICZ auf dem Jahressymposium des Deutschen Jugendinstituts (München 1991) die Option für die Berufstätigkeit und die damit verknüpfte Doppelbelastung der Frau als eine wesentliche Quelle der Gefährdung für die Familie, für die die Familienpolitik nach Lösungen suchen müsse. Auch HOFFMANN-NOWOTNY verfolgt eine sehr einseitige Perspektive. "Die Verbesserung des gesellschaftlichen Status von Frauen ist eine weitere wichtige Determinante der Auflösung der traditionellen Familie und des Aufkommens anderer Lebensformen" (1988:11). Wie Männer sich in einer verändernden Umwelt verhalten, stellt sich diesen Autoren nicht als Frage, geschweige denn als Problem.

Insgesamt handelt es sich bei den Einschätzungen zum Verhalten von Männern um mehr oder weniger theoretisch hergeleitete Aussagen und Spekulationen und nur selten um empirisch fundierte Ergebnisse (PRENZEL/ STRÜMPEL 1990). Eine der traditionellen soziologischen Kategorien - *Geschlecht* - ist in der Familienforschung also bislang *nicht angemessen berücksichtigt* worden. Damit ist auch die Diskussion um Individualisierung für den Lebensbereich Familie einseitig und unzureichend geführt worden.

3. Datenbasis

Die Datenbasis für die folgenden empirischen Analysen ist der Familiensurvey des Deutschen Jugendistituts. Abweichend von den anderen Beiträgen in diesem Reader beziehe ich mich aber nur auf eine Teilpopulation der Stichprobe, nämlich auf die Befragten von sechs ausgewählten Geburtsjahrgangsgruppen: 1934-36, 1939-41, 1944-46, 1949-51, 1954-56 sowie 1959-61[1]. Die Auswahl der Geburtsjahrgänge erfolgte in Anlehnung an bereits vorliegende Studien (vgl. z.B. die Lebensverlaufsstudie: MAYER 1978; Mikrozensus und INED-Auswertungen: STATISTISCHES BUNDESAMT 1990 und SCHWARZ 1988). Die systematische Abfolge in fünf Jahresabständen ermöglicht es, Prozesse des Wandels kontinuierlich nachzuzeichnen; über die relativ eng gewählten Geburtsjahrgangsgruppen lassen sich die jeweiligen Initiatoren, Träger und Nachzügler im Prozeß des sozialen Wandels eingrenzen. Der Lebensweg der Befragten wird jeweils mindestens bis zum Alter von 30 Jahren analysiert. Da die Frauen und Männer der jüngsten Kohorte (1959-61) zum Zeitpunkt der Erhebung (1988) erst zwischen 27 und 29 Jahre alt waren, ist für sie der Vergleich mit vorangegangenen Geburtsjahrgängen mit Vorsicht vorzunehmen. Die Altersbegrenzung wurde aus zwei Gründen vorgenommen: Zum einen sollen *gleiche Lebensabschnitte* von Befragten unterschiedlicher Geburtsjahrgänge miteinander verglichen werden, zum anderen lassen sich auf diese Weise *historische Perioden* eingrenzen und damit die gesellschaftliche

Gelegenheitsstruktur benennen, in denen die zu unterschiedlichen Zeitpunkten Geborenen diesen Lebensabschnitt durchlaufen haben.

Da es meines Wissens keine überregionalen Untersuchungen mit großen Fallzahlen zu Partnerbeziehungen gibt, stehen keine unmittelbaren Vergleichszahlen zur Verfügung. Ein Vergleich mit der amtlichen Statistik zur Erstheirat, also einem zentralen Ereignis der Partnerschaftsbiographie, zeigt, daß die Anteilswerte derer, die bis zum Alter von 30 Jahren geheiratet haben, im Survey etwas höher liegen[2]. Ob hieraus Rückschlüsse auf das Partnerschaftsverhalten gezogen werden können, könnte nur spekulativ beantwortet werden.

4. Partnerschaften und Homogamie der Paare

Der gesellschaftliche Druck zur Eheschließung und auch die Selbstverständlichkeit verheiratet zu sein, haben, zumindest für die Phase des jungen Erwachsenenlebens, nachgelassen. Die erste Partnerbeziehung wird früher aufgenommen, das Durchschnittsalter sank bei den von mir verglichenen Geburtsjahrgängen um zwei Jahre, von 21 auf 19 Jahre. Die Anzahl der Beziehungen nimmt zu, ebenso die Dauer der Beziehungserfahrung vor einer Heirat. Die Möglichkeit, als Paar unverheiratet zusammenzuleben, wird genutzt. Ob jedoch von einer derartigen Offenheit und Unbeständigkeit von Beziehungen ausgegangen werden kann wie HOFFMANN-NOWOTNY (1988) sie in "partiellen und multiplen Bindungen" sieht, muß für die große Mehrheit der Befragten in Frage gestellt werden. HOFFMANN-NOWOTNY führt für seine Aussage keine empirischen Belege oder Studien, die diese Frage zum Thema gehabt hätten, an. MARBACH (1991) zeigt mit den Informationen zum sozialen Netzwerk auf der Basis des DJI-Surveys, daß vorwiegend junge Singles ihre Aktivitäten mit unterschiedlichen Personen ausüben; es kann sich bei den "vielfältigen Beziehungen" also um einen Findungsprozeß als Ausdruck dieser Lebensphase handeln.

In der Erhebung wurden alle zwischengeschlechtlichen Partnerschaften im Verlauf des Lebens erfragt, die mindestens ein Jahr andauerten. Ehen wurden unabhängig von ihrer Dauer erfaßt, ebenso jede zum Zeitpunkt des Interviews andauernde Beziehung. Ob ein Paar *zusammenwohnt(e)* oder nicht, war *kein Kriterium* für die Nennung von Partnerschaften. Da Partnerschaften in dieser Befragung eine zeitliche Mindestdauer überschreiten mußten, könnte die Anzahl hinter den Erwartungen zurückbleiben. Es ist aber auch mit in Betracht zu ziehen, daß nicht jede bzw. jeder Befragte im Interview - u.U. in Anwesenheit des gegenwärtigen Partners bzw. der Partnerin oder der Kinder - die Partnerschaftsbiographie vollständig ausgeführt hat. In einem kleinen schriftlichen und anonymen institutsinternen Test speziell zu dieser Frage hatten wir allerdings sehr gute Erfahrungen über die Erfaßbarkeit von Partnerschaften gemacht und auch hier - unter

SozialwissenschaftlerInnen - blieb die Anzahl hinter den Erwartungen zurück. "Vertrakte Beziehungskisten" sind in einem Survey jedoch nicht erfaßbar. Informationen über kürzere oder längere Zeit parallel verlaufende Beziehungen, wer nach einer Trennung zum vorherigen Partner bzw. zur vorherigen Partnerin zurückkehrt, wieviele Männer während einer Ehe bzw. Partnerschaft sozialer Vater werden ohne auch der biologische zu sein, können von den folgenden Analysen nicht erwartet werden. Auch über homosexuelle Beziehungen kann nichts ausgesagt werden.

4.1 Partnerschaftserfahrung

Für jeden Zeitpunkt im Leben läßt sich formal stets eindeutig angeben, ob jemand verheiratet ist oder nicht. Lebt jemand zu einem bestimmten Zeitpunkt im Leben in einer Beziehung, so kann man nur später und damit retrospektiv angeben, ob hieraus eine Ehe wurde. Da meine Auswertungen aus Vergleichsgründen nur bis zum Alter von 30 Jahren erfolgen, ignoriere ich einen Teil der Informationen, die in den Daten vorhanden sind. Befragte, die mit 30 Jahren in ihrer ersten Partnerbeziehung leben, können diesen Partner bzw. diese Partnerin später noch geheiratet haben.

Von den Männern und Frauen des ältesten Geburtsjahrgangs (1934-36) des DJI-Surveys hatte im Alter von 30 Jahren die große Mehrheit, nämlich etwa 81% erst eine Partnerbeziehung bzw. Ehe (Ehe aus der ersten Partnerschaft hervorgegangen). Diese erste Beziehung bzw. Ehe kann u.U. vor dem 31. Lebensjahr bereits beendet worden sein, bis zu diesem Alter wurde von diesen Befragten aber noch keine neue begonnen. Relativ kontinuierlich sinkt mit jeder jüngeren Geburtskohorte der Anteilswert derjenigen, die nur eine Beziehung hatten (Tabelle 1); für die 1955 Geborenen liegt er dann nur noch bei 62 % und fast 33 % hatten bereits mehrere Beziehungen. Von den jüngsten Befragten wird diese Entwicklung mit gleicher Stärke fortgeführt, im Alter zwischen 27 und 29 Jahren waren bereits 38.4 % von ihnen mindestens zwei Partnerschaften eingegangen. Schlüsselt man das Partnerschaftsverhalten geschlechtsspezifisch auf, so zeigt sich, daß die Wandlungstendenzen bei den Männern kontinuierlicher verlaufen als bei den Frauen. Bei den Frauen gab es insbesondere durch die Geburtsjahrgänge 1950, 1955 und 1960 Entwicklungsschübe.

Bei den *Männern* sinkt der Anteil derjenigen, die bis zum Alter von 30 Jahren nur eine Beziehung eingegangen sind, mit jedem jüngeren Geburtsjahrgang und der Anteil derer, die mehr als eine Freundin hatten, steigt. In der ältesten Kohorte hatten in diesem Alter, also etwa Mitte der 50er bis Mitte der 60er Jahre, erst 10.6 % eine zweite oder weitere Partnerschaft. In Kohorte 1945, also von den Männern, die zehn Jahre später geboren wurden, hatten in diesem Alter 67.4 % nur eine Freundin gehabt und fast 25 % bereits mindestens zwei. Dieser deutliche Anstieg fällt in die Zeit von Mitte der 60er bis Mitte der 70er Jahre. Ein weiteres Jahrzehnt später hatten 54 % nur eine Partnerschaft, 34.7 % bereits mindestens eine weitere. Von den jüngsten Befragten (1959-61), sie waren zum Zeitpunkt des Interviews 1988 erst Ende 20, waren nur 52.6 % erst eine Beziehung eingegangen, die anderen, die bereits Beziehungserfahrungen hatten, hatten zu 36.4 % mehrfache Partnerbeziehungen. Aber immerhin 11 % geben an, noch keine länger andauernde Beziehung gehabt zu haben. Bei den Männern ist bereits mit Kohorte 1945 ein Wendepunkt hin zum Trend zu mehr Partnerschaften eingetreten, der sich deutlich erkennbar fortsetzt.

Zwischen den drei ältesten Kohorten (1935, 1940, 1945) gab es bei den *Frauen* - im Gegensatz zu den Männern - kaum Veränderungen, etwa 82 % hatten bis zum Alter von 30 Jahren einen Freund, um die 14 % mindestens zwei. Eine Kohorte später als bei den Männern, nämlich mit Kohorte 1950, beginnen bei ihnen in den 70er Jahren Tendenzen zum Wandel. Nun lebten bereits 10 % mehr, also 24 %, in der zweiten oder einer weiteren Partnerbeziehung. Mit jeder jüngeren Geburtsjahrgangsgruppe steigt dann auch bei den Frauen der Anteil der Mehrfachpartnerschaften. Für die 1954-56 Geborenen liegt er bei 31.2 % und für Kohorte 1959-61 in den 80er Jahren bereits bei 40.2 %; letztere sind zum Erhebungszeitpunkt erst zwischen 27 und 29 Jahre, der Anteilswert im Alter 30 wird also noch etwas höher liegen. Bei den Frauen setzte der Trend zu mehreren Partnerbeziehungen später ein als bei den Männern, die Entwicklung verläuft aber ansonsten fast mit gleicher Stärke.

Tabelle 1:
Anzahl der Partnerschaften bis zum Alter von 30 Jahren, einschließlich der andauernden und einschließlich aller Ehen (in Prozent)

KOHORTEN	1935	1940	1945	1950	1955	1960[3]
ALLE						
keine	6.9	8.5	5.8	5.0	5.4	7.7
eine	81.2	77.6	75.0	69.7	62.0	54.8
zwei und mehr	11.9	14.0	19.2	25.3	32.7	38.4
N =	714	753	591	763	800	832
FRAUEN						
keine	3.8	5.7	3.5	3.1	2.9	2.9
eine	83.2	81.3	81.7	73.3	65.8	56.8
zwei und mehr	13.0	12.9	14.8	23.6	31.2	40.2
N =	393	402	312	457	483	442
MÄNNER						
keine	10.6	11.7	8.2	7.8	9.1	11.0
eine	78.8	73.2	67.4	64.4	54.2	52.6
zwei und mehr	10.6	15.1	24.3	27.8	34.7	36.4
N =	321	351	279	306	317	390

Die jüngsten Frauen setzen sich deutlich von den älteren Frauen sowie von den jungen Männern ab. Zwischen den beiden jüngsten Geburtsjahrgängen gab es bei den Frauen einen Anstieg von 30 % auf 40 %, die mehrere

Beziehungen angeben, bei den Männern stieg der Anteil dagegen nur von 34.7 % auf 36.4 %. Verglichen mit Einschätzungen wie sie in den öffentlichen Medien manchmal vertreten werden, erscheinen die Anteilswerte zu Mehrfachpartnerschaften noch sehr gering, doch unter dem Aspekt des Wandels ist diese Entwicklung durchaus als gravierend anzusehen, ebenso aus der Perspektive der Individuen. Da dem Beginn jeder weiteren Beziehung das Ende einer vorherigen vorausgeht oder damit zumindest über kurz oder lang einhergeht, bedeuten diese Ergebnisse, daß junge Menschen heute auch sehr viel mehr Trennungserfahrung gemacht haben als früher, wobei das Ausmaß der persönlichen Krisen, die damit einhergehen können, sicherlich sehr unterschiedlich ist und auch beständige Partnerschaften nicht notwendig krisenfrei verlaufen. Man kann vermuten, daß junge Menschen sich heute mehr mit sich selbst und ihren Vorstellungen von Beziehung und deren Realisierungsmöglichkeiten auseinandersetzen müssen als dies noch vor wenigen Jahrzehnten der Fall war. Dies kann als die Kehrseite der Medaille, der Individualisierung, gesehen werden, wird aber in der Diskussion im Vergleich zum zunehmenden Möglichkeitsraum eher vernachlässigt bzw. isoliert hiervon im Bereich Scheidungen thematisiert. Bei der Interpretation der hier vorgestellten Daten sollte man sich aber auch vor Augen halten, daß die deutliche Zunahme von Mehrfachpartnerschaften vermutlich auch durch die Lebensphase mitbestimmt ist. So wurden von den jüngsten Befragten u.U. häufiger als von den älteren auch wirklich die allerersten Beziehungen mitangegeben. Sie liegen noch nicht lange zurück und vielleicht hat sich noch keine neue, persönlich enge Verbindung ergeben, wodurch u.U. der letzten noch ein besonders hoher Stellenwert zugeschrieben wird. Hinzuweisen ist aber auch auf den über alle Kohorten hinweg relativ konstanten Anteil von etwa 5 % bis 8 %, die angeben, bis zu diesem Alter noch keine Beziehungserfahrung gehabt zu haben. Bei den Männern ist dieser Anteil durchgängig um das zwei- bis dreifache höher als bei den Frauen (Tabelle 1). Geht man davon aus, daß Homosexualität zu gleichen Anteilen bei Männern und Frauen auftritt und Homosexuelle in einer solchen Untersuchung sicher unterrepräsentiert sind, so müßten die Unterschiede in den Anteilswerten entwicklungspsychologisch erklärt werden.

Bezieht man das *Ausbildungsniveau*[4] in die Analyse zum Partnerschaftsverhalten mit ein, so ergibt sich folgendes Bild. Der Trend zu mehr Partnerschaftserfahrung ist bei *Männern* über die Schulabschlüsse hinweg relativ einheitlich (Tabelle 2). Der Anteil derjenigen, die bis zum Alter von 30 Jahren mehr als eine Freundin hatten, stieg bei Volksschülern von 9 % (Kohorte 1935) auf 33 % (Kohorte 1955); bei den Abiturienten stieg er von etwa gleichem Ausgangsniveau auf 41.3 %. Für die jüngsten Befragten (Kohorte 1960) wird es nur einen geringen Anstieg geben; mit Ende 20 hatten 34 % bzw. 37 % mehr als eine Beziehung. Der Einfluß des Bildungsniveaus auf die Anzahl der Partnerschaften ist bei Männern also nicht sehr groß. Eine Ausnahme bilden nur die 1955 Geborenen. Hier liegt der Anteil der Abiturienten um 8 %-Punkte höher als bei den Volksschülern. Auffallend sind jedoch bei den älteren und mittleren Kohorten die Unterschiede in den Anteilen, die in dieser Lebensphase noch keine feste Freundin hatten. In den 50er bis zu den 70er Jahren gaben etwa 15 % bis 20 % der Abiturienten an, mit 30 Jahren noch keine länger andauernde Beziehung gehabt zu haben, bei den Volksschülern waren es dagegen nur etwa halb so viel. Ob Abiturienten in der Zeit der Studentenbewegung und der Diskussion über sexuelle Freiheit verstärkt kurzfristige Beziehungen hatten, kann empirisch nicht beantwortet werden. Nach den Ergebnissen des Vergleichs von zwei Generationen der Shell-Jugendstudie sind Männer wie Frauen, die Anfang der 60er Jahre geboren wurden, etwa zwei Jahre jünger bei ihrem ersten sexuellen Kontakt als in den 30er Jahren Geborene (FUCHS 1985). Dies könnte dafür sprechen, daß Männer mit Abitur in dieser Zeit zwar keine längerfristigen, aber durchaus kürzere Beziehungserfahrungen gemacht haben.

Tabelle 2:
Anzahl der Partnerschaften bis zum Alter von 30 Jahren in Abhängigkeit vom ersten Schulabschluß, einschließlich der andauernden und einschließlich aller Ehen (in Prozent)

KOHORTEN	1935	1940	1945	1950	1955	1960[3]
FRAUEN						
Volksschule						
keine	3.7	5.2	2.6	2.4	1.9	2.1
eine	83.3	82.2	83.0	75.8	67.4	61.1
zwei und mehr	13.1	12.6	14.4	21.7	31.0	36.8
N =	299	286	194	289	264	193
Abitur						
keine	10.0	14.3	-	8.5	3.9	4.9
eine	80.0	75.0	80.8	55.3	59.7	39.0
zwei und mehr	10.0	10.7	19.2	36.2	36.4	56.1
N =	20	28	26	47	77	82
MÄNNER						
Volksschule						
keine	9.8	11.9	6.7	6.5	9.6	11.2
eine	81.3	73.4	68.3	66.0	57.2	54.9
zwei und mehr	8.9	14.8	25.1	27.5	33.1	34.0
N =	246	244	180	200	166	206
Abitur						
keine	20.7	20.0	17.4	14.3	10.7	11.9
eine	69.0	64.0	65.2	60.3	48.0	51.2
zwei und mehr	10.3	16.0	17.4	25.4	41.3	36.9
N =	29	50	46	63	75	84

Bei Frauen indes beeinflußt ab dem Geburtsjahrgang 1950 das schulische Bildungsniveau das Partnerschaftsverhalten sehr viel stärker. Von den 1950 geborenen Hauptschülerinnen hatten 21.7% bis zum Alter 30 mehr als einen Freund, bei den Abiturientinnen waren es bereits deutlich mehr, nämlich 36.4 %. Frauen der jüngsten Kohorte unterscheiden sich nochmals stärker in Abhängigkeit vom Bildungsniveau. 36.8 % der Hauptschülerinnen und 56.1 % der Abiturientinnen hatten mit Ende 20 bereits mehrere Beziehungen. Frauen mit Abitur nehmen somit nicht nur bei den Frauen eine führende Rolle ein, sondern überholen mit diesem Anteilswert sogar deutlich die Männer mit Abitur.

Mit der zunehmenden Zahl von Partnerbeziehungen ist auch die *Beziehungserfahrung* vor einer - eventuellen - Eheschließung gestiegen (Tabelle 3 im Anhang), d.h. weniger Frauen und Männer heiraten ihren ersten Partner bzw. ihre erste Partnerin. In der ältesten Kohorte haben bis zum Alter von 30 Jahren 75 % in ihrer ersten Partnerbeziehung geheiratet, zwei Jahrzehnte später sind es - je nach Sichtweise - nur noch bzw. immerhin noch fast 57 %. Bei den Jungehen der 1960 Geborenen sind es sogar nur 41.3 %. Dieser Anteilswert sank also kontinuierlich mit jedem jüngeren Geburtsjahrgang. Zu berücksichtigen ist hier aber, daß im Alter von 30 Jahren noch einige in ihrer ersten Beziehung leben, sie können diesen Partner bzw. diese Partnerin später durchaus noch heiraten. Dieser Anteil hat sich zwischen den Geburtsjahrgängen jedoch nicht stark verändert. Er liegt zwischen 7 % und 12 %. D.h. selbst wenn alle diejenigen, die mit 30 Jahren noch in ihrer ersten Beziehung leben, diesen Partner bzw. diese Partnerin später noch heiraten sollten, sind die hohen Prozentanteile derjenigen der älteren Kohorte, die ihre "erste Liebe" heirateten, auch nach dem Alter 30 nicht mehr zu erreichen. Sowohl Männer als auch Frauen bringen somit zunehmend mehr Beziehungserfahrung mit einem anderen Partner bzw. einer anderen Partnerin in die Ehe ein. Bei den Männern wächst diese Gruppe schneller als bei den Frauen. Männer hatten bereits in den älteren Kohorten zu geringeren Anteilen (71 %) ihre erste Freundin geheiratet als Frauen (78.8 %). Bei ihnen nimmt dieser Anteil in der Zeit von den 50er zu den 80er Jahren darüber hinaus auch deutlicher ab. Bei den um 1955 geborenen Männern war es nur noch etwa jeder zweite, bei den Frauen waren es dagegen noch 63.3 %, die in der ersten Beziehung heirateten. Bei den Männern verkleinerte sich der Anteil, die in der ersten Partnerschaft heirateten, also um 23 %, bei den Frauen um 15 %. Der Anteil derer, die mit 30 Jahren noch unverheiratet in ihrer ersten Beziehung leben, ist bei beiden gleich.

Mit der Zunahme derjenigen, die nicht ihre "erste Liebe" heiraten, nimmt auch der Umfang an nichtehelicher Beziehungserfahrung zu. Der zeitliche Abstand von der Aufnahme der ersten Beziehung bis zur Ehe[5] steigt - von für Frauen und Männer fast gleichem Ausgangsniveau - von Kohorte 1935 (etwa zweieinhalb Jahre) bei Männern auf fast sechs Jahre, bei Frauen auf vier Jahre (Tabelle 4 im Anhang). Hier kommt die gleiche Entwicklungstendenz zum Ausdruck wie bei der Frage, in der wievielten Partnerschaft geheiratet wird; bei Männern nimmt das Ausmaß der Beziehungserfahrung deutlicher zu als bei den Frauen. Dieser Trend findet auch eine Bestätigung, wenn man nach dem Bildungsniveau differenziert. Bei Frauen mit *Volksschule* vergrößert sich die Zeitspanne zwischen dem Beginn der ersten Beziehung und einer Eheschließung relativ kontinuierlich und in kleinen Schritten; erst mit den um 1960 geborenen Frauen gibt es einen Sprung von drei auf fünf Jahre voreheliche Beziehungserfahrung (Tabelle 5 im Anhang). Bei den männlichen Hauptschulabsolventen dagegen ereignet sich der erste Sprung bereits durch die 1955 Geborenen von drei auf fünf Jahre und ein weiterer durch die 1960 Geborenen auf achteinhalb Jahre. Bei Befragten mit *Abitur* ist die Ausgangslage eine andere. Männer (Kohorte 1935) heirateten bereits zwei Jahre nach dem Beginn der Partnerschaftsbiographie, Frauen etwas später, nämlich nach drei Jahren. Bei Männern verlängert sich diese Lebensphase deutlich und sprunghaft auf 6.4 Jahre (Kohorte 1950) und erneut durch die 1955 Geborenen, sie beträgt dann sogar elf Jahre. Bei den Abiturientinnen wächst diese Zeitspanne dagegen zunächst kontinuierlicher, in den jüngsten Kohorten dann jedoch auch sprunghaft, allerdings nicht so ausgeprägt wie bei den Männern. Für Geburtsjahrgang 1955 beträgt der Abstand zwischen der ersten Beziehung und der Eheschließung acht Jahre.

Partnerschaftliche Beziehungen ohne Trauschein sind als Fazit formuliert - zumindest in jungem Alter für eine gewisse Zeit - eine Alternative zur Ehe geworden. Damit nimmt der normative Erwartungsdruck zur Eheschließung ab und eine Heirat wird zunehmend zu einer stärker individuell zu begründenden Entscheidung. Die Tatsache, ob und der Zeitpunkt, wann jemand heiratet, sind zunehmend weniger durch normative Richtlinien vorgezeichnet, sie müssen individuell bzw. vom einzelnen Paar bewußt gefällt werden. Männer nutzen diesen Freiraum stärker als Frauen oder, aus einer anderen Perspektive formuliert, schieben diese Entscheidung länger vor sich her. Aber auch den Frauen mit dem Schulabschluß Abitur kommt eine besondere Rolle zu. Mit dem Geburtsjahrgang 1945 haben sie im Vergleich zu Frauen mit niedrigerem Schulabschluß den häufigsten Partnerwechsel, und sogar die Männer mit Abitur werden von ihnen mit der 1950er Kohorte überholt. Ob dies nur als Ausdruck von Freiheit zu interpretieren ist, kann letztendlich mit diesen Daten nicht beantwortet werden. Überlegenswert ist aber sicher, ob nicht auch eine Rolle spielen könnte, daß gut ausgebildete Frauen in den Partnerbeziehungen alte Rollenmuster am stärksten in Frage stellen und neue mögliche Verhaltensweisen zu Reibungspunkten werden, die eine Beziehung zerbrechlicher machen.

4.2 Alters- und Bildungshomogamie bei Paaren

Das Partnerschaftsverhalten hat sich - wie wir eben gesehen haben - für die Individuen verändert. Inwieweit hat sich auch das Wahlverhalten verändert? Dies wird im folgenden für die Erstheirat untersucht. Das Ausmaß der Altersdifferenz und das des Bildungsunterschieds bei einem Paar können als Indikatoren für (un-)gleiche Handlungschancen von Mann und Frau in einer Partnerschaft dienen. Darüber hinaus geben sie aber auch Hinweise auf das Ausmaß normativer Vorstellungen und gesellschaftlicher Offenheit bzw. sozialer Barrieren im Kontext der Partnerfindung sowie gesellschaftlich geprägter Bedürfnisstrukturen von Individuen. Abweichungen von dem traditionellen Wahlmuster können als Ausdruck einer weniger sozial normierten und somit als zunehmend individualisierten Partnersuche gesehen werden. Geringe Alters- und Bildungsunterschiede geben einer Beziehung in den meisten Fällen sicher eine gleichberechtigtere Handlungsbasis als das normative Muster, nach dem die Frau jünger zu sein hat und es als erstrebenswert gilt, daß der Mann einen höheren sozialen Status hat. Nach dem alten Wahlmuster sind die Interessenslagen relativ eindeutig - auch wenn sie subjektiv nicht notwendig so gesehen werden und sich längerfristig auch nicht notwendig aufrechterhalten lassen. So ist ein sozialer Aufstieg durch eine Heirat für Frauen längerfristig in mehrfacher Hinsicht zweischneidig. Bei einer Scheidung nimmt die Frau hohe Erwartungen an den Lebensstandard mit, verliert aber den zuvor zugeschriebenen Status und zumindest einen Teil der ökonomischen Sicherheit. Aber auch in einer stabilen Ehe verstärkt sich das "Machtgefälle", wenn z.B. in einer Entscheidungssituation über einen Wohnortwechsel die Berufskarriere und das meist höhere Einkommen des Mannes einen höheren Stellenwert haben als ihr eigener Beruf. Dies kann aber auch im beiderseitigen Interesse sein; es entlastet die Frau von der materiellen Versorgungsverantwortung für die Familie und stützt den Mann in seiner Vormachtsstellung. Wenn Alters- und Bildungsunterschiede sowohl für Frauen als auch für Männer in beiden Richtungen in gleichem Ausmaß zulässig sind, spricht dies in meinen Augen für eine offene Gesellschaft, und zwar im Sinne geringer normativer Vorgaben und geschlechtsspezifisch nicht rigide vorgezeichneten unterschiedlichen Interessens- und Bedürfnislagen. Daß dies noch keine hinreichenden Bedingungen für eine gleichberechtigte Partnerschaft sind, steht dabei außer Zweifel. Dies ist aus einer soziologischen Perspektive gedacht, wobei es durchaus noch weitere theoretische Ansätze zur Erklärung von Altersunterschieden gibt, die hier jetzt aber nicht vorgestellt werden sollen. Einen psychoanalytischen Standpunkt, exponiert vertreten durch CHODOROW (1986), möchte ich jedoch kurz anreißen, da er verdeutlicht, wie weit das Spektrum in der theoretischen Erklärung angesetzt werden müßte.

CHODOROW führt als Gründe für Altersunterschiede an, daß Frauen im Vater bzw. in einem Mann eine Fluchtmöglichkeit aus der exklusiven

Mutterbeziehung suchen und in der Macht und Autorität, die der Vater (Mann) gesellschaftlich und in der Familie erfährt, zu finden hoffen. Sie sind es also gewöhnt "aufzusehen". Gleichzeitig suchen sie in einer heterosexuellen Beziehung nach der Intimität und Fürsorglichkeit, die sie mit der Mutter erfahren haben. Diese mit einem älteren Mann zu erreichen ist wahrscheinlicher, da Männer mit zunehmendem Alter diese menschlichen Fähigkeiten und Bedürfnisse tendenziell eher zulassen (LEVINSON 1979). Auf der anderen Seiten versuchen Männer die Angst vor Intimität, die aus der Abhängigkeit der Mutter gegenüber entstanden ist, gering zu halten. Mit einer jüngeren Frau ist dies leichter zu verwirklichen, da ihre Ansprüche noch weniger ausgeprägt sind. CHODOROW sieht diese unterschiedlichen Wünsche als Ausdruck gesellschaftlich ungleicher Rollenzuweisungen und als Indikator für ungleiche Paarbeziehungen.

Altersunterschied

Um zum einen eine Vergleichbarkeit mit anderen Studien zu haben und zum anderen die Vergleichbarkeit unter den Befragten zu erhöhen, beziehe ich mich bei der Analyse der Homogamie von Paaren auf die erste Eheschließung und nicht auf die erste Partnerbeziehung. Da ein großer Teil den ersten Partner bzw. die erste Partnerin heiratet, ein anderer, zunehmender Anteil aber nicht, könnten möglicherweise unterschiedliche Prozesse des Wandels bei erster Partnerschaft und erster Heirat verdeckt werden. Ein Altersabstand von etwa drei bis fünf Jahren wird für Paare häufig als ideal wahrgenommen und bei vielen Ehepaaren ist der Mann auch tatsächlich entsprechend älter als die Frau bzw. die Frau entsprechend jünger. Nach SCHWARZ und HÖHN (1985) ist dies die gültige Heiratsregel; sie scheint auch in den USA Gültigkeit zu haben (CHODOROW 1986). Dies betrifft zumindest die Erstheirat. Wunschvorstellungen von Männern und Frauen mittleren Alters bzw. von denjenigen, die bereits Eheerfahrung haben, sehen - wenn man etwa Bekanntschaftsanzeigen zur Grundlage nimmt - dagegen sehr viel anders aus. Zehn bis fünfzehn Jahre Altersabstand sind hier durchaus keine Ausnahme. Bei diesen Inserenten bzw. Inserentinnen handelt es sich aber gewiß um eine sehr selektive Gruppe und über die Erfolgsaussichten solcher Inserate ist auch nichts bekannt. Der Altersunterschied von über dreißig Jahren bei der Eheschließung von Gloria und Johannes von Thurn und Taxis dürfte eher als exotisch eingestuft werden. Es machen zwar immer wieder Paare Schlagzeilen, bei denen Frauen - insbesondere prominente Frauen - sich deutlich jüngere Partner suchen: "Im Bett genießt die reife Frau junge Früchtchen" (Abendzeitung 13.3.1991); wobei diese Paare jedoch, so scheint es, nur selten heiraten. Doch diese Vorstellungen von Altersunterschieden treffen sicher nicht auf junge Paare zu. Nach SCHWARZ und HÖHN (1985) nimmt bei (Wieder-)Heirat die Wahrscheinlichkeit für größere Altersabstände aufgrund der Zusammensetzung des "Heiratsmarktes" zu;

CHODOROW (1986) führt für den größeren Altersunterschied bei Wiederheiratenden psychoanalytische Gründe an. Auf der Basis großer, repräsentativer Datensätze, dem Allbus (Allgemeine Bevölkerungsumfrage in den Sozialwissenschaften, hier für die Jahre 1982 bis 1984) sowie den Daten der amtlichen Statistik kommt DIEKMANN (1987, 1991) zu der Aussage, daß sich der Altersabstand bei der Erstheirat in jüngerer Zeit erstaunlicherweise nicht verringert, sondern vergrößert hat. Die Datenbasis für seine Aussage bzw. die Analyse halte ich allerdings für problematisch.

Exkurs: Methodische Problematisierung der Berechnung von Altersabständen

DIEKMANN (1987, 1991) setzt bei seinen Berechnungen des Altersunterschieds das durchschnittliche Heiratsalter der Gruppe von Frauen mit dem der Gruppe von Männern in Beziehung; seine Analyse beruht also nicht auf der Altersdifferenz auf Paarebene, sondern es handelt sich um einen Gruppenvergleich auf Aggregatebene. Wird der Unterschied im durchschnittlichen Heiratsalter im Gruppenvergleich größer, so heißt dies aber nicht, daß sich die Altersdifferenz auch auf Paarebene vergrößert. Männer und Frauen ein und derselben Kohorte - diese hat DIEKMANN mit den Allbusdaten gegenübergestellt - heiraten ja nicht notwendigerweise einen Partner bzw. eine Partnerin derselben Kohorte, sondern - wie weiter unten noch ausgeführt wird - heiraten in jedem zweiten Fall eine Person eines anderen Geburtsjahrgangs. Es ist also nicht sinnvoll, das durchschnittliche Heiratsalter von Frauen und Männern ein und derselben Kohorte in Beziehung zu setzen. Auch der Interpretation der Daten der Amtsstatistik, in der das durchschnittliche Heiratsalter für Frauen und Männer nicht nach Kohorten, sondern je Kalenderjahr angegeben wird, kann ich mich nicht anschließen. Hier hat DIEKMANN den Unterschied im Heiratsalter, wie er sich für die einzelnen Kalenderjahre ergibt, ebenfalls im Gruppenvergleich berechnet (Tabelle 6 im Anhang). Nun mag es hier intuitiv weniger leicht nachvollziehbar sein, weshalb die Berechnung des durchschnittlichen Altersunterschieds zwischen den Aggregaten nicht dem auf Paarebene entsprechen muß. Denn hinter diesen beiden Gruppen stehen jeweils Paare, die in ein und demselben Jahr geheiratet haben. Ein Beispiel kann verdeutlichen, daß der durchschnittliche Altersabstand auf Aggregatebene nicht identisch ist mit dem auf Paarebene berechneten. Im folgenden hypothetischen Beispiel bekommt man für das Jahr 2001 bei der Berechnung des Altersunterschieds zwischen den Aggregaten ein Jahr, ausgehend von den Paaren jedoch drei Jahre heraus. Für das spätere Kalenderjahr 2008 steigt dann der Altersunterschied, der auf der Basis der Aggregate berechnet wurde, auf zwei Jahre, auf der Paarebene berechnet, sinkt er von drei auf zwei Jahre. Diese beiden Berechnungsverfahren - Aggregat vs. Paarebene - können also sowohl für einzelne Kalenderjahre zu unterschiedlichen Ergebnissen führen als auch unterschiedliche Entwicklungen benennen. Die Unterschiede sind darauf zurückzuführen, daß bei der Aggregatberechnung die Fälle, in denen Frauen einen jüngeren Mann heiraten, das "Bild verzerren". Nur wenn alle nach "der Norm" heiraten würden, also Frauen stets mit einem gleichaltrigen oder älteren Mann eine Ehe eingehen, wären die Ergebnisse der Berechnung zwischen Aggregaten identisch mit denen auf Paarebene. Dies entspricht jedoch nicht dem faktischen Heiratsverhalten, wie wir gleich sehen werden.

Beispiel: Durschschnittlicher Altersunterschied auf Paarebene und zwischen Aggregaten (fiktive Werte)

Kalenderjahr 2001	Alter der heiratenden Paare			durchschnittliches Heiratsalter	Altersabstand zw.Aggregaten
Frauen	20	24	25 —>	23 ——>	1
Männer	23	21	28	24	
Altersabstand auf Paarebene	3	3	3	——>	3
Kalenderjahr 2008	Alter der heiratenden Paare			durchschnittliches Heiratsalter	Altersabstand zw.Aggregaten
Frauen	21	25	26 —>	24 ——>	2
Männer	23	27	28	26	
Altersabstand auf Paarebene	2	2	2	——>	2

Exkursende

Die von DIEKMANN analysierten Daten lassen - wie obiger Exkurs zeigte - die Aussage einer zunehmenden Altersdifferenz somit aus methodischen Gründen nicht zu und sie bestätigen sich nach meinen Berechnungen auf der Basis der DJI-Daten auch inhaltlich nicht. Da im DJI-Survey für jede einzelne Partnerschaft auch das Alter des Partners bzw. der Partnerin erfragt wurde, ist eine Analyse des Altersabstands auf Paarebene möglich[6]. Bei etwa jedem zweiten Brautpaar (Erstheirat bis zum Alter 30) ist nach den Daten des DJI-Surveys über alle Geburtsjahrgänge hinweg der Partner bzw. die Partnerin maximal zwei Jahre älter bzw. jünger (Tabelle 7). Mit den Geburtsjahrgängen 1945 und 1950 hatte sich vorübergehend der Altersabstand vergrößert. Dies betrifft die Eheschließungen, die Ende der 60er bis Mitte der 70er Jahre stattfanden, also die Zeit, als geschlechtsspezifische Normen besonders stark ausgeprägt waren und Frauen sehr jung heirateten (s.Kap. 5.1). Tradierte gesellschaftliche Rollenbilder fanden bei den einzelnen Paaren insofern einen Niederschlag, als die - altersmäßige - Ungleichheit zunahm, traditionelle Rollenzuweisungen sich somit sicherlich auch leichter etablieren konnten. Mit den noch jüngeren Kohorten (1955, 1960) nimmt die Gleichheit im Alter zeitlich parallel zu sich lockernden Rollenvorstellungen wieder zu. Differenziert man die Kategorien über die Altersunterschiede etwas stärker, so zeigt sich das gleiche Bild. Bei etwa jeder dritten Erstheirat (schwankt zwischen den Kohorten zwischen 30.5 % und 35.1 %) ist das Paar gleich alt, d.h. es besteht maximal ein Jahr Altersabstand zwischen Mann und Frau (Tabelle 9 im Anhang). Bei einem Anteil von 82.2 % bis 86.5 % ist über alle Kohorten hinweg der Partner bzw. die Partnerin entweder gleich alt oder maximal fünf Jahre älter bzw. jünger. Bei dem Rest beträgt der Altersabstand mindestens sechs Jahre.

Der durchschnittliche Altersabstand bei Erstheiratenden, so wie er sich aus der Differenzenbildung des durchschnittlichen Heiratsalters von Frauen und Männern auf Aggregatebene aus der amtlichen Statistik bzw. den Allbusdaten ergibt, bestätigt sich also nicht auf der Ebene von Paaren. Berechnet man aus den Aggregatdaten den Altersabstand, so bekommt man für die untersuchten Jahrzehnte einen U-förmigen Verlauf, was bedeutet, daß für die weiter zurückliegenden als auch für die jüngeren Kalenderjahre der Altersabstand größer ist als in den 60er Jahren. Die Trendaussage, ermittelt auf der Basis einzelner Paare lautet dagegen, daß nach einer vorübergehenden Zunahme der altersmäßigen Ungleichheit von Mitte der 60er bis Mitte der 70er Jahre sich diese mit den jüngeren Geburtsjahrgängen wieder auf das ursprüngliche Niveau reduzierte. Es handelt sich also um einen - schwach ausgeprägten - umgekehrt U-förmigen Verlauf.

Tabelle 7:
Altersunterschied bei Paaren bei Erstheirat; Heirat bis zum Alter von 30 Jahren (in Prozent)

KOHORTEN	1935	1940	1945	1950	1955	1960[3]
ALLE						
3 J.u.jünger	19.0	18.7	32.0	16.1	14.8	14.6
2jünger/älter	53.1	51.2	47.0	46.7	51.1	54.5
3 J.u.älter	27.8	30.0	31.0	37.1	34.1	30.9
N =	593	619	468	595	610	528
FRAUEN						
3 J.u.jünger	3.6	4.0	2.7	1.1	1.8	2.2
2jünger/älter	53.6	48.6	45.1	43.0	46.4	49.8
3 J.u.älter	42.9	47.4	52.1	55.9	51.8	48.0
N =	338	346	257	374	390	325
MÄNNER						
3 J.u.jünger	39.6	37.4	45.5	41.6	37.7	34.5
2jünger/älter	52.5	54.6	49.3	52.9	59.5	62.1
3 J.u.älter	7.8	8.1	5.2	5.4	2.7	3.4
N =	255	273	211	221	220	203

Die Unterschiede zwischen DIEKMANN'S und meinen Berechnungen lassen sich leicht klären. In den älteren Kohorten kam es noch etwas häufiger vor als in den mittleren, daß Frauen einen etwas jüngeren Mann geheiratet haben. Wie obiges Rechenbeispiel im Exkurs zeigt, wird genau dann im Gruppenvergleich, wie ihn DIEKMANN vorgenommen hat, der Altersabstand aber unterschätzt.

Eine Differenzierung nach Geschlecht bestätigt für beide die größeren Altersunterschiede in den mittleren Kohorten. Bemerkenswert ist aber, daß *Männer* den Altersabstand zur Partnerin durchgängig etwas geringer einschätzen als die weiblichen Befragten; sie geben zu jeweils etwas größeren Anteilen an, ihre Partnerin sei "gleich alt"[7]. Auch die Kategorien, die sich auf größere Altersabstände beziehen, sind bei Männern geringer besetzt. Nach ihren Angaben ist nur in etwa jeder zehnten Eheschließung die Partnerin erheblich, nämlich mindestens sechs Jahre jünger; bei den Frauen geben zwischen 17% und 20 % an, der Partner sei entsprechend älter (Tabelle 8 im Anhang). Die Wahrscheinlichkeit einen mindestens zwei Jahre jüngeren Mann zu heiraten, ist dagegen sehr gering und scheint weiter abzunehmen[8]. Es hat sogar den Anschein, daß für die vor oder im Krieg geborenen Frauen die Wahrscheinlichkeit größer war, einen jüngeren Mann zu heiraten. Auch eine Aufschlüsselung nach dem schulischen *Ausbildungsniveau* (Tabelle 9 im Anhang) ergibt keine neuen Einschätzungen zum Altersunterschied bei der Erstheirat; es zeigt sich auch hier für alle das Bild relativ altershomogener Paare und etwas größere Altersunterschiede für die mittleren Geburtsjahrgänge. Nur bei den männlichen Abiturienten entsteht der Eindruck, daß sie etwas häufiger eine gleichaltrige Partnerin heirateten als Männer mit niedrigerem Abschluß. Aber da die Anzahl der Abiturienten im Survey nicht sehr groß ist, ist im Hinblick auf eine Verallgemeinerung Vorsicht geboten.

Bildungsunterschiede

Bildungsunterschiede bei Paaren können - ebenso wie Altersdifferenzen - zum einen als Indikator für das Ausmaß gleicher Handlungschancen in Paarbeziehungen dienen, sie können zum anderen auch das Vorhandensein und die Rigidität sozialer Barrieren sichtbar machen. Bei der Analyse der Bildungsunterschiede beziehe ich mich bei den folgenden Berechnungen auf den ersten Schulabschluß bzw. den Schulabschluß, den der Partner bzw. die Partnerin zu Beginn der Partnerschaft hatte. Er scheint mir bei der gegebenen Datenlage am besten geeignet, einen möglichen Wandel bei der Partnerwahl aufzeigen zu können. Ein Großteil der Paare lernt sich relativ früh kennen, u.U. bereits in der Ausbildungsphase; eine berufliche Position z.B. läßt sich also für den Zeitpunkt des Kennenlernens nicht immer für alle angeben. Die höchste berufliche Stellung oder die jetzige ließe sich als Indikator nur dann rechtfertigen, wenn man unterstellt, daß die Partnersuche in Antizipation einer angestrebten oder in Zukunft erreichbaren Berufsposition erfolgt, und zwar sowohl im Hinblick auf die eigene als auch auf die des Freundes bzw. der Freundin. Dies scheint mir nicht ganz unproblematisch. Darüber hinaus kann sich die Berufsposition im Verlauf des Berufslebens verändern, die Befragten sind somit zum Zeitpunkt des Interviews in Abhängigkeit von ihrem Alter und ihrer Schulbildung in ganz unterschiedlichen beruflichen Entwicklungsstadien. Die Angaben zur höchsten oder gegenwärtigen beruflichen Stellung sind für die Befragten somit nicht oder nur mit Problemen behaftet vergleichbar. Für den Partner bzw. die Partnerin wurde darüber hinaus nur die aktuelle berufliche Position erfragt. Insofern hätten wir auch zwischen Befragten und Partner bzw. Partnerin einen unterschiedlichen Informationsstand. Noch gravierender ist das Problem, welche Stellung man für Frauen, die zum Zeitpunkt des Interviews nicht berufstätig sind, einsetzen soll. Wandel bei der Partnerfindung über die berufliche Stellung zu analysieren, schiene mir nur gerechtfertigt, wenn diese für beide zum Zeitpunkt des Kennenlernens, des Beginns der Partnerschaft oder zumindest bei Heirat bekannt wäre. Es wäre sicher wünschenswert, neben dem von mir verwendeten ersten Schulabschluß bei der Analyse zur Homogamie von Paaren Angaben über die soziale Schicht der Herkunftsfamilie einzubeziehen, etwa im Hinblick auf die Frage, ob soziale Aufsteiger bzw. Aufsteigerinnen ein anderes Wahlverhalten zeigen als Befragte, die bildungsmäßig nicht aufsteigen. Da das allgemeine Bildungsniveau weiter steigt, könnte dies Hinweise auf das Ausmaß des Wandels geben, der in der näheren Zukunft zu erwarten ist. Über die soziale Herkunft des Partners bzw. der Partnerin liegen im DJI-Survey jedoch leider keine Informationen vor.

Tabelle 10:
Bildungsunterschiede bei Paaren bei Erstheirat; Heirat bis zum Alter von 30 Jahren. Der Partner bzw. die Partnerin hatte einen niedrigeren, den gleichen oder einen höheren Schulabschluß (in Prozent)

KOHORTEN	1935	1940	1945	1950	1955	1960[3]
ALLE						
niedriger	10.5	10.5	14.7	13.6	18.0	20.4
gleich	76.5	73.0	66.0	68.3	63.6	56.9
höher	13.1	16.6	19.3	18.2	18.4	22.7
N =	582	610	462	583	594	524
FRAUEN						
niedriger	7.9	8.4	10.2	11.2	16.1	22.5
gleich	75.2	70.9	64.6	67.7	64.6	54.8
höher	16.9	20.6	25.2	21.1	19.3	22.8
N =	331	344	254	365	378	325
MÄNNER						
niedriger	13.9	13.2	20.2	17.4	21.3	17.1
gleich	78.1	75.6	67.8	69.3	62.0	60.3
höher	8.0	11.3	12.0	13.3	16.7	22.6
N =	251	266	208	218	216	199

Im Hinblick auf das Ausmaß der Gleichheit beim schulischen Bildungsniveau zeichnet sich im Gegensatz zum Alter ein eindeutiger Entwicklungstrend ab (Tabelle 10). Hatten von den 1935 Geborenen 76.5 % einen Partner bzw. eine Partnerin mit gleichem Schulabschluß geheiratet (Erstheirat vor 30), so sinkt der Anteil auf 63.6 % bei den 1955 Geborenen; bei den 27- bis 29jährigen der Kohorte 1960 liegt dieser Anteil sogar nur bei 56.9 %, also 20 %-Punkte niedriger als in der ältesten Kohorte. In der jüngsten Kohorte heiratet somit nur noch etwa jeder bzw. jede zweite, von denjenigen, die sehr jung eine Ehe eingehen, einen Partner bzw. eine Partnerin mit gleichem Abschluß.

Mit dem Prozeß der Bildungsexpansion hatte es eine Zunahme höherer Abschlüsse gegeben. Mit diesem Prozeß einhergegangen ist eine größere Wahlmöglichkeit, die von den Individuen auch genutzt wird. Dies ergibt sich nicht zwangsläufig; selbst bei sich verändernden Verteilungen der Schulabschlüsse könnte, bei rigiden Heiratsregeln, das Heiratsverhalten in der Weise normiert sein, daß jeweils nur Bildungsgleiche heiraten. Sinkt der Anteil von Volksschulabsolventen von z.B. 80 % auf 60 % an allen Schulabsolventen, so könnten nach wie vor unverändert z.B. 90 % bildungsgleich, also jemanden mit Volksschulabschluß heiraten (sofern sich die Verteilung nicht auch geschlechtsspezifisch deutlich verschiebt)[9]. Veränderungen in den Bildungsunterschieden bei Paaren sind damit Ausdruck veränderten Wahlverhaltens.

In Abhängigkeit vom *Schulabschluß* verläuft die Partnerwahl unterschiedlich. Männer wie Frauen mit *Volksschulabschluß* suchen zunehmend einen Partner bzw. eine Partnerin, der bzw. die ein höheres Bildungsniveau hat[10]. Männern mit Volksschulabschluß scheint dies in jüngerer Zeit - im Gegensatz zu den älteren Kohorten - etwas besser zu gelingen als den Frauen (Tabelle 11). Erstere heiraten in den jungen Kohorten zu 26.7 % bzw. 31.3 % eine besser ausgebildete Frau, von den ältesten Befragten war dies nur 10 % gelungen bzw. von ihnen angestrebt. Bei den Frauen mit Volksschulabschluß ist der Anteil derjenigen, die durch Heirat sozial aufgestiegen sind, nur von 17.1 % auf 20.4 % bzw. 27.6 % gestiegen. Wie die Zahlen der 27 bis 29jährigen der Kohorte 1960 zeigen, setzt sich dieser Trend fort; für Männer und Frauen sind erneut "Aufstiegserfolge" zu verzeichnen.

Bei Befragten mit *Abitur* ist auffallend, daß Frauen unverändert überwiegend einen Mann mit gleichem Schulabschluß heiraten, mit Ausnahme der sehr jung Heiratenden der Kohorte 1960. Ob sie auch bereit wären, einen Mann mit niedrigerem Schulabschluß zu heiraten, kann hier aus der Sicht der Befragten nicht beantwortet werden. Diejenigen der Kohorte 1960 jedoch, die sehr jung geheiratet haben, haben zu einem deutlich höheren Anteil einen Mann mit niedrigerem Bildungsstatus geheiratet. Dies könnte ein Hinweis darauf sein, daß, wenn eine Frau mit hohem Bildungsniveau heiraten will, sie bereit sein sollte, statusniedriger zu heiraten. Männer dagegen heiraten, obwohl es ja zunehmend mehr Frauen mit Abitur gibt, unverändert immer noch nur in jedem zweiten Fall eine Abiturientin. Da dies nicht mehr aus einer unzureichenden Anzahl von gleichgebildeten Frauen erklärt werden kann, spricht einiges dafür, dies auf die Intention der Männer zurückzuführen.

Tabelle 11:
Bildungsunterschiede bei Paaren bei Erstheirat in Abhängigkeit vom ersten Schulabschluß;
Heirat bis zum Alter von 30 Jahren. Der Partner bzw. die Partnerin hatte einen niedrigeren,
den gleichen oder einen höheren Schulabschluß (in Prozent)

KOHORTEN	1935	1940	1945	1950	1955	1960[3]
FRAUEN						
Volksschule						
gleich	82.9	80.5	75.6	81.5	79.6	72.4
höher	17.1	19.5	24.4	18.5	20.4	27.6
N =	258	251	160	232	221	152
Abitur						
niedriger	25.0	38.9	21.1	20.0	24.5	40.0
gleich	75.0	61.1	78.9	80.0	75.5	60.0
N =	12	18	19	35	49	45
MÄNNER						
Volksschule						
gleich	90.2	84.7	83.6	83.8	73.3	68.7
höher	9.8	15.3	16.4	16.2	26.7	31.3
N =	193	189	134	154	120	115
Abitur						
niedriger	56.5	44.1	61.3	59.4	50.0	53.1
gleich	43.5	55.9	38.7	40.6	50.0	46.9
N =	23	34	31	32	38	32

Da zudem Männer häufig jüngere Frauen heiraten, ist die Chance, eine gleichgebildete Frau zu finden, nochmals größer. Denn mit jüngeren Geburtsjahrgängen haben Frauen fast kontinuierlich Bildungserfolge erzielt. Auf das unterschiedliche Heiratsverhalten von Männern und Frauen mit höherem Schulabschluß hatte bereits SCHWARZ auf der Basis der Amtsstatistik hingewiesen. Danach hatten zwar drei von vier Frauen mit Hochschulabschluß einen Mann mit gleichem Ausbildungsstand geheiratet; dagegen hatte nur jeder dritte Mann eine Akademikerin geheiratet, obwohl der Anteil rechnerisch hätte bereits größer sein können. Möglicherweise ist dies ein Hinweis darauf, daß besser ausgebildete Frauen faktisch schlechtere Heiratschancen haben. Männern ist es dagegen möglich oder vielleicht von ihnen intendiert, statusniedriger zu heiraten, vielleicht mit dem Ziel, dadurch traditionelle Rollenmuster und die soziale Vorrangstellung weiterleben zu können.

Zusammenfassend läßt sich über die Partnerwahl sagen, daß im Hinblick auf das Bildungsniveau Veränderungstendenzen zu verzeichnen sind; es scheint in jüngerer Zeit weniger soziale und normative Barrieren zu geben und zwar sowohl für Männer als auch für Frauen. Die quantitative Verteilung der Bildungsabschlüsse hat sich mit den Geburtskohorten nach oben verschoben; die damit einhergehende, objektiv veränderte Chancenstruktur wird im Prozeß der Partnerfindung von den Individuen auch persönlich genutzt bzw. kann genutzt werden, was - wie oben ausgeführt wurde - keineswegs zwingend die Folge ist. In den Altersunterschieden bei Paaren sind dagegen noch keine einschneidenden Veränderungen eingetreten. In der Verteilung der Geschlechter hat sich in der Altersgruppe der bis 30jährigen zwischen den Kohorten so gut wie nichts verändert (ev. Verschiebung durch den Krieg für die älteste Kohorte), es gab hier also nicht in der offensichtlichen Weise wie bei den Bildungsabschlüssen die Möglichkeit bzw. Herausforderung durch veränderte Gelegenheitsstrukturen für ein verändertes Wahlverhalten. Es ist jedoch bemerkenswert, daß der etwas größere Altersunterschied in den 60er Jahren sich als vorübergehendes Phänomen herausgestellt hat. Vielleicht ließe sich pointiert formulieren, daß durch soziale Strukturen geprägtes Verhalten leichter zu überwinden ist als gesellschaftlich geprägte, psychische Bedürfnislagen, die sich hier in den Alterskonstellationen von Paaren widerspiegeln. Welche Bedeutung Bildungs -und Altersunterschieden im Alltag zukommt und wie sie die Beziehung beeinflussen, gilt es aber noch zu untersuchen.

5. Eheschließung

Zu Wandlungsprozessen bei der ersten Eheschließung gibt es aus unterschiedlichen Datenquellen bereits Längsschnittanalysen. Da diese darüber hinaus vergleichend für unterschiedliche Geburtsjahrgänge durchgeführt wurden, sind differenzierte Aussagen über Prozesse des Wandels möglich (DIEKMANN 1987, 1990, BLOSSFELD/JAENICHEN 1990, KLEIN 1989, PAPASTEFANOU 1990, SCHWARZ 1988, TÖLKE 1989). Da jedoch die Wandlungsprozesse bei Männern entweder gar nicht dargestellt wurden oder Männer quasi nur am Rande mitgeführt wurden, werde ich diesen Punkt erneut aufgreifen, und zwar vergleichend für Männer und Frauen.

5.1 Allgemeine Entwicklungstendenzen

Frühe Heirat

Wie das Heiratsverhalten von Frauen und Männern - auf der Basis der DJI-Projektdaten berechnet - zeigt, wurde der Trend, in jungem Alter zu heiraten in den 60er Jahren bis Mitte der 70er erheblich stärker von den Frauen als von den Männern getragen. D.h. bei den Frauen ist das durchschnittliche Heiratsalter deutlicher gesunken als bei den Männern; diese Aussage sagt aber nichts darüber aus, ob zu dieser Zeit Männer verstärkt jüngere Frauen bzw. Frauen bewußt ältere Männer suchten.

Für *Frauen*, die um 1945 bzw. um 1950 geboren wurden, stand nach den vorherrschenden Normen in diesen beiden Jahrzehnten die Entscheidung zur Familiengründung an. Sie hatten bis zum Alter von 21 Jahren bereits zu 54 % bzw. 50 % eine Ehe geschlossen. Frauen, die 10 Jahre früher geboren wurden (um 1935) und in der überwiegenden Zahl in den 50er Jahren heirateten, hatten in diesem Alter erst zu etwa 37.4 % Eheerfahrung); einen ähnlich niedrigen Anteilswert haben auch Frauen, die später geboren wurden (1959-61). Die Neigung zur frühen Heirat spiegelt sich auch deutlich wider, wenn man zwischen den ausgewählten Geburtsjahrgängen vergleicht, bis zu welchem Alter jeweils die Hälfte der befragten Frauen in die Ehe eingetreten ist (Tabelle 13). Jede Zweite der Geburtsjahrgänge 1945 und 1950 hatte bereits bis zum Alter von knapp 22 Jahren eine Ehe geschlossen, in der älteren Generation (1934-36) war die Hälfte erst mit fast 23, in der jüngeren (1959-61) sogar erst mit 24.2 Jahren verheiratet. Frauen der mittleren Geburtsjahrgänge waren bei der Heirat somit im Durchschnitt über ein Jahr jünger als Frauen der älteren und sogar fast zweieinhalb Jahre jünger als Frauen der nachfolgenden Generation. Frauen der letzten Kriegs- bzw. der ersten Nachkriegsjahrgänge zeigen also ein deutlich exponiertes Verhalten. Die Zeit ihrer Familiengründung fällt in die 60er bis zum Beginn der 70er Jahre, die durch eine starke Familienorientierung geprägt war; HOFFMANN-NOWOTNY bezeichnet diese Periode als "goldenes Zeitalter der Familie". Zu dieser Zeit war die geschlechtsspezifische Aufgabenverteilung sogar noch gesetzlich verankert (BECK-GERNSHEIM 1983) und schlug sich auch in den Meinungsumfragen nieder. Die Ehe wurde von Frauen als Lebensperspektive und -versicherung wahrgenommen; sie ließen sich - bei Heirat in den Jahren zwischen 1957 und 1967 - zu einem Großteil ihre Rentenansprüche auszahlen (SEIDENSPINNER/ BURGER 1985). Zumindest im Leben von Frauen fand diese gesellschaftlich konstatierbare Familienorientierung im frühen Heiratsalter einen deutlichen Niederschlag.

Tabelle 13:
Alter bei der ersten Eheschließung (Quartilsangaben; Alter in Jahren)

KOHORTEN	1935	1940	1945	1950	1955	1960[3]
ALLE						
25%	21.7	21.5	21.1	20.8	21.1	22.3
50%	23.7	23.8	23.5	23.2	24.2	26.5
75%	26.8	26.9	26.8	27.5	29.7	-
N =	691	734	561	740	809	907
FRAUEN						
25%	21.0	20.6	20.0	19.9	20.1	21.0
50%	22.9	22.6	21.6	22.0	22.5	24.2
75%	25.0	25.3	24.7	25.3	26.5	-
N =	377	387	287	431	470	462
MÄNNER						
25%	22.8	22.7	23.1	22.2	23.4	24.8
50%	25.1	25.1	25.2	25.3	27.0	-
75%	28.0	28.5	28.9	30.7	33.7	-
N =	314	347	274	309	339	445

Von den *Männern* wurde dieser vorübergehende Trend zur frühen Heirat dagegen deutlich weniger mitgetragen, d.h. das Heiratsalter ist bei ihnen nicht in dem Ausmaß gesunken wie bei den Frauen. Das mag vielleicht verwirrend klingen. Man sollte sich hierzu vergegenwärtigen, daß meist nicht in der selben Kohorte geheiratet wird, sondern der Mann älter ist als die Frau und sich darüber hinaus der Altersabstand auf Paarebene mit unterschiedlichen Kohorten verändern kann. Wie wir oben gesehen haben, ist auch genau zu dieser Zeit der Altersunterschied bei den einzelnen Paaren größer geworden. Es können bei Frauen und Männern also unterschiedliche Prozesse stattfinden. Bis zum Alter von 23 Jahren hatten 39 % der Männer des Geburtsjahrgangs 1934-36 eine Ehe geschlossen, 35 % der um 1945 und 38 % der um 1950 Geborenen. Es fanden also im Vergleich zu den Frauen nur geringfügige altersmäßige Verschiebungen bei der ersten Eheschließung statt. Mit 25 Jahren war in allen Geburtsjahrgängen zwischen 1935 bis 1950 - Heirat zwischen 1960 und 1975 - unverändert jeder zweite Mann verheiratet. Die gesamtgesellschaftlich konstatierbare normative Familienorientierung der 60er Jahre schlägt sich im Lebensweg der Männer, hier dem Heiratsalter, nur geringfügig nieder. Wie wir weiter unten sehen werden, trifft dies auch auf andere Lebensereignisse zu. Indirekt, nämlich in diesem Fall über das jüngere Heiratsalter ihrer Ehefrauen, waren sie von den Entwicklungen natürlich auch betroffen bzw. haben diese u.U. aktiv mitgetragen, indem sie vielleicht besonders junge Frauen suchten.

Auch SCHWARZ (1988) hat für einzelne Geburtsjahre das jeweilige durchschnittliche Heiratsalter[11] berechnet (Tabelle 15 im Anhang). Nach seinen Ergebnissen sinkt es bei den Männern zwischen den 30er und 40er Geburtsjahrgängen um maximal 0.5 Jahre (von 25.7 auf 25.2), bei den Frauen ebenfalls in erheblich größerem Ausmaß, nämlich um maximal 1.5 Jahre (von 23.6 auf 22.1). Für diejenigen, die in den 60er bis Mitte der 70er Jahre heirateten, also vor allem die in den 40er Jahren Geborenen, sank das durchschnittliche Heiratsalter bei den Frauen um fast ein ganzes Jahr (0.8), bei den Männer nur um 0.3 Jahre. Auch seine Daten zeichnen das Bild einer unterschiedlichen Beteiligung am Trend zur frühen Heirat durch Frauen und Männer.

In den Daten der amtlichen Statistik, so wie sie im Statistischen Jahrbuch auf der Basis von Kalenderjahren aufbereitet vorliegen, zeichnet sich derselbe Trend ab, obwohl die Zahlen nicht direkt vergleichbar sind[12]. Betrachtet man den Zeitraum von 1960 bis Mitte der 70er Jahre, so kann man auch mit diesen Daten feststellen, daß Frauen stärker und über einen längeren Zeitraum den Trend zur frühen Heirat geprägt haben; das durchschnittliche Alter bei Erstheirat sinkt bei ihnen um ein ganzes Jahr, bei Männern nur um 0.6 Jahre und ist bei den Männern zeitlich stärker eingegrenzt auf die Zeit Anfang der 70er Jahre (Tabelle 6 im Anhang). Egal auf welche Datenquelle man sich bezieht - wobei die Darstellung über Geburtsjahre für Aussagen zum Wandel angemessener sind als die über

Eheschließungen in Kalenderjahren - die Datenlage spricht für die Zeit von Mitte der 60er Jahre bis Mitte der 70er Jahre für unterschiedliche Verhaltenweisen bei Frauen und Männern. Männer haben nicht in denselben Umfang in jüngerem Alter geheiratet wie Frauen.

Aufgeschobene Heirat

Am Trend zum Aufschub der Heirat, beginnend in den 70er Jahren, beteiligen sich Männer und Frauen. Nach den Werten aus dem Statistischen Jahrbuch ist die Veränderung bei Frauen und Männern gleich stark, nach DIEKMANN (1990) setzt bei Männern der Trend zum Aufschub der Heirat etwas früher ein und verläuft dann ebenfalls gleich stark. Ein Vergleich zwischen den unterschiedlichen Geburtsjahrgängen auf der Basis der DJI-Daten macht den Trend zum Aufschub ebenfalls sehr deutlich. Hatten mit 25 Jahren bereits 56.5 % der Männer des Geburtsjahrgangs 1934-36 eine Ehe geschlossen (Heirat Ende der 50er Jahre), so waren es im Geburtsjahrgang 1959-61 im selben Alter erst 32.7 % (Heirat in den 80er Jahren); der Anteil der geschlossenen Erstehen sinkt in der Zeit vom Ende der 50er Jahre bis zu den 80er Jahren also um etwa 25 %-Punkte. Bei den Frauen ist der Anteil nur geringfügig weniger gesunken, nämlich um 20 %-Punkte, von 80 % auf 60 %. Am Median wird deutlich, daß bei Männern dieser Trend früher einsetzte als bei den Frauen - wie dies auch DIEKMANN konstatiert hat -, nämlich bereits mit Kohorte 1955 (Tabelle 13). Bei Frauen dagegen ist in dieser Kohorte erst ein leichter zeitlicher Aufschub zu registrieren; erst bei den um 1960 geborenen Frauen vollzieht sich ein deutlicher Sprung und ein weiterer mit Kohorte 1965 (in der Tabelle nicht dargestellt). War von den Frauen der mittleren Kohorten bereits mit 20 Jahren jede vierte verheiratet, so war es von den Frauen der Kohorte 1960 bzw. 1965 erst mit 21 bzw. 23 Jahren.

Nach der amtlichen Statistik ist - auf der Basis der Kalenderjahre - bei Männern das durchschnittliche Heiratsalter von 25.3 im Jahr 1975 auf 27.7 im Jahr 1987, also um 2.4 Jahre gestiegen. Bei Frauen ist es nach dieser Datenquelle in dem selben Zeitraum um 2.5 Jahre von 22.7 auf 25.2 gestiegen (Tabelle 6 im Anhang). In der öffentlichen Diskussion wird das gestiegene Heiratsalter zumeist nur negativ thematisiert, z.B. als Ausdruck sich nicht binden zu wollen oder daß sich hierdurch Elternschaft zeitlich verschiebt und weniger Kinder geboren werden. Ich denke, man sollte die andere Seite, daß nämlich die Individuen in ihrer eigenen Entwicklung weiter, vor allem selbständiger sind, nicht außer acht lassen. Selbständige und eigenverantwortliche Individuen sind ja durchaus auch ein gesellschaftspolitisches Ziel und gesellschaftliches Erfordernis.

5.2 Streuung im Heiratsalter als Ausdruck individualisierter Verhaltensweisen

Die bisher vorgestellten Analysen zum Heiratsverhalten bezogen sich auf den Vergleich globaler Trends bei Frauen und Männern. Im folgenden wird nun der Frage nachgegangen, inwieweit mit der Verschiebung des Heiratsalters auch die Vielfalt der *Verhaltensweisen* zugenommen hat. Hat sich die Altersgradierung, also die Altersspannbreite, in der die meisten eines Geburtsjahrgangs heiraten, verändert und ist diese Entwicklung für Männer und Frauen gleich? Ein größeres Altersspektrum, wann geheiratet wird, kann als geringere gesellschaftliche Normierung und als Ausdruck zunehmender Individualisierungsprozesse gesehen werden. Als Indikator für eine Ausdifferenzierung im Verhalten bei Familiengründung können Veränderungen im durchschnittlichen zeitlichen Abstand zwischen dem Alter der früh Heiratenden und dem der spät Heiratenden dienen. Betrachtet wird die Streuung zwischen dem ersten Viertel und dem letzten Viertel der Heiratenden, technisch gesprochen, die Quartilsabstände.

Die Interquartilsabstände oder auch andere Streuungsmaße als Indikator für eine zu- bzw. abnehmende Altersnormierung zu verwenden, wird manchmal problematisiert (DIEKMANN 1987). Da es ein gesetzliches Mindestalter für eine Heirat gibt, so wird argumentiert, kann bei einem niedrigen Durchschnittsalter bei Erstheirat die Spannbreite der Altersstreuung nicht groß sein, es gibt einen sogenannten "bottom"-Effekt. Mit steigendem Heiratsalter nehme die Spannbreite notwendig zu, da die Spanne zwischen Mindestalter und durchschnittlichem Heiratsalter größer werde. Daß ein durchschnittlich höheres Heiratsalter jedoch nicht notwendig eine größere Streuung im Heiratsalter nach sich zieht, läßt sich inhaltlich erklären und zeigt sich auch empirisch. So waren Frauen der Kohorte 1935 bei Heirat im Durchschnitt 22.9 Jahre alt (Tabellen 13 und 14), der Abstand zwischen dem 25 % und 75 % Quartil betrug vier Jahre. Frauen der Kohorte 1950 waren im Durchschnitt jünger, nämlich 22 Jahre, der Interquartilsabstand war jedoch größer, nämlich 5.4 Jahre. Es zeigt sich also, daß ein höheres Durchschnittsalter bei der ersten Eheschließung nicht notwendig mit einer größeren Spannbreite im Verhalten einhergeht. Sowohl bei niedrigem Heiratsalter als auch bei hohem kann es rigide oder weniger rigide Altersnormen geben. Insofern kann dieses Streuungsmaß durchaus als Indikator für den strukturellen Aspekt der Standardisierung bzw. Individualisierung des Lebensverlaufs eingesetzt werden.

Die Ausdifferenzierung im Heiratsverhalten nimmt sowohl für Frauen als auch für Männer zu (Tabelle 14 im Anhang). Der durchschnittliche Altersabstand zwischen den ersten 25 %, also den Frühehen, und den letzten 25 %, also den spät Heiratenden, nimmt bei Männern beginnend mit Kohorte 1950 zu. Von zunächst durchschnittlich 5.2 Jahren Abstand in der ältesten Kohorte - die ersten 25 % waren mit 22.8 Jahren verheiratet, die letzten 25 % waren bei Eheschließung mindestens 28 Jahre -

vergrößert er sich auf 8.5 Jahre in Kohorte 1950 und erneut mit der nächsten Generation auf 10.3 Jahre. Bei Frauen vergrößert sich der durchschnittliche Altersabstand zwischen den früh und den spät Heiratenden von zunächst vier Jahren auf 5.4 Jahre in Kohorte 1950 und auf 6.4 Jahre in Kohorte 1955. Bei Frauen beginnt die Ausdifferenzierung zwar zur gleichen Zeit (Kohorte 1950) wie bei den Männern, jedoch verringert sich die Altersnormierung bei Frauen nicht so schnell. Die Spannbreite, in welchem Alter ein Mann üblicherweise heiratet, war in den älteren Kohorten bereits größer als bei den Frauen. Diese Vielfalt in den Verhaltensweisen wächst darüber hinaus bei den Männern stärker an als bei den Frauen; letztere verhalten sich noch sichtlich homogener. Prozesse einer abnehmenden Normierung bzw. zunehmenden Individualisierung vollziehen sich somit bei den Männern bei Familiengründung rascher. Bei DIEKMANN (1991) zeigt sich derselbe Entwicklungstrend, wobei nach seinen Ergebnissen die nachlassende Altersgradierung bei Frauen erst später einsetzte. Ein direkter Vergleich ist leider nicht möglich, da er andere Kohorten gebildet hat[13].

5.3 Einfluß der schulischen Ausbildung

Der Trend zur frühen Heirat wurde von Frauen und Männern nicht in gleichem Ausmaß getragen, anders als beim Trend zum Aufschub. Welche Rolle hat dabei das schulische Ausbildungsniveau gespielt und hat es diesen Lebensabschnitt bei Frauen und Männern in unterschiedlicher Weise beeinflußt? Zur Beantwortung dieser Frage werden zunächst die Veränderungen bei Frauen mit den Schulabschlüssen Volks- bzw. Hauptschule und Abitur der unterschiedlichen Geburtsjahrgänge gegenübergestellt, anschließend die für Männer. Hierüber lassen sich Wandlungsprozesse für Frauen und Männer in *Abhängigkeit von der Schulausbildung* in den entsprechenden Jahrzehnten aufzeigen. Daran anschließend werden Frauen und Männer mit gleichem Schulabschluß verglichen; dies erlaubt die Betrachtung *geschlechtsspezifischer Unterschiede*. An diesen beiden, traditionellerweise den Lebensweg strukturierenden Merkmalen - Geschlecht und Bildung - lassen sich Prozesse eines global feststellbaren Wandels auf ihre Gültigkeit für unterschiedliche soziale Gruppen differenzierter überprüfen.

Prozesse des Wandels bei Frauen mit unterschiedlichem Schulabschluß

Betrachten wir zunächst den Wandel bei Frauen mit unterschiedlichen Schulabschlüssen (Tabelle 16). Die Veränderungen zwischen den ausgewählten Geburtsjahrgängen sind bei Frauen, die das Gymnasium erfolgreich abgeschlossen haben, größer als bei Absolventinnen der Volks- bzw. Hauptschule. Den Trend zur frühen Heirat haben sowohl Volksschülerinnen als auch Abiturientinnen getragen; für beide ist das durchschnittliche Heiratsalter zwischen den Kohorten 1935 und 1945 um zwei Jahre gefallen. Abiturientinnen scheren jedoch schneller aus diesem Trend aus und neigen stärker zum Aufschub der Heirat. So ist bei Abiturientinnen (um 1950 geboren) das durchschnittliche Heiratsalter bereits wieder um ein Jahr auf 25 Jahre gestiegen; bei Volksschülerinnen nur um vier Monate. Mit den nachfolgenden Geburtsjahrgängen werden die Unterschiede noch größer. Frauen mit Abitur der Kohorte 1955 sind nun bei Eheschließung im Durchschnitt 26.3 und die des Geburtsjahrgangs 1960 sogar 28.5 Jahre alt, also zwei bzw. viereinhalb Jahre älter als Abiturientinnen des Jahrgangs 1945, die den Trend zur frühen Heirat bestimmt hatten. Volksschülerinnen der gleichen Geburtsjahrgänge (1955, 1960) waren bei Heirat im Durchschnitt 21.2 bzw. 22.3 Jahre, also nur ein halbes bzw. gut eineinhalb Jahre älter als die um 1945 Geborenen (durchschnittliches Heiratsalter 20.8). Abiturientinnen waren bei den Frauen unübersehbar Vorreiterinnen beim Trend zum Aufschub der Heirat. Dies ist aus anderen Untersuchungen bereits bekannt (TÖLKE 1989, DIEKMANN 1990, PAPASTEFANOU 1990). Um den Vergleich zu den Männern zu haben, wurde dies aber mit diesem Datensatz nochmals aufgezeigt. Mit den Daten kann noch ein weiterer wenig beachteter Aspekt der Individualisierungsdebatte bearbeitet werden. Mit dem allen gemeinsamen Anstieg des Heiratsalters, hat keine Angleichung zwischen den Absolventinnen unterschiedlicher Schultypen stattgefunden. Vom Bildungsniveau geht sogar eine zunehmende strukturierende Kraft aus. Differierte das Heiratsalter zwischen Volksschülerinnen und Abiturientinnen der Kohorte 1935 um dreieinhalb Jahre, so ist der Unterschied für die 1960 Geborenen um 6.2 Jahre gestiegen.

Der durchschnittliche Altersabstand zwischen den früh und den spät heiratenden Frauen, also die Spannbreite im Verhaltensmuster, ist bei den Abiturientinnen in allen Kohorten deutlich größer als bei den Volksschülerinnen (Tabelle 17 im Anhang). Das erste Viertel der Frauen mit Hochschulreife (Kohorte 1950) war mit 22.5 Jahren verheiratet, dreiviertel mit 30.9 Jahren, also ein Abstand von 8.4 Jahren. Dieser Abstand erhöhte sich auf 9.5 Jahre für diejenigen der Kohorte 1955; für Kohorte 1960 können noch keine Angaben gemacht werden. Aber auch bei Volksschülerinnen nimmt die Altersnormierung mit jüngeren Geburtsjahrgängen ab, d.h. auch die Lebenswege dieser Frauen differenzieren sich zunehmend aus. Die Zeitspanne zwischen den früh und den spät Heiratenden steigt von 4.7 Jahren (Kohorte 1950) auf 5.2 (Kohorte 1955) und dann auf 6.8 Jahre (1960). Die als normal geltende Altersspannbreite für den Zeitpunkt der ersten Heirat wird also erheblich größer.

Tabelle 16:
Alter bei der ersten Eheschließung in Abhängigkeit vom ersten Schulabschluß (Quartilsangaben; Alter in Jahren)

KOHORTEN	1935	1940	1945	1950	1955	1960[3]
FRAUEN						
Volksschule						
25%	20.5	20.5	19.4	19.5	19.4	19.8
50%	22.6	22.2	20.7	21.0	21.2	22.3
75%	24.4	24.8	23.1	24.2	24.6	26.6
N =	283	276	174	266	254	192
Abitur						
25%	23.3	22.7	22.4	22.5	24.0	25.0
50%	26.0	24.5	24.0	25.0	26.3	28.5
75%	31.6	32.8	27.6	30.9	33.5	-
N =	19	26	23	48	79	91
MÄNNER						
Volksschule						
25%	22.5	22.5	22.7	21.8	22.8	23.9
50%	24.6	24.4	24.7	24.7	26.5	28.3
75%	27.2	28.2	27.4	28.2	31.2	-
N =	239	238	165	197	177	225
Abitur						
25%	24.6	25.3	24.3	24.7	26.7	26.4
50%	27.2	27.2	26.0	30.2	30.8	-
75%	29.4	31.5	34.2	-	-	-
N =	31	51	51	67	78	103

Prozesse des Wandels bei Männern mit unterschiedlichem Schulabschluß

Von den Männern mit unterschiedlichen Schulabschlüssen (Tabelle 16) hat keine Gruppe den Trend zur frühen Eheschließung besonders gestützt, nur Männer mit Mittlerer Reife und Abitur haben vorübergehend ein Jahr früher geheiratet. Und alle Männer beteiligen sich am zeitlichen Aufschub; Abiturienten stehen dabei - wie bei den Frauen - an der Spitze. War jeder zweite Volksschüler des Geburtsjahrgangs 1935 mit 24.6 Jahren und des Geburtsjahrgangs 1955 mit 26.5 Jahren verheiratet, also ein Anstieg im durchschnittlichen Heiratsalter um zwei Jahre, so stieg es bei den Abiturienten im gleichen Zeitraum um dreieinhalb Jahre, von 27.2 auf 30.8. Der Trend zum Aufschub der Heirat hält auf allen Bildungsniveaus an. Mit Kohorte 1960 steigt bei den Hauptschülern das durchschnittliche Heiratsalter weiter auf 28.3 Jahre, von den Abiturienten dieses Geburtsjahrgangs ist noch nicht jeder zweite verheiratet. Bei ihnen ist aber ebenfalls mit einem erheblichem Anstieg zu rechnen, wenn sich das Verhalten - ausgehend von dem konstatierbar niedrigen Ausgangsniveau - parallel zu den älteren Kohorten weiter fortsetzt; es wird bei etwa 33 Jahren liegen.

Hatte das schulische Bildungsniveau auf die Altersnormierung für Männer des ältesten Geburtsjahrgangs noch vergleichsweise geringen Einfluß, so gewinnt es mit Kohorte 1945 erheblich an Bedeutung. Männer mit Hochschulreife verschieben die Heirat stärker und nutzen einen weit größeren zeitlichen Entscheidungsspielraum, wann sie heiraten als Volksschüler. Von den Abiturienten der Kohorte 1950 waren zum Interviewzeitpunkt - also mit Ende 30 - noch immer nicht 75 % verheiratet, d.h. der Abstand zwischen den früh und den spät Heiratenden wird mindestens 14 Jahre betragen. Bei den Hauptschülern beträgt dieser Abstand dagegen nur 6.4 Jahre, 25 % hatten bis zum Alter 21.8 und 75 % bis zum Alter 28.2 eine Ehe geschlossen.

Geschlechtsspezifische Unterschiede in Abhängigkeit vom Schulabschluß

Die gerade vorgestellten Analysen bezogen sich auf das Heiratsverhalten in Abhängigkeit vom Schulabschluß; der nun folgende Vergleich von Männern und Frauen mit gleichem schulischen Ausbildungsniveau ermöglicht Aussagen zu geschlechtsspezifischen Unterschieden (Tabelle 16). Bei Befragten mit *Volksschulabschluß* zeigt sich, daß Männer in ungleich höherem Ausmaß eine Eheschließung aufschieben als Frauen mit dem gleichen Schulabschluß. Die Gegenüberstellung des Anteils der geschlossenen Erstehen zwischen der ältesten und jüngsten Generation macht dies deutlich. Jeder zweite Volksschulabsolvent des Geburtsjahrgangs 1935 war mit 24.6 und jeder zweite des Geburtsjahrgangs 1960 mit 28.3 Jahren verheiratet; es handelt sich um einen Anstieg im durchschnittlichen Heiratsalter um knapp dreieinhalb Jahre. Der Anstieg erfolgte im wesentlichen erst durch die jüngeren Befragten, die um 1955 und um 1960 Geborenen. *Männer*, die zwischen 1950 und 1955 geboren wurden, sind im Durchschnitt zwei Jahre älter, und für die 1960 Geborenen erhöht sich das Heiratsalter nochmals um den selben Betrag; es handelt sich also um eine erhebliche Veränderung in relativ kurzer Zeit. Bei *Frauen* mit dem gleichen Ausbildungsniveau differiert das Heiratsalter zwischen den ältesten und jüngsten Geburtsjahrgängen dagegen nur minimal; in der ältesten Kohorte lag es bei 22.6 und in der jüngsten bei 22.3 Jahren. Wobei Kohorte 1945 das niedrigste Heiratsalter (20.7 Jahre) hatte und mit jüngeren Geburtsjahrgängen das Heiratsalter ganz allmählich ansteigt; erst mit Kohorte 1960 ist ein deutlicher Sprung im Anstieg des durchschnittlichen Heiratsalters zu verzeichnen, es hat sich bei den Frauen um ein Jahr erhöht. Die männlichen Hauptschüler verzögern eine Eheschließung erheblich stärker als die Frauen.

Auch bei den Frauen und Männern mit *Abitur* haben wir ein ähnliches Bild, daß nämlich Männer an der Spitze des Trends stehen. Bei Männern der Geburtsjahrgänge von 1935 bis 1955 ist das durchschnittliche Heiratsalter von 27.2 auf 30.8 Jahre gestiegen, bei Frauen dagegen nur von 26 auf 26.3 Jahre. Nachdem Männer für eine kurze Zeit etwas jünger heirateten

(Kohorte 1945), beginnt dann ein rasanter Anstieg im Alter bei Erstheirat um vier Jahre durch Kohorte 1950. Bei Abiturientinnen ist erst zehn Jahre später, also bei den 1960 Geborenen, ein deutlicher Anstieg in ganz kurzer Zeit um über zwei Jahre auf 28.5 Jahre zu beobachten. Von den Männern des Geburtsjahrgangs 1960 hat jeder zweite noch nicht geheiratet, aber es läßt sich prognostizieren, daß auch bei ihnen das Heiratsalter ebenfalls einen deutlichen Sprung nach oben machen wird. Wenn das Verhalten sich parallel zu älteren Kohorten entwickelt, könnte das durchschnittlich Alter - wie bereits oben erwähnt - bei ihnen bei der ersten Eheschließung bei etwa 33 Jahren und damit etwa sieben Jahre über dem der Kohorte 1935 liegen. Wie bei den Frauen und Männern, die die Volksschule absolviert haben, stehen auch bei den Befragten mit Hochschulreife die Männer an der Spitze des Trends zum Aufschub der Heirat. Differierte in der ältesten Kohorte das durchschnittliche Heiratsalter von Frauen und Männern mit Abitur nur um gut ein Jahr, so wird es für die 1960 Geborenen voraussichtlich um viereinhalb Jahre auseinanderliegen (Tabelle 16).

Zusammenfassend läßt sich sagen, daß die Neigung zur frühen Eheschließung in den 60er bis in die 70er Jahre vornehmlich im Lebensweg von Frauen einen Niederschlag fand. Die abnehmende Heiratsneigung bzw. der Aufschub der Heirat dagegen wird sowohl von Frauen als auch von Männern getragen. Männer verzögern die Eheschließung etwas stärker als Frauen. Männer mit Volksschulabschluß sind am aufschiebenden Trend stark beteiligt, Frauen mit Volksschulabschluß ziehen dagegen erheblich langsamer nach. Männer und Frauen mit Abitur sind bei Heirat erheblich älter geworden. Bei Abiturienten stieg das Heiratsalter rapide zwischen den Kohorten 1945 und 1950, bei Abiturientinnen zunächst allmählicher, und erst später, nämlich mit Kohorte 1960 beschleunigt.

In der *Individualisierungsdiskussion* wird stets auf die zunehmende Vielfalt in den Verhaltensweisen hingewiesen. Die Veränderungen im Heiratsverhalten bestätigen diese Perspektive voll und ganz. Eine Heirat ist nicht mehr so selbstverständlich und die Altersspannbreite, wann jemand eine Ehe eingeht, hat deutlich zugenommen. Das Individuum bzw. das einzelne Paar ist in zunehmendem Ausmaß auf die Planung des eigenen Lebens und dessen Realisierung verwiesen. Der folgende Aspekt wird jedoch meist nicht aufgegriffen: Mit der zunehmenden Vielfalt und sich vergrößernden zeitlichen Spannbreiten, in welchem Alter eine Heirat angestrebt bzw. erfahren wird, haben soziodemographische Merkmale - hier Geschlecht und Bildung - nicht an Bedeutung verloren; ihre *strukturierende Kraft* hat sogar *zugenommen*. Dies wird deutlich, wenn man die Entwicklungen von Frauen und Männern vergleicht. So lag das durchschnittliche Heiratsalter von Frauen und Männern der ältesten Kohorte bei 22.9 bzw. 25.1 Jahren, in Kohorte 1955 lagen die entsprechenden Werte bei 22.5 bzw. 27.0, der urspüngliche Abstand von 2.2 Jahren im durchschnittlichen Heiratsalter vergrößerte sich also deutlich, nämlich auf 4.5 Jahre. Gleichzeitig mit dem beiden gemeinsamen Anstieg im Heiratsalter haben geschlechtsspezifische Unterschiede nicht ab-, sondern zugenommen. Im Hinblick auf den Einfluß des Ausbildungsniveaus zeigt sich ein paralleler Veränderungsprozeß. Bei den Frauen vergrößerten sich die Unterschiede im durchschnittlichen Heiratsalter zwischen Volksschülerinnen und Abiturientinnen von 3.4 Jahre auf 5.1 Jahre, bei den Männern von 2.6 auf 4.3 Jahre. Sowohl bei den Frauen als auch bei den Männern verändert sich das Heiratsverhalten verstärkt in Abhängigkeit vom Schulabschluß. Hält man den Schulabschluß konstant, so sehen wir erneut den geschlechtsspezifischen Einfluß. Zwischen Frauen und Männern mit Volksschulabschluß erhöhte sich der Unterschied im Heiratsalter mit den jüngeren Geburtsjahrgängen von zwei Jahren auf über fünf. Ebenso bei den Befragten mit Abitur. Bei den ältesten Abiturientinnen war jede zweite mit 26 Jahren verheiratet, bei den Abiturienten mit 27.2 Jahren; in der jüngsten Kohorte erhöhte sich dieser ursprüngliche Abstand von 1.2 auf 4.5 Jahre. Neben dem alle betreffenden allgemeinen Wandel beim Aufschub der Heirat mit den jüngeren Geburtsjahrgängen haben geschlechts- und bildungsspezifische Effekte an Bedeutung gewonnen. Frauen und Männer verhalten sich zunehmend unterschiedlich und auch das Bildungsniveau prägt verstärkt das Verhalten.

Es ist auch offensichtlich geworden, daß *Männer* mit einem eigenständigen Faktor zu den Wandlungsprozessen bei der Familiengründung beitragen und deshalb bei der Erklärung der Entwicklungstrends in gleicher Weise wie Frauen berücksichtigt werden müssen; in der Forschungslandschaft gibt es hier eindeutig einen Nachholbedarf. Die Hinweise auf amtliche Daten machten deutlich, daß Informationen aus demographischer Sicht über das Heiratsverhalten von Frauen und Männern bereits durchaus längere Zeit vorlagen, woraus ersichtlich war, daß Männer mit einem wesentlichen Beitrag zu den Veränderungen beigetragen haben. SCHWARZ und HÖHN (1985) haben auf der Basis der bisherigen Veränderungen im durchschnittlichen Heiratsalter die Prognose gewagt, daß der Anteil der Ledigen bei den Männern von ursprünglich 5 % auf 20 % steigen wird, bei Frauen dagegen von einem höheren Ausgangsniveau, nämlich 10 %, geringer steigen wird, nämlich auf 15 %; es zeichnet sich also eine Umkehrung ab. Die in unterschiedlicher Stärke sich vollziehenden Entwicklungstendenzen wurden jedoch geschlechtsspezifisch weder thematisiert noch hinterfragt, und zwar weder von SCHWARZ und HÖHN noch von anderen.

6. Sequenzierung von Lebensereignissen

Das häufigste Argument, das Veränderungen der Familie erklären soll, ist ein frauenspezifisches, nämlich die zunehmende berufliche Orientierung. Die Möglichkeit, gesellschaftlich akzeptiert in nichtehelichen Partnerschaften zu leben und die Verlängerung der Ausbildungszeiten als Erklärung für den Aufschub der Familienbildung bezieht sich auf beide Geschlechter, wobei letzteres - wie anschließend ausgeführt wird - relativiert werden muß. Verlängerte Ausbildungszeiten sind zumeist die einzige Ursache, die für das veränderte Verhalten bei Familiengründung von Männern in Erwägung gezogen werden. Aber auch eventuell schlechtere Heiratschancen für Männer ohne Berufsausbildung, bedingt durch die Engpässe auf dem Ausbildungsmarkt in den 70er und 80er Jahren, könnten eine Rolle spielen. Diese beiden Aspekte sind mit den Surveydaten überprüfbar, jedoch kann ich hier aus Platzgründen nicht auf den Aspekt der beruflichen Qualifizierung eingehen. Selten wird die Frage nach sozialpsychologischen Faktoren gestellt, etwa nach spezifischen Kindheitserfahrungen, wie das zeitweise oder längerfristige Aufwachsen bei nur einem Elternteil, das, so scheint sich abzuzeichnen, insbesondere für Männer längerfristige Folgewirkungen haben kann (MÜNKEL 1984, GRUNDMANN 1990). Dem Einfluß der Kindheitserfahrungen mit der Herkunftsfamilie auf das eigene Familienverhalten wird in den Projekten von SCHNEEWIND und VASKOVICS (1989) nachgegangen. Der Aufschub der Eheschließung und Familiengründung könnte z.B. aber auch als Ausdruck von Unsicherheiten bei der Planung des Lebenswegs als Reflexion auf die Veränderungen des weiblichen Lebenswegs gesehen werden sowie als Ausdruck von antizipierten Rollenkonflikten. Hierzu sind mir keine Untersuchungen bekannt.

6.1 Folgen längerer Ausbildungsphasen auf das Heiratsverhalten

Eine Ursache für den Aufschub der Heirat könnte darin liegen, daß mehr junge Menschen Zugang zu einer beruflichen Ausbildung haben, Ausbildungsphasen länger werden oder sich aufgrund der Lehrstellenknappheit bzw. des reglementierten Zugangs zu bestimmten Studienfächern das Ausbildungsende zeitlich verschiebt. Das veränderte Ausbildungsverhalten ist - zumindest für Männer - der am häufigsten angeführte Grund für die verzögerte Familienbildung. Für Männer galt - und gilt abgeschwächt auch heute noch - die normative Erwartung, daß sie, wenn sie heiraten, auch eine Familie ernähren können müssen, also einer geregelten Arbeit nachgehen. Indem sich das Ausbildungsende verschiebt, verlagert sich parallel dazu der Beginn des Arbeitslebens und damit - so könnte man vermuten - u.U. die Familiengründung. Diese Vermutung bestätigt sich empirisch jedoch weder für Frauen noch für Männer. Darüber hinaus wirken auch hier bei Frauen und Männern unterschiedliche Prozesse. Zusätzlich zur Dauer der Ausbildungsphase könnte die berufliche Qualifizierung das Heiratsalter beeinflussen, nämlich als Faktor, der den "Wert auf dem Heiratsmarkt" beeinflußt. Strukturell bedingte Veränderungen der Ausbildungssituation könnten somit indirekt individuelle Chancen bei Familiengründung prägen. Diese Frage wird in diesem Beitrag aber nicht bearbeitet.

6.2 Beginn des Erwerbslebens und Heirat

Jede zweite *Frau* des ältesten Geburtsjahrgangs 1934-36 hatte innerhalb der ersten fünfeinhalb Jahre seit Beginn ihres Erwerbslebens[14] geheiratet, diese Zeitspanne verkürzt sich in den 60er und 70er Jahren (getragen von Frauen der Geburtsjahrgänge 1945, 1950 und 1955) vorübergehend auf vier Jahre (Tabelle 18 im Anhang). Hier findet die starke Familienorientierung dieser Jahrzehnte ebenfalls ihren Niederschlag, die wir für Frauen bereits oben im Trend zur frühen Heirat festgestellt haben. Mit Geburtsjahrgang 1959-61 erhöht sich die durchschnittliche Dauer der beruflichen Tätigkeit[15] vor der ersten Eheschließung Ende der 70er Jahre und in den 80er Jahren dann wieder - wie in der ältesten Kohorte - auf über fünf Jahre. Der zeitliche Abstand zwischen der ersten beruflichen Tätigkeit und Eheschließung blieb also nicht konstant, sondern variiert bei Frauen deutlich mit den sich verändernden gesellschaftlichen Rahmenbedingungen. Die erste Eheschließung wird bei Frauen somit nicht in zeitlich paralleler Weise zur Erwerbsaufnahme verschoben. Der verkürzte zeitliche Abstand zwischen Erwerbsbeginn und Heirat in den 60er/70er Jahren wurde nicht nur von den Volksschülerinnen getragen, sondern auch von den Abiturientinnen.

Bei den *Männern* war die Entwicklung eine andere. Männer der Geburtsjahrgänge 1935 bis 1950 hatten im Durchschnitt konstant gut sechs Jahre Erwerbserfahrung, bevor sie heirateten. Die Zeit der 60er Jahre hat auch hier ihr Verhalten im Gegensatz zu den Frauen nicht beeinflußt. Die Norm, einer Familie finanzielle Sicherheit geben zu können, könnte auch eine Erklärung dafür sein, daß Männer den oben angeführten Trend zur frühen Heirat nicht mitvollzogen haben. Getragen von Männern des Geburtsjahrgangs 1954-56 beginnt sich dann ab Mitte der 70er Jahre der zeitliche Abstand zwischen Eintritt ins Erwerbsleben und Eheschließung zu vergrößern, er beträgt bereits 7.3 Jahre. Das alte Muster wird revidiert, Heirat wird also nicht nur zeitlich parallel zum späteren Erwerbseintritt verschoben, sondern auch unabhängig davon. In der jüngsten Kohorte 1959-61 war von den erwerbstätigen Männer zum Zeitpunkt des Interviews 1988 noch nicht jeder zweite verheiratet; insofern gibt es keinen unmittelbaren Vergleichswert. Es zeichnet sich aber für diese jungen Männer ab, daß sich der Abstand zwischen diesen beiden zentralen Lebensereignissen weiter vergrößern wird; so beträgt für die 93 % der Männer, die bereits eine Erwerbsarbeit aufgenommen haben, die durchschnittliche Zeitspanne zwischen Erwerbseintritt und einer möglichen Eheschließung mindestens 8.8 Jahre.

Auch hier initiieren und forcieren Abiturienten den Entwicklungstrend (Tabelle 19 im Anhang). Bei ihnen beginnt bereits mit den Kohorten 1945 bzw. 1950, also in den 60er/70er Jahren, eine Verlängerung der Erwerbsphase vor der Heirat. Ein deutlicher Sprung erfolgt dann durch Kohorte

1955. Die durchschnittliche Zeitspanne beträgt bereits über elf Jahre. Bei Männern mit Volksschule vergrößert sich die Zeitspanne erst mit Kohorte 1960, also später als bei den Abiturienten, und sie liegt noch deutlich niedriger, nämlich bei 5.3 Jahren.

Der Aufschub der Heirat ist bei Männern also nicht nur das Produkt verlängerter oder sich zeitlich verschiebender Ausbildungsphasen, sondern auch erheblich durch andere Faktoren beeinflußt. Welches die Faktoren sind, darüber läßt sich nur spekulieren. So ist der Übergang vom beruflichen Ausbildungssystem in eine gesicherte Anstellung schwieriger geworden; die eigentliche Etablierung im Berufsleben erfolgt zumindest für einige später als noch für ältere Kohorten. Neben diesen "äußeren Sachzwängen" sollten aber auch veränderte Erwartungshaltungen an eine Beziehung bedacht werden, ambivalente Vorstellungen und Wünsche über die Partnerin, die selbständig und interessant sein soll, zugleich aber emotionale Unterstützungsleistungen zu vollbringen und den Alltag der Familienarbeit zu leisten hat. Aber auch diffuse Vorstellungen und Unsicherheiten über die eigene Rolle könnten das Verhalten bestimmen, alte Privilegien und Verantwortungszuschreibungen wollen sie nicht abgeben, da diese ja auch Sicherheit und einen wesentlichen Teil der Identität ausmachen, auf die neuen Aufgaben sind sie nicht vorbereitet.

7. Zusammenfassender Ausblick

Im Bereich Partnerschaft und Eheschließung sind zum einen allgemeine Wandlungstendenzen für die Zeit von den 50er zu den 80er Jahren zu benennen. So wird die erste länger andauernde Beziehung in jüngerem Alter aufgenommen, mehr Partnerschaften werden von jungen Erwachsenen begonnen und mehr Partnerschaftserfahrung wird in eine - mögliche - Ehe eingebracht; die Eheschließung verschiebt sich auf ein höheres Alter. Gleichzeitig mit diesen Tendenzen des Wandels hat das Verhaltens- und Altersspektrum, ob und wann ein bestimmtes Lebensereignis eintritt und wieviel Vorerfahrung mitgebracht wird, sich vergrößert, und zwar für alle, also sowohl für Männer als auch für Frauen sowie für die Absolventen und Absolventinnen der unterschiedlichen Bildungsabschlüsse. Dies ist ein Teil des Individualisierungsprozesses. Das einzelne Individuum hat einen größeren Entscheidungsspielraum, mehr Freiheit, aber auch weniger Halt durch normative Vorgaben.

Zum anderen handelt es sich aber nicht um eine für alle gleichförmige und geradlinige Entwicklung, sondern es sind kohorten-, geschlechts- und bildungsspezifische Effekte zu verzeichnen. Noch relativ gleichförmige Verhaltensmuster in den älteren Kohorten differenzieren sich mit jüngeren Geburtsjahrgängen nach Geschlecht und Bildungsniveau aus. Bereits in den älteren Kohorten bestehende Unterschiede haben sich weder zwischen Männern und Frauen noch zwischen den Absolventen und den Absolventinnen der verschiedenen Schulabschlüsse verringert, sondern im Gegenteil, sie haben sich sogar vergrößert. Mit dem allgemeinen Veränderungsprozeß haben gleichzeitig klassische soziale Merkmale, Geschlecht und Bildungsniveau, an Bedeutung gewonnen. Frauen und Männer, Frauen mit unterschiedlichen Schulabschlüssen und Frauen und Männer mit gleichen schulischen Zertifikaten verhalten sich zunehmend unterschiedlich. So wird die Differenz im durchschnittlichen Heiratsalter zwischen Frauen und Männern größer. Noch deutlicher sind die Unterschiede in Abhängigkeit zum Schulabschluß sowie in den zusammenwirkenden Effekten von Ausbildung und Geschlecht. Abiturientinnen heiraten zunehmend später als Absolventinnen der Hauptschule, Männer mit Hauptschulabschluß sind zunehmend älter als Frauen mit gleichem Abschluß. Mit dem Prozeß der Individualisierung ist also keine nachlassende Bedeutung dieser sozialen Merkmale einhergegangen. Es handelt sich um eine an *traditionellen Strukturmerkmalen ausgerichtete Individualisierung*. Für das einzelne Individuum breitet sich ein großes Verhaltensspektrum aus, es ist zunehmend herausgefordert, persönliche Entscheidungen zu treffen. Diese Optionen sind aber immer noch bzw. sogar zunehmendgruppenspezifisch verteilt. Auch der Prozeß der Partnerfindung hat eine Veränderung erfahren, der als Ausdruck zunehmender Individualisierung zu interpretieren ist. Heirateten in den älteren Geburtsjahrgängen noch vorwiegend Paare mit gleichem schulischen Bildungsabschluß, so hat mit der veränderten Chancenstruktur der Bildungsexpansion sich auch das individuelle Wahlverhalten gewandelt. Dieser Trend könnte sich mit der weiteren Anhebung des Bildungsniveaus fortsetzen. Was dies im Alltag und für das Fortbestehen einer nichtehelichen Partnerschaft oder Ehe bedeutet, wird erst in späteren Analysen bearbeitet. Im Hinblick auf den Altersunterschied ist jedoch im Gegensatz zu bisher vorliegenden Ergebnissen eine relative Konstanz - mit geringfügigen Abweichungen der mittleren Geburtsjahrgänge - zu beobachten.

Das traditionelle soziale Strukturmerkmal Geschlecht wurde bislang nicht stringent in familiensoziologische Forschungsarbeiten einbezogen. Das ist ganz sicher nicht auf Vergeßlichkeit zurückzuführen, sondern hierin kommt in meinen Augen zum Ausdruck, daß auch in den Sozialwissenschaften, von Soziologen und Soziologinnen, die Verantwortung für Beziehungsfähigkeit und die Ausübung von Familienarbeit weitgehend als weibliche Angelegenheit gesehen wird, so als ob familienbezogene Entscheidungen allein von Frauen getroffen werden bzw. Entscheidungen zu lange von ihnen aufgeschoben werden.

Tabellenanhang

Tabelle 3:
Anteil derjenigen, deren erste Partnerschaft bis zum Alter von 30 Jahren in eine Ehe überging, noch andauerte oder beendet worden ist (in Prozent)

KOHORTEN	1935	1940	1945	1950	1955	1960[3]
ALLE						
keine Part.	6.7	8.2	5.5	4.8	5.0	6.0
in 1.P geh.	75.3	71.6	65.6	63.4	57.0	41.3
1.P dauert an	7.0	7.1	11.0	8.9	7.7	12.0
1.P beendet	2.7	3.5	6.3	8.8	13.9	24.1
sonstige	8.3	9.5	11.6	14.1	16.3	16.5
N =	728	776	617	786	854	930
FRAUEN						
keine Part.	3.8	5.7	3.4	3.0	2.8	2.7
in 1.P geh.	78.8	76.7	72.2	67.8	63.3	47.3
1.P dauert an	7.1	6.9	13.0	8.5	7.8	10.6
1.P beendet	2.0	1.2	3.7	7.5	10.8	17.7
sonstige	8.3	9.6	7.7	13.2	15.3	21.6
N =	397	407	324	469	502	480
MÄNNER						
keine Part.	10.3	11.1	7.8	7.6	8.2	9.6
in 1.P geh.	71.0	66.1	58.4	56.8	48.0	34.9
1.P dauert an	6.9	7.3	8.9	9.5	7.7	13.6
1.P beendet	3.6	6.0	9.2	10.7	18.5	30.9
sonstige	8.2	9.5	15.4	15.5	17.6	11.1
N =	331	369	293	317	352	450

Tabelle 4:
Zeitlicher Abstand zwischen erster Partnerschaft und erster Heirat (Survival-Median in Jahren)

KOHORTEN	1935	1940	1945	1950	1955	1960[3]
FRAUEN	2.3	2.5	2.7	3.0	4.0	6.4
N =	388	400	308	461	489	464
MÄNNER	2.6	2.6	3.3	3.7	5.8	13.4
N =	319	355	287	297	326	407

Tabelle 5:
Zeitlicher Abstand zwischen erster Partnerschaft und erster Heirat in Abhängigkeit vom ersten Schulabschluß (Survival-Median in Jahren)

KOHORTEN	1935	1940	1945	1950	1955	1960[3]
FRAUEN						
Volksschule	2.2	2.4	2.6	2.8	3.1	5.0
N =	295	286	189	287	265	200
Abitur	3.1	4.0	5.5	5.3	8.0	13.9
N =	19	26	27	50	82	89
MÄNNER						
Volksschule	2.4	2.4	3.0	2.9	5.0	8.5
N =	243	245	180	190	172	208
Abitur	2.0	3.2	3.5	6.4	11.0	-
N =	30	51	50	64	74	91

Tabelle 6:
Durchschnittliches Heiratsalter bei Erstheirat (Statistisches Jahrbuch)

Heirats-jahr	Männer	Frauen	Altersabstand zwischen den Aggregaten	
1950	**28,1**	**25,4**	**2.7***	
1955	**27,0**	**24,4**	**2.6***	
1957	26,6	24,1	2.5	* Auf die
1958	26,3	23,9	2.4	fettgedruckten
1959	26,0	23,8	2.2	Angaben hat
1960	**25,9**	**23,7**	**2.2***	sich Diekmann
1961	25,9	23,7	2.2	bezogen
1962	25,8	23,7	2.1	
1963	25,9	23,7	2.2	
1964	25,9	23,7	2.2	
1965	**26,0**	**23,7**	**2.3***	
1966	26,0	23,6	2.4	
1967	26,0	23,5	2.5	
1968	25,8	23,3	2.5	
1969	25,7	23,1	2.6	
1970	**25,6**	**23,0**	**2.6***	
1971	25,5	22,9	2.6	
1972	25,5	22,9	2.6	
1973	25,5	22,9	2.6	
1974	25,6	22,9	2.7	
1975	**25,3**	**22,7**	**2.6***	
1976	25,6	22,9	2.7	
1977	25,7	22,9	2.8	
1978	25,9	23,1	2.8	
1979	26,0	23,2	2.8	
1980	**26,1**	**23,4**	**2.7***	
1981	26,3	23,6	2.7	
1982	26,6	23,8	2.8	
1983	26,9	24,1	2.8	
1984	27,0	24,4	2.6	
1985	**27,2**	**24,6**	**2.6***	
1986	**27,5**	**24,9**	**2.6***	
1987	27,7	25,2	2.5	

Tabelle 8:
Altersunterschied bei Paaren bei Erstheirat; Heirat bis zum Alter von 30 Jahren (in Prozent)

KOHORTEN	1935	1940	1945	1950	1955	1960[3]
ALLE						
6 J.u.jünger	5.1	5.3	5.6	4.0	4.8	2.3
2-5 J.jünger	22.6	21.8	23.1	17.5	17.2	19.9
gleich	33.7	34.4	30.5	32.4	35.1	35.0
2-5 J.älter	28.0	28.1	29.1	32.3	31.5	31.6
6 J.u.älter	10.6	10.3	11.8	13.8	11.5	11.2
N =	593	619	468	595	610	528
FRAUEN						
6 J.u.jünger	0.3	0.9	0.4	0.3	0.3	-
2-5 J.jünger	7.1	8.1	3.5	1.9	3.8	3.4
gleich	33.7	31.7	29.2	29.9	32.0	31.6
2-5 J.älter	41.7	41.9	46.3	47.9	46.2	48.0
6 J.u.älter	17.2	17.3	20.6	20.1	17.7	16.7
N =	338	346	257	374	390	325
MÄNNER						
6 J.u.jünger	11.4	11.0	11.8	10.4	12.7	5.9
2-5 J.jünger	43.1	39.2	46.9	43.9	40.9	46.3
gleich	33.7	37.8	32.3	36.7	40.5	40.4
2-5 J.älter	9.8	10.6	8.1	5.9	5.5	5.4
6 J.u.älter	2.0	1.5	0.9	3.2	0.5	2.0
N =	225	273	211	221	220	203

Tabelle 9:
Altersunterschied bei Paaren bei Erstheirat in Abhängigkeit vom ersten Schulabschluß; Heirat bis zum Alter von 30 Jahren (in Prozent)

KOHORTEN	1935	1940	1945	1950	1955	1960[3]
FRAUEN						
Volksschule						
3 J.u.jünger	4.6	4.0	3.7	1.3	1.8	1.3
2jünger/älter	51.7	49.0	40.5	41.0	43.4	48.0
3 J.u.älter	43.7	47.0	55.8	57.7	54.9	50.7
N =	261	253	163	239	226	152
Abitur						
3 J.u.jünger	-	-	-	2.9	2.0	8.7
2jünger/älter	58.3	36.8	47.4	42.9	51.0	50.0
3 J.u.älter	41.7	63.2	52.6	54.3	47.1	41.3
N =	12	19	19	35	51	46
MÄNNER						
Volksschule						
3 J.u.jünger	40.4	38.3	50.0	42.3	39.3	37.1
2jünger/älter	52.0	51.8	44.8	51.9	57.4	60.3
3 J.u.älter	7.6	9.8	5.2	5.8	3.3	2.6
N =	198	193	134	156	122	116
Abitur						
3 J.u.jünger	30.4	26.5	31.3	35.5	35.1	27.3
2jünger/älter	60.9	70.6	59.4	58.1	62.2	66.7
3 J.u.älter	8.7	2.9	9.4	6.5	2.7	6.1
N =	23	34	32	31	37	33

Tabelle 14:
Interquartilsabstände bei Erstheirat (Differenz zwischen dem 25 %- und dem 75 %-Wert in Jahren)

KOHORTEN	1935	1940	1945	1950	1955	1960[3]
ALLE	5.1	5.4	5.7	7.7	8.6	-
FRAUEN	4.0	4.7	4.7	5.4	6.4	-
MÄNNER	5.2	5.8	5.8	8.5	10.3	-

Tabelle 15:
Durchschnittliches Heiratsalter Lediger nach Geburtsjahrgängen (Schwarz 1988:12f, Band 2)

Geb.jahre	Männer	Frauen		
1934	25.7	23.6		
1935	25.6	23.5		
1936	25.6	23.4		
1939	25.5	23.1		
1940	25.5	22.9	||	Heirat
1941	25.5	22.8	||	in
1944	25.4	22.3	||	den
1945	25.2	22.2	||	60er bis
1946	25.3	22.1	||	Mitte
1949	25.3	22.1	||	der 70er
1950	25.4	22.1	||	Jahre
1951	25.6	22.2	||	
1954	26.1	22.7		
1955	26.1	22.8		

Tabelle 17:
Interquartilsabstände bei Erstheirat in Abhängigkeit vom ersten Schulabschluß (Differenz zwischen dem 25 %- und dem 75 %-Wert in Jahren)

KOHORTEN	1935	1940	1945	1950	1955	1960[3]
FRAUEN						
Volksschule	3.9	4.3	3.7	4.7	5.2	6.8
Abitur	8.3	10.1	5.2	8.4	9.5	-
MÄNNER						
Volksschule	4.7	5.7	4.7	6.4	8.4	-
Abitur	4.8	5.2	9.9	-	-	-

Tabelle 18:
Durchschnittliche Dauer zwischen Erwerbsbeginn und Erstheirat (Survival-Median in Jahren)

KOHORTEN	1935	1940	1945	1950	1955	1960[3]
FRAUEN	5.5	5.3	3.9	4.0	4.0	5.2
N =	333	356	259	390	411	399
MÄNNER	6.8	6.4	6.5	6.3	7.2	-
N =	300	328	360	293	318	410

Tabelle 19:
Durchschnittliche Dauer zwischen Erwerbsbeginn und Erstheirat in Abhängigkeit vom ersten Schulabschluß (Survival-Median in Jahren)

KOHORTEN	1935	1940	1945	1950	1955	1960[3]
FRAUEN						
Volksschule	5.8	5.5	3.8	4.0	3.9	5.2
N =	248	255	158	249	230	179
Abitur	3.3	3.6	1.5	2.8	4.1	12.7
N =	18	20	17	35	53	62
MÄNNER						
Volksschule	6.9	6.8	6.9	6.6	7.9	9.9
N =	237	233	163	193	175	224
Abitur	3.7	3.0	5.0	6.5	11.2	-
N =	23	42	40	56	62	80

*Einbezogen wurden nur Personen, die erwerbstätig geworden sind. Ausgeschlossen wurden Personen, die vor Erwerbsbeginn geheiratet haben sowie Personen, die weder geheiratet haben noch erwerbstätig waren.

Anmerkungen

1. Im folgenden verwende ich für die Geburtsjahrgangsgruppen zum Teil verkürzte Bezeichnungen, wie z.B. 1935 Geborene oder Kohorte 1935 für Personen der Geburtsjahrgangsgruppe 1934-1936.

2. Die von Karl SCHWARZ (1988) in Analogie zur Lebensverlaufsforschung gewählte Darstellungsweise - kumulierte Anteilswerte der Erstheirat für einzelne Lebensalter unterschieden nach Geburtsjahrgängen -ermöglicht einen direkten Vergleich. Ich habe aufgrund der kleineren Fallzahlen jeweils drei Geburtsjahrgänge zu Kohorten zusammengefaßt, Schwarz hat einzelne Geburtsjahre.

Anteilswerte nicht Lediger im Alter von 30 Jahren nach Geburtsjahrgängen (in Prozent) - Vergleich Schwarz (1988:95) und DJI-Survey

Geb.jahre	Männer		Frauen	
	Schwarz	DJI	Schwarz	DJI
1935	84.1	84.4	89.1	93.0
1940	77.8	81.8	90.3	90.9
1945	75.4	80.2	89.2	89.9
1950	68.6	75.1	83.2	88.1
1955*(28 J.)	54.3	60.1	73.1	81.8
1960*(23 J.	17.2	18.7	40.7	47.9

* Vergleichsjahr ist 1983

Ob sich die Anteilswerte von SCHWARZ auf das Alter 30 oder auf das 30. Lebensjahr beziehen, ist nicht eindeutig. Ein Teil der Abweichungen könnten hierüber erklärbar sein.

3. Die Befragten der Kohorte 1959-61 sind zum Erhebungszeitpunkt erst 27 bis 29 Jahre.

4. Das Ausbildungsniveau operationalisiere ich über den ersten allgemeinbildenden Schulabschluß. Er wurde von allen Befragten bereits erreicht und liegt in vielen Fällen zeitlich vor oder zumindest zu Beginn der Partnerschaftsbiographie. Befragte mit Mittlerer Reife habe ich in diese vergleichenden Betrachtungen nicht einbezogen, sondern nur diejenigen mit Volks- bzw. Hauptschule und Hochschulreife.

5. Es handelt sich bei den folgenden Werten um "Survivalwerte" (vgl. z.B. ANDRESS 1985, DIEKMANN/ MITTER 1984) zwischen dem Beginn der ersten Partnerschaft und der Eheschließung. In diese Berechnung sind auch Personen eingegangen, die noch nicht geheiratet haben, für sie wird die Dauer geschätzt. Phasen, in denen die Befragten keine Beziehung hatten, sind nicht abgezogen worden.

6. Das Alter des Partners bzw. der Partnerin ist als Differenz zur Zielperson in Jahren erfragt worden, das genaue Geburtsdatum ist also nicht bekannt.

7. Hierzu hat vermutlich die Frageformulierung beigetragen. Männer haben bei der Beantwortung der Frage "Ist diese Partnerin etwa gleich alt wie Sie oder älter oder jünger?" den leichteren Weg gewählt und die dehnbare Kategorie "gleich alt" angegeben. Frauen scheinen die Beantwortung etwas genauer genommen zu haben.

8. Inwieweit Frauen bei einer zweiten Heirat einen jüngeren Mann heiraten, bleibt in diesem Beitrag offen.

9. Ich danke Herrn Prof. Sodeur für die Anregung, den Zusammenhang von Bildungsveränderungen und dem Wahlverhalten bei der Partnersuche statistisch zu überprüfen. Diese Analyse ließ sich aus Zeitgründen jedoch nicht mehr für diesen Beitrag erstellen.

10. Hier sei nochmals darauf hingewiesen, daß die Befragten zu etwa 50 % nicht in derselben Kohorte heiraten. Insofern müssen die Anteilswerte der "höher" Heiratenden nicht den Anteilswerten der "niedriger" Heiratenden der selben Kohorte entsprechen.

11. Hierbei handelt es sich um das arithmetische Mittel und nicht wie bei meinen Berechnungen um den Median.

12. In der amtlichen Statistik (Statistisches Jahrbuch) wird für jedes Kalenderjahr das durchschnittliche Heiratsalter aller in dem jeweiligen Jahr Heiratenden berechnet; in diese Berechnung geht eine Vielzahl an Personen unterschiedlicher Geburtsjahrgänge ein.

13. DIEKMANN wechselt in seinen Analysen die Kohortengruppen. Zunächst umfassen seine Kohorten fünf Geburtsjahre (1936-40, 1941-45 usw.), er vergrößert diese dann auf zehn Jahre. Die 10er-Gruppierung ist aber problematisch, so haben z.B. Personen, die in der Zeit von 1936-1945 geboren wurden, sehr unterschiedliche gesellschaftliche Gelegenheitsstrukturen vorgefunden und wie sich am Heiratsverhalten zeigt, haben sie sich auch nicht homogen verhalten (TÖLKE 1989). Indem diese Geburtsjahrgänge zusammengefaßt werden, verwischen Trends und Entwicklungsschübe sind zeitlich nicht mehr eindeutig angebbar.

14. Statt das Ende der Ausbildungsphase zu verwenden, habe ich den Beginn des Erwerbslebens gewählt. Da Ausbildungen mehrfach und in unterschiedlichen Lebensphasen durchlaufen werden können, ist es ein weniger eindeutiges und vergleichbares Ereignis.

15. Gemeint ist hier der Abstand zwischen Beginn des Erwerbsleben und der ersten Eheschließung; eventuelle Unterbrechungen der Erwerbsarbeit vor der Eheschließung z.B. wegen Ausbildungsphasen oder Arbeitslosigkeit wurden nicht berücksichtigt.

Barbara Keddi/ Gerlinde Seidenspinner

Arbeitsteilung und Partnerschaft

1. Von der komplementären Arbeitsteilung zur Doppelbelastung von Frauen

2. Erfassung der Arbeitsteilung im Survey

3. Die Arbeitsteilung in Paarbeziehungen: Grundmuster der geschlechtsspezifischen Zuständigkeit für Haushalt und Familie, des Zeitaufwands im Haushalt und der geschlechtsspezifischen Entscheidungsstruktur

3.1 Geschlechtsspezifische Zuständigkeiten für Arbeiten in Haushalt und Familie

3.2 Geschlechtsspezifischer Zeitaufwand in Haushalt und Kinderbetreuung

3.3 Geschlechtsspezifische Entscheidungsstruktur

4. Traditionelle Arbeitsteilungsmuster und Ansätze zu veränderten Mustern der Arbeitsteilung

4.1. Die Lebensform als Bedingungsfaktor von partnerschaftlicher Arbeitsteilung

4.2. Familienzyklische und biographische Bedingungen (Alter, Schulbildung, Erwerbstätigkeit) der Arbeitsteilung

5. Schlußbemerkung

Tabellenanhang

1. Von der komplementären Arbeitsteilung zur Doppelbelastung von Frauen

Das Familienrecht, das 1977 in Kraft trat, war getragen von der Vorstellung, Aufgaben und Lasten in der Familie gleichwertig und möglichst gleichgewichtig zu verteilen. Es verpflichtete die Ehepartner gleichermaßen zu unentgeltlichen Dienstpflichten in Haushalt und Kindererziehung, wenn beide erwerbstätig sind (GERHARD 1990; MILLHOFER 1980). Dieses Gesetz markierte einen bedeutsamen Wandel im öffentlichen Bewußtsein zur Arbeitsteilung in Paarbeziehung und Familie. Das klassische, bis dahin rechtlich gültige Arbeitsteilungsmodell, nach dem der Mann zuständig war für den Unterhalt der Familie durch in der Regel außerhäusliche Erwerbstätigkeit, die Frau für Haushaltsführung und Kindererziehung, ging von einer fixen geschlechtsspezifisch komplementären Arbeits-und Rollenteilung zwischen Mann und Frau aus. Solange Frauen überwiegend auf den häuslichen und familialen Bereich beschränkt waren, war diese Art der Arbeitsteilung funktional für das "System" Familie.

In den letzten Jahrzehnten haben in den Lebenszusammenhängen und Lebensläufen von Frauen massive Veränderungen stattgefunden (KEDDI/SEIDENSPINNER 1990). Das traditionelle Lebensmodell der Ehefrau, Hausfrau und Mutter, das auf die Sorge für andere ausgerichtet war, wird zunehmend abgelöst durch den Anspruch auf eine stärker selbstbestimmte und eigenständige Lebensführung. Familie hat für Frauen ihre Bedeutung als ausschließlicher biographischer Rahmen verloren; Erwerbstätigkeit hat einen festen Stellenwert im Lebenszusammenhang von Frauen erhalten. Gleichzeitig ist Mutterschaft immer noch eine feste Größe in ihrem Leben (RERRICH 1988). Das Grundmuster der Lebensorientierung heutiger Frauengenerationen, die Doppelorientierung auf familiales und partnerschaftliches Leben einerseits und berufliche Tätigkeit andererseits, prägt heute die weiblichen Lebenszusammenhänge. Auch in der Öffentlichkeit hat sich immer stärker die Vorstellung der partnerschaftlichen Arbeitsteilung in Haushalt und Familie durchgesetzt.

Wenn Frauen wie Männer gleichermaßen erwerbstätig sind und sein wollen sowie öffentliche Räume für sich beanspruchen, wird die traditionelle Rollenverteilung zwischen Partnern zum Problem. Trotz des Einstellungswandels, der in vielen Untersuchungen dokumentiert wird, widersteht die faktische Gestaltung des Alltagsbereichs hartnäckig allen Veränderungsbestrebungen. Männer leben heute mit Frauen zusammen, die erwerbstätig sind und auch langfristige berufliche Perspektiven verfolgen, ändern aber ihr Verhalten in der Partnerschaft kaum. Frauen sind immer noch überwiegend verantwortlich und zuständig für die Hausarbeit und, wenn der Maßstab der Gleichverteilung häuslicher Aufgaben angelegt wird, häufig doppelt und dreifach belastet. Faktisch gibt es bisher kaum Anzeichen für eine tiefgreifende Veränderung in der Arbeitsteilung von Männern und Frauen, und dies gilt letztlich für alle Altersgruppen, Schichten und Lebensformen. Damit ist die häusliche Arbeitsteilung von der Idee der gegenseitigen funktionalen Ergänzung zu einem Indikator für die soziale Ungleichheit zwischen den Geschlechtern geworden. Es stellt sich die Frage, inwieweit Pluralisierungs- und Individualisierungstendenzen, wie sie beispielsweise in der Akzeptanz stärkerer Differenzierungen von Lebensformen zum Ausdruck kommen, sich auf die Arbeitsteilung auswirken und die soziale Ungleichheit aufweichen können. Dieser Frage möchten wir zunächst anhand bisheriger Forschungsergebnisse nachgehen und im Anschluß daran die Ergebnisse aus dem Survey darstellen.

Zahlreiche Untersuchungen (zusammengefaßt in BERTRAM/BORRMANN-MÜLLER 1988; s.a. BERGER-SCHMITT 1986; BMJFFG 1986; ERLER u.a. 1988; KRÜGER u.a. 1986) belegen, daß das traditionelle Modell der innerfamilialen Arbeitsteilung, bei dem der Frau die reproduktive Haus- und Familienarbeit zufällt, noch immer in den meisten Paarbeziehungen und Familien vorherrscht: Obwohl die Vorstellung einer partnerschaftlichen Organisation der Hausarbeit von den meisten Paaren, auch den männlichen Partnern, geteilt und begrüßt wird, bleibt in der Realität die traditionelle Rollenverteilung im täglichen Zusammenleben letztlich bestehen, meist unabhängig davon, ob die Frauen bzw. Mütter erwerbstätig sind (s. z. B. METZGÖCKEL 1985; THIESSEN/ROHLINGER 1988). Das neue gesellschaftliche Leitbild wird nur von wenigen in die eigene alltägliche Lebensgestaltung umgesetzt (s.a. ALLENSBACH 1985; LEUBE 1988).

In der Mädchenbefragung von SEIDENSPINNER/BURGER (1982) wird deutlich, daß schon Mädchen sich angesichts der Hausarbeit in einer ambivalenten Situation befinden: auf der einen Seite lehnen sie Hausarbeit eher ab, ebenso wie die Belastung ihrer Mütter dadurch, auf der anderen Seite entwickeln sie teils schuldhafte Verantwortungsgefühle für den Haushaltsbereich, zu dem sie häufig auch von ihren Müttern herangezogen werden, und zwar in allen Schichten, vor allem zum 'Ausgleich' der Erwerbstätigkeit der Mütter. Söhne dagegen werden von der Hausarbeit immer noch weitgehend verschont. Daher ist es nicht verwunderlich, daß sich Mädchen einen Partner wünschen, der mit ihnen die Hausarbeit teilt, die Jungen dagegen einer traditionellen Aufteilung von Haus- und Erwerbsarbeit den Vorzug geben (s.a. ALLERBECK/HOAG 1985).

Annäherungen an gleichverteilte Aufgaben in Haushalt und Alltag sind einschlägigen Untersuchungen zufolge eher bei unverheiratet zusammenlebenden Paaren, bei jüngeren Paaren, bei Paaren ohne Kinder und bei Paaren mit einem höheren Bildungsgrad der Frau zu verzeichnen, während Kinder, Ehe und Ehedauer stärker traditionalisierend wirken (THIESSEN/ROHLINGER 1988). Beispielsweise werden klassische Hausfrauentätigkeiten bei nichtehelichen Lebensgemeinschaften in geringerem Maß allein der Frau überlassen als bei der Vergleichsgruppe der Verheirateten (ALLENSBACH 1985; BMJFG 1985; MEYER/SCHULZE 1988). Bei Paaren, die nicht verheiratet sind, ist eine verstärkte Entwicklung zu einer flexibleren Rollenverteilung zu erwarten. Deshalb gehen auch MEYER/SCHULZE (1988) davon aus, daß Frauen, die eine Gleichverteilung der Reproduktionsarbeit anstreben, die Chancen hierfür in nichtehelichen Lebensgemeinschaften höher einschätzen als in der Institution Ehe. Die Untersuchungsergebnisse von SIMM (1987) bestätigen, daß Frauen mit unterschiedlichen Lebensentwürfen zwischen dem 'traditionellen Partnerschaftstyp' mit Eheschließung und dem 'Modernen Partnerschaftstyp' der vorehelichen oder auf Dauer nichtehelichen Lebensgemeinschaft auswählen.

Mit dem Übergang von der kinderlosen Paarbeziehung zu einer Familie, d.h. mit der Geburt des ersten Kindes erfolgt eine Umstrukturierung der Paarbeziehung, von der Paare des modernen Partnerschaftstyps stärker betroffen sind (SIMM 1987). Generell beginnen sich in dieser Situation die Männer von einer partnerschaftlichen Aufgabenteilung zu lösen, was vor allem in ihrer sinkenden Beteiligung an häuslichen Arbeiten zum Ausdruck kommt (ERLER u.a. 1988; RYFFEL-GERICKE 1983). Die Berufstätigkeit und auch der Anspruch, Karriere zu machen, wird für Männer mit steigender Kinderzahl immer wichtiger, für Frauen dagegen eher unwichtiger; allerdings planen Frauen immer auch eigene Berufstätigkeit mit (SIMM 1987). Eine ihre Berufstätigkeit unterstützende, in einer egalitären Lebensführung und Arbeitsteilung zum Ausdruck kommende Haltung des Partners/Ehemanns erleichtert einer berufstätigen Mutter die Doppelrolle von Mutterschaft und Berufstätigkeit (SCHNEEWIND 1983). Nach einer neueren repräsentativen Studie an jungen Paaren zwischen 18 und 33 Jahren beschäftigen sich junge Väter zwar intensiv mit ihren kleinen Kindern - d. h. hier zeigen sich auch Veränderungstendenzen - und übernehmen auch Versorgungsarbeiten, jedoch übernehmen sie auch bei Berufstätigkeit ihrer Partnerin quantitativ nicht mehr Hausarbeit. Die Beschäftigung mit den Kindern wird von diesen Männern höher bewertet, während die 'minderwertigen' häuslichen Arbeiten weiter an die Frauen delegiert bleiben (ERLER u.a. 1988).

Auch Zeitbudgetuntersuchungen bestätigen die Ungleichverteilung von häuslichen Tätigkeiten zwischen Männern und Frauen. Sie zeigen, daß der männliche Zeitaufwand für Hausarbeit zwischen 15 und 23% des weiblichen Zeitbudgets ausmacht (MEYER/SCHULZE 1983). LAKEMANN (1989) gelangt in seinem Längsschnittvergleich verschiedener bundesdeutscher Studien zum Zeitaufwand für Haus- und Erziehungsarbeit zu dem Schluß, daß die Reduktion der weiblichen Hausarbeitszeit von den 50er zu den 80er Jahren hauptsächlich auf neue Haushaltstechnologien zurückzuführen sei und weniger auf die verstärkte männliche Mitarbeit. So sind die Chancen von Frauen, sich neben Beruf und Haushalt/Familie in anderen Bereichen zu betätigen und zu entfalten, erheblich reduziert. BURKHARD/ MEULEMANN (1976) stellen in ihrer Untersuchung fest, daß für den berufstätigen Mann "Feierabend" die verdiente Entspannung bedeutet, während er für die berufstätige Frau "nur die aufgeschobene, tagsüber nicht bewältigte Hausarbeit darstellt" (ebenda:37).

Trotz der Veränderungen im weiblichen Lebenszusammenhang und in den weiblichen Lebensentwürfen und obwohl auch Männer beginnen, sich neu zu orientieren, ist, wie die bisher dargestellten Untersuchungsergebnisse belegen, die "gemischt-geschlechtliche Arbeitsteilung" (BADINTER 1987) nicht die

Regel. Ein Ergebnis der Brigitte-Untersuchung (ERLER u.a. 1988) ist, daß 80% der befragten 18- bis 33jährigen Frauen ohne Kinder "davon ausgehen, ihr Partner solle sie finanziell versorgen, wenn ein Kind kommt" (ebenda:10). Hier zeigen sich die Widersprüchlichkeiten und Ambivalenzen, aber auch traditionelle Erwartungen und Verhaltensweisen, die für den weiblichen Lebensentwurf noch kennzeichnend sind, und an denen sich die Durchsetzung einer gleichgewichtigen Arbeitsteilung zwischen den Geschlechtern bricht. Gleichzeitig kommen darin auch die Strukturen des geschlechtsspezifischen Arbeitsmarktes mit wenig flexiblen Arbeitsmöglichkeiten für Frauen und Männer zum Ausdruck (GENSIOR 1984), die einer Verwirklichung des doppelten Lebensentwurfs entgegenstehen.

Während Arbeitsteilung und häusliche Zeitstruktur in Paarbeziehungen und Familien weitgehend geschlechtsspezifisch unausgewogen geblieben sind und sich trotz der zunehmenden sozialen und ökonomischen Selbständigkeit der Frauen keine gleichgewichtige Verteilung der Haushaltsarbeit durchgesetzt hat, scheint die Entscheidungsstruktur in Paarbeziehungen, häufig unter dem Aspekt der Macht thematisiert, in stärkerem Maße veränderbar zu sein, und zwar sowohl im historischen Vergleich als auch in Abhängigkeit von weiteren Faktoren. BURKHARD/MEULEMANN (1976) kommen in ihrer Untersuchung der Machtverhältnisse bei verheirateten Paaren zu dem Ergebnis, daß bei Entscheidungen eine starke Tendenz besteht zur Verlagerung von normativ dauerhaften Stereotypen der Geschlechtsrollen hin auf eine pragmatisch-flexible, von ad-hoc-Lösungen getragene Gemeinsamkeit. Es bliebe jedoch ein Bodensatz geschlechtsspezifischer Entscheidungen und Kompetenzen, der noch an traditionelle Rollenteilung erinnere. HÖPFLINGER (1986) kann für Schweizer Ehepaare innerhalb der Zeitspanne von 1970 und 1980 eine deutliche Tendenz zu mehr egalitärer Entscheidungsfindung belegen.

Ferner beeinflussen auch Faktoren wie die Berufstätigkeit der Frau, die Lebensform und das Alter die Entscheidungsstruktur. Berufstätige Frauen besitzen beispielsweise mehr Mitentscheidungsbefugnis als nichtberufstätige Frauen (BERTRAM/ BAYER 1984). Bei unverheiratet zusammenlebenden Paaren werden Entscheidungen in der Regel partnerschaftlich gemeinsam getroffen. Ähnliches gilt für die demographisch angeglichene Kontrollgruppe der Verheirateten (BMJFG 1985). Auch SIMM (1987) stellt fest, daß bei jüngeren Paaren keine Dominanzen bestehen. Allerdings ergibt ihre Studie, daß unverheiratete Paare eher autonom entscheiden, während verheiratete Paare eher gemeinsam zu ihren Entscheidungen gelangen. Mit der Übernahme von Elternschaft treten traditionelle geschlechtsspezifische Entscheidungskompetenzen wieder stärker in den Vordergrund, d.h. die Entscheidungen der Frauen beziehen sich dann stärker auf hauswirtschaftliche und binnenfamiliale Bereiche, die der stärkeren Orientierung auf Haushalt und Familie in dieser Phase entsprechen (ebenda).

Zusammenfassend zeigen die verschiedenen Forschungsergebnisse, daß die geschlechtsspezifische Arbeitsteilung in Partnerschaft und Familie gerade auch unter Berücksichtigung neuerer Entwicklungen sehr genau nach Lebensform, biographischer und familialer Phase, sowie nach Schichtungsfaktoren und Wertmustern differenziert werden muß, um über Pauschalaussagen hinauszukommen.

Wir konzentrieren uns in unserer Analyse auf Zusammenhänge der häuslichen Arbeitsteilung mit Alter, Familienphasen und Lebensformen mit und ohne Kinder, Erwerbstätigkeit und Bildung. Wir gehen davon aus, daß sich die Chancen für partnerschaftliche Arbeitsteilung nach diesen Faktoren deutlich unterscheiden und die zeitlichen Belastungen für Frauen ebenfalls stark variieren. Besonders interessiert uns, ob und wo sich im männlichen Verhalten Änderungstendenzen erkennen lassen. Unser Beitrag beschränkt sich hauptsächlich auf die subjektive Einschätzung der häuslichen Arbeitsteilung durch die Befragten, während der Beitrag von KROMBHOLZ in diesem Reader zum Thema "Arbeit und Familie: Geschlechtsspezifische Unterschiede in der Erwerbstätigkeit" auf die Rahmenbedingungen verweist, unter denen der häusliche Alltag bewältigt wird.

2. Erfassung der Arbeitsteilung im Survey

Die geschlechtsspezifische Arbeitsteilung wurde im Survey differenziert erhoben. Männer und Frauen wurden befragt nach der Zuständigkeit für Haushaltstätigkeiten und Kinderbetreuung, nach dem Zeitaufwand für die täglichen Routinetätigkeiten und nach der Zuständigkeit für einzelne Entscheidungen:
- Bei der Zuständigkeit *von Mann und Frau für Tätigkeiten*, die in Haushalt und Familie anfallen, wurde nicht nur danach gefragt, ob die zwölf aufgelisteten Tätigkeiten von der Frau oder vom Mann ausgeführt werden, sondern auch danach, ob die Tätigkeiten gemeinsam, abwechselnd oder von jedem einzeln geleistet werden. So können auch Tendenzen zu Verschiebungen in der Arbeitsteilung erfaßt werden. Diese Möglichkeit zur Erfassung von Mischformen zwischen der Übergabe ganzer Tätigkeitsbereiche, der Übernahme einzelner Aufgaben oder der gemeinsamen Zuständigkeit wird auch von THIESSEN/ROHLINGER (1988) gefordert. Sie vertreten die Ansicht, daß in der familiensoziologischen Literatur im wesentlichen die Frage nach der Aufweichung der traditionellen Geschlechterrollen gestellt und die allgemeine Richtung der Entwicklung aufgezeigt würde, nicht jedoch die Übergänge dahin. Die *wöchentliche Arbeitszeit im Haushalt* wurde erhoben, indem die Befragten gebeten wurden einzuschätzen, wieviele Stunden sie in der letzten Woche mit Hausarbeit, Einkaufen, Zubereiten von Mahlzeiten und Kindererziehung und -betreuung verbrachten. Damit ist es möglich, nicht nur Aussagen über die Zuständigkeit im Haushalt zu machen, sondern auch den tatsächlichen Arbeitsaufwand zu erheben.
- Die *geschlechtsspezifischen Entscheidungsstrukturen* wurden anhand von sieben unterschiedlichen Entscheidungsbereichen erhoben. Dabei wurde ebenfalls gefragt, ob einzelne Entscheidungen vom Mann oder der Frau, gemeinsam/abwechselnd oder von jedem für sich getroffen werden.

Diese drei Variablen sind für uns Indikatoren für die Gleichheit bzw.Ungleichheit in der häuslichen Arbeitsteilung zwischen Männern und Frauen. Einschränkend sei auf einige Gesichtspunkte verwiesen, über die aufgrund der Anlage der Untersuchung keine Aussagen gemacht werden können. Eine Gleichverteilung von Arbeit und Zeit bedeutet nicht zwangsläufig eine Gleichheit der Verantwortung und Belastung, ist für deren Verwirklichung also nicht hinreichend, andererseits aber notwendig. Erfaßt haben wir also nicht, inwieweit Männer und Frauen auch gleich engagiert und gleich verantwortlich sind. Ferner haben wir auch nicht erfaßt, wie die Arbeiten über die Woche verteilt sind. Hier bestehen sicher Unterschiede danach, ob Arbeiten kontinuierlich über die Woche ausgeführt werden oder nur einmal in der Woche erledigt werden. Einschränkend muß auch berücksichtigt werden, daß es sich nicht um eine Paarbefragung handelt, sondern Männer und Frauen aus unterschiedlichen Paarbeziehungen befragt wurden. Zudem können Aussagen zu Änderungstendenzen im historischen und biographischen Verlauf nur im Vergleich mit anderen Untersuchungen gemacht werden, da der Survey nur Querschnittsdaten liefert.

Bei der Auswertung der Angaben ist auch das *geschlechtsspezifisch unterschiedliche Antwortverhalten* von Männern und Frauen zu berücksichtigen. Entsprechende Untersuchungen und Auswertungen zur Wahrnehmung familialen Verhaltens im Paarvergleich (HÖPFLINGER 1986; QUARM 1981; RYFFEL-GERICKE 1983) zeigen, daß bezogen auf die Entscheidungsstruktur und die Arbeitsteilung bzw. Mithilfe des Ehemanns im Haushalt unterschiedliche Einschätzungen in zu Teil erheblichem Maß auftreten können. Beispielsweise schätzen Ehemänner häufig ihre Mitarbeit im Haushalt höher ein als ihre Frauen. Neben der Darstellung der geschlechtsspezifischen Arbeitsteilung wird deshalb ein weiteres Augenmerk unserer Untersuchung darauf liegen, inwieweit männliche und weibliche Befragte unterschiedliche Einschätzungen ihres Anteils an der Haus- und Familienarbeit vornehmen. Bei einer repräsentativen Stichprobe von der Größe des Survey müßten sich die Antworten von Männern und Frauen im Durchschnitt komplementär entsprechen. Auftretende Unterschiede sind dann auf voneinander abweichende Wahrnehmungen, Zuschreibungen und Interpretationen zurückzuführen. Wir werden aus diesem Grund die Einschätzungen von Männern und Frauen stets getrennt behandeln.

In diesem Zusammenhang möchten wir darauf verwiesen, daß Antworten von Frauen und Männern zur geschlechtsspezifischen Arbeitsteilung erwiesenermaßen auch vom Geschlecht des Interviewers beeinflußt sind. Männer geben beispielsweise weiblichen Interviewerinnen gegenüber häufiger an, im Haushalt mitzuarbeiten als gegenüber männlichen Interviewern. Diesen Effekt der sozialen Erwünschtheit haben wir in unserer Auswertung nicht weiter verfolgt. Aufgrund der großen Fallzahl ist davon auszugehen, daß der Effekt der sozialen Erwünschtheit aufgefangen wird.

3. Die Arbeitsteilung in Paarbeziehungen: Grundmuster der geschlechtsspezifischen Zuständigkeit für Haushalt und Familie, des Zeitaufwands im Haushalt und der geschlechtsspezifischen Entscheidungsstruktur

Zunächst wird der Frage nachgegangen, welche generellen geschlechtsspezifischen Arbeitsteilungsmuster bei den 18 - 55jährigen Befragten mit PartnerIn bestehen und inwieweit sich hier neue Entwicklungen abzeichnen. Die Grundmuster der Arbeitsteilung der Bundesbürger werden dabei anhand von drei Variablen bestimmt: der Zuständigkeit von Männern und Frauen für Haushalt und Familie, dem Zeitaufwand hierfür und der Zuständigkeit bei Entscheidungen.

3.1 Geschlechtsspezifische Zuständigkeiten für Arbeiten in Haushalt und Familie

Betrachtet man die Angaben der Befragten mit Partnern zu den Zuständigkeiten im häuslichen Zusammenleben, wird deutlich, daß die Hausarbeit nach Angaben der befragten Frauen wie Männer nach wie vor Frauensache ist (siehe Schaubild 1): Überwiegend *von Frauen ausgeführt* werden die Tätigkeiten Einkaufen, Putzen, Kochen, Kinder betreuen und mit Kindergärtnerin/LehrerIn sprechen (falls Kinder vorhanden sind) sowie die Betreuung alter, kranker Familienmitglieder. Für Reparaturen und Verschönerungsarbeiten sind überwiegend *Männer* zuständig. In etwa *auf beide Partner gleich verteilt* sind die Tätigkeiten mit Kindern spielen (falls vorhanden), Kontakte zu Freunden und Verwandten halten, Geldverwaltung und Behördengänge.

Es bestätigen sich die Ergebnisse aus anderen Untersuchungen (z. B. ERLER u.a. 1988), daß sich Väter heute mehr mit ihren Kindern beschäftigen als früher, vor allem wenn es um das Spielen geht, weniger bei der Kinderbetreuung. Männer sind mithelfende Betreuer und Spielkameraden ihrer Kinder. Hier spiegelt sich die gestiegene und emotionalisierte Bedeutung von Kindern für Männer wider. Die Alltags- und Routinetätigkeiten im Haushalt bleiben allerdings weiter auf die Frauen verwiesen. "Ein Kind bedeutet für Frauen und Männer Freude, Liebe und Zuneigung. Meist nur für Frauen bedeutet ein Kind aber auch: Spielhosen flicken und Hausaufgaben betreuen, an den Zahnarzttermin der Tochter denken, an die Pausenbrote des Sohnes." (RERRICH 1988:65).

Frauen und Männer schätzen insgesamt den eigenen Anteil an den einzelnen Tätigkeiten jeweils höher, den Anteil des Partners geringer ein. Dies zeigt sich neben den auf Kinder bezogenen Tätigkeiten besonders deutlich beiden klassischen weiblichen Hausarbeiten, bei denen sich eine Differenz von bis zu 20% ergibt (ähnliche Ergebnisse siehe BERGER-SCHMITT 1986:117). Beispielsweise geben 81% der Frauen an, Putzarbeiten überwiegend zu übernehmen, aber nur 66% der Männer schätzen den Anteil ihrer Partnerin so ein. Dafür ordnen sie sich - Ausdruck des herrschenden Partnerschaftsideals - häufiger bei der abwechselnden oder gemeinsamen Übernahme dieser Tätigkeiten ein. Frauen selbst schätzen ihre Anteile an den einzelnen Tätigkeiten um 15 bis 20 Prozentpunkte höher ein als die Männer die Anteile ihrer

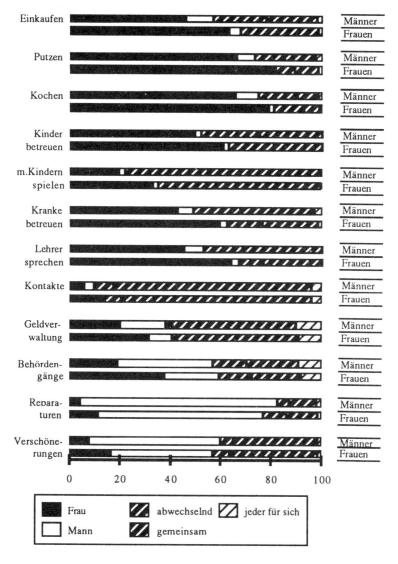

Schaubild 1
Arbeitsteilung der Befragten mit PartnerIn nach Geschlecht in %

Partnerinnen; zwar schätzen auch die Männer den eigenen Anteil an bestimmten Tätigkeiten jeweils höher ein als die Frauen den Anteil ihrer Partner, aber hier bewegen sich die Differenzen im Bereich von 5 bis 7 Prozentpunkten. Diese, zum Teil erheblichen Antwortdivergenzen sind auch in Untersuchungen zu beobachten, in denen beide Partner befragt wurden (beispielsweise HÖPFLINGER 1986), sodaß davon auszugehen ist, daß Antworten zur Zuständigkeit im Haushalt geschlechtsspezifischen Wahrnehmungsunterschieden unterliegen. HÖPFLINGER (ebenda) weist darauf hin, daß ohne direkte Beobachtung kaum festgestellt werden kann, ob Männer ihren eigenen Anteil an der Haus- und Familienarbeit tendenziell überschätzen oder Frauen deren Anteil eher unterschätzen. Hier zeigen sich auch die Grenzen des Zugangs zu familialem und Partnerschaftsverhalten über standardisierte Befragungen. Die subjektiven Wahrnehmungen von Arbeitsteilung konstituieren jeweils nur einen Teil der Realität im Zusammenleben von Paaren und sind geprägt durch das persönliche Verhältnis der Partner einerseits und durch das gesellschaftliche Geschlechterverhältnis und gesellschaftliche Geschlechtsstereotype andererseits. Sie vermitteln jedoch kein "objektives" Bild der Partnerschaft.

Für die Bildung von unterschiedlichen Typen der Arbeitsteilung haben wir die Angaben zur Arbeitsteilung in einer Partnerschaft zusammengefaßt und nach den Tätigkeiten differenziert, die im Durchschnitt überwiegend geschlechtsspezifisch ausgeführt werden (Tabelle 1):

Tabelle 1
Arbeitsteilungstyp der Befragten mit PartnerIn nach Geschlecht in %

Angaben nach Geschlecht	traditionell	überw. traditionell	eher gleich- verteilt	gleich- verteilt	Ansätze Rollent. Frau	Ansätze Rollent. Mann	total	n
Männer	19,3	40,4	18,8	2,6	3,5	15,4	100	3216
Frauen	21,2	41,6	17,7	2,1	10,7	6,7	100	4262

Drei generelle Muster der Arbeitsteilung werden zugrunde gelegt: die traditionelle Verteilung der Arbeit, die in etwa gleiche Verteilung der Arbeit und die Arbeitsteilung mit Anzeichen für einen "Rollentausch":
- Dem Arbeitsteilungstyp *Ansätze von Rollentausch* werden diejenigen Befragten zugeordnet, bei denen mindestens eine Tätigkeit von dem Partner, der traditionellerweise nicht dafür zuständig ist, übernommen wird; beispielsweise, wenn ein Mann putzt. Zusätzlich wird danach unterschieden, ob es sich um einen *Rollentausch der Frau oder des Mannes* handelt, wobei der sog. Rollentausch der Frau nur sehr behutsam ausgewertet werden kann, da dieser Typ nur Auskunft darüber gibt, ob Frauen - evtl. zusätzlich - Reparaturen in

der Wohnung vornehmen, nicht aber darüber, ob entsprechend dafür der Partner Entlastungen in klassischen weiblichen Tätigkeiten übernimmt.
- Zur Gruppe derjenigen, die die Tätigkeiten *gleichverteilt* ausführen, werden die Befragten gezählt, die Tätigkeiten abwechselnd oder gemeinsam ausführen. Als *eher gleichverteilt* sind diejenigen Befragten definiert, die einige Tätigkeiten gemeinsam oder abwechselnd ausführen. Da die Gruppe der Partner, die Tätigkeiten nur gleichverteilt, d.h. gemeinsam oder abwechselnd ausführen, nur sehr gering ist, haben wir für unsere Analyse häufig beide Gruppen zusammengefaßt.
- Befragte, bei denen alle Tätigkeiten traditionell ausgeführt werden, d.h. die Tätigkeiten der Gruppe 1 von der Frau und die Tätigkeiten der Gruppe 2 vom Mann ausgeführt werden, werden dem *traditionellen* Arbeitsteilungstyp zugeordnet. Befragte mit überwiegend traditioneller Arbeitsteilung wurden als *überwiegend traditionell* definiert.

Neben der nicht allzu überraschenden Tatsache, daß der traditionelle und überwiegend traditionell orientierte Arbeitsteilungstyp dominiert - nach Angaben der Männer mit 60, nach Angaben der Frauen mit 63 Prozentpunkten - , interessiert uns bei unserer Analyse vor allem der Typ der eher gleichverteilten Arbeitsteilung (bei den Männern 19%, bei den Frauen 18%) sowie der Arbeitsteilungstyp mit Anzeichen für einen Rollentausch des Mannes (15% aus der Sicht der Männer, 7% aus der Sicht der Frauen). Bei der Zuordnung zu den traditionellen und gleichverteilten Arbeitsmustern fällt auf, daß kaum geschlechtsspezifische Unterschiede bestehen.

3.2 Geschlechtsspezifischer Zeitaufwand in Haushalt und Kinderbetreuung

In engem Zusammenhang mit der häuslichen Arbeitsteilung steht der Zeitaufwand pro Woche, den der/die einzelne für Hausarbeit, Einkaufen, Kinderbetreuung etc. aufwendet. Der *wöchentliche Zeitaufwand* gibt Hinweise auf die zeitliche Beanspruchung der Befragten und somit auch auf ihre faktische Belastung, während die Angaben zur geschlechtsspezifischen Arbeitsteilung eher die Zuständigkeiten erfassen. Häusliche Arbeiten können gemeinsam oder abwechselnd verrichtet werden und trotzdem kann der zeitliche Aufwand für die einzelnen Partner ganz unterschiedlich sein.
Schaubild 2

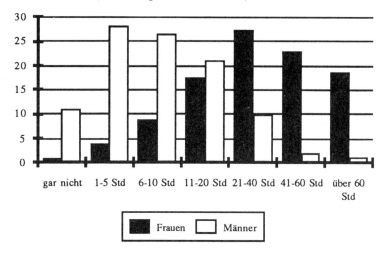

Wie Schaubild 2 zeigt, differiert der wöchentliche Aufwand für die Hausarbeit zwischen Männern und Frauen sehr stark. Während 76% der Männer mit Partnerin in der Woche zwischen 1 und 20 Stunden in Haushalt und Kindererziehung investieren, arbeiten 69% der Frauen mit Partner wöchentlich über 20 Stunden im Haushalt. Interessant ist, daß 11% der Männer (356) angeben, daß sie im Haushalt gar nichts tun. Diese Gruppe ist zu fast 70% 35 Jahre und älter und hat zu 60% einen Hauptschulabschluß. Am anderen Ende der Skala finden sich bei den Männern 12%, die mehr als 20 Stunden im Haushalt arbeiten. Sie sind zu 42% zwischen 25 und 35 Jahre alt und haben ein höheres Bildungsniveau als die Gruppe der Männer, die angibt, für den Haushalt keine Zeit zu investieren.

Erwartungsgemäß sind die Frauen, die selbst nur bis zu 10 Stunden für den Haushalt aufwenden, auch diejenigen, die zu über einem Drittel (35%) angeben, daß bei ihnen die Hausarbeit eher gleich verteilt ist; bei 14% dieser Gruppe gibt es sogar Anzeichen für einen Rollentausch des Mannes. Nimmt die Hausarbeit der Frau mehr als 20 Stunden in Anspruch, liegt die Gleichverteilung "konstant" nur noch bei 14 -bis 18 Prozentpunkten; entsprechend überwiegen dort die traditionellen bzw. überwiegend traditionellen Arbeitsteilungstypen. Insgesamt findet die Zuordnung zu den unterschiedlichen Arbeitsteilungstypen also ihre Entsprechung im geschätzten Zeitaufwand (Tabellen 11 und 12 im Anhang), auch nach den Angaben der Männer.

3.3 Geschlechtsspezifische Entscheidungsstruktur

Ein anderes Bild entsteht, wenn man die Zuständigkeiten für *Entscheidungen in Paarbeziehungen* untersucht: Hier überwiegen eher gemeinsame oder abwechselnde Zuständigkeiten, als daß deutliche geschlechtsspezifische Schwerpunkte herrschen.

Tabelle 2
Entscheidungsstruktur der Befragten mit PartnerIn nach Geschlecht in %

		Frau	Mann	gemeinsam/ abwechs.	jeder für sich	total	n
alltägliche Ausgaben	Frauen	52,6	1,1	36,9	9,4	100	4442
	Männer	27,1	7,9	51,6	13,4	100	3381
Kleidungskauf	Frauen	36,3	0,8	41,9	21,0	100	4459
	Männer	19,7	5,8	48,3	26,2	100	3411
größere Anschaffungen	Frauen	5,1	1,7	89,3	3,9	100	4400
	Männer	1,4	6,5	87,3	4,9	100	3334
Freizeitaktivitäten	Frauen	4,6	1,6	84,8	9,1	100	4399
	Männer	1,9	4,1	84,8	9,3	100	3397
Wohnungssuche/ Ortswechsel	Frauen	6,8	2,5	88,9	2,2	100	2226
	Männer	1,8	7,6	87,4	3,2	100	1738
Schulwahl	Frauen	10,5	1,0	87,5	1,1	100	2312
	Männer	4,3	2,5	92,0	1,2	100	1592
eigene berufliche Veränderungen	Frauen	24,4	1,7	49,2	24,8	100	3269
	Männer	0,6	27,6	47,2	24,6	100	2671

Wie Tabelle 2 zeigt, treten insgesamt kaum geschlechtsspezifische Unterschiede auf, was auch den Ergebnissen anderer Untersuchungen entspricht. Es bestehen jedoch offensichtlich zwei sehr unterschiedliche Entscheidungsebenen, und zwar einmal die Ebene des *Bewältigens der Alltagsanforderungen*, wie alltägliche Ausgaben und Kleiderkauf, und zum anderen die Ebene der *gravierenderen Entscheidungen*, wie größere Anschaffungen, Freizeitaktivitäten, Wohnungssuche, Ortswechsel, Schulwahl (falls Kinder vorhanden) und berufliche Veränderungen. Auf der Ebene der Alltagsanforderungen entscheiden Frauen zu einem relativ hohen Anteil (bei den alltäglichen Ausgaben entscheiden beispielsweise nach Angaben der Frauen zu 53% bzw. 36%, nach Angaben der Männer zu 27 bzw. 20%), Männer zu einem wesentlich geringeren Ausmaß. Hier liegt bei einem Drittel bis zur Hälfte der Befragten eine klare geschlechtsspezifische Aufgabenteilung vor. Die Entscheidungsstrukturen bei den alltäglichen Ausgaben sind ferner aus der Sicht der männlichen Befragten mit Partnerin deutlich anders gelagert als aus der Sicht der weiblichen Befragten mit Partner. Aus der Sicht der Männer liegt das Hauptgewicht der Entscheidungen auf gemeinsam bzw. abwechselnd, während die Frauen sich hier eher als Alleinentscheidende und Selbständighandelnde sehen, sich eher zuständig fühlen.

Ganz anders ist die Struktur beschaffen auf der Ebene der *gravierendenren Entscheidungen*. Hier wird klar gemeinsam entschieden; auch in der Einschätzung gibt es kaum Differenzen zwischen den männlichen und den weiblichen Befragten (z.B. bei größeren Anschaffungen geben 89% der befragten Frauen und 87% der befragten Männer gemeinsame Entscheidungen an). Weitreichende Entscheidungen wie berufliche Veränderungen für den einen oder anderen Partner werden ebenfalls gemeinsam getroffen und gemeinsam entschieden. Weniger stark ausgeprägt (70 %) ist diese Gemeinsamkeit übrigens bei Paaren, wenn keine Kinder da sind bzw. wenn sie in nichtehelichen Lebensgemeinschaften, aber getrennten Haushalten leben. Dort ist naturgemäß die Kategorie 'jeder für sich' bei Männern wie bei Frauen am stärksten ausgeprägt.

Interessant ist, daß bei Paaren mit dem Arbeitsteilungstyp "Ansätze Rollentausch Mann" aus männlicher Sicht Entscheidungsanteile auf den Mann übergehen zu Ungunsten von "gemeinsam/abwechselnd", während aus weiblicher Sicht bei "Ansätzen zum Rollentausch Mann" fast ausschließlich gemeinsam bzw. abwechselnd entschieden wird. Dies könnte das Pendant zur sogenannten Schlüsselgewalt bei den Frauen sein; bei Ansätzen zum Rollentausch des Mannes wird - vielleicht unbewußt - mehr Entscheidungsgewalt von den Männern eingefordert wird.

4. Traditionelle Arbeitsteilungsmuster und Ansätze zu veränderten Mustern der Arbeitsteilung

Auf dem Hintergrund der allgemeinen Erkenntnis - welche unser Datenmaterial zum wiederholten Mal bestätigt - , daß sich an der geschlechtsspezifischen Arbeitsteilung zwischen Mann und Frau bislang sehr wenig verändert hat, und dies trotz tiefgreifender Veränderungen im Lebenszusammenhang und Lebensentwurf von Frauen und trotz eines veränderten öffentlichen Bewußtseins im Hinblick auf Rolle und Arbeitsteilung zwischen Mann und Frau, soll im folgenden diese sehr banale, in ihrer Allgemeinheit aber richtige Aussage über die Zählebigkeit der geschlechtsspezifischen Arbeitsteilung daraufhin untersucht und analysiert werden, welche Bedingungsfaktoren traditionelle Arbeitsteilungsmuster fortschreiben, wo gegenläufige Trends erkennbar sind, die eine

Gleichverteilung der Hausarbeit und Kindererziehung begünstigen, und wo die Zwischenschritte auszumachen sind, die letztendlich zu einem Wandel, zu einer Veränderung führen können.

Wir konzentrieren uns dabei auf Gruppen, bei denen sich Veränderungen in der geschlechtsspezifischen Arbeitsteilung andeuten und auch aufgrund von bisherigen Forschungsergebnissen wahrscheinlich sind. Wir werden zunächst die Arbeitsteilung bei nichtehelichen Lebensgemeinschaften und bei verheirateten Paaren vergleichen und im zweiten Teil auf die Verteilung von Haushalts- und Familienaufgaben in Abhängigkeit von biographischen und familialen Lebensphasen eingehen.

4.1. Die Lebensform als Bedingungsfaktor von partnerschaftlicher Arbeitsteilung

Eine der entscheidenen Variablen für die Aufteilung der Hausarbeit ist die *derzeitige Lebensform*, die wir in drei Kategorien erfaßt haben: nichteheliche Partnerschaften ohne einen gemeinsamen Haushalt, nichteheliche Partnerschaften in gemeinsamem Haushalt sowie verheiratete Paare. Zusätzlich haben wir berücksichtigt, ob Kinder vorhanden sind.

Bei den nichtehelichen Partnerschaften mit und ohne Kindern liegt die Gleichverteilung der Hausarbeiten sehr hoch (vgl. Tabelle 3). Während in Ehen nach Angaben der Frauen der traditionelle *Arbeitsteilungstyp* mit fast 70% überwiegt, liegt dieser Anteil bei den nichtehelichen Lebensgemeinschaften mit gemeinsamen Haushalt bei 45% und bei denjenigen ohne gemeinsamen Haushalt bei 35%. Bei den nichtehelichen Lebensgemeinschaften mit gemeinsamen Haushalt ist der hohe Anteil des gleichverteilten Arbeitsteilungstyps mit fast 40% auffällig. Dieser macht bei den verheirateten Paaren nur 18% aus. In nichtehelichen Partnerschaften ohne gemeinsamen Haushalt fällt dagegen der hohe Anteil von Rollentausch auf. Es zeigt sich deutlich, daß bei nichtehelichen Lebensgemeinschaften eine starke Tendenz zu einer Entlastung der Frauen und zu einer Gleichverteilung der Hausarbeit besteht. Die Einschätzung der Männer differiert kaum von derjenigen der Frauen. Bei den nichtehelichen Lebensgemeinschaften schätzen allerdings die Männer die Arbeitsteilung als weniger traditionell ein als die Frauen und geben etwas häufiger eine Gleichverteilung an als die Frauen.

Tabelle 3
Arbeitsteilungstyp nach Lebensform und Geschlecht in %

	tradi-tionell	über-wiegend tradi-tionell	eher gleich-verteilt	gleich-verteilt	Ansätze Rollen-tausch Frau	Ansätze Rollen-tausch Mann	total	n
Angaben der Männer								
nichtehel. getrennterHh	1,3	19,4	17,1	3,2	1,9	57,1	100	310
nichtehel. gemeins. Hh	5,9	34,7	29,4	9,7	3,4	16,9	100	320
EHE	23,2	43,8	17,8	1,6	3,8	10,0	100	2577
Angaben der Frauen								
nichtehel. getrennterHh	8,5	26,8	17,3	7,2	34,3	5,9	100	306
nichtehel. gemeins. Hh	10,9	34,1	31,2	6,7	4,8	12,3	100	375
EHE	23,4	43,6	16,4	1,2	9,2	6,2	100	3573

Auch bei den einzelnen *Haushaltstätigkeiten* zeigt sich ein deutlicher Unterschied zwischen den einzelnen Lebensformen. Betrachten wir uns zunächst die Sicht der Männer, d.h. die Selbsteinschätzung der Anteile an der Hausarbeit durch die Männer (vgl. Tabelle 4 im Anhang).

Männer in sogenannten nichtehelichen Partnerschaften, die aber dennoch in getrennten Haushalten leben, sorgen vergleichbar den Singles für sich selbst, kochen, putzen, kaufen ein usw. Leben die Männer in einer nichtehelichen Partnerschaft im gleichen Haushalt wie die Partnerin, ist die Situation anders; beispielsweise kaufen 46% selbst ein bei getrenntem Haushalt, aber nur 9% im gemeinsamen Haushalt; 43% putzen selbst im getrennten Haushalt, aber nur noch 3% im gemeinsamen Haushalt. Allerdings - und dies ist das Bemerkenswerte - gehen die Arbeitsanteile nicht so sehr auf die Frauen über, wie das z.B. in der Ehe der Fall ist, sondern sehr viel eher auf 'abwechselnd' oder 'gemeinsam' (knapp unter oder über ein Drittel), sodaß die Anteile der Frauen an der Hausarbeit in den nichtehelichen Lebensgemeinschaften deutlich niedriger liegen als bei denen in der Ehe. Interessanterweise gilt Gleiches auch bei der Betreuung der Kinder; nur bei der Kategorie 'mit den Kindern spielen' holen die Ehemänner gegenüber den nichtehelichen Vätern deutlich auf. Erwähnenswert ist in diesem Zusammenhang auch, daß sich für Aufgaben wie mit dem Lehrer oder der Kindergärtnerin sprechen selbst die nichtehelichen Väter, die nicht im gleichen Haushalt mit der Partnerin leben, mehr 'gemeinsam' zuständig fühlen als die Väter in der Ehe. Bei der Verwaltung des Geldes sind sich die beiden Lebensformen Ehe und nichteheliche Lebensgemeinschaft im gleichen Haushalt sehr ähnlich, da in beiden Lebensformen die Männer zu 55% die gemeinsame Geldverwaltung proklamieren, während in der nichtehelichen Lebensgemeinschaft bei getrennten Haushalten auch die Geldverwaltung mehrheitlich (zu über 48%) jeder für sich vornimmt und nur knapp 14% dies gemeinsam tun.

Tabelle 6
Arbeitsteilungstyp nach Lebensformen, Kindern und Geschlecht in %

	tradi- tionell	über- wiegend tradi- tionell	eher gleich- verteilt	gleich- verteilt	Ansätze Rollen- tausch Frau	Ansätze Rollen- tausch Mann	total	n
Angaben der Männer								
nichtehel. getrennterHh	1,3	19,4	17,1	3,2	1,9	57,1	100	310
nichtehel. gemeins. Hh	5,9	34,7	29,4	9,7	3,4	16,9	100	320
EHE	23,2	43,8	17,8	1,6	3,8	10,0	100	2577
Angaben der Frauen								
nichtehel. getrennterHh	8,5	26,8	17,3	7,2	34,3	5,9	100	306
nichtehel. gemeins. Hh	10,9	34,1	31,2	6,7	4,8	12,3	100	375
EHE	23,4	43,6	16,4	1,2	9,2	6,2	100	3573

Soweit die Sicht der Männer - und wie sehen dies nun die Frauen (vgl. Tabelle 5 im Anhang)? Hier bestätigt sich der Eindruck, daß die Frauen überall ihren eigenen Anteil an der Hausarbeit sehr viel höher einschätzen als dies die Männer tun; gleichzeitig veranschlagen sie die Anteile ihrer Partner vor allen Dingen im Bereich der abwechselnden bzw. der gemeinsamen Übernahme von Pflichten deutlich niedriger als die Männer.

Besonders im Bereich von Kinderbetreuung und Mit-den-Kindern-Spielen sind die Diskrepanzen zwischen den Aussagen der Männer und denen der Frauen bei allen Lebensformen eklatant. Beispielsweise sind bei den Tätigkeiten 'mit Kindern spielen' oder 'mit Lehrer/Kindergärtnerin sprechen' bis zu 20 Prozentpunkte Differenz in den Einschätzungen; sagen 57% der Männer in nichtehelichen Lebensgemeinschaften mit gemeinsamer Haushaltsführung, daß sie 'gemeinsam' mit den Kindern spielen, sehen die Frauen der gleichen Gruppe dies nur zu 32%; oder bei der Kinderbetreuung: während über 39% der Männer in nichtehelichen Lebensgemeinschaften mit gemeinsamem Haushalt angeben, die Kinder 'gemeinsam' betreuen, sehen das die Partnerinnen nur zu 17%. In der Einschätzung der Arbeitsaufteilung bei der Geldverwaltung, bei der Pflege der Kontakte zu Freunden und Verwandten und bei der Betreuung von Kranken stimmen die Einschätzungen von Männern und Frauen dagegen weitgehend überein.

Die Frage, ob die Art der Lebensform vor der Heirat einen Einfluß auf die Arbeitsteilung in der Ehe hat, bringt nur einige wenige Anhaltspunkte, die hier kurz erwähnt werden sollen. Die Männer, die gleich heiraten, überlassen die Hausarbeit zu noch größeren Anteilen den Frauen als die, die vor der Ehe schon zusammengelebt haben. Die Kategorie "gemeinsam" ist über viele Tätigkeiten bei denen, die vorher schon zusammengewohnt haben, etwas häufiger vertreten als bei denen, die sofort geheiratet haben; auch bei der Kinderbetreuung bringen sich die Väter, die vor der Heirat mit ihrer Partnerin zusammengelebt haben, etwas mehr ein als die anderen. Die Zuständigkeit für die traditionellen Hausarbeiten variiert um bis zu 15%. Als Fazit könnte man sagen, Zusammenleben vor der Ehe erhöht die Chance für mehr Partnerschaft.

Ein gutes Drittel der Nichtehelichen mit gemeinsamen Haushalt hat Kinder, und auch bei den Nichtehelichen, die in getrenntem Haushalt leben, sind es immerhin noch 17%. Dies scheint ein wichtiger Hinweis darauf zu sein, daß die Ausdifferenzierung der Lebensformen, die es zusätzlich zur Ehe gibt, auch dann ihre Bedeutung behält, wenn Kinder kommen.

Wenn man die Lebensformen nochmals in direktem Zusammenhang mit den Arbeitsteilungstypen sieht und gleichzeitig nach dem Vorhandensein von Kindern variiert (Tabelle 6), bestätigt sich auch zunächst wieder, daß die Männer ihre eigene Rolle sehr viel mehr in Richtung Rollentausch und in Richtung Gleichverteilung sehen, als dies die Frauen tun. Beispielsweise sehen die Mütter in nichtehelichen Lebensgemeinschaften mit gemeinsamen Haushalt die häuslichen Arbeiten und Pflichten nur zu 23% etwa gleichverteilt, wohingegen die Väter, die auch in dieser Lebensform leben, eine gleichgewichtige Arbeitsteilung zu über 35% registrieren; auch die Einschätzung der Tendenz für einen Rollentausch der Männer liegt bei diesen Männern selbst um 10 Prozentpunkte höher als bei den Frauen. Trotz dieser geschlechtsspezifisch unterschiedlichen Einschätzungen über die Höhe der Anteile bei der häuslichen Arbeitsteilung ist unbestritten - und auch dies wurde schon in anderen Zusammenhängen erwähnt - , daß in der Lebensform Ehe die traditionelle Rollenverteilung ausgeprägter ist als in nichtehelichen Lebensgemeinschaften. Zwar gilt für alle Lebensformen, daß Kinder die Teilhabe der Männer an der häuslichen Arbeit eher reduzieren, die graduellen Unterschiede zwischen den Lebensformen im Hinblick auf die Gleichverteilung der häuslichen Arbeit sind jedoch unverkennbar: selbst die sehr viel "skeptischeren" Frauen schätzen, wenn sie nichtehelich mit ihrem Partner zusammenleben und ein Kind haben, die Gleichverteilung der häuslichen Arbeiten um 7 Prozentpunkte höher ein als die Ehefrauen mit Kind; auch die Anhaltspunkte für einen Rollentausch des Mannes werden von den nichtehelichen Frauen mit Kind um 4 Prozentpunkte höher eingeschätzt als von den Ehefrauen.

Bei nichtehelichen Lebensgemeinschaften ohne gemeinsame Wohnung wie übrigens auch bei Singles ist der Zeitaufwand am geringsten. Die Männer (94%) und Frauen (76%) arbeiten hier bis zu 20 Stunden in der Woche im Haushalt. Bei den zusammenwohnenden Partnern in nichtehelichen Lebensgemeinschaften liegt das Maximum zwischen 6 und 40 Stunden; Frauen sind

Tabelle 7
Wöchentlicher Zeitaufwand nach Lebensform, Kindern und Geschlecht in Stunden

nach Angaben der Männer		gar nicht	1-5	6-10	11-20	21-40	41-60	61 und mehr	total
Singles		18	30	28	17	6	0	0	100
Nichteheliche Paare ohne gemeinsamen Hh.		14	32	28	20	5	1	1	100
Nichteheliche Paare mit gemeinsamen Haushalt	mit Kind	6	16	24	26	23	0	3	100
	ohne Kind	6	24	39	25	5	0	1	100
	gesamt	6	22	34	25	10	2	1	100
verheiratete Paare	mit Kind	11	28	24	21	12	3	2	100
	ohne Kind	11	31	33	18	6	1	1	100
	gesamt	11	28	25	21	11	2	2	100

nach Angaben der Frauen		gar nicht	1-5	6-10	11-20	21-40	41-60	61 und mehr	total
Singles		3	18	25	22	19	7	6	100
Nichteheliche Paare ohne gemeinsamen Hh.		4	20	29	23	14	5	5	100
Nichteheliche Paare mit gemeinsamen Haushalt	mit Kind	0	2	4	25	33	22	14	100
	ohne Kind	1	13	32	41	13	1	0	100
	gesamt	1	9	22	35	20	9	5	100
verheiratete Paare	mit Kind	1	1	2	12	31	30	25	100
	ohne Kind	1	6	21	38	26	6	2	100
	gesamt	1	1	4	15	30	27	22	100

hier zu 77% vertreten und Männer zu 69%. Bei verheirateten Paaren arbeiten 79% der Frauen mehr als 20 Stunden im Haushalt. Die Männer arbeiten hier weniger als die Männer in nichtehelichen Lebensgemeinschaften, 57% zwischen 6 und 40 Stunden. Männer in nichtehelichen Partnerschaften mit gemeinsamen Haushalt arbeiten am meisten.

Betrachtet man den *wöchentlichen Zeitaufwand* im Hinblick auf die *Lebensform* (vgl. Tabelle 7), ergibt sich, daß der wöchentliche Zeitaufwand insgesamt höher ist, wenn Paare zusammenwohnen, daß Frauen generell mehr Zeitaufwand erbringen und zwar je institutionalisierter die Lebensform ist umso mehr, und daß Männer generell mehr Zeitaufwand erbringen, wenn sie unverheiratet sind.

Der Zeitaufwand bei verheirateten Vätern ist nur etwas höher als bei verheirateten Männern ohne Kinder. Der Prozentsatz derjenigen Ehemänner, die gar nichts im Haushalt tun oder bis zu fünf Stunden im Haushalt arbeiten, bleibt mit 39 bzw. 42% fast unberührt davon, ob Kinder vorhanden sind oder nicht. Anders bei nichtehelichen Lebensgemeinschaften. Hier beteiligen sich die Väter stärker am Haushalt als Männer ohne Kinder: Immerhin arbeiten 23% der Väter über 20 Stunden im Gegensatz zu 5% bei denjenigen ohne Kinder. Bei den Frauen ist in nichtehelichen Lebensgemeinschaften die Stundenbelastung sowohl mit Kindern als auch ohne Kinder jeweils geringer als bei verheirateten Frauen. Die größten geschlechtsspezifischen Unterschiede bestehen bei verheirateten Paaren. 55% der Mütter arbeiten über 40 Stunden, gegenüber 5% der Väter. 86% der Mütter arbeiten über 20 Stunden und nur 8% der Väter.

Bei der Entscheidungsstruktur zeigen sich ebenfalls deutliche Unterschiede nach den einzelnen Lebensformen, allerdings nur auf der Ebene der alltäglichen Entscheidungen (vgl. Tabelle 8 im Anhang). Nach der Selbsteinschätzung der Frauen bestehen auch bei den Entscheidungen für alltägliche Ausgaben Unterschiede zwischen nichtehelichen Lebensgemeinschaften mit gemeinsamen Haushalt und Ehen. Bei Ehen überwiegt die Zuständigkeit der Frauen mit 56%, während in den nichtehelichen Lebensgemeinschaften Frauen nur zu 27% entscheiden, dagegen 52% abwechselnd oder gemeinsam entscheiden. Das heißt, in Ehen fühlen sich Frauen für alltägliche Entscheidungen häufiger zuständig, besetzen auch eher einen traditionellen Arbeitsbereich. Ein ähnliches Bild ergibt sich auch, wenn man Frauen vergleicht danach, ob sie vor der Heirat zusammengelebt haben oder nicht. Diejenigen, die vor der Ehe nicht zusammengelebt haben, entscheiden wie verheiratete Frauen, diejenigen, die bereits vor der Ehe zusammenlebten, entscheiden seltener alleine. Differenziert man die Lebensformen nach Kindern, ergibt sich folgendes Bild: Verheiratete Frauen mit Kindern fühlen sich am häufigsten (60%) zuständig, nichteheliche mit Kindern noch zu 41%, verheiratete Frauen ohne Kinder zu 28% und nichteheliche ohne Kinder zu 20%.

Nach der Einschätzung der Männer dagegen werden alltägliche Entscheidungen in den meisten Fällen gemeinsam oder abwechselnd getroffen unabhängig von den Lebensformen, nur die verheirateten Väter sehen die Zuständigkeit ihrer Partnerin mit 37% höher. Diese unterschiedliche Einschätzung ist erstaunlich, zumal bei den größeren Entscheidungen, beispielsweise bei größeren Anschaffungen, Männer wie Frauen gleichermaßen mit ca. 90% angeben, abwechselnde oder gemeinsame Entscheidungen zu fällen.

Daß die Entscheidungen in diesem Bereich der alltäglichen Ausgaben 'jeder für sich' trifft, ist charakteristisch für die unter 25jährigen - und zwar sowohl aus männlicher wie aus weiblicher Sicht - für diejenigen in Ausbildung, für die ohne Kinder und für solche, die in nichtehelichen Lebensgemeinschaften in getrennten Haushalten leben.

In diesem Entscheidungsbereich dürften Reste von der sogenannten Schlüsselgewalt der Frauen nachwirken, die gerade diejenigen, die in einem eher traditionellen Rollenmuster leben (beispielsweise verheiratet mit Kind), nicht aus der Hand geben möchten. Es wird deutlich, daß die nichttraditionellen Lebensformen offenbar doch in höherem Maß als die traditionellen die gemeinsame bzw. abwechselnde Zuständigkeit für die Dinge des Alltags herausfordern. Interessant ist in diesem Zusammenhang, daß sich diese Unterschiede in der Lebensform zwischen ehe- und nichtehelicher Lebensgemeinschaft dann noch deutlicher herauskristallisieren, wenn Kinder da sind.

Tabelle 9
Lebensformen mit und ohne Kinder nach Alter der Frau in %

		Kinder	Keine Kinder	total	n
Nichteheliche Lebens-	18 - 24 Jahre	3,0	97,0	100	575
gemeinschaften ohne	25 - 34 Jahre	17,8	82,2	100	286
gemeinsamen Haushalt	über 34 Jahre	61,5	38,5	100	174
Nichteheliche Lebens-	18 - 24 Jahre	9,3	90,7	100	258
gemeinschaften mit	25 - 34 Jahre	32,9	67,1	100	298
gemeinsamen Haushalt	über 34 Jahre	72,3	27,7	100	166
Verheiratete Paare	18 - 24 Jahre	53,9	46,1	100	295
	25 - 34 Jahre	81,2	18,8	100	1959
	über 34 Jahre	92,1	7,9	100	3921

Bei all diesen Aussagen muß berücksichtigt werden, wie Lebensformen und Lebensalter zusammenhängen (vgl. Tabelle 9): Während das Alter der Frauen bei den nichtehelichen Partnerschaften ohne gemeinsamen Haushalt zu fast 60% unter 25 Jahren liegt, liegt es bei den nichtehelichen Partnerschaften mit gemeinsamem Haushalt mit fast 80% bei unter 35 Jahren. Bei verheirateten Paaren liegt das Alter der Frau zu 32% zwischen 25 und 35 Jahren und zu 64% zwischen 35 und 55 Jahren, das heißt, daß bei den bisher dargestellten Ergebnissen auch das Lebensalter zum Tragen kommt. Bei Ehen mit und ohne Kindern ist der Arbeitsteilungstyp entsprechend auch umso traditioneller, je älter die Partner sind, und zwar sowohl in der Einschätzung der Frauen wie der Männer. In der Altersgruppe der bis zu 25-jährigen Verheirateten ohne Kinder ist die Arbeitsteilung ähnlich wie bei den nichtehelichen Paaren; die nichtehelichen Paare ohne Kinder zeigen insgesamt die am wenigsten traditionelle Arbeitsteilung. Hier schlägt dann wieder die Lebensform durch.

4.2. Familienzyklische und biographische Bedingungen (Alter, Schulbildung, Erwerbstätigkeit) der Arbeitsteilung

Wenden wir uns nun der *Kinderzahl und den Familienphasen* als weiteren Variablen zu, wobei nochmals darauf verwiesen sei, daß keine"echten" Entwicklungen dargestellt werden können. Berücksichtigt werden sollte zudem, daß Hausarbeiten sich von Inhalt und Bedeutung her verändern können, je nachdem in welcher Lebensphase sich die Befragten befinden. Beispielsweise hat Kochen als "nervtötende" tägliche Routinetätigkeit für eine Frau mit kleinen Kindern einen anderen Stellenwert als für eine Frau ohne Kinder, die mit dem Partner freier entscheiden kann, ob sie Lust zum Kochen haben oder nicht.

Als wichtigstes muß festgestellt werden, daß die Anzahl der Kinder die geringe Beteiligung der Männer an der Hausarbeit nicht verändert, weder in bezug auf die Zuständigkeit noch auf die Hausarbeitszeit. Die Zahl der Kinder erhöht jedoch die Arbeitsanteile der Frau, besonders an den sogenannten klassischen Hausarbeiten, und dies auch aus der Sicht des Mannes. Wenn keine Kinder da sind, erfolgt aus der Sicht der Frauen die Arbeitsteilung "annähernd gleichverteilt" bei 33%. Mit Kindern sinkt sie ab auf 16% und auch bei erwerbstätigen Frauen mit Kindern sinkt die "annähernd gleichverteilte" Arbeitsteilung auf 19%.

Auch bei der Betrachtung des Familienzyklus, der sich in sieben Phasen gliedert, ist ein deutlicher Bruch zu sehen: zwischen "keine Kinder" und "Kinder unter drei Jahren" liegt die annähernd gleichverteilte Aufgabenteilung noch bei 24% und sinkt dann ab auf 19% bei drei- bis fünfjährigen Kindern und auf knapp 15% bei sechs- bis vierzehnjährigen Kindern, das heißt je älter die Kinder sind, umso geringer ist die Gleichverteilung und umso traditioneller der Typ der Arbeitsteilung. Die Aufteilung der Hausarbeiten und Alltagsroutinen findet zunehmend funktional differenziert statt, wobei die Hauptlast von der Frau zu tragen ist. Auch mit zunehmender Ehedauer nimmt die Gleichverteilung immer mehr ab. Ähnliches gilt für den Arbeitseilungstyp "Ansätze für Rollentausch Mann". Die höchsten Prozentzahlen (zwischen 11 und 15%) sind beim Familienzyklus in der Phase ohne Kinder und bei einer Ehedauer bis zu einem Jahr zu finden.

Die Zeitbudgetierung der Männer wird ebenfalls zum größeren Teil von der Tatsache, daß sie Kinder haben, kaum tangiert. Eine Ausnahme ist lediglich der Familienzyklus mit kleinen Kindern unter 3 Jahren. Bei den 25- bis 35jährigen Männern ist der größte Zeitaufwand zu verzeichnen und auch der geringste Anteil derer, die sich gar nicht am Haushalt beteiligen. In diese Altersgruppe fallen überwiegend diejenigen Väter mit kleinen Kindern. Bei zunehmendem Alter der Kinder fällt die Zeitaufwandskurve sanft bis zum

Alter der Kinder von 14 Jahren und sackt danach deutlich ab: nur noch knapp 17% der Männer geben ihren wöchentlichen Zeitaufwand mit 11 - 40 Stunden an. Allerdings ist ab dem Alter der Kinder von 25 Jahren und der sog. Empty-Nest-Phase wiederum ein leichter Anstieg im wöchentlichen Zeitaufwand der Männer zu verzeichnen. Ob im Haushalt/in der Familie Kinder leben oder nicht, macht beim Zeitaufwand des Mannes kaum ins Auge springende Unterschiede. Das gleiche gilt, wenn die Frau erwerbstätig ist - sowohl mit als auch ohne Kinder. Auch hier verschiebt sich der Zeitaufwand des Mannes nur geringfügig.

Im Ergebnis bedeutet dies, daß Kinder die traditionelle Arbeits- und damit auch die Rollenteilung im Haushalt verstärken und dies trotz Erwerbstätigkeit der Frauen. Auch dann, wenn die Frau voll erwerbstätig ist, ändert sich an dieser Arbeitsverteilung kaum etwas. Die Konsequenz, die die Frauen daraus ziehen, ist, daß sie offenbar schon bei der Wahl ihres Berufes und ihrer Ausbildung die Vereinbarkeitschancen abzuchequen versuchen, und daß die Frauen, die solche Berufe wählen, in denen auch Teilzeit möglich ist, dann auch die meisten Erwerbsjahre zusammenbekommen (vgl. KRÜGER u. a. 1989).

Dieser Bruch in der Gleichverteilung der Hausarbeit, wie er sich in unserer Querschnittsbetrachtung zeigt, wurde schon in der Bielefelder Paneluntersuchung von SIMM (1987) festgestellt; sie hat diesen "Rückfall" der Frauen in traditionelle Rollenmuster unabhängig vom Bildungsgrad und der Zugehörigkeit zur sozialen Schicht bei fast allen von ihr untersuchten Frauen festgestellt.

Wir haben die Familienphasen nun nach weiblichen Altersgruppen differenziert; die Phase mit Kindern unter drei Jahren konzentriert sich mit 73% auf Frauen im Alter zwischen 25 und 35 Jahren, und diejenige mit Kindern von drei bis fünf Jahren zu 63% in dieser Altersgruppe. Dies bedeutet, daß in den Lebensjahren 25 bis 35 für Frauen immer noch die Hauptkinderphase liegt; allerdings schon mit bemerkenswerten "Ausreißergruppen" nach oben und nach unten; an dieser Stelle wollen wir auf zwei Gruppen eingehen, von denen angenommen werden könnte, daß sie unterschiedliche Formen der Arbeitsteilung aufweisen (vgl. Tabelle 10):

Die eine Gruppe ist diejenige der sogenannten *"späten Mütter"*, d.h. die Gruppe von Frauen mit 35 Jahren und älter, deren jüngste Kinder unter drei Jahre alt sind. Diese Gruppe macht 13% der Frauen mit Kleinkindern aus und weist mit 135 Frauen nur eine geringe Fallzahl auf, ist aber unter dem Gesichtspunkt des Aufspürens von neuen Trends und Entwicklungen vielleicht nicht uninteressant. Ähnliches gilt für die *"frühen Mütter"*, d.h. Frauen im Alter zwischen 18 und 25 Jahren, deren jüngste Kinder unter drei Jahre sind; sie haben am Gesamtsample der Mütter mit kleinen Kindern ebenfalls einen Anteil von 13% und ebenfalls eine geringe Fallzahl von 138.

Beim vorsichtigen Vergleich dieser beiden Gruppierungen werden zwei gravierende Unterschiede deutlich: die sogenannten "späten Mütter" haben fast doppelt so oft die Hochschulreife wie die übrigen Frauen mit Partner; die "frühen Mütter" liegen mit ihrem Anteil am Schulabschluß Abitur 11 Prozentpunkte unter den anderen Frauen (13% gegenüber 24%). Dieser in allen einschlägigen Untersuchungen deutlich erkennbare Zusammenhang zwischen Bildungsstand und Kinderabstinenz zeigt sich an diesen beiden Gruppierungen besonders eindrucksvoll. Je höher die Bildung, umso wahrscheinlicher ist das Hinausschieben des Kinderwunsches oder auch der späte Entschluß, doch noch Kinder haben zu wollen; und auf der anderen Seite, je schlechter die schulische Qualifikation, umso eher und umso früher ist die Entscheidung bzw. das Hinnehmen einer Schwangerschaft. Bei der Erwerbstätigkeit ergibt sich ein ähnliches, aber nicht so deutliches Bild. Späte Mütter sind häufiger erwerbstätig als frühe Mütter (33% gegenüber 21%) und weniger häufig Hausfrauen (67% gegenüber 75%). Die Unterschiede sind jedoch nicht so gravierend, wie sie aufgrund der Lebensphase und des Bildungsniveaus der späten Mütter zu erwarten wären. Dies läßt den Schluß zu, daß auch Frauen mit einem überdurchschnittlich hohen Bildungsniveau, die sich erst spät für eine Mutterschaft entscheiden oder aus medizinischen Gründen erst spät Mütter werden, sich in der Kleinkindphase voll für das Muttersein entscheiden.

Es stellt sich nun die Frage, inwieweit sich zwischen den Müttertypen bei der Arbeitsteilung Unterschiede zeigen. Im Hinblick auf die Arbeitsteilung ergeben sich erstaunlicherweise kaum Unterschiede zwischen den späten Müttern und den frühen Müttern. Die Vermutung, daß späte Mütter in sehr viel höherem Maße in partnerschaftlichen Beziehungen und Lebensformen gleichrangiger Arbeitsverteilung anzutreffen sind, bestätigt sich nicht: der traditionelle Arbeitsteilungstyp ist bei den späten Müttern genauso stark vertreten wie bei den frühen Müttern, wobei dies in dieser Lebensphase für die älteren Mütter einen anderen Stellenwert haben mag. Die bewußte Entscheidung für ein Kind fällt in der Regel aus einer materiell eher abgesicherten Position. Die häusliche Arbeitsteilung bleibt oft nicht nur auf die Partner allein beschränkt, sondern läßt auch Spielraum für andere Lösungen (z. B. Drittbetreuung). Das Vorhandensein von Kindern scheint bildungs- und schichtunabhängig zu signalisieren, daß die Zuständigkeit für Heim, Herd und Kinder jetzt im wesentlichen an die Frauen übergeht; Männer selbst schlüpfen allenfalls in helfende Funktionen. Keine Unterschiede zwischen den beiden *Mütter typen* treten auch beim Zeitaufwand, den die Väter und Mütter für die Hausarbeit investieren, und bei der Entscheidungsstruktur auf. Bei den alltäglichen Anforderungen scheint interessanterweise die Tendenz zu bestehen, daß die Männer der späten Mütter doppelt so häufig eine alleinige Zuständigkeit der Frau angeben als diejenigen der frühen Mütter.

Immer wieder überraschend ist, daß auch die *Erwerbstätigkeit der Frauen* die Abstinenz der Männer an der Hausarbeit kaum verringert. Allenfalls beim Einkaufen können sich die erwerbstätigen Frauen mehr Hilfe von den Männern erwarten. Bemerkenswert ist auch, daß sich bei den erwerbstätigen Frauen und deren Partnern die Einschätzung der Beteiligung der Männer an der Betreuung und dem Spiel mit den Kindern nicht nennenswert unterscheidet - anders als bei den übrigen Männer-Frauen-Vergleichen. Was die Geldverwaltung anbelangt, so wird diese aus der Sicht der Frauen sehr viel häufiger von

ihnen selbst übernommen als aus der Sicht der Männer, dies unabhängig davon, ob die Frauen erwerbstätig oder Hausfrauen sind.
Wenn Frauen erwerbstätig sind, verteilen sich die Aufgaben im Haushalt aus der Sicht der Frauen selbst mehr von ihnen weg auf die Kategorien 'gemeinsam' bzw. 'abwechselnd'. Und dies nicht nur im Bereich der Kinderbetreuung und des Spielens mit Kindern, sondern auch in einer so klassischen Tätigkeit wie Putzen. Konkret liegt die Beteiligung der Männer von erwerbstätigen Frauen - nach Aussage der Frauen - um bis zu 10 Prozentpunkte höher als bei den Männern der Hausfrauen. Es verlagern sich demnach die Belastungen der Hausarbeit nicht direkt von der Frau auf den Mann, sondern von der Frau auf 'abwechselnd' bzw. 'gemeinsam,' d.h., der Mann bringt sich zusammen mit seiner Partnerin in diese z.t. ungeliebten Arbeiten zwar ein, aber Verantwortung und Zuständigkeit bleiben doch überwiegend bei den Frauen. Der Zeitaufwand für den Haushalt ist bei Männern mit erwerbstätiger Partnerin kaum höher als bei Männern mit nicht erwerbstätiger Partnerin.
Besonders deutlich werden die geschlechtsspezifisch unterschiedlichen Arbeitsbelastungen im Haushalt bei Paaren, bei denen beide Partner voll erwerbstätig (über 35 Stunden) sind und bei denen gleichzeitig Kinder vorhanden sind (vggl. KROMBHOLZ in diesem Reader): 60% der Frauen wenden hier zusätzlich zu ihrer Erwerbstätigkeit über 20 Stunden für den Haushalt und die Kinder auf. Dagegen wenden 62% der Männer nur unter 10 Stunden im Haushalt auf.
Im Hinblick auf die *Einstellung zur Erwerbstätigkeit der Frauen*, auch mit Kindern unter 3 Jahren, läßt sich kaum ein Zusammenhang zwischen Einstellung und tatsächlicher Verhaltensweise erkennen, da die knapp 13%, die für eine Teilzeitarbeit der Frauen votieren, sich kaum im Zeitaufwand von der großen Masse derer unterscheiden, die glauben, daß Mütter mit Kindern unter 3 Jahren nicht erwerbstätig sein sollten. Die wenigen knapp 2%, die für eine volle Erwerbstätigkeit der Frau votieren, liegen zwar in ihrem wöchentlichen Zeitaufwand deutlich über allen anderen, aber knapp 2% sind eben nicht sehr aussagekräftig.
Die 150 Frauen, die eine Ausbildung machen, fallen aus all diesen Schemata heraus. Sie haben Partner, die sich deutlich mehr als alle anderen an der Hausarbeit beteiligen; Geldverwaltung, Behördengänge erledigt noch jeder für sich, und auch klassische Arbeiten wie Kochen und Putzen werden zu einem ungleich höheren Prozentsatz als bei den übrigen gemeinsam bzw. abwechselnd erledigt. Hier schlägt sicher auch der Alterseffekt durch.
Wenn man sich die Arbeitsteilung in Abhängigkeit vom *höchsten Schulabschluß* betrachtet, fällt auf, daß die Frauen allgemein umso weniger im Haushalt tun, je höher ihr Schulabschluß ist. Beispielsweise gibt die Frau mit Abitur nur zu 54 % an, daß sie putzt, die Frau mit Hauptschulabschluß aber zu 74 %. Ausnahmen sind hier lediglich die Tätigkeiten Kinderbetreuen und mit den Kindern spielen, diese werden unabhängig vom Bildungsgrad von allen Frauen in gleicher Weise wahrgenommen. Diese Bereiche sind aber auch

Tabelle 10
Späte und Frühe Mütter nach Bildung, Erwerbstätigkeit, Arbeitsteilung

		späte Mütter	frühe** Mütter mit Partner	alle Frauen
höchster Schulabschluß	Hauptschule	36,5	58,5	48,0
	Mittlere Reife	25,4	27,0	27,2
	Abitur	38,1	12,7	23,8
	ohne Abschluß	0,0	1,8	1,0
Erwerbstätigkeit	erwerbstätig	32,8	20,8	54,7
	in Ausbildung	0,0	44,0	6,9
	Hausfrau	67,2	75,2	38,4
total		131	148	8322

		späte Mütter		frühe Mütter	
		Männer	Frauen	Männer	Frauen
Arbeitsteilungstypen	traditionell	18,2	22,8	18,8	16,7
	eher tradit.	47,3	44,3	45,8	42,0
	eher gleichvert.	18,2	12,7	27,1	22,0
	gleichverteilt	0,0	1,3	2,1	3,8
	Rollentausch Mann	5,5	10,2	4,2	8,0
	Rollentausch Frau	10,9	8,8	2,1	7,5
Entscheidungsstruktur	allt. Ausgaben				
	Frau	41,8	52,5	22,9	47,8
	Mann	1,8	1,3	2,1	0,0
	abw./gemeinsam	52,7	40,0	68,8	44,4
	jeder für sich	3,6	52,5	6,2	7,7
	gr. Anschaffungen				
	Frau	1,8	2,5	2,1	6,7
	Mann	5,5	2,5	4,2	1,1
	abw./gemeinsam	92,7	93,8	93,8	90,2
	jeder für sich	0,0	1,3	0,0	1,1
Arbeitszeit im Haushalt	gar nicht	1,8	0,0	2,1	0,0
	1 - 5 Std	16,4	2,3	16,7	0,0
	6 -10 Std	20,0	0,0	27,1	0,0
	11 -20 Std	23,6	6,3	22,9	11,1
	21 -40 Std	25,5	11,2	18,8	17,8
	41-60 Std	5,5	35,0	10,4	35,6
	61 und mehr Std	7,3	46,2	2,1	35,6
	n	55	80	58	90

* jüngstes Kind unter 3 Jahren, Frau 35 Jahre und älter
** jüngstes Kind unter 3 Jahren, Frau zwischen 18 und 24 Jahren

wie bereits an anderer Stelle erwähnt - diejenigen, in denen sich die männlichen Partner am häufigsten einbringen . Erwähnenswert ist noch, daß die Einschätzung der *Männer* über deren Anteil an der Arbeitsteilung offenbar mit dem Bildungsgrad zusammenhängt: je niedriger der Schulabschluß ist, umso höher schätzen sie ihre Anteile an der gemeinsamen Erledigung häuslicher Arbeiten.

Bei der *Hausarbeitszeit* sind im Gegensatz zu den Männern auch bei den Frauen leichte Unterschiede erkennbar, die aber durchaus auch mit dem Familienzyklus und mit dem Alter zusammenhängen können: 14% der Frauen mit Abitur investieren 41 bis 60 Stunden in die Hausarbeit, während es bei den Frauen mit Hauptschulabschluß oder ohne irgendeinen Abschluß 25% sind. Ähnliche Tendenzen zeigen sich bei den Entscheidungen: Es sind vor allem die nichterwerbstätigen Frauen mit Kindern, die zu zwei Dritteln die alleinige Entscheidungsgewalt bei sich selbst sehen, sowie Frauen über 35 Jahre, Frauen mit Kindern, vor allem älteren Kindern, und Frauen, die schon länger verheiratet sind. Wohingegen die erwerbstätigen Frauen, vor allem die ohne Kinder, und die Frauen ohne Kinder den Akzent in den Entscheidungen auf die Gemeinsamkeit bzw. das Abwechselnde legen. Auch der höchste Bildungsabschluß der Frau wirkt sich auf die Zuständigkeit für alltägliche Entscheidungen aus. Je niedriger der Bildungsstand ist, umso häufiger entscheiden Frauen bei den alltäglichen Ausgaben.

5. Schlußbemerkung

Was also kann es zum Thema Arbeitsteilung im häuslichen Bereich schon groß Neues geben? Seit vielen Jahren bestätigen unterschiedlichste Untersuchungen in Nuancen immer wieder das gleiche. Die geschlechtsspezifische Arbeitsteilung verändert sich allenfalls von Seiten der Frauen, weil diese mehr in den Erwerbsbereich drängen und auch kontinuierlicher erwerbstätig sind. Die Frage also, ob die Akzeptanz eines breiteren Fächers von Lebensformen auch zu einer Veränderung in der häuslichen Arbeitsteilung führt, muß - so platt gestellt - zunächst mit einem klaren "Nein" beantwortet werden. Das traditionelle Modell der Arbeitsteilung herrscht insbesondere dann vor, wenn ein Paar Kinder bekommt; dann "müssen" die Männer Karriere machen, das bedeutet Kinder reduzieren eher die Teilhabe der Männer an den häuslichen Arbeiten, und auch die Anzahl der Kinder ändert an diesem Sachverhalt nichts. Auch die banale Aussage, daß Hausarbeit nach wie vor Frauensache ist, kann nach diesen neuesten Ergebnissen nur wieder bestätigt werden. Zwar nehmen sich Väter dieser Generation deutlich mehr Zeit für die Kinder, worin ein Bedeutungswandel und ein mehr emotionales Sich-Einlassen in den Lebensvorstellungen der Männer erkennbar ist. Dessen ungeachtet bleiben Alltag und die Routine von Kindererziehung und Kinderbetreuung bei der Frau. Klar ist auch, daß es einen direkten Zusammenhang gibt zwischen den unterschiedlichen Typen von traditioneller bis gleichverteilter Arbeitsteilung und dem

Zeitaufwand, der in die Hausarbeit investiert wird: je traditioneller, desto weniger Zeit investiert der Mann und desto mehr Zeit investiert die Frau. Dabei ist es schon einer Erwähnung wert, daß 11% aller Männer angeben, daß sie im Haushalt überhaupt nichts tun - es sind dies eher die über 35jährigen mit niedrigem Schulabschluß. Am anderen Ende der Skala sind es 12%, vor allem jüngere Männer mit höherem Bildungsniveau, die angeben, mehr als 20 Stunden im Haushalt mitzuarbeiten.

Die unterschiedliche Einschätzung der Anteile an der Haus- und Familienarbeit durch Männer und Frauen ist besonders erwähnenswert. Frauen schätzen überall ihren eigenen Anteil an der Hausarbeit höher ein als die Männer dies tun; gleichzeitig veranschlagen sie die Anteile ihrer Partner, vor allem im Bereich der abwechselnden bzw. der gemeinsamen Übernahme häuslicher Pflichten, deutlich niedriger als die Männer. Auf Grund der Anlage der Untersuchung ist zwar nicht feststellbar, ob die Frauen den Anteil der Männer unter- oder die Männer ihren Anteil überschätzen oder von beidem etwas mitspielt. Es wird aber klar, daß in dieser Hinsicht zwischen Frauen und Männern noch ein Aushandlungsbedarf besteht, daß die Frauen sich offenbar in ihrer jetzigen Situation deutlich belasteter einschätzen, während die Männer aus ihrer Sicht glauben, sehr viel mehr in die innerfamiliale Arbeitsteilung einzubringen. Dieses Auseinanderklaffen der gegenseitigen Einschätzungen ist übrigens unabhängig von der Lebensform und bezieht sich im wesentlichen auf die Bereiche Kinderbetreuung und Hausarbeit.

Wenn auch die Grundaussage gilt "im Haushalt nichts Neues", so liegen - wie so oft - die interessanten Ergebnisse im Detail: Auf der Suche nach den Bedingungsfaktoren für traditionelle Arbeitsteilungsmuster bzw. danach, wo gegenläufige Trends erkennbar sind, die eher eine Gleichverteilung von Hausarbeit und Kindererziehung begünstigen, wurden wir in bescheidenem Umfang fündig. Die Lebensform Ehe begünstigt traditionelle Arbeitsteilungsmuster in höherem Maß als die nichteheliche Lebensgemeinschaft. Dieser Zusammenhang bleibt auch bestehen, wenn Kinder kommen. Gleichwohl muß gesehen werden, daß diejenigen, die in einer ehelichen Lebensgemeinschaft leben, im Schnitt älter sind als diejenigen, die in einer nichtehelichen Lebensgemeinschaft leben, sodaß hier auch die in anderem Zusammenhang deutlichen Unterschiede im Lebensalter zum Tragen kommen. Weitere Faktoren der ungleichen Verteilung von Hausarbeit sind Schulabschluß und Alter.

Bei der Betrachtung des Familienzyklus sind ebenfalls deutliche Unterschiede erkennbar: sind keine Kinder vorhanden oder die Kinder unter drei Jahren alt, liegt die annähernd gleichverteilte Aufgabenteilung noch bei 24% und sinkt dann in der Familienphase mit 6 bis 14jährigen Kindern auf 15% ab. Die Gleichverteilung wird immer geringer und die Arbeitsteilung immer traditioneller. Im Ergebnis bedeutet dies, daß Kinder die traditionelle Arbeits- und damit Rollenteilung im Haushalt verstärken; dies gilt auch in nicht-ehelichen Lebensgemeinschaften. Selbst wenn beide Partner voll erwerbstätig sind und Kinder haben, ändert sich an dieser Arbeitsverteilung kaum etwas. Auch die späten Mütter übernehmen die traditionelle Rolle der Hausfrau genauso wie die frühen Mütter, auch der Entschluß zu späten Mutterschaft schützt also wenig vor traditioneller Arbeitsteilung.

Kein Land in Sicht? Zwar löst sich die sogenannte weibliche Normalbiographie auf, doch an deren Stelle tritt in dem bis dahin als "normal" zugeschriebenen Aufgabenbereich der Frau kaum Entlastung ein; doppelter weiblicher Lebensentwurf ist auf absehbare Zeit immer noch auch doppelte und dreifache Belastung für die Frauen.

Tabellenanhang

Tabelle 4 Zuständigkeit in Haushalt und Familie aus der Sicht der befragten Männer mit Partnerin nach Lebensform

		Frau	Mann	abwechselnd	gemeinsam	jeder für sich	total	n
Einkaufen	NEL/nicht Hh	6,7	46,2	16,3	14,2	16,6	100	331
	NEL Hh	21,9	8,8	37,4	31,6	0,3	100	329
	EHE	54,4	6,7	19,0	19,8	0,2	100	2596
Putzen	NEL/nicht Hh	11,2	43,5	14,2	10,9	20,2	100	331
	NEL Hh	41,1	3,1	29,4	26,4	0,0	100	326
	EHE	76,6	2,9	9,4	10,9	0,2	100	2556
Kochen	NEL/nicht Hh	15,2	42,2	16,7	11,2	14,6	100	329
	NEL Hh	44,5	8,8	30,0	16,7	0,0	100	330
	EHE	75,3	4,4	13,7	6,4	0,2	100	2591
Kinder betreuen	NEL/nicht Hh	17,6	20,6	29,4	29,4	2,9	100	34
	NEL Hh	24,2	6,1	30,3	39,4	0,0	100	66
	EHE	51,5	2,0	22,6	23,8	0,1	100	1616
Kranke betreuen	NEL/nicht Hh	8,3	20,8	26,4	27,8	16,7	100	72
	NEL Hh	26,0	8,0	32,0	32,0	2,0	100	50
	EHE	48,1	4,2	16,4	29,7	1,5	100	669
Lehrer sprechen	NEL/nicht Hh	28,1	21,9	12,5	37,5	0,0	100	32
	NEL Hh	31,5	16,7	9,3	40,7	1,9	100	54
	EHE	46,9	6,8	15,7	30,4	0,2	100	1372
m. Kindern spielen	NEL/nicht Hh	11,4	17,1	25,7	45,7	0,0	100	35
	NEL Hh	9,0	3,0	3,0	56,7	1,5	100	67
	EHE	20,2	2,3	32,9	43,8	0,8	100	1504
Kontakte	NEL/nicht Hh	1,5	17,9	6,5	59,7	14,4	100	464
	NEL Hh	2,7	4,0	9,2	79,3	4,9	100	328
	EHE	6,9	1,6	7,4	81,8	2,3	100	2581
Geldverwaltung	NEL/nicht Hh	2,2	35,9	0,0	13,7	48,2	100	446
	NEL Hh	10,2	10,8	1,5	55,0	22,5	100	333
	EHE	24,1	16,2	2,7	54,8	2,2	100	2598
Behördengänge	NEL/nicht Hh	3,0	39,8	3,9	9,1	44,3	100	440
	NEL Hh	14,1	22,8	13,2	30,3	19,5	100	333
	EHE	22,5	39,4	14,9	21,5	1,7	100	2602
Reparaturen	NEL/nicht Hh	1,9	75,6	4,2	7,2	11,1	100	361
	NEL Hh	4,6	76,2	5,2	13,4	0,6	100	328
	EHE	4,4	79,0	5,0	10,9	0,6	100	2579
Verschönerungen	NEL/nicht Hh	4,1	56,4	3,5	25,9	10,2	100	344
	NEL Hh	7,5	41,3	7,8	42,9	0,6	100	322
	EHE	8,4	53,2	4,8	33,4	0,2	100	2528

Tabelle 5   Zuständigkeit in Haushalt und Familie aus der Sicht
            der befragten Frauen mit Partner

		Frau	Mann	abwech-selnd	gemein-sam	jeder für sich	total	n
Einkaufen	NEL/nicht Hh	51,8	1,9	15,4	14,8	16,2	100	371
	NEL Hh	43,0	8,4	22,7	25,3	0,5	100	379
	EHE	66,3	4,5	14,0	15,1	0,1	100	3617
Putzen	NEL/nicht Hh	59,7	0,8	9,4	14,2	15,9	100	372
	NEL Hh	59,3	0,5	17,8	21,6	0,8	100	371
	EHE	85,4	1,0	6,1	7,5	0,0	100	3544
Kochen	NEL/nicht Hh	55,1	4,0	14,8	14,2	11,8	100	372
	NEL Hh	56,5	3,7	25,5	13,5	0,8	100	377
	EHE	83,8	1,9	9,8	4,4	0,0	100	3601
Kinder betreuen	NEL/nicht Hh	60,4	2,0	17,8	18,8	1,0	100	101
	NEL Hh	51,9	2,9	26,9	17,3	1,0	100	104
	EHE	61,7	1,9	17,3	19,0	0,1	100	2366
Kranke betreuen	NEL/nicht Hh	48,6	1,4	17,6	20,3	12,2	100	74
	NEL Hh	44,2	1,9	21,2	30,8	1,9	100	52
	EHE	61,3	3,1	12,9	21,8	0,9	100	1006
Lehrer sprechen	NEL/nicht Hh	77,2	1,1	7,6	14,1	0,0	100	92
	NEL Hh	75,3	1,2	6,2	16,0	1,2	100	81
	EHE	63,3	2,9	10,4	23,4	0,0	100	2022
m.Kindern spielen	NEL/nicht Hh	50,5	0,0	14,4	35,1	0,0	100	97
	NEL Hh	32,0	4,0	31,0	32,0	1,0	100	100
	EHE	32,1	2,3	27,3	37,9	0,4	100	2233
Kontakte	NEL/nicht Hh	21,4	0,2	5,8	57,2	15,4	100	449
	NEL Hh	7,5	0,8	7,8	76,7	7,2	100	373
	EHE	12,3	1,4	6,2	78,0	2,2	100	3574
Geldverwaltung	NEL/nicht Hh	36,5	0,9	1,4	13,2	48,0	100	433
	NEL Hh	15,6	4,0	2,9	48,8	28,8	100	379
	EHE	32,5	11,0	2,3	52,1	2,1	100	3619
Behördengänge	NEL/nicht Hh	41,4	3,7	4,4	7,7	42,8	100	428
	NEL Hh	24,6	10,3	11,4	23,5	30,2	100	378
	EHE	38,2	26,0	14,0	20,0	1,9	100	3612
Reparaturen	NEL/nicht Hh	30,3	34,6	11,8	11,5	11,8	100	347
	NEL Hh	6,5	64,5	13,4	15,3	0,3	100	372
	EHE	9,9	68,7	8,5	12,3	0,7	100	3562
Verschönerungen	NEL/nicht Hh	33,6	17,6	8,9	26,8	13,1	100	336
	NEL Hh	11,5	34,2	7,9	46,2	0,3	100	366
	EHE	14,9	43,5	6,3	34,9	0,3	100	3488

Tabelle 8   Entscheidungsstruktur der Befragten mit Part-
             nerIn bei alltäglichen Ausgaben nach Lebensform

nach Angaben der Männer		Frau	Mann	abwechselnd/ gemeinsam	jeder für sich	total	n
NEL nicht in einem Haush.		0,7	36,7	16,8	45,9	100	447
NEL in einem Haushalt		10,8	5,4	64,0	19,8	100	333
EHE		33,8	3,3	56,0	7,0	100	2601
NEL vor Ehe		28,2	3,8	58,7	9,1	100	339
gleich Ehe		36,6	3,3	54,9	5,2	100	1396
Alter der Frau	unter 25	6,4	15,9	45,3	32,4	100	497
	25 bis unter 35	19,9	7,3	57,5	15,4	100	1068
	35 und älter	37,5	5,7	50,2	6,6	100	1721
Alter Befragte	unter 25	5,3	19,3	36,5	38,9	100	285
	25 bis unter 35	15,2	9,5	56,8	18,5	100	1060
	35 und älter	36,4	5,5	51,0	7,1	100	2036
NEL in Haushalt	mit Kind	17,6	9,8	62,7	9,8	100	102
	ohne Kind	7,8	3,5	64,5	24,2	100	231
EHE	mit Kind	37,2	3,5	53,8	5,6	100	2206
	ohne Kind	14,7	2,5	68,1	14,7	100	395

nach Angaben der Frauen		Frau	Mann	abwechselnd/ gemeinsam	jeder für sich	total	n
NEL nicht in einem Haush.		45,4	0,5	10,6	43,6	100	443
NEL in einem Haushalt		27,4	1,1	52,4	19,2	100	380
EHE		56,1	1,2	38,5	4,1	100	3619
NEL vor Ehe		46,3	0,6	44,9	7,6	100	481
gleich Ehe		59,6	1,4	36,4	2,7	100	2096
Alter	unter 25	31,8	0,2	41,0	27,1	100	510
	25 bis unter 35	47,5	0,6	40,4	11,6	100	1428
	35 und älter	59,7	1,6	34,1	4,5	100	2504
NEL in Haushalt	mit Kind	40,7	0,7	46,4	12,1	100	140
	ohne Kind	19,6	1,3	55,8	23,3	100	240
EHE	mit Kind	59,9	1,2	35,6	3,3	100	3192
	ohne Kind	28,1	1,4	60,2	10,3	100	427

Tabelle 11   Arbeitsteilungstyp nach Angaben der Männer in %

		tradi- tionell	über- wiegend tradit.	eher gleich verteilt	gleich- verteilt	Ansätze Rollent. Frau	Ansätze Rollent. Mann	total	n
Kinder- anzahl	keine Kinder	6,7	32,2	24,6	6,1	3,3	27,2	100	886
	Kinder	24,1	43,6	16,7	1,3	3,5	10,9	100	2330
	- 1 Kind	22,5	43,2	17,9	2,0	3,1	11,3	100	797
	- 2 Kinder	24,7	43,2	17,3	1,1	2,9	10,8	100	1035
	- 3 und mehr K	25,2	45,0	18,8	0,6	5,4	10,4	100	498
Familien- zyklus	keine Kinder	6,7	32,2	24,6	6,1	3,3	27,2	100	886
	unter 3 J.	17,9	44,6	23,1	1,8	2,9	9,8	100	386
	3 - 5 J.	20,6	45,5	16,7	2,7	2,3	12,1	100	257
	6 - 14 J.	26,5	43,7	17,2	0,7	4,2	7,8	100	600
	15 - 17 J.	29,3	47,5	10,1	0,5	4,0	8,6	100	198
	18 - 24 J.	26,9	47,8	11,1	0,3	2,7	11,1	100	297
	ab 25 J.	18,5	37,0	37,0	0,0	3,7	3,7	100	27
	empty nest	25,0	34,8	14,6	1,5	4,9	19,2	100	328
Ehedauer	0 - 1 Jahr	9,3	41,6	31,2	4,1	1,7	12,1	100	173
	2 - 6 Jahre	16,5	41,1	22,8	4,7	3,6	11,3	100	443
	7 - 11 Jahre	19,4	43,3	21,2	1,3	4,0	10,8	100	372
	12 - 16 Jahre	25,3	44,6	17,9	1,1	2,5	8,7	100	368
	17 - 21 Jahre	26,5	48,5	14,7	0,8	3,1	6,4	100	388
	22 - 26 Jahre	29,9	43,3	9,0	0,8	6,0	11,2	100	268
	27 - 50 Jahre	29,2	43,7	13,1	0,0	4,9	9,1	100	373
Alter der Partnerin	bis unter 25 J	6,8	34,8	26,2	8,1	2,5	21,7	100	397
	25 bis unter 35	14,9	38,5	23,8	3,9	2,6	16,2	100	1025
	35 und älter	25,2	42,6	14,5	0,7	4,1	13,0	100	1701
Erwerbs- tätigkeit	erwerbstät.	14,8	37,8	21,0	3,3	2,9	20,2	100	1704
	Ausbildung	3,5	21,1	28,9	9,2	2,1	35,2	100	142
	Hausfrau	27,7	47,0	14,4	0,7	4,1	6,1	100	1221
Erwerbs- tätigkeit der Frau	erw. mit Ki	20,3	40,7	18,3	1,9	3,0	15,9	100	1041
	erw. ohne K	6,2	33,2	25,2	5,4	2,9	27,1	100	663
	nicht e mit K	28,1	47,2	14,3	0,5	3,9	6,1	100	1168
	nicht e ohne K	18,9	43,4	17,0	3,8	9,4	7,6	100	53
Arbeits- zeit in Stunden	unter 19,5	-	-	-	-	-	-		4
	19,5 - 34,5	10,9	30,4	15,2	2,2	4,4	37,0	100	46
	über 35	20,7	42,2	18,5	1,8	3,6	13,3	100	2784
Arbeitszeit Partnerin	bis 20 Std	24,9	43,9	16,3	2,4	2,7	9,8	100	410
	über 20 Std	11,6	36,0	22,6	3,6	3,1	23,1	100	1267
höchste Schul- bildung	Abitur	10,9	36,1	23,5	5,0	3,3	21,3	100	801
	mittl. Reife	15,7	40,9	19,9	2,3	5,0	16,3	100	606
	Hauptschule	25,1	42,2	16,5	1,4	2,9	11,9	100	1550
	kein Abschluß	26,3	42,1	15,8	0,0	7,9	7,7	100	38

Tabelle 12   Arbeitsteilungstyp nach Angaben der Frauen in %

		tradi-tionell	überwieg. tradi-tionell	eher gleich verteilt	gleich-verteilt	Ansätze Rollent. Frau	Ansätze Rollent. Mann	total	n
Kinder-anzahl	keine Kinder	9,9	33,2	27,0	6,3	11,6	12,0	100	868
	Kinder	24,1	43,7	15,4	1,0	10,4	5,4	100	3394
	- 1 Kind	22,7	41,6	18,1	1,4	10,5	5,8	100	1102
	- 2 Kinder	24,8	45,6	13,4	0,8	10,4	5,0	100	1518
	- 3 und mehr K	24,7	43,2	15,5	1,0	10,2	5,4	100	774
Alter	bis unter 25 J	9,8	31,7	31,4	6,2	10,3	10,6	100	417
	25 bis unter 35	18,1	40,8	22,1	3,1	10,1	5,8	100	1375
	35 und älter	24,9	43,7	13,0	0,9	11,0	6,6	100	2470
Familien-zyklus	keine Kinder	9,9	33,2	27,0	6,3	11,6	12,0	100	868
	unter 3 J.	19,9	42,1	22,2	1,8	8,3	5,8	100	618
	3 - 5 J.	20,2	44,8	17,7	1,4	11,1	4,8	100	440
	6 - 14 J.	26,7	43,6	14,1	0,7	10,7	4,2	100	1004
	15 - 17 J.	28,3	40,7	14,8	1,0	9,8	5,4	100	297
	18 - 24 J.	25,6	44,9	11,0	0,9	11,0	6,6	100	454
	ab 25 J.	31,9	38,9	12,5	0,0	12,5	4,2	100	72
	empty nest	21,4	46,4	12,1	1,0	11,4	7,8	100	412
Ehedauer	0 - 1 Jahr	12,3	37,9	29,1	2,0	5,4	13,3	100	203
	2 - 6 Jahre	18,0	41,8	23,6	2,7	8,3	5,6	100	555
	7 - 11 Jahre	22,1	43,9	18,5	0,9	9,9	4,8	100	547
	12 - 16 Jahre	25,6	42,3	15,0	1,2	9,7	6,2	100	515
	17 - 21 Jahre	25,4	47,8	12,2	0,6	9,3	4,7	100	515
	22 - 26 Jahre	28,4	42,4	13,2	0,6	8,5	6,9	100	363
	27 - 50 Jahre	26,7	45,0	11,7	0,7	10,0	5,9	100	682
Erwerbs-tätigkeit	erwerbstät.	18,1	38,7	21,4	2,9	9,7	9,2	100	2046
	Ausbildung	3,2	22,0	35,4	11,0	15,0	13,4	100	127
	Hausfrau	26,4	46,4	12,3	0,3	11,3	3,3	100	1824
Erwerbs-tätigkeit der Frau mit Kind	erw. mit Ki	21,9	40,5	18,7	1,6	9,7	7,5	100	1426
	erw. ohne K	9,4	34,5	27,4	6,0	9,7	13,1	100	620
	nicht e mit K	26,5	46,2	12,5	0,3	11,2	3,4	100	1757
	nicht e ohne K	25,4	50,7	7,5	0,0	14,9	1,5	100	67
Arbeits-zeit in Stunden	unter 19,5	24,7	39,6	21,6	1,6	7,8	4,7	100	255
	19,5 - 34,5	22,5	41,1	20,5	2,0	8,1	5,8	100	689
	über 35	13,6	37,0	22,1	3,9	11,0	12,5	100	1077
höchste Schul-bildung	Abitur	9,6	36,6	26,7	6,0	11,8	9,3	100	655
	mittl. Reife	18,6	44,9	18,6	2,4	10,1	5,4	100	1108
	Hauptschule	24,0	41,5	16,1	1,1	10,8	6,5	100	1636
	kein Abschluß	14,3	42,9	17,9	3,6	10,7	10,7	100	28

Heinz Krombholz

Arbeit und Familie: Geschlechtsspezifische Unterschiede in der Erwerbstätigkeit und die Aufteilung der Erwerbstätigkeit in der Partnerschaft

1. Einleitung
2. Die Erwerbssituation von Männern und Frauen

2.1 Die Ausbildungssituation
2.2 Die Erwerbsbeteiligung
2.3 Die Stellung im Beruf
2.4 Die Arbeitsbedingungen

3. Die Erwerbstätigkeit in der Partnerschaft

3.1 Die Erwerbssituation in der Partnerschaft bei verheirateten und nicht verheirateten Paaren
3.2 Erwerbstätigkeit in der Partnerschaft und Familienzyklus
3.3 Erwerbsbeteiligung in der Partnerschaft und Ausbildung
3.4 Aufteilung von Erwerbs- und Hausarbeit
3.5 Erwerbstätigkeit in der Partnerschaft und Einkommen
3.6 Die Einstellung zur Erwerbstätigkeit und die Erwerbssituation in der Partnerschaft

4. Zusammenfassung und Schlußfolgerung

Tabellenanhang

1. Einleitung

Neben der besonderen Bedeutung für den Einzelnen hat die Erwerbsarbeit von Männern und Frauen in den westlichen Industriegesellschaften einen erheblichen Einfluß auf die Lebensbedingungen in Partnerschaften und Familien, gerade auch im Zusammenhang mit dem sich abzeichnenden Strukturwandel in der Arbeitswelt (vgl. BERTRAM & BORRMANN-MÜLLER 1989, NOLL 1984). Daher sind Wechselwirkungen zwischen Arbeit und Familie seit längerem ein permanentes Diskussionsthema in wissenschaftlichen ebenso wie in öffentlichen Auseinandersetzungen. Dabei werden die Auswirkungen auf die Sozialisationsleistungen der Familie insbesondere seit dem Entstehen der "schichtenspezifischen Sozialisationsforschung" ebenso thematisiert wie die Auswirkungen auf die Ehegattenbeziehung und die Umverteilung von Erwerbs- und Familientätigkeit.

Probleme der Vereinbarkeit von Familie und Beruf werden bislang vorwiegend im Hinblick auf Frauen diskutiert, wobei wiederum die mütterliche Erwerbstätigkeit stark im Vordergrund steht. Die Fokussierung auf mütterliche, außerhäusliche Erwerbstätigkeit ist nicht verwunderlich, da sich hier in den letzten Jahrzehnten die größten Wandlungsprozesse abgespielt haben: Während sich die weibliche Erwerbstätigkeit in Deutschland nach dem 2. Weltkrieg insgesamt kaum verändert hat (von ca. 36 auf 38 Prozent, BERTRAM & BAYER 1984, TÖLKE 1987), ist ein deutlicher Anstieg in der Erwerbsquote verheirateter Frauen festzustellen. In einer Analyse der Erwerbsquote zwischen 1961 und 1981 stellen Bertram & Bayer 1984 fest, daß der Anteil erwerbstätiger Ehefrauen in diesem Zeitraum um 9 Prozent auf 41.4 Prozent zugenommen hat und daß Mütter in allen Lebensphasen der Kinder verstärkt dazu tendieren, einer Erwerbsarbeit nachzugehen. Die stärkste Zunahme kann bei Müttern mit Kindern im Alter von 10 bis 15 Jahren beobachtet werden, so daß es absolut und relativ immer mehr schulpflichtige Kinder mit einer erwerbstätigen Mutter gibt (vgl. auch STATISTISCHES BUNDESAMT, 1990).

Trotz der stärkeren Beteiligung von Frauen am Arbeitsleben bleibt die Trennung des Arbeitsmarktes in männliche und weibliche Bereiche bestehen. Dies betrifft sowohl die Verteilung auf die verschiedenen Berufe und Branchen (horizontale Segregation) als auch auf verschiedene Hierarchien (vertikale Segregation), wobei die attraktiveren Arbeitsbereiche vorwiegend von Männern besetzt werden (LAPPE 1981). Darüber hinaus manifestiert sich die Benachteiligung der Frauen im Beruf in einer niedrigeren Entlohnung, geringeren beruflichen Entwicklungsmöglichkeiten und Aufsteigschancen - selbst bei gleicher formaler Qualifikation, einem höheren Arbeitsmarktrisiko und einer deutlich geringeren Beteiligung an Leitungs- und Gestaltungsfunktionen (MAIER 1991).

Ebenfalls hat sich die Verteilung der Aufgaben in der Familie durch die Zunahme der Erwerbstätigkeit der Frauen und Mütter kaum verändert. Auch wenn sie erwerbstätig ist, trägt die Frau weiterhin die Hauptlast der Hausarbeit, sie übernimmt zusätzlich zu ihren traditionellen reproduktiven Aufgaben auch produktive Aufgaben (vgl. z.b. die Zusammenfassung bei KRÜSSELBERG, AUGE & HILZENBECHER 1986).

Zur Erklärung der Benachteiligung von Frauen in der Arbeitswelt werden sowohl die Logik des Marktes, Profit-Gewinn-Maximierung auf Betriebsebene, individuelle Nutzenmaximierung und feministische Ansätze herangezogen (vgl. MAIER 1991). Zum einen wird vorwiegend auf Defizite im Verhalten der Frauen selbst verwiesen, die zu sehr auf die Familie konzentriert sind und die eigene Berufsausbildung und Karriere vernachlässigen, oder die Benachteiligung wird auf die Diskriminierung durch die Arbeitgeber zurückgeführt. Feministische Ansätze betonen die Verwobenheit der Gesellschaft und der Geschlechterverhältnisse und weisen nachdrücklich darauf hin, daß Geschlechterungleichheit keinen Bereich einer Gesellschaft ausklammert.

Unseres Erachtens sollten bei Erklärungsansätzen der Benachteiligung von Frauen im Erwerbsleben die unterschiedliche Zeit, die Männer und Frauen für das Erwerbsleben aufwenden können, nicht unberücksichtigt bleiben (vgl. z.B. GEISSLER & PFAU 1980, RIEKEN 1989) - wobei jedoch im einzelnen erklärungsbedürftig ist, warum Männer und Frauen dies tun. Im Durchschnitt ist bereits die schulische und berufliche Ausbildung von Frauen kürzer als die von Männern, mit Rücksicht auf die Familie arbeiten Frauen eher teilzeit und sind bereit, ihre bezahlte Erwerbstätigkeit zugunsten der unbezahlten Hausarbeit völlig aufzugeben. Diese Bereitschaft bleibt mit Sicherheit nicht ohne Auswirkung auf die eigene Lebensplanung, in der der Beruf oft hinter den Bedürfnissen der Familie zurücktritt, und auf die geringeren Karrierechancen, denen sich Frauen, die mit der Hypothek eines frühen Ausstiegs aus dem Erwerbsleben belastet sind, gegenübersehen.

Der folgende Beitrag versucht, eine differenzierte Beschreibung der Erwerbstätigkeit von Männern und Frauen vor allem unter dem Aspekt der Partnerschaftssituation und der Familienentwicklung zu leisten, wobei die soziale Ungleichheit und die unterschiedliche Zeitverwendung bei Männern und Frauen angesprochen werden. Viele Fragen, die die sozialen Unterschiede zwischen den Geschlechtern betreffen, lassen sich nur vor dem Hintergrund der Aufgabenteilung bezüglich Erwerbs- und Hausarbeit in der Ehe bzw. Partnerschaft beantworten, wobei Partnerschaft oder Familie als ökonomische Handlungseinheit aufgefaßt werden, in der Konsum, Haushaltsproduktion, Marktproduktion und das Humanvermögen der Mitglieder optimal aufgeteilt werden (KRÜSSELBERG, AUGE & HILZENBECHER 1986, S. 85). Daher nimmt die Frage nach der Aufteilung der Erwerbsarbeit in der Partnerschaft eine ganz zentrale Stelle ein, wobei sich unsere Analysen nicht mehr ausschließlich auf das Individuum beschränken, das in einer Partnerschaft lebt, sondern die Partnerschaft selbst zum Gegenstand haben. Da wir uns nicht auf die Familie im klassischen Sinne beschränken, werden hierbei Paare berücksichtigt, die zusammen wohnen, unabhängig davon, ob sie miteinander verheiratet sind oder nicht. Es wird erwartet, daß die Aufteilung der Erwerbstätigkeit in der Partnerschaft mit dem formal-rechtlichen Status der Beziehung und dem Familienzyklus variiert und Zusammenhänge mit dem Einkommen und der Ausbildung bestehen.

Da traditionelle Rollendefinitionen auch für die Aufteilung der Erwerbsarbeit in der Partnerschaft an Bedeutung verlieren, kommt der Analyse der Interaktion zwischen der Einstellung zur Erwerbstätigkeit und der gelebten Situation in der Partnerschaft oder Familie in Abhängigkeit vom Vorhandensein und dem Alter der Kinder eine besondere Bedeutung zu. Dabei wird erwartet, daß keineswegs in allen Partnerschaften die gewünschte Aufteilung der Erwerbstätigkeit auch realisiert werden kann und Wunsch und Wirklichkeit auseinanderklaffen. Derartige Analysen der Interaktion von Einstellungs- und Handlungsebene sind - auf der Individualebene - anhand von Daten der amtlichen Statistik nicht möglich und wurden bisher auch von der Umfrageforschung kaum geleistet.

2. Die Erwerbssituation von Männern und Frauen

Bevor wir uns der für uns wesentlichen Frage nach der Aufteilung der Erwerbstätigkeit in Partnerschaft und Familie zuwenden, soll im folgenden Abschnitt zunächst die Erwerbssituation der 18- bis 55jährigen Männer und Frauen in der Bundesrepublik, differenziert nach unterschiedlichen Altersgruppen, dargestellt werden. Gleichzeitig sollen Zusammenhänge der Erwerbssituation mit dem Familienstand, dem Vorhandensein und der Anzahl und dem Alter der Kinder, also der Familienphase oder dem Familienzyklus, aufgezeigt werden. Im Zusammenhang mit der Ungleichheit von Männern und Frauen kommt der beruflichen Stellung eine besondere Bedeutung zu.

2.1 Die Ausbildungssituation

Schulische Ausbildungsabschlüsse sind eine notwendige Voraussetzung für den Zugang zu bestimmten, in der Regel höherbewerteten beruflichen Ausbildungsinstitutionen, schulische und berufliche Ausbildungsabschlüsse können als Ressourcen für den Arbeitsmarkt und damit als Bedingungen für den aktuellen Erwerbsstatus betrachtet werden. Eine Beschreibung der Erwerbsbeteiligung von Männern und Frauen sollte daher die schulische und die berufliche Ausbildung mitberücksichtigen.

Hinsichtlich der schulischen Ausbildung hat in den letzten 30 Jahren in der Bundesrepublik Deutschland ein erheblicher Wandel stattgefunden; so hat sich die Zahl der Schulabgänger mit Hochschul- oder Fachhochschulabschluß in diesem Zeitraum mehr als verdreifacht. Der Unterschied in den Schulabschlüssen von Männern und Frauen hat sich im gleichen Zeitraum stark vermindert:

1968 betrug der Anteil der Frauen an den Schulabgängern mit Hochschuloder Fachhochschulreife 37 Prozent, 1988 bereits 46 Prozent (Angaben jeweils Statistisches Jahrbuch).

Für die schulischen Abschlüsse können diese Ergebnisse der Amtsstatistik im wesentlichen auch in unserer Untersuchung bestätigt werden. Unterschiede zwischen Männern und Frauen zeigen sich vor allem bei den mittleren und den höheren Schulabschlüssen: Von den Männern haben 21 Prozent Mittlere Reife, 8 Prozent einen Fachhochschulabschluß und 20 Prozent Abitur, bei den Frauen haben 30 Prozent Mittlere Reife, dagegen nur 5 Prozent einen Fachhochschulabschluß und 14 Prozent Abitur. Neben den generellen Unterschieden zwischen Männern und Frauen zeigen sich deutliche Alterseffekte und eine klare Wechselwirkung zwischen Geschlecht und Alter, die als Auswirkung der nicht unerheblichen Veränderungen im Bildungsbereich in den letzten Jahren interpretiert werden können. In den jüngeren Altersgruppen ist der Anteil der Personen mit mittlerem oder höherem Bildungsabschluß deutlich höher und der Unterschied zwischen den Geschlechtern hinsichtlich der Bildungsabschlüsse deutlich geringer. Bei den 45- bis 55jährigen haben fast doppelt soviele Männer wie Frauen Abitur (13 vs. 7 Prozent), bei den 18- bis 25jährigen ist der Anteil der Abiturienten bei Männern und Frauen fast gleich hoch (27 vs. 24 Prozent, vgl. Anhang, Tabelle K.1).

Der häufigste berufliche Abschluß ist mit fast 50 Prozent die Lehre, wobei 25 Prozent eine gewerbliche und 22 Prozent eine kaufmännische oder Verwaltungslehre absolviert haben. 19 Prozent haben keinen beruflichen Abschluß, einen Fachhochschul- oder Hochschulabschluß haben 10 Prozent. Kaum überraschen dürfte, daß sich deutliche Unterschiede zwischen den Berufsabschlüssen von Männern und Frauen zeigen. Doppelt so viele Frauen wie Männer haben keinen beruflichen Abschluß, die gewerbliche Lehre ist eher "Männersache" (Männer: 38%, Frauen: 15%), die kaufmännische Lehre dagegen "Frauensache" (Männer: 11%, Frauen: 30%). Große Unterschiede zugunsten der Männer bestehen zusätzlich beim Berufsfachschulabschluß und beim Abschluß als Meister oder Techniker. Einen Fachhochschul- oder Hochschulabschluß haben erwartungsgemäß mehr Männer (14%) als Frauen (8%, vgl. Anhang, Tabelle K.2).

Vergleicht man die beruflichen Abschlüsse für Männer und Frauen und für verschiedene Geburtsjahrgänge, so ist der deutliche Rückgang der Frauen ohne beruflichen Ausbildungsabschluß von über einem Drittel bei den 44- bis 55jährigen auf 19 Prozent bei den 25- bis 34jährigen bemerkenswert. Bei den Männern ist der Anteil der Personen ohne Abschluß in allen Altersgruppen mit ca. 10 Prozent dagegen konstant. Der Trend zu höheren Bildungsabschlüssen zeigt sich bei Männern und Frauen, allerdings bleiben beim Fachhochschul- und beim Hochschulabschluß die Frauen auch in den jüngeren Altersgruppen hinter den Männern zurück. Bei den 45- bis 55jährigen haben 16 Prozent der Männer gegenüber 6 Prozent der Frauen einen Fachhochschul- oder Hochschulabschluß, bei den 35- bis 44jährigen 21 Prozent der Männer und 12 Prozent der Frauen. - Bei den 25- bis 34jährigen ist der Anteil der Hochschulabsolventen insgesamt geringer, da sich in dieser Altersgruppe viele Personen noch in der Hochschulausbildung befinden (vgl. Anhang, Tabelle K.3).

2.2 Die Erwerbsbeteiligung

Die Erwerbsbeteiligung von Männern ist weitgehend unbeeinflußt vom Familienstand, dem Vorhandensein von Kindern und der eigenen Ausbildung (sieht man vom besonderen Ereignis der Arbeitslosigkeit ab). Dagegen ist die Erwerbsbeteiligung von Frauen von starken Veränderungen im Lebenszyklus geprägt. Dabei spielt die Phase der "Familienerweiterung", also die Geburt eines Kindes, eine ganz entscheidende Rolle. Dagegen hat die Eheschließung kaum noch einen Einfluß auf die Erwerbstätigkeit der Frau. Allerdings besteht bei Frauen ein offensichtlicher Zusammenhang zwischen Erwerbsbeteiligung und Ausbildung.

Zeigen sich wesentliche Veränderungen der Erwerbsbeteiligung in den letzten 20 Jahren bei den Männern fast ausschließlich in den jüngeren und älteren Altersgruppen (Stichworte: verlängerte Ausbildung, früherer Ruhestand), so hat die Erwerbsbeteiligung von Frauen in diesem Zeitraum - trotz der wachsenden Probleme auf dem Arbeitsmarkt - gerade auch im mittleren Alter erheblich zugenommen (STATISTISCHES BUNDESAMT 1990). Besonders deutlich zeigt sich der Anstieg der Erwerbstätigkeit bei den jüngeren Frauen mit Kindern. So hat sich die Erwerbsquote von jungen Ehefrauen (zwischen 15 und 35 Jahren) mit Kindern in der Bundesrepublik Deutschland von 37.1 Prozent im Jahre 1972 auf 45.1 Prozent im Jahre 1987 erhöht. Im gleichen Zeitraum stieg dagegen die Erwerbsquote der Ehefrauen (jünger als 35) ohne Kinder nur um 2.8 Prozent auf 87.3 Prozent (STATISTISCHES BUNDESAMT 1990, S. 44). Hinsichtlich der Erwerbsquote der Ehefrauen zeigt sich ein deutlicher Zusammenhang mit dem Vorhandensein und dem Alter der Kinder: Ist das jüngste Kind noch keine drei 3 Jahre alt stehen - im Jahre 1987 - 39 Prozent der Ehefrauen im Erwerbsleben, ist das jüngste Kind 3 bis 6 Jahre sind es bereits 44 Prozent; ist das jüngste Kind 6 bis unter 15 Jahre beträgt die Erwerbsquote 50 Prozent (STATISTISCHES BUNDESAMT 1990, S. 46).

In welcher beruflichen Situation sich die Personen der Gesamtstichprobe, aufgeschlüsselt nach Alter und Geschlecht, befinden, ist in Tabelle 2.1 dargestellt. In allen Altersgruppen ist der Anteil der Erwerbstätigen bei den Männern deutlich höher als bei den Frauen, mit Ausnahme der jüngsten Altersgruppe (18-24 Jahre). In dieser Altersgruppe liegt die Erwerbsquote der Frauen mit 46 Prozent sogar geringfügig höher als die der Männer (44%). Naturgemäß ist der Anteil der Personen, die sich in beruflicher Ausbildung befinden, in dieser Altersgruppe relativ hoch und bei den Männern höher als bei den Frauen (36 vs. 31%). Durch den höheren Anteil der Männer, die sich noch in einer Ausbildung befinden, und durch die Wehr- und Zivildienstleistenden, läßt sich der höhere Anteil der Erwerbstätigen bei den Frauen in der Altersgruppe der 18- bis 24jährigen erklären. Bei den Frauen zeigt sich ein monotoner Anstieg der nicht erwerbstätigen Hausfrauen mit zunehmendem Alter, und zwar von 11 Prozent in der jüngsten Altersgruppe auf 45 Prozent bei den 45- bis 55jährigen.

Tabelle 2.1:
Die berufliche Situation für verschiedene Altersgruppen getrennt für Männer und Frauen

	Männer				Frauen			
	18-24	25-34	35-44	45-55	18-24	25-34	35-44	45-55
erwerbstätig	43.9	81.1	94.7	88.9	46.1	50.1	53.4	47.6
in Ausbildung	36.2	11.3	.7	.2	31.3	4.6	.9	.1
arbeitslos	4.1	4.1	2.3	3.3	5.7	3.3	2.5	2.4
nicht erwerbstätig	.1	.1	.4	.8	10.5	37.6	40.2	44.8
Wehr/Zivildienst	7.8	.4	-	-	-	-	-	-
Rentner/Pensionär	.1	.2	1.1	5.6	-	.2	.6	3.3
sonstiges	7.7	2.8	.7	1.2	6.4	4.2	2.3	1.7
N	754	1394	1074	1274	840	1679	1420	1503

Den stärksten Einfluß auf die Erwerbssituation von Frauen hat das Vorhandensein und auch das Alter von Kindern. Dagegen haben Kinder keinen entscheidenden Einfluß auf die Erwerbstätigkeit der Männer.

In Tabelle 2.2 ist die berufliche Situation der Frauen in Abhängigkeit vom "Familienzyklus" dargestellt. Dabei verwenden wir ein Konzept von Familienzyklus, das sich an dem jeweils jüngsten Kind im Haushalt orientiert. Es wurden folgende Situationen unterschieden: es sind keine Kinder vorhanden, das jüngste Kind ist jünger als 3 Jahre, 3 bis 6 Jahre, im Schulalter (6-14 Jahre), älter als 14 Jahre und das jüngste Kind hat den Haushalt der Mutter bereits verlassen (die sogenannte "empty nest" Phase). Bei dieser Tabelle sollte beachtet werden, daß bei den Frauen, die keine Kinder haben, auch die unverheirateten Frauen enthalten sind und daß bei den Frauen mit Kindern auch ledige, geschiedene und verwitwete Mütter berücksichtigt wurden.

Tabelle 2.2:
Berufliche Situation und Familienzyklus für Frauen

	keine Kinder	jüngstes Kind ist				empty nest
		<3	3-5	6-14	>14	
erwerbstätig	64.3	27.8	38.4	46.8	50.6	47.7
in Ausbildung	20.5	1.8	.4	1.1	.2	.6
arbeitslos	5.2	2.8	2.1	2.1	1.9	3.7
nicht erwerbstätig	4.4	61.6	56.8	47.2	44.1	40.4
sonstiges	5.6	6.0	2.3	2.9	3.2	7.6
N	1580	670	484	1141	937	512

Der Anteil der Frauen, die sich in einer beruflichen Ausbildung befinden, erwerbstätig oder arbeitslos sind, beträgt bei den kinderlosen Frauen insgesamt 90 Prozent, sobald Kinder vorhanden sind, ändert sich die Erwerbssituation drastisch; solange das jüngste Kind jünger als 6 Jahre ist, sind etwa 60 Prozent der Mütter nicht berufstätig. Mit zunehmendem Alter des jüngsten Kindes nimmt der Anteil der Hausfrauen ab; ist das jüngste Kind im Schulalter, sind 47 Prozent der Mütter Hausfrauen, ist das jüngste Kind älter als 14 Jahre, 44 Prozent, und nachdem das jüngste Kind den Haushalt der Mutter verlassen hat, sind immer noch 40 Prozent der Mütter nicht erwerbstätig.

Aber nicht nur die Erwerbsbeteiligung, sondern auch der Umfang der jeweils ausgeübten Erwerbstätigkeit, gemessen an der wöchentlichen Arbeitszeit, variiert mit der Phase des Familienzyklus. Einer Vollzeitarbeit von mehr als 35 Stunden gehen 91 Prozent der erwerbstätigen Frauen ohne Kinder nach, 8 Prozent dieser Frauen arbeiten zwischen 19.5 und 34.5 Stunden und 1 Prozent weniger als 19.5 Stunden (vgl. Tabelle 2.3). Bei den erwerbstätigen Müttern mit einem Kind im Alter bis zu 14 Jahren arbeiten etwas mehr als ein Drittel (38%) vollzeit, die meisten (41%) zwischen 19.5 und 34.5 Stunden, 21 Prozent unter 19.5 Stunden. Ist das Kind älter als 14 Jahre nimmt der Anteil der vollzeit Erwerbstätigen zu, der Anteil derjenigen, die weniger als 19.5 Stunden arbeiten, dagegen ab. Diese Tendenz zur Vollzeitarbeit und zur Abnahme der Teilzeitarbeit mit geringem zeitlichem Umfang (weniger als 19.5 Stunden) nimmt bei den Müttern noch zu, deren Kinder den Haushalt bereits verlassen haben.

Tabelle 2.3:
Wöchentliche Arbeitszeit der Frauen (in Stunden) in Abhängigkeit vom Familienzyklus

	keine Kinder	jüngstes Kind ist			empty nest
		<3	3-5	6-14	>14	
unter 19.5 Stdn	1.4	20.8	22.0	21.0	11.5	7.5
19.5 - 34.5 Stdn	8.1	41.5	40.7	42.0	45.5	41.3
35 und mehr Stdn	90.5	37.7	37.4	36.9	43.0	51.3
N	1008	183	182	528	470	240

Vergleicht man das Ausmaß der Erwerbstätigkeit bei den Frauen in verschiedenen Phasen des Familienzyklus in Abhängigkeit von der schulischen Ausbildung, so zeigt sich ein deutlicher Zusammenhang: In allen Phasen, mit Ausnahme der "empty nest" Phase, liegt der Anteil der Erwerbstätigen bei Frauen mit Abitur oder Fachhochschulabschluß über der der Frauen mit Hauptschulabschluß (vgl. Tabelle 2.4). Besonders auffallend ist dieser Unterschied bei den Frauen, deren jüngstes Kind noch nicht in die Schule geht; bei den Frauen mit Hauptschulabschluß ist in diesem Falle nur etwa ein Viertel (27%), bei den Frauen mit Abitur fast die Hälfte (49%) erwerbstätig.

Tabelle 2.4:
Anteil der erwerbstätigen bezogen auf die nichterwerbstätigen Frauen in Abhängigkeit von der schulischen Ausbildung (Hauptschulabschluß vs. Abitur und Fachhochschulreife) in verschiedenen Phasen des Familienzyklus

	keine Kinder	jüngstes Kind ist			empty nest
		<3	0-5	6-14	>14	
Hauptschule	93.4	20.7	34.0	45.9	54.3	57.6
Abitur	97.2	45.3	57.7	76.6	66.2	55.6
N	554	330	243	592	453	226

Insgesamt stimmen unsere Ergebnisse zur Erwerbsbeteiligung der Frauen in Abhängigkeit vom Familienstand und Familienzyklus recht gut mit den Angaben der amtlichen Statistik überein, dies gilt ganz besonders für die auch von uns gefundenen deutlich höhere Erwerbsbeteiligung der besser ausgebildeten Frauen mit Kindern (vgl. STATISTISCHES BUNDESAMT 1990).

2.3 Die Stellung im Beruf

Wir konnten bereits zeigen, daß sich die beruflichen Ausbildungsabschlüsse von Männern und Frauen nicht unerheblich unterscheiden, wobei Männer immer noch höhere Abschlüsse erreichen. Entsprechend kann erwartet werden, daß sich auch für die Stellung im Beruf Differenzen zwischen den Geschlechtern finden. Die Stellung im Beruf wurde in unserer Untersuchung anhand einer Liste mit 25 beruflichen Positionen abgefragt. Zur weiteren Auswertung wurde diese Liste in Anlehnung an die Berufsklassifikation nach FEATHERMAN & HAUSER (1978) vereinfacht. Einzelheiten zur Berufsklassifikation nach Featherman und zu dem daraus resultierenden Berufsklassenmodell sind im Beitrag "Familie und soziale Ungleichheit" in diesem Band ausführlich dargestellt.

Das zur weiteren Auswertung herangezogene Berufsklassenmodell beinhaltet sieben Berufsklassen: an- und ungelernte Arbeiter/innen, einfache Beamte/innen und Angestellte, mittlere Beamte/innen und Angestellte, Dienstleistungsklasse II (Beamte/innen des gehobenen Dienstes, Angestellte mit selbständigen Leistungen in verantwortlicher Tätigkeit), technische Berufe (Industrie- und Werkmeister/innen, Vorarbeiter/innen und Meister/innen), Kleine Selbständige (Selbständige mit bis zu 9 Mitarbeitern, Selbständige Landwirte, Mithelfende Familienangehörige), Dienstleistungsklasse I (Akademische Freie Berufe, Selbständige mit mehr als 9 Mitarbeitern, Beamte/innen des höheren Dienstes, Richter/innen, Angestellte mit umfassenden Führungsaufgaben und Entscheidungsbefugnissen).

In Tabelle 2.5 ist dargestellt, wie sich Männer und Frauen auf die o.g. Berufsklassen verteilen. Bei Frauen, aber auch bei Männern, die zum Befragungszeitpunkt nicht mehr berufstätig waren, wurde die zuletzt innegehabte berufliche Position berücksichtigt. Es wird deutlich, daß Frauen überproportional in den niedrigeren Berufsklassen vertreten sind, besonders stark bei den einfachen Angestellten und Beamten sowie bei den un- und angelernten Arbeitern. Besonders deutlich ist der Unterschied zwischen Männern und Frauen bei den sogenannten technischen Berufen. Somit können die Erwartungen bestätigt werden, daß trotz der stärkeren Beteiligung der Frauen am Arbeitsleben die Trennung des Arbeitsmarktes in männliche und weibliche Bereiche bestehen bleibt, und dies sowohl für die Verteilung auf die verschiedenen Berufe als auch auf die verschiedenen Hierarchien gilt (vgl. LAPPE 1981).

Tabelle 2.5:
Die Stellung im Beruf (Zusammenfassung der Berufsklassen in Anlehnung an Featherman) getrennt für Männer und Frauen

	Männer %	Frauen %	Gesamt N	%
un- angel. Arbeiter/innen	11.6	17.8	1296	14.8
Facharbeiter/innen	25.4	6.3	1309	15.0
einf. Angest./ Beamte/innen	20.2	51.3	3258	37.2
Dienstl. Klasse II	19.1	15.1	1483	16.9
techn. Berufe	9.4	1.2	429	4.9
kl. Selbständige	6.7	4.8	496	5.7
Dienstl. Klasse I	7.9	3.5	482	5.5
N	3965	4788	8753	100.0

2.4 Die Arbeitsbedingungen

Im vohergehenden Abschnitt konnte gezeigt werden, daß sich Männer und Frauen disproportional auf verschiedene Berufspositionen verteilen, wobei Frauen überwiegend in den weniger attraktiven Berufspositionen zu finden sind. Die hierin zum Vorschein kommende Benachteiligung der Frauen im Beruf manifestiert sich nach MAIER 1991 in einer niedrigeren Entlohnung von Frauenarbeit, schlechteren beruflichen Entwicklungsmöglichkeiten und Aufsteigschancen - selbst bei gleicher formaler Qualifikation, einem höheren Arbeitsmarktrisiko und einer deutlich geringeren Beteiligung an Leitungs- und Gestaltungsfunktionen.

Im folgenden Abschnitt sollen die Arbeitsbedingungen von Männern und Frauen miteinander verglichen werden. Dabei geht es insbesondere um die Arbeitszeit, die Art des Arbeitsvertrages, die Unterbrechung der Erwerbstätigkeit, die Selbständigkeit bei der Arbeit und die Einkommensverteilung.

Wöchentliche Arbeitszeit, Schichtarbeit und Gleitzeit

Die wöchentliche Arbeitszeit von Männern und Frauen ist in Tabelle 2.6 dargestellt. Es zeigt sich, daß Teilzeitarbeit fast ausschließlich von Frauen ausgeübt wird; von den erwerbstätigen Frauen arbeiten 40 Prozent weniger als 35 Stunden, bei den Männern sind dies lediglich etwa 2 Prozent. Allerdings muß dieser für die Gesamtstichprobe geltende Befund nach dem Vorhandensein von Kindern differenziert werden: Bei den Frauen ohne Kindern beträgt der Anteil der vollzeit Erwerbstätigen immerhin 90.5 Prozent gegenüber 98 Prozent Vollzeiterwerbstätiger bei den Männern. Daher gilt eher: Teilzeitarbeit ist Mütterarbeit.

Tabelle 2.6:
Die wöchentliche Arbeitszeit getrennt für Männer und Frauen

	Männer %	Frauen %	Gesamt N	%
unter 19.5 Stdn	.3	10.4	4489	4.6
19.5 - 34.5 Stdn	1.6	29.6	848	13.6
35 und mehr Stdn	98.1	60.0	5105	81.8
N	3570	2671	6241	100.0

Hinsichtlich der Arbeitszeitregelung (normale Arbeitszeit vs. Schichtarbeit, auch an Wochenenden) zeigt sich, daß Männer häufiger Schicht arbeiten als Frauen (vgl. Tabelle 2.7). Schichtarbeit nimmt bei Männern und Frauen mit dem Alter ab. Gleitzeit ist dagegen bei Männern und Frauen etwa gleich häufig (ca. 23 Prozent).

Tabelle 2.7:
Arbeitszeitregelung (Schichtarbeit) getrennt für Männer und Frauen

	Männer %	Frauen %	Gesamt N	%
keine Schicht	67.9	76.6	4489	71.6
Schichtarbeit	18.3	11.9	971	15.5
andere Regelung	13.8	11.6	806	12.9
N	3586	2680	6266	100.0

Vermutungen, wonach Frauen eher in befristeten Arbeitsverhältnissen beschäftigt sind, können nicht bestätigt werden: Die Dauer des Arbeitsvertrages (befristet vs. unbefristet) unterscheidet sich nicht bei Männern und Frauen (vgl. Tabelle 2.8). Allerdings könnte es durchaus sein, daß sich die Frage der Befristung des Arbeitsvertrages für die sogenannten geringfügig Beschäftigten, überwiegend Frauen, die in der Regel keinen Arbeitsvertrag haben, in dieser Form nicht stellt; sie haben zwar keinen befristeten Arbeitsvertrag, sind aber jederzeit kündbar. Unabhängig vom Geschlecht ist bei den Jüngeren der Anteil derjenigen, die einen befristeten Arbeitsvertrag haben, höher als bei den Älteren.

Tabelle 2.8:
Art des Arbeitsvertrages (befristet, unbefristet) getrennt für Männer und Frauen

	Männer %	Frauen %	Gesamt N	%
befristet	4.8	6.5	346	5.5
unbefristet	86.5	85.5	5397	86.1
trifft nicht zu	8.7	7.9	526	8.4
N	3588	2681	6269	100.0

Dagegen besteht ein - wenn auch schwacher - Zusammenhang zwischen der Art des Arbeitvertrages und der beruflichen Ausbildung und der beruflichen Position. Haben von den Personen mit einer Lehre 4 Prozent einen befristeten Arbeitsvertrag, so sind es bei den Fachhochschul- und den Hochschulabsolventen mit 9 bzw 12 Prozent mehr als doppelt so viel. Hinsichtlich der beruflichen Position zeigt sich, daß von den un- und angelernten Arbeitern 8 Prozent einen befristeten Arbeitsvertrag haben, bei den Facharbeitern sind es 4 Prozent, bei den einfachen Angestellten und Beamten 6 Prozent, bei der Dienstleistungsklasse I und II 6 bzw. 7 Prozent, bei den technischen Berufen dagegen nur 2 Prozent.

Unterbrechung der Erwerbstätigkeit

Tabelle 2.9 zeigt, wie Männer und Frauen von Unterbrechungen der Berufstätigkeit, die länger als drei Monate gedauert haben, betroffen wurden. Unterbrechungen infolge einer beruflichen Ausbildung wurden dabei nicht berücksichtigt. Erwartungsgemäß unterbrechen Frauen bedeutend häufiger ihre Berufstätigkeit, mehr als zwei Drittel hat zumindest einmal die Berufstätigkeit länger als drei Monate unterbrochen, bei den Männern sind dies nicht einmal ein Drittel. - Allerdings wurden Unterbrechungen infolge des Ableistens von Grundwehr- bzw. Zivildienst nicht erfragt, so daß der Prozentsatz der Männer, der tatsächlich von einer Unterbrechung der Erwerbstätigkeit betroffen wird, insgesamt höher sein dürfte.

Tabelle 2.9:
Unterbrechung der Berufstätigkeit (länger als 3 Monate, keine Ausbildung) getrennt für Männer und Frauen

	Männer %	Frauen %	Gesamt N	%
mind. 1 Unterbr.	27.7	70.7	5091	51.2
keine Unterbrechung	72.3	29.3	4843	48.8
N	4494	5440	9934	100.0

Nicht nur die Häufigkeit, sondern auch die Gründe für eine derartige Unterbrechungen sind bei Männern und Frauen unterschiedlich, wobei familiäre und nicht familiäre Gründe einen völlig unterschiedlichen Stellenwert einnehmen. In Tabelle 2.10 sind die angegebenen Gründe für die Unterbrechung der Berufstätigkeit zusammengestellt. Bei den Männern ist der bei weitem bedeutsamste Grund für die Unterbrechung der Erwerbstätigkeit Arbeitslosigkeit (48%), gefolgt Krankheit und Unfall (25%). Bei den Frauen ist die Schwangerschaft bzw. die Geburt eines Kindes der häufigste Anlaß einer Erwerbsunterbrechung (61%), dagegen ist die Heirat kaum noch ein Anlaß zur Aufgabe des Berufes (7%). Im Vergleich zu den familiären sind die nichtfamiliären Gründe bei den Frauen von geringerer Bedeutung: Immerhin waren bei 13 Prozent Arbeitslosigkeit und bei 5 Prozent gesundheitliche Gründe Anlaß der Unterbrechung der Erwerbstätigkeit.

Tabelle 2.10:
Anlaß der Unterbrechung der Berufstätigkeit getrennt für Männer und Frauen

	Männer %	Frauen %	Gesamt N	%
Heirat / Ehe	.0	6.8	176	4.8
Schwanger/Geburt/Kind	.8	61.0	1585	43.6
andere fam. Gründe	2.6	8.9	257	7.1
Arbeitslosigkeit	48.4	13.3	853	23.4
Krankheit/Unfall	24.8	5.1	393	10.8
andere n. fam. Gründe	23.4	4.9	374	10.2
N	1053	2585	3683	100.0

Die Anzahl der Unterbrechungen variiert nicht nur mit dem Geschlecht sondern auch mit der Berufsposition (vgl. Tabelle 2.11). In allen Berufsklassen liegt der Anteil der Personen, die ihre Erwerbstätigkeit länger als drei Monate unterbrochen haben, bei den Frauen erheblich höher als bei den Männern. Sowohl bei Männern als auch bei Frauen weisen die un- und angelernten Arbeiter die meisten Unterbrechungen auf, mehr als 50 Prozent der Männer und fast 90 Prozent der Frauen, die als Arbeiter beschäftigt sind, haben bereits mindestens einmal ihre Erwerbstätigkeit länger als drei Monate unterbrochen. Dagegen ist der Anteil derjenigen Personen, die ihre Erwerbstätigkeit unterbrochen haben, bei Facharbeitern, Angestellten und Beamten, bei Selbständigen und den sogenannten Dienstleistungsklassen deutlich geringer und beträgt bei den Männern 17 bis 21, bei den Frauen 61 bis 79 Prozent.

Tabelle 2.11:
Prozentualer Anteil der Personen, die mindestens einmal ihre Erwerbstätigkeit länger als 3 Monate unterbrochen haben, für verschiedene Berufsklassen (in Anlehnung an Featherman) getrennt für Männer und Frauen

	Männer %	Frauen %	Gesamt %
un- angel. Arbeiter/innen	50.8	86.6	74.4
Facharbeiter/innen	31.0	78.7	41.9
einf. Angest./ Beamte/innen	26.0	72.2	60.9
Dienstl. Klasse II	22.1	65.1	43.1
techn. Berufe	27.1	76.8	33.6
kl. Selbständige	22.8	61.1	40.5
Dienstl. Klasse I	16.9	64.9	33.3
Basis	3963	4783	8746

Selbständigkeit bei der Arbeit

Die Selbständigkeit bei der Arbeit wurde ermittelt, indem die Befragten aufgefordert wurden, anzugeben, ob sie im allgemeinen nach Anweisung, ziemlich selbständig oder völlig selbständig arbeiten. Die Ergebnisse dieser Selbsteinschätzung, getrennt für Männer und Frauen, sind in Tabelle 2.12 wiedergegeben. Obwohl sich Männer und Frauen hinsichtlich der eingenommenen Berufspositionen deutlich unterscheiden und Frauen überproportional Berufspositionen einnehmen, die mit geringer Entscheidungsbefugnis ausgestattet sein dürften, können die Unterschiede in der Beurteilung der Selbständigkeit bei der Arbeit zwischen Männern und Frauen nicht statistisch abgesichert werden. Da gezeigt werden kann, daß die Selbständigkeit bei der Arbeit mit der Höhe der erreichten Berufsposition positiv korreliert ist, d.h. die Selbständigkeit bei der Arbeit wird in den höheren Berufspositionen als größer empfunden, muß angenommen werden, daß Männer und Frauen unterschiedliche Maßstäbe bei der Beurteilung der Selbständigkeit bei der Arbeit anlegen.

Tabelle 2.12:
Art der Arbeitsbedingungen (Selbständigkeit bei der Arbeit) getrennt für Männer und Frauen

	Männer %	Frauen %	Gesamt N	%
nach Anweisung	14.4	15.6	922	14.7
ziemlich selbständig	56.4	56.5	3543	56.5
völlig selbständig	29.5	27.9	1809	28.8
N	3590	2684	6274	100.0

3. Die Erwerbstätigkeit in der Partnerschaft

Entsprechend unserer Fragestellung nach der Aufteilung der Erwerbstätigkeit in der Partnerschaft, ist bei den im folgenden dargestellten Auswertungsschritten die Analyseeinheit nicht mehr das Individuum, also der/die Befragte, sondern die Partnerschaft bzw. Ehe, in der der/die Befragte lebt. Zur Ermittlung der Erwerbssituation in der Partnerschaft wurden die Fragen nach dem Erwerbsstatus und der Arbeitszeit des Befragten (Frage 64 und 66) und des jeweiligen Partners (Frage 74 und 76) miteinander verknüpft. Insgesamt liegen Angaben zu 7937 Paaren vor. 6216 verheiratete Paare und 715 nicht verheiratete Paare leben in einem Haushalt zusammen; 974 unverheiratete Paare leben in getrennten Haushalten.

Aufgrund der Verknüpfung der Informationen zum Erwerbsstatus und zur Arbeitszeit der Befragten und der jeweiligen Partner ergaben sich - für alle Partnerschaften, auch die in getrennten Haushalten lebenden - die folgenden Kategorien (In Klammer jeweils die Anzahl der Paare und der prozentuale Anteil.):

- beide Partner vollzeit erwerbstätig (N=2032, 25.6%)
- einer vollzeit, einer teilzeit erwerbstätig (N=1559, 19.6%)
- einer erwerbstätig, einer nicht erwerbstätig (Hausfrau, Hausmann) (N=2860, 36.0%)
- einer erwerbstätig, einer in Ausbildung (N=348, 4.4%)
- beide in Ausbildung (N=177, 2.2%)
- einer erwerbstätig, einer arbeitslos (N=207, 2.6%)
- sonstige (N=621, 7.8%)

Daneben gab es noch drei Kategorien mit einem Anteil von jeweils unter einem Prozent: beide teilzeit erwerbstätig (N=40, 0.5%), einer nicht erwerbstätig, einer arbeitslos (N=70, 0.9%) und beide arbeitslos (N=23, 0.3%). Bei den folgenden Analysen beschränken wir uns auf die wichtigsten Kategorien.

Für Partnerschaften, in denen beide Partner einer Erwerbsarbeit nachgehen, wurde in Bezug auf die Arbeitszeit (Frage 66 und 76) die Situation weiter differenziert, und zwar nach folgenden Kategorien:
- beide vollzeit erwerbstätig (mehr als 35 Stunden pro Woche) (N=1983, 55.3%)
- einer vollzeit (mehr als 35 Stunden), einer teilzeit (mehr als 20 Stunden) erwerbstätig (N=1159, 33.1%)
- einer vollzeit (mehr als 35 Stunden), einer teilzeit (weniger als 20 Stunden) erwerbstätig (N=367, 10.5%)
- beide teilzeit erwerbstätig (weniger als 35 Stunden) (N=40, 1.1%)

3.1 Die Erwerbssituation in der Partnerschaft bei verheirateten und nicht verheirateten Paaren

Entsprechend dem Anliegen der Studie "Wandel und Entwicklung familialer Lebensformen", gelebte Beziehungen möglichst differenziert zu erfassen und zu beschreiben und sich keineswegs auf "Familie" im klassischen Sinne zu beschränken, soll zunächst überprüft werden, wie die Aufteilung der Erwerbstätigkeit in der Partnerschaft vom formal-rechtlichen Status der Beziehung (verheiratet vs. nicht verheiratet) abhängt.

Die Erwerbssituation in der Partnerschaft für verheiratete und nicht verheiratete Paare ist in Tabelle 3.1 dargestellt. Es wurden nur solche Paare berücksichtigt, die zum Zeitpunkt der Befragung angaben, zusammen zu wohnen und es wurde nur unterschieden, ob Kinder vorhanden sind oder nicht, Alter und Anzahl der Kinder bleiben dabei unberücksichtigt. Es wird deutlich, daß sich verheiratete und nicht verheiratete Paare hinsichtlich der Aufteilung der Erwerbsarbeit erheblich unterscheiden, wobei nicht verheiratete Partner eine eher "nicht traditionelle Arbeitsteilung" praktizieren.

Bei den verheirateten Paaren sind in 20 Prozent der Fälle beide Partner erwerbstätig, bei den nicht verheirateten Paaren beträgt dieser Anteil fast 50 Prozent. Noch deutlicher fällt der Unterschied hinsichtlich der eher "traditionellen" Aufteilung der Erwerbsarbeit aus: Die Häufigkeit der Konstellation "ein Partner erwerbstätig, einer nicht erwerbstätig" beträgt bei den Verheirateten 45 Prozent, bei den Nichtverheirateten dagegen nur 8 Prozent (vgl. Tabelle K.4 im Anhang). Entsprechende Ergebnisse zeigen sich, wenn man die Verteilung der Arbeitszeit in solchen Partnerschaften betrachtet, in denen beide Partner einer Erwerbsarbeit nachgehen. Bei den nicht verheirateten Paaren sind es mehr als 80 Prozent, in denen beide Partner vollzeit arbeiten, bei den verheirateten nur 46 Prozent (vgl. Tabelle K.5 im Anhang).

Da der Anteil der Paare mit Kindern bei den Verheirateten höher ist als bei den unverheiratet Zusammenlebenden, könnten diese Unterschiede vor allem mit dem Vorhandensein von Kindern zusammenhängen. Dies ist jedoch keineswegs der Fall. Die Unterschiede zwischen verheirateten und nicht verheirateten Paaren hinsichtlich der Verteilung der Erwerbstätigkeit in der Partnerschaft vermindern sich zwar, wenn zusätzlich zum Familienstand das Vorhandensein von Kindern berücksichtigt wird, verschwindet aber nicht vollständig (vgl. Tabelle 3.1). Bei den Verheirateten und den Nichtverheirateten sind - wenn kein Kind vorhanden ist - in 59 Prozent der Partnerschaften beide Partner voll erwerbstätig. Sind Kinder vorhanden, so sind bei den Verheirateten knapp 15 Prozent erwerbstätig, bei den Nichtverheirateten 30 Prozent. Entsprechend beträgt der Anteil der Partnerschaften, in denen nur ein Partner einer Erwerbsarbeit nachgeht, bei den Verheirateten mit Kind 50 Prozent gegenüber 21 Prozent bei den Nichtverheirateten. Bei den nicht verheirateten Partnerschaften ist der hohe Anteil der Paare bemerkenswert, in denen - unabhängig vom Vorhandensein von Kindern - beide Partner sich in Ausbildung befinden oder zumindest einer der Partner arbeitslos ist. Der Anteil der Paare, in denen beide Partner in Ausbildung sind, beträgt bei den Nichtverheirateten 4.2 Prozent gegenüber 0.2 Prozent bei den Verheirateten. Dieser Befund hängt zwar mit dem geringeren Alter der Nichtverheirateten zusammen, kann aber nicht vollständig durch das Alter erklärt werden. Noch gravierender ist der Unterschied hinsichtlich der Arbeitslosigkeit: bei den Unverheirateten mit Kindern ist in 16 Prozent der Fälle mindestens ein Partner arbeitslos, bei den Verheirateten nur in 3 Prozent der Fälle. Es zeigt sich somit, daß Paare, die unverheiratet zusammenleben, nicht nur hinsichtlich ihres formal-rechtlichen Status zu weniger traditionellen "Lebensmodellen" neigen als verheiratete Paare, sondern auch stärker von Arbeitslosigkeit betroffen werden.

Tabelle 3.1:
Berufliche Situation in der Partnerschaft für verheiratete und nicht verheiratete Paare in Abhängigkeit vom Vorhandensein von Kindern

	verheiratet			nicht verheiratet		
	ohne Kind	mit Kind	gesamt	ohne Kind	mit Kind	gesamt
Beide vollzeit erwerbstätig	59.0	14.5	20.4	58.9	29.6	49.0
Einer vollz./ einer teilz. erwerbst.	12.4	24.6	23.0	6.1	18.5	10.3
Beide teilzeit erwerbstätig	.2	.6	.6	.2	1.6	.7
Einer erwerbst. / einer nicht erwerbst.	11.4	49.5	44.5	1.5	21.0	8.1
Einer erwerbst./ einer in Ausbildung	5.3	.6	1.3	14.8	3.7	11.0
Beide in Ausbildung	.8	.1	.2	6.1	.4	4.2
Mindestens einer arbeitslos	4.3	2.9	3.1	5.0	15.6	8.7
Sonstige	6.4	7.2	7.1	7.2	9.5	8.0
N (Anzahl der Paare)	824	5392	6216	472	243	715

3.2 Erwerbstätigkeit in der Partnerschaft und Familienzyklus

In Übereinstimmung mit vorliegenden Daten (vgl. z.B. STATISTISCHES BUNDESAMT 1990) konnte auch anhand unserer Stichprobe gezeigt werden, daß sowohl die Erwerbstätigkeit der Frau (vgl. insbesondere Punkt 2.2) als auch die Aufteilung der Erwerbstätigkeit in der Partnerschaft eng mit dem Vorhandensein von Kinder kovariieren. Im folgenden soll geprüft werden, wie sich die die Aufteilung der Erwerbstätigkeit in der Partnerschaft mit dem Familienzyklus verändert. Hierbei wurden auch nicht verheiratete Paare berücksichtigt, wenn sie zusammen in einem gemeinsamen Haushalt wohnen. Leider stehen uns bislang keine Längsschnittdaten zur Verfügung, die es erlauben, die Aufteilung der Erwerbstätigkeit in der Partnerschaft in Abhängigkeit von der Familienentwicklung zu analysieren. In Tabelle 3.2 ist die Erwerbstätigkeit in der Partnerschaft in Abhängigkeit vom Vorhandensein und vom Alter der Kinder dargestellt. Auch hier wird der enge Zusammenhang zwischen der Erwerbssituation in der Partnerschaft und dem Vorhandensein und dem Alter von Kindern deutlich. Wenn keine Kinder in einer Partnerschaft vorhanden sind, sind in mehr als 50 Prozent der Partnerschaften beide Partner vollzeit erwerbstätig; haben die Partner zumindest ein Kind, so zeigt sich ein deutlicher Zusammenhang zwischen dem Anteil der voll erwerbstätigen Paare und dem Alter des Kindes: Ist das jüngste Kind noch keine drei Jahre, so sind 9 Prozent der Eltern voll erwerbstätig, ist das Kind 3 bis 5 Jahre, so sind dies bereits 12 Prozent, ist das Kind 6 bis 14 Jahre alt, so sind dies 15 Prozent und ist das Kind älter als 14 Jahre, 19 Prozent. Sobald alle Kinder den elterlichen Haushalt verlassen haben ("empty nest"), beträgt der Anteil der vollerwerbstätigen Paare 24 Prozent. Entsprechende Ergebnisse finden sich hinsichtlich der Kombination "ein Partner erwerbstätig, einer nicht erwerbstätig". Ist das jüngste Kind noch keine 3 Jahre, so ist in 63 Prozent der Partnerschaften ein Partner Hausfrau/Hausmann, ist das Kind 3 bis 5 Jahre, so beträgt dieser Anteil 56 Prozent, ist das Kind 6 bis 14 Jahre 50 Prozent, ist das Kind älter als 14 Jahre 41 Prozent und in der Phase "empty nest" 31 Prozent. - Da sich von den Paaren, deren Kinder den elterlichen Haushalt bereits verlassen haben, viele bereits im Ruhestand befinden, ist der Anteil der Kategorie "Sonstige" hier besonders hoch.

Tabelle 3.2:
Erwerbsstatus in der Partnerschaft für verschiedene Phasen des Familienzyklus

	keine Kinder	jüngstes Kind ist				empty nest
		< 3	3-5	6-14	> 14	
Beide vollzeit erwerbstätig	52.3	8.7	12.3	14.8	19.1	24.0
Einer vollz./ einer teilz. erwerbst.	7.2	13.9	17.9	28.3	28.4	21.5
Beide teilzeit erwerbstätig	.1	1.1	.4	.7	.7	.4
Einer erwerbst. / einer nicht erwerbst.	5.0	62.6	55.6	48.8	40.9	30.6
Einer erwerbst./ einer in Ausbildung	13.8	2.1	.3	.9	.3	1.2
Beide in Ausbildung	8.0	.3	-	.1	-	.1
Mindestens einer arbeitslos	4.4	5.1	4.0	2.7	2.6	4.3
Sonstige	9.2	7.5	3.8	3.8	8.1	17.0
N (Anzahl der Paare)	2139	1017	707	1626	1354	755

3.3 Erwerbsbeteiligung in der Partnerschaft und Ausbildung

Bei Frauen zeigt sich anhand der Survey-Daten ein bedeutsamer Zusammenhang zwischen Bildung und Erwerbsbeteiligung: Je höher die Schulbildung und - damit zusammenhängend - der berufliche Ausbildungsabschluß, desto höher ist die Erwerbsquote beim Vorhandensein von Kindern. Auch das Statistische Bundesamt (1990, S. 57f) berichtet, daß die Erwerbsquote von Müttern ohne beruflichen Abschluß deutlich unter der von Frauen mit Berufsabschluß liegt. Für diese Tendenz können wirtschaftliche Überlegungen verantwortlich sein (höhere Ausbildungsinvestitionen machen sich dadurch besser bezahlt, bessere Ausbildung führt zu höherem Einkommen), aber es kann auch sein, daß die Arbeitsplätze der besser ausgebildeten Frauen attraktiver sind, mehr Befriedigung verschaffen und daher nicht so leicht aufgegeben werden.

Diese Ergebnisse lassen sich allerdings nicht bestätigen, wenn man die Erwerbssituation in der Partnerschaft heranzieht. Setzt man die Erwerbssituation in der Partnerschaft mit der Höhe der Schulbildung beider Partner in Beziehung, so zeigt sich eher die Tendenz, daß die Erwerbsquote mit dem Bildungsniveau negativ korreliert ist; dies gilt für zusammenlebende Paare mit und ohne Kinder. Für diese Analyse wurden folgende Kategorien gebildet: beide Partner Volksschulabschluß, nur ein Partner Mittlere Reife bzw. Abitur, beide Partner mittlere Reife oder Abitur. Sind keine Kinder vorhanden, so sind bei den Paaren mit Volksschulabschluß in 65 Prozent der Fälle beide Partner erwerbstätig, bei den Paaren mit mittlerer Reife oder Abitur 61 Prozent. Sind Kinder vorhanden, so ist bei den Paaren mit Volksschulabschluß in 50 Prozent ein Partner erwerbstätig, einer nicht erwerbstätig. Bei den Paaren, von denen einer mittlere Reife bzw. Abitur hat, sind es 47 Prozent, bei den Paaren mit mittlerer Reife oder Abitur 46 Prozent. Allerdings zeigt sich im Falle, daß ein Partner vollzeit, der andere teilzeit arbeitet, ein gegenläufiger Trend und der Anteil solcher Paare steigt mit dem Bildungsniveau der Partner, allerdings nur sehr geringfügig (Volksschüler: 24%, Abiturienten 27%).

3.4 Aufteilung von Erwerbs- und Hausarbeit

Wir haben uns bisher ausschließlich auf die Aufteilung der Erwerbsarbeit in der Partnerschaft beschränkt. Im folgenden soll geprüft werden, welche Zusammenhänge zwischen der Aufteilung der Erwerbsarbeit und der Aufteilung der im Haushalt anfallenden Arbeiten besteht. Dies kann anhand der Fragen nach der geschätzten Zeit, die in der letzten Woche vor dem Interview mit Hausarbeit (Einkaufen, Zubereiten von Mahlzeiten und Kindererziehung) verbracht wurden (Frage 48 des Fragebogens) und nach der Aufgabenteilung im Haushalt (Frage 79) geschehen. Allen Befragten mit Partner wurden 12 Items zu im Haushalt anfallenden Aufgaben vorgelegt (z.B. Einkaufen, Kochen, Kinder betreuen, Geldverwaltung, Behördengänge, Reparaturen ausführen), zu denen jeweils angegeben werden sollte, ob diese Aufgaben vom Mann, von der Frau, abwechselnd oder gemeinsam übernommen werden oder ob sie jeder für sich erledigt. Es zeigt sich, daß diese Aufgaben in sehr unterschiedlichem Ausmaß von Männern und Frauen übernommen werden (vgl. das Kapitel: "Arbeitsteilung und Partnerschaft" in diesem Band). Es ist daher möglich, die Arbeitsteilung im Haushalt als eher "traditionell" (der Mann erledigt die "männerspezifischen", die Frau die "frauenspezifischen" Aufgaben) oder als eher "gleichverteilt" zu klassifizieren. Es zeigt sich ein deutlicher Zusammenhang zwischen der Aufteilung der Erwerbstätigkeit und der so klassifizierten Aufteilung der im Haushalt anfallenden Arbeiten: Sind beide Partner vollzeit erwerbstätig, so überwiegt eine eher gleichverteilte Aufteilung der Hausarbeit (traditionell: 34%, gleichverteilt 66%), ist nur ein Partner erwerbstätig, folgt auch die Aufteilung der Hausarbeit einem eher traditionellen Muster (67 vs. 33%). Ist ein Partner ganztags, der andere halbtags erwerbstätig, ist der Anteil der Paare, die eine traditionelle und gleichverteilte Aufteilung der Hausarbeit praktizieren, etwa gleich (53 vs. 47%).

Hinsichtlich der mit Hausarbeiten plus Kindererziehung verbrachten Wochenstunden zeigt sich ein deutlicher Zusammenhang mit der Erwerbssituation in der Partnerschaft. Ist einer der Partner nicht erwerbstätig, so liegen die Angaben darüber, wieviel Zeit mit Hausarbeiten verbracht wird, deutlich höher, als wenn beide Partner erwerbstätig sind, dies gilt ganz besonders dann, wenn Kinder vorhanden sind. Von den Personen mit Kindern, die in einer Partnerschaft leben, in der beide voll erwerbstätig sind, geben 14 Prozent an, für Hausarbeit und Kinderbetreuung mehr als 40 Stunden pro Woche aufzuwenden, von den Personen, die in einer Partnerschaft leben, in der ein Partner voll, der andere teilzeit erwerbstätig ist, sind dies 27 Prozent und ist nur ein Partner erwerbstätig, beträgt der Anteil derjenigen, die mehr als 40 Stunden mit Hausarbeit und Kindererziehung verbringen, 43 Prozent.

Wird die für Hausarbeit und Kindererziehung aufgewendete Zeit weiter analysiert, lassen sich bedeutsame Geschlechtsunterschiede und - vor allem bei den Frauen - deutliche Zusammenhänge mit der Erwerbssituation in der Partnerschaft aufzeigen. In Tabelle 3.3 ist die Zeit, die mit Hausarbeit und Kindererziehung verbracht wird, für Männer und Frauen dargestellt, es wurde dabei aus naheliegenden Gründen zwischen Partnerschaften mit und ohne Kindern unterschieden. Generell wenden Männer weniger Zeit für Hausarbeit und Kindererziehung auf als Frauen; ist ihre Partnerin ebenfalls erwerbstätig, verbringen Männer zwar mehr Zeit mit Hausarbeit und Kindererziehung, als wenn die Partnerin nicht erwerbstätig ist, der Unterschied ist aber nicht sehr ausgeprägt. Bei Frauen ist dagegen die Situation in der Partnerschaft (und damit vor allem ihre Erwerbsbeteiligung selbst) von großer Bedeutung für die Aufwendung für Haushalt und Kinder. Hausfrauen verbringen signifikant mehr Zeit mit Hausarbeit als erwerbstätige Frauen, unabhängig davon, ob

Kinder vorhanden sind oder nicht. - Diese Ergebnisse entsprechen zumindest tendenziell den von KRÜSSELBERG, AUGE & HILZENBECHER (1986) aufgrund einer Zeitbudgetstudie mitgeteilten Befunden zur Struktur der familialen Zeitverwendungsmuster.

Tabelle 3.3:
Hausarbeit (in Stunden pro Woche), Erwerbssituation in der Partnerschaft und Kinder getrennt für Männer und Frauen (Angaben in Prozent).

keine Kinder	Männer				Frauen			
	0-10	11-20	21-40	>40	0-10	11-20	21-40	>40
Beide vollzeit erwerbstätig	73.8	20.4	5.1	.7	43.9	40.4	13.1	2.6
Einer Vollz./einer teilz. erwerbs.	76.2	20.2	2.4	1.2	31.9	41.7	20.8	5.6
Einer erwerbst./einer nicht erwerbst.	82.0	14.0	4.0	-	1.8	25.0	48.2	25.0

mit Kindern	Männer				Frauen			
	0-10	11-20	21-40	>40	0-10	11-20	21-40	>40
Beide vollzeit erwerbstätig	59.2	25.6	11.5	3.7	10.1	30.0	37.8	22.1
Einer Vollz./ einer teilz. erwerbs.	63.9	21.4	11.2	3.4	3.8	15.4	38.5	42.4
Einer erwerbst./einer nicht erwerbst.	65.8	18.7	11.3	4.2	1.3	5.8	23.9	69.0

3.5 Erwerbstätigkeit in der Partnerschaft und Einkommen

Bei der Entscheidung, welche Aufteilung der Erwerbstätigkeit in der Partnerschaft gewählt wird, spielen finanzielle Überlegungen, nicht zuletzt die Einkommensdifferenzen der Partner, eine wesentliche Rolle, auch wenn Einkommensaspekte keineswegs ausschließlich diese Entscheidung determinieren.

In den letzten 10 Jahren haben sich die Differenzen zwischen den Löhnen von Männern und Frauen auch international vermindert, dennoch muß - gerade vor dem Hintergrund der hohen Quote teilzeitbeschäftigter Frauen - davon ausgegangen werden, daß viele Frauen aufgrund ihres persönlichen Einkommens kaum in der Lage sein dürften, ihren Lebensunterhalt allein zu bestreiten (vgl. BECKER 1989, S. 29), daher ist der Anteil der Frauen unter den Sozialhilfeempfängern überproportional hoch (AXHAUSEN 1990).

Auch anhand der Survey-Daten lassen sich erhebliche Unterschiede in den persönlichen Nettoeinkommen (nach Abzug von Steuern und Sozialabgaben) von Männern und Frauen belegen (vgl. Tabelle K.6 im Anhang). Selbst bei Kontrolle der Einflußfaktoren Arbeitszeit, Familienstand, Kinderzahl und Berufsklasse sind Frauen in den unteren Einkommensklassen überproportional vertreten.

Die Höhe des Haushaltseinkommens (als Summe der Einkommen aller Haushaltsmitglieder abzüglich Steuern und Sozialabgaben) hängt erwartungsgemäß mit der Situation der Erwerbstätigkeit in der Partnerschaft zusammen. Sind beide Partner voll erwerbstätig, so erzielen etwa 20 Prozent ein Einkommen von mehr als 5000 DM, 3.3 Prozent müssen sich mit einem Einkommen von weniger als 2000 DM begnügen, die meisten Haushalte (35%) haben ein Einkommen von 3000-4000 DM. Auffallenderweise unterscheidet sich die Verteilung auf die Einkommensklassen nur minimal bei Partnerschaften, in denen beide Partner vollzeit erwerbstätig sind, von Partnerschaften, in denen einer der Partner voll, der andere teilzeit erwerbstätig ist. Dagegen sind die oberen Einkommensgruppen bei Partnerschaften, in denen nur einer der Partner erwerbstätig ist, deutlich schwächer besetzt: Am stärksten ist in diesem Fall die Einkommensgruppe von 2000-3000 DM vertreten (39%), bei 9 Prozent liegt das Haushaltseinkommen unter 2000 DM und bei 11 Prozent über 5000 DM.

Allerdings ist das Haushaltseinkommen nur bedingt geeignet, die tatsächliche finanzielle Situation zu beschreiben. Es erscheint angemessener, das Haushaltseinkommen auf die Anzahl der im Haushalt lebenden Personen zu relativieren, wobei zusätzlich die einzelnen Personen nach dem Alter unterschiedlich gewichtet werden können. Für die Survey-Daten wurde folgende Gewichtung gewählt: Zielperson Gewichtungsfaktor 1, Partner oder Kinder ab 14 Jahre Faktor 0.7, Kinder unter 14 Jahre Faktor 0.5. Wie das auf diese Weise ermittelte Pro-Kopf-Einkommen mit der Erwerbssituation in der Partnerschaft variiert, ist in Tabelle 3.4 dargestellt.

Verglichen mit dem Haushaltseinkommen zeigt sich beim Pro-Kopf-Einkommen, daß die Unterschiede zwischen den Haushalten mit zwei vollzeit erwerbstätigen Partnern gegenüber Haushalten mit nur einem erwerbstätigen Partner noch deutlicher zu Tage treten. Die oberen Einkommensgruppen sind bedeutend stärker besetzt, wenn beide Partner voll erwerbstätig sind. Hinsichtlich des Pro-Kopf-Einkommens besteht ein deutlicher Unterschied, ob beide Partner voll erwerbstätig sind oder nur einer vollerwerbstätig, der andere teilzeit erwerbstätig ist. Hinsichtlich des Haushaltseinkommens ließen sich keine Unterschiede zwischen beiden Gruppen aufzeigen. - Allerdings wäre für eine weitergehende Analyse der Gründe für die Verteilung der Erwerbstätigkeit in Familien und Partnerschaften zusätzlich die Ausgabenseite (Lebenshaltungskosten, insbesondere Miete), aber auch Möglichkeiten der Kinderbetreuung und der Arbeitsmarkt, auch die eigenen Qualifikation, zu berücksichtigen.

Tabelle 3.4:
Erwerbsstatus in der Partnerschaft und (gewichtetes) Pro-Kopf-Einkommen

	-900	901-1700	1701-2500	>2500	N
Beide vollzeit erwerbstätig	4.3	36.1	31.7	27.9	1454
Einer vollz./ einer teilz. erwerbst.	8.9	58.8	21.3	11.1	1310
Einer erwerbst. / einer nicht erwerbst.	21.5	62.9	11.1	4.6	2447

3.6 Die Einstellung zur Erwerbstätigkeit und die Erwerbssituation in der Partnerschaft

Um die Einstellung der Befragten zur Aufteilung der Erwerbstätigkeit in der Ehe bzw. Partnerschaft in Abhängigkeit vom Vorhandensein und dem Alter von Kindern zu ermitteln, wurden allen Befragten insgesamt 4 Fragen zur Beantwortung vorgelegt. Die Fragen bezogen sich auf folgende Situationen: keine Kinder vorhanden, ein Kind unter 3 Jahren, das jüngste Kind im Kindergartenalter, das jüngste Kind im Schulalter. Die Befragten konnten zu jeder dieser Situationen eine der folgenden Antwortalternativen wählen:

- beide voll berufstätig
- beide berufstätig, Frau in Teilzeit
- beide berufstätig, Mann in Teilzeit
- beide berufstätig, einer in Teilzeit, kommt darauf an ob der Mann oder die Frau
- beide berufstätig, beide in Teilzeit
- einer sollte nicht berufstätig sein, und zwar die Frau
- einer sollte nicht berufstätig sein, und zwar der Mann
- einer sollte nicht berufstätig sein, kommt darauf an ob der Mann oder die Frau

Fast 80 Prozent der Befragten vertreten die Ansicht, daß beide Partner vollzeit erwerbstätig sein sollten, solange keine Kinder da sind. Diese Einstellung ändert sich drastisch, sobald nach der Erwerbstätigkeit in der Partnerschaft gefragt wird, wenn Kinder vorhanden sind. Solange das jüngste Kind noch keine drei Jahre alt ist, vertreten mehr als 60 Prozent der Befragten die Ansicht, die Frau sollte nicht erwerbstätig sein, 11 Prozent sind der Meinung, die Frau sollte in diesem Falle halbtags erwerbstätig sein (vgl. Tabelle 3.5). Mit zunehmendem Alter des Kindes nimmt der Anteil derjenigen zu, die eine Teilzeitarbeit der Frau befürworten, und zwar auf 24 Prozent, solange ein Kind im Kindergartenalter vorhanden ist, und auf mehr als 34 Prozent, wenn das Kind im Schulalter ist. Auf die Alternative "einer berufstätig, kommt darauf an ob der Mann oder die Frau" entfielen allerdings, wenn Kinder vorhanden sind, mehr als 8 Prozent der Gesamtantworten. Die Meinung, daß beide Partner vollzeit berufstätig sein sollten, auch wenn ein Kind vorhanden ist, wird dagegen entschieden abgelehnt; nur maximal 3 Prozent der Befragten sprechen sich für diese Alternative aus.

Tabelle 3.5:
Einstellung zur Erwerbstätigkeit in der Partnerschaft für die Gesamtstichprobe (Angaben in Prozent)

	Keine Kinder	Kind <3 J.	Kind 3-6 J.	Kind in Schule
Beide voll berufstätig	78.0	.9	1.3	3.4
Beide berufst. Frau Teilz.	9.9	11.3	23.7	34.2
Beide berufst. Mann Teilz.	.3	2.5	2.0	1.6
Beide bt. kommt darauf an	5.4	7.5	12.0	16.5
Beide Teilzeit	2.7	1.7	1.9	1.9
Frau nicht berufstätig	3.0	63.3	48.8	33.6
Mann nicht berufstätig	.0	.7	.6	.4
Einer nicht bt. kommt darauf an	.6	12.1	9.7	8.4
Anzahl	9987	9944	9941	9940

Vergleicht man die Einstellung von Männern und Frauen so zeigt sich, daß Frauen stärker eine Erwerbstätigkeit von Frauen - sei es teil- oder vollzeit - befürworten als Männer, unabhängig davon, ob Kinder vorhanden sind oder nicht. Ebenfalls lassen sich Zusammenhänge zwischen der Einstellung zur Erwerbstätigkeit der Frau mit dem Alter, mit der Schulbildung und mit dem Familienzyklus aufzeigen. Hinsichtlich des Alters gilt, daß die älteren Befragten eher die Ansicht vertreten, die Frau solle nicht berufstätig sein. Bei den 45- bis 55jährigen sind es etwa 20 Prozent mehr, die eine Berufstätigkeit der Mutter ablehnen, als bei den 18- bis 24jährigen. Bezüglich des Familienzyklus gilt, daß Befragte ohne Kinder eine Erwerbstätigkeit der Frau weniger stark ablehnen als Befragte mit Kindern und Befragte, deren Kinder den elterlichen Haushalt bereits verlassen haben. Von Befragten mit Volksschul- oder Hauptschulabschluß wird die Berufstätigkeit der Mutter deutlich stärker abgelehnt (wenn das Kind jünger als 3 Jahre ist: 73%) als von Personen mit Abitur (40%). Auch wenn das Kind im Kindergarten- oder Schulalter ist, bleibt dieser Unterschied in der Ablehnung der mütterlichen Berufstätigkeit bestehen (Hauptschüler: 58 bzw 41%, Abiturienten: 28 bzw. 16%). Allerdings muß bei der Interpretation dieser Befunde beachtet werden, daß sowohl die Höhe des Schulabschlusses als auch die Stellung im Familienzyklus mit dem Alter variieren und es daher schwierig ist zu beurteilen, welches Gewicht den hier genannten Faktoren für die Ausprägung der Einstellung letztlich zukommt.

Einstellung und Erwerbssituation in der Partnerschaft

Daß die Einstellung zur Erwerbstätigkeit in der Partnerschaft keineswegs in allen Fällen mit der tatsächlichen Lebenssituation übereinstimmt, zeigt sich, wenn die Einstellung zur Erwerbstätigkeit in der Partnerschaft in Abhängigkeit von der faktischen Situation in der Partnerschaft analysiert wird. Hierfür wird die Einstellung zur Erwerbstätigkeit in der Partnerschaft der tatsächlich gelebten Situation hinsichtlich der Aufteilung der Erwerbstätigkeit in der Partnerschaft und dem Vorhandensein von Kindern und deren Alter gegenübergestellt, und zwar getrennt für Personen ohne Kinder und für Personen, deren jüngstes Kind jünger als 3 Jahre, zwischen 3 und 6 Jahren ist oder sich im Schulalter (6 bis 14 Jahre) befindet.

Es werden also nur die Ergebnisse für solche Paare berücksichtigt, bei denen die tatsächliche mit der vorgestellten Situation - hinsichtlich Erwerbstätigkeit und dem Vorhandensein und dem Alter des jüngsten Kindes - übereinstimmen. Dadurch ist es möglich, Übereinstimmungen und Diskrepanzen zwischen der Verhaltensebene und der Einstellungsebene hinsichtlich der Aufteilung der Erwerbstätigkeit in der Partnerschaft in Abhängigkeit vom Vorhandensein und dem Alter der Kinder aufzuzeigen. Dabei ist es sinnvoll, sich auf der Einstellungsebene auf solche Kategorien zu beschränken, die den tatsächlich vorgefundenen Kategorien der Aufteilung der Erwerbstätigkeit in der Partnerschaft entsprechend. Dies erscheint gerechtfertigt, da die anderen ebenfalls zur Wahl gestellte Alternativen, z.B. "Beide nur teilzeit," "Mann halbtags", "einer berufstätig, kommt drauf an ob der Mann oder die Frau" nur relativ selten gewählt wurden und andererseits fast alle Männer ganztags arbeiten. (In der Kategorie "Hausmann" finden sich lediglich 0.4 Prozent der Männer.) - Immerhin sind derartige "exotische Modelle" der Arbeitsteilung im Bewußtsein präsent und werden häufiger genannt, als sie in der Realität anzutreffen sind.

Unsere Analysen machen deutlich, daß die Situation der Erwerbstätigkeit in der Partnerschaft keineswegs immer mit der Einstellung zur Erwerbstätigkeit konform geht. Dies gilt ganz besonders, wenn Kinder vorhanden sind und betrifft vor allem die Erwerbstätigkeit der Frau. Vergleicht man die Einstellung zur Erwerbstätigkeit in der Partnerschaft in Abhängigkeit von der tatsächlichen Erwerbssituation in der Partnerschaft und dem Alter des jüngsten Kindes getrennt für Männer und Frauen, so zeigen sich nur relativ geringe Unterschiede in der Einstellung, vor allem solange keine Kinder vorhanden sind (vgl. Tabelle 3.6, die Ergebnisse für die Gesamtstichprobe sind im Anhang,

Tabelle K.7 zusammengestellt). Solange keine Kinder vorhanden sind, geht der Wunsch - bei einer eventuellen Diskrepanz zwischen tatsächlicher Situation und Einstellung - bei Frauen und Männern klar in Richtung Erwerbstätigkeit beider Partner. Dieses Modell wird auch von der Mehrheit der Befragten gelebt, nur in 5 Prozent der Partnerschaften ohne Kinder ist einer der Partner, fast ausschließlich die Frau, nicht erwerbstätig. Von den Befragten, die in einer Partnerschaft ohne Kinder leben, in der ein Partner nicht erwerbstätig ist, äußern lediglich 12 Prozent der Männer und 7 Prozent der Frauen die Meinung, die Frau sollte in diesem Falle Hausfrau sein. Bei den Vollerwerbstätigen sind Männer und Frauen zu fast 90 Prozent der Ansicht, beide Partner sollten voll erwerbstätig sein.

Sobald Kinder vorhanden sind, ändert sich die Erwerbssituation selbst (nur noch in 9 Prozent der Partnerschaften sind beide Partner voll erwerbstätig), aber auch die Einstellung entscheidend. Keiner der Männer und nur 9 Prozent der Frauen, die in einer Partnerschaft leben, in der beide vollzeit erwerbstätig sind, sprechen sich dafür aus, daß beide Partner voll erwerbstätig sein sollen, wenn sie ein Kind haben, das jünger als 3 Jahre ist, und Männer und Frauen sind der Ansicht, daß es besser ist, die Frau ist in diesem Falle Hausfrau (Männer: 42%, Frauen: 50%), als daß sie teilzeit arbeitet (Männer: 33%, Frauen: 31%). Von den in einer Partnerschaft lebenden, in der ein Partner nicht erwerbstätig ist, votiert die überwiegende Mehrheit für diese Lösung (Männer: 84%, Frauen: 80%).

Kommt das Kind ins Kindergartenalter, steigt der Anteil der vollzeit erwerbstätigen Eltern leicht an (12%) und gleichzeitig wird eine Erwerbstätigkeit beider Partner weniger stark abgelehnt, und zwar von Männern und Frauen. Allerdings befürworten immer noch lediglich 11 Prozent der Männer und 8 Prozent der Frauen, die in einer Partnerschaft leben, in der beide Partner vollzeit erwerbstätig sind, dieses Modell, während 46 Prozent der Männer und Frauen der Ansicht sind, die Frau sollte teilzeit arbeiten, und 25 Prozent der Männer und 29 Prozent der Frauen meinen, die Frau sollte in diesem Falle Hausfrau sein. In den Partnerschaften, in denen ein Partner teilzeit arbeitet, unterscheidet sich die Einstellung von Männern und Frauen jedoch erheblich: 50 Prozent der Männer und 66 Prozent der Frauen sind der Ansicht, die Frau sollte teilzeit arbeiten, und doppelt so viele Männer wie Frauen (29 vs. 14%) stimmen der Ansicht zu, die Frau sollte Hausfrau sein. Von den Befragten in einer Partnerschaft, in der die Frau nicht erwerbstätig ist, halten 73 Prozent der Männer und 67 Prozent der Frauen dies für die beste Lösung, bei einer Diskrepanz zwischen Lebenssituation und Einstellung geht der Wunsch eindeutig in Richtung Teilzeitarbeit eines Partners, und zwar meist der Frau. Die Alternative, beide Partner voll erwerbstätig, kommt fast nicht vor, nur 0.5 Prozent der Frauen sprechen sich dafür aus.

Ist ein Kind im Schulalter (6-14 Jahre), beträgt der Anteil der vollzeit arbeitenden Paare 15 Prozent. Von den Vätern und den Müttern, die in einer Partnerschaft leben, in der beide voll erwerbstätig sind, sind 11 bzw. 15 Prozent der Ansicht, beide Eltern sollten auch vollzeit arbeiten, dagegen ist der Anteil der Befürworter einer Teilzeitarbeit der Frau deutlich höher und bei Männern und Frauen fast gleich (47 und 46%); die Möglichkeit, die Frau solle nicht erwerbstätig sein, wird dagegen stärker von Männern als von Frauen präferiert (Männer: 27%, Frauen: 17%). Eine höhere Konkordanz zwischen gelebter Situation und Einstellung zeigt sich bei Befragten, die in Partnerschaften leben, in denen ein Partner voll, der andere teilzeit oder nicht arbeitet. Im ersten Falle sind 60 Prozent der Frauen und Männer der Ansicht, die Frau sollte teilzeit arbeiten, im zweiten Fall sind 68 Prozent der Männer aber nur 59 Prozent der Frauen der Ansicht, die Frau sollte Hausfrau sein. In beiden Fällen geht der Wunsch bei einer Diskrepanz zwischen faktischer Situation und Einstellung eindeutig in Richtung Teilzeitarbeit.

Die Alternative, daß einer der Partner teilzeit arbeiten soll, wobei offen bleibt, ob dies die Frau oder Mann ist, wird - sobald ein Kind vorhanden ist - von etwa 20 Prozent der Befragten befürwortet, die in einer Partnerschaft leben, in der beide Partner voll oder teilzeit erwerbstätig sind. Bei den Befragten, die in einer Partnerschaft leben, in der ein Partner nicht erwerbstätig ist, wird diese Alternative nur von weniger als 10 Prozent gewählt. Somit scheint erwartungsgemäß die Einstellungen zur Erwerbstätigkeit bei Personen, die in Partnerschaften leben, die eher traditionellen Rollenmustern hinsichtlich der Aufteilung der Erwerbsarbeit zwischen Mann und Frau entsprechen, konservativer zu sein als bei Personen, die in weniger traditionell ausgerichteten Partnerschaften leben.

Versucht man, die Ergebnisse zur Einstellung der Erwerbstätigkeit in Abhängikeit von der gelebten Situation zusammenzufassen, lassen sich folgende Tendenzen ableiten: Solange keine Kinder vorhanden sind, vertreten Männer und Frauen in großer Übereinstimmung die Ansicht, beide Partner sollten erwerbstätig sein, und zwar vollzeit. Da, solange sie keine Kinder haben, fast immer beide Partner erwerbstätig sind, gibt es in diesem Falle kaum Diskrepanzen zwischen faktischer Situation und Einstellung. Sobald Kinder vorhanden sind, sind die Befragten, unabhängig von der Erwerbssituation in ihrer eigenen Partnerschaft der Ansicht, die Frau sollte nicht, allenfalls teilzeit arbeiten. Hierbei neigen Frauen stärker als Männer zu einer Befürwortung der Frauenerwerbstätigkeit, aber auch von ihnen wird eine Vollzeittätigkeit weitgehend abgelehnt. Insgesamt nimmt die Befürwortung einer Erwerbstätigkeit der Frau mit dem Alter des Kindes zu. Ist ein Kind vorhanden, so ist unabhängig vom Alter des Kindes und vom Geschlecht des Befragten die Übereinstimmung zwischen dem gelebten Modell der Erwerbstätigkeit in der Partnerschaft und der Einstellung bei Personen am größten, die in einer Partnerschaft leben, in der ein Partner nicht erwerbstätig ist; die größten Diskrepanzen zwischen Einstellung und gelebter Situation ist bei Personen zu beobachten, die in Partnerschaften leben, in denen beide Eltern einer Vollerwerbsarbeit nachgehen.

Tabelle 3.6:
Der Zusammenhang zwischen Einstellung zur Erwerbstätigkeit in der Partnerschaft/Ehe und der Erwerbssituation in der Partnerschaft in Abhängigkeit vom Alter des jüngsten Kindes getrennt für Männer und Frauen (Angaben in Prozent).
Es werden die Ergebnisse für die Paare dargestellt, für die die vorgegebene mit der tatsächlichen Situation übereinstimmt.

Befragte ohne Kinder

Einstellung keine Kinder	Männer beide vollz	einer teilz	einer nicht	Frauen beide vollz	einer teilz	einer nicht
beide vz erwt	85.9	62.7	66.5	89.3	73.7	69.9
Frau teilz	8.7	26.3	17.6	4.8	19.6	17.9
Frau nicht	1.5	3.2	12.1	1.1	.6	6.6
einer teilz	4.0	7.8	3.8	4.8	6.1	5.7

Befragte mit einem Kind unter 3 Jahren

Einstellung Kind < 3 Jahre	Männer beide vollz	einer teilz	einer nicht	Frauen beide vollz	einer teilz	einer nicht
beide vz erwt	-	4.8	5	9.1	2.3	.7
Frau teilz	33.3	31.0	10.2	20.5	51.1	12.8
Frau nicht	41.7	42.9	84.0	50.0	25.0	80.1
einer teilz	25.0	21.4	5.3	20.5	21.6	6.4

Befragte mit einem Kind im Alter zwischen 3 und 6 Jahren

Einstellung Kind 3 bis 6 Jahre	Männer beide vollz	einer teilz	einer nicht	Frauen beide vollz	einer teilz	einer nicht
beide vz erwt	10.7	1.6	-	7.7	2.2	.5
Frau teilz	46.4	50.0	20.5	46.2	65.6	22.6
Frau nicht	25.0	29.0	73.0	28.8	14.0	67.3
einer teilz	17.9	19.4	6.6	17.3	18.3	9.6

Befragte mit einem Kind im Schulalter

Einstellung Kind noch in Schule	Männer beide vollz	einer teilz	einer nicht	Frauen beide vollz	einer teilz	einer nicht
beide vz erwt	10.5	2.5	1.1	15.2	2.2	1.4
Frau teilz	46.5	60.1	24.7	45.7	60.3	30.4
Frau nicht	26.7	22.2	68.1	17.4	15.0	58.8
einer teilz	16.3	15.2	6.1	21.7	22.5	9.4

4. Zusammenfassung und Schlußfolgerung

Erwartungsgemäß können anhand unserer Daten vielfältige Unterschiede zwischen den Geschlechtern hinsichtlich der Erwerbstätigkeit belegt werden. Nach wie vor sind Frauen hinsichtlich der Entlohnung, der beruflichen Entwicklungsmöglichkeiten und ihrer Beteiligung an Leitungs- und Gestaltungsfunktionen benachteiligt und es findet sich eine geschlechtsspezifische Verteilung auf verschiedene Berufe und berufliche Hierachien. Nicht für alle Bereiche des Erwerbslebens konnten jedoch die erwarteten Unterschiede zwischen Männern und Frauen auch tatsächlich belegt werden.

Schulische und berufliche Bildungsabschlüsse stellen in der Bundesrepublik Deutschland wesentliche Kriterien für die Allokation von Personen zu beruflichen Positionen und damit zu Statuspositionen dar. Je besser das erreichte Qualifikationsniveau, desto besser sind im Durchschnitt die Chancen, eine gut bezahlte und angesehene berufliche Position einzunehmen und desto geringer sind Beschäftigungsrisiken, z.B. Arbeitslosigkeit (NOLL 1984, S. 102). Da das Erreichen höherer schulischer und beruflicher Abschlüsse in der Regel mit einem längeren Verbleiben im Bildungssystem verbunden ist, ist hierfür ein höherer Zeitaufwand erforderlich, der in der Regel mit einem Verzicht auf Einkommen einhergeht. Auch heute noch werden bei den Ausbildungsinvestitionen männliche Nachkommen bevorzugt (vgl. KRÜSSELBERG, AUGE & HILZENBECHER 1986, S.86).

Zwar haben sich die Unterschiede in den schulischen Abschlüssen zwischen den Geschlechtern in den jüngeren Altersgruppen weitgehend abgebaut, dennoch unterscheiden sich vor allem die beruflichen Abschlüsse bei Männern und Frauen: So ist die gewerbliche Lehre eher "Männersache", die kaufmännische Lehre eher "Frauensache", einen Fachhochschul- oder Hochschulabschluß haben fast doppelt so viele Männer wie Frauen. Nach wie vor zeigen sich geschlechtsspezifisch variierende Verhaltensweisen bei der Wahl von Berufsfeldern und Ausbildungsplätzen. Daher ist es bereits aufgrund des Ausbildungsnivaus kaum verwunderlich, daß Frauen in höheren Berufspositionen unterrepräsentiert sind.

Sind somit bereits die Startchancen von Frauen für das Erreichen von höheren Berufspositionen deutlich schlechter, weil sie weniger Zeit für ihre Ausbildung aufgewendet und geringerwertige Abschlüsse als Männer erworben haben, so können Frauen auch später weniger Zeit als Männer für die Erwerbsarbeit - und damit für ihr berufliches Fortkommen - investieren, da von ihnen zusätzliche Zeit für unbezahlte reproduktive Aufgaben in der Familie übernommen werden müssen (vgl. VOLLMER 1989), insbesondere wenn Kinder vorhanden sind. Diese zusätzlichen Aufgaben (Kinder gebären, versorgen, erziehen), können nur erfüllt werden, wenn die Erwerbstätigkeit völlig aufgegeben, unterbrochen oder reduziert wird oder Frauen bereit und in der Lage sind, die Mehrfachbelastung durch Familie und Beruf zu ertragen, da der

Anteil der Männer an der Familienarbeit immer noch deutlich unter dem der Frauen liegt. So zeigt sich in unserer Untersuchung, daß Männer weniger Zeit für Hausarbeit und Kindererziehung aufwenden als Frauen, unabhängig von der Erwerbsbeteiligung der Partnerin, und Hausfrauen mit und ohne Kinder mehr Zeit mit Hausarbeiten verbringen als erwerbstätige Frauen. Es besteht jedoch die Tendenz, daß Männer mit Kindern, deren Partnerin erwerbstätig ist, sich stärker an der Hausarbeit, insbesondere der Kinderbetreuung und -versorgung beteiligen.

Zeigt sich für die Erwerbsbeteiligung der Männer kein Zusammenhang mit der Ausbildung, dem Familienstand und dem Vorhandensein von Kindern, so ist die Erwerbsbeteiligung der Frauen stark von Veränderungen im Lebenszyklus geprägt; obwohl die Erwerbsquote von Müttern in den letzten Jahren deutlich zugenommen hat, ist die Geburt eines Kindes ein entscheidender Faktor für die Erwerbstätigkeit der Frau. Dagegen ist die Heirat für Frauen kaum noch ein Grund, den Beruf aufzugeben. Unmittelbar nach der Geburt eines Kindes ist die Erwerbsquote der Mütter am niedrigsten, steigt aber mit dem Alter des Kindes, wobei Mütter - im Gegensatz zu Frauen ohne Kinder oder gar Männern - Teilzeitarbeit bevorzugen. Daher gilt: Teilzeitarbeit ist Mütterarbeit. Insgesamt liegt die Erwerbsquote bei den Müttern mit einem höheren Bildungsabschluß über der von Müttern mit niedrigem Abschluß. Offensichtlich legen Frauen, die einen höheren Ausbildungsabschluß erworben und mehr Zeit in die eigene Ausbildung investiert haben, eher Wert darauf, daß sich die höheren Investitionen in ihre Ausbildung auszahlen oder die höhere Rentabilität der Erwerbstätigkeit (höheres Einkommen) veranlaßt diese Frauen weiterzuarbeiten; allerdings könnte auch eine stärkere Berufsorientierung oder die Tatsache, daß sie einen Beruf ausüben, der ihnen Befriedigung vermittelt, diese Frauen veranlassen, ihre Erwerbstätigkeit weniger bereitwillig aufzugeben als Frauen mit einer schlechteren Ausbildung.

Hinsichtlich der von uns erfaßten konkreten Arbeitsbedingungen zeigen sich - abgesehen von der Wochenarbeitszeit - nur geringe Unterschiede zwischen den Geschlechtern. Dies gilt für die Art des Arbeitsvertrages (befristet, unbefristet), Schichtarbeit, Gleitzeit und auffallenderweise auch für die subjektiv erlebte Selbständigkeit bei der Arbeit, obwohl Frauen überwiegend berufliche Positionen einnehmen, von denen anzunehmen ist, daß sie mit nur geringer Entscheidungsbefugnis ausgestattet sind. Bedeutsame Unterschiede bestehen allerdings hinsichtlich der Häufigkeit und der Gründe für eine Unterbrechung der Erwerbstätigkeit: Frauen unterbrechen insgesamt häufiger ihre Erwerbstätigkeit und vor allem aus familiären Gründen, Männer dagegen aufgrund von Arbeitslosigkeit und Krankheit bzw. Unfall. Die höhere Teilzeitarbeit und die höhere Unterbrechungsrate der Erwerbstätigkeit bei den Frauen hat mit Sicherheit einen Einfluß auf den Verlauf der Berufskarriere, dürfte jedoch nicht ausreichen, die gefundenen Unterschiede in den erreichten Berufspositionen zu erklären. Das Durchschnittseinkommen von Frauen ist immer noch geringer als das der Männer, auch wenn die unterschiedlichen Arbeitsstunden und die unterschiedlichen Berufsklassen kontrolliert werden.

Knapp 7000 Personen unserer Stichprobe leben mit einem Partner in einem gemeinsamen Haushalt zusammen. Zwar entspricht die Erwerbssituation in vielen Fällen noch dem "traditionellen" Leitbild, aber der Anteil der Partnerschaften, in denen beide Partner einer Erwerbstätigkeit nachgehen, ist keineswegs zu vernachlässigen. In 41 Prozent der Partnerschaften ist ein Partner voll, der andere, fast immer die Frau, nicht erwerbstätig. Der Anteil der Hausmänner ist mit deutlich unter einem Prozent zu vernachlässigen. In 23 Prozent der Partnerschaften sind beide Partner vollzeit erwerbstätig und in 22 Prozent ist einer voll-, der andere teilzeit erwerbstätig.

Die Aufteilung der Erwerbstätigkeit in der Partnerschaft ist eindeutig mit dem Familienzyklus und dem formal-rechtlichen Status der Beziehung korreliert. Sowohl das Vorhandensein als auch das Alter der Kinder haben einen deutlichen Einfluß auf die Aufteilung der Erwerbsarbeit. So sind in mehr als 50 Prozent der Partnerschaften ohne Kinder beide Partner vollzeit erwerbstätig gegenüber 9 Prozent bei den Partnerschaften mit zumindest einem Kind unter 3 Jahren. In Partnerschaften, in denen die Partner unverheiratet zusammenleben, sind - auch beim Vorhandensein von Kindern - eher beide Partner erwerbstätig; diese Paare sind auch erheblich stärker von Arbeitslosigkeit betroffen als verheiratete Paare.

Auffallend ist, daß sich die sogenannte "Hausfrauenehe" zumindest bei den von uns erfaßten 18- bis 55jährigen offensichtlich überlebt hat, sowohl als Lebensform als auch als Vorstellung. Nur in 11 Prozent der Ehen ohne Kinder beschränkt sich die Frau auf das Hausfrauendasein und ist nicht erwerbstätig, nur 3 Prozent der Befragten sind der Ansicht, die (Ehe)Frau solle auch dann nicht erwebstätig sein, wenn keine Kinder da sind. Das Haushaltsnettoeinkommen ist erwartungsgemäß höher, wenn beide Partner erwerbstätig sind, wobei es jedoch keinen Unterschied macht, ob die Partner voll- oder teilzeiterwerbstätig sind.

Die Einstellung zur Aufteilung der Erwerbstätigkeit in einer Partnerschaft/Ehe wird in starkem Maße vom Vorhandensein und dem Alter der Kinder beeinflußt, aber auch vom Geschlecht, dem Alter und dem Bildungsabschluß. Solange keine Kinder vorhanden sind, sprechen sich nur 3 Prozent der Befragten dafür aus, daß die Frau nicht erwerbstätig sein soll; ist das jüngste Kind noch unter 3 Jahren, sind es dagegen über 60 Prozent, und ist das Kind im Schulalter sind es mehr als 30 Prozent, die die Meinung vertreten, die Mutter sollte in diesem Falle Hausfrau sein. Es zeigt sich die Tendenz, daß Frauen stärker als Männer die Ansicht vertreten, eine Frau sollte auch beim Vorhandensein von Kindern berufstätig sein, wobei diese Tendenz bei den jüngeren und besser ausgebildeten Frauen stärker ist. Dies sind die Frauen, die, auch wenn sie Kinder haben, tatsächlich häufiger erwerbstätig sind.

Auffallenderweise ist die Einstellung zur Erwerbstätigkeit weitgehend unabhängig von der Erwerbssituation in der eigenen Partnerschaft. Auch in

Partnerschaften mit Kindern, in denen beide Partner vollzeit erwerbstätig sind, vertreten die meisten Befragten die Ansicht, die Frau sollte in diesem Falle nicht oder allenfalls teilzeit erwerbstätig sein. Allerdings befürworten auch Frauen, die selbst Kinder haben, stärker als Männer eine Erwerbstätigkeit der Frau. Dennoch sehen es die meisten Frauen und Männer - solange Kinder da sind - offensichtlich nicht als optimale Lösung an, wenn beide Eltern arbeiten (müssen). Diese Einstellung gilt natürlich nur für die derzeitigen Verhältnisse und könnte sich ändern, wenn bessere Betreuungsmöglichkeiten für Kinder vorhanden wären und/oder die Arbeitsbedingungen und Arbeitszeiten den Bedürfnissen erwerbstätiger Eltern besser entsprächen.

Hinsichtlich der in zahlreichen Studien, auch der vorliegenden, nachgewiesenen Ungleichheit von Frauen und Männern im Beruf und der Aufteilung der Erwerbs- und Familienarbeit in der Partnerschaft/Ehe läßt sich eine deutliche Interaktion zwischen beiden Bereichen feststellen: Solange das Erwerbsleben zugeschnitten ist auf den Vollzeiterwerbstätigen, der weitestgehend frei von Familienverpflichtungen dem Betrieb mit ganzer Arbeitskraft zur Verfügung steht, werden Personen, die dies nicht können oder nicht wollen oder von denen nur erwartet wird, daß dies irgendwann der Fall sein könnte, Nachteile im Beruf in Kauf nehmen müssen. Daher ist es unter Kosten-Nutzen Überlegungen nur rational, daß die Aufteilung der Erwerbsarbeit zwischen den Partnern dem üblichen Muster folgt. Es ist vernünftig, daß der Partner, der den schlechter bezahlten Arbeitsplatz mit den ungünstigeren beruflichen Perspektiven hat, diesen eher zugunsten der Familienarbeit aufgibt oder seine Arbeitszeit reduziert, während der andere Partner sich vorwiegend für den Beruf und damit für die berufliche Karriere entscheidet. Daher sind Frauen mit einem höheren Bildungsabschluß auch mit Kind weniger dazu bereit, ihre Erwerbstätigkeit aufzugeben.

Keinesfalls naturgegeben ist es, daß Frauen die reproduktiven Aufgaben in der Familie übernehmen, die über das Gebären und die Betreuung der Kinder in den ersten Wochen und Monaten hinausgehen. Unter den derzeitigen Bedingungen am Arbeitsplatz, der (unzureichenden) Möglichkeit der Betreuung von Kindern auch außerhalb der Familie (Ganztagskindergärten, Ganztagsschulen), dem Rollenverständnis von Männern, Arbeitgebern, Politikern, aber auch der Frauen selbst hinsichtlich der Aufgabenteilung in Partnerschaft, Ehe und Familie, sind es bislang fast ausnahmslos die Frauen, die die Widersprüche und Spannungen zwischen Produktions- und Familienarbeit privat und individuell lösen müssen.

Tabellenanhang

Tabelle K.1:
Höchster Schulabschluß für verschiedene Altersgruppen getrennt für Männer und Frauen

	Männer				Frauen			
	18-24	25-34	35-44	45-55	18-25	25-34	35-44	45-55
ohne Abschluß	.9	2.4	2.0	1.3	1.2	2.0	1.6	3.3
Volks-/Hauptschule	33.6	41.2	52.3	63.9	28.1	40.9	55.3	64.8
Mittlere Reife	32.7	22.6	18.7	14.8	39.7	33.8	27.1	22.2
Fachhochschulabschluß	6.0	9.2	7.8	7.2	7.4	5.4	3.5	2.7
Abitur	26.8	24.7	19.3	12.8	23.6	17.9	12.5	7.0
N	775	1383	1069	1271	839	1678	1420	1504

Tabelle K.2:
Berufliche Abschlüsse getrennt für Männer und Frauen

	Männer %	Frauen %	Gesamt N	%
ohne Abschluß	12.3	25.3	1948	19.4
noch in berufl. Ausbild.	6.1	4.5	526	5.2
gewerbliche Lehre	37.7	14.7	2525	25.1
kaufm./Verwalt.Lehre	11.1	30.3	2167	21.6
hausw./landw. Lehre	.6	2.4	155	1.5
Berufsfachschule	2.1	9.7	631	6.3
berufl.Prakt./Voluntariat	1.4	1.9	166	1.7
Laufb.Prüfg. öffentl. Dienst	5.6	2.0	367	3.7
Meister/Technik/Fachschule	8.8	1.1	464	4.6
Fachhochschule	5.6	2.1	371	3.7
Hochschule	8.6	6.0	723	7.2
N	4554	5489	10043	100.0

Tabelle K.3:
Berufliche Abschlüsse für verschiedene Altersgruppen getrennt für Männer und Frauen

Männer	18-24	25-34	35-44	45-55
ohne Abschluß	24.4	9.5	8.7	10.9
noch in berufl. Ausbildung	24.1	6.0	.2	-
gewerbl. Lehre	35.6	40.1	35.2	38.4
kaufm./Verwalt.Lehre	7.2	11.4	13.4	11.4
hausw./landw. Lehre	.6	.3	.7	.8
Berufsfachschule	2.2	1.9	2.3	2.1
berufl.Prakt./Voluntariat	1.4	1.6	1.2	1.2
Laufb.Prüfg. öffentl. Dienst	2.5	6.5	6.8	5.7
Meister/Technik/Fachschule	.7	7.6	11.0	13.6
Fachhochschule	.9	6.8	6.5	6.4
Hochschule	.4	8.4	14.1	9.6
N	806	1400	1074	1274

Frauen				
ohne Abschluß	23.4	19.2	21.2	37.0
noch in berufl. Ausbildung	22.9	2.5	.1	-
gewerbl. Lehre	13.8	15.9	15.3	13.4
kaufm./Verwalt.Lehre	24.3	31.6	33.1	29.6
hausw./landw. Lehre	1.8	2.1	2.5	2.8
Berufsfachschule	8.6	12.7	10.2	6.6
berufl.Prakt./Voluntariat	2.3	1.7	1.7	2.1
Laufb.Prüfg. öffentl. Dienst	1.2	2.9	2.3	1.3
Meister/Technik/Fachschule	.2	1.3	1.5	1.1
Fachhochschule	.8	2.3	3.3	1.6
Hochschule	.6	7.8	8.8	4.6
N	881	1681	1421	1506

Tabelle K.4:
Berufliche Situation in der Partnerschaft
(ausschließlich für zusammenwohnende Paare)

	ver- heiratet	nicht verheiratet	gesamt
Beide vollzeit erwerbstätig	20.4	49.0	23.3
Einer vollz./ einer teilz. erwerbst.	23.0	10.3	21.7
Beide teilzeit erwerbstätig	.6	.7	.6
Einer erwerbst. / einer nicht erwerbst.	44.5	8.1	40.7
Einer erwerbst./ einer in Ausbildung	1.3	11.0	2.3
Beide in Ausbildung	.2	4.2	.5
Einer erwerbst./ einer arbeitslos	1.9	6.2	2.1
Einer nicht erwerbst. / einer arbeitslos	.9	1.5	1.1
Beide arbeitslos	.2	1.0	.4
Sonstige	7.0	8.0	7.3
N (Anzahl der Paare)	6216	715	6931

Tabelle K.5:
Verteilung der Arbeitszeit in der Partnerschaft
(ausschließlich für zusammenwohnende Paare)

	ver- heiratet	nicht verheiratet	gesamt
Beide vollzeit (>35 Stdn)	45.8	81.6	55.3
Einer vollz./ einer teilz. (>19.5 u.<35 Stdn)	39.8	14.9	33.1
Einer vollz./ einer teilz. (<19.5 Stdn)	13.1	2.3	10.5
Beide teilzeit (<35 Stdn)	1.3	1.1	1.2
N (Anzahl der Paare)	2649	424	3504

Tabelle K.6:
Persönliches monatliches Nettoeinkommen (in DM) von Männern (M) und Frauen (F)

	Gesamt(1)		Vollz (2)		LoK (3)		AuB (4)	
	M	F	M	F	M	F	M	F
< 430	3.3	11.3	.3	.9	.2	.4	-	.3
430-1200	12.4	36.5	1.8	14.2	3.7	10.1	2.9	9.3
1200-2000	21.6	32.7	22.5	51.8	44.3	64.1	45.4	70.7
2000-3000	35.7	14.0	43.1	25.0	38.9	21.4	42.0	18.2
3000-4000	15.7	3.9	18.8	5.6	8.3	3.1	6.9	1.2
> 4000	11.4	1.7	13.5	2.5	4.4	.9	2.9	.3
N	4192	3605	3310	1506	804	552	174	324

(1) alle Frauen und Männer
(2) nur vollzeit Erwerbstätige
(3) nur ledige vollzeit Erwerbstätige ohne Kinder
(4) nur ledige vollzeit Erwerbstätige ohne Kinder der Berufsklasse "einfache Angestellte und Beamte"

Tabelle K.7:
Der Zusammenhang zwischen der Einstellung zur Erwerbstätigkeit in der Partnerschaft/Ehe und der Erwerbssituation in der Partnerschaft in Abhängigkeit vom Alter des jüngsten Kindes (Angaben in Prozent).
Es werden die Ergebnisse für die Paare dargestellt, für die die vorgegebene mit der tatsächlichen Situation übereinstimmt.

Befragte ohne Kinder

Einstellung keine Kinder	beide voll	einer teilz	einer nicht	ges
beide vz erwt	87.5	67.7	68.2	79.7
Frau teilz	6.8	23.2	17.7	12.2
Frau nicht	1.3	2.0	9.4	3.2
einer teilz	4.4	7.1	3.8	4.9
N	1306	396	468	2170

Befragte mit einem Kind unter 3 Jahren

Einstellung Kind < 3 Jahre	beide voll	einer teilz	einer nicht	ges
beide vz erwt	5.9	3.1	.6	5.3
Frau teilz	25.0	44.6	11.8	19.1
Frau nicht	47.1	30.8	81.7	68.9
einer teilz	22.1	21.5	6.0	10.4
N	68	130	502	700

Befragte mit einem Kind im Alter zwischen 3 und 6 Jahren

Einstellung Kind 3 bis 6 Jahre	beide voll	einer teilz	einer nicht	ges
beide vz erwt	8.8	1.9	.3	1.9
Frau teilz	46.3	59.4	21.8	35.6
Frau nicht	27.5	20.0	69.4	49.9
einer teilz	17.5	18.7	8.5	12.6
N	80	155	330	565

Befragte mit einem Kind im Schulalter (6 - 14 Jahre)

Einstellung Kind noch in Schule	beide vollz	einer teilz	einer nicht	ges
beide vz erwt	13.4	2.4	1.3	3.6
Frau teilz	46.0	60.2	28.1	41.2
Frau nicht	21.0	17.6	62.5	41.5
einer teilz	19.6	19.8	8.1	13.7
N	224	424	704	1353

Soziale Situation

Hans Bertram

Familie und soziale Ungleichheit

1. Einleitung
2. Zur Messung sozialer Ungleichheit
3. Stabilität und Wandel der Plazierungsfunktion von Familie
4. Ökonomische Unterschiede zwischen Familien unterschiedlicher Berufsklassen
5. Schichtspezifisches Partnerwahlverhaltenverhalten
6. Familiale Lebensformen und Berufsklassen

1. Einleitung

"Die Lebensbedingungen einer Familie sind nach wie vor von ausschlaggebender Bedeutung für den Bildungs- und Berufsweg eines Kindes... Untersuchungen aus jüngster Zeit machen deutlich, daß Beruf und Berufserfahrung des Vaters zwar wichtige Einflußgrößen der Plazierungsprozesse sind, daß aber andere Faktoren wie z.b. Schule und Ausbildungsabschlüsse der Eltern außerfamiliale Orientierungsmuster, Plazierungsvorstellungen und Plazierungsverhalten mitbestimmen. In der jüngsten Sozialisationsforschung wird die Bedeutung der innerfamilialen Einflußfaktoren, Unterstützung und Anregung der Kinder, familiale Kommunikationsstrukturen, Partnerbeziehung und soziale Außenkontakte gegenüber den sozialstrukturellen Variablen zunehmend stärker betont" (DRITTER FAMILIENBERICHT 1979).

Die große Bedeutung der Eltern und des Elternhauses für die Plazierung der Kinder in Schule und Beruf wurde nicht nur vom DRITTEN FAMILIENBERICHT hervorgehoben, sondern auch von Autoren wie beispielsweise U.BECK (1978), die die große Bedeutung des Elternhauses für die Reproduktion sozialer Ungleichheit betonten. "Strukturell... hängen der Zusammenhang zu bestimmter Ausbildung und die persönlichen Chancen, sie erfolgreich zu durchlaufen... wesentlich von den in der Primärsozialisation erworbenen Einstellungen, Orientierungen, Normen und Verhaltensweisen (ab), die wiederum schichtspezifisch bzw. subkulturell verschieden ausgeprägt sind, je nach der ökonomischen Lage der Familie bzw. dem Berufsstatus des Vaters, den damit zusammenhängenden Wohnverhältnissen, Interaktionsstrukturen, dem Bildungsklima, dem Aspirationsniveau und den normativen Standards im Erziehungsverhalten und den Erziehungszielen der Herkunftsfamilie. Über den Erwerb von Bildungschancen hinaus werden in der Primärsozialisation schichtspezifische Grundqualifikationen vermittelt, die in späteren sekundären Ausbildungen praktisch nicht neu erworben werden können" (BECK/ BRATER 1978).

Hinter dieser Vorstellung steht die These, daß einerseits die Stellung der Eltern oder besser gesagt die des Vaters in der Erwerbsstruktur wesentlich darüber mitentscheidet, welche Verfügungsmöglichkeiten Familien über Einkommen, gesellschaftliches Ansehen und soziale Macht haben. Andererseits wird hier die Vorstellung geäußert, daß Eltern das eigene kulturelle Kapital, das sie im Rahmen der eigenen Herkunft, ihrer Bildungswege und Lebenserfahrungen erworben haben durch ihre Wertorientierungen, aber auch durch die Auswahl von Verkehrskreisen und Wohngegend an die Kinder weitervermitteln. Dies hat zur Konsequenz, daß sich die soziokulturellen Unterschiede einer Gesellschaft von Generation zu Generation weitervererben.

Die These der Reproduktion soziokulturellen Kapitals durch das Elternhaus wurde aufgrund der fehlenden empirischen Belege schon frühzeitig kritisiert. Insbesondere wurde darauf verwiesen (BERTRAM 1981), daß die Pluralität von Lebenslagen ein Kennzeichen moderner Industriegesellschaften sei und somit die Beschreibung der Sozialstruktur einer Gesellschaft als eindimensional aufgebaute hierarchische Schichtungs- oder Klassenstruktur ein unangemessenes Bild der westdeutschen Gesellschaft widergebe. Gegen die empirisch abgesicherte These, daß eine Vielzahl sozialer Lagen nebeneinander existieren können, wurde eingewendet, daß sie vor dem Hintergrund eines Konzepts der Pluralität von Lebenslagen nicht mehr in der Lage sei, soziale Ungleichheit zu analysieren, sondern nur noch Unterschiede in einer Gesellschaft herauszuarbeiten vermöge (ROSENBAUM 1983). Die heutige Diskussion greift im Grunde genommen jene Thesen, die 1981 bzw. 1983 für die Beschreibung der Gesellschaft als unangemessen beurteilt wurden wieder auf und macht sie zur Grundlage der Analyse der Lebenslagen von Familien in unserer Gesellschaft.

"Zahlreiche Untersuchungen zeigen, daß in den letzten Jahrzehnten die Festigkeit der Schichtunterschiede abgenommen hat. Das heißt, der Zusammenhang zwischen sozialer Herkunft, Bildungs- und Berufs-, Einkommens- und Wohnverhältnissen hat sich gelockert, und die statusmäßige Mobilität zwischen den Generationen vergrößert. Insofern haben die Kategorien von Stand und Klasse ihre problemaufschließende Funktion weitgehend eingebüßt. Ob man stattdessen von einer Individualisierung der Lebenslagen sprechen soll, erscheint allerdings fraglich, denn nach wie vor lassen sich bestimmte soziale Eigenschaften namhaft machen, die in ihrer Kombination bevorzugte und benachteiligte soziale Lagen strukturieren. Nur die Kombinationsmöglichkeiten sind vielfältiger geworden. Sie lassen sich abgesehen von Extremen der Oberschicht und der unteren Unterschicht nicht mehr eindimensional nach höherem oder niedrigerem Status abbilden. Charakteristisch ist eine multidimensionale Statusdifferenzierung, die mit Bezug auf herkömmliche Schichtvorstellungen in den zahlreichen mittleren Bevölkerungsschichten ein hohes Maß an Statusinkonsistenz vermuten läßt" (KAUFMANN 1990).

Diese und ähnliche Thesen sind jedoch nicht auf empirische Untersuchungen gegründet, sondern folgen mehr oder minder den vor einigen Jahren vorgelegten Interpretationsmustern einer Pluralisierung von Lebensstilen und Lebenslagen in unserer Gesellschaft, wie sie am deutlichsten von U.BECK (1986) vorgeschlagen werden.

BECK vertritt heute die These, daß die materiellen Verbesserungen in unserer Gesellschaft zu einer Enttraditionalisierung ständisch eingefärbter Klassenlagen geführt haben, weil nun auch die Arbeiterschaft Anschluß an die bürgerliche Lebensführung gefunden hat. Wenn man darüber hinaus das zunehmende individuelle Wohlergehen als Aufstieg erlebt, nimmt natürlich die traditionelle Bindung zur Herkunftsschicht ab. Neben dieser geringeren Bindung an die eigene Klassenlage hat, so BECK, auch die zunehmende Mobilität in unserer Gesellschaft dazu geführt, daß sich Lebensweise und Lebensstile weiter enttraditionalisieren. Dies hat zur Folge, daß das klassische Hierarchiemodell sozialer Klassen und Schichten an Realitätsbezug verliert.

Das Problem der Angemessenheit eines eindimensionalen hierarchischen Modells sozialer Ungleichheit wird im folgenden nicht diskutiert. Es wird vielmehr untersucht, ob und inwieweit die im DRITTEN FAMILIENBERICHT und von anderen Autoren (FEND 1974; HURRELMANN 1976; OEVERMANN u.a. 1969) behauptete große Bedeutung der Familie für die Plazierung der Kinder im Bildungs- und Berufssystem heute noch nachweisbar ist. Es mag zwar theoretisch von großem Interesse sein, welches Gesellschaftsmodell zur Beschreibung sozialer Ungleichheit besonders angemessen ist, aber im Rahmen familienpolitischer Diskussionen kann es eigentlich nur darum gehen, ob die Familie ihre Bedeutung für die Plazierung der Kinder im Bildungssystem an andere Institutionen wie etwa außerfamliale Bildungseinrichtungen abgetreten hat oder ob diese Bildungseinrichtungen gegenüber der Familie an Bedeutung gewonnen haben. Diese Diskussion wurde schon einmal in den 50er Jahren auf der Basis von Überlegungen H.SCHELSKYs (1961) geführt und hat damals zu erheblichen wissenschaftlichen Kontroversen beigetragen.

Dabei, und dies wird in der heutigen Diskussion immer wieder vergessen, haben Autoren wie DAHRENDORF (1971) immer betont, daß es neben den klassischen Faktoren sozialer Ungleichheit auf der Basis der Stellung des Vaters in der Erwerbsstruktur für Familien und Kinder noch andere Dimensionen gibt, die die Plazierung im Bildungssystem beeinflussen, wie etwa die Religion, das Aufwachsen in städtischen oder ländlichen Gebieten und das Geschlecht. Ich verweise hier auf diese Diskussion, weil es schon damals Autoren gab (PEISERT 1967), die davon ausgingen, daß die Sozialstruktur der Bundesrepublik Deutschland nur dann angemessen verstanden werden kann, wenn man von einer Pluralität der Lebenslagen ausgeht. Es kann daher im folgenden nicht darum gehen, eine neue Konzeption von Sozialstruktur zu entwickeln. Vielmehr will ich im Kontext differenzierter Vorstellungen von Sozialstruktur, wie sie auch schon in den 70er Jahren etwa von LEPSIUS (1974, 1979) vertreten wurden prüfen, ob man auch heute die Bedeutung der Familie für die Plazierung von Kindern im Bildungs- und Berufssystem und damit Stabilitäten bzw. Wandlungsprozesse gegenüber jenen Ergebnissen in den 70er Jahren herauszuarbeiten vermag.

Diese Fragestellung ist unter zwei Aspekten von Bedeutung: Zum einen läßt die Analyse der elterlichen Plazierungsleistung Aussagen darüber zu, welche Bedeutung die Familie heute noch für die Entwicklung und Erziehung von Kindern hat. Daneben läßt sich aber auch klären, ob die von BECK u.a. behauptete Enttraditionalisierung sozio-kultureller Milieus darauf zurückzuführen ist, daß sich familiale Lebensformen - sowohl was Familienstruktur als auch was Wertorientierung angeht - inzwischen so angenähert haben, daß zwar die Familie immer noch eine erhebliche Bedeutung für die Plazierung von Kindern hat, sich aber die schichtspezifischen Unterschiede nicht mehr mit der früheren Deutlichkeit zeigen. Dieser zweite Aspekt ist auch gesellschafts- und familienpolitisch von erheblicher Bedeutung, weil die Entwicklung einer Angleichung familialer Lebensformen zwischen einzelnen Schichten die These der Pluralisierung von Lebensformen in bezug auf Unterschiede zwischen sozialen Schichten in Frage stellt. Eine Annäherung von familialen Lebensformen zwischen sozialen Schichten würde in bezug auf die Unterschiede zwischen sozialen Schichten nicht zu einer Pluralisierung von Lebensformen geführt haben, sondern zur Homogenisierung familialer Lebensformen.

Auch wenn sich nachweisen ließe, daß die Unterschiede von familialen Lebensformen zwischen städtischen und ländlichen Regionen heute geringer als vor 15 Jahren sind, würde dies bedeuten, daß wir in bezug auf Familien nicht eine Pluralisierung von Lebensformen, sondern eher eine Homogenisierung und Herausdifferenzierung ganz weniger Familientypen beobachten können[1]. In diesem Kapitel werde ich mich zunächst der Frage von Stabilität bzw. Wandel der Bedeutung der Herkunftsfamilie für die Plazierung des einzelnen im Bildungssystem widmen und dann der Frage nachgehen, inwieweit auch heute noch Unterschiede zwischen Schichten in bezug auf objektive Lebensbedingungen wie Einkommen und Wohnverhältnisse zu beobachten sind. Die Frage der Veränderung von Wertorientierungen und regionaler Differenzierung soll in eigenen Kapiteln behandelt werden.

2. Zur Messung sozialer Ungleichheit

Soziale Ungleichheit wurde im Rahmen empirischer Sozialforschung in der Regel durch einen Schichtindex gemessen, in dem Bildung, Beruf und Einkommen einflossen (SCHEUCH 1961). Neben diesem Konzept einer quasi objektiven Bestimmung der Stellung im System sozialer Ungleichheit wurde versucht, diese auch durch die Einschätzung des Prestiges von Berufspositionen zu ermitteln (KLEINING 1971,1975). Obwohl die damals entwickelten Instrumente vielfältig weiterbetrieben und verbessert wurden (BERTRAM 1984, WEGENER 1985), werde ich im folgenden nicht auf diese Instrumente zur Messung sozialer Ungleichheit zurückgreifen, sondern einem Berufstrukturmodell auf der Basis der bundesdeutschen Sozialstatistik folgen. Solche Berufsstrukturmodelle haben sich in einer Vielzahl von empirischen Untersuchungen bewährt, homogene soziale Lagen in der Bundesrepublik zu bündeln (HOLTMANN 1990). Sie haben auch den Vorzug, Datensätze wie den hier vorliegenden mit den Ergebnissen der amtlichen Sozialstatistik vergleichen zu können.

Im Rahmen von Untersuchungen, die die soziale Lage von Familien bestimmen, stellt sich die Frage, ob diese auf Basis des Berufsprestiges bzw. des Schichtungsstatus des Vaters oder der Mutter definiert wird. Anfang der 60er und Anfang der 70er Jahre, als die Instrumente zur Messung sozialer Ungleichheit in der Bundesrepublik Deutschland entwickelt wurden, stellte sich diese Frage noch nicht, weil die traditionelle Arbeitsteilung zwischen Mann und Frau für die meisten Familien mit Kindern als gegeben unterstellt werden konnte, d.h. der Mann als Hauptemährer der Familie sicherte nicht nur die ökonomische Existenz, sondern sein beruflicher Status definierte letztlich auch den sozialen Status der gesamten Familie. Heute hingegen kann dies angesichts einer zunehmenden Erwerbstätigkeit insbesondere von Frauen mit Kindern nicht mehr als gegeben unterstellt werden.

Darüber hinaus ist davon auszugehen, daß der soziale Status im Lebensverlauf entsprechend der beruflichen Karriere, aber auch entsprechend unterschiedlicher familialer Lebenssituationen, wie etwa Scheidung und Wiederverheiratung, keinesfalls als konstant unterstellt werden kann. Wir haben uns deshalb bei der gegenwärtigen Auswertung dafür entschieden, den aktuellen Beruf der befragten Personen als Ausgangspunkt der Analyse sozialer Ungleichheit heranzuziehen, selbst wenn dadurch ein Teil der Dynamik des Lebensverlaufs und auch des Wandels von sozialen Positionen nicht hinreichend berücksichtigt werden kann.

Da wir in einem anderen Abschnitt einige Vergleiche mit international gewonnenen Ergebnissen zum Wertwandel durchführen wollen, haben wir uns bei der Zusammenfassung der vielfältigen Berufskategorien bemüht, ein Berufsklassenmodell zu entwickeln, das mit dem Berufsklassenmodell von FEATHERMAN (1978) vergleichbar ist. Wir haben hier nicht nur Vergleichsmöglichkeiten zu dem Berufsklassenmodell von FEATHERMAN geschaffen, sondern auch das Berufsklassenmodell von MÜLLER (1975) mitberücksichtigt. Auf diese Weise können wir prüfen, inwieweit die verschiedenen Berufsklassenmodelle miteinander kovariieren bzw. mit anderen Faktoren in Beziehung stehen, um auf der Basis dieser Analyse dann mit jenem Modell zu arbeiten, das die höchste Kovariation mit anderen Variablen aufweist. Das unten widergegebene Berufsklassenmodell unterscheidet sieben Berufsklassen, nämlich an- und ungelernte Arbeiter (12%), Facharbeiter (19%), einfache Angestellte und Beamte (10%), mittlere Angestellte und Beamte (27%), technische Angestellte (3%), kleine Selbständige und Landwirte (5%) sowie eine Dienstleistungsklasse (24%).

Grafik 1:
Verteilung der Berufspositionen nach Geschlecht
(Angaben in Prozent)
aktuelle Berufsposition

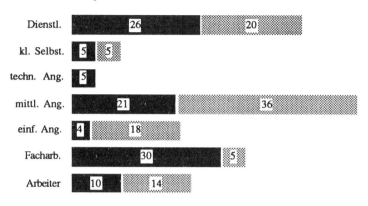

nach Featherman

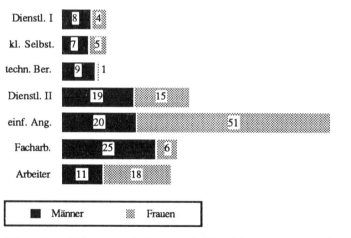

Dieses Berufsklassenmodell unterscheidet sich von dem Berufsklassenmodell nach FEATHERMAN zum einen dadurch, daß in FEATHERMANs Modell, wie in vielen Schichtungsmodellen, nicht die aktuelle Berufsposition, sondern die jeweils zuletzt erreichte Berufsposition eingeht. In einer solchen Konzeption können auch alle diejenigen mitberücksichtigt werden, die zum Zeitpunkt der Erhebung nicht berufstätig waren. Dies gilt insbesondere für Hausfrauen und Mütter, die ihre Berufstätigkeit unterbrochen hatten[2]. Im Gegensatz dazu wird bei der aktuellen Berufsposition nur auf jene Personen Bezug genommen, die auch tatsächlich berufstätig waren.

Darüber hinaus gehen beim Modell der aktuellen Berufsposition Angestellte mit selbständiger Tätigkeit, die im FEATHERMANschen Konzept der Dienstleistungsklasse II zugerechnet werden, und die eine große Gruppe ausmachen, in die Dienstleistungsklasse ein. Eine solche Zuordnung kann sicherlich kritisch betrachtet werden, da im FEATHERMANschen Modell die oberste Dienstleistungsklasse nur insgesamt 5,5% aller Befragten, die jemals einen Beruf ausgeübt haben, ausmacht. Um eine ausreichend große Gruppen zu erhalten, müßte diese Dienstleistungsklasse in weiteren empirischen Analysen mit anderen Gruppen zusammengefaßt werden[3].

Dagegen ermöglicht es die größere Dienstleistungsklasse bei der aktuellen Berufsposition, auf eine solche Zusammenfassung zu verzichten. Aufgrund der höheren Fallzahl ergibt sich die Möglichkeit, diese Gruppe ohne Zusammenfassung mit anderen Gruppen zu analysieren.

Ich werde bei den folgenden Analysen auch die einzelnen Berufsklassen nicht zu größeren Gruppen zusammenfassen, wie dies traditionellerweise in der Schichtungsforschung gemacht wird, sondern nur mit vier relativ homogenen Berufsklassen (an- und ungelernte Arbeiter, Facharbeiter, mittlere Angestellte und Beamte, Dienstleistungsklasse) arbeiten.

Zur Überprüfung der Vergleichbarkeit der hier vorgenommenen Berufsklassifikation mit der Berufsklassifikation nach FEATHERMAN und der Berufsklassifikation nach W.MÜLLER wurden eine Reihe von Ähnlichkeitsindizes gerechnet, die alle, ähnlich wie der Produktmomentkorrelationskoeffizient, um r=.80 schwanken. Trotz dieser Veränderung in den Berufsklassen ist ein hohes Maß an Übereinstimmung mit entsprechenden internationalen und nationalen Untersuchungen gewährleistet.

Wie die Grafik "Verteilung der Berufspositionen nach Geschlecht" (vgl. Grafik 1 und Tabellenband) zeigt, sind zwar die Verteilungen der einzelnen Berufsklassen sehr unterschiedlich, doch entspricht das FEATHERMANsche Modell in etwa der Form einer Zwiebel, wie sie BOLTE (BOLTE/ HRADIL 1984) beschreibt.

Wenn auch die Verteilung innerhalb der einzelnen Klassen unterschiedlich ist, zeigt sich doch, daß die geschlechtsspezifischen Differenzen in beiden Modellen in gleicher Weise zum Ausdruck kommen, weil die weiblichen Berufstätigen in der Regel in den jeweils niedrigeren Berufsklassen zu finden sind.

Un- und angelernte Arbeiter sind eher weiblich, wohingegen Facharbeiter überwiegend männlich sind. Frauen sind weit häufiger einfache Angestellte und mittlere Angestellte, während Männer bei mittleren und technischen Angestellten sowie in der Dienstleistungsklasse überwiegen. Allerdings sind bei der aktuellen Berufsposition die geschlechtsspezifischen Unterschiede in der Dienstleistungsklasse nicht so gravierend wie im FEATHERMANschen Modell, was möglicherweise damit zusammenhängt, daß hier jene weiblichen Erwerbstätigen mitgezählt werden, die zum Zeitpunkt der Befragung nicht berufstätig waren und deshalb in ihrer beruflichen Laufbahn nicht so weit kommen konnten wie vergleichbare Männer.

Diese geschlechtsspezifischen Differenzen machen deutlich, warum die Definition der sozialen Lage einer Familie auf der Basis der Berufsklassifikation des Mannes außerordentlich problematisch ist. Schon aus der unterschiedlichen Verteilung von Männern und Frauen in den einzelnen Berufsklassen ergibt sich eine geringe Wahrscheinlichkeit homogener sozio-kultureller Milieus, in denen Vater und Mutter über die gleiche Berufsposition verfügen.

Solange Frauen in der Regel nur vor der Eheschließung berufstätig waren und allenfalls nach dem Auszug der Kinder aus dem Elternhaus eine erneute Berufstätigkeit anstrebten, spielte, um die soziale Lage einer Familie festlegen zu können, die unterschiedliche soziale Verortung von Männern und Frauen in einzelnen Berufsklassen keine Rolle. Heute aber scheidet diese Möglichkeit für alle jene Familien aus, in denen die soziale Stellung, das Einkommen und die Verkehrskreise durch beide berufstätigen Partner beeinflußt werden.

3. Stabilität und Wandel der Plazierungsfunktion von Familie

Wenn die Festigkeit von Schichtungsunterschieden und damit der Zusammenhang zwischen sozialer Herkunft, Bildung und Beruf tatsächlich abgenommen hat, dann müßte sich auch bei einem Vergleich unterschiedlicher Altersgruppen deutlich zeigen, daß sich in den jüngsten Altersgruppen der Einfluß dieser Faktoren auf die aktuell erreichte Berufsposition verringert hat.

Um dies zu analysieren, haben wir die 1933 bis 1942 Geborenen mit der Altersgruppe der zwischen 1943 und 1957 Geborenen sowie derjenigen der zwischen 1957 und 1968 Geborenen verglichen[4].

Die jüngste Gruppe der zwischen 1968 und 1970 Geborenen wurden bei dieser Analyse nicht berücksichtigt, weil sie sich zum Zeitpunkt der Erhebung zum größten Teil noch in Ausbildung befand. Wie eine Korrelationsanalyse über die gesamte Stichprobe sowie über die vorgenannten Altersgruppen zeigt (vgl. Tabellenband), ergeben sich zunächst keine Unterschiede zwischen den einzelnen Altersgruppen[5].

Die Stabilität der Korrelationsmaße in allen Altersgruppen ist sehr hoch, und ein Wandel ist aus diesen Korrelationsmaßen nicht abzuleiten. In allen drei Altersgruppen ist die Kovariation zwischen dem 1.Schulabschluß und der aktuell erreichten Berufsposition $r=0.4$. Die Kovariation zwischen dem Schulabschluß des Vaters, dem Schulabschluß der Mutter und der aktuellen Berufsposition unterscheidet sich kaum, und auch der höchste Schulabschluß zeigt keinerlei Veränderungen zwischen den drei Altersgruppen.

Der Anstieg der Kovariation zwischen erstem Beruf und aktueller Berufsposition von der ältesten zur jüngsten Altersgruppe ist plausibel. Darin kommt die Abnahme des Zusammenhangs zwischen Einstiegs- und aktuellem Beruf durch Veränderungen in der Berufsposition im Laufe des Berufslebens zum

Ausdruck. Auch die Korrelationen der Variablen untereinander zeigen ein hohes Maß an Stabilität innerhalb der Altersgruppen, so daß die Korrelationsanalyse den Schluß nahelegt, daß eine Veränderung der Bedeutung sozialer Herkunft, aktueller Berufsposition und Schulabschluß für die Berufsposition nicht nachgewiesen werden kann.

Eine Regressionsanalyse zeigt darüber hinaus einen Anstieg der Erklärungskraft der unabhängigen Variablen "erster Schulabschluß", "höchster Schulabschluß", "Schulabschluß des Vaters", "Schulabschluß der Mutter" und "erster Beruf" für den aktuellen Beruf, da das R_2 von 30 in der ältesten Altersgruppe über 38 in der mittleren Altersgruppe zu ca. 50 in der jüngsten Altersgruppe ansteigt (vgl. Tabelle 1).

Tabelle 1:
Soziale Ungleichheit: Regressionen über gesamte Stichprobe und Altersgruppen

Abhängige Variable:Aktueller Beruf
10043 total cases of which 5025 are missing(Gesamt)
$R2 = 37,4\%$ $R2(adjusted) = 37,3\%$

Abhängige Variable:Aktueller Beruf 1933-42
10043 total cases of which 8649 are missing(1933-42)
$R2 = 30,2\%$ $R2(adjusted) = 30,1\%$

Abhängige Variable:Aktueller Beruf 1943-57
10043 total cases of which 7808 are missing
$R2 = 38,1\%$ $R2(adjusted) = 38,0\%$

Abhängige Variable:Aktueller Beruf 1958-67
10043 total cases of which 8704 are missing
$R2 = 50,0\%$ $R2(adjusted) = 49,8\%$

unabhängige Variablen:
erster Schulabschluß, höchster Schulabschluß, Schulabschluß des Vaters,
Schulabschluß der Mutter und erster Beruf.
Alle Koeffizienten sind auf dem 1%- Niveau signifikant.
Fehlende Werte listenweise ausgeschlossen.
Loglineare Analogberechnungen auf nominalem Meßniveau unterscheiden sich nur etwas
in der Höhe der Koeffizienten,nicht aber im Signifikanzniveau oder in der Tendenz -
sowohl bezogen auf die Einzelkoeffizienten (siehe auch Korrelationstabelle) als auch auf
die Gesamtkoeffizienten.

Wenn auch in bezug auf die jüngste Altersgruppe bei der Interpretation der Ergebnisse Vorsicht zu walten hat, da hier ein sehr enger Zusammenhang zwischen erstem und aktuellem Beruf anzunehmen ist, zeigt die aufgeklärte Varianz doch deutlich, daß hier im Sinne jener klassischen Kausalanalysen, wie sie in den 70er Jahren durchgeführt wurden, auch heute noch Effekte in gleicher oder sogar größerer Stärke nachweisbar sind. Diese Ergebnisse entsprechen weitgehend denjenigen, die in der Berliner Längsschnittstudie von K.U.MAYER (1990) vorgelegt worden sind. Auch hier wurde nachgewiesen, daß die Determinationskraft der erreichten elterlichen Bildungsabschlüsse für die Bildungsabschlüsse und die erreichte Berufsposition der Kinder in den letzten Jahrzehnten keinesfalls abgenommen, sondern tendenziell eher zugenommen hat.

Die Stabilität in der Gesamtgruppe kann natürlich auch dadurch hervorgerufen worden sein, daß es in einzelnen Gruppen unterschiedliche oder möglicherweise gegenläufige Tendenzen gegeben hat, die sich insgesamt über die Altersklassen hinweg wechselseitig ausgeglichen haben. Dies werde ich im folgenden auf den erreichten Schulabschluß bezogen überprüfen, weil die These über die Bedeutung der Eltern für die Plazierung der Kinder auch in den vergangenen Analysen meist nur im Hinblick auf die erreichten Schulabschlüsse untersucht wurde.

In der ältesten Altersgruppe haben ca. 56% der Väter der Befragten, die über Abitur verfügen, Kinder, die ebenso über Abitur verfügen. Bei den 1943 bis 1957 Geborenen sind dies schon 63% und in der Altersgruppe der zwischen 1958 und 1967 Geborenen bereits 81%. Die Chancen eines Kindes das Abitur zu erreichen, wenn der Vater über Abitur verfügen, sind also in den letzten Jahrzehnten deutlich angestiegen. Für diese Gruppe kann von einer Lockerung des Zusammenhangs zwischen sozialer Herkunft und Bildung, wie sie beispielsweise von FAUSER (1983) angenommen wird, keine Rede sein (vgl. Grafik 2 und Tabellenband).

In diesem Zusammenhang ist darauf hinzuweisen, daß die hier untersuchten Altersgruppen sehr viel größer sind, als beispielsweise Untersuchungsgruppen, auf die sich FAUSER stützt; die Repräsentativität unserer Daten kann kaum in Frage gestellt werden. Entsprechend der deutlichen Zunahme der Chancen von Kindern, deren Väter Abitur haben, selbst das Abitur zu schaffen, ist auch die Zahl der Kinder, die das Abitur mit diesem Bildungshintergrund nicht erreichen, in diesen Altersgruppen deutlich geringer geworden. Diese Zunahme des Zusammenhangs zwischen Bildungshintergrund des Elternhauses und Erreichen des Abiturs wird noch deutlicher, wenn man den Schulabschluß der Mutter mitberücksichtigt, was ich hier im einzelnen nicht ausführe, da die Fallzahlen dann zu gering werden.

Die Stabilität bzw. der Anstieg der Bedeutung des elterlichen Bildungshintergrunds Abitur für die Kinder spricht dafür, daß die Plazierungsfunktion des Elternhauses in dieser untersuchten Gruppe erheblich an Bedeutung gewonnen hat. Die Zunahme der Determinationskraft des Bildungshintergrundes der Eltern mit Abitur für die höheren Schulabschlüsse der Kinder wirft allerdings die Frage auf, wie sich diese Beziehungen in den anderen Bildungsgruppen entwickelt haben.

Weder Korrelations-, noch Regressions-, noch loglineare Modelle machen deutlich, daß die zunehmende Determination in der Gruppe der Abiturienten mit einer zunehmenden Öffnung in anderen Bildungsgruppen einhergeht. Wenn man die Bildungsabschlüsse der Väter mit Hauptschulabschluß mit denen der Kinder vergleicht, so sieht man, daß in dieser Bildungsgruppe eine deutliche Abnahme der Determination zu beobachten ist. Dabei geht die Abnahme der Bedeutung des Hauptschulabschlusses der Väter für die Kinder weit über den Rückgang des Hauptschulabschlusses bei den Vätern hinaus.

In der Altersgruppe der von 1933-42 Geborenen läßt sich zeigen, daß die Väter zu 71% Kinder hatten, die selbst wiederum einen Hauptschulabschluß erreichten, wohingegen 18% die Mittlere Reife und 10% das Abitur erreichten.

Grafik 2:
Väter mit Hauptschulabschluß bzw. Abitur, deren Kinder über den gleichen Schulabschluß verfügen (Angaben in Prozent)

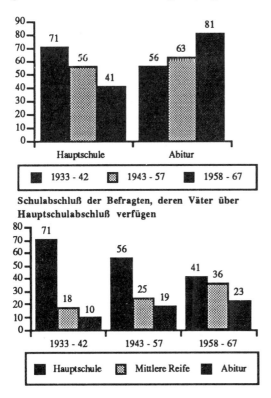

Schulabschluß der Befragten, deren Väter über Hauptschulabschluß verfügen

In der Altersgruppe der 1943-57 Geborenen geht dieser Prozentsatz auf 56% zurück. Immerhin 25% der Väter mit Hauptschulabschluß haben Kinder, die über Mittlere Reife verfügen. Fast 19% haben Kinder mit Abitur. Diese Tendenz ist in der jüngsten Altersgruppe noch deutlicher ausgeprägt, weil hier die Väter nur noch zu 41% Kinder haben, die selbst den Hauptschulabschluß erreichen, 36% erreichen die Mittlere Reife und 23% das Abitur.

Es besteht also kein Zweifel, daß sich die Determinationskraft des väterlichen Hauptschulabschlußes für das erreichte Bildungsniveau der Kinder in der jüngsten von uns untersuchten Altersgruppe gegenüber der ältesten und der mittleren Altersgruppe deutlich vermindert hat, und zwar sowohl in bezug auf die mittlere Reife wie auch auf das Abitur. In beiden Fällen hat sich die Zahl der Kinder, die mittlere Reife bzw. Abitur erreichen, gegenüber der ältesten Altersgruppe mindestens verdoppelt. In bezug auf die eingangs skizzierte Fragestellung der Bedeutung der Eltern für die Plazierung der Kinder im Bildungssystem ist also möglicherweise die These einer generellen Lockerung des Zusammenhangs zwischen sozialer Herkunft und erreichtem Bildungsniveau ebenso falsch wie die These einer Konstanz bzw. Verfestigung, weil wir es hier mit höchst gruppenspezifischen Effekten zu tun haben. Lediglich bei Kindern aus den obersten Bildungsgruppen hat sich eine Verfestigung des Zusammenhangs gebildet, während es bei den Gruppen mit Hauptschulabschluß ganz eindeutig zu einer Öffnung und damit auch zur Lockerung des Zusammenhangs zwischen sozialer Herkunft und Bildungszugehörigkeit gekommen ist. Diese gruppenspezifischen Effekte, die hier für die Altersgruppen nachgewiesen werden können, machen es auch erforderlich, geschlechtsspezifische Effekte bei den Altersgruppen zu untersuchen.

In beiden Gruppen ist bezüglich der Determination des elterlichen Bildungshintergrunds für Abiturienten wie Abiturientinnen festzuhalten, daß in der ältesten Altersgruppe der Bildungshintergrund der Eltern weniger bedeutungsvoll ist, als in den jüngeren Altersgruppen. So haben die Väter der Vorkriegsgeneration zu 62% Söhne und zu 52% Töchter, die wiederum über ein Abitur verfügen, wohingegen in der jüngsten Altersgruppe 86% der Väter mit Abitur wiederum Söhne mit Abitur, und 77% der Väter mit Abitur Töchter mit Abitur haben (vgl. Tabellenband).

In dieser Bildungsgruppe hat sowohl für Jungen wie für Mädchen die Determinationskraft des Bildungsniveaus der Eltern erheblich an Bedeutung gewonnen. Bei den Vätern, die über Hauptschule verfügen, sind allerdings die Unterschiede zwischen jungen Männern und Frauen gravierender als bei Vätern mit Abitur.

In der von uns untersuchten Stichprobe hatten die Väter mit Hauptschulabschluß, deren Kinder vor zwischen 1933 und 1942 geboren wurden, immerhin schon zu 14% Söhne gegenüber nur 5,5% Töchter, die das Abitur erreichten. Bei den Befragten, die zwischen 1943 und 1957 geboren wurden, hatten die

Väter mit Hauptschule zu 25% Söhne, gegenüber lediglich 13% Töchter mit Abitur. Die zwischen 1958 und 1967 geborenen Frauen erreichten in etwa den Bildungsstand der Männer. Hier schafften 24% der Söhne gegenüber 22% der Töchter von Vätern mit Hauptschule das Abitur. Dabei ist allerdings zu bedenken, daß die Frauen bei der mittleren Reife weit vor den Männern derselben Altersgruppe liegen.

Daher liegt der Anteil der Väter mit Hauptschulabschluß, deren Söhne ebenfalls Hauptschulabschluß erreichten in der jüngsten Altersgruppe um 11% über dem der Väter mit Töchtern mit Hauptschulabschluß. Man kann also die These formulieren, daß für junge Männer und Frauen die Bedeutung der sozialen Herkunft für den erreichten Bildungsabschluß bei jenen Fällen zugenommen hat, bei denen schon die Eltern einen hohen Bildungsabschluß erreicht hatten, während sich der Zusammenhang in jenen Fällen, bei denen die Eltern über Hauptschulabschluß verfügen gelockert hat.

Diese Ergebnisse bestätigen die eingangs formulierte These einer generellen Lockerung zwischen sozialer Herkunft, Bildungsniveau der Eltern und erreichtem Bildungsniveau der Kinder nicht, sondern unterstützen eine These von Stabilität und Wandel.

Dabei besteht ein deutlicher Unterschied zwischen Männern und Frauen. Dieser Lockerungsprozeß ging bei Frauen von einem niedrigeren Niveau aus und sie zogen auch erst eine Generation später mit den Männern gleich. Dieses Ergebnis bestätigt zwar einerseits für die Gruppe der Hauptschulabsolventen eine Lockerung der Plazierungsfunktion der Familie in bezug auf Bildungsabschlüsse, macht aber andererseits deutlich, daß die Plazierungsleistungen von Familien, zumindest in bestimmten sozialen Gruppen, eher noch an Bedeutung gewonnen haben.

Der hier diskutierte Prozeß einer gleichzeitigen Lockerung und Verfestigung des Zusammenhangs von sozialer Herkunft und Bildungsabschlüssen je nach sozialer Gruppenzugehörigkeit macht deutlich, daß die Kritik von U.BECK (1990), Veränderungen in unserer Gesellschaft würden deswegen übersehen, weil man mit veralteten Strukturmodellen weiterarbeitet, nicht unberechtigt ist.

Dieser gegenläufige Prozeß kann dadurch hervorgerufen worden sein, daß sich ökonomische Ressourcen unterschiedlicher sozialer Gruppen so weit angenähert haben, daß Kinder aus Familien der unteren Sozialgruppen in bezug auf ihre Bildungsanstrengungen gegenüber Kindern aus gehobenen sozialen Gruppen nicht mehr benachteiligt sind. Dies würde bedeuten, daß sich Einkommensunterschiede zwischen Familien in unterschiedlichen sozialen Gruppen nivelliert und sich die Wohnverhältnisse angeglichen haben und daß auch die Verfügung über eine angemessene Infrastruktur in allen Schichten der Gesellschaft gewährleistet ist. Gleichzeitig ist nicht auszuschließen, daß sich die Lebensstile von Familien in bezug auf ihre Sozialisationsleistungen angenähert haben.

Es ist auch möglich, daß die soziale Homogenität von Familien aufgrund einer zunehmenden Variation beim Heiratsverhalten so zugenommen hat, daß der Bildungshintergrund im familialen Sozialisationsprozeß nicht mehr so deutlich zum Ausdruck kommt, wie dies noch zu Beginn dieses Jahrhunderts der Fall gewesen sein mag.

4. Ökonomische Unterschiede zwischen Familien unterschiedlicher Berufsklassen

Eine Kernthese über die Angleichung der Lebenslagen sozialer Gruppen und Schichten in unserer Gesellschaft basiert auf der Annahme, daß die Einkommensunterschiede zwischen den Berufsgruppen im Lauf der Zeit geringer geworden sind.

Da wir im Rahmen dieser Untersuchung lediglich über die Angaben zum aktuellen Einkommen verfügen, nicht aber über dasjenige der verschiedenen Lebens- und Familienphasen, ist die These der Einkommensnivellierung hier nur auf der Basis der gegenwärtigen Lebenssituation prüfbar.

Um die Bedeutung der ökonomischen Ressourcen für Familien unterschiedlicher Sozialgruppen analysieren zu können, werde ich hier mit zwei Einkommensindikatoren arbeiten, nämlich dem Haushalts-Nettoeinkommen als Indikator für die Gesamtheit der ökonomischen Ressourcen eines Haushalts unabhängig von der Lebenssituation und mit dem Pro-Kopf-Einkommen, das entsprechend den Überlegungen von WALPER in diesem Band berechnet wurde.

Während das Haushalts-Nettoeinkommen die gesamte ökonomische Kraft eines Haushalts darstellt, gibt das Pro-Kopf-Einkommen die Gewichtung dieses Haushalts-Nettoeinkommens bezogen auf die im Haushalt lebenden Personen an, wobei diese Gewichtung unabhängig vom Alter der Kinder vorgenommen wurde.

Die Korrelation zwischen Haushalts-Nettoeinkommen und Pro-Kopf-Einkommen beträgt 0.7. Diese hohe Korrelation macht deutlich, daß das Pro-Kopf-Einkommen eine Gewichtung des Haushalts-Nettoeinkommens unter Berücksichtigung der Personen darstellt, die von diesem Nettoeinkommen leben müssen.

Wie die Grafik "Einkommen und Berufsklassen" (vgl. Grafik 3 und Tabellenband) zeigen, gehören 54% derjenigen Befragten, die über ein Pro-Kopf--Einkommen von mehr als 2.500 DM verfügen, zur Dienstleistungsklasse. Bezogen auf das Haushaltsnettoeinkommen sind 48% derjenigen, die über mehr als 4.000 DM verfügen, Mitglieder der Dienstleistungsklasse. Demgegenüber sind in der Gruppe mit dem höchsten Pro-Kopf- Einkommen nur 2% un- und angelernte Arbeiter und 11% Facharbeiter, gegenüber 6% un- und angelernte Arbeiter bzw. 12% Facharbeiter in der Gruppe mit dem höchsten Haushaltsnettoeinkommen nachzuweisen sind. Diese Beziehung zwischen Pro-Kopf-Einkommen und Berufsklassen ist für Dienstleistungsklasse, Facharbeiter und un- und angelernte Arbeiter fast linear, lediglich die Gruppe der mittleren Angestellten und Beamten weicht etwas von dieser linear-positiven Beziehung bei der Dienstleistungsklasse und der linear-negativen Beziehung bei Facharbeitern und Angestellten ab.

Grafik 3
Pro-Kopf-Einkommen und Berufsklassen (Angaben in Prozent)

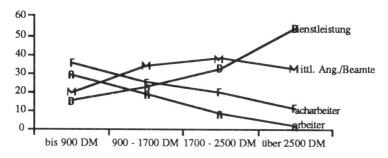

Haushaltsnettoeinkommen und Berufsklassen

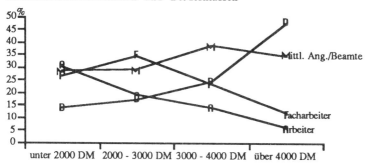

Pro-Kopf-Einkommen und Kinder im Haushalt

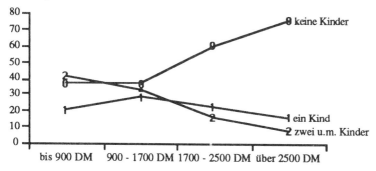

Vergleicht man zunächst die vier Berufsklassen (un- bzw. angelernte Arbeiter, Facharbeiter, mittlere Angestellte und Beamte und Dienstleistungsklasse) in bezug auf das Pro-Kopf-Einkommen und das Haushalts-Nettoeinkommen, so wird deutlich, daß eine Angleichung der Einkommen in den einzelnen Berufsklassen gegenwärtig nicht zu beobachten ist.

Der Vergleich des Haushalts-Nettoeinkommens mit dem Pro-Kopf-Einkommen[6] zeigt bei der Dienstleistungsklasse keine gravierenden Unterschiede. Auch in bezug auf die un- und angelernten Arbeiter ist das Beziehungsmuster zwischen Einkommensindikatoren weitgehend identisch. Die leichten Abweichungen bei Facharbeitern und mittleren Angestellten und Beamten in bezug auf diese Indikatoren kann als Hinweis darauf gedeutet werden, daß die familiale Lebenssituation, d. h. die Zahl der Personen, die vom Einkommen des Befragten oder der Befragten leben müssen, berufsklassenspezifisch variiert. So kommt es erst durch die größere Zahl der Personen, die vom Einkommen eines Facharbeiters leben müssen, zu einer weitgehenden Parallelisierung des verfügbaren Pro-Kopf-Einkommens zwischen Facharbeitern und un- und angelernten Arbeitern, während beim Haushalts-Nettoeinkommen die Unterschiede noch deutlich zu erkennen sind. Da beide Indikatoren deutliche Differenzen zwischen den Berufsklassen anzeigen, kann man nicht von einer Egalisierung der ökonomischen Ressourcen zwischen den einzelnen Berufsklassen ausgehen.

Die dritte Grafik zeigt den Zusammenhang zwischen Pro-Kopf-Einkommen und Kindern im Haushalt. Sie macht deutlich, daß das verfügbare Einkommen in einem Haushalt in erheblichem Umfang von der Zahl der Kinder abhängig ist.

In der Gruppe mit dem höchsten Pro-Kopf- Einkommen (über DM 2.500) gibt es 76% Haushalte ohne Kinder, 16% Haushalte mit einem Kind und nur 8% Haushalte mit zwei und mehr Kindern.

Die Zahl der Kinder im Haushalt erzeugt also eine höhere Variation hinsichtlich des verfügbaren Pro-Kopf-Einkommens, als die Zugehörigkeit zu einer Berufsklasse. Es stellt sich die Frage, ob zwischen Kindern im Haushalt und Zugehörigkeit zu einer Berufsklasse ein Interaktionseffekt besteht, der dazu führt, daß es zwar zwischen den Berufsklassen ohne Berücksichtigung der Kinder im Haushalt zu keiner Egalisierung der Einkommensunterschiede in unserer Gesellschaft gekommen ist, sich aber bei Berücksichtigung der Kinder im Haushalt die Unterschiede im verfügbaren Einkommen zwischen den Berufsklassen erheblich mehr angenähert haben.

Verfügen in der Dienstleistungsklasse fast 46% der Befragten über ein Pro-Kopf-Einkommen von mehr als 2.500 DM wenn keine Kinder im Haushalt aufwachsen, so sind dies bei zwei und mehr Kindern nur noch knapp 10%. Bei den mittleren Angestellten ist die Relation 26% zu 1%, bei den Facharbeitern 12% zu 0,8% und bei den un- und angelernten Arbeitern 4% zu 1% (vgl. Tabellenband).

Es verfügen also mehr Facharbeiter ohne Kinder über ein hohes Pro-Kopf-Einkommen als Mitglieder der Dienstleistungsklasse, die zwei und mehr Kinder haben.

Wie wenig das Haushalts-Nettoeinkommen die tatsächliche ökonomische Situation in den einzelnen Berufsklassen wiedergibt, zeigt der Vergleich von Einkommens- und Berufsklassen sowie Kinderzahl. In allen Berufsklassen liegt das Haushalts-Nettoeinkommen der Familien mit zwei und mehr Kindern höher als das der Familien ohne bzw. mit einem Kind.

Es ist hier nicht möglich, zu prüfen, ob dieser Effekt auf staatlichen Transferleistungen beruht, oder ob die Einkommen dieser Familien tatsächlich höher sind. Der Vergleich zwischen Haushalts-Nettoeinkommen und Pro-Kopf--Einkommen bezogen auf die Kinderzahl macht deutlich, daß das Haushalts-Nettoeinkommen für die Lebenssituation von Kindern in keiner der hier untersuchten Berufsklassen als alleiniger Indikator der ökonomischen Situation von Familien herangezogen werden kann.

In bezug auf die Frage der Angleichung der ökonomischen Unterschiede zwischen den einzelnen Berufsklassen ergibt sich ein überraschendes Ergebnis: Während es keinen Zweifel geben kann, daß die Einkommensunterschiede zwischen den einzelnen Berufsklassen auf der Basis des Haushalts-Nettoeinkommens bzw. des Pro-Kopf-Einkommens erheblich sind, eine Einkommensnivellierung oder Angleichung der Berufsklassen aufgrund der uns vorliegenden Ergebnisse also weitgehend ausgeschlossen werden kann, stimmt die These der Einkommensangleichung zwischen den Berufsklassen in wesentlich größerem Umfang, wenn man die Zahl der Kinder im Haushalt berücksichtigt. Insbesondere die Familien mit zwei und mehr Kindern lassen in den einzelnen Berufsklassen in weiten Bereichen keine Unterschiede hinsichtlich der Verfügung über Einkommen erkennen [7].

65% der Familien der Dienstleistungsklasse mit zwei und mehr Kindern verfügen über ein Pro-Kopf-Einkommen von bis zu 1.700 DM. Bei mittleren Angestellten sind dies 85%, bei Facharbeitern und bei un- bzw. angelernten Arbeitern je 95%.

Die Mehrzahl der Familien in der Bundesrepublik Deutschland mit zwei und mehr Kindern muß unabhängig von der beruflichen Stellung der Eltern mit einem Pro-Kopf-Einkommen von bis zu 1.700 DM auskommen, wohingegen selbst in der Berufsklasse der un- und angelernten Arbeiter 30% über ein Pro-Kopf-Einkommen von mehr als 1.700 DM verfügen, wenn keine Kinder im Haushalt leben. Bei Facharbeitern sind dies bereits 49%, bei mittleren Angestellten 60% und in der Dienstleistungsklasse ca. 76%. Die immense Bedeutung, die die Kinderzahl für die Lebenssituation und die ökonomische Situation von Familien hat, läßt sich auch im Rahmen einer vier-faktoriellen Varianzanalyse nachweisen, in die neben den Berufsklassen die Altersgruppen sowie die Berufstätigkeit der Frau und die jeweiligen Interaktionseffekte eingegangen sind (vgl. Tabellenband).

Durch diese Varianzanalyse lassen sich 40% des Pro-Kopf-Einkommens der Haushalte mit zwei und mehr Kindern erklären. Naheliegenderweise beeinflußt die Zahl der Kinder im Haushalt das Pro-Kopf-Einkommen am deutlichsten und kann von der erklärten Varianz gut die Hälfte erklären.

Die aktuelle Berufsposition ist in ihrer Bedeutung nur halb so stark, und insbesondere ist hervorzuheben, daß die Erwerbstätigkeit der Frau für das Pro-Kopf-Einkommen einer Familie mit zwei und mehr Kindern kaum eine Rolle spielt. Die Berufstätigkeit der Frau hat nur dann eine erhebliche Bedeutung, wenn keine Kinder im Haushalt sind, bzw. die Kinder im Haushalt nicht berücksichtigt werden. Dieses Ergebnis ist darauf zurückzuführen, daß bei Familien mit mehreren Kindern der Anteil der erwerbstätigen Frauen deutlich zurückgeht. Daneben darf natürlich auch nicht übersehen werden (KROMPHOLZ, in diesem Band), daß erwerbstätige Frauen selbst dann, wenn sie vollerwerbstätig sind, auch in denselben Berufsklassen erheblich weniger verdienen als ihre Partner. So verstärkt die abnehmende Erwerbstätigkeit von Frauen mit mehr als zwei Kindern und die insgesamt sehr viel schlechtere Einkommenssituation von Frauen die Differenz zwischen den Familien mit und ohne Kinder noch einmal in erheblichem Umfang.

Man mag gegen diese Analyse einwenden, daß die Berücksichtigung der Kinderzahl beim Pro-Kopf-Einkommen problematisch ist, weil die Variable Pro-Kopf-Einkommen ihrerseits eine Gewichtung des Haushalts-Nettoeinkommens auf der Basis der Kinderzahl darstellt. Daher wurden zusätzlich vergleichbare Varianzanalysen mit dem Haushalts-Nettoeinkommen und dem persönlichen Nettoeinkommen durchgeführt, um auch hier die Wirksamkeit der verschiedenen Faktoren analysieren zu können.

Dabei hat sich herausgestellt, daß in bezug auf die unterschiedlichen Einkommensindikatoren unterschiedliche Variablen von Bedeutung sind. Die Differenzierungen des persönlichen Nettoeinkommens lassen sich am besten mit Hilfe der Variable "Geschlecht" erklären, da die Einkommensdifferenzen zwischen den Geschlechtern größer sind als die Einkommensdifferenzen zwischen Berufsgruppen. Hierbei ist zu berücksichtigen, daß dies auch gilt, wenn nur vollerwerbstätige Männer und Frauen verglichen werden. Die Zahl der Kinder und das Alter haben fast keinen Effekt auf diese Einkommensvariable.

Beim Haushalts-Nettoeinkommen zeigt sich, daß die aktuelle Berufsposition bei denjenigen, die in einer Partnerschaft leben, höhere Erklärungskraft als die Erwerbssituationen ("beide erwerbstätig" oder "nur Mann erwerbstätig") besitzt. Dabei ist hervorzuheben, daß unter statistischer Perspektive noch vom "Hauptemährer" gesprochen werden kann, weil das Haushalts-Nettoeinkommen überwiegend vom Nettoeinkommen des Manns bestimmt wird.

Wie auch immer man diese Ergebnisse im einzelnen bewerten mag, und wie auch immer man die Frage des Einflusses der Zahl der Kinder im Haushalt auf das Pro-Kopf-Einkommen als eine angemessene Analyse für die ökonomische Situation von Familien einschätzt, kann man aufgrund der hier vorgelegten Daten sagen, daß von einer Lockerung zwischen den ökonomischen Ressourcen und den einzelnen Berufsklassen nicht ausgegangen werden kann. Sowohl mit dem Haushalts-Nettoeinkommen als auch dem Pro-Kopf-Einkommen kann deutlich gezeigt werden, daß eine enge Beziehung zwischen Berufsklassen und Einkommenshöhe besteht.

Bezogen auf die Frage der Angleichung ökonomischer Ressourcen von Familien mit Kindern in unterschiedlichen Schichten läßt sich nach den vorliegenden Analysen die These formulieren, daß die Zahl der Kinder die ökonomische Situation einer Familie in wesentlich höherem Maße als die Zugehörigkeit zu einer Berufsklasse beeinflussen. Sie hat auch erheblich mehr Bedeutung für die ökonomische Lage einer Familie als die Erwerbstätigkeit der Frau, da sich inzwischen für einen Großteil der Familien mit zwei und mehr Kindern in allen Berufsklassen weite Bereiche der Verteilung des Pro-Kopf-Einkommens wechselseitig überlappen, so daß hier keine erheblichen Differenzen mehr zu beobachten sind. Trotz dieser These und der immensen Bedeutung, die Kinder sowohl für das Pro-Kopf-Einkommen als auch für andere Aspekte, die hier nicht im einzelnen behandelt worden sind - wie etwa Wohnsituation - haben, darf nicht verkannt werden, daß es sich hier um Interaktionseffekte handelt. Das heißt, in der Dienstleistungsklasse gibt es immer noch relativ mehr Kinder mit Familien, die über ein höheres Pro-Kopf-Einkommen verfügen, als Kinder in der Berufsklasse der un- und angelernten Arbeiter bzw. Facharbeiter.

Es stellt sich nun die Frage, ob nicht ein Teil der Analysen zum Wandel der ökonomischen Situation von Familien in verschiedenen Schichten und die These der zunehmenden Partizipation aller am Wohlstand der Gesellschaft uminterpretiert werden muß. Denn die hier vorgetragenen Ergebnisse, die sich auf alle Familien beziehen, sowie die bei WALPER in diesem Band vorgetragenen Ergebnisse legen den Schluß nahe, daß heute neben die traditionelle Differenzierung nach Berufsklassen auch eine Differenzierung nach Familien mit bzw. ohne Kinder sowie Alleinstehenden erfolgen muß. Die Verfügbarkeit von ökonomischen Ressourcen und die damit verbundene Marktmacht, sowie die freiverfügbaren Einkommensteile bei Familien mit Kindern hängen stärker von der Zahl der Kinder als von der Berufsklasse ab. Familienpolitisch haben diese Ergebnisse natürlich für all jene Maßnahmen eine erhebliche Bedeutung, die das Haushaltseinkommen bzw. Haushaltsnettoeinkommen und nicht das Pro-Kopf-Einkommen zugrundelegen, weil das Pro-Kopf-Einkommen in diesem Fall die ökonomische Situation von Familien genauer wiedergibt, als die alleinige Betrachtung des Haushaltseinkommens.

5. Schichtspezifisches Partnerwahlverhaltenverhalten

Weiter oben wurde die Vermutung geäußert, daß die Abnahme der Bedeutung des Bildungshintergrundes der Eltern für Befragte mit Hauptschulabschluß darauf zurückzuführen ist, daß die unterschiedlichen Lebenserfahrungen der Eltern zu einer größeren Offenheit innerfamilialer Erziehungsmilieus führen.

Als ein Indikator für unterschiedliche Lebenserfahrungen war die Frage nach dem Grad an Übereinstimmung der Berufsposition von Mann und Frau herangezogen worden.

Die größere sozio-kulturelle Offenheit der Schichten müßte sich heute darin zeigen, daß der Prozentsatz jüngerer Paare, die einen Partner aus einer anderen Schicht wählen sehr viel größer ist als derjenige bei Paaren in den 50er oder 60er Jahre. Eine solche zunehmende Heterogenität des Partnerwahlverhaltens könnte dann auch erklären, warum heute in den unteren Bildungsgruppen eine größere Offenheit gegenüber höheren Bildungsabschlüssen auftritt.

Bei einer größeren schichtmäßigen Heterogenität der Eltern wäre davon auszugehen, daß auch in den unteren Sozialgruppen insgesamt eine breitere Erfahrung mit weiterführenden Bildungs- und Ausbildungsgängen vorhanden ist. Während bei der Bildung und beim Einkommen gezeigt werden konnte, daß sowohl der Fortbestand sozialer Ungleichheit als auch die Zunahme der Bedeutung des Elternhauses für das Bildungsverhalten immer auch mit der Öffnung von Sozialgruppen und einer Angleichung von Einkommenniveaus aufgrund unterschiedlicher familialer Lebenssituationen korrespondieren kann, kann bei den hier untersuchten drei Altersgruppen hinsichtlich des Partnerwahlverhaltens keine Veränderung ausgemacht werden (vgl. Tabelle 2).

Tabelle 2:
Homogamie (die Tabelle gibt nur die konkordanten Paare wider, d.h. den Prozentanteil derjenigen Befragten, die eine(n) PartnerIn aus derselben Berufsklasse gewählt haben)

	Gesamt	1933-42	1943-57	1958-67
Arbeiter/in	147	49	57	40
Facharbeiter/in	86	20	26	37
mittl. Ang	423	96	211	116
Dienstklasse	296	86	161	49
	%	%	%	%
Arbeiter/in	43,1	43	43,2	43
Facharbeiter/in	22,3	20	17,9	27
mittl. Ang	48	48,5	48,8	46,4
Dienstklasse	42,7	43,2	44,4	37,4

Insgesamt haben 43% der un- und angelernten Arbeiter einen Partner aus derselben Berufsklasse gewählt und ca. 33% einen Facharbeiter bzw. eine Facharbeiterin.

Diese Prozentwerte variieren weder in Schichtungs- noch in Altersgruppen. Tendenzielle Veränderungen scheint es lediglich bei der jüngsten Altersgruppe in der Dienstleistungsklasse und bei den Facharbeitern zu geben. Während in der Dienstleistungsklasse der 1933-42 Geborenen, ähnlich wie in jener der 1943-57 Geborenen, jeweils ca. 44% Angehörige einen Partner aus der gleichen Berufsklasse wählen bzw. zu ca. 45% jemanden aus der darunterliegenden Berufsklasse, zeigt sich in der jüngsten Altersgruppe eine bemerkenswerte Aufweichung dieses homogamen Partnerwahlverhaltens. In der jüngsten Gruppe sind es noch etwa 37%[8], die einen Partner aus der gleichen Berufsklasse bzw. 36%, die einen Partner aus der Gruppe der mittleren Angestellten und Beamten haben. Analog gilt für die Facharbeiter, daß in der jüngsten Altersgruppe immerhin 37% einen mittleren Angestellten oder Beamten zum Partner haben, wohingegen dies in der ältesten Altersgruppe lediglich 27% waren. Ob dies allerdings ein stabiler Trend ist, muß angesichts der niedrigen Fallzahlen in dieser Altersgruppe offen bleiben. Es kann jedoch festgehalten werden, daß Partner immer noch überzufällig häufig aus der eigenen Berufsklasse gewählt werden.

Faßt man un- und angelernte Arbeiter sowie Facharbeiter zu einer Gruppe zusammen, dann betragen die Werte in der jüngsten Altersgruppe fast 60%. Sie übersteigen damit die Werte einer Vergleichsstudie aus dem Jahre 1975 (BERTRAM/BAYER 1984). In dieser wurde allerdings nicht nach Altersgruppen differenziert. Hier lagen die Homogamie-Werte in allen untersuchten Schichten bei ca. 50%. Angesichts der hier vorgelegten Daten fällt es in bezug auf die Frage des Partnerwahlverhaltens schwer, von einer Öffnung der Sozialgruppen zu sprechen.

Diese sehr hohe Homogamie, die auf der Basis der aktuellen Berufsposition der Partner der Befragten nachgewiesen wurde, könnte natürlich zum einen dadurch systematisch verzerrt sein, daß Männer und Frauen in den einzelnen Berufspositionen unterschiedlich präsent sind, und zum anderen dadurch, daß hier nur die jetzigen Partner untersucht worden sind, die gegenwärtig berufstätig sind. Dies ist allerdings insofern ein Grundproblem der Schichtungsforschung, als in früheren Ansätzen immer nur auf den Haushaltsvorstand zurückgegriffen wurde, und die erste Berufsposition der Ehefrau in der Regel keine Rolle spielten.

Wir haben daher für die drei Berufsgruppen Facharbeiter/Facharbeiterin, mittlere Angestellte und Beamte sowie die Dienstleistungsklasse eine geschlechtsspezifische Differenzierung vorgenommen und einen Vergleich zwischen der ersten erreichten Berufsposition und der aktuellen Berufsposition des Partners vorgenommen. Auf diese Weise sind auch alle jene berücksichtigt worden, die, aus welchen Gründen auch immer, ihren Beruf aufgegeben oder unterbrochen haben.

Der Vergleich dieser drei Berufsgruppen, der in Grafik 4[9] dargestellt wird, macht zwei Tendenzen deutlich. Einerseits kann kein Zweifel daran bestehen, daß sowohl bei Männern als auch bei Frauen die Homogamie bei den Facharbeitern deutlich zugenommen hat, wie dies im übrigen auch für die hier nicht dargestellten ungelernten und angelernten Arbeiter bzw. Arbeiterinnen gilt. Ca. 67% der Facharbeiterinnen heiraten heute einen angelernten oder ungelernten Arbeiter bzw. Facharbeiter, gegenüber 46% in der ältesten Altersgruppe, wogegen bei den Facharbeitern heute 17% eine Facharbeiterin heiraten, gegenüber 9% in der ältesten Altersgruppe. Das ist vermutlich Ausdruck der Tatsache, daß früher weniger Facharbeiterinnen auf dem Heiratsmarkt waren, als dies heute der Fall ist. Traditionellerweise haben auch Facharbeiter immer schon in die Gruppe der mittleren Angestellten und Beamten hineingeheiratet, eine Tendenz, die sich fortgesetzt hat (von 37% auf 49%).

Grafik 4:
Homogamie: Erster Beruf der Befragten nach Altersgruppen und Geschlecht und aktuelle Berufsposition des Partners/ der Partnerin (Angaben in Prozent)

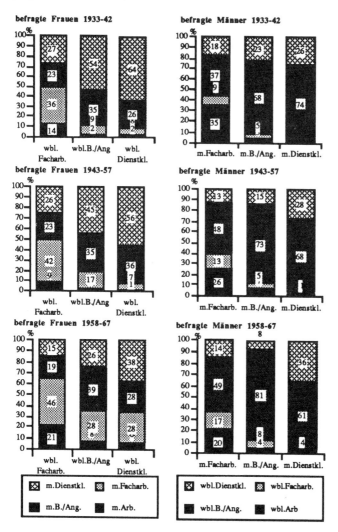

Bei den Männern gibt es, sowohl bei den mittleren Angestellten und Beamten als auch bei der Dienstleistungsklasse, eine extreme Tendenz zur Schließung des Heiratsmarkts, weil von den mittleren Beamten und Angestellten heute

81% in dieselbe Gruppe heiraten, gegenüber 68% in der ältesten Altersgruppe. Bei der Dienstleistungsklasse heiraten heute 36% gegenüber 26% auch wiederum in die Dienstleistungsklasse hinein, und die übrigen heiraten in der Regel, wie auch schon in den früheren Altersgruppen, mittlere Beamte und Angestellte.

Diesen eindeutigen Schließungstendenzen stehen andererseits bei den weiblichen Beamten und Angestellten, sowie bei den weiblichen Mitgliedern der Dienstleistungsklasse deutliche Öffnungstendenzen gegenüber. So ist der Anteil der weiblichen Angehörigen der Dienstleistungsklasse, die heute Facharbeiter heiraten, von 8% (älteste Altersgruppe) auf 28% (jüngste Altersgruppe) angestiegen (siehe auch TÖLKE in diesem Band). Eine ähnliche Tendenz ist bei den mittleren Beamtinnen und Angestellten zu beobachten und entsprechend sind in beiden Gruppen die Anteile, die in die Dienstleistungsklasse hineinheiraten, deutlich zurückgegangen.

In den oberen Schichtungsgruppen gibt es also für Männer und Frauen äußerst unterschiedliche Tendenzen, wogegen die Tendenz in den unteren Gruppen auf eine Schließung hindeutet. Wir können über diese Entwicklungen nur spekulieren, zumal solche Veränderungen in angemessener Weise nur analysiert werden können, wenn man die Lebensverläufe von Kohorten miteinander vergleicht (MEYER, 1990). Vielleicht liefern die Ergebnisse von TÖLKE in diesem Band einen Schlüssel für diese Entwicklung.

TÖLKE hatte ja nachgewiesen, daß sich im Bereich der Bildungsklassen über die Jahre hinweg eine Öffnung bei den unteren Bildungsgruppen der Volks- und Hauptschule nach oben und bei den Abiturientinnen eine Öffnung nach unten abgezeichnet hat.

Untersucht man nun nur diejenigen Personen, die in den Bildungsklassen der Volks- und Hauptschule nach oben heiraten, so stellt sich heraus, daß es so gut wie keine Heirat zwischen Volks- bzw. Hauptschülern/Hauptschülerinnen und Abiturienten/Abiturientinnen gibt. Die Öffnung bezieht sich im wesentlichen auf die Realschüler. Diese Öffnungstendenz könnte darauf hindeuten, daß zwar zwischen benachbarten Schichtungsgruppen wie Facharbeitern und unteren Angestellten und Beamten ähnliche Effekte nachzuweisen sind, aber der Sprung über eine Schichtungsgruppe hinweg, wie er hier analysiert wird, gelingt weder im Bildungsbereich, noch im Schichtungsbereich. Die Schließungstendenzen bei den Männern in den mittleren und oberen Schichtungsgruppen sind möglicherweise auch darauf zurückzuführen, daß die Gelegenheitsstruktur in bezug auf den Heiratsmarkt heute einfach besser geworden ist, weil es mehr qualifizierte Frauen in qualifizierten Berufspositionen gibt und aufgrund dieser veränderten Gelegenheitsstruktur auch entsprechende Homogamisierungstendenzen zu beobachten sind. Es wird aber weiteren Analysen vorbehalten bleiben, zu untersuchen, welche Ursachen die Öffnungstendenz bei weiblichen Angstellten und der weiblichen Dienstleistungsklasse hat. Hierin könnte sich ja auch ausdrücken, daß junge Frauen, die aus Elternhäusern kommen, die nicht der gleichen Schicht angehört haben, sich hinsichtlich der Kontaktmöglichkeiten in einem Umfeld bewegen, das aufgrund ihrer sozialen Herkunft außerordentlich heterogen ist. Um diese These zu prüfen, müßte man allerdings Informationen über die soziale Position von Netzwerkpersonen haben, die uns nicht vorliegen.

6. Familiale Lebensformen und Berufsklassen

Anders als in den angelsächsischen Ländern hat sich in der Bundesrepublik Deutschland kaum eine Tradition der Analyse familialer Lebensformen in unterschiedlichen Berufsklassen oder Schichten herausgebildet. Die deutsche Familiensoziologie hat sich fast ausschließlich mit grundsätzlichen Fragen der Stabilität von Familie insgesamt oder sozialer Ungleichheit auseinandergesetzt, aber keinen Versuch unternommen, Lebensformen von Familien in ihren sozio- kulturellen Settings zu beschreiben.

Dies erschwert nicht nur den Vergleich mit früheren Studien, sondern führt auch dazu, daß man in bezug auf Familie und Verwandtschaft in unterschiedlichen Berufsklassen nur auf ganz wenige Ergebnisse zurückgreifen kann, die sich dann, wie später gezeigt werden wird, in der Regel auf einen Vergleich zwischen städtischen und ländlichen Familien (PAPPI 1988, LÜSCHEN 1970, 1972, 1985, 1988, PFEIL/GANZERT 1973, PFEIL 1965) bezogen haben. Aufgrund dieser theoretischen und empirischen Ausgangslage können im folgenden nur Ergebnisse der Analysen von Berufsklassen referiert werden, ohne mit bereits vorliegenden Studien verglichen zu werden.

Die folgende Analyse wurde sowohl nach Geschlecht als auch nach Alter differenziert, um tendenzielle Veränderungen zwischen verschiedenen Alters- und Berufsgruppen im Sinne der hier diskutierten Lockerung bzw. Festigung von Unterschieden zwischen Schichten zeigen zu können.

Die objektiv meßbaren Variablen wie Familienstand, Kinder im Haushalt, Kinderzahl aber auch der Familienzyklus zeigen deutliche Veränderungen zwischen den Altersgruppen und den Berufsgruppen (zur Kinderzahl vgl. Grafik 5 und Tabellenband).

In unserer Stichprobe variiert beispielsweise bei den männlichen Befragten die Verheiratetenquote alters- und berufsgruppenspezifisch. In der Gruppe der 1933-42 Geborenen sind von den Arbeitern 73% verheiratet, ca. 12% ledig und etwa 10% geschieden. In der Gruppe der zwischen 1943 und 1957 Geborenen sind ca. 66% der Arbeiter verheiratet, etwa 20% ledig und 12% geschieden. Die Quote des Verheiratetseins ist in dieser Gruppe deutlich zurückgegangen, die Quote der Ledigen dagegen angestiegen.

Vergleichen wir diese Gruppe mit der Dienstleistungsklasse, stellt sich heraus, daß die Quote der Verheirateten in der ältesten Altersgruppe mit etwa 86% sehr viel höher und die Quote der Ledigen mit 4,5% sehr viel niedriger liegt als bei den Arbeitern. Auch in der Dienstleistungsklasse der zwischen 1943 und 1957 Geborenen ist die Quote der Verheirateten höher und die der

Ledigen niedriger als bei den Arbeitern. Hier ist die gleiche Entwicklung zu beobachten wie bei den Arbeitern: Die Quote der Verheirateten ist auf ca. 79% zurückgegangen während die Quote der Ledigen auf ca. 17% angestiegen ist.

Die Altersgruppe der 1958 bis 1967 Geborenen kann man gegenwärtig noch nicht zum Vergleich heranziehen, da sie sich noch in der Familiengründungsphase befindet und die Mehrzahl aller Befragten Männer noch ledig sind. Dieser Anstieg des Ledigseins, der für die männlichen Arbeiter und die männliche Dienstleistungsklasse nachgewiesen werden kann, zeigt sich auch bei den weiblichen Befragten, überraschenderweise jedoch in anderem Umfang (vgl. Tabellenband).

Grafik 5:
Kinderzahl der Befragten nach Alters- und Berufsgruppen (Angaben in Prozent)

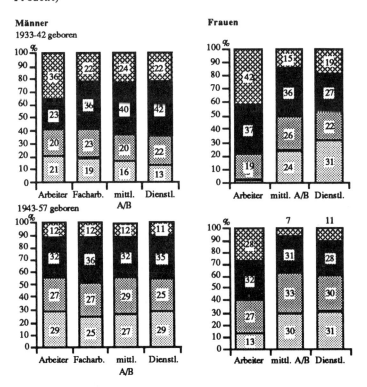

In der Generation der zwischen 1933 und 1942 Geborenen sind von den weiblichen Befragten 78% der Arbeiterinnen verheiratet, wohingegen dies in der Dienstleistungsklasse der gleichen Altersgruppe lediglich 66% sind. Dementsprechend sind von den Arbeiterinnen, dieser Altersgruppe nur 1,3% ledig, wohingegen in der Dienstleistungsklasse immerhin 11% der Frauen angeben ledig zu sein. Diese Zahlen haben sich in den nachfolgenden Generationen erhöht, wobei der Unterschied zwischen den Arbeiterinnen und den weiblichen Angehörigen der Dienstleistungsklasse in etwa bestehen bleibt. Von den Arbeiterinnen dieser Altersgruppen geben ca. 7% an ledig zu sein, gegenüber 17% in der Dienstleistungsklasse.

Dieser Unterschied zeigt sich auch bei den männlichen Befragten, jedoch in anderer Richtung. Die männlichen Arbeiter der beiden älteren Altersgruppen sind zu einem wesentlich höheren Prozentsatz ledig, als die Männer in der Dienstleistungsklasse. In der ältesten Altersgruppe sind 4,5% der Männer in der Dienstleistungsklasse, gegenüber 12,6% der Arbeiter ledig sind. Bei den weiblichen Angehörigen der Dienstleistungsklasse dieser Altersgruppe sind es dagegen nur 11,2%. In der mittleren Altersgruppe entspricht die Zahl der ledigen Männer in der Dienstleistungsklasse mit 16,7% fast dem Prozentsatz der weiblichen Befragten, wohingegen die Verheiratetenquote bei den Männern hier mit ca. 79% immer noch erheblich höher liegt als bei den Frauen. Dies ist darauf zurückzuführen, daß die Scheidungsquote in allen Altersgruppen bei den Männern in der Dienstleistungsklasse insgesamt erheblich niedriger zu sein scheint als bei den Frauen in der Dienstleistungsklasse. Man kann die These formulieren, daß die Tendenz allein zu leben in der jüngeren Altersgruppe über alle Berufsklassen hinweg deutlich zugenommen hat. Diese Zunahme fiel bei den Männern deutlicher aus als bei den Frauen. Da sich diese Veränderungen in allen Berufsklassen zeigen, kann man davon ausgehen, daß die Bereitschaft in einer Ehe zu leben, abgenommen hat. Diese mit der amtlichen Statistik korrespondierenden Ergebnisse (BERTRAM 1991/ STATISTISCHES BUNDESAMT 1989) weisen darauf hin, daß das Alleinleben und damit auch eine bestimmte Individualisierung familialer Lebensformen, unabhängig vom Wandel der Schichten und Berufsklassen, einen epochalen Wandel darstellt.

Parallel zu dieser Veränderung läßt sich für Männer und Frauen in allen Berufsklassen zeigen, daß sowohl die Zahl der Kinder als auch die Zahl der Kinder im Haushalt deutlich zurückgegangen ist.

Die Zahl der kinderlosen Arbeiter, Facharbeiter, mittleren Angestellten und Beamten, sowie Angehörigen der Dienstleistungsklassen ist bei Männern und Frauen, wenn auch in unterschiedlichem Ausmaß, deutlich angestiegen. Zwischen einem Viertel und einem Drittel der männlichen Befragten, die nach 1943 geboren worden sind, geben an keine Kinder zu haben. Die Dienstleistungsklasse stellt mit über 29% die größte Gruppe dar. Die Zahl der Befragten mit ein oder zwei Kindern hat sich in allen Altersgruppen nur sehr wenig verändert, wohingegen bei drei und mehr Kindern dramatische Veränderungen zu verzeichnen sind. Besonders deutlich wird dies bei den Arbeitern. Diejenigen, die zwischen 1933 und 1942 geboren wurden, geben zu 36% drei und mehr Kinder an, gegenüber nur 12% derjenigen, die zwischen 1943 und 1957 geboren wurden. Das entspricht einem Rückgang um zwei Drittel. In den anderen Berufsgruppen halbiert sich die Zahl. Man kann davon ausgehen, daß diese Entwicklungen zu einer deutlichen Angleichung der Kinderzahlen zwischen den einzelnen Berufsklassen auf niedrigem Niveau führen, und sich auf diese Weise ein Homogenisierungsprozeß familialer Lebensformen ergibt. Die Familie mit drei und mehr Kindern spielt als familiale Lebensform heute nur noch eine untergeordnete Rolle. Eine Variation zwischen Berufsklassen ist gegenwärtig in geringerem Umfang zu beobachten als noch in der Vorkriegsgeneration. Zwar ist die Tendenz bei den weiblichen Befragten ebenso zu beobachten, dennoch unterscheiden sich weibliche und männliche Befragte deutlich in bezug auf die drei- und mehr- Kinder-Familie. Diese Veränderungen sind möglicherweise auch eine Erklärung für die verbesserten Bildungschancen der Kinder un- und angelernter Arbeiter und Facharbeiter, da die Familiengröße einen erheblichen Einfluß auf den Bildungserfolg der Kinder hat. In größeren Familien ist die Wahrscheinlichkeit des Bildungserfolges aller Kinder wesentlich geringer als in kleinen Familien (HUBER/SPITZE 1988/ DRITTER FAMILIENBERICHT 1979). In kleineren Familien können Eltern ihren Kindern in der Regel mehr Unterstützung und Hilfe bei der Bewältigung von Bildungsaufgaben gewähren. In größeren Familien nimmt die Kommunikation und Interaktion zwischen Eltern und Kindern mit zunehmender Kinderzahl systematisch ab.

Diese Ergebnisse überraschen nicht, da sie insgesamt auch mit den Ergebnissen der amtlichen Statistik übereinstimmen, wenn diese auch nicht in der hier vorliegenden Form nach Berufsklassen unterscheidet. Aufgrund unserer Ergebnisse soll die These formuliert werden, daß es sich bei der vermuteten Lockerung des Zusammenhangs zwischen familialen Lebensformen und Berufsklassen nicht notwendigerweise um eine Lockerung handelt, sondern um einen epochalen schichtübergreifenden Wandel. Dieser schichtübergreifende Wandel hat sehr viel mehr mit dem veränderten Reproduktionsverhalten der westdeutschen Bevölkerung zu tun, als mit der Veränderung der Bedeutung von Schicht- und Berufsklassen für familiale Lebensformen.

Dabei ist hervorzuheben, daß sich die Veränderung der Kinderzahlen nicht in der Haushaltsgröße und der Zahl der Kinder, die im Haushalt leben, widerspiegelt. Dies ist im wesentlichen darauf zurückzuführen, daß sich in den Alters- und Berufsgruppen ganz unterschiedliche familiale Lebensphasen ausmachen lassen.

So geben in der Dienstleistungsklasse der zwischen 1933 und 1942 Geborenen ca. 34% der Männer an ohne Kinder im Haushalt zu leben, 13% haben keine Kinder. Ähnliche Unterschiede zeigen sich in den anderen Berufsklassen. So leben von den männlichen Arbeitern in der ältesten Gruppe 50% ohne Kinder im Haushalt, aber nur 21% haben keine Kinder. Diese Differenz läßt sich anhand die unterschiedlichen Entwicklungen des Familienzyklus in den jeweiligen Berufsklassen leicht nachvollziehen. Die Arbeiterklasse befindet sich in der ältesten Altersgruppe bereits zu 27% in der Empty-Nest-Phase gegenüber 20% in der Dienstleistungsklasse.

Da die zwischen 1933 und 1942 geborenen Befragten der Dienstleistungsklasse in ihrem Familienzyklus noch nicht so weit fortgeschritten sind wie die Gruppe der Arbeiter, kommt das irreführende Ergebnis zustande, daß die Zahl der zuhause lebenden Kinder in der Dienstleistungsklasse wesentlich höher ist als bei den Arbeitern (36% gegenüber 22% zwei und mehr Kinder), obwohl sich die Zahl der Kinder kaum unterscheidet. Beide Gruppen haben ungefähr den gleichen Anteil von Familien mit zwei und mehr Kindern.

Auch bei der Altersgruppe der zwischen 1943 und 1957 Geborenen erklärt der Familienzyklus im wesentlichen den Unterschied zwischen der Zahl der Kinder im Haushalt und der Kinderzahl. Dabei treten bei den männlichen Befragten kaum Unterschiede zwischen den Berufsgruppen auf. Die hier dargestellten Tendenzen sind in ähnlicher Weise auch bei den weiblichen Befragten zu beobachten und machen deutlich, daß die Kategorie 'Kinder im Haushalt' zur Abschätzung der Zahl der Kinder, die in einer Familie aufwachsen, keinen geeigneten Indikator darstellt.

Daneben ist vor allem darauf hinzuweisen, daß die wenigen objektiven Indikatoren nicht den Schluß zulassen, daß sich eine Pluralisierung familialer Lebensformen abzeichnet. Eher kann man von einer zunehmenden Homogenisierung und Standardisierung familialer Lebensformen zwischen und innerhalb der Berufsgruppen sprechen.

Einerseits zeigt sich eine deutliche Tendenz zum Ledigsein, bzw. zu einem Leben ohne Kinder, andererseits überwiegt bei den Familien mit Kindern ein Trend zur Zwei-Kinder-Familie. Dies bedeutet, daß die Variation familialer Lebensformen aufgrund unterschiedlicher Familiengrößen in den letzten Jahrzehnten deutlich abgenommen hat. Die von LÜSCHER (1989) formulierte These, daß wir keine Pluralisierung familialer Lebensformen beobachten, sondern lediglich eine Verschiebung unterschiedlicher Gruppen, scheint durch die objektiven Indikatoren familialer Lebensformen eher bestätigt zu werden als die Pluralisierungsthese.

Diese Aussage gilt allerdings nur im Vergleich zwischen familialen Lebensformen und der Lebensform des Alleinlebens. Eine eigene Analyse der Ledigen zeigt möglicherweise, daß innerhalb dieser Gruppe inzwischen eine Vielzahl neuer und anderer Lebensformen beobachtet werden können. So könnte sich hier eine Entwicklung abzeichnen, die darauf hinausläuft, daß sich einerseits familiale Lebensformen zwischen den Berufsklassen zunehmend angleichen, andererseits sich unabhängig davon bei den Ledigen eine Vielfalt von Lebensformen entwickelt.

Diese objektiven Indikatoren familialer Lebensformen zeichnen aber nur ein äußerliches Bild familialer Beziehungen und müssen um die subjektive Wahrnehmung von Familie und die familialen Funktionen ergänzt werden. Dies ist schon deswegen erforderlich, weil allein die Veränderung der Wohnformen in der westdeutschen Bevölkerung in den letzten Jahren zu einer Veränderung der Haushaltsstruktur geführt hat, ohne daß man daraus ableiten könnte, daß gleichzeitig eine Veränderung der familialen Beziehungen erfolgt wären. Wenn man, wie im Abschnitt von BIEN dargelegt, als Haushaltsfamilie alle Personen definiert, die miteinander verwandt sind, im gleichen Haushalt leben und miteinander familiale Funktionen erfüllen bzw. Beziehungen unterhalten, dann zeigen sich längst nicht so deutliche Veränderungen, wie bei der Analyse der objektiven Indikatoren (vgl. Grafik 6).

Sowohl die männlichen als auch die weiblichen Befragten der zwischen 1943 und 1957 Geborenen definieren die Haushaltsfamilie in der Regel größer als die zwischen 1933 und 1942 Geborenen. Rechnen von den männlichen Befragten dieser Altersgruppe zwischen 23% (Arbeiter) und 37% (Dienstleistungsklasse) drei und mehr Personen zur Haushaltsfamilie, sind dies bei den männlichen Befragten, die zwischen 1943 und 1957 geboren wurden ca. 24% (Arbeiter) bzw. etwa 40% (Dienstleistungsklasse). Ähnliche Ergebnisse finden sich bei den weiblichen Befragten, die jedoch insgesamt die Haushaltsfamilie etwas kleiner einschätzen als die männlichen Befragten. In der Altersgruppe der zwischen 1958 und 1967 Geborenen wird die Haushaltsfamilie sehr viel kleiner eingeschätzt. Die Angaben schwanken hier zwischen 12% bei den männlichen Arbeitern, 16% bei den Männern der Dienstleistungsklasse bzw. 15% bei den weiblichen Arbeitern und 14% bei den Frauen der Dienstleistungsklasse.

Ein Vergleich ist nicht möglich, da sich die jüngste Generation noch in der Familienbildungsphase befindet. Eine Tendenz zur Verkleinerung der subjektiv wahrgenommenen Haushaltsfamilie zwischen den Alters- und Berufsgruppen läßt sich gegenwärtig nicht feststellen. Auch die Unterschiede zwischen den einzelnen Berufsgruppen zeigen keine deutlichen Tendenzen, wie sie bei den objektiven Indikatoren der Familie wie Familienstand, Kinderzahl und Kinder im Haushalt zu beobachten sind. Die geschlechtsspezifischen Differenzen erscheinen jedesmal deutlicher, als die Differenzen zwischen Generationen und Berufsgruppen.

Da die Befragten gleichzeitig auch nach der wahrgenommenen Familie, d.h. nach der Anzahl der zur Familie gezählten Personen gefragt wurden, verfügen wir über einen zweiten Indikator zur Beschreibung der Familiengröße.

Grafik 6:
Haushaltsfamilie der Befragten nach Alters- und Berufsgruppen (Angaben in Prozent)

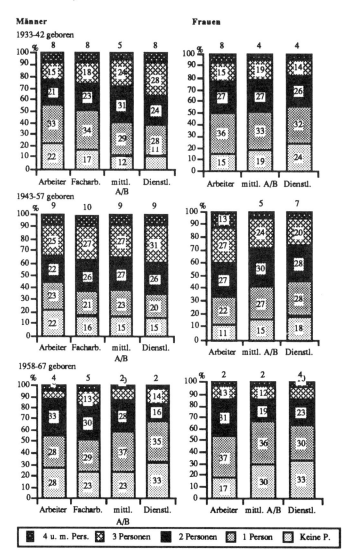

Auch hier zeigt sich zwar kein deutlicher Trend zwischen den Alters- und Berufsgruppen, dafür aber zwischen den Geschlechtern. Auch hier bleibt die jüngste Altersgruppe aus der Betrachtung ausgeschlossen.

Eine Reduzierung der Zahl der Personen, die zur Haushaltsfamilie bzw. zur wahrgenommenen Familie gezählt werden, ist aus den hier vorliegenden Daten nicht abzuleiten, so daß die Veränderungen in den objektiven Indikatoren familialer Lebensformen möglicherweise eher auf ein geändertes Verständnis zur Institution Ehe und zur Lebensform des Ledigseins hindeuten. Daraus kann man aber nicht ableiten, daß deswegen die familialen Beziehungen einem ähnlichen Wandlungsprozeß unterliegen.

Ob und inwieweit sich also in der Wahl einer institutionellen Lebensform lediglich ein Einstellungswandel, nicht aber ein Wandel der gelebten Beziehungen ausdrückt, ist zu prüfen. Im folgenden Abschnitt soll den Einstellungen zu Ehe und Familie nachgegangen und analysiert werden, ob analog zu den bisher festgestellten Unterschieden auch generationsbedingte Einstellungsunterschiede zu Ehe und Familie festzustellen sind.

Neben der Einschätzung, wen man zur Familie zählt, und der Haushaltsfamilie haben BIEN und MARBACH noch einen weiteren Indikator gebildet, der jene Familienmitglieder, die nicht unter einem Dach zusammenleben, aber bestimmte familiale Funktionen gemeinsam erfüllen, zusammenfaßt. Dies ermöglicht es, Männer und Frauen nach Altersgruppen zu unterscheiden, um zu prüfen, ob sich neben der Wahrnehmung der Familie bzw. der Haushaltsfamilie die Beziehungen zu Familienmitgliedern, die nicht im gleichen Haushalt leben, unterschiedlich entwickelt haben.

Hier ergibt sich ein anderes Bild. Der Prozentsatz derjenigen, die über den engen Kern hinaus bis zu drei Personen als erweiterte Familie benennen, ist in der ältesten Altersgruppe besonders hoch. Gleichzeitig ist es diese Altersgruppe, die die geringsten Prozentsätze bei der erweiterten Familie mit mehr als sechs Mitgliedern aufweist. Das ist plausibel, weil der Anteil der Verwitweten schon hoch ist, und man davon ausgehen kann, daß hier die Anzahl der Familienmitglieder durch Tod oder langjährige Trennung bzw. Scheidung geringer geworden ist. Hier zeigen sich berufsspezifische Tendenzen. Sie deuten möglicherweise darauf hin, daß familiale Beziehungen und Funktionen in den oberen sozialen Gruppen in allen Altersgruppen in größerem Umfang als in den unteren Berufsgruppen auch mit Personen außerhalb des eigenen Haushaltes unterhalten werden. Diese Unterschiede sind bei Frauen etwas deutlicher ausgeprägt als bei Männern.

Von einer "Isolation der Kernfamilie" läßt sich auf der Basis der hier berücksichtigten Indikatoren weder alters-, geschlechts- noch berufsspezifisch sprechen, weil ein hoher Prozentsatz von Befragten in allen Berufsklassen und unabhängig vom Alter sechs und mehr Personen als erweiterte Familie benennt. Somit entsprechen die gelebten Beziehungen zwischen Familienmitgliedern nicht notwendigerweise dem Bild, das die objektiven Indikatoren zeigen (vergleiche dazu den Beitrag von BIEN in diesem Band).

Grafik 7:
Entfernung von den Eltern nach Alters- und Berufsgruppen (Angaben in Prozent)

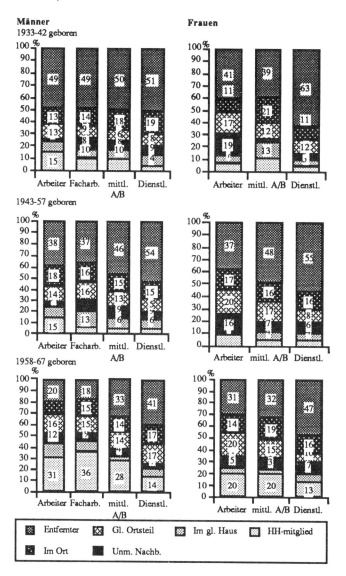

Diese Aussagen werden untermauert, wenn man als weiteren Indikator die Entfernung, in der die Angehörigen der einzelnen Berufsklassen zu ihren Eltern leben, nach Alter und Geschlecht analysiert (Grafik 7). Es ist naheliegend, daß insbesondere die jüngste Generation noch zu einem hohen Prozentsatz bei den Eltern wohnt. Die Prozentsätze der jungen Männer, übersteigen interessanterweise die Angaben der weiblichen Befragten. Die Mitglieder der Dienstleistungsklasse in dieser Altersgruppe sind bereits zu einem höheren Prozentsatz aus dem Elternhaus ausgezogen als diejenigen der übrigen Berufsklassen. Überraschend erscheint die Tatsache, daß das Leben im gleichen Haushalt oder in der unmittelbaren Nachbarschaft in allen Berufsklassen außerordentlich stark verbreitet ist, so daß heute noch immer ein sehr hoher Prozentsatz aller Befragten in unmittelbarer Nähe der Eltern lebt. Dies gilt nicht nur für die jüngste, sondern auch für die älteste Altersgruppe. Nimmt man den Indikator 'Entfernung' als Basis für die Beziehungen zu den Eltern, so könnte sagen, daß die schon vor Jahren von Leopold ROSENMAYR formulierte These der Intimität auf Distanz die Beschreibung eines Lebensmusters ist, das heute für fast die Hälfte der Bevölkerung der Bundesrepublik Deutschland zutrifft. So leben zum Beispiel 15% der männlichen vor 1942 geborenen Arbeiter mit ihren Eltern im gleichen Haushalt und etwa 8% im gleichen Haus. Nimmt man den Indikator 'am gleichen Ort bis zu 15 Minuten' dazu, dann leben mehr als 50% dieser Gruppe in der Nähe der Eltern. Das zeigt sich in ähnlicher Weise auch bei den männlichen Befragten der Dienstleistungsklasse in dieser Altersgruppe. Bei den männlichen Befragten der mittleren Altersgruppe zeigt sich mit Ausnahme der Dienstleistungsklasse, daß die Nähe zu den Eltern eher angestiegen als gesunken ist.

Diese Tendenz ist bei den weiblichen Befragten nicht in gleichem Ausmaß vorhanden. Bei den weiblichen Befragten ist vor allem hervorzuheben, daß Angehörige der Dienstleistungsklasse in sehr viel höherem Umfang als Angehörige anderer Berufsgruppen von den eigenen Eltern fortziehen. Dabei leben in der ältesten Gruppe über 63%, in der mittleren Gruppe noch etwa 55% weiter als 15 Minuten entfernt; bei den Arbeiterinnen sind dies 41% bzw. 37% und bei den mittleren Angestellten 39% bzw. 48%. Diese Prozentsätze liegen auch über denen der Männer.

Es deutet sich an, daß aufgrund der höheren Mobilität dieser Berufsgruppe die Möglichkeiten im gleichen Ort wie die Eltern zu leben vermindert werden, wobei die Mobilitätsanforderungen an Männer auch in qualifizierten Berufen möglicherweise niedriger sind als diejenigen an Frauen. Die Annahme einer berufsklassenspezifischen Differenzierung familialer Lebensformen nach Haushaltsgröße, wahrgenommener Kernfamilie, erweiterter Familie und Entfernung zu den Eltern kann auf der Basis dieser Analyse ebensowenig bestätigt werden, wie die These einer zunehmenden Isolation der Familie von der erweiterten Familie bzw. Verwandtschaft. Es überrascht eher, wie eng Eltern und Kinder beieinander leben und wie dicht die Beziehungsgefüge zwischen Familien- und Verwandtschaftsmitgliedern sind, ohne daß sich hier ein altersspezifischer Trend nachweisen ließe.

Bei diesen Analysen ist zunächst zu berücksichtigen, daß wir zwei Altersgruppenvergleiche durchgeführt haben, aber dabei nur die aktuelle Einschätzung der Lebenssituation von Familien berücksichtigen konnten, so daß bei den Schlußfolgerungen zu berücksichtigen ist, daß in bestimmten Punkten noch Veränderungen auftreten können. Allerdings gibt es in bezug auf objektive Indikatoren wie Familienstand und Kinderzahl eindeutige Hinweise sowohl aus der amtlichen Statistik als auch aufgrund der Beschränkung auf die älteren Altersgruppen, daß diese Trends sich im Verlauf des Lebens nicht mehr ändern werden. So ist es wenig wahrscheinlich, daß die geringeren Verheiratetenquoten der ledigen Arbeiter in den beiden ältesten Altersgruppen noch eine tiefgreifende Änderung erfahren. Ebenso ist wenig wahrscheinlich, daß das umgekehrte Muster, nämlich die höhere Verheiratetenquote bei den Arbeiterinnen sich im Laufe des Lebens noch ändert. Auch ist nicht davon auszugehen, daß sich die geringeren Verheiratetenquoten und die höheren Scheidungs- und Ledigenquoten der weiblichen gegenüber den männlichen Angehörigen der Dienstleistungsklasse noch entscheidend verändern werden. Das gleiche gilt natürlich auch für die deutlichen Unterschiede bei den Kinderzahlen, wo die weiblichen Angehörigen der Dienstleistungsklasse weniger Kinder großziehen als die männlichen Angehörigen dieser Gruppen.

Auch sind andere Ergebnisse, unabhängig von der Frage, ob die Daten jetzt oder im Lebensverlauf erhoben wurden, geeignet, um relativ stabile Trendaussagen zu machen. Z.B. die größere Wohnentfernung von den Eltern der weiblichen Angehörigen die Dienstleistungsklasse, die sich in allen Altersgruppen zeigt, deutet darauf hin, daß Frauen, die in unserer Gesellschaft Karriere machen wollen, ein höheres Maß an Mobilität zeigen müssen als Männer.

Trotz der in diesem Beitrag verschiedentlich in bezug auf den Altersgruppenvergleich gemachten Einschränkungen scheint es doch möglich zu sein, die These zu formulieren, daß sich im Bereich der bildungsmäßigen Determination der Herkunftsfamilie Öffnungs- und Schließungstendenzen sozialer Gruppen in etwa die Waage halten, wohingegen im Bereich des partnerwahlverhaltens keine eindeutigen Tendenzen zu erkennen sind. Einerseits zeigt sich über alle Befragten hinweg ein außerordentlich stabiles Bild von Berufsklassenhomogamie. Andererseits zeigen unter einer eher frauenspezifischen Perspektive insbesondere die höheren Berufsgruppen Öffnungstendenzen, die auch mit Öffnungstendenzen dieser Alters- und Geschlechtsgruppen im Bildungsbereich korrespondieren. Umgekehrt zeigen sich bei den Männern tendenziell eher Schließungstendenzen, und in bezug auf die Bildungsgruppen zeigt sich sehr deutlich, daß die nachgewiesenen Öffnungstendenzen, insbesondere in bezug auf Hauptschüler und Abiturienten, in der Regel eine Öffnung zwischen Hauptschülern und Realschülern bzw. Abiturienten und Realschülern zurückzuführen sind, so daß die Effekte als Ergebnis der Veränderung bestimmter Verteilungen der Grundgesamtheit interpretiert werden können.

Die Chancen, eine Partnerschaft mit einem Hauptschüler bzw. einer Hauptschülerinnen einzugehen, wenn man aus einem entsprechenden Elternhaus kommt, sind einfach geringer geworden. Während dieses Wechselspiel zwischen Öffnung und Schließung von Bildungs- und Berufsklassen auch aufgrund zum Teil sehr kurzfristiger Trends noch nicht abschließend beurteilt werden kann, ist doch zu vermuten, daß die ökonomische Lage von Personen in erheblichem Umfang davon abhängig ist, ob sie in Familien mit Kindern, insbesondere mit mehr als zwei Kindern, leben, wohingegen die Zugehörigkeit zu einer Berufsklasse eindeutig weniger Bedeutung hat.

In bezug auf Formen der Lebensführungen bzw. Lebensstile läßt sich gegenwärtig relativ eindeutig sagen, daß keine Pluralisierung von Lebensformen, sondern eher über alle Schichten hinweg eine zunehmende Homogenisierung in bezug auf Kinderzahl und Haushaltsgröße zu beobachten ist. Beim Familienstand läßt sich zeigen, daß die männlichen Angehörigen der Dienstleistungsklasse immer höhere Verheiratungsquoten aufweisen, als die weiblichen Angehörigen der Dienstleistungsklasse. Umgekehrt weisen die Arbeiterinnen eine höheren Verheiratungsquoten auf, als die Arbeiter. Möglicherweise hängt dies damit zusammen, daß die weiblichen Angehörigen der Dienstleistungsklasse in allen Altersgruppen ein sehr viel höheres Maß an Mobilität aufweisen, als die Arbeiterinnen und männlichen Angehörigen der Dienstleistungsklasse.

Anmerkungen:

1. Kurt Lüscher vertritt in diesem Zusammenhang die These, daß im Rahmen vorhandener familialer Lebensformen eine Veränderung der Häufigkeiten einzelner Lebensformen zu beobachten ist, nicht aber unbedingt neue Lebensformen entstanden sind. (LÜSCHER 1990, persönliche Mitteilung)

2. Die Häufigkeitsverteilung der ersten Berufsposition, die sich im Tabellenband befindet, unterscheidet sich deutlich von der aktuellen Berufsposition. Dabei ist insbesondere hervorzuheben, daß hier, ähnlich wie bei Featherman, die Dienstleistungsklasse noch sehr klein ist, wohingegen die Zahl der Facharbeiter, der un- und angelernten Arbeiter und der einfachen Angestellten und Beamten erheblich höher ausfällt. Es muß weiteren Analysen vorbehalten sein, die möglichen Mobilitätsprozesse im Lebensverlauf zu überprüfen. Hier und im folgenden werden zunächst nur Untersuchungen über die gegenwärtig erreichte Berufsposition vorgenommen.

3. Das hier dargestellte Featherman-Modell wird in allen späteren Analysen berücksichtigt, und mit ihm wurden auch die folgenden Analysen kontrolliert. Wenn wir hier dennoch mit den aktuellen Berufsklassen arbeiten, so deshalb, weil eine Untergliederung nach Altersgruppen, Geschlecht und Berufsklassen nur die Möglichkeit gegeben hätte, die Featherman´schen Klassen zusammenzufassen und damit sehr heterogene Klassen zu erhalten.

4. Diese Altersgruppeneinteilung wurde gewählt, um sicherzustellen, daß die Grenzen der jeweiligen Altersgruppen mit den Alterskohorten im Abschnitt von Tölke übereinstimmen.

Obwohl die Stichprobe mit 10.000 Befragten sehr groß ist, können wir bei diesen und den folgenden Analysen nicht auf die Kohortengruppen, wie sie in der Analyse von Tölke benutzt werden, zurückgreifen, sondern müssen uns auf größere Altersjahrgangsgruppen stützen. Bei der weiteren Ausdifferenzierung dieser Altersgruppen nach Berufsklassen, nach Geschlecht und Kinderzahl werden selbst bei einer so großen Fallzahl die Zellenbesetzungen innerhalb der einzelnen Tabellen zu klein.

5. Eine Differenzierung nach Geschlecht erbringt zwischen den Altersgruppen so gut wie keine Unterschiede, so daß davon ausgegangen werden kann, daß auf Basis dieser Analysen weder Alterseffekte noch Alters- und Geschlechtseffekte auftreten (vgl. Tabellenband).

6. Wir beziehen uns bei der Berechnung des Pro-Kopf-Einkommens auf die von WALPER in diesem Band vorgenommene Gewichtung, die auch das Alter der Kinder mitberücksichtigt.

7. Dieses Ergebnis entspricht weitgehend der These von KAUFMANN, daß "die Zahl der Kinder sich in jüngerer Zeit zunehmend zu einem zentralen Element sozialer Ungleichheit entwickelt." (KAUFMANN 1990, S.110).

8. TECKENBERG weist allerdings darauf hin, daß dies möglicherweise nur für Teile der Dienstleistungsklasse gilt (Persönliche Mitteilung).

9. Insgesamt lagen uns vollständige Angaben zur eigenen ersten Berufsposition und zur Berufsposition des Partners/ der Partnerin von 2092 Frauen und von 1063 Männern vor (nur 1933 bis 1967 geborene befragte Arbeiter/ Arbeiterinnen, Facharbeiter/ Facharbeiterinnen, mittlere Angestellte und Beamte/ Beamtinnen sowie Mitglieder der Dienstleistungsklasse).

Alois Weidacher

Einkommen in ausgewählten Altersphasen unter Gesichtspunkten der Familienentwicklung

1. Fragestellung und Art der Analyse
2. Datenmaterial
3. Ergebnisse unter Gesichtspunkten der Familienentwicklung
3.1 Nettoeinkommen der Haushalte nach Lebensformen: Haushaltsgemeinschaft von Partnern und Zahl der Kinder im Haushalt
3.2 Die Einkommenssituation nach familienzyklischen Lagen und nach dem Alter der Eltern
3.3 Ehepaare mit Kindern im Haushalt: Die Einkommenslage bei Erwerbs-/Nichterwerbstätigkeit der Frau
3.4 Wohneigentum und Wohnkosten von Familien mit Kindern
3.5 Soziale Ungleichheit

4. Zusammenfassende Bemerkungen

   Anhang

1. Fragestellung und Art der Analyse

Die Untersuchung "Wandel und Entwicklung familialer Lebensformen" zielt auf eine differenzierte Beschreibung familialer Bindungen unter Berücksichtigung von formal-rechtlichen Aspekten wie auch von faktisch gelebtem Beziehungsverhalten. Solche Differenzierungen ermöglichen es, die Einkommenslage nach Geschlecht und Alter der Befragten (und damit implizit nach familienzyklischen Lagen) unter den Aspekten von Partnerbindung, des Eltern--Kind-Bezugs und der Haushaltsgemeinschaft zu beschreiben.

Der Schwerpunkt dieses Beitrags wird aus sozialpolitischen, forschungspolitischen und pragmatischen Gründen in einer Beschreibung der Einkommenssituation nach ausgewählten Altersstufen der Befragten liegen :

Familienpolitik unter finanziellen Gesichtspunkten führte zu einer speziellen Aufmerksamkeit für kinderreiche Familien, Alleinerziehende, ausländische Familien und auch "junge Familien". Alters- oder phasenspezifische Gesichtspunkte liegen nur einzelnen familienpolitischen Leistungen zugrunde, so etwa in den Transferregelungen von Erziehungsurlaub und Erziehungsgeld. Dabei ist hinreichend bekannt, daß sich berufliche Qualifizierungszeiten während der letzten 30 Jahre bei jungen Menschen deutlich verlängert, Berufstart und beruflicher Positionsgewinn sich altersmäßig entsprechend verzögert haben. Veränderte Anforderungen im Qualifikationserwerb und in der Sicherung stabiler/flexibler Berufsqualifikationen müssen mit familialen Versorgungsanforderungen abgestimmt werden. Wer in relativ jungen Jahren eine Familie gründet, bleibt häufiger ohne höhere berufliche Qualifizierung und mit entsprechend geringen Einkommenserwerbschancen. Wer in oder mit höherer beruflicher Qualifizierung in relativ jungen Jahren eine Familie (besonders ab zwei und mehr Kindern) gründet, riskiert Einbußen für die berufliche Karriere und damit in der Einkommensentwicklung auf Grund der familialen Anforderungen. Wer "in der Mitte des Lebens" einen Arbeitsplatz oder gar einen Berufswechsel vornehmen muß, begegnet bereits starken altersbedingten Restriktionen im Arbeitsplatzangebot. Es kann vermutet werden, daß bei einem Teil der jungen Familien und von Familien jenseits der "Lebensmitte" unter diesen Anforderungen besondere wirtschaftliche Problemlagen entstehen.

Die statistische und sozialwissenschaftliche Informationslage zur Einkommenssituation von Familien in alters- und familienzyklischer Differenzierung ist nach wie vor dürftig. Es gibt kaum einschlägige Analysen der Art, wie sie beispielsweise von PETTINGER (1975) erstellt wurden. Die amtsstatistischen Daten auf Bundesebene bieten, soweit sie über die offiziellen Auswertungsprogramme verfügbar sind, nur geringe Merkmalsdifferenzierungen und sehr begrenzt mehrdimensionale Ausprägungen . Differenzierte Analysen zur Einkommenssituation nach Alter der Bezugsperson, Zahl der Kinder im Haushalt etc. sind bisher nur auf Landesebene(STATISTISCHES LANDESAMT BADEN-WÜRTTEMBERG, Familienwissenschaftliche Forschungsstelle, 1986) erstellt worden. Die Lücke in der Amtsstatistik wird im Rahmen einer neueren Materialsichtung zur wirtschaftlichen Situation der privaten Haushalte von RAPIN (1990, 94) ausdrücklich bemängelt.

Wenngleich die Möglichkeiten, mit den hier analysierten Surveydaten altersdifferenzierte Informationen zur Einkommenssituation zu liefern, durch die Erhebungsinstrumente selbst, aber auch durch die gegebenen Fallzahlen beschränkt sind, so sollten die Ausführungen doch wenigstens dazu beitragen, auf den Informationswert solcher Daten hinzuweisen und sie sollten damit auch ein Plädoyer für eine entsprechende Differenzierung amtsstatistischer Auswertungsprogramme sein.

Unter Aspekten der Familienentwicklung steht ein Vergleich der Einkommenssituation von zusammenwohnenden Partnern ohne und mit Kindern nach Zahl der Kinder, Altersphase des jüngsten Kindes, Alter der Befragten und nach der Erwerbssituation der Partner im Vordergrund. Das geschieht zunächst nur mit dem Indikator des Haushaltsnettoeinkommens. Informationen über das persönliche Einkommen der Partner werden punktuell bemüht, um Informationen darüber zu gewinnen, wie sich das Einkommen bei welcher Einkommenslage und in welchen Familiensituationen anteilig nach dem Einkommenserwerb (von Mann und Frau) zusammensetzt.

Die Beschreibung der Einkommenssituation mit dem Indikator des Haushaltsnettoeinkommens geht zunächst von der Erwartung aus, daß das Einkommen von Haushalten mit Kindern und mit mehreren Kindern der absoluten Höhe nach zumindest nicht niedriger sein sollte als das Einkommen von Partnerhaushalten ohne Kinder bzw. bei geringerer Kinderzahl; das von Alleinerziehenden (ohne Partner/Partnerin im Haushalt) sollte nicht niedriger sein als das von Alleinlebenden. Eine so differenzierte Beschreibung sollte Aufschluß darüber bringen, in welchen Zusammenhängen (Lebensalter, Familienphasen, Zahl der Kinder, etc.) und in welchem Maß Einkommensdefizite in Relation zum Einkommensniveau vergleichbarer Gruppen auftreten.

Für die Höhe des Einkommens von Familien hat der Umfang der Erwerbstätigkeit der Frau einschneidende Bedeutung erhalten. Der Anstieg des schulischen und beruflichen Qualifikationsniveaus von Frauen, der Standard der Altersvorsorge und die Anforderungen zur eigenständigen Alterssicherung auch für verheiratete Frauen, die Erwerbsbeteiligung von Frauen und insbesondere auch der Frauen mit Kindern - mußten sich auf die Einkommenssituation der Haushalte spürbar auswirken. Dem teilweisen oder vollständigen Verzicht von Müttern auf Erwerbsarbeit steht ein hohes zusammengefaßtes Haushaltseinkommen von Partnern ohne Kinder (vor der Geburt von Kindern, dauerhaft ohne Kinder) gegenüber. Der Kontrast in der Einkommenslage - so formuliert es KAUFMANN (1990, 12) - begründet sich aus der "Normalsituation", wonach die Frau in der kinderlosen Partnerschaft (mit Ausnahme der empty-nest-Situation) voll- oder teilzeitlich erwerbstätig ist und diese Normalsituation in den Familienphasen mit Klein- und Schulkindern und mit zunehmender Kinderzahl nicht gegeben ist.

Wenngleich sich aus dem Datenmaterial nicht ermitteln läßt, welche kindbezogenen staatlichen Einkommensleistungen die Haushaltseinkommen anteilig enthalten, so liefert doch die Beschreibung zumindest Informationen zu familienbedingten Einkommensminderungen, soweit sie auch durch kindbezogene Leistungen des Staates nicht - voll - ausgeglichen werden.

Die eher ausführliche Beschreibung der wirtschaftlichen Situation über das Haushaltsnetto und in diesem Rahmen auch über das persönliche Nettoeinkommen erscheint auch deswegen sinnvoll, weil die Gewichtungsfaktoren zur Verteilung des Haushalteinkommens auf die einzelnen Haushaltsmitglieder als Pro-Kopf-verfügbares Einkommen empirisch und politisch nicht unumstritten sind.

In der vorliegenden Untersuchung empfiehlt sich dieses Vorgehen zusätzlich deshalb, weil auf der Basis der vorgegebenen breiten Einkommensintervalle keine echten Pro-Kopf-Werte berechnet werden können. Um aber Effekte der Kinderzahl auf die finanzielle Situation je Haushalt ermitteln zu können, ist eine Einkommensberechnung nach Pro-Kopf-Versorgungswerten erforderlich.

Vermehrt wird mit amtstatistischen Daten und aus sozialwissenschaftlichen Erhebungen eine erhebliche Wohlstandsminderung für Familien dokumentiert, die mit der Versorgung von Kindern im Vergleich zur Lage von kinderlosen Paaren verbunden ist (LAMPERT,1986; CORNELIUS,1987; MINISTERPRÄSIDENT DES LANDES NORDRHEIN -WESTFALEN, 1987; GALLER, 1988; HAUSER, 1990; KLEIN, 1990; KAUFMANN, 1990). Neben einem allgemeinen wohlstandsmindernden Effekt der Haushaltsgröße bzw der Zahl der Kinder in Haushalten wurde durch Untersuchungsergebnisse auf Verarmungstendenzen von bestimmten Gruppen - jungen Familien mit steigender Kinderzahl und nicht erwerbstätigen Müttern, Alleinerziehenden - hingewiesen. Familien mit Kindern erreichen zwar mit Ausnahme der alleinerziehenden Frauen einen annähernd gleichen Einkommensstand in absoluten Zahlen wie Haushalte von verheiratet oder nicht-ehelich zusammenlebenden Partnern derselben Altersgruppe ohne Kinder. Haushalte mit Kindern insbesondere bei zunehmender Kinderzahl sind aber einkommensmäßig benachteiligt, da sich das Pro-Kopf verfügbare Einkommen entsprechend der Familiensituation aus den Versorgungsanforderungen nach Zahl und Alter der Personen im Haushalt reduziert. In Haushalten mit Kindern - besonders von jungen Familien und Alleinerziehenden - ist das Pro-Kopf verfügbare Einkommen deutlich niedriger als das kinderloser Ehepaare und der Alleinstehenden ohne Kinder.

Besondere Bedeutung hat die Pro-Kopf-bezogene Einkommensbewertung auf politischer Ebene in der z.Z. intensiven Diskussion um die Höhe eines nicht zu besteuernden finanziellen Existenzminimums. In zwei Urteilen entschied das Bundesverfassungsgericht, daß der erforderliche Einkommensbedarf für ein menschenwürdiges Dasein unbesteuert bleiben muß. Dieser Bedarf wurde vom Bundesfinanzministerium auf DM 6000 pro Kind und Jahr geschätzt. Da der bisherige steuerliche Grundfreibetrag für Erwachsene bei DM 5616 (DM 11 232) bei Verheirateten) liegt, müßte er den Gerichtsurteilen und den Schätzungen des Finanzministers entsprechend deutlich angehoben werden. Eine Entscheidung darüber, welcher Existenzbedarf nach welcher steuerpolitischen Bewertungsposition (erste und zweite Erwachsene im Haushalt, Kinder) tatsächlich anzusetzen ist bzw. wie der Ressourcenbedarf für Kinder im Verhältnis zu Erwachsenen zu gewichten ist, steht noch aus. WILLEKE/ONKEN (1990; 1991) plädieren auf der Grundlage differenzierter Berechnungen zur Einkommenssituation von Familien und in kritischer Bilanz der Finanzierungsmöglichkeiten familienpolitischer Transfers für ein Konzept des "Mindestlastenausgleichs". Ein solcher Familienlastenausgleich sollte zum Ziel haben, einen bestimmten Anteil der als "Mindestkinderkosten" anerkannten Aufwendungen der Familien durch Transferleistungen auszugleichen. Das kann anteilig über Steuerfreibeträge (Kinderfreibeträge bzw. Kindergrundfreibeträge) und ergänzend bis zur Höhe des festgelegten Ausgleichsbetrages über Kindergeldleistungen geschehen. So sollten auch Familien mit niedrigem Einkommen und entsprechend niedrigen Vorteilen aus Steuerfreibeträgen den festgelegten vollen Mindestkinderkostenanteil erhalten. In dieses Konzept wäre auch eine angemessene Berücksichtigung von Transferleistungen an Alleinerziehende integrierbar. Familien höherer Einkommensgruppen sollten mit zunehmender Einkommenshöhe einen stufenweise rückläufigen Ausgleich bis zur Höhe von festgelegten Sockelbeträgen erhalten. Ihnen wird zugemutet, mit dem Aufziehen von Kindern auch einen gesellschaftlichen Nutzen zu erbringen, für den sie keinen Ausgleich erhalten.

Es gibt bislang weder im internationalen noch im nationalen Rahmen einheitliche Äquivalenzmaße für einen auf der Basis von Verbrauchsanteilen den einzelnen Haushaltsmitgliedern (nach Zahl, Alter, Rangordnung) zukommenden Ressourcenanteil. Einen vielerseits anerkannten Standard setzt die von der O.E.C.D. (Organisation for Economic Cooperation and Development) benutzte Äquivalenzskalierung. Danach werden dem ersten Erwachsenen eines Haushalts 1,0 dem zweiten 0,7 und einem Kind 0,5 Ressourceneinheiten zugeordnet. Mit diesen Pro-Kopf-Einkommenswerten, die sich aus der Teilung der Haushalteinkommen durch die summierten Äquivalenzwerte je Haushalt ergeben, werden Einkommenslagen sozialer Gruppen unterhalb festgelegter Armutsgrenzen beschrieben und Vergleiche zwischen Einkommenspositionen nach unterschiedlichen Zielgruppen angestellt.

Die Beschreibung der Einkommenslage der Haushalte nach individuell verfügbaren Ressourcen aus der Verteilung des Haushaltseinkommens auf die einzelnen Haushaltsmitglieder nach festgelegten Gewichtungsfaktoren kann hier aus den genannten Gründen wenig mehr als eine modellhafte Projektion von Ressourcensituationen in unterschiedlichen familialen Kontexten darstellen.

Es kann mit guten Gründen angenommen werden, daß sich Niedrig-
-Einkommensbezieher - sieht man von den jungen Lebenspartnern ohne oder
mit Kindern ab, die noch in Ausbildung sind, oder noch nicht in Berufspositionen gelangt sind - auch bei Familien mit Kindern zu einem deutlich
höheren Prozentsatz aus niedrigen Bildungsniveaus und Berufspositionen re-
krutieren. Haushalte aus unteren sozialen Schichten geraten mit hoher
Wahrscheinlichkeit in untere bzw. unterste Einkommenspositionen, wenn sie
sich in familienzyklischen Streßsituationen befinden: junge Eltern vor Ausbildungsabschluß und unter Berufstartproblemen, kinderreiche Familien, Alleinerziehende ohne Partner/ Partnerin im Haushalt. Unter familienpolitischen
Gesichtspunkten, die Gegenstand dieses Beitrags sind, soll hier jedoch auf
Analysen zu schichtspezifischen Zusammenhängen verzichtet werden.

2. Datenmaterial

Von den 10043 Befragten lieferten insgesamt 9043 Personen auswertbare
Angaben zum Haushaltseinkommen und 9541 Personen zum persönlichen
Einkommen. Die Fallunterschiede ergeben sich aufgrund der "Weiß nicht"
Antworten auf die Frage nach dem Haushaltseinkommen. Gefragt wurde nach
dem monatlichen Nettoeinkommen als der Summe der Einkommen aller
Haushaltsmitglieder, abzüglich Steuern und Sozialabgaben. Als Angaben
zum persönlichen und zum Haushalts-Nettoeinkommen wurde lediglich die
Zuordnung zu vorgegebenen Einkommensgrößenklassen[1] erhoben. Aus
diesen relativ breit gefaßten Kategorien können Median- und Pro-Kopf-Einkommen nur als Annäherungswerte und unter der Annahme konstruiert
werden, daß in den vorgegebenen Einkommenskategorien eine gleichskalierte
Verteilung vorliegt. Es versteht sich, daß die darüber ermittelten Werte
letztlich nur auf der Breite der jeweils zutreffenden Einkommenskategorie
volle Gültigkeit haben können.
  Es wurde in der Erhebung nicht danach gefragt, ob in den Einkommensangaben familienpolitische Leistungen berücksichtigt wurden. Es wurde angenommen, daß die große Mehrheit der Befragten ihr Einkommen - zumindest
das Haushaltsnettoeinkommen - nicht annähernd exakt ad hoc benennen kann,
sondern dessen Höhe nur innerhalb einer größeren Spannbreite zu verorten vermag. Es mag deshalb ebenfalls angenommen werden, daß kindbezogene Ein-
kommensergänzungen, soweit sie nicht in den monatlichen Einkommens-
betrag rechnerisch integriert sind und soweit sie keinen substantiellen Anteil
darstellen, von den Befragten nicht angemessen berücksichtigt wurden. Dies
betrifft das Kindergeld, sofern es gesondert über die Arbeitsämter angewiesen
wird, kindanteilige Leistungen im Wohngeld und in der Wohneigentums- und
Vermögensförderung. Dagegen dürften höhere Einkommensteile wie z.B. Erziehungsgeld und Bafög in den Einkommensangaben einbezogen worden sein.
Kindbezogene Steuervergünstigungen, die erst über den Jahres-Lohn- oder Ein-

kommenssteuerausgleich geltend gemacht werden, sind mit ähnlicher Wahrscheinlichkeit wie alle über den Jahressteuerausgleich nachgeholten Einkommen in den Angaben enthalten bzw. nicht enthalten.

Eine Vergleichbarkeit zu amtsstatistischen Daten ist nur in Teilen und dann nur bedingt gegeben. Gründe hierfür sind Unterschiede in den Erhebungseinheiten und Auswertungsprogrammen. Ein punktueller Vergleich mit den Mikrozensusdaten für 1988 zur Einkommenssituation verheirateter Frauen mit Kindern zeigt allerdings nur geringfügige Unterschiede. Die Surveydaten dokumentieren im Vergleich zum Mikrozensus dabei ein leicht höheres Einkommensniveau (siehe Grafik 1 unten)

Das im Vergleich zum Mz leicht höhere Einkommensniveau ist möglicherweise mit einer höheren Auskunftsbereitschaft in einer nicht-amtlichen Erhebung zur effektiven Höhe der Einkommen zu erklären. Dieser Zusammenhang könnte auch erklären, weshalb im Survey ein im Vergleich zum Mikrozensus geringerer Anteil von verheirateten Frauen mit Kindern ohne Einkommen ausgemacht wird, obwohl doch ein für die Grundgesamtheit überproportionaler Anteil an Hausfrauen in die Befragung einbezogen war.

Grafik 1
Persönliches Nettoeinkommen von verheirateten mit Partner zusammenlebenden Frauen mit Kindern im Haushalt nach Altersgruppen der Befragten. Vergleich von Mikrozensus- 1988 und Surveydaten

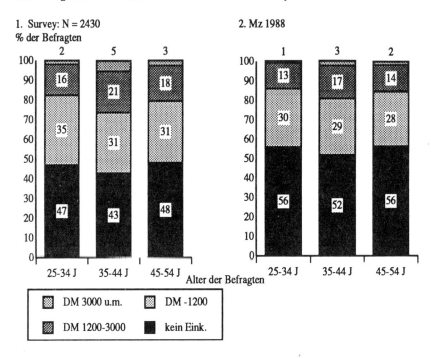

3. Ergebnisse unter Gesichtspunkten der Familienentwicklung

Der Beitrag enthält zunächst einen Überblick dazu, wie sich die Einkommensverteilung der Befragten in Abhängigkeit von Familienstand, Haushaltsgemeinschaft mit Partner/Partnerin und der Zahl der Kinder im Haushalt darstellt (3.1).

Im Mittelpunkt der weiteren Ausführungen steht die Differenzierung der Einkommenspositionen von verheiratet/nichtverheiratet zusammenlebenden Partnern mit Kindern im Haushalt nach Zahl der Kinder (mit jüngstem Kind unter 25 Jahren), nach Altersstufen der Befragten und nach familienzyklischen Phasen (3.2).

Die Erwerbssituation der Frau (in Haushaltsgemeinschaften von Partnern ohne und mit Kindern) ist von besonderer Bedeutung für die Einkommenssituation der Haushalte. Ausführungen in diesem Abschnitt zeigen, wie sich das Erwerbseinkommen verheirateter Frauen mit Kindern jeweils unterschiedlich nach Alter der Befragten und nach familienzyklischen Phasen auf das Niveau des Haushaltseinkommens auswirken (3.3).

Aus amtsstatistischen Daten ist bekannt, daß Ehepaare mit Kindern häufiger über Wohneigentum verfügen und daß damit auch höhere Wohnkosten verbunden sind. Daran anknüpfend soll hier die Situation von Wohnart (Eigentum/Miete) und Wohnkosten in den unterschiedlichen Altersstufen von Verheirateten und nach Zahl der Kinder im Haushalt dargestellt werden (3.4).

Weil das Einkommen der absoluten Höhe nach noch nicht die tatsächliche Versorgungslage von Haushalten unterschiedlicher Größe erkennen läßt, wird schließlich aus dem Einkommen nach Haushaltstypen das Pro-Kopf verfügbare Einkommen nach festgelegten Versorgungsmaßen für die einzelnen Haushaltsmitglieder ermittelt bzw die entsprechende Versorgungssituation in modellhaften Berechnungen dargestellt. (3.5).

Beim Versuch familienspezifische Einkommensdefizite zu identifizieren, darf auch nicht übersehen werden, daß die festgestellten Deprivationslagen auch durch schichtspezifische Faktoren (Berufspositionen, Bildungsniveau) beeinflußt sind. Der Hinweis auf soziale Faktoren als allgemeine Deprivationsgrundlage für familienspezifische Einkommensbenachteiligungen soll in diesem Zusammenhang genügen. Einschlägige Informationen dazu liefern die Analysen von BERTRAM in diesem Band.

3.1 Nettoeinkommen der Haushalte nach Lebensformen: Haushaltsgemeinschaft von Partnern und Zahl der Kinder im Haushalt

Vergleicht man die Einkommenssituation von Haushalten nach der Zahl der Kinder in Haushalten und nach der Haushaltsgemeinschaft von Partnern (verheiratet oder nicht-ehelich in getrenntem oder gemeinsamen Haushalt lebend), ohne mögliche Effekte zu berücksichtigen, die sich aus den altersbedingten Einkommenspositionen der Eltern, familienzyklischen Phasen und aus der unterschiedlichen Erwerbssituation in Partnerschaften ergeben, so läßt sich feststellen:

Ehepaare mit drei Kindern haben unter den dargestellten Haushaltstypen die höchsten absoluten Einkommen aufzuweisen. Ehepaare mit einem Kind stehen klar an unterster Stelle. Die Unterschiede in den Einkommenspositionen sind jedoch insgesamt zwischen den verschiedenen Ehepaarhaushalten nach Kinderzahl[2] gering.

Grafik 2
Haushaltsnettoeinkommen von verheiratet zusammenwohnenden Partnern mit Kindern (jüngstes Kind unter 25 Jahren) im Haushalt nach Zahl der Kinder. N = 4704

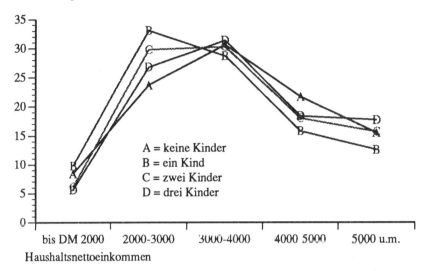

Alleinerziehende ohne Partner im Haushalt liegen zu 48 bis 59 % unter einem Monatseinkommen von DM 2000 und stehen damit deutlich schlechter als Alleinstehende ohne Kind im Haushalt (Tabelle 1 im Anhang). "Alleinerziehende" nach amtsstatistischer Definition haben nur dann zu einem sehr hohen Anteil niedrige Haushaltseinkommen, wenn sie tatsächlich (auch nicht-ehelich) ohne Partner im Haushalt leben. So haben etwa 50 % der "Alleinerziehenden", die mit einem Partner/einer Partnerin zusammenwohnen, ein Haushaltsnetto -einkommen unter DM 3000; Alleinerziehende ohne Partner dagegen zu rund 80 %. Eine eingehende Beschreibung der wirtschaftlichen Situation von Alleinerziehenden war im Rahmen dieser Ausführungen nicht beabsichtigt[3].

Eine Mischform dieser Einkommenslagen stellen nicht-ehelich zusammenlebende Partner ohne Kinder im Haushalt dar (Tabelle 2 im Anhang). Ihre Einkommensstruktur läßt sich plausibel daraus erklären, daß sich diese Gruppe aus jungen, vorehelichen Partnerschaften, ersten oder nachehelichen Haushaltsgemeinschaften mit Partner/Partnerin zusammensetzen kann.

3.2 Die Einkommenssituation nach familienzyklischen Lagen und nach dem Alter der Eltern

Es liegt auf der Hand, daß Informationen aus einer Beschreibung der Einkommenssituation, die nicht nach Lebensaltersstufen der Befragten und/oder familienzyklischen Phasen differenziert, zu sehr fehlerhaften Wahrnehmungen führen können. Um die Einkommensbenachteiligungen nach familienpolitischen Gesichtspunkten ermitteln zu können, ist es nötig, den Einfluß des Alters auf Einkommenniveaus (etwa nach der Kinderzahl) zu überprüfen. Zu recht bemerkt RAPIN (1990, 94), daß solche Berechnungen bisher kaum verfügbar sind. Vergleicht man die Einkommenslage der Familien mit Kindern vergleichbarer Haushaltsformen (z.b. verheiratete Paare), so zeigt sich, daß die Einkommensverhältnisse deutlich nach Altersstufen differenzieren.

Die familienwissenschaftliche Forschungsstelle beim Statistischen Landesamt Baden-Württemberg hat die Einkommenssituation von Ehepaarhaushalten nach ausgewählten Altersgruppen und nach Zahl der Kinder unter 18 Jahren im Haushalt in ausführlichen Berechnungen mit amtsstatistischen Daten für Baden-Württemberg beschrieben (STATISTISCHES LANDESAMT BADEN-WÜRTTEMBERG, Familienwissenschaftliche Forschungsstelle, 1986; Wingen/ Cornelius, 1989). Demnach lag das Haushaltseinkommen im gesamten Zeitraum von 1972 bis 1986 bei Ehepaaren mit Kindern innerhalb gleicher Altersgruppen mit Ausnahme der 45-55Jährigen unter dem der Ehepaare ohne Kinder. Nach Daten des Mz 1988 ergeben sich leicht höhere Einkommenspositionen bei steigender Zahl der Kinder (bis drei Kinder) unter 18 Jahren im Haushalt. Auf der Basis der Surveydaten ergibt sich für die ausgewählten Altersgruppen der Verheirateten nach der Zahl der Kinder (unter 18 Jahren) im Haushalt - wiederum mit Ausnahme der Altersgruppe der 45-55jährigen Verheirateten - ein geringeres mittleres (Median) Haushaltsnettoeinkommen mit zunehmender Kinderzahl. Im Sinne der von RAPIN angemerkten Forschungslücke erscheint zunächst eine Überprüfung der Einkommenspositionen von ausgewählten Haushaltstypen (nach Haushaltsgemeinschaft mit Partner und Kindern im Haushalt: von Alleinlebenden, von Partnern ohne Kinder im Haushalt und von Verheirateten und Alleinstehenden mit Kindern im Haushalt) in Abhängigkeit vom Alter der Befragten sinnvoll.

Analysen mit den Surveydaten zeigen, daß das zunächst ermittelte Ergebnis "höhere Einkommen bei höherer Kinderzahl" Alterseffekte der befragten Eltern wiederspiegelt. Sowohl bei Alleinlebenden als auch bei Haushaltsgemeinschaften von zusammenwohnenden Partnern ohne Kinder und mit Kindern im Haushalt "steigt" das Haushaltseinkommen bis zu einer bestimmten Altersstufe der Befragten - etwa bis zum Alter von 45 Jahren - und "fällt" dann leicht ab. Den höchsten Anteil an hohen Einkommenspositionen erreichen Alleinlebende in der Altersstufe 35-50, zusammenwohnende Partner ohne Kinder in der Altersstufe 30-45. Die Höhe der Einkommen variiert deutlich nach ausgewählten Altersphasen.

Grafik 3 4
Haushaltnettoeinkommen von Alleinlebenden und von zusammenwohnenden Partnern ohne Kinder nach Altersgruppen. Haushaltnettoeinkommen bis DM 3000. N/Alleinlebende = 1083; N/zusammenwohnende Paare ohne Kinder = 1219

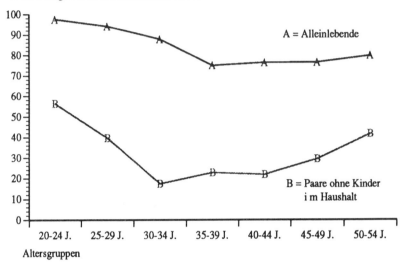

Das Einkommensniveau bei Alleinlebenden und bei zusammenwohnenden Partnern ohne Kinder zeigt einen deutlichen altersstrukturellen Effekt. Eine ähnlich ausgeprägte Verlaufstendenz nach Altersphasen der Eltern ergibt sich für die Situation der Familien mit Kindern.

Vergleicht man die Einkommenssituation bei verheirateten zusammen wohnenden Partnern insgesamt mit Kindern im Haushalt (jüngstes Kind unter 25 Jahren) im jährlichen Altersschritt der Befragten ohne nach Zahl und Alter der Kinder zu differenzieren, so ergibt sich eine deutliche Stufung des Haushaltseinkommens nach Altersphasen der Eltern.

Grafik 4
Haushaltsnettoeinkommen von Ehepaaren mit Kindern im Haushalt (jüngstes Kind unter 25 Jahren) nach jährlichen Altersstufen der Befragten: 25-54 Jahre. Prozent der Haushalte mit einem Nettoeinkommen unter DM 3000. N = 3881

% von Befragten mit Einkommen bis DM 3000

Befragte nach jährlichen Altersstufen: 25 bis 54 Jahre

In der Gruppe der Ehepaare mit Kindern haben im Unterschied zu Alleinlebenden und zusammenlebenden Paaren ohne Kinder vergleichsweise höhere Altersklassen die höchsten Einkommenspositionen; der "Abfall" im Einkommensniveau setzt ebenfalls später ein. Man könnte deshalb annehmen, daß die Anforderungen der Familiengründung und die frühe Familienphase das Erreichen hoher Einkommenniveaus verzögern; daß Eltern, die noch für wirtschaftlich abhängige Kinder zu sorgen haben, erst im späteren Alter Abstriche im Einkommenserwerb machen (können). Der familienbedingte Umfang der Erwerbsbeteiligung fällt unmittelbar oder vermittelt über familienzyklische Phasen mit Stufen im Lebensalter der Eltern zusammen. Der hohe Anteil niedriger Einkommen bei jungen Familien wie auch der Einkommensabfall in fortgeschrittenen Altersstufen lassen sich plausibel mit familienbedingten beruflichen Positionen der Eltern erklären: niedrigere Berufspositionen,

Verzicht auf Erwerbstätigkeit zugunsten von Familienarbeit, Reduzierung von bzw Verzicht auf Erwerbstätigkeit (besonders der Frau), wenn die Kinder wirtschaftlich eigenständig sind.

Die ausgewählten Familienphasen (nach Alter des jüngsten Kindes bis zu 5 Jahren, zwischen 6 und 14, 15 und 24 Jahren) korrespondieren hoch mit entsprechenden Altersstufen der Eltern (von 25 bis 34, 35 bis 44, 45 bis 54 Jahren). 65 % der Eltern, deren jüngstes Kind unter 6 Jahre alt ist, befinden sich im Alter zwischen 25 und 34 Jahren; 56 % derer mit 6 -14jährigem jüngsten Kind gehören zur Altersgruppe der 35-44Jährigen und wiederum 65 % derer mit 15-24jährigem jüngsten Kind sind bereits im Alter zwischen 45 und 54 Jahren. Das jüngste Kind 25-34jähriger Eltern ist in 76 % der Fälle unter 6 Jahren, das von 35-44jährigen Eltern in 54 % zwischen 6 -14 Jahren und das von 45-54jährigen Eltern zu 71 % zwischen 15 und 24 Jahren. Das Alter der Eltern erklärt 42 % der familienzyklischen Varianz. Ein eigenständiger Effekt der Familienphasen auf das Einkommensniveau bzw. eine eigenständige familienzyklische (nach Zahl und Alter der Kinder) Differenzierung der Einkommenspositionen läßt sich nicht nachweisen.

Das Einkommensniveau erhöht sich innerhalb desselben familienzyklischen Bereichs und desselben Altersbereichs der Eltern tendenziell leicht bei steigender Kinderzahl. Innerhalb ihrer jeweiligen Altersstufe (z.B. von 25-34 Jahren) sind Eltern mit mehreren Kindern häufiger diejenigen mit dem höheren Lebensalter; unter 45-54Jährigen sind die Jüngeren häufiger diejenigen, die noch mehrere Kinder unter 25 Jahren im Haushalt haben.

Innerhalb der gewählten Spannbreite von 10 Jahren für die Alterskategorien können deutliche Differenzierungen in den Einkommenspositionen durch die Altersunterschiede der Eltern verdeckt bleiben.

Da innerhalb einer Altersphase der Eltern bei gleichem Alter des jüngsten Kindes eine höhere Kinderzahl vorhandene ältere Geschwister impliziert, kann sich hinter dem unterschiedlichen Einkommensniveau nach Kinderzahl ein Effekt aus dem unterschiedlichen Alter der Eltern innerhalb der vorgegebenen Altersintervalle verbergen. Dasselbe trifft für die Altersgruppe der 45-54Jährigen zu: hier ist aber das Haushaltseinkommensniveau von Ehepaaren ohne Kinder und mit einem Kind leicht rückgängig; somit sind in dieser Altersgruppe bei relativ jüngeren Eltern mit noch mehreren Kindern im Haushalt häufiger höhere Einkommen zu erwarten. Das reduzierte Einkommen in der Altersphase der Eltern zwischen 45 und 54 Jahren mit einem Kind entspricht den dargestellten Ergebnissen, wonach bei Ehepaaren dieser Altersgruppe ohne Kinder oder mit nur einem Kind ein "Einkommensabfall" im Vergleich zum Trend der Einkommenspositionen festgestellt wurde.

Grafik 5
Haushaltnettoeinkommen von zusammenlebenden Ehepartnern mit Kindern im Haushalt nach Alter der Befragten, Zahl der Kinder und Alter des jüngsten Kindes im Haushalt. Haushaltnettoeinkommen bis DM 3000. N = 2504

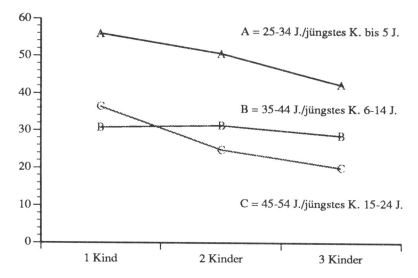

Bei gleichem Familienzyklus (z.b. jüngstes Kind zwischen 6-14 Jahren) und unterschiedlicher Altersgruppe der Befragten (z.b. 35-44 und 45-54 Jahre) variiert das Einkommen ebenfalls nach Zahl der Kinder (Tabelle 3 im Anhang).

Dagegen ergeben sich innerhalb gleicher Altersgruppen von Partnern und gleichen oder unterschiedlichen familienzyklischen Phasen (Alter des jüngsten Kindes z.b. zwischen 0 und 5 oder 6 und 14 Jahren) keine nennenswerten Einkommensunterschiede bzw. kein klarer Trend der Einkommenspositionen trotz unterschiedlicher Kinderzahl. Dies bestätigt ein Beispiel mit der Altersgruppe der 35-44jährigen Befragten.

Der unterschiedlichen Zahl von Kindern im Haushalt kommt im Vergleich der Haushalte nach der absoluten Höhe ihrer Einkommen - wenn überhaupt - nur ein sehr geringer Erklärungswert zu. Diese Ergebnisse wurden durch die Varianzanalyse mit den Variablen Einkommen, Erwerbsbeteiligung, Alter der Befragten und Zahl der Kinder im Haushalt beschränkt auf die Gruppe der Befragten mit Kindern im Haushalt überprüft. Die Ergebnisse widerlegen zunächst eindeutig die These, Erwerbsbeteiligung und Alter der Befragten hätten keinen Effekt auf die Einkommensabweichungen.

Grafik 6
Haushaltsnettoeinkommen von verheiratet zusammenlebenden Partnern im Alter zwischen 35 und 44 Jahren nach Zahl der Kinder und Alter des jüngsten Kindes im Haushalt.
Nettoeinkommen unter DM 3000. N = 1164

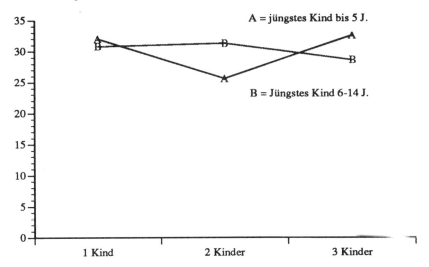

Die Analyse ergibt, daß durch die Erwerbssituation 52 %, durch das Alter der Befragten 14 % der Varianz erklärt werden können und daß der Zahl der Kinder in der Familie kein nennenswerter Erklärungseffekt zukommt. Mittels Regressionsanalyse läßt sich zeigen, daß die Faktoren Erwerbssituation, Alter der Befragten und Zahl der Kinder im Haushalt gut 12 % der Einkommensdifferenzierung erklären. Die Hinzunahme des Faktors Familienzyklus ändert daran nichts. Die Erwerbssituation der Frau bleibt der mit 7 % von insgesamt 12 % eindeutig stärkste Faktor. Der gemessene Erklärungswert liegt hauptsächlich deswegen so niedrig, weil die Einkommenswerte in breiten Intervallen zusammengefaßt sind.

In den folgenden zwei Abschnitten soll auf Einkommenseffekte aus den Erwerbsverhältnissen von zusammenwohnenden Partnern - insbesondere denen mit Kindern im Haushalt - näher eingegangen werden.

3.3 Ehepaare mit Kindern im Haushalt: Die Einkommenslage bei Erwerbs-/Nichterwerbstätigkeit der Frau

Haushalte von zusammenwohnenden Partnern (mit oder ohne Kinder) unterscheiden sich relativ geringfügig in den Einkommenspositionen nach absoluter Höhe. Den Haushaltstypen kann dabei aber eine recht unterschiedliche Struktur der Einkommensanteile von Männern und Frauen zugrunde liegen. Der Anteil der erwerbstätigen Frauen mit Kindern nimmt bekanntlich seit längerer Zeit zu. Obwohl insgesamt nur jede fünfte verheiratete 25-54jährige Frau ein persönliches Einkommen von DM 1200 und mehr zum Haushaltseinkommen beiträgt (46 % haben kein Einkommen, 33 % ein Einkommen unter DM 1200), bedeutet auch ein nur geringes Zusatzeinkommen von beispielsweise DM 500 eine substantielle Verbesserung für viele Haushalte. Diese Besserstellung der Zwei-Verdiener-Ehepaarhaushalte ist umso bedeutender, wenn ihre Einkommenslage mit der von Partnerhaushalten mit Kindern verglichen wird, in denen nur der Mann erwerbstätig ist. Verheiratete Männer haben zunächst ein deutlich höheres Einkommensniveau als Männer ohne Partnerin im Haushalt (Tabelle 4 im Anhang).

Grafik 7
Erwerbstätigkeit verheirateter (mit Partner zusammenlebender) Frauen mit Kindern im Haushalt nach Höhe des persönlichen Nettoeinkommens des Partners. Befragte Männer: N = 1645

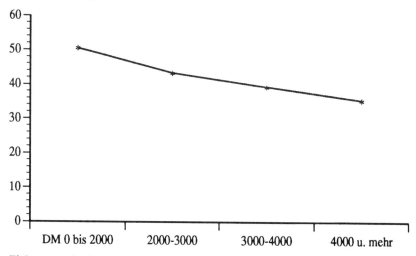

291

Verheiratete Männer haben zudem häufiger ein höheres persönliches Einkommen, wenn ihre Partnerin nicht erwerbstätig ist. Die Erwerbstätigkeit verheirateter Frauen mit Kindern ist mit steigenden Einkommen ihrer Partner rückläufig.

Daraus ergibt sich, daß Ehefrauen mit Kindern häufiger erwerbstätig sind, wenn das Einkommen des Mannes relativ niedrig ist (ENGELBRECH, 1987) und, daß Frauen in relativ niedrigen Berufspositionen bei höherem Einkommen des Mannes eher auf Erwerbstätigkeit zungsten von Familienarbeit verzichten. Da rund 13 % der verheiratet mit Partner zusammenlebenden Frauen mit Kindern (jüngstes Kind unter 25 Jahren) im Haushalt über persönliches Einkommen verfügen, obwohl sie nicht erwerbstätig sind, ist anzunehmen, daß ein bestimmter Prozentsatz davon Einkünfte aus nicht-versteuertem Erwerbseinkommen hat.

Der Anteil erwerbs- und nicht-erwerbstätiger verheirateter Frauen mit Kindern im Haushalt ist unterschiedlich in den genannten familienzyklischen Phasen. Frauen mit Lebenspartnern und mit Kindern (bis 24 Jahren) im Haushalt sind in der Kleinkindphase (0-5 Jahre) des jüngsten Kindes nur zu 31 %, in der Schulkindphase (6-14 Jahre) zu 46 % und in der "Jugendphase" (15-24 Jahre) zu 53 % erwerbstätig.

Die Höhe des persönlichen Einkommens des Partners auf den Umfang der Erwerbstätigkeit von Frauen mit Kindern im Haushalt wirkt sich familienzyklisch unterschiedlich aus: Die Erwerbstätigkeit von verheirateten Frauen mit kleinen Kindern im Haushalt nimmt mit steigendem Einkommen des Partners deutlich ab, aber der Anteil der Nicht-Erwerbstätigkeit bleibt in allen Einkommensgruppen dieser Familienphase fast konstant. Dagegen ist in der Schulphase der Kinder im Haushalt bereits ein Rückgang beim Anteil der erwerbstätigen Frauen und ein deutlicher Anstieg bei den nicht erwerbstätigen Frauen mit höherem persönlichem Einkommen des Partners feststellbar:

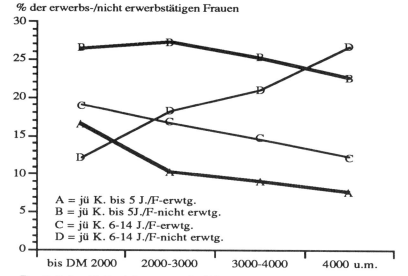

Grafik 8
Erwerbstätigkeit/Nicht-Erwerbstätigkeit verheirateter Frauen mit Kindern im Haushalt nach familienzyklischen Phasen und nach der Höhe des persönlichen Nettoeinkommens des Partners.
N/Familienphase 1 (A und D) = 587; 2 (B und C) =567

A = jü K. bis 5 J./F-erwtg.
B = jü K. bis 5J./F-nicht erwtg.
C = jü K. 6-14 J./F-erwtg.
D = jü K. 6-14 J./F-nicht erwtg.

Für die Familie mit Kindern in der Jugendphase (jüngstes Kind zwischen 15 und 24 Jahren) ergibt sich ein ähnlicher Positionstrend wie in der Schulphase.

Zwischen 30 und 68 % der Familien (je nach Altersphase und Zahl der Kinder im Haushalt), in denen nur der Mann erwerbstätig ist, haben ein Haushaltseinkommen unter DM 3000 gegenüber lediglich 14 bis 27 % der Familien, in denen auch die Frau erwerbstätig ist. Familien, in denen die Frau nicht erwerbstätig ist, haben in allen Familienphasen (nach Alterklassen des jüngsten Kindes im Haushalt von 0-5, 6-14, 15-24 Jahren) deutlich niedrigere Einkommenspositionen:

Grafik 9
Haushaltsnettoeinkommen von verheiratet zusammenwohnenden Partnern mit Kindern im Haushalt in unterschiedlichen familienzyklischen Phasen nach Erwerbs-/Nichterwerbstätigkeit der Frau. N = 3951

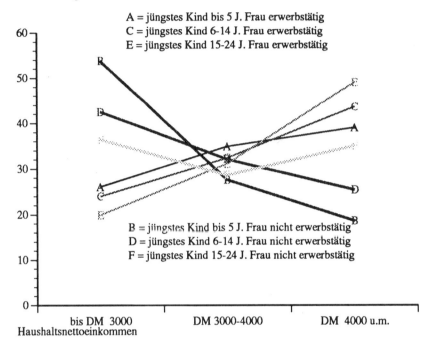

Differenziert man die Einkommenssituation im Rahmen familienzyklischer Phasen nach der Kinderzahl, ergibt sich zunächst erneut ein höheres Einkommensniveau bei höherer Kinderzahl. Dieser Trend zeigt sich deutlich in den drei Familienphasen, wenn auch in unterschiedlicher Stärke.

46% von Familien mit einem Kind und 70% der Familien mit zwei Kindern, in denen das jüngste Kind unter sechs Jahre alt und die Frau nicht erwerbstätig ist, bleiben unter einem Haushaltsnetto von DM 3000 gegenüber 26% derselben Gruppe, wenn die Frau erwerbstätig ist. Der Prozentsatz der Haushalte mit einem Nettoeinkommen unter DM 3000 verdoppelt sich bei Nicht-Erwerbstätigkeit.

Familien, in denen die Frau nicht berufstätig ist, verfügen in allen Altersstufen, aber insbesondere in der familialen Aufbauphase, zu einem deutlich niedrigeren Anteil über ein Einkommen von DM 3000 und mehr im Vergleich zu denen Familien, in denen beide Eltern erwerbstätig sind. Die Unterschiede in den Einkommenspositionen über DM 4000 reduzieren sich leicht mit steigendem Alter des jüngsten Kindes. Aufgrund der Fallzahlen ist eine Differenzierung der Einkommenssituation nach teil- und vollzeitlicher Erwerbstätigkeit von Müttern nicht mehr sinnvoll.

Grafik 10
Haushaltnettoeinkommen von zusammenwohnenden Partnern mit Kindern im Haushalt nach Altersgruppen der Eltern und Erwerbs-/ Nichterwerbstätigkeit der Frau. Haushaltsnettoeinkommen DM 3000 und mehr.
N/nur Mann erwerbstätig = 2200; N/beide Partner erwerbstätig = 1615

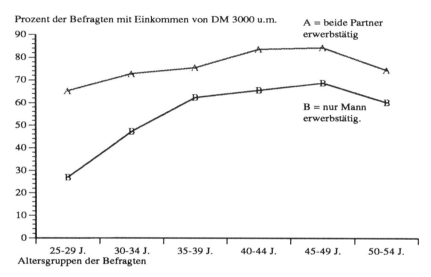

Danach haben Familien, in denen nur der Mann erwerbstätig ist, erst bei einem Alter des(r) Befragten von 35-39 Jahren ein Einkommensniveau das dem der jüngsten Altersstufe von 25-29 Jahren vergleichbar ist, wenn beide Partner erwerbstätig sind. Junge Familien, in denen beide Lebenspartner erwerbstätig sind, gewinnen einen deutlichen Vorsprung im Einkommensniveau. Es fällt auf, daß Familien, in denen nur der Mann erwerbstätig ist, noch in dessen Altersphase von 45-49 Jahren einen deutlichen Anstieg im Einkommensniveau erfahren.

3.4 Wohneigentum und Wohnkosten von Familien mit Kindern

Aus Übersichtsgründen wurden die Angaben zu den Wohnformen - ausgenommen Haushalte von Befragten, die bei ihren Eltern wohnen - in "Eigentümer" und "Mieter" zusammengefaßt. Ausgehend davon, daß die mittlere monatliche Wohnkostenbelastung bei allen Haushalten um DM 700 liegt, wurde die Wohnkostenbelastung auf dieser Ebene dichotomisiert.

Ein hoher Prozentsatz von Familien mit Kindern (ausschließlich der Alleinstehenden) investiert Einkommen in Erwerb von Wohneigentum; sie haben bis ins fortgeschrittene Alter höhere Belastungen durch Wohnkosten.

Grafik 11
Wohneigentum und Wohnkosten von Ehepaarhaushalten nach Kinderzahl. Monatliche Wohnkosten von DM 700 und mehr. N/gesamt = 5677; N/Eigentümer = 3099; N/Mieter = 2578

% Eigentümer
% Haushalte mit Wohnkosten von DM 700 u.m.

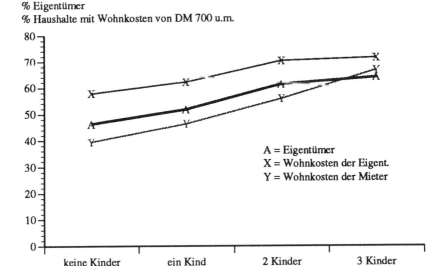

Mehr als 60 % der Ehepaarhaushalte mit zwei und mehr Kindern wohnen im eigenen Haus bzw. in der eigenen Wohnung. Davon haben 70 % und mehr monatliche Wohnkosten (Zinsbelastungen und Wohnnebenkosten) von DM 700 und mehr, gegenüber nur 52 % bei Ehepaaren in Mietwohnungen mit Miet- und Wohnnebenkosten in dieser Höhe. Mit zunehmender Kinderzahl erreichen Mieterfamilien jedoch das Kostenniveau der Wohneigentümer. Die Wohnkosten "steigen" mit zunehmender Kinderzahl, bei den Mietern stärker als bei den Eigentümern.

Die Wohnkosten variieren bei den Mieter-Ehepaaren mit Kindern relativ gering auf der Altersebene; bei den Eigentümern gibt es dagegen mit dem Altersfortschritt einen starken Belastungsrückgang bis unter das Niveau der Mieterhaushalte.

Grafik 12
Ehepaare mit Kindern: Wohneigentümer und Mieter; Wohnkosten von DM 700 und mehr nach Alter der Befragten. N/gesamt=4179; N/Eigentümer=2432; N/Mieter=1747

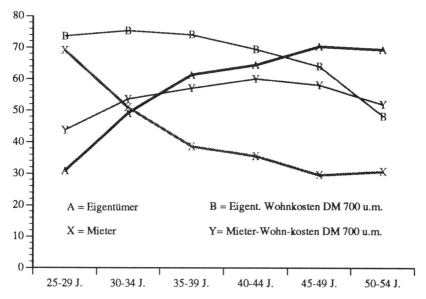

Altersgruppen der Befragten

Über das Alter gesehen zeigt sich bei den Ehepaaren mit Kindern eine deutliche Steigerung im Anteil von Wohnungseigentümern von 30 auf 70 %. D.h. in einer relativ kurzen familienzyklischen Zeitspanne findet nicht nur eine nachhaltige Differenzierung in den Einkommenspositionen statt, sondern Familien mit Kindern tätigen in dieser Phase auch gewaltige Investitionsanstrengungen im Wohnbereich. Der "Rückgang" in der Wohnkostenbelastung bei den Wohneigentümern wird durch die verfügbaren Daten bestenfalls angedeutet: Zum einen können die Wohneigentümer aus Erbschaft nicht gesondert ermittelt werden, zum anderen zeigt der Durchschnittswert die Kostenbelastung alter und neuer Wohneigentümer an.

3.5 Soziale Ungleichheit

Aus sozial- und familienpolitischer Sicht ist weniger das Einkommen von Haushalten der absoluten Höhe nach von Interesse als vielmehr das Einkommen, das Haushalte im Rahmen ihrer Versorgungspflicht bezogen auf die Zahl ihrer Mitglieder zur Verfügung steht. Die Schlüsselfrage liegt dabei darin, welcher Ressourcenbedarf einzelnen Haushaltsmitgliedern aufgrund welcher Merkmale zuzuordnen ist. Um sozial ungleiche Versorgungslagen aufzeigen zu können, werden aus den Haushaltseinkommen mit Hilfe von Äquivalenzmaßen für verschiedene Haushaltsmitglieder Pro-Kopf Einkommenswerte ermittelt. Die Äquivalenzwerte sollen einen nach Zahl und Alter der Haushaltsmitglieder unterschiedlichen Ressourcenbedarf signalisieren. Es gibt allerdings keine Äquivalenzwerte, die empirsch, durch breiten sozialen Konsens oder auch durch einheitliche politische Festlegung sicher ausgewiesen sind. Für eine überblicksartige Darstellung der Pro-Kopf Einkommenssituation werden hier zunächst die OECD-üblichen Äquivalenzwerte übernommen. Durch die vergleichsweise (zu anderen Berechnungsarten) niedrigen Werte für Kinder (0,5 je Kind bzw 0,7 für Kinder ab 14 Jahren) ist gewährleistet, daß die Familienkomponente nicht überbewertet wird.

Es werden dabei insbesondere die Pro-Kopf Einkommenslagen nach Altersstufen der Eltern vorgestellt. Äquivalenzwerte für Kinder wurden nicht detailliert nach deren Alter untergliedert, zum einen aufgrund zu geringer Zellenbesetzungen, zum anderen weil die Erhebungslage eine genaue Identifizierung des Einkommens aus der Zuordnung zu relativ breiten Einkommenskategorien ohnehin nicht zuläßt. Dennoch sollte in der Wertung der Ergebnisse der sicher vorhandene deutlich unterschiedliche Ressoucenbedarf nach dem Alter der Kinder nicht aus den Augen verloren werden (VASKOVICS, 1989; KLEIN, 1990).

Aufgrund der Erhebungsweise, nach der sich Befragte vorgegebenen breitgefächerten Einkommenskategorien zuordnen sollten, können keine Medianwerte (d.h. 50 % der Fälle liegen jeweils oberhalb und unterhalb des angezeigten Wertes) gebildet werden, die genauer als die verwendeten Kategorien sind. Um ersatzweise bestmögliche Annäherungswerte für das Median-Einkommensniveau zu bekommen, wurde jeweils die Obergrenze jenes Viertels der Einkommenskategorie (0.25/0.50/0.75/1.00) genommen, in das - unter Annahme einer gleichskalierten Verteilung - die 50 % Marke der Fälle traf.

Der Median-Einkommenswert der jeweiligen Altersgruppe der Partnerhaushalte wurde mit 1.7 (erste und zweite Erwachsene) gewichtet und gleich 100 % gesetzt. Kinder wurden mit dem Faktoren 0,5 gewichtet.

Grafik 13
Mittleres (Median) Pro-Kopf-Einkommen von Befragten nach Haushaltsgemeinschaft von Partnern, Zahl der Kinder im Haushalt und nach Altersgruppen der Befragten. N: Alleinlebende=1083; Paare ohne Kind=1219; Paare mit Kind=3921

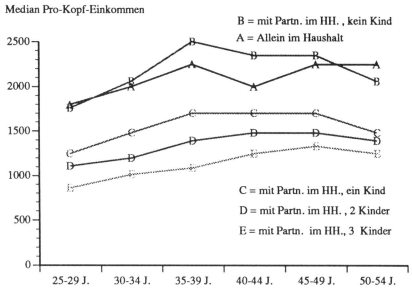

Altersgruppen der Befragten

Es darf nicht übersehen werden, daß hier nur das Alter der Eltern und die Zahl der Kinder, nicht jedoch die Erwerbssituation in der Familie zur Differenzierung des Einkommensniveaus in Pro-Kopf-Einkommenswerten berücksichtigt werden. Das mittlere Einkommen von Familien (mit Kindern), in denen die Frau nicht erwerbstätig ist, liegt - wie oben ausgeführt - im Vergleich dazu deutlich niedriger.

Die dargestellten Werte zeigen das je Vollperson im Haushalt verfügbare Einkommen an, das 50 % der Haushalte der Befragten erreichen. Setzt man das Median-Einkommen der Haushalte ohne Kinder in den jeweiligen Altersstufen gleich 100 %, so ergeben sich nach Zahl der Kinder im Haushalt Minderungen des Pro-Kopf-Einkommens, wie sie in der anschließenden Tabelle ersichtlich sind. Eine alternative Gewichtung für Kinder ab 14 Jahren mit dem Wert 0,7 (gegenüber 0,5) wird für die Gruppe der 50-54Jährigen angedeutet (Werte in Tabelle 1 mit -).

Tabelle 1
Pro-Kopf-Einkommen nach Zahl der Kinder im Haushalt und nach
Altersgruppen der Befragten

Altersgruppen der Befragten/Jahre

	25-29	30-34	35-39	40-44	45-49	50-54	50-54
				%			
kein K.	100	100	100	100	100	100	100
1 Kind	71	72	68	72	72	72	-66
2 Kind.	63	58	56	63	63	67	-59
3 Kind.	48	49	44	53	57	61	-51

Die Minderung des Pro-Kopf-Einkommens nach der Zahl der Kinder ist umso höher, je höher das Niveau des Haushalteinkommens der Bezugsgruppe ist.

Mit Rücksicht auf die ohnehin sehr pauschal gefaßten Ausgangswerte sollen die Pro-Kopf-Werte lediglich Schwerpunkte anzeigen. Danach läßt sich sagen, daß Familien mit einem Kind jeweils über rund 70 %, mit zwei Kindern rund 60 % und mit drei Kindern rund 50 % (wenn man die Gewichtung für ältere Kinder berücksichtigt) des Pro-Kopf-Einkommens eines kinderlosen Partnerhaushaltes aus der jeweiligen Altersgruppe verfügen.

Legt man - wie KLEIN (s.o.) es vorschlägt - ein mittleres Äquivalenzmaß zwischen den hohen Werten der aktuellen Sozialhilfe-Regelsätze(z.B. 0,9 für das erste Kind im Alter zwischen 15 und 20 Jahren) und untersten Versorgungswerten aus empirischen Erhebungen(0,45 für das erste Kind derselben Altersgruppe) zugrunde und berücksichtigt man auch eine 10 %ige Einsparung jeweils bei zweiten und dritten Kindern, so ergeben sich Mindest-Versorgungsgewichte für drei Kinder der jüngsten Altersgruppe von 0,95 und Höchstwerte bei drei Kindern der oberen Altersgruppe (15-20 Jahre) von 1,82. D.h. die Versorgungsgewichte können sich allein aufgrund des Alters verdoppeln.

Trotz des Einsparungseffektes bei mehreren Kindern ergibt sich bei Anwendung dieses moderaten, jedoch nach Alter der Kinder differenziert gestaffelten Versorgungsmaßes die Situation, daß der vergleichsweise höhere Ressourcenstand in höheren Altersgruppen der Eltern durch entsprechend höhere Aufwendungen vollends aufgebraucht wird. Die Anwendung der OECD-Skala ergibt - allerdings ohne Berücksichtigung von Einsparungseffekten nach Zahl der Kinder - bei älteren Kindern ähnliche Werte, bei Kindern unter sieben Jahren vergleichsweise überhöhte Werte.

Ausgehend vom mittleren (Median) Einkommen von befragten Ehepartnern der Altersgruppe 30-34 Jahre gegenüber der von 50-54 Jahren ergeben sich für die modellhafte Situation von ein bis drei Kindern mit den ausgewählten niedrigen und höheren Gewichtungsmaßen nach Zahl und Alter der Kinder folgende mittlere Pro-Kopf-Einkommenswerte:

Grafik 14/1 und 14/2
Mittleres Pro-Kopf-Einkommen von verheiratet Zusammenlebenden der Altersgruppen 30-34 und 50-54 Jahre nach Zahl und Alter der Kinder im Haushalt. Modellhafte Berechnungen

1. Altersgruppe: 30-34 Jahre

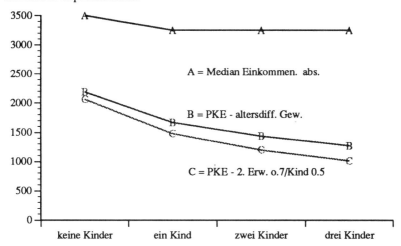

2. Altersgruppe: 50-54 Jahre

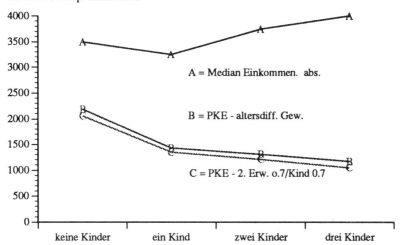

Diesen Berechnungen des Pro-Kopf-Einkommens liegen Gewichtungswerte zugrunde, die kumuliert folgende Gewichtungsfaktoren ergeben:

Tabelle 2
Gewichtungsfaktoren kumuliert:

	mit Kindern (1-3) bis 6 Jahre		mit Kindern (1-3) 15-24 Jahre	
	altersdiff. Gew.	OECD Skal.	altersdiff. Gew.	OED Skal.
	1+0,6+0,35+ 0,31+0,29	1+0,7+0,5+0,5+ 0,5	1+0,6+0,67+ 0,60+0,55	1+0,7+0,7+0,7+ 0,7
kein Kind	1,6	1,7	1,6	1,7
1 Kind	1,95	2,2	2,27	2,4
2 Kinder	2,26	2,7	2,87	3,1
3 Kinder	2,55	3,2	3,42	3,8

Ziel dieser Ausführungen war es, den Effekt der Zahl der Haushaltsmitglieder (bzw. der Kinder im Haushalt) auf den Einkommennsanteil je Person zu verdeutlichen.

Für die Altersgruppen der 30 bis 34 und 50 bis 54Jährigen errechnen sich mit den vorgeschlagenen Gewichtungsfaktoren folgende Einkommensanteile für Eltern und Kinder ausgehend von dem mittleren Haushaltsnettoeinkommen der Familien nach Alter der Eltern und Zahl der Kinder im Haushalt:

Grafik 15
Durchschnittliches Einkommen von Haushaltsmitgliedern nach Höhe des Haushaltseinkommens und nach festgelegten Verbrauchsanteilen der Haushaltsmitglieder.

A: Ehepaarhaushalte der Altersgruppe 30-34 Jahre nach Kinderzahl

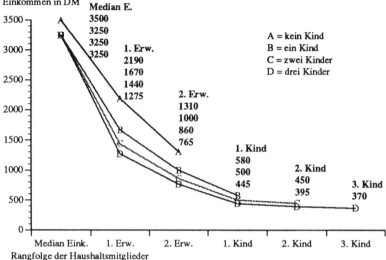

B: Ehepaarhaushalte der Altersgruppe 50-54 Jahre nach Kinderzahl

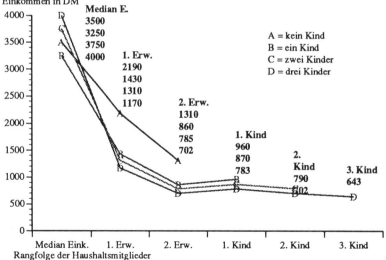

Die Ausbildungsdauer und die hohen Lebenshaltungskosten für die eigenständige Haushaltsführung (insbesondere in urbanen Zentren und großstädtischen Randzonen) bedingen häufig eine weit über die Volljährigkeit hinausreichende wirtschaftliche Abhängigkeit der Kinder von den Eltern (VASKOVICS, 1989). Den vergleichsweise deutlich geringeren Kosten für jüngere Kinder stehen allerdings höhere Zeitkosten für ihre Versorgung und Betreuung gegenüber, die hier unberücksichtigt blieben, bzw. nur im Zusammenhang mit dem geringeren Haushaltsnettoeinkommen von Familien mit nicht-erwerbstätigen Müttern zum Ausdruck kamen. Wenn es einerseits zutrifft, daß Aufwendungen je Kind mit höherer Kinderzahl niedriger, die Aufwendungen der Eltern pro Kind mit dessen Alter jedoch höher zu werten sind, so zeigt sich doch, daß eine substantielle Veränderung der Ressourcenstruktur im Sinne der These von KLEIN - nämlich, daß "die lebenszyklische Verdienstzunahme von der Bedarfssteigerung bei älteren Kindern ´aufgefressen´ wird" - (1990, 233) erst eintritt, wenn die Äquivalenz- oder Verbrauchsmaße für kleine Kinder entsprechend niedrig, die Werte für ältere Kinder entsprechend hoch angesetzt werden. Eine Differenzierung nach vier Altersstufen, wie sie beispielsweise die Sozialhilfe-Regelsätze vorsehen, kann für Familien mit mehreren Kindern über 14 Jahren eine Gewichtung ergeben, wonach ein größerer Teil dieser Familien über ein vergleichsweise sehr niedriges Pro--Kopf-Einkommen verfügt.

Eine differenzierte Analyse der Pro-Kopf-Einkommenssituation mit den empirischen Werten dieser Untersuchung ist wegen der Beschränkung auf breite Einkommenskategorien und auch aufgrund begrenzter Fallzahlen nicht leistbar.

4. Zusammenfassende Bemerkungen

Die Ausführungen waren auf den Vergleich von Einkommenslagen nach einigen familienstrukturellen Aspekten beschränkt. Analysen, die die Situation einkommensdeprivierter Gruppen identifizieren und näher beschreiben, finden sich im Beitrag von S. WALPER in diesem Band.

Die Einkommenslage variiert bei Frauen und Männern, bei Alleinlebenden, Partnerhaushalten mit und ohne Kindern deutlich nach Lebensaltersstufen. Diese Effekte konnten in der Analyse aufgrund der begrenzten Möglichkeiten zur Altersdifferenzierung (nur zusammengefaßte Altersstufen) nicht vollständig, jedoch mit hinreichender Zuverlässigkeit nachgewiesen werden. Die Informationen machen deutlich, daß Vergleiche von Einkommenspositionen angemessen nur zwischen vergleichbaren Altersklassen vorgenommen werden können. Durch die Verbindung dieses grundlegenden Effektes mit anderen familienstrukturell bedeutsamen Faktoren - hier insbesondere mit der

Erwerbstätigkeit der Frau - können familienpolitisch bedeutsame Einkommensdifferenzierungen aufgezeigt werden.

Aus den Daten wird weiter deutlich, daß die Verbesserung der Einkommensposition wie auch die Investitionen in Wohneigentum konzentriert auf eine relativ kurze Phase im Lebensalter stattfinden. Dies zeigt, welch hohe Belastung Familien mit Kindern hinsichtlich ihrer zeitlichen Ressourcen erfahren: Einkommenserwerb, Erwerb von Wohneigentum und Familienarbeit müssen konzentriert auf eine relativ kurze Spanne im Lebensalter erfolgreich bewältigt werden. Die Startlage in jungen Jahren dürfte für den Erfolg von hoher Bedeutung sein; Einkommenniveaus in höheren Altersstufen haben besondere Bedeutung im Kontext höherer Aufwendungen für erwachsene Kinder und in Sicht auf die Altersversorgung. Die Bewertung der Einkommenslage nach Alter der Eltern und dem familienzyklusspezifischen Ressourcenbedarf läßt erkennen, wie leicht familiale Versorgungslasten in jüngsten und oberen Altersstufen Deprivationslagen bewirken können[5].

Aus dem Einkommensvergleich konnten kurzgefaßt folgende Informationen gewonnen werden:

1. Ehepaare, ob mit oder ohne Kinder, ob eins, zwei oder drei Kinder im Haushalt, unterscheiden sich nur geringfügig im Haushaltseinkommen seiner absoluten Höhe nach. Das bedeutet allerdings: Von ähnlich hohen Einkommen müssen unterschiedlich viele Haushaltsmitglieder versorgt werden. Alleinerziehende, die nicht-ehelich mit einer Partnerin/einem Partner zusammenwohnen, verfügen über geringfügig weniger, Alleinerziehende ohne Partner/Partnerin im Haushalt über deutlich weniger Einkommen als Alleinstehende ohne Kinder.

2. Dem insgesamt ähnlichen Niveau im Haushaltseinkommen von Partnerhaushalten nach Zahl der Kinder im Haushalt liegen allerdings deutliche Differenzierungen nach dem Alter der Befragten zugrunde: Die Daten belegen deutliche Unterschiede im Einkommensniveau nach Altersstufen der Befragten unter mehrdimensionalem Bezug von Partnerbindung, Haushaltsgemeinschaft der Partner, Zahl der Kinder im Haushalt und Erwerbstätigkeit der Frau in Partnerhaushalten
- Die Daten ergeben allgemein ein deutlich höheres persönliches Einkommen bei den Befragten in höherem Alter, aber ein Einkommensabfall in den höchsten Altersstufen der Befragten. Dieser Alterseffekt erklärt bei den Ehepaaren mit Kindern wenigstens teilweise das höhere Einkommen mit drei gegenüber denen mit zwei Kindern und dieser gegenüber denen mit einem Kind.
- Innerhalb desselben Intervalls für Altersgruppen (von zehn oder fünf Jahren) gibt es nur geringe Einkommensunterschiede bei zusammenlebenden Partnern mit Kindern nach der Zahl der Kinder
- In der jüngsten ausgewählten Altersgruppe (25-34 Jahre) bedeutet Familiengründung (Geburt des 1. Kindes) einen starken Einkommensverzicht (im

Vergleich zur Einkommenssituation von Ehepaaren derselben Altersgruppe ohne Kinder): 54,5 % der Ehepaare mit Kindern verfügen über ein Haushaltsnetto unter DM 3000 gegenüber 32% bei den Kinderlosen
- In der Altersgruppe der 35-44Jährigen ergibt sich ein geringerer Einkommensabstand zwischen den kinderlosen Ehepaaren und denen mit Kindern, aber ein stabiler Trend zu geringerem Einkommen bei höherer Kinderzahl. Erst in der Altersgruppe der 45-54Jährigen kann ein deutlich höheres absolutes Haushaltsnetto bei den Ehepaaren mit Kindern festgestellt werden. Das Einkommen erscheint hier auch höher mit steigender Zahl der Kinder im Haushalt (STATISTISCHES BUNDESAMT, 1990). Diese relative Einkommenshöhe ist vermutlich mitbedingt durch eigenes Einkommen von erwachsenen Kindern im Haushalt.

3. Die Erwerbs-/Nicherwerbstätigkeit der Frau ist der erklärungskräftigste Faktor für das Niveau des Nettoeinkommens nach absoluter Höhe bei den Partnerhaushalten insgesamt und auch im Altersgruppenvergleich. In der Vergleichsgruppe der Ehepaare ohne Kinder sind in der großen Mehrheit beide Partner, in der Gruppe der Ehepaare mit Kindern ist mehrheitlich nur der Mann erwerbstätig. Obwohl die verheirateten, allein erwerbstätigen Männer mit Kindern ein vergleichsweise hohes persönliches Einkommen (bedingt auch durch die derzeit in der Bundesrepublik Deutschland gültige Splitting-Besteuerung) haben und obwohl auch ein Anteil nichterwerbstätiger Ehefrauen einen - wenn auch geringen - Einkommensanteil in das Haushaltsbudget einbringt, bleibt dieser Familientyp mit Kindern im Haushalt (sie stellen 59 % der Ehepaare dieser Altersgruppen mit Kindern im Haushalt) sehr deutlich unter dem Einkommensniveau von Ehepaaren ohne Kinder, während das Einkommensniveau von Ehepaaren mit Kindern im Haushalt im Falle der Erwerbstätigkeit der Frau geringfügig höher liegt als das von Ehepaaren ohne Kinder bei Erwerbstätigkeit beider Partner.

4. Während gut 30% der 25-29Jährigen Verheirateten mit Kindern über Wohneigentum verfügen, sind es in der Gruppe der 45-49Jährigen bereits 70%. Belastungen durch Investititionen in Wohneigentum können steuermindernd geltend gemacht werden. Diesen Steuerabschreibungen kommt erfahrungsgemäß ein nicht unbedeutender einkommenserhöhender Effekt zu, d.h. ein bedeutender Anteil von Haushalten, besonders Ehepaarhaushalten mit Kindern verfügt bedingt durch Steuerabschreibungen (bs. bei Wohneigentum) über ein höheres Nettoeinkommen. Aus den Surveydaten können allerdings keine Informationen über dessen konkreten Umfang noch über die tatsächliche Berücksichtigung solcher Einkommenseffekte durch die Befragten gewonnen werden. Für Wohneigentümer ergibt sich ein vergleichsweise zu Mietern hohes Niveau der Wohnkostenbelastung. Es bleibt aber zu berücksichtigen, daß der möglicherweise gewichtigste Nutzeneffekt von Wohneigentum im Rentenalter eintritt und damit hier nicht Gegenstand der Ermittlungen sein konnte.

5. Die Darstellung der Einkommenssituation in Pro-Kopf-Werten soll nicht mehr als eine modellhafte Berechnung auf der Grundlage der angenommenen Äquivalenzmaße der Versorgung darstellen. Dabei wird allerdings deutlich, daß der Versorgungsaufwand für Kinder im Haushalt, selbst unter Ansatz bescheidener Kostenfaktoren für Kinder (differenziert nach Alter) das je Vollperson im Haushalt verfügbare Einkommen ausgehend von Einkommenspositionen entsprechend festgelegter Haushaltstypen als Referenzwerte (z.B. Ehepaare der ausgewählten Altersgruppen ohne Kinder) drastisch mindert. BERTRAM (in diesem Band) führt aus, daß unter den Faktoren Berufsklasse, Alter der Befragten, Berufstätigkeit der Frau und Kinderzahl, letztere den weitaus größten Effekt für die Einkommensdifferenzierung hat: "Kinder und die Zahl der Kinder beeinflussen in wesentlich höherem Maße die ökonomischen Ressourcen einer Familie als die Zugehörigkeit zu einer Berufsklasse". Arbeiter und Angehörige aus untersten Berufsklassen in der Situation ohne Kinder im Haushalt haben gute Chancen über ein höheres Pro--Kopf-Einkommen zu verfügen als Arbeiter und Angestellte in höheren Berufsklassen mit zwei und mehr Kindern im Haushalt. Aus der Analyse geht weiter hervor, daß der Faktor Kinderzahl den Faktor Erwerbstätigkeit weithin abdeckt. Folgt man Äquivalenzmaßen, die heranwachsenden Kindern einen ähnlich hohen Gewichtungsfaktor zuweisen wie der zweiten erwachsenen Person im Haushalt (oder gar einen höheren Gewichtungsfaktor als diesen), dann ergeben sich für Familienphasen mit mehreren heranwachsenden Kindern Versorgungsanforderungen, die einen vielleicht gegebenen Einkommensfortschritt aufzehren, einen gegebenen Vermögensstand reduzieren oder die für die betreffenden Familien mehr oder weniger sozio-kulturelle Verarmungszwänge darstellen.

Anhang

Tabelle 1
Haushaltsnettoeinkommen von Alleinerziehenden nach Haushaltsgemeinschaft mit oder ohne Partner/Partnerin

Haushaltsnettoeink. DM	Haushaltsgemeinschaft ohne Partner/Partnerin	mit Partner/Partnerin	Gesamt
bis 2000	179	40	219
2000-3000	92	40	132
3000-4000	29	47	76
4000 u.m.	27	33	60
Gesamt	327	160	487
	%		
bis 2000	54.7	25	45
2000-3000	28.1	25	27.1
3000-4000	8.87	29.4	15.6
4000 u.m.	8.26	20.6	12.3
Gesamt	100	100	100

Tabelle 2
Haushaltsnettoeinkommen von nicht-verheiratet zusammenlebenden Partnern ohne Kinder nach Altersgruppen

Nettoeink./DM	Altersgruppen 25/34 J.	35/44 J.	45/54 J.	Ges.
bis 2000	32	8	7	47
2000-3000	60	8	7	75
3000-4000	82	17	11	110
4000 u.m.	67	30	14	111
Gesamt	241	63	39	343
	%			
bis 2000	13.3	12.7	17.9	13.7
2000-3000	24.9	12.7	17.9	21.9
3000-4000	34	27	28.2	32.1
4000 u.m.	27.8	47.6	35.9	32.4
Gesamt	100	100	100	100

Tabelle 3
Haushaltsnettoeinkommen von verheiratet zusammenlebenden Partnern der Altersgruppen 35-44/45-54 Jahre bei Alter des jüngsten Kindes von 6-14 Jahren nach Zahl der Kinder im Haushalt. DM bis 3000/3000 u.m.

Netto- eink./DM	Altersgruppen und Zahl der Kinder						
	35/44 J.			45/54 J.			
	1 K.	2 K.	3 K.	1 K.	2 K.	3 K.	Ges.
bis 3000	76	141	30	155	60	10	472
3000 u.m.	171	309	75	271	182	40	1048
Gesamt	247	450	105	426	242	50	1520
			%				
bis 3000	30.8	31.3	28.6	36.4	24.8	20	31. 1
3000u.m.	69.2	68.7	71.4	63.6	75.2	80	68. 9
Gesamt	100	100	100	100	100	100	100

Tabelle 4
Persönliches Nettoeinkommen von Männern nach Haushaltsgemeinschaft mit Partnerin, Kindern im Haushalt und Erwerbstätigkeit der Frau

Persönl. N-eink./DM	Familienstands- und Haushaltssituation der Männer				
	ohne Partn. im Haush.	vh. zus.l. ohne Kinder	vh. zus.l. mit K. /F-erwtg.	vh. zus.l. mit K. F-nicht erwtg.	ges.
bis 2000	340	185	142	139	806
2000-3000	135	257	299	392	1083
3000-4000	42	99	149	230	520
4000 u.m.	23	77	104	190	394
Gesamt	540	618	694	951	2803
			%		
bis 2000	63	29.9	20.5	14.6	28.8
2000-3000	25	41.6	43.1	41.2	38.6
3000-4000	7.78	16	21.5	24.2	18.6
4000 u.m.	4.26	12.5	15	20	14. 1
Gesamt	100	100	100	100	100

1. Die Frage nach dem Einkommen umfaßte die Zuordnung zu folgenden Nettoeinkommensklassen:
bis unter 430 DM
430 bis unter 1.200 DM
1.200 bis unter 2.000 DM
2.000 bis unter 3.000 DM
3.000 bis unter 4.000 DM
4.000 bis unter 5.000 DM
5.000 bis unter 7.000 DM
7.000 bis unter 9.000 DM
9.000 DM und mehr
Keine Einkünfte

2. Um auch die Einkommenssituation von Familien mit erwachsenen aber wirtschaftlich noch vom Elternhaushalt abhängigen Kindern berücksichtigen zu können, wurden auch Familien mit Kindern zwischen 18 und 25 Jahren in den Vergleich einbezogen

3. Die Einkommenssituation der Alleinerziehenden konnte im gegebenen Darstellungsrahmen aus Gründen der Vergleichbarkeit und der Fallzahl nicht angemessen einbezogen werden. Von 868 Befragten nichtverheiratet Zusammenlebenden, die angaben, Kinder zu haben bzw. gehabt zu haben, hatten nur 533 Kinder im Haushalt. Die Einkommenssituation der Alleinerziehenden unterscheidet sich jedoch sehr stark danach, ob sie mit einem Partner/einer Partnerin im Haushalt wohnen. Von 321 Alleinerziehenden, die nicht mit einem Partner/ einer Partnerin zusammenwohnen, haben 205 ein Kind, 116 zwei Kinder (jüngstes Kind unter 24 Jahren) im Haushalt. In beiden Fällen liegt ihr mittleres (Median) Haushaltsnetto bei DM 2000; rund 20 % verfügen über nicht mehr als DM 1200. Bei Anwendung des Äquivalenzmaßes 0,5 pro Kind läge das Pro-Kopf-Einkommen von Alleinerziehenden mit einem Kind bei rund DM 1330, mit zwei Kindern bei DM 1000 bzw. nach dem Äquivalenzmaß 0,7 bei DM 1180 und DM 830 bei Alleinerziehenden mit ein oder zwei älteren Kindern. Die angewandten Äquivalenzmaße werden dem Ressourcenbedarf von Alleinerziehenden ohne Partner im Haushalt im Vergleich zu den anderen Familienkonstellationen nicht gerecht. Es ist anzunehmen, daß der fehlende Partner bzw die fehlende Partnerin höhere Ausgaben beim verbleibenden alleinerziehenden Elternteil impliziert.

4. Die Darstellungsform ist so gewählt, daß hohe Prozentwerte Niedrigeinkommen anzeigen

5. Es soll noch einmal deutlich gesagt werden, daß es hier lediglich darum ging, modellhaft Einkommenspositionen in Relation zu Versorgungsanforderungen darzustellen. Dies geschah auf der Grundlage mittlerer Einkommenswerte von Verheirateten nach Altersgruppen und nach Zahl der Kinder im Haushalt. Es sollte nichts darüber ausgesagt werden, wie die absoluten und die Pro-Kopf-Einkommen jenseits der 50%-Marke streuen. Es sollte auch nicht vergessen werden, daß die Versorgungsgewichte immer mittlere Werte darstellen und daß daher in sozio-kulturell unterschiedlichen Versorgungslagen die Aufwendungen für Familien diesen Faktor deutlich unter- oder überschreiten.

Hans Ulrich Müller

Familie und Wohnen - Wohnung und Wohnumfeld

1. Einleitung. Die sozialisatorische Bedeutung von Wohnung und Wohnumgebung

2. Familientypen und Wohnregionstypen - Definitionen und Vergleich

3. Die Wohnversorgung von Familien mit Kindern "Vorschulkinderfamilien" und "Schulkinderfamilien", von Familien ohne Kinder und von Alleinerziehuenden

3.1 Die Versorgung mit Wohnfläche

3.2 Die Versorgung mit Kinderzimmern und Wohnräumen

3.3 Die Belastung mit Wohnkosten

3.4 Das Wohnverhältnis - die Sicherheit des Wohnens

4. Die kinderbezogene Infrastruktur des Wohnumfeldes

4.1 Die Ausstattung des Wohnumfeldes mit Kinderinfrastruktur aus der Sicht von Familien mit Kindern

4.2 Die Nutzung von Einrichtungen der Kinderinfrastruktur

5. Fazit und Ausblick

Tabellenanhang

1. Einleitung: Die sozialisatorische Bedeutung von Wohnung und Wohnumgebung.

Der folgende Beitrag beschäftigt sich vor allem mit der Wohnversorgung von *Familien mit Kindern* - bis zum Alter von 16 Jahren, also bis zum Ende der Schulpflicht. Es wird darum gehen, einen spezifischen Teil der *Gelegenheitsstruktur* für die familialen Sozialisationsprozesse detailliert zu beschreiben, nämlich die beeinflußenden, möglicherweise Einstellungen und Verhalten von Kindern, Jugendlichen und ihren Eltern mitbedingenden *"äußeren" bzw. objektiven Wohnverhältnisse.*

Dieses Interesse gründet in der empirisch-sozialwissenschaftlich gestützten Vermutung, daß die Wohnbedingungen - die Wohnung selbst und die unmittelbare Wohnumgebung mit ihrer Infrastrukturausstattung -für das Aufwachsen und allgemein für die Persönlichkeitsbildung von Kindern und Jugendlichen von erheblicher Bedeutung sind. "Die Wohnung ist heute Ort eines Großteils des außerberuflichen Lebens. Ihr Grundriß, ihre Ausstattung und ihre Lage im sozialräumlichen Gefüge der Siedlung organisieren mehr oder weniger direkt dieses Leben" (SIEBEL 1989, 265). Die Wohnung strukturiert den Sozialisationsprozess mit, sie eröffnet, verhindert aber auch Chancen der kindlichen Entwicklung (BUCHHEIT 1984; LIPP 1990). "Die gebaute Familienwohnung ist ein künstlich geschaffener, funktional verselbständigter Teil der räumlich-dinglichen Umwelt, der in seiner Struktur bestimmten kollektiven Bedürfnissen einer sozialen Gruppe, nämlich der Familie, und bestimmten individuellen Bedürfnissen der im Familienverband lebenden Personen zugeordnet ist. Die Familienwohnung als Raumtatsache wird überhaupt erst sinnhaft als ein Stück Umwelt erschlossen, wenn sie als Gegenstand und Rahmenbedingung für familiäres oder familiär geprägtes Verhalten interpretiert und genutzt wird" (BAHRDT 1974, 125).

Mitscherlich pointierte diesen Sachverhalt in den 60er Jahren (MITSCHERLICH 1965) sozial- und siedlungspolitisch, indem er darlegte, Wohnung und unmittelbare Wohnumgebung, unsere Städte und Gemeinden als Kontexte des Familienlebens und des Aufwachsens von Kindern und Jugendlichen seien die "Prägestöcke", von der die - befriedigende und erfolgreiche -Integration der je nachwachsenden Kindergenerationen in die Gesellschaft abhingen. Damit sind auch die - teilweise massiven - regionalen Ungleichheiten und Ungleichgewichte angesprochen, die in der Wohnungs- und Städtebaupolitik ein zentraler Diskussionsgegenstand sind.

Man muß sich aber bei einer derartigen Würdigung der Wohnbedingungen in sozialisatorischer Hinsicht immer vor Augen halten, daß einerseits die familialen Wohnbedingungen und die sozialökologische Gelegenheitsstruktur insgesamt nicht statisch gesehen werden können und daß andererseits die gesamten Sozialisationsprozesse innerhalb (und außerhalb) der Familie und die familialen Beziehungen von einem hochkomplexen Bedingungsgefüge beeinflußt und bestimmt werden, dessen einzelne Elemente kaum oder gar nicht voneinander isolierbar sind, sondern in einem wechselseitigen Wirkungszusammenhang stehen. Ein "einfaches" Kausalitätsdenken führt in diesem Zusammenhang stets in die Irre.

Familienpolitik, Wohnungs- und Städtebaupolitik einerseits und die wohnsoziologische, umwelt- und entwicklungspsychologische Forschung andererseits thematisieren und problematisieren die Wohnverhältnisse gerade der Familien mit Kindern in Abhebung zu den Wohnumständen anderer Bevölkerungsgruppen. Das "familien- und kindgerechte Wohnen" ist Gegenstand zahlreicher Untersuchungen und gutachterlicher Stellungnahmen aus der Sicht unterschiedlicher wissenschaftlicher Disziplinen. Ergebnis dieser Bemühungen sind auch Wohnungsstandards, Normenkataloge, d.h. mehr oder weniger konsensuale Wertmaßstäbe, die eine Beurteilung und Bewertung der Wohnversorgung der Bevölkerung zu einem bestimmten Zeitpunkt ermöglichen. Solche Normen sind immer historisch und kulturell bedingt (SIEBEL 1989), sie verändern sich - sie müssen geradezu erweiterungsfähig und erneuerungsbedürftig sein, um neue Erkenntnisse und die allgemeine gesellschaftliche Wohlfahrtsentwicklung im Bereich des Wohnens berücksichtigen zu können.

Die "Kölner Empfehlungen" (STÄNDIGER AUSSCHUSS ... 1971), in den 50er Jahren entstanden und inzwischen einige Male aktualisiert, sind ein solcher Normenkatalog zur Bewertung der Wohnversorgung, der große Verbreitung und breite Anerkennung gefunden hat; er wird in den folgenden Ausführungen (insbesondere Kapitel 3.1 und 3.2) zur Einschätzung der Wohnumstände der Familien mit Kindern vor allem herangezogen.

Folgende Wohnmerkmale tauchen im Zusammenhang mit der "familien- und sozialisationsgerechten" Wohnung immer wieder auf: Wohndichte bzw. Belegungsdichte der Wohnungen, Wohnfläche pro Kopf, Haushaltseinkommen und Einkommen pro Kopf, "Qualität" der gesamten Wohnumgebung, Miete bzw. Wohnkosten insgesamt/pro qm, Alter der Wohnung/des Hauses, Wohndauer, Haustyp, Zustand der Wohnung/des Hauses, Vorhandensein kinderbezogener Infrastruktur, Verkehrsanbindung, Siedlungsstruktur allgemein u.a.m.. Es gibt (vgl. VASKOVICS 1988, 51ff., zusammenfassend auch ZINN 1981) folgende *empirisch gestützte* (der Nachweis von Kausalzusammenhängen allein kann ja nicht Richtschnur für die Beschäftigung mit einem gesellschaftlich und sozialpolitisch wichtigen Lebensbereich wie der Wohnversorgung sein) Aussagen zum *Zusammenhang* von Wohnbedingungen und dem Aufwachsen von Kindern und Jugendlichen: Beengte Wohnverhältnisse, oder allgemeiner: die Wohnungsgröße beeinflussen die Lernfähigkeit und die Intelligenz von Kindern, die Schulleistung, die Kreativitätsentfaltung, die psychomotorische Entwicklung; sie "fördern" restriktive Erziehungsmethoden der Eltern, autoritäre Erziehung, kontrollierende und disziplinierende Erziehungsmethoden. Allgemein beeinflußt Wohnenge direkt oder indirekt die kindliche Entwicklung in vielen Bereichen. Schlechte Wohnverhältnisse "fördern" jugendliche Delinquenz, die Neigung zu passiv-rezeptiver Beschäftigung des Kindes in der Wohnung. Fehlende - oder unzureichende - Kinderzimmer beeinträchtigen die Schulleistung des Kindes. Die "Qualität" des Wohnumfeldes kann die Kreativität des Kindes und die Bildungsaspirationen der Kinder mindern. Hohes Verkehrsaufkommen (auch Fehlen von verkehrsberuhigenden Maßnahmen) erhöhen die Kontrollhaltung der Eltern. Vorhandene kinderbezogene Infrastruktureinrichtungen beeinflussen die Nachfrage nach diesen Einrichtungen. Es wurde auch allgemein "die Wohnung als Ursache von Familienkonflikten" untersucht (WOHNEN UND STADTENTWICKLUNG, 1979).

Die mit diesen Fragestellungen verbundenen theoretisch-methodischen Probleme können folgendermaßen zusammengefaßt werden: "Die Frage (welche Wohnmerkmale im einzelnen und wie sozialisationsrelevant sind, H.-U.M.) läßt sich weder unter Rückgriff auf Theorien der Umweltpsychologie noch der ökologischen Sozialisationsforschung noch der Wohnungssoziologie beantworten. Wenn in den theoretischen Modellen Merkmale der Wohnung und der Wohnumgebung überhaupt erwähnt werden, so meist nur beispielhaft, unverbindlich. Es bleibt theoretisch unbegründet, *warum* ein Merkmal der Wohnung und der Wohnumgebung das Sozialisationsgeschehen in der Familie beeinflußt und warum ein anderes nicht" (VASKOVICS 1988, 49).

Die familialen Funktionen Sozialisation, Reproduktion, physisch - ökonomische und emotionale Erhaltung und die Ausrichtung der Wohnung auf *Wandlungsprozesse dieser Funktionen im Familienzyklus* sind "Randbedingungen" der Bemühungen, die "familiengerechte Wohnung" zu finden und zu bauen bzw. zentrale Merkmale des "familiengerechten Wohnen" -in seiner Einwirkung auf den Sozialisationsprozess - ausfindig zu machen und der Wohnungsplanung bzw. dem Wohnungsbau zur Verfügung zu stellen. Dabei ist es schwierig, sozialwissenschaftliche Befunde und Forschungsergebnisse in direkte Planungsempfehlungen, sozuzsagen in Quadratmeter, in Grundrißgestaltungsregeln, in Ausstattungsgrundsätze umzusetzen. Idealerweise sollten derartige Normierungen immer nur im Sinne von "pragmatischen Modellen", die sozialen Veränderungsprozessen im Bereich von Familie, Kindheit und Sozialisation gegenüber "aufgeschlossen und zugänglich" sind.

Wohnungen sollen es beispielsweise jedem Familienmitglied ermöglichen, zwischen Rückzug und Alleinsein einerseits und gewünschten unterschiedlichen Weisen des Zusammenseins andererseits frei zu wählen - eine Forderung bzw. Norm, die vor allem in Bezug auf die Frauen, und hier wiederum vor allem für die berufstätigen Mütter, erhoben wird (FLADE 1987; BASSAND/HENZ 1989). Eine zweite, anders akzentuierte, Maxime geht dahin, daß die Wohnung als sozialökologischer Ort der Familie so gestaltet sein sollte, daß möglichst wenig Segregation (soweit sie nicht funktional erforderlich ist) zwischen Kinder - und Elternsphäre gegeben ist. Sozialisation nämlich bedeute immer auch "Teilnahme und Teilhabe am Leben selbst" - diese grundsätzliche Forderung (BAHRDT 1974; HERLYN 1990) gilt nicht nur für die Wohnung selbst, sondern gleichermaßen für die Wohnumgebung, das Wohnquartier, den Stadtteil und die Gemeinde.

Die Forderungskataloge bzw. Beurteilungsmaßstäbe zum "familiengerechten und kindgerechten Wohnen" reichen von der Grundrißgestaltung bis zur Mindestgröße von Kinderzimmern, von der Gestaltung des Wohnumfeldes bis zur benötigten Wohnfläche pro Kopf, von der Sanitärausstattung bis zu (familienbezogenen) Nutzungsmustern von Wohnungen, von zusätzlichen "Funktionsräumen", wie etwa Hobby- und Wirtschaftsräumen, bis zu einsehbaren und verkehrsberuhigten Spielplätzen in Wohnungsnähe für Kleinkinder (siehe etwa BMJFG 1975; BAHRDT 1968; BAUMANN/ZINN 1973; DESSAI/ALT-ROSENDAHL 1976; BMBAU 1982; BASSAND/HERZ 1989; FLADE 1985; HERLYN, I., 1985). Als ein Beispiel seien folgende Grundsätze zur Planung "familiengerechter" Wohnungen angeführt:

"Das vorrangige Ziel jeder Wohnungsplanung sollte eine ausreichende Zahl von Wohn- und Schlafräumen sein: 1 Raum pro Haushaltsmitglied erweist sich als unbedingt zu erfüllende (Mindest)Norm. Bei planerischen Erwägungen sollte nicht die durchschnittliche Kleinfamilie (Kind(er), Mutter, Vater) als Ausgangspunkt der Grundrißgestaltung angenommen werden. Eine derartige Voraussetzung provoziert Familienkonflikte in Haushalten mit mehr als zwei Generationen. Alle Räume, die als Individualbereiche vorgesehen sind, sollten in etwa gleich groß sein. Sonst besteht die Gefahr, daß die Kinder und Jugendlichen ein zu kleines Zimmer beziehen müssen" (BMBau 1982, 10).

Solche und vergleichbare andere Grundsätze beinhalten immer Aussagen, die die Wohnversorgung bzw. deren Qualität an einem von der Gesellschaft potentiell realisierbaren Zustand (GESELLSCHAFT ZUR FÖRDERUNG ... 1979) messen und bewerten. Sie sind in der Regel aus zahlreichen und unterschiedlichen Wohnuntersuchungen gewonnen, synthetisiern viele einzelne Befunde und versuchen, "Schwellenwerte" hinsichtlich der Wohnversorgung zu formulieren, bei deren Überschreiten begründet von einer wohnungsmäßigen "Schlechtversorgung" oder "Unterversorgung" gesprochen werden kann, die von den betroffenen Personen und Familien, wenn sie ihre Wohnumstände an denen ihrer potentiellen Vergleichsgruppen messen (DIEWALD/ZAPF 1984), auch als Unterversorgung wahrgenommen werden.

2. Familientypen und Wohnregionstypen - Definitionen und Vergleich

Die *Wohnversorgung* und der Zusammenhang dieser Lebenslagedimension (der "Muße- und Rgenerationsspielraum" der Lebenslage von Familien) mit anderen Elementen der Lebenslage - Einkommen, Wohnregion, Familienphase bzw. Familienzyklus (Alter der Kinder und Alter der Eltern) - sollen im folgenden analysiert werden. Anders gesagt: Ein spezifischer Teil der möglichen *Einflußfaktoren* auf die familialen Sozialisationsprozesse - und deren Ergebnisse - sollen in ihrem Zusammenhang thematisiert werden.
Dabei wird - bei den gewählten "Grunddimensionen" der Wohnversorgung, nämlich "Wohnflächenversorgung", "Ausstattung mit Kinderzimmern und Wohnräumen", "Wohnkostenbelastung" und "Wohnsicherheit" (Kapitel 3) - die Versorgung der Familien mit Vorschulkindern (die "jungen" Familien) derjenigen der Familien mit Schulkindern (die eher "mittelalten" Familien)

gegenübergestellt. Die familienzyklustypischen Zusammenhänge von Wohnversorgung, Lebenslage der Familien und Sozialisationserfordernissen sollen damit plausibilisiert werden.

Familien mit Kindern im Vorschulalter (0 bis 6 Jahre alt) sind in besonderem Maße auf die Gegebenheiten der Wohnung selbst - u.a. auf ihre Größe und ihre Ausstattung mit Wohnräumen - verwiesen. Die Wohnung ist die erste, das Aufwachsen mitprägende Umwelt, die Kinder entdecken und sich nach und nach aneignen (müssen) (BAHRDT 1974; LIPP 1990). Die Aktivitätsbereiche der Kinder sind noch klein und die Bedeutung des Wohnumfeldes (wenn das Kind drei oder vier Jahre alt ist) beschränkt sich auf wenige spezielle Einrichtungen - etwa Spielplätze in Wohnungsnähe, Kindergarten. Die Wohnungsversorgung der Familien in der "Startphase" ist immer wieder ein wichtiges wohnungspolitisches Thema gewesen (siehe etwa die einige Jahre zurückliegende Diskussion um die "starter homes" (BMBau 1982), oder die große Aufmerksamkeit, die das wohnungspolitische Gutachten für das Familienministerium Mitte dern 70er Jahre den jungen Familien entgegenbrachte (BMJFG 1975)).

Die sich anschließende Familienphase - Familien mit Kindern im Schulalter (7 bis 16 Jahre alt) - ist auch dadurch zu charakterisieren, daß das Wohnumfeld mit seinen Einrichtungen - mit seiner gesamten "Opportunitätsstruktur" - von den Kindern und Jugendlichen mehr und mehr entdeckt wird und für den Sozialisationsprozess an Bedeutung gewinnt (LEDIG/NISSEN 1987, TIPPELT u.a. 1985). Die "Infrastrukturdebatte" (vgl. etwa 8. Jugendbericht 1990; OSWALD/KRAPPMANN 1988) macht die sozialpolitische Bedeutung und auch die "Brisanz", die der Ausstattung der Wohnumgebung für die Lebensqualität und die Sozialisationsfähigkeit von Familien mit älteren Kindern und Jugendlichen zukommt, deutlich. Die *sozialen Räume* der Kinder und Jugendlichen erweitern sich mit zunehmendem Alter (LEDIG/NISSEN 1987; MÜLLER 1983). Die sich ausweitende Organisiertheit der Haushaltsführung, veränderte Sozialisationsformen (verstärkte Sozialisation von Kindern und Jugendlichen in Organisationen bzw. pädagogischen Kontexten und zunehmende Bedeutung von Gleichaltrigenbeziehungen infolge der Verkleinerung der Familien) und die allgemein gestiegene Mobilität verstärken diese entwicklungsbedingte Umwelterweiterung (HERLYN,I. 1985). Aber auch die Wohnung selbst hat in diesem Alter der Kinder nach wie vor für den Sozialisationsprozess ihre Bedeutung: vor allem die Verfügung - bzw. die Nichtverfügung - über ein eigenes Zimmer, die "Enge" bzw. die "Weite" des Wohnens, oder auch die "Ausweichmöglichkeiten", die die Wohnung bietet bzw. nicht bietet.

Die Wohnversorgung der Familien mit Kindern - mit den beiden Untergruppen "Vorschulkinderfamilien" und Schulkinderfanmilien" - wird bei spezifischen Merkmalen mit der Versorgung von Alleinerziehenden und von Familien ohne Kinder kontrastiert, um so die Besonderheiten der Wohnsituation von Familien mit Kindern plastischer werden zu lassen.

Die Vergleichsgruppen sind im einzelnen folgendermaßen definiert:

- 1. *Familien mit Kindern*: Zusammenwohnende verheiratete Paare und zusammenwohnende nicht verheiratete Lebenspartner mit Kindern bzw. mit mindestens einem Kind bis 16 Jahre im Haushalt (3 422 Fälle).
- 2. *"Vorschulkinderfamilien"*: Zusammenwohnende verheiratete Paare und zusammenwohnende nicht verheiratete Lebenspartner, in deren Haushalt *nur* Kinder im Alter von 0 bis 6 Jahren leben (1 175 Fälle).
- 3. *"Schulkinderfamilien"*: Zusammenwohnende verheiratete Paare und zusammenwohnende nicht verheiratete Lebenspartner, in deren Haushalt *nur* Kinder im Alter von 7 bis 16 Jahren leben (1 620 Fälle).

(Für die Differenz zwischen der Summe dieser beiden familialen "Untertypen" und der Gesamtzahl der Familien mit Kindern (bis zum Alter von 16 Jahren) sind diejenigen Familien "verantwortlich", in denen sowohl Vorschulkinder als auch Schulkinder leben - 2795 vs. 3422 Fälle.)

Die beiden "Kontrastgruppen" sind folgendermaßen definiert:

- 4. *Familien ohne Kinder*: Zusammenwohnende verheiratete Paare und zusammenwohnende nicht verheiratete Lebenspartner, die keine Kinder haben und nie Kinder hatten. (1 310 Fälle).
- 5. *Alleinerziehende*: Geschiedene, Ledige und Verwitwete mit LebenspartnerIn, mit dem (der) nicht zusammengewohnt wird und Geschiedene, Ledige und Verwitwete ohne Lebenspartner mit Kindern bis zu 16 Jahren im Haushalt (226 Fälle).

Die deutliche Mehrzahl - etwa 77% - der Familien, in denen *nur* Vorschulkinder leben (die "Vorschulkinderfamilien"), sind "junge" Haushalte (Befragter 25 bis 34 Jahre alt), etwa 20% sind "mittelalte" (35 bis 44 Jahre) und noch ca. 2% sind "alte" Haushalte (45 bis 54 Jahre). Dagegen sind die Familien, in denen *nur* Schulkinder leben (die "Schulkinderfamilien"), zu etwa 57% "mittelalte" Haushalte, nur zu ca. 15 % "junge" und zu etwa 28 % "alte" Haushalte.Die"Vorschulkinderfamilien" sind zu fast 60% Drei-Personen-Haushalte, bei den "Schulkinderfamilien" sind es etwa 35%; umgekehrt sind die "Schulkinderfamilien" fast zur Hälfte Vier-Personen-Haushalte, während dies nur etwa bei einem Drittel der "Vorschulkinderfamilien" der Fall ist.

Die Lebensverhältnisse (wenigstens derjenige Teil, der direkt oder indirekt mit dem Wohnen zusammenhängt) der "Vorschulkinderfamilien" sind deutlich "belasteter" als die der "Schulkinderfamilien": Der "Belastungsschock", den die junge expandierende Familie erfährt (HERLYN 1990; PETTINGER 1990) - der "Absturz in die Vollfamilie" -, macht sich deutlich auch in ihren Wohnbedingungen bemerkbar, gerade im Vergleich zu den sich "konsolidierenden" Familien. Die "Vorschulkinderfamilien" können häufiger nur über ein niedriges Haushaltsnettoeinkommen (unter 2 000.- bzw. 3 000.-DM) verfügen; der Anteil, der über ein Einkommen bis 2 000.-DM bezieht, ist bei den "Vorschulkinderfamilien" fast doppelt so hoch als bei den "Schulkinderfamilien" (12,5% zu 7%). Sie - die "Vorschulkinderfamilien" - wohnen häufiger zur Miete -haben also grundsätzlich weniger Wohnsicherheit - , haben häufiger kleinere Wohnungen (unter 80 bzw. 100 qm) und sie können über weniger Kinderzimmer in ihren Wohnungen verfügen. Sie leben eher etwas beengter und dichter in ihren Wohnungen als die "Schulkinderfamilien". Am deutlichsten wird diese größere Belastetheit, wenn man die Familien miteinander vergleicht, die in Stadtregionen bzw. Städten und Großstädten leben. Die Alleinerziehenden sind - zu fast 95% - weiblich. Fast zwei Drittel von ihnen verfügen nur über ein Haushaltsnettoeinkommen bis 2 000.-DM. Sie sind gleichmäßig über die "junge" und die "mittlere" Altersgruppe der Befragten verteilt - je etwa 40% der Alleinerziehenden fallen in diese Alterskategorien. Sie sind häufig einfache und mittlere Beamtinnen bzw. Angestellte.

Natürlich sind die Familien ohne Kinder - etwa zu 95% - Zwei-Personen Haushalte; sie gehören - ähnlich wie die "Vorschulkinderfamilien" - überwiegend zu den "jungen" haushalten, ihre Einkommenssituation kann - insgesamt gesehen - als "gut" charakterisiert werden, sie ist etwa derjenigen der "Schulkinderfamilien" vergleichbar.

Die *Wohnregionen* haben für die Wohnversorgung eine große Bedeutung: Die regionalen Unterschiede bei den Wohnverhältnissen der Familien (und der Bevölkerung insgesamt) und die regionalen Ungleichgewichte des Wohnungsmarktes wurden und werden bei der Analyse der Wohnversorgung und des Wohnungsmarktgeschehens immer wieder konstatiert und problematisiert (DIEWALD/ZAPF 1984; STAT. BA 1989; LAHMANN 1988; HERLYN, U., 1990).

In den folgenden Kapiteln werden zum einen die *"Boustedt-Gemeindetypen"* (die zum Standardrepertoire der Umfrageforschung gehören) und zum anderen eine *Typisierung der Wohnregionen* (orientiert an den bundesrepublikanischen Verwaltungseinheiten "kreisfreie Städte" und "Landkreise" und von Prof. Bertram entwickelt) als Differenzierungsmerkmale herangezogen. Stadtregionen und ländliche Regionen (Zusammenfassung von Boustedt-Gemeindetypen) bzw. kreisfreie Städte und Landkreise als Summe der beiden Verwaltungseinheiten sind weitere Wohnregionstypen, für die Vergleiche der Wohnverhältnisse von Familien mit Kindern vorgenommen werden.

Die zehn "Boustedt-Gemeindetypen" sind folgendermaßen definiert:

- Großstädte mit über 500 000 EW (nicht Randzone) (0)
- Großstädte mit über 500 000 EW (Randzone) (1)
- Großstädte mit 100 000 bis 500 000 EW (nicht Randzone) (2)
- Großstädte mit 100 000 bis 500 000 EW (Randzone) (3)
- Städte mit 50 000 bis 100 000 EW (nicht Randzone) (4)
- Städte mit 50 000 bis 100 000 EW (Randzone) (5)
- Städte mit 20 000 bis 50 000 EW (6)

- Städte mit 5 000 bis 20 000 EW (7)
- Gemeinden mit 2 000 bis 5 000 EW (8)
- Gemeinden mit unter 2 000 EW (9)

Die *"Nicht-Randzone"* der Gemeindetypen 0, 2 und 4 umfasst die eigentlichen Kernstädte, die "städtebaulichen Erweiterungsgebiete" und die "verstädterten" Bereiche dieser drei Gemeindetypen bzw. Typen von Stadtregionen unterschiedlicher Größe (siehe dazu z.b. BMBau 1972; Boustedt legte dort seine Konzeption der "Gemeindetypisierung" zum ersten Mal dar). Die *"Randzone"* dagegen ist sozusagen die am wenigsten "urbane" Zone des jeweiligen Gemeindetypus,'sie ist der "Übergang" zu den ländlichen Regionen (Gemeindetypen 6 bis 9) in der Boustedt'schen Klassifiktion. Die Zusammenfassung der Gemeindetypen 0 bis 5 ergibt den Wohnregionsyp "Stadtregion", diejenige der Typen 6 bis 9 den Typ "Land" bzw. "ländlicheRegion" - er umfaßt also die Mittelstädte mit 20 000 bis 50 000 EW, Kleinstädte und Gemeinden mit weniger als 5 000 EW abseits der Ballungsräume bzw. größeren Verdichtungsregionen der Bundesrepublik.

Die Wohnregionstypen nach Bertram ordnen die kreisfreien Städte und die Landkreise der Bundesrepublik nach den Dimensionen Bevölkerungsdichte, geographische Lage (v.a. Nord/Süd, aber auch West und "Mitte") und Konfessionsanteil; sie sind wie folgt festgelegt:

- Norddeutsche Städte (Dichte >1500) (1)
- Norddeutsche Städte (Dichte <1500) (2)
- Norddeutsche protestantische Landkreise (3)
- Norddeutsche katholische Landkreise (4)
- "Ruhrgebietsstädte" (5)
- Westdeutsche Städte - "Rheinstädte" (6)
- Süddeutsche Städte (Dichte >1500) (7)
- Süddeutsche Städte (Dichte <1500) (8)
- Süddeutsche katholische Landkreise (9)
- Süddeutsche protestantische Landkreise (10)
- Süddeutsche Städte (südl.d. Mainlinie) mit Hochschulen (11)
- "Mischtyp" bzgl. Konfession - Städte und Landkreise (12)
- "Mitte-Städte" (Rhein/Main-Ballungsraum und andere) (13)

Die katholischen bzw. protestantischen Landkreise sind jeweils durch einen Konfessionsanteil >60% definiert.

Diese Typisierung ist also "näher" an den verwaltungsmäßigen sozialräumlichen Einheiten der Bundesrepublik; in den meisten Vergleichsdimensionen der Wohnversorgung zeigt sich bei der Regionalbetrachtung nach beiden Konzepten eine weitgehend übereinstimmende Tendenz - vor allem, wenn man Stadtregionen/ländliche Regionen einerseits und kreisfreie Stätde/Landkreise andererseits dem Vergleich zugrunde legt.

Betrachtet man die Verteilung der "Familientypen" auf die verschiedenen Wohnregionstypen so ergibt sich folgendes Bild:

"Schulkinderfamilien" und - weniger ausgeprägt - "Vorschulkinderfamilien" wohnen eher in ländlichen Regionen, während Familien ohne Kinder und

319

Alleinerziehende mehr in Stadtregionen leben. Die"Vorschulkinderfamilien" wohnen - verglichen mitden"Schulkinderfamilien" - etwas häufiger in den Kernstädten und verstädterten Zonen der Stadtregionen (ausgenommen Boustedt-Gemeindetyp 4) und weniger in den Randzonen.

Sieht man die Verteilung der Familienformen nach der zweiten Wohnregionstypisierung an, so zeigt sich, daß die "Vorschulkinderfamilien" etwas überdurchschnittlich in den katholischen Landkreisen (Süd und Nord) vertreten sind und etwas unterdurchschnittlich in den norddeutschen, dichtbesiedelten Städten; die Familien ohne Kinder leben eher in Städten - vor allem in den "Rheinstädten", den süddeutschen dichtbesiedelten Städten und Universitätsstädten, am wenigsten in den katholischen Landkreisen. Die Alleinerziehenden finden sich überdurchschnittlich in den norddeutschen Städten und in den "Mittestädten". Die "Schulkinderfamilien sind - mit der Ausnahme, daß sie auffällig wenig in den "Rheinstädten" "vertreten" sind - eher gleichmäßig über diese Wohnregionstypen verteilt - wie überhaupt die vier Familienformen - insgesamt betrachtet- sich regional relativ gleichmäßig verteilen, abgesehen von einigen bemerkenswerten Abweichungen in einzelnen Regionen.

3. Die Wohnversorgung von Familien mit Kindern - "Vorschulkinderfamilien" und "Schulkinderfamilien" - ,von Familien ohne Kinder und von Alleinerziehenden.

3.1 Die Versorgung mit Wohnfläche

In der Literatur zum "familiengerechten" Wohnen ist die Verfügung über Wohnfläche - über "genügende", "ausreichende" oder "angemessene" Fläche" - eine zentraler Gesichtspunkt. Die seit einigen Jahren in Expertenkreisen heftig und kontrovers diskutierten, aber immer noch gültigen - und für die Förderung im sozialen Wohnungsbau ausschlaggebenden - DIN-Normen 18011/18022/18015 beispielsweise billigen einem Kind einen Raum von 7 qm, zwei Kindern einen Raum mit einer Fläche von 11 qm zu. Die "Kölner Empfehlungen" sehen für Familien mit einem Kind ein Kinderzimmer mit 9 qm (für zwei Kinder von 13 qm) vor, ein Wohnraum von 20 qm und ein Elternschlafzimmer von 16 qm vor, so daß eine Gesamtwohnfläche (incl. Funktionsräumen) für eine drei-köpfige Familie von 64,5 qm als Mindestnorm *empfohlen* wird - pro Person im Haushalt also ca. 21 qm. Diese Werte "übertreffen" die im Familiensurvey vertretenen Familien mit Kindern beträchtlich: *Durchschnittlich* verfügen diese Haushalte über eine Pro-Kopf-Wohnfläche von 33 qm; diejenigen Haushalte, in denen nur Kinder im Vorschulalter leben, verfügen über 32 qm, die "Schulkinderhaushalte" über 35 qm; die Alleinerziehenden verfügen über 34 qm. Die durchschnittliche Wohnfläche pro Person bei allen Befragten beträgt etwa 41 qm - sie liegt damit um ca. 5 qm über dem vom Mikrozensus 1988 ermittelten Wert und ca. 11 qm über dem 1978 in der 1%-Wohnungsstichprobe festgestellten Wert.

Tabelle 1:
Versorgung mit Wohnfläche in qm in Städten/Landkreisen nach Haushaltsnettoeinkommen und Alter der Kinder

		Städte nied.EK Ki.0-6	Städte nied.EK Ki.7-16	Städte hoh.EK Ki.0-6	Städte hoh.EK Ki.7-16
Wohnfläche					
bis 100 qm	%	85.8	79.6	65.0	49.2
über 100 qm	%	14.2	20.4	35.0	50.8
	N	183	137	163	307

		Landkr. nied.EK Ki.0-6	Landkr. nied.EK Ki.7-16	Landkr. hoh.EK Ki.0-6	Landkr. hoh.EK Ki.7-16
Wohnfläche					
bis 100 qm	%	70.0	48.8	40.9	24.8
über 100 qm	%	30.0	51.2	59.1	75.2
	N	267	281	252	436

Cramers V=.39

nied. EK: bis 3 000.-DM; hoh. EK: über 3 000.-DM

Aus Tabelle 1 wird ersichtlich, daß mit zunehmendem Alter der Kinder - vom Vorschulalter zum Schulalter - je für beide Einkommensgruppen und in den Städten bzw. Landkreisen die Versorgung mit Wohnfläche (*Gesamtwohnfläche* der Wohnung) besser wird. Das wird damit zusammenhängen, daß die Familien im Verlauf der Schulzeit ihrer Kinder nach und nach ihren Wunsch nach Wohneigentum realisieren - Schaffung von Wohneigentum ist mit "mehr" Wohnfläche verbunden ("mehr" im Vergleich zu den Durchschnittswerten bei Mietern in vergleichbarer sozialer Lage (VASKOVICS 1988; HERLYN 1990). Daß Schulkinder höhere Flächenansprüche haben als Vorschulkinder mag ein zusätzliches Motiv dafür sein, eine größere Wohnfläche für die Familie zu realisieren. Mit höherem Haushaltsnettoeinkommen und in ländlichen Regionen können die Familien eine höhere Wohnungsgesamtfläche verwirklichen - eher über 100 qm Gesamtwohnfläche. Die Familien in kreisfreien Städten (bzw. Stadtregionen) sind schlechter versorgt mit Wohnfläche als diejenigen in Landkreisen (bzw."auf dem Land") - Ausnahme: die "Vorschulkinderfamilien" mit wenig Einkommen, die in Landkreisen wohnen. Am besten versorgt sind die "Schulkinderfamilien", die in Landkreisen wohnen und über ein höheres Einkommen verfügen.

Betrachtet man die Familien mit Kindern bis 16 Jahren insgesamt, so sind sie mit Wohnfläche relativ gut versorgt - immerhin 31 % von ihnen verfügen über eine Wohnfläche von mehr als 121 qm, 20 % über eine Gesamtfläche zwischen 101 und 120 qm, d.h. also etwa die Hälfte der Familien mit Kindern hat mehr als 100 qm Wohnfläche zu ihrer Verfügung; damit sind diese Familien besser mit Wohnfläche versorgt als die Befragten insgesamt - ca. 23 % aller Befragten verfügen über mehr als 121 qm und ca. 38 % über mehr als 100 qm Wohnfläche.

Tabelle 2:
Durchschnittliche Wohnfläche pro Person im Haushalt in qm von Familien mit Kindern nach demographischen und Wohn - Merkmalen*

Fläche pro Person

Allg. Mittelwert = 30.9 qm

Merkmal	qm	Merkmal	qm
Wohnverh.		Aktuelle	
Eigentum	34.6	berufl. Pos.	
Miete	26.7	un/ang. Arb	29.0
		Facharb.	29.2
Wohnkosten DM		einf.Ang./Be.	29.1
bis 700	28.4	mittl.Ang./Be.	30.7
über 700	32.9	techn. Ang.	29.3
		Kl. Selbst.	31.5
Haushalts-		Dienstl.klasse	33.7
größe			
3 Personen	35.0	Alter d. Kinder	
4 Personen	28.2	0-6 Jahre	30.3
5 u.mehr Pers.	23.6	7-16 Jahre	31.2
Haush.Netto-		Alter d. Befr.	
Einkommen DM		25-34 Jahre	30.5
bis 2 000	29.3	35-44 Jahre	31.0
2 bis 3 000	30.3	45-54 Jahre	31.1
3 bis 5 000	29.2		
über 5 000	33.3	Anzahl Kinder	
		im Haushalt	
Wohnregion		1 Kind	31.0
Städte	29.8	2 Kinder	30.9
Landkreise	31.6	3 u. mehr K.	30.0

* (In Tabelle 2 im Tabellenanhang sind die statistischen Kennwerte der Varianzanalyse angegeben)

Die *Varianzanalyse* mit der abhängigen Variable *Wohnfläche pro Person* (Tabelle 2) zeigt, daß die Versorgung mit Wohnfläche in erster Linie eine Frage des Wohnverhältnisses - ob also die Familien in Eigentum oder zur

Miete wohnen - ist. Die Höhe der Wohnkosten, die Haushaltsgröße, das Haushaltsnettoeinkommen, die Wohnregion und die aktuelle berufliche Position des Befragten haben nach dem Wohnverhältnis noch einen deutlichen Einfluß auf die von den Wohnungsbesitzern realisierte Pro-Kopf-Wohnfläche. Dagegen fallen das Alter der Kinder, das Alter der Eltern und die Anzahl der Kinder im Haushalt nicht ins Gewicht - die Effekte dieser Variablen sind nicht signifikant. Wohneigentum geht also mit deutlich mehr Wohnfläche pro Person einher als das Wohnen zur Miete - anders ausgedrückt: Mit der Realisierung von Wohneigentum wird in erster Linie eine größere Pro-Kopf-Wohnfläche - und eine große Wohnfläche insgesamt - angestrebt.

Mit steigendem Einkommen nimmt die Pro-Kopf-Wohnfläche zu; ein Haushaltsnettoeinkommen von mehr als 5 000.-DM geht mit einer - im Vergleich zu den anderen ("unteren") Einkommensgruppen - deutlich besseren Wohnflächenversorgung einher. Die Dienstleistungsklasse (also die freien akademischen Berufe, die höheren Beamten und Angestelletn) und die kleinen Selbständigen sind von der Wohnfläche pro Person her gesehen im Vergleich zu den "unteren" Angestellten- und Beamtenhaushalten und den Arbeiterhaushalten besser versorgt - die Dienstleistungsklassenhaushalte deutlich am besten von allen Berufsgruppen. Die Wohnfläche pro Familienmitglied nimmt mit steigender Kinderzahl im Haushalt ab. Die Fläche für die Ein-Kind-Familie mit hohem Haushaltseinkommen, bei der Dienstleistungsklasse und den Selbständigen ist recht hoch - sie liegen zum größeren Teil über 40 qm pro Person im Haushalt.

Auf dem Land, in den Landkreisen ist die Pro-Kopf-Wohnfläche höher als in den Städten bzw. Stadtregionen. (Mit steigendem Alter nimmt sie in städtischen Regionen zu, während sie auf dem Land über die drei Altersgruppen fast gleich bleibt.) Da die größeren Haushalte eher in ländlichen Gebieten wohnen, fällt die Differenz bei der Zielvariablen der Varianzanalyse allerdings nicht besonders groß aus.

Je kleiner der Haushalt ist, desto größer ist die Wohnfläche pro Person; diese - einerseits selbstverständliche - Aussage bringt aber andererseits zum Ausdruck, daß die von den Haushalten realisierbare Gesamtfläche der Wohnung eben nicht beliebig vermehrbar ist.

Betrachtet man im Vergleich dazu die Wohnfläche für Familien ohne Kinder, so ist die bessere Versorgung augenfällig: bei den Eigentümerhaushalten liegen die Werte für die Pro-Kopf-Wohnfläche z.T. über 50 qm, bei den Mieterhaushalten deutlich niedriger. Auch hier nimmt mit wachsender Haushaltsgröße die Pro-Kopf-Wohnfläche ab. Fast 95% der Familien ohne Kinder sind Zwei-Personen-Haushalte, deren Versorgung mit Fläche im Vergleich beispielsweise zu den Haushalten mit zwei Kindern (als "Norm - Kinderhaushalt" - er kommt am häufigsten vor) in den verschiedenen Untergruppen (etwa nach Alter der Befragten, Einkommen und Wohnregion) deutlich besser ist - sie verfügen in der Regel zwischen 10 und 15 qm mehr Fläche pro Haushaltsmitglied.

Die Alleinerziehenden mit Kindern bis 16 Jahren sind - was die Versorgung mit Wohnfläche anbelangt - insgesamt besser gestellt als die Familien mit Kindern. (Berücksichtigen muß man allerdings die geringe Fallzahl (226), so daß man die Ergebnisse von Gruppenvergleichen nur vorsichtig als "Trendhinweise" nehmen kann). Diese Besserstellung könnte damit zusammenhängen, daß diese Familien - je um eine Person (den Vater oder die Mutter) kleiner - noch in Wohnungen leben, die ursprünglich für eine größere Personenzahl gedacht waren. Es gelten auch für die Alleinerziehenden die allgemein sichtbar werdenden Trends der besseren Versorgung der Eigentümerhaushalte, der "älteren" Haushalte und der einkommensstärkeren Familien. Auch die Alleinerziehenden verfügen in Landkreisen (ländlichen Regionen) - so man sie dort überhaupt antrifft - über mehr Pro-Kopf-Wohnfläche als in den Städten (Stadtregionen).

Immerhin 566 Familien (etwa 17% der Familien mit Kindern) verfügen lediglich über eine Wohnfläche von weniger als 20 qm pro Person (d.h. etwa über die Hälfte des Durchschnittswertes aller Befragten, oder mindestens über ca. 13 qm weniger als der Durchschnittswert der Familien mit Kindern insgesamt): Sie sind also im Sinne der "Kölner Empfehlungen" von der Wohnfläche her *unterversorgt*. Über die Hälfte (ca. 56%) der Familien mit Kindern verfügt dagegen über eine Pro-Kopf-Wohnfläche von 20 bis 35 qm und ein Viertel (etwa 26%) über eine Fläche von mehr als 35 qm, liegen also über dem von der amtlichen Wohnstatistik Ende der 80er Jahre ermittelten Durchschnittswert aller bundesrepublikanischen Haushalte.

Die große Mehrzahl (etwa 77%) dieser - gemessen am Normenkatalog der "Kölner Empfehlungen" - *Problemgruppe* weist auch eine Belegungsdichte mit einem Quotienten "Person/Wohnraum" größer als eins auf, d.h. auf ein Haushaltsmitglied entfällt *weniger* als ein Wohnraum. Diese Familien wohnen vor allem in Stadtregionen - 72% gegenüber 59 % der Familien mit Kindern insgesamt. Es sind größere Haushalte und sie verfügen häufiger als die Familien mit Kindern ingesamt über ein niedriges Haushalts-Netto-Einkommen (unter 3.000 DM): 62% zu 42%. Sie gehören zu 51% zur Gruppe der jungen Haushalte (alle Familien mit Kindern: 39%) und es befinden sich überdurchschnittlich häufig drei und mehr Kinder im Haushalt. Bei diesen kinderreichen Familien verfügen fast die Hälfte über weniger als 20 qm Wohnfläche pro Kopf. Die flächenmäßig unterversorgten Familien sind ganz überwiegend (zu fast vier Fünfteln) Mieter; ihre Wohnkosten und ihre Ausstattung mit Kinderzimmern sind deutlich niedriger als die der Gesamtgruppe der Familien mit Kindern.

Geht die "Wohndichte" (definiert über die Pro-Kopf-Wohnfläche) einher mit der Einschätzung allgemeiner Erziehungsziele wie "Gehorsam" oder "Pflicht/Leistung"? Es wurde dabei von der Hypothese ausgegangen, daß bei *beengten* Wohnverhältnissen (Pro-Kopf-Wohnfläche unter 20 qm) "gehorsame" Kinder den Eltern die Durchsetzung von Regeln und "Arrangements"des Wohnens erleichtern und das Familienwohnen insgesamt erträglicher machen könnten. Die wohnflächenmäßig unterversorgten befragten Eltern haben die Erziehungsziele "Gehorsam" bzw. "Pflicht/Leistung"etwas mehr, aber nur sehr geringfügig, als "sehr wichtig" eingestuft als die wohnflächenmäßig besser versorgten befragten Eltern. Bei Erziehungszielen wie "Umgangsformen" oder "Selbständigkeit" war kein Zusammenhang mit der Wohndichte der Familien feststellbar.

Ein Hinweis auf *mögliche* negative Folgen einer eher schlechten Wohnflächenversorgung ist darin zu sehen, daß von denjenigen Befragten, die zur Gruppe der Familien mit Kindern bis zu 16 Jahren gehören und die angeben, bei ihnen seien "erhebliche Störungen des alltäglichen Lebens" aufgetreten, überdurchschnittlich häufig zur Gruppe der wohnflächenmäßig Unterversorgten (weniger als 20 qm pro Person) gehören (etwa 10 % mehr als bei den Familien mit Kindern insgesamt). Auf der anderen Seite sagen unterdurchschnittlich viele Befragte, die in Wohnungen leben, in denen mehr als 35 qm Wohnfläche auf eine Person entfallen, es seine "Probleme mit dem Partner" aufgetreten; bezogen auf "Probleme mit den Kindern" ist eine ähnliche Tendenz festzustellen, wenn auch etwas schwächer ausgeprägt.

Die Familien mit Kindern - die "Vorschulkinderfamilien" etwas mehr als die "Schulkinderfamilien" - haben weniger Pro-Kopf- Wohnfläche zur Verfügung als die Familien ohne Kinder bzw. die Gesamtbevölkerung, obwohl die Kinder zu ihrer Entwicklung und personalen Entfaltung gerade viel Platz und Raum bräuchten: Wohnversorgung und "sozialisatorische Erfordernisse" klaffen teilweise auseinander. Auch die Möglichkeit des "kreativen" Umgangs mit beengten Wohnverhältnissen kann die Beschneidung kindlicher Entwicklungschancen durch eben diese Verhältnisse im Kern nicht aufheben.

Annähernd ein Fünftel der Familien mit Kindern bis zu 16 Jahren müssen als *unterversorgt* (gemäß den "Kölner Empfehlungen") angesehen werden - mit all den *möglichen* negativen Folgen für das Familienleben und das Aufwachsen der Kinder.

3.2 Die Versorgung mit Kinderzimmern und Wohnräumen

Die Verfügung über ein Kinderzimmer - d.h. über einen Raum, der *nur* von einem Kind (bzw. von Kindern) genutzt wird, hat sich als eine wichtige, günstige und fördernde Rahmenbedingung für den Sozialisationsprozess und das Aufwachsen von Kindern herausgestellt (vgl. Kapitel 1). In der Untersuchung "Wie Kinder wohnen" (GESELLSCHAFT ZUR FÖRDERUNG ... 1979) wurde beispielsweise festgestellt, daß von allen Räumen eines Haushalts das Kinderzimmer die höchste Funktionsdichte hat, d.h. hier wird eine Vielzahl heterogener Aktivitäten wie Schulaufgaben-machen, schlafen, basteln, Hobbies pflegen, Freundinnen und Freunde empfangen und mit ihnen spielen, ungestört sein und vieles andere mehr ausgeführt, wobei im Verlauf des Älterwerdens die "Nutzungsmischung" sich zwar wandelt, die "Nutzungsdichte" jedoch im Großen und Ganzen nicht abnimmt (HERLYN 1990). Als günstigste Konstellation wird dabei diejenige angesehen, in der ein Kind *allein* über ein Kinderzimmer verfügen kann, so daß es - wenn es will bzw. wenn es erforderlich ist - ungestört von anderen Familienmitgliedern seinen Interessen und Neigungen nachgehen kann. Kinder, vor allem im Vorschulalter, aber auch noch im Schulalter, sind in ihrer ganzen Existenz den Bedingungen in der Wohnung selbst - mit zunehmendem Alter mehr und mehr auch der "Qualität" des unmittelbaren Wohnumfeldes - "ausgesetzt" (HERLYN/HERLYN 1983; BAUMANN/ZINN 1973; LEDIG/NISSEN 1987). Die Mobilitätsmöglichkeiten von Kindern sind -je jünger sie sind - eingeschränkt, d.h. bis ins "Kids-Alter" (beginnend mit etwa 11, 12 Jahren) sind sie auf Eltern, auf andere erwachsene Personen, oder auch ältere Geschwister angewiesen, wenn sie sich in der Stadt, in der Gemeinde, oder einfach in der weiteren Umgebung der Wohnung bewegen wollen. Die Fähigkeit, sich mental von den unmittelbar gegebenen Wohnbedingungen zu distanzieren, ist gerade für die Vorschulkinder und für die jüngeren Schulkinder kaum gegeben. Im frühen und mittleren Kindesalter ist die unmittelbare sozialökologische, die räumlich-dingliche Nahwelt der Wohnung die zentrale Erlebniswelt (BAHRDT 1974). Das funktional eindeutig ausgewiesene Kinderzimmer kann sozusagen als der Inbegriff des sinnlich-konkreten Erlebnisraumes des Kindes innerhalb der (elterlichen) Wohnung angesehen werden. Mit steigendem Alter des Kindes nimmt die Bedeutung des Kinderzimmers für den Kinderalltag zu; für Schulkinder mit ihren schulischen Anforderungen wird der eigene Raum, in dem ungestört die Hausaufgaben erledigt werden können, in den man sich zurückziehen kann und auch ungestört eigenen Interessen nachgehen kann, zu *einer* wichtigen Voraussetzung der Persönlichkeitsentfaltung. (ZINN 1981; MEYER-EHLERS 1968). Die "vertraute" Welt des Kinderzimmers ist Teil der kindlichen Identitätsentwicklung (BERTELS/HERLYN 1989; LIPP 1990). Dabei gilt es festzuhalten: lieber ein kleines Kinderzimmer als gar keines, oder ein größeres, das noch mit Mitbenutzern (in der Regel Geschwister) geteilt werden muß.

Die Wirklichkeit des Wohnungsbaus, die Regelungen gerade für den sozialen Wohnungsbau und die weitverbreitete Praxis der tatsächlichen Wohnungsnutzung bringen aber Kinderzimmer und eine Kinderzimmernutzung mit sich, die für die Bedürfnisse etwa eines 14jährigen Schülers oder einer 14jährigen Schülerin eher als unzureichend angesehen werden müssen. Solange Kinder eher die kleinsten Räume zugeteilt bekommen und 7 oder 9 qm als "ausreichend" festgeschrieben sind, wird die "Kinderzimmermisere" (HERLYN 1990) weiter fortbestehen. So wichtig die Verfügungsmöglichkeit über Kinderzimmer ist - die Mitverfügungsmöglichkeit über andere Räume der elterlichen Wohnung (sei es der Familienwohnraum, die eventuell auch noch für andere Funktionen als Kochen geeignete Küche, die möglicherweise vorhandenen speziellen Funktionsräume wie Hobbyraum oder Bastelkeller) ist

genauso bedeutsam. Gerade im frühen Kindesalter gehört die Aneignung der
ganzen Wohnung zu der für die kindliche Entwicklung wichtigen Auseinandersetzung mit zunehmend größeren Ausschnitten der Umwelt, mit den darin
lebenden Familienmitgliedern und anderen Personen (DESSAI/ALT-
ROSENDAHL 1973). Geht man von den DJI-Surveydaten aus, so ist
zunächst der einfache Tatbestand festzuhalten, daß zwischen der Kinderzahl
und der Anzahl der Kinderzimmer ein deutlicher Zusammenhang besteht. Es
sei auch erwähnt, daß immerhin etwa 2% der Haushalte, in denen mindestens
ein Kind bis zu 16 Jahren lebt, über *kein* Kinderzimmer verfügen - für die
betroffenen Familien von den Wohnverhältnissen her gesehen gewiß eine sehr
belastende Situation.

Tabelle 3:
**Die Versorgung mit Kinderzimmern in Städten/Landkreisen nach Anzahl
der Kinder**

Anzahl der Kinderzimmer		Städte Anz. d. Kinder			Landkreise Anz. d. Kinder		
		1	2	3	1	2	3
1 Zimmer	%	92.6	44.41	17.6	84.1	26.6	8.8
2 Zimmer	%	6.4	52.0	47.8	14.6	67.9	33.8
3 u.mehr Zimmer	%	1.0	3.6	34.6	1.3	5.6	57.4
	N	407	417	136	560	772	296

Cramers V=.49   Cramers V=.58

Tabelle 3 zeigt, daß die Versorgung der Familien mit Kindern mit Kinderzimmern in Landkreisen erheblich günstiger ist als in Städten (dies gilt auch
für den Vergleich von ländlichen Regionen und Stadtregionen): So haben
52% der Familien mit 2 Kindern in Städten auch 2 Kinderzimmer zur Verfügung, in Landkreisen ist das bei 68% der Familien der Fall. Ähnlich ist die
Situation bei Familien mit 3 und mehr Kindern - hier ist ein Verhältnis der
"eins-zu-eins-Versorgung" von Städten zu Landkreisen von etwa 35% zu 57%
zu verzeichnen.
  Die Kinderzimmer-Versorgungskonstellation, daß nämlich *mehr* Kinderzimmer vorhanden sind als Kinder im Haushalt leben, ist in Landkreisen
bzw.ländlichen Regionen deutlich häufiger anzutreffen : bei ca. 4% der Zwei-
Kind-Familien in Stadtregionen ca. 4% der Haushalte, aber bei 6% dieser
familien in ländlichen Regionen; bei den Ein-Kind-Familien sind die entsprechenden Werte ca. 6% bzw. 15%.
  Betrachtet man den Zusammenhang von Kinderzahl in den zwei Phasen des
Familienzyklus und Anzahl der Kinderzimmer, so wird deutlich, daß die

Versorgung der "Vorschulkinderfamilien" mit Kinderzimmern - bezogen auf die Zahl der Kinder im Haushalt - deutlich schlechter ist als die der "Schulkinderfamilien": So können etwa in den Familien mit *zwei* Kindern im Vorschulalter 56% über *ein* und 42% über *zwei* Kinderzimmer verfügen, bei den Familien mit Schulkindern sind die entsprechenden Verhältniszahlen 19% und 73%. Eine vergleichbare Schlechterversorgung zeigt sich bei den Familien mit drei und mehr Kindern: etwa die Hälfte der "Vorschulkinderfamilien" mit dieser Kinderzahl verfügen nur über zwei Kinderzimmer, bei den "Schulkinderfamilien" dagegen sind es nur 32%; umgekehrt haben nur 22% Prozent der "jungen" Familien in dieser Kategorie auch drei (oder mehr) Kinderzimmer, bei den "mittelalten" Familien sind es etwa 62%.

Tabelle 4:
Die Versorgung mit Kinderzimmern von "Vorschulkinderfamilien" und "Schulkinderfamilien" nach Anzahl der Kinder

		"Vorschulkinderf." Anz. d. Kinder			"Schulkinderf." Anz. d. Kinder		
		1	2	3	1	2	3
Anzahl der Kinderzimmer							
1 Zimmer	%	89.9	55.6	29.6	84.3	18.8	6.2
2 Zimmer	%	9.8	41.9	48.1	13.8	73.1	32.0
3 u. mehr Zimmer	%	0.3	2.5	22.2	1.9	8.1	61.8
	N	632	396	54	586	777	225

Cramers V=.59

Aus Tabelle 5 ist zu entnehmen, daß die Versorgung der Mieterhaushalte mit Wohnräumen deutlich schlechter ist als die der Eigentümerhaushalte - bezogen auf Familien mit Kindern bis zu 16 Jahren. Diese schlechtere Versorgung ist zu beobachten, gleich ob es sich nun um Haushalte mit drei, vier oder mit fünf und mehr Personen handelt. "Wohnen in Eigentum" bedeutet also generell, über mehr Wohnräume verfügen zu können - dies gilt für alle Haushaltsgrößen.

Tabelle 5:
Die Versorgung mit Wohnräumen von Eigentümern und von Mietern nach Haushaltsgröße

		Eigentümer			Mieter		
		3 Pers.	4 Pers.	5 u.m.P.	3 Pers.	4 Pers.	5u.m.P.
Wohnräume							
bis 3	%	21.3	8.3	5.0	68.9	45.8	19.4
4	%	30.7	28.0	17.3	21.9	33.3	42.3
5 u.m.	%	48.0	63.6	77.7	9.2	20.9	38.3
	N	527	806	358	694	616	201

Cramers V =.41

Die Entscheidung für Kinder bzw. für das Großziehen von Kindern bedeutet offenbar auch eine Entscheidung für eine gute Versorgung mit Wohnräumen - mindestens gleich viele Wohnräume wie (absehbar) Personen - und dies möglichst in der Form von Wohneigentum; eine - tendenziell und strukturell gesehen - höhere Wohnkostenbelastung - im Vergleich zu den Mieterhaushalten (siehe Kapitel 3.3) - ist die Folge dieser Entscheidung.

Die Belegungsdichte der Wohnungen (d.h. die Anzahl der Personen pro Wohnraum) ist eine - wenn auch grobe - Meßgröße für die relative Beengtheit bzw. Nicht-Beengtheit des Wohnens von Familien. Ist dieser Quotient kleiner als eins, so sind mehr Wohnräume als Personen im Haushalt vorhanden, d.h. es kommt weniger als eine Person auf einen Wohnraum. Ist der Quotient gleich eins, so ist das Verhältnis von Personen und Räumen ausgeglichen, ist er größer als eins, so kommt mehr als eine Person auf einen Wohnraum. Mit der "Wohnenge" sind regelmäßig eine ganze Reihe von Vermutungen und empirisch fundierten Hinweisen über die *Wirkung* dieser "Enge" auf Verhalten und Einstellungen von Bewohnern verbunden. Die Schwierigkeit bei dieser Frage liegt auch darin, daß die Auswirkungen von mehr oder weniger engen bzw. beengten Wohnverhältnissen teilweise widersprüchlich und "gegenläufig" sind (KRUSE 1974). Dichte und Enge wie Leere und Weite sind in gewissen Grenzen *relative* Kennzeichnungen von Wohnungsgrößen. Andererseits haben sie aber auch ihre Berechtigung, denn die Wohnung ist auf Grund gesamtgesellschaftlicher Strukturbedingungen für alle Familienformen das materielle Substrat zentraler familialer Grundfunktionen; schlechte Wohnraum-Ausstattung - d.h. relativ wenige Wohnräume im Verhältnis zur Anzahl der Haushaltsmitglieder - kann den familialen Aktivitäten Grenzen setzen und die soziale Reproduktion der Familie beeinträchtigen (HERLYN/HERLYN 1983).

Mit zunehmender Wohnenge wächst die Notwendigkeit, für viele Alltagsaktivitäten und familialen Regenerationserfordernisse Arrangements und Regulierungen zu treffen, die wiederum die familial-sozialen Beziehungen, die Konfliktmöglichkeiten und den Erziehungsprozess zwischen Eltern und Kindern belasten *können*. Im Extremfall ist es vorstellbar, daß beengte und beengende Wohnverhältnisse auch pathologisches Verhalten einzelner Familienmitglieder zur Folge haben - vor allem bei Kindern wurde dies festgestellt (ZINN 1981; KRUSE 1974). Fast 1/5 der Familien mit Kindern bis zu 16 Jahren weist eine Wohnungsdichte auf, bei der mehr als eine Person auf einen zur Verfügung stehenden Wohnraum fällt, bei etwa der Hälfte (49%) der Haushalte kommt weniger als eine Person auf einen Wohnraum und etwa 1/3 der Haushalte weist ein "ausgeglichenes" Verhältnis auf. Bei den Familien ohne Kinder lautet die entsprechende Dichte-Verteilung: ca. 2%, 71%, 27%, d.h. diese Haushalte sind bei weitem weniger dicht bewohnt. Für alle Befragten des Familien-Surveys ist die Verteilung die folgende: 11% zu 62% zu 27%. Betrachtet man schließlich noch die Alleinerziehenden, so liegen sie "zwischen" Familien mit Kindern und Familien ohne Kinder: das entsprechende Verhältnis ist 14% zu 56% zu 30%.

Tabelle 6:
Die Belegungsdichte in Städten/Landkreisen nach Haushaltsnettoeinkommen und Alter der Kinder

	Städte nied.EK Ki. 0-6	Städte nied.EK Ki.7-16	Städte hoh.EK Ki.0-6	Städte hoh.EK Ki.7-16
Belegungsdichte				
wenig.Pers.als Räume %	20.7	21.0	39.3	48.7
Personen = Räume %	41.8	46.4	36.8	32.7
mehr Pers.als Räume %	37.5	32.6	23.9	18.6
N	184	138	163	306

	Landkr. nied.EK Ki.0-6	Landkr. nied.EK Ki.7-16	Landkr. hoh.EK Ki.0-6	Landkr. hoh.EK Ki.7-16
Belegungsdichte				
wenig.Pers.als Räume %	40.3	49.6	60.1	70.6
Personen = Räume %	37.7	35.2	25.3	21.6
mehr Pers.als Räume %	22.0	15.1	14.6	7.8
N	268	284	253	436

Cramers V=.24

Aus Tabelle 6 ist zu ersehen, daß in den Städten häufiger als in den Landkreisen (entsprechend Stadtregionen/ländliche Regionen) eine höhere Belegungsdichte der Wohnung anzutreffen ist. Sie fällt dann jeweils in den beiden Wohnregionstypen mit dem Haushaltsnettoeinkommen und dem Alter der Kinder. Am wenigsten "betroffen" von hoher Wohndichte sind Familien, die in Landkreisen ("auf dem Land") wohnen, über mehr als 3.000 DM Haushalts-Netto-Einkommen verfügen und die nur Schulkinder im Haushalt haben; umgekehrt wohnen Familien in Städten (Stadtregionen) mit weniger als 3.000 DM Haushalts-Netto-Einkommen und nur mit Vorschulkindern im Haushalt am "beengtesten". In diesem Zusammenhang muß man beachten, daß die Einrichtungen der kindbezogenen Infrastruktur (Spiel- und Betreuungseinrichtungen) diese beengten und beengenden Wohnverhältnisse - wenigstens in den Stadtregionen - teilweise "ausgleichen" können (siehe Kapitel 4).

Die Versorgung mit Kinderzimmern muß insbesondere bei den Familien mit kleinen Kinder (den "Vorschulkinderfamilien") und bei kinderreichen Familien (drei und mehr Kinder) als zumindest problematisch angesehen werden; wohnen diese Familien in Städten (bzw. Stadtregionen) ist die nicht zureichende Kinderzimmerversorgung besonders eklatant.

Mehrfachbelegungen von Kinderzimmern sind aber in sozialisatorischer Hinsicht - bei Schulkindern mehr als bei Vorschulkindern - nicht zu kindgerechten iund befriedigenden Wohnverhältnissen zu zählen.

Wie bei der Wohnflächenversorgung sind auch bei der Wohnraumversorgung besonders die problematischen, beengten und beengenden Wohnverhältnisse eines nicht unerheblichen Teils der Familien mit Kindern hervorzuheben.

3.3 Die Belastung mit Wohnkosten

Der Haushaltsbudgetposten "Wohnkosten" (Brutto-Miete bei Mietern bzw. bei Eigentümern Kapitalkosten plus Tilgung plus Bewirtschaftungskosten) ist sowohl ein relativ großer Posten als auch eine Ausgabe, bei der Einsparungsmöglichkeiten kaum oder gar nicht möglich sind. Die Familien mit Kindern müssen etwa 27% ihres Haushaltsnettoeinkommens für das Wohnen ausgeben, für "Vorschulkinderfamilien" sind es ca. 29%, für "Schulkinderfamilien" ca. 27%, für alle Befragten beträgt die Wohnkostenbelastung 27% - es bestehen also zwischen den verschiedenen Familienformen und der Gesamtheit der Befragten relativ geringe Unterschiede.

Die *Varianzanalyse* mit der abhängigen Variable *Wohnkostenbelastung* zeigt, daß diese in erster Linie von der von der Familie realisierten Gesamtwohnfläche abhängt, dann vom Haushaltseinkommen; sie ist auch deutlich vom Wohnverhältnis, von der Wohnregion und vom Alter der Bezugsperson im Haushalt (d.h. eines der Elternteile) abhängig. Die aktuelle berufliche Position, die Anzahl der Kinder im Haushalt, das Alter der Kinder und die Haushaltsgröße haben weniger Einfluß auf die Wohnkostenbelastung der Familien. Die Eigentümerhaushalte haben eine höhere Wohnkostenbelastungen als die Mieterhaushalte. Der Erwerb von Wohneigentum bedeutet also - neben der Realisierung einer größeren Wohnfläche - eine höhere Belastung des Haushaltsbudget als die Miete einer Wohnung oder eines Hauses. Die *stärksten* Unterschiede in der Wohnkostenbelastung sind bei den Einkommensgruppen zu beobachten: von der untersten Gruppe (bis 2.000,-- DM Haushaltsnettoeinkommen) bis zur höchsten Gruppe ist die Differenz ca. 27%. Mit der Zahl der Kinder, die im Haushalt leben, steigt die Wohnkostenbelastung an - eine Folge davon, daß der größere Flächen- und Wohnraumbedarf der großen Familien höhere Kosten mit sich bringt - diese Tendenz ist in erster Linie auf die Belastung der Mieterhaushalte zurückzuführen. Bei Eigentümerhaushalten bleibt die Kostenbelastung eher gleich -bei unterschiedlich hoher Kinderzahl.

Tabelle 7:
Wohnkostenbelastung: Anteil der Wohnkosten (brutto) am Haushaltsnettoeinkommen in % von Familien mit Kindern nach demographischen und Wohn - Merkmalen*

Wohnkostenbelastung
Allg. Mittelwert = 26.3 %

Merkmal	%	Merkmal	%
Wohnverh.		Alter d. Kinder	
Eigentum	29.1	0-6 Jahre	27.4
Miete	23.2	7-16 Jahre	25.7
Haush.Netto-Einkommen DM		Anzahl Kinder im Haushalt	
bis 2 000	47.5	1 Kind	25.3
2 bis 3 000	29.2	2 Kinder	26.4
3 bis 5 000	25.7	3 u. mehr K.	31.2
über 5 000	20.4		
		Haushaltsgröße	
Wohnregion		3 Personen	26.7
Städte	27.7	4 Personen	27.1
Landkreise	25.4	5u.mehr Pers.	22.2
Alter d. Befr.		Aktuelle	
25-34 Jahre	26.4	berufl. Pos.	
35-44 Jahre	27.1	un/ang. Arb.	25.3
45-54 Jahre	24.4	Facharb.	24.2
		einf.Ang./Be.	25.7
		mittl.ang./be.	26.8
		techn. Ang.	26.7
		Kl. Selbst.	26.9
		Dienstl.klasse	27.8

* (In Tabelle 7 im Tabellenanhang sind die statistischen Kennwerte der Varianzanalyse enthalten)

(Bemerkenswert ist die in der jüngsten Altersgruppe größte Differenz zwischen Eigentümern und Mietern bei der Wohnkostenbelastung - auch Ausdruck des schon erwähnten "Einkommens- und Belastungs-Schocks" gerade der jungen Familien mit Kindern. Durch steigende Einkommen mit dem Alter und sinkende Belastung durch Tilgung und Zinsen nähern sich die Wohnkostenbelastungen von Mietern und Eigentümer in den höheren Altersgruppen wieder einander an.)

Alleinerziehende mit wenig Einkommen (und bei den Mietern ist dies die große Mehrheit) sind vergleichsweise am stärksten mit Wohnkosten belastet; die Werte von um die 50% (und darüber) machen deutlich, daß diesen Haushalten nach der Begleichung von Wohnkosten kaum mehr finanzieller Spielraum in anderen Lebensbereichen übrig bleibt.

In allen Altersgruppen ist die Belastung der Alleinerziehenden deutlich höher als die der Familien mit Kindern, die Differenzen liegen im Bereich von 10-15%.

Vergleicht man die Wohnkostenbelastung der Familien mit Kindern mit der von Familien ohne Kinder, so wird deutlich, daß durchgängig deren Wohnkostenbelastung geringer ist. Auch bei den Familien ohne Kinder zeigen sich der Situation bei Familien mit Kindern vergleichbare Tendenzen bzgl. der höheren Belastung von Eigentümern im Vergleich zu den Mietern.

Etwa 19% der Familien mit Kindern haben eine Wohnkostenbelastung von mehr als 40% des Haushaltsnettoeinkommens. Sie heben sich vor allem von der Gesamtgruppe der Familien mit Kindern durch ihre *gute* Wohnversorgung ab: Sie wohnen eher in großen Wohnungen, wenig beengt, obwohl sie nicht überdurchschnittlich kleinere Haushalte sind eher sogar große (5 und mehr Personen); sie haben eine gute Kinderzimmerversorgung (überwiegend eins zu eins-Versorgung). Zu über 70% (alle Familien mit Kindern: 53%) sind diese Familien Wohnungseigentümer. Sie sind weniger in der höchsten Altersgruppe zu finden, sondern eher in der jüngsten und - geringfügig weniger - in der mittleren. Sie wohnen etwas häufiger als die Gesamtgruppe in ländlichen Regionen und verfügen überdurchschnittlich über ein Haushaltsnettoeinkommen von unter 2 000.-DM und deutlich unterdurchschnittlich über Einkommen von mehr als 5 000.-DM. Etwas überdurchschnittlich sind sie bei den einfachen Beamten und Angestellten und bei den kleinen Selbständigen zu finden.

Es sind also Familien, die um einer guten Versorgung der Familie mit Wohnraum willen sich in finanzielle, familienökonomische Risikozonen begeben, die möglicherweise für die Zukunft der Familien erhebliche Belastungen mit sich bringen können.

In welchen Wohnregionen sind welche absoluten Wohnkosten zu tragen? Am Beispiel einer Vier-Zimmer-Wohnung (eines Vier-Zimmer-Hauses) sollen kurz einige regionale Unterschiede skizziert werden:
In den "Rheinstädten", in den südd. dicht besiedelten Städten und in den "Mittestädten" bezahlt man die höchsten Bruttomieten - zwischen knapp

1000.-DM und etwas über 800.-DM, am wenigsten zahlt man in den nordd. dicht besiedelten Städten und in den "Ruhrgebietsstädten" (gut 700.-DM). Die nordd. protestantischen und die südd. katholischen Landkreise liegen bei der Bruttomiete im Schnitt über diesen beiden zuletzt genannten städtischen Wohnregionstypen.

Die Wohnkostensituation der Eigentümer sieht in diesem Regionalvergleich folgendermaßen aus: Die höchste Belastung haben Eigentümer in den nordd. dicht besiedelten Städten (1 400.-DM), gefolgt von den "Mittestädten" (1 200.-DM), den südd. dicht besiedelten Städten (etwa 1 150.-DM). Die niedrigsten Belastungen haben Eigentümer in den südd. katholischen Landkreisen (knapp 900.-DM), während die Belastung in den nordd. protestantischen Landkreisen mit knapp 1 100.-DM im Bereich der Großstädte liegt.

Vergleicht man die Bruttomieten in den Großstädten Berlin, Hamburg, Düsseldorf, Essen, Frankfurt, Stuttgart und München, so ergibt sich folgendes Bild: In München sind die Mieten am höchsten, es folgen Düsseldorf, Frankfurt, Hamburg, Berlin und Stuttgart; am wenigsten Miete für eine Vier-Zimmer-Wohnung werden in Essen gezahlt.

Festzuhalten ist, daß es Familien mit Kindern gibt, deren Wohnkostenbelastung (über 40%) sie zu eventuell unüberschaubare finanzielle Risikozonen führt. Es gibt auch merkliche regionale Unterschiede bei den absoluten Wohnkosten - für Eigentümer und für Mieter. Die durchschnittliche Wohnkostenbelastung von etwa 27% des Haushaltsnettoeinkommens liegt über den Werten, die in der wohnungs- bzw. sozialpolitischen Diskussion über die Zumutbarkeit von Wohnkostenbelastungen häufig vorkommen: dort wird eher mit Größen zwischen 15 und 20% gehandelt.

3.4 Das Wohnverhältnis - die Sicherheit des Wohnens

Die rechtliche Beziehung zur Wohnung oder zum Haus ist das Wohnverhältnis; es definiert den Verfügungsgrad über die Wohnung. Der Eigentümer kann nach dem bürgerlichen Gesetzbuch mit seinem Eigentum - soweit dem keine gesetzlichen Regelungen entgegenstehen - nach Belieben verfahren und andere von jeder Einwirkung ausschließen (§ 903 BGB).

Die Wohnsicherheit ist ein Ausdruck dafür, wie sicher eine Familie sein kann, bzw. wie fest sie damit rechnen kann, ihre Wohnung oder ihr Haus nicht gegen ihren Willen aufgeben zu müssen. Wohneigentum (sei es nun Eigenheim oder eine Eigentumswohnung) erfüllt weitgehend das Bedürfnis nach Wohnsicherheit - das Wohnen zur Miete dagegen (gleichgültig wie stark und umfassend der Mieterschutz durch Mietschutzgesetze gewährleistet ist) ist grundsätzlich durch die Möglichkeit der Kündigung der Wohnung oder des Hauses mit einer strukturellen Unsicherheit behaftet.

Die Wohnsicherheit betrifft die Wohnung als "existenzwesentliches Gut, für das es kein Surrogat gibt" (BMBau 1982). Diese Wohnsicherheit - vor allem gewährleiste durch Wohneigentum - ist sowohl ein individuelles Bedürfnis, eine familiale Zielsetzung sowie ein wohnungs -und gesellschaftspolitisches Leitbild, das die Wohnungspolitik in der Bundesrepublik seit ihren Anfängen nach dem Zweiten Weltkrieg zentral mitbestimmt und geprägt hat. Wohnungspolitik war immer auch Eigentumspolitik (GLATZER 1980; NEEF 1981; SIEBEL 1989) - sie ist es bis heute geblieben. Einer der Grundpfeiler des Wohnungsbaus ist die Schaffung von Häusern und Wohnungen in Eigentum.

Das Eigentumsverhältnis führt dazu, daß - in den vorangegangenen Abschnitten wurde das deutlich -die Eigentümer mehr Geld für die Wohnung bzw. das Haus aufwenden, daß sie mehr Wohnfläche realisieren und daß sie mehr Wohnräume für ihre Wohnbedürfnisse herstellen. Die Eigentümerquote ist in den vergangenen vier Jahrzehnten kontinuierlich gestiegen. Die Amtsstatistik (Mikrozensus 1988, Volkszählung 1987) weist inzwischen eine Quote von etwa 43% aus; im Familiensurvey ergab sich eine Quote von etwa 45% Eigentümer. Vergleicht man die Eigentums- bzw. Mietquoten bei den einzelnen Vergleichsgruppen, so ergibt sich folgendes Bild:

Tabelle 8:
Wohnverhältnis der verschiedenen Familientypen

	bis N	Familien m. Kinder 16 J. 3 422	Familien Kinder 0 -6 J. 1 175	Familien Kinder 7 - 16 1 620
Wohnverhältnis Eigent. % Mieter %		52.7 47.3	38.6 61.4	61.1 38.9

	N	Familien o. Kinder 1 310	Alleinerziehende 226	Alle Befragten 10 043
Wohnverhältnis Eigent. % Mieter %		28.6 71.4	19.6 80.6	44.9 55.1

Die Familien mit Kindern haben also bei weitem die höchsten Eigentümerquote, "verantwortlich" dafür sind in erster Linie die "Schulkinderfamilien". Kinder verstärken offensichtlich den Wunsch nach Wohneigentum, sie erleichtern aber auch den *Absprung* in das Projekt "Wohneigentum": Das sogenannte Baukindergeld, kommunale und Länder - Förderprogramme für den Eigenheimbau bzw. Eigenheimerwerb von kinderreichen Familien, die Förderung und Unterstützung von Familien mit Kindern bei Programmen und Modellen

335

der Selbsthilfe beim Erwerb von Wohneigentum sind hier als Beispiele zu nennen (zur Kritik an diesem Bereich der Wohnungspolitik vgl. Stimpel 1990). Das Projekt "Wohneigentum" geht dann aber für einen erheblichen Teil der Familien mit einer - wie in Abschnitt 3.3 dargestellt wurde - im Vergleich zu Mietern deutlich höheren Wohnkostenbelastung einher.

Vier Fünftel der Alleinerziehenden und 90% derjenigen Alleinerziehenden, die keinen Lebenspartner haben, wohnen dagegen zur Miete, auch die Mieterquote der Familien ohne Kinder (sehr deutlich) und der aller Befragten im Familiensurvey liegen über der 50%-Marke.

Tabelle 9:
Das Wohnverhältnis nach Alter der Befragten, Haushaltsnettoeinkommen und aktueller beruflicher Position - Familien mit Kindern, Familien ohne Kinder

	Familien mit Kindern Alter			Haush. EK	
	1	2	3	1	2
Wohnverh.					
Eigent. %	40	62	69	39	62
Miete %	60	38	31	61	38
	Cramers V=.23		Cramers V=.23		

	Familien ohne Kinder Alter			Haush. EK	
	1	2	3	1	2
Wohnverh.					
Eigent. %	23	44	54	17	34
Miete %	77	56	46	83	66
	Cramers V=.28		Cramers V=.18		

	Familien mit Kindern Berufl. Position					
	1	2	3	4	5	6
Wohnverh.						
Eigent. %	37	50	50	58	65	62
Miete %	63	50	50	42	35	38
	Cramers V=.17					

	Familien ohne Kinder Berufl. Position					
	1	2	3	4	5	6
Wohnverh.						
Eigent. %	18	30	27	31	30	35
Miete %	82	70	73	69	70	65
	Cramers V=.10					

Altersgruppen: 1: 25-34 Jahre; 2: 35-44 Jahre; 3: 45-54 Jahre
Haushaltsnettoeinkommen: 1: bis 3 000.-DM; 2: über 3 000.-DM
Berufliche Position: 1: ung./ang. Arbeiter; 2: Facharbeiter; 3: einf. Angestellte/Beamte; 4: mittl. Angestellte/Beamte; 5: Kleine Selbständige; 6: Dienstleistungsklasse

Mit steigendem Alter steigt also die Eigentümerquote. Ein besonders großer "Sprung" von über 20% liegt zwischen der "jungen" und der "mittleren" Altersgruppe - bei den Familien mit Kindern wie auch bei den kinderlosen Familien, bei den Familien ohne Kinder allerdings von einem deutlich

337

niedrigerem "Plateau" aus. Die Eigentümerquote bei den niedrigen Haushalts-Netto-Einkommen (bis 3.000 DM) bei weitem geringer als bei den höheren Einkommen (über 3.000 DM) - knapp 40% zu fast 62%). Bei den Familien ohne Kinder ist die Differenz erheblich geringer - etwa 17%, aber wiederum von einem geringeren Anfangsniveau ausgehend.

Die Haushalte von Selbständigen und der Dienstleistungsklasse haben bei den Familien mit Kindern die höchsten Eigentumsquoten (je über 60%), gefolgt von den mittleren Beamten und Angestellten; die niedrigste Quote haben die ungelernten und angelernten Arbeiter. In ländlichen Regionen (Landkreisen) liegen die Eigentumsquoten generell höher als in Stadtregionen (kreisfreien Städten), in den Landregionen über 70% gegenüber unter 40% in den in den zentralen Bereichen der Stadtregionen.

Der Erwerb von Wohneigentum mit der damit erreichten Wohnsicherheit ist eine ungebrochene Lebensperspektive bzw. ein zentrales Lebensziel für Familien mit Kindern: Wenn die Kinder im Schulalter sind, findet der "große Realisierungsschub" statt - für viele Familien mit der Konsequenz erheblicher Belastungen des Familienbudgets

4. Die kinderbezogene Infrastruktur des Wohnumfeldes

4.1 Die Ausstattung des Wohnumfeldes mit Kinderinfrastruktur aus der Sicht von Familien mit Kindern

Das *unmittelbare* Wohnumfeld (im Familiensurvey-Fragebogen mit einem Fußweg von etwa 15 min. definiert) hat für das Aufwachsen von Kindern und Jugendlichen eine nicht minder große Bedeutung als die Wohnung selbst mit ihrer je unterschiedlichen Ausstattung (Kapitel 1). Es hat für den Sozialisationsprozess die Wohnung ergänzende, aber auch teilweise kompensierende, teilweise auch substituierende Funktionen.

Für *alle* Altersgruppen von Kindern und Jugendlichen - mit Ausnahme der frühen Kleinkindphase - ist die quantitative und qualitative Ausstattung, die Gestaltung, der Anregungsgehalt und die Erreichbarkeit der kinderbezogenen Gelegenheitsstruktur der Wohnumgebung für das Sozialisationsgeschehen von sehr großer Bedeutung - dies haben eine große Zahl unterschiedlicher Untersuchungen immer wieder gezeigt (HERLYN 1990; MUCHOW/MUCHOW 1978; BAHRDT 1974; MÜLLER 1983; BERTELS/HERLYN 1989). Die Kindheitsforschung hat gerade in den zurückliegenden Jahren die *Defizite* der kinderbezogenen Infrastruktur i.w.S. festgestellt und die negativen Auswirkungen dieser Defizite für das Aufwachsen der Kinder - gerade und vor allem in Großstädten und Stadtregionen - herausgestellt (vgl. etwa 8. Jugendbericht 1990; OSWALD/KRAPPMANN 1988; BEHNKEN U.A. 1987).

Es sind bei einzelnen Einrichtungen merkliche Unterschiede bei der Ausstattung der Wohnumgebung mit Kindereinrichtungen sowohl zwischen den 10 Boustedt-Gemeindetypen als auch zwischen den 13 Wohnregionstypen (Kapitel 2) festzustellen. Es werden die regionalen Disparitäten und Ungleichgewichte der Kinderinfrastruktur-Versorgung deutlich, die seit einiger Zeit - auch und gerade unter dem Aspekt der Vereinbarkeit von Arbeitswelt, Kindererziehung und Familienarbeit - in das Zentrum der wohnungspolitischen und der familien -bzw. sozialpolitischen Diskussion rücken.

Bei den "Spielplätzen für kleinere Kinder" (Einrichtung 1) liegen die Gemeinden bis 5 000 EW als einzige deutlich unter dem Durchschnittswert für alle Gemeindetypen, während die Großstädte über 500 000 EW (ohne die Randzone) und die Mittelstädte (20-bis 50 000 EW), die nicht in Stadtregionen liegen, am stärksten über diesem Wert liegen. Deutlich unterdurchschnittlich versorgt sind bei den Wohnregionstypen die (weniger dicht besiedelten) nordd. Städte und die "Rheinstädte" (u.a. Köln, Düsseldorf, Bonn, Münster), am deutlichsten überdurchschnittlich versorgt sind die Familien mit Kindern in den südd. Städten und den nordd. Großstädten (Berlin, Hamburg, Bremen, Hannover).

Bei der Einrichtung "verkehrsberuhigte Wege und Plätze" (2) liegen einerseits die Dörfer (bis 2 000 EW) und andererseits - noch deutlicher - die Mittelstädte über dem Durchschnitt; die Großstädte (über 100 000 EW) wiederum weisen unterdurchschnittliche Ausstattungsgrade auf. Von den Wohnregionstypen her gesehen ergibt sich dieselbe Tendenz: Überdurchschnittliche Versorgung in den nordd. und südd. Landkreisen. "Vorschulkinderfamilien" wohnen also eher - auch wenn diese Tendenz nur schwach ausgeprägt ist - in Wohnregionen (siehe Kapitel 2), die mit dieser, die mit dieser Einrichtung unterdurchschnittlich ausgestattet sind: Ein Mißverhältnis von Wohnstandort der Familein auf der einen Seite und Kinderinfrastrukturausstattung auf der anderen Seite - ein Phänomen, das noch beiweiteren Einrichtungen zu beobachten ist.

Bei den "Spielgeländen für ältere Kinder (bzw. Jugendliche)" (3) ist die Ausstattung weitgehend ausgeglichen zwischen den Boustedt-Gemeindetypen. Bei den Wohnregionstypen sind am stärksten die "Ruhrgebietsstädte" unterdurchschnittlich - immer von den Familien mit Kindern "aus" gesehen - ausgestattet, überdurchschnittlich alle südd. Städte, außer den "Mittestädten" (Rhein/-Main-Ballungsraum).

Die "Freizeitstätten" (4) finden sich überdurchschnittlich häufig in den Stadtregionen (Großstädte plus Mittelstädte) - in den Randzonen jeweils weniger häufig als in den zentralen Bereichen der Stadtregionen. Sehr ausgeprägt weniger versorgt als im Schnitt aller Gemeindetypen sind die kleinen, ländlichen Gemeinden bis zu einer Einwohnerzahl von 5 000 EW. Am besten versorgt von den Wohnregionstypen sind die südd. Großstädte (München, Stuttgart, Nürnberg, Augsburg), die südd. Hochschulstädte und die nordd. Großstädte, während die südd. Landkreise am stärksten unterversorgt sind - die nordd. Landkreise sind durchschnittlich bzw. etwas überdurchschnittlich versorgt. Auch bei dieser Infrastruktureinrichtung kann man feststellen, daß sie eher *nicht* dort vorhanden und gut erreichbar ist, wo sie tendenziell von den Familien bzw.deren Kindern nachgefragt wird.

Die Frage, ob ein "Kindergarten" (5) in der näheren Wohnumgebung vorhanden ist, bejahen etwa 4/5 der befragten Familien mit Kindern; bei dieser Betreuungseinrichtung liegen die Gemeinden bis 2 000 EW als einzige deutlich unter der Durchschnittsgröße. Wiederum sind die Kernstädte der Stadtregionen besser versorgt als die dazugehörigen Randzonen, die Unterschiede können aber nicht als gravierend angesehen werden. Unterdurchschnittlich sind die nordd. protestantischen Landkreise und die nordd. Städte (Dichte<1500) versorgt; überdurchschnittlich alle Städte und Großstädte (Dichte>1500) - mit Ausnahme der "Rheinstädte", die etwa im Schnitt liegen.

Der "Kinderhort" (6) ist *die* Einrichtung der Kernstädte der Stadtregionen und der Mittelstädte (bis 50 000 EW), die in ländlichen Regionen die Funktion von Mittelzentren übernehmen; die Randzonen der Stadtregionen und - am eindeutigsten - die Gemeinden bis 5 000 EW auf dem Land liegen weit unter dem Schnitt und müssen (neben den Gemeinden mit 5-bis 20 000 EW in ländlichen Räumen) als unterversorgt betrachtet werden. Betrachtet man die Wohnregionstypen, so sind am ausgeprägtesten die nordd. Großstädte und die südd. Großstädte (die letzteren etwas weniger) überdurchschnittlich mit Horten versorgt; die Ruhrgebietsstädte liegen kaum über dem Gesamtwert, auch die "Mittestädte" und die "Rheinstädte" sind weniger deutlich als die anderen Großstädte überdurchschnittlich versorgt. Deutlich schlechter als im Schnitt versorgt sind die südd. landkreise , dann die nordd. Landkreise.

Der Wert von etwa 30 % für den Austattungsgrad der Einrichtung "Kinderhort" im bundesrepublikanischen Durchschnitt demonstriert die generell unbefriedigende Versorgungs - Situation bei dieser Betreuungseinrichtung. Angesichts der hohen Frauenerwerbsquoten auch in ländlichen Regionen und der grundsätzlichen "Doppelorientierung" der Frauen auf Familie und Erwerbsarbeit muß dieses Ausstattungsniveau als sehr problematisch bezeichnet werden.

Ähnlich wie bei der Einrichtung "Kindergarten" sind bei den "Grund - und Hauptschulen" (7) wenig Unterschiede zwischen den einzelnen Gemeindetypen zu beobachten, einzig die kleinen ländlichen Gemeinden liegen unter dem Durchschnittswert. Es sind vor allem die protestantischen nordd. und südd. Landkreise, in denen unterdurchschnittlich das Vorhandensein einer Grund - und Hauptschule im Wohnumfeld angegeben wird. Die mit Grund - und Hauptschülern überfüllten Busse, die die Kinder in den Weilern und Dörfern auflesen und zu Mittelpunktschulen bringen, sind ja ein vertrautes Bild in den ländlichen Regionen der Bundesrepublik.

Tabelle 10:
Ausstattungsgrad bei der Kinderinfrastruktur in Stadtregionen/Land

		Stadtregionen	Land
Ausstattungsgrad			
gering	%	28.5	44.7
mittel	%	29.4	31.5
gut	%	42.1	23.8
N		2020	1402

Cramers V=.21

Ausstattungsgrad bei der Kinderinfrastruktur in Nord/Süd nach Großstädten und Landkreisen

		Nord		Süd	
		Großstädte	Landkr.	Großstädte	Landkr.
Austattungsgrad					
gering	%	20.2	38.6	21.0	47.6
mittel	%	25.8	31.2	24.3	26.9
gut	%	54.0	30.2	54.8	25.5
N		598	891	272	803

Cramers V=.20

"geringer" Ausstattungsgrad ist definiert als "keine Einrichtung bis 4 Einrichtungen vorhanden", "mittel" als "5 bis 6 Einrichtungen vorhanden", "gut" als "7 bis 10 Einrichtungen vorhanden"

Die "weiterführenden Schulen" (8) fehlen eher in den kleinen ländlichen Gemeinden; die Stadtregionen (Kernstädte und Randzonen) - ausgenommen die Randzonen der mittleren Stadtregionen - und die Mittelstädte auf dem Land sind überdurchschnittlich ausgestattet. Bei dieser Einrichtung sind die Landkreise (außer den nordd. katholischen Landkreisen), die südd. Städte und: die westd. Großstädte - die "Rheinstädte" - unterdurchschnittlich versorgt. Am deutlichsten über dem Schnitt liegen die nordd. Großstädte.

Die "Ganztagesschulen" (9) sind - ähnlich wie der Kinderhort - Infrastruktureinrichtungen, die vor allem in den Kernstädten der Stadtregionen zu finden sind; die Randzonen und die kleineren ländlichen Gemeinden sind unterdurchschnittlich ausgestattet. Der Durchschnittswert von ca. 16 % (für "Einrichtung in der Wohnumgebung vorhanden") über alle Gemeindearten ist der weitaus niedrigste Wert, die Einrichtung ein "Exote" der Kinderinfrastruktur. Von den Wohnregionstypen her gesehen ist derselbe Trend zu beobachten - Ausnahme: die "Rheinstädte". Den kleinen ländlichen Gemeinden mangelt es an "Kinderärzten" (10), ländliche Kleinstädte (5-bis 20 000 EW) und die Kernstädte der "kleinen" Stadtregionen sind etwas unterdurchschnittlich versorgt, während die großen und mittleren Stadtregionen (mit Ausnahme der Randzonen des mittkeren Typs) beträchtlich über dem Durchschnittswert liegen - ein Trend, der auch bei der Betrachtung der Wohnregionstypen deutlich wird.

Insgesamt gesehen kann man ein Stadtregionen/Land - Gefälle und ein Nord/Süd - Gefälle bei den Wohnregionstypen (das von den Landkreisen "ausgeht") bei der Ausstattung mit kinderbezogener Infrastruktur feststellen:

Betrachtet man gesondert die Infrastruktureinrichtungen für Spiel (Einrichtungen 1, 2 und 3), für Betreuung (Einrichtungen 4, 5 und 6) und für Bildung (Einrichtungen 7, 8 und 9), so erweist es sich, daß es bei den Spieleinrichtungen praktisch kein Stadtregion/Land - Gefälle gibt, während sowohl bei den Betreuungseinrichtungen als auch bei den Bildungseinrichtungen relativ ein solches Gefälle festzustellen ist - die Defizite des ländlichen Raumes betreffen also vor allem die Bildungschancen der Kinder bzw. der Familien und die Möglichkeiten der Familien - und hier vor allem der Mütter - ihre Kinder wenigstens zeitweise (beispielsweise bei notwendiger Berufstätigkeit der Frauen) professionell betreuen zu lassen.

Tabelle 11:
Austattungsgrad bei der Kinderinfrastruktur nach Stadtregionen/Land

		Spieleinr. Stadtr./Land		Betreungseinr. Stadtr./Land		Bild.einr. Stadtr./Land	
Ausstattung							
schlecht	%	13,0	13.01	12.8	22.3	15.6	26.1
ausreich.	%	17.0	16.3	28.4	37.9	35.5	41.5
befriedig.	%	24.9	24.9	30.6	25.7	33.3	24.3
gut	%	45.5	45.9	28.2	14.1	15.6	8.1
	N	2020	1402	2020	1402	2020	1402

Cramers V=.01 Cramers V=.20 Cramers V=.18

Spieleinrichtungen: Spielplatz für kleinere Kinder, verkehrsberuhigte Plätze und Wege, Spielgelände für größere Kinder; Betreuungseinrichtungen: Freizeitstätte, Kindergarten, kinderhort; Bildungseinrichtungen: Grund- und Hauptschule, weiterführende Schule, Ganztagsschule
Ausstattung: schlecht: keine Einrichtung vorh., ausreichend: eine Einrichtung vorh., befriedigend: zwei Einrichtungen vorh., gut: drei Einrichtungen vorh.

Beim Ausstattungsgrad "gering" des Wohnumfeldes liegen die "Schulkinderfamilien" über dem Wert für die "Vorschulkinderfamilien", bei "mittel" unter dem Wert; bei der "guten" Ausstattung liegen beide Familientypen "gleichauf". Offenbar müssen die Familien mit älteren Kindern und Jugendlichen manchmal mit Wohnstandorten vorlieb nehmen, die für ihre Kinder etwas weniger - im Vergleich zu den "Vorschulkinderfamilien" - "Umfeldqualität" bieten.

4.2 Die Nutzung von Einrichtungen der Kinderinfrastruktur

Im folgenden soll *ein* Aspekt der Nutzung der Kinderinfrastruktur durch die Kinder bzw. die Familien mit Kindern etwas näher beleuchtet werden.

Von der möglichen kompensatorischen Funktion der Infrastruktureinrichtungen her gesehen kann man die Hypothese aufstellen, daß die Wohndichte (Belegungsdichte) und die Anzahl der Kinder im Haushalt einen Einfluß auf das Nutzungsausmaß haben: Je mehr Kinder in der Wohnung leben und je "ungünstiger" das Verhältnis von im Haushalt lebenden Personen und vorhandenen Wohnräumen ist, desto eher wird die Familie geneigt sein, die in der Wohnumgebung gelegenen und für die Kinder und Jugendlichen ohne große Umstände erreichbaren Einrichtungen auch zu nutzen.

Die Nutzung der Kinderinfrastruktureinrichtungen nimmt - außer beim Kinderarzt, beim Kinderhort und bei der Ganztagsschule - mehr oder weniger stark mit der Kinderzahl im Haushalt der Familien zu. Dies ist zunächst einfach Ausdruck der Tatsache, daß die "Chancen" der Nutzung desto größer sind, je mehr potentielle Nutzer der Haushalt aufweist. Das "Aktivitätsspektrum" der kinderreichen Familien ist breiter. Tabelle 12 (siehe Tabellenanhang) verdeutlicht den Zusammenhang zwischen Nutzung und Belegungsdichte nach Kinderzahl. Zunächst ist zu sagen, daß der Kinderhort, der, wie gesehen, auch nur wenig in der Wohnumgebung von Familien mit Kindern - und von "Schulkinderfamilien" vorhanden ist, durchgängig und unabhängig von der Wohndichte von den Familien bzw. von den Kindern im Schulalter nur ganz wenig genutzt wird.

Die Nutzung des Kindergartens steht dagegen im Zusammenhang mit dem beengten Wohnen der Familien und der Zahl der Kinder im Haushalt: Je höher die Wohndichte umso stärker die Nutzung der Einrichtung. Die Nutzung der Freizeitstätten ist bei allen drei Wohndichte-Konstellationen bei den kinderreichen Familien höher als bei den Familien mit weniger Kindern.

Bei der Nutzung der Spieleinrichtung "verkehrsberuhigte Wege und Plätze" ist der Zusammenhang zu Dichte und Kinderzahl kaum ausgeprägt, etwas stärker dagegen beim Spielplatz für kleinere Kinder und beim Spielgelände für ältere Kinder. Bei der ersten Einrichtung nimmt die Nutzung ziemlich gleichmäßig über die drei Dichtesituationen zu, während bei der zweiten Einrichtung die Nutzung in jeder Situation bei der Drei-Kinder-Familie höher ist als bei der Zwei-Kinder-Familie.

Diese Zusammenhänge verdeutlichen, daß die größeren Familien mit drei und mehr Kindern die Kinderinfrastruktureinrichtungen stärker nutzen als die kleineren Familien (s.o.), und bei einigen Einrichtungen die Funktion "Wohnungserweiterung" bei hoher Wohndichte eine Rolle spielen kann.

Unabhängig von den jeweiligen Gründen bei den Nutzungsunterschieden ist aber festzuhalten, daß gut erreichbare Infrastruktureinrichtungen für *kinderreiche* Familien ein wichtiger Bestandteil der Wohnqualität sind und daß bei einigen Einrichtungen - beim Kindergarten, beim Spielplatz, also bei Einrichtungen, die auf die Bedürfnisse von "Vorschulkinderfamilien" ausgerichtet sind - die kompensatorische Funktion für die jungen, in beengten Wohnverhältnissen lebenden Familien eine gewisse Bedeutung hat. Eine Städtebaupolitik, die die Kinderinfrastruktur fördert und ausbaut, ist also in besonderer Weise eine Politik der Stützung und Förderung der Lebensqualität kinderreicher und junger Familien - neben der hilfreichen Funktion, die eine gut ausgestattete Wohnumgebung für die Sozialisationsprozesse in den Familien und für das Alltagsleben der Kinder hat.

5. Fazit und Ausblick

Das Fazit, das man aus der Betrachtung der Wohnverhältnisse von Familien - wie sie sich in den Daten des DJI-Familiensurveys widerspiegeln - zu ziehen hat, fällt zwiespältig aus.

Einerseits wied der Umstand deutlich, daß im Lauf der letzten Jahrzehnte sich die Wohnversorgung der bundesrepublikanischen Bevölkerung - insgesamt gesehen und durchschnittlich - verbessert hat und nun einen hohen Standard aufweist (DIEWALD/ZAPF 1984; HERLYN/HERLYN 1983; VASKOVICS 1988). Diese im Ganzen gute Wohnversorgung der Familien mit Kindern, der Familien ohne Kinder, wie sie sich auch im Familiensurvey darstellt - die Alleinerziehenden sind schon bedeutend weniger gut versorgt - steht in einem eigentümlichen, wenn auch erklärlichen Gegensatz zur aktuellen Diskussion über dramatische regionale und sektorale Wohnungsmarktengpässe - die Rede von "Wohnungsnöten" ist wohnungspolitisch salonfähig geworden und wird nicht mehr nur dem Wortschatz notorischer Nörgler zugeschrieben; erklärlich ist der Gegensatz deshalb, weil im Familiensurvey nur "Wohnungsbesitzer" befragt wurden.

Andererseits wurden in den Analysen auch die Ungleichgewichte in der Wohnversorgung der Familien (und der Befragten insgesamt), vor allem die *regionalen*, aber auch die *strukturellen* und sektoralen Disparitäten und die Verteilungsprobleme des Wohnungsmarktes deutlich, die in der Geschichte der Wohnungsversorgung in der Bundesrepublik immer bestanden haben (DIEWALD/ZAPF 1984; BUCHHEIT 1984; V. LÜDE 1986) und die offenbar gegen alle möglichen Formen und Maßnahmen der Wohnungspolitik resistent sind.

Die Situation flächenmäßig unterversorgter Familienhaushalte (unter 20 qm Pro-Kopf-Wohnfläche), mit Wohnkosten hochbelasteter Eigentümerfamilien, die sich in familienökonomische Risikozonen begeben und diejenige der mit Kinderzimmern schlecht versorgten Familien wurde besonders hervorgehoben.

Die Daten des DJI-Familiensurvey zeigen insgesamt den Fortbestand und die teilweise belastenden Wohnumstände "altbekannter" (BUCHHEIT 1984) Problemgruppen des Wohnungsmarktes; es handelt sich insbesondere um:

1. die jungen, "startenden" Familien mit kleinen Kindern,
2. die kinderreichen Familien,
3. die einkommensschwachen Familien,
4. die Alleinerziehenden, d.h. Frauen mit Kindern.

Angesichts der gravierenden Wohnungsmarktengpässe - und hier *in erster Linie* auf den Wohnungsmärkten der Großstädte und der Stadtregionen und Ballungsräume der Bundesrepublik - haben es diese Familien und familialen Lebensformen sehr schwer - für nicht Wenige wird es wohl aussichtslos sein - gegenwärtig ihre Wohnsituation durch Umzug in andere Wohnungen zu verbessern.

Aufgrund der Familiensurveydaten wird man auch "altbekannte" wohnungspolitische und familienpolitische Forderungen erheben und wiederholen müssen:

1. besondere - auch wohnungsmäßige - Förderung der jungen Familien in ihrer Startphase und der Alleinerziehenden,
2. auch die kinderreichen und die einkommensschwachen Familien bedürfen gezielter wohnungspolitischer Maßnahmen und Förderungen,
3. vor allem die Großstädte und die Stadtregionen müssen die "Adressaten wohnungspolitischer Anstrengungen und Innovationen - beispielsweise auf dem Gebiet des "nichtkonventionellen Wohnungsbaus" - für unterschiedliche Zielgruppen sein (WOHNBUND/BRECH 1989).

Die Verbesserung der kinderbezogenen Infrastruktur - sicher ein wichtiger Programmpunkt künftiger Städtebaupolitik und des Abbaus regionaler Disparitäten (Stichwort: Gleichheit bzw. Einheitlichkeit der Lebensverhältnisse als grundgesetzlicher Auftrag) - muß - wie die Analysen gezeigt haben - regional zielgerichtet und unterschiedlich intensiv bei den einzelnen Infrastruktureinrichtungen ansetzen; beispielhaft seien abschließend genannt:

1. die Kinderhorte im ländlichen Raum und in den Randzonen der Stadtregionen,
2. die kinderärztliche Versorgung auf dem Land,
3. spezifische schulische Einrichtungen bzw. Bildungseinrichtungen in ländlichen Regionen,

4. Einrichtungen für das für Kinder so wichtige Spielen "draußen", in derWohnumgebung mit Gleichaltrigen aus der Nachbarschaft - vorrangig in Großstädten bzw. in den Kernstädten der Stadtregionen.

Tabellenanhang

Tabelle 2:
Durchschnittliche Wohnfläche pro Person im Haushalt in qm von Familien mit Kindern nach demographischen und Wohn - Merkmalen (9-faktorielle Varianzanalyse mit multipler Klassifikation)

Fläche pro Person

Merkmal	N=3 422 $r^2=.33$ qm	Merkmal	N=3 422 $r^2=.33$ qm
Wohnverh.		Aktuelle	
Eigentum	34,6	berufl. Pos.	
Miete	26,7	un/ang. Arb.	29,0
F-Statistik	137,3	Facharb.	29,2
Signif. F	.000	einf.Ang./Be.	29,1
		mittl.Ang./Be.	30,7
Haush.Netto-		techn. Ang.	29,3
Einkommen DM		Kl. Selbst.	31,5
bis 2 000	29,3	Dienstl.klasse	33,7
2 bis 3 000	30,3	F-Statistik	5,0
3 bis 5 000	29,2	Signif. F	.000
über 5 000	33,3		
F-Statistik	9,8	Wohnkosten DM	
Signif. F	.000	bis 700	28,4
		über 700	32,9
Haushalts-		F-Statistik	48,7
größe		Signif. F	.000
3 Personen	35,0		
4 Personen	28,2	Alter d. Kinder	
5 u.mehr Pers.	23,6	0-6 Jahre	30,3
F-Statistik	16,9	7-16 Jahre	31,2
Signif. F	.000	F-Statistik	1,5
		Signif. F	.220
Wohnregion			
Städte	29,8	Alter d. Befr.	
Landkreise	31,6	25-34 Jahre	30,5
F-Statistik	8,6	35-44 Jahre	31,0
Signif. F	.003	45-54 Jahre	31,1
		F-Statistik	0,2
		Signif. F.	.818
		Anzahl Kinder	
		im Haushalt	
		1 Kind	31,0
		2 Kinder	30,9
		3 u. mehr K.	30,0
		F-Statitik	0,1
		Signif. F	.864

Grand mean = 30,9 qm

Tabelle 7:
Wohnkostenbelastung: Anteil der Wohnkosten (brutto) am Haushaltsnettoeinkommen in % von Familien mi Kindern nach demographischen und Wohn - Merkmalen (8-faktorielle Varianzanalyse mit einer Kovariate mit multipler Klassifikation)

Wohnkostenbelastung

Merkmal	N=3 422 $r^2=.23$ %	Merkmal	N=3 422 $r^2=.23$ %
Wohnverh.		Aktuelle	
Eigentum	29,1	berufl. Pos.	
Miete	23,2	un/ang. Arb.	25,3
F-Statistik	44,6	Facharb.	24,2
Signif. F	.000	einf.Ang./Be.	25,7
		mittl.Ang./Be.	26,8
Haush.Netto-		techn. Ang.	26,7
Einkommen DM		Kl. Selbst.	26,9
bis 2 000	47,5	Dienstl.klasse	27,8
2 bis 3 000	29,2	F-Statistik	1,5
3 bis 5 000	25,7	Signif. F.	.187
über 5 000	20,4		
F-Statistik	72,7	Alter d. Kinder	
Signif. F	.000	0-6 Jahre	27,4
		7-16 Jahre	25,7
Haushalts-		F-Statistik	3,1
größe		Signif. F	.079
3 Personen	26,7		
4 Personen	27,1	Kovariate	
5 u.mehr Pers.	22,2	Wohnfläche	
F-Statistik	2,5	F-Statistik	84,4
Signif. F	.081	Signif. F	.000
Wohnregion			
Städte	27,7	Alter d. Befr.	
Landkreise	25,4	25-34 Jahre	26,4
F-Statistik	9,0	35-44 Jahre	27,1
Signif. F	.003	45-54 Jahre	24,4
		F-Statistik	3,2
		Signif. F	.039
		Anzahl Kinder	
		im Haushalt	
		1 Kind	25,3
		2 Kinder	26,4
		3 u. mehr K.	31,2
		F-Statitik	2,6
		Signif. F	.076

Grand mean = 26,3 %

Tabelle 12:
Die Nutzung von Einrichtungen für Spiel und Betreuung nach
Belegungsdichte der Wohnungen und Zahl der Kinder im Haushalt

Familientyp: "Vorschulkinderfamilien"

Einrichtung Nutzung d. Einr.		Wohndichte 1 (1)	(2)	Wohndichte 2 (1)	(2)	Wohndichte 3 (1)	(2)
Einr. (1)							
ja	%	67,1	86,7	62,8	91,7	55,0	89,7
nein	%	32,9	13,2	37,2	8,3	45,0	10,3
Cr.V=.29	N	255	120	234	84	60	146
Einr. (2)							
ja	%	63,8	86,4	59,1	87,5	44,7	85,8
nein	%	36,2	13,6	40,9	12,5	55,3	14,2
Cr.V=.30	N	199	103	164	64	47	113
Einr. (5)							
ja	%	30,0	67,4	29,1	59,3	14,3	65,8
nein	%	70,0	32,6	70,9	40,7	85,7	34,2
Cr.V=.38	N	260	129	244	91	63	158

Wohndichte 1: mehr Wohnräume als Personen, (1): ein Kind, (2) zwei und mehr Kinder;
Wohndichte 2: Wohnräume gleich Personen; Wohndichte 3: weniger Wohnräume als
Personen. Einr. (1): Spielplatz für kleinere Kinder; (2): Verkehrsberuhigte Wege und Plätze;
(5): Kindergarten.

Familientyp: "Schulkinderfamilien"

		Wohndichte 1 (1)	(2)	Wohndichte 2 (1)	(2)	Wohndichte 3 (1)	(2)
Einr. (3)							
ja	%	77,6	78,3	73,1	89,2	79,2	77,6
nein	%	22,4	21,7	26,9	10,8	20,8	22,4
Cr.V=.08	N	459	60	260	37	106	49
Einr. (4)							
ja	%	45,9	66,7	47,2	57,7	51,6	63,9
nein	%	54,1	33,3	52,8	42,3	48,4	36,1
Cr.V=.13	N	316	42	195	26	93	36
Einr. (6)							
ja	%	4,1	7,4	6,3	-	6,6	4,3
nein	%	95,9	92,6	93,8	100	93,4	95,7
Cr.V=.07	N	194	27	144	13	61	23

Wohndichte 1: mehr Wohnräume als Personen, (1): bis zwei Kinder, (2) drei und mehr
Kinder; Wohndichte 2: Wohnräume gleich Personen; Wohndichte 3: weniger Wohnräume
als Personen. Einr. (3): Spielgelände für ältere Kinder und Jugendliche; (4): Freizeitstätte;
(6): Kinderhort.

Sabine Walper

Finanzielle Belastungen und soziale Beziehungen

1. Einleitung
1.1 Fragestellung
1.2 Analysestrategie

2. Wer ist betroffen?
   Risikofaktoren ökonomischer Deprivation
2.1 Bildungsressourcen und Erwerbssituation der Männer und Frauen
2.2 Partnerschaftskonstellation, Familienentwicklung und Kinderzahl
2.3 Besondere Lebensereignisse
2.4 Zwischenbilanz

3. Sozialbeziehungen bei ökonomischer Deprivation
3.1 Zur Größe des sozialen Netzwerks
3.2 Die Freizeitgestaltung

4. Zusammenfassung und Schlußfolgerungen

   Anhang

1. Einleitung

1.1 Fragestellung

Spätestens mit Beginn der Achtziger Jahre haben zunehmende wirtschaftliche Probleme in der Bundesrepublik die öffentliche Aufmerksamkeit auf finanzielle Notlagen gelenkt, die man für weitgehend bewältigt hielt. Schon Mitte der Siebziger Jahre wurde die "neue soziale Frage" (GEISSLER, 1976) diskutiert. Seit jedoch 1983 die Arbeitslosenzahl die 2 Millionen-Grenze überschritten hatte und vor allem die Langzeitarbeitslosigkeit stieg, wurde umso deutlicher, daß strukturelle Veränderungen des Arbeitsmarktes auch für bis dahin weitgehend finanziell abgesicherte Gruppen das Risiko ökonomischer Deprivation erhöhen (HAUSER 1988; HEINELT, WACKER & WELZER 1987; KLEIN 1986).

Die Frage, ob und in welchem Umfang eine neue Polarisierung innerhalb der Wohlstandsgesellschaft zu dauerhaften sozio-ökonomischen Ungleichheiten zwischen besser Gestellten und langfristig Marginalisierten führt, ist nach wie vor offen. Bisherige Analysen legen nahe, daß dauerhafte Armut weniger verbreitet ist, als man bisher annahm, während zeitlich begrenzte finanzielle Notlagen eine zunehmende Rolle spielen. Immerhin 25% der Bevölkerung waren in einem der Jahre zwischen 1984 und 1989 von Einkommensarmut betroffen, d.h. konnten nicht einmal über 50% dessen verfügen, was in der Bundesrepublik das durchschnittliche Haushaltseinkommen beträgt (IIABICH, HEADEY & KRAUSE 1991). Vor allem Kinder, junge Erwerbstätige und ein-Elternteil-Familien haben ein erhöhtes Armutsrisiko, während Armut im Alter und Armut speziell unter Frauen weitgehend zurückgegangen sind (SEMRAU & HAUSER 1989).

Auch der folgende Beitrag behandelt zunächst Risikofaktoren ökonomischer Deprivation, richtet sein Hauptaugenmerk jedoch auf das Wechselspiel von Einkommensarmut und sozialer Deprivation. Hierbei wird die Gestaltung von inner- und außerfamiliären Beziehungen in von Einkommensarmut betroffenen und in finanziell besser gestellten Haushalten gegenübergestellt. Die Frage lautet, ob Einkommensarmut das Risiko sozialer Isolation bzw. eingeschränkter Beziehungen und Kontakte im privaten sozialen Netzwerk erhöht und vermehrt mit einem Rückzug in die Familie einhergeht. Ob hierbei die jeweilige Bildung und Merkmale der Familienstruktur mitbestimmen, wie anfällig die Sozialbeziehungen für armutsbedingte Belastungen sind, wird ebenfalls gefragt.

Eine Reihe früherer Befunde zeigen, daß ökonomische Knappheit sowohl Belastungen der Partnerbeziehung und der Eltern-Kind-Interaktion als auch Beeinträchtigungen der Außenbeziehungen wahrscheinlicher macht. Zumeist stammen diese Studien aus den Dreißiger Jahren (z.B. ANGELL, 1936; CAVAN & RANCK, 1969, orig. 1938; JAHODA, LAZARSFELD & ZEISEL 1975, orig. 1938; KOMAROVSKY, 1973, orig. 1940), wobei es sich vielfach um Fallstudien handelt, die wesentliche Prozesse im Umgang mit finanziellen Härten und Arbeitslosigkeit aufzeigen, allerdings in ihrer Generalisierbarkeit begrenzt sind. Auch einige komplexere Analysen, die vor allem die Reaktionen von Kindern und Jugendlichen auf finanzielle Verknappung in ihren Familien beleuchten, greifen auf Daten aus dieser Zeit zurück (z.B. ELDER 1974; ELDER, CASPI & DOWNEY 1984). Seit Beginn der 80er Jahre wurden jedoch erneut Studien durchgeführt, die nicht nur individuelle Konsequenzen von ökonomischer Deprivation, sondern auch familiäre Belastungen und Anpassungsprozesse zum Thema gemacht haben (z.B. ELDER, CONGER & FOSTER 1989; FAGIN & LITTLE 1984; McLOYD & FLANAGAN 1990; SCHINDLER, WACKER & WETZELS 1990; WALPER 1988).

Wesentlicher Fokus der neueren Studien ist Arbeitslosigkeit als prototypischer Anlaß ökonomischer Deprivation, nicht zuletzt, da im Zuge der verbesserten sozialen Absicherung, der veränderten Einstellungen zur Erwerbstätigkeit und der Diskussion um die Arbeitsgesellschaft interessierte, ob der Verlust der Erwerbstätigkeit auch heute noch gleichermaßen krisenhafte Folgen für die Betroffenen nach sich zieht wie in den 30er Jahren (JAHODA 1983; WACKER 1990). Seltener geht es um generelle Phänomene des finanziellen Abstiegs im Zuge der Wirtschaftskrise, um Niedrigeinkommen und Verarmung, wie sie aus vielfältigen Problemlagen resultieren können (SELLIN & BESSELMANN 1987).

Vor allem Beobachtungen zur Arbeitslosigkeit lassen darauf schließen, daß der Verlust der Erwerbstätigkeit und resultierende ökonomische Verknappung die Kontakte zu Außenstehenden nicht unberührt lassen. So ist etwa der gewohnte Interaktionsrahmen im Umgang mit Arbeitskollegen nicht mehr gegeben, Stigmaötisierungsprozesse können zum Ausschluß von gemeinsamen Aktivitäten führen, und vielfach ziehen sich auch die Betroffenen selbst aus Scham von Bekannten und Freunden zurück (JACKSON 1990; MARSDEN & DUFF 1975; SELLIN & BESSELMANN 1987). Finanzielle Engpässe legen nahe, Kosten für Unternehmungen einzusparen, was vor allem bei Alleinerziehenden eine Isolation begünstigt (NAPP-PETERS 1986). Selbst Einladungen bei anderen scheinen nicht selten abgelehnt zu werden, wenn die finanziellen Mittel für Gegeneinladungen fehlen.

Der damit einhergehenden Zentrierung auf die Familie stehen jedoch vielfach Spannungen entgegen, die ihrerseits aus den ökonomischen Härten resultieren und die Beziehungen belasten. Einschränkungen in den Ausgaben machen in der Regel eine Umverteilung der verfügbaren Gelder notwendig, die für einzelne Familienmitglieder mit schmerzlichem Verzicht verbunden sein kann und hierdurch Konflikte und Auseinandersetzungen begünstigt. Auch Veränderungen im familiären Rollensystem, etwa eine Abwertung des Ernährers aufgrund seines ökonomischen "Mißerfolges", tragen hierzu bei. Und nicht zuletzt sind es die individuellen Belastungsreaktionen der Betroffenen, die das Zusammenleben erschweren (JACKSON 1990; LIKER & ELDER 1983; WALPER 1988; SILBEREISEN, WALPER & ALBRECHT 1990).

Für Angehörige höherer Schichten scheint ökonomische Deprivation mit besonderen Belastungen verbunden zu sein, haben sie doch nicht nur mit finanziellen Härten, sondern auch mit dem sozialen Abstieg zu kämpfen. Nach den Befunden von LIKER und ELDER (1983) führten drastische Einkommensverluste während der Weltwirtschaftskrise vor allem in Mittelschichtfamilien zu einem Anstieg der Konflikte. Teils wurden die knappen finanziellen Ressourcen vorrangig dafür verwendet, den äußeren Schein zu wahren, statt die primären Bedürfnisse der Familienmitglieder zu decken (ELDER 1974). Entsprechend stellt sich die Frage, ob auch heute unterschiedliche Reaktionen auf ökonomische Deprivation je nach der sozialen Stellung der Betroffenen zu beobachten sind. Um dies zu klären, werden unterschiedliche Bildungsgruppen im Vergleich gegenübergestellt.

Wenn bislang danach gefragt wurde, wie Armut und Arbeitslosigkeit im Kontext der Familie bewältigt werden, so wurden ausschließlich Ehepaare (und deren Kinder) oder - in Einzelfällen - die Herkunftsfamilie der von Armut oder Arbeitslosigkeit Betroffenen in den Blick gefaßt. Ob sich nichteheliche Lebensgemeinschaften in der Bewältigung ökonomischer Deprivation von Ehepaaren unterscheiden, ist folglich eine offene Frage. Auch die zunehmende Zahl von Partnerschaften, die keine Haushaltsgemeinschaft bilden, sondern in separaten Haushalten leben, wurden vernachlässigt. Bedenkt man, daß vielfach die beengten Wohnverhältnisse zur Verschärfung von Konflikten beizutragen scheinen, so könnte die Beziehung zum Partner weniger gefährdet sein, wenn beide in getrennten Haushalten leben. Um dem nachzugehen, soll im folgenden auch geprüft werden, ob die Partnerschaftskonstellation einen moderierenden Einfluß auf die Effekte ökonomischer Deprivation hat.

Zur Bestimmung der Armutsgrenze werden die Richtlinien der Sozialhilfebedürftigkeit zugrundegelegt. Angesichts der hohen Dunkelziffer von Sozialhilfeberechtigten ist jedoch nicht maßgeblich, ob die Betroffenen tatsächlich Leistungen der Sozialhilfe erhalten, sondern ob ihr Haushaltseinkommen unter dem ihnen zustehenden Sozialhilfesatz liegt. Die Analysen beziehen sich auf Ein- und Zweigenerationenhaushalte, nämlich Alleinstehende, (Ehe-) Partner-Haushalte und Eltern mit Kindern im Haushalt. In einem ersten Schritt wird zunächst danach gefragt, inwieweit die Erwerbsbeteiligung und sozio-ökonomische Stellung der Haushaltsmitglieder sowie Merkmale der Haushaltsstruktur als Risikofaktoren die Wahrscheinlichkeit von Einkommensarmut beeinflussen, und ob Deprivierte häufiger mit mehr oder minder einschneidenden Ereignissen konfrontiert sind, die aus einer nachteiligen Lebenslage (z.B. geringe Bildungsressourcen, unterprivilegierte Stellung im beruflichen Statusgefüge, Alleinerziehende) resultieren können und ihrerseits das Armutsrisiko erhöhen können (HABICH, HEADEY & KRAUSE 1991). Im Gegensatz zu dieser Vermittlerrolle, wie sie kritischen Lebensereignissen in der Mediationshypothese zugeschrieben wird, könnten Veränderungen in den Lebensumständen der von Armut Betroffenen jedoch auch umgekehrt eine Folge ökonomischer Deprivation darstellen, eine Gegenthese, die ebenfalls erwogen wird. Vor diesem Hintergrund betrachten wir im zweiten Schritt die

Gestaltung persönlicher sozialer Netzwerke unter den Bedingungen ökonomischer Deprivation. Hierbei werden mögliche moderierende Einflüsse der Bildung und Haushaltsstruktur berücksichtigt, die die Effekte ökonomischer Deprivation dämpfen oder verstärken könnten.

1.2 Analysestrategie

Stichprobe. Die Analysen basieren auf Daten einer Teilstichprobe von maximal 6.198 der insgesamt 10.043 Teilnehmer des Surveys "Wandel und Entwicklung familialer Lebensformen", der 1988 bundesweit durchgeführt wurde. Um größere Unzuverlässigkeiten der Angaben zum Haushaltseinkommen zu vermeiden, wurden Befragte, die noch bei ihren Eltern (n = 959) oder in einer Wohngemeinschaft wohnen (n = 571) oder zu ihren Wohnverhältnissen keine Angaben machten (n = 221), nicht in die Analysen einbezogen. Von den verbleibenden 8.292 Befragten lebten 80,7% (n = 6.693) entweder allein, mit einem (Ehe-)Partner und/oder mit ihren Kindern (einschließlich Stief-, Pflege- und Adoptivkinder) zusammen, bei 18,7% (n = 1.548) wohnten noch weitere Personen im Haushalt, und für 51 Haushalte (0,6%) fehlten diesbezügliche Angaben.

Die im folgenden vorgestellten Analysen beschränken sich auf Haushalte, die nicht mehr als die Kernfamilie - also gegebenenfalls den Partner/die Partnerin sowie Kinder der Befragten - umfassen. Für diese Einschränkung sprechen zwei Gründe: Erstens fehlen für zusätzliche Haushaltsangehörige Informationen zu Alter und Erwerbsbeteiligung, die zur Bestimmung des Bedarfseinkommens notwendig wären; zweitens - was wichtiger ist - muß bezweifelt werden, daß etwaige Einkünfte dieser Personen jeweils im genannten Haushaltsnettoeinkommen enthalten sind.[1] Aufgrund fehlender Angaben zum Haushaltseinkommen reduziert sich die Zahl der verfügbaren Fälle auf n = 6.198.

Einkommensarmut. Zur Bestimmung von Einkommensarmut wurden die amtlichen Richtlinien für Sozialhilfeleistungen zugrunde gelegt, wie sie zum Befragungszeitpunkt (1988) im Bundesdurchschnitt galten.[2] Hierbei war für die einzelnen Haushalte zu ermitteln, ob das jeweilige durchschnittliche Netto-Einkommen pro Monat unterhalb dessen liegt, was ihnen nach der Sozialhilfe-Bemessung - entsprechend der Haushaltszusammensetzung - zustehen würde. Für im Haushalt lebende Kinder sind je nach Alter unterschiedliche Regelsätze vorgesehen, wobei die Richtlinien für 1988 folgende Altersgruppen differenzieren: (1) unter 8 Jahre (Regelsatz: DM 185,-), (2) 8 bis unter 12 Jahre (DM 268,-), (3), 12 bis unter 16 Jahre (DM 309,-), (4) 16 bis 21 Jahre (DM 371,-) und (5) 22 und mehr Jahre (DM 330,-). Der Regelsatz für den ersten Erwachsenen im Haushalt ("Haushaltsvorstand") lag mit DM 412,- vs. DM 330,- über dem für weitere erwachsene Haushaltsangehörige. Zusätzlich berücksichtigt sind durchschnittlich veranschlagte Mietkosten, jeweils gestaffelt nach Haushaltsgröße[3], einmalige Beihilfen sowie Mehrbedarf für Erwerbstätige (für Haushaltsangehörige ab 16 Jahren) und für Alleinerziehende mit mindestens zwei Kindern unter 16 Jahren im Haushalt. Unterschiede zwischen den Regelsätzen der einzelnen Bundesländer wurden zugunsten einer einheitlichen Berechnung vernachlässigt.

Das Haushaltseinkommen wurde in vorgegebenen Einkommensklassen erfragt, die mehrheitlich in Abständen von DM 1.000,- gefaßt sind (siehe WEIDACHER in diesem Band). Es umfaßt alle Einkommensquellen[4] des Haushalts nach Abzug von Steuern und Sozialversicherungsbeiträgen. Um nun die *Relation zwischen angegebenem Haushaltseinkommen und Bedarfseinkommen* zu bestimmen, bieten sich zwei Alternativen an: Entweder kann die Klassenmitte als wahrscheinliches Haushaltseinkommen eingesetzt werden (z.B. bei DM 430 bis DM 1200: DM 815), oder es werden sowohl die obere als auch die untere Klassengrenze herangezogen, um die minimal und maximal mögliche Abweichung vom Bedarfseinkommen zu berechnen. Das letztgenannte Verfahren erlaubt, Haushalte, deren Einkommen sicher unterhalb der Armutsgrenze liegt ("sicher Deprivierte"), von solchen Haushalten zu unterscheiden, deren Einkommen im Grenzbereich liegt, also nur mit mehr oder minder großer Wahrscheinlichkeit unter die Armutsgrenze fällt. Beide Gruppen von Deprivierten lassen sich wiederum von solchen, deren Haushaltseinkommen auf jeden Fall über dem Bedarfseinkommen liegt, abgrenzen. Diese Alternative wurde für das weitere Vorgehen gewählt, da sie den Daten am ehesten gerecht wird.

Die erforderlichen Einkommensangaben liegen - nach allen Selektionskriterien - für insgesamt 6.198 Fälle vor. Von diesen erweisen sich 445 (7,2%) als sicher depriviert, 1.399 (22,6%) liegen mit ihrem Haushaltseinkommen im Grenzbereich, und weitere 4.354 (70,2%) sind nicht von Einkommensarmut betroffen.

Da die einzelnen Einkommenskategorien recht breit gefaßt sind, ergibt sich eine erhebliche Variationsbreite möglicher Diskrepanzen zwischen dem Haushaltsnetto-Einkommen und der haushaltsspezifischen Armutsgrenze. Unterstellt man die obere Grenze der Einkommensangaben als tatsächliches Einkommen - also den günstigsten Fall -, so liegen zwei Drittel der sicher deprivierten Haushalte um weniger als DM 500,- unterhalb des Sozialhilfeniveaus; im ungünstigsten Fall (wenn von der unteren Einkommensgrenze ausgegangen wird) unterschreiten allerdings sogar knapp 80% der sicher deprivierten die Armutsgrenze um DM 1.000,- und mehr. Von den Haushalten im Grenzbereich weist keiner eine derartig extreme Diskrepanz zum Sozialhilfeniveau auf. Im ungünstigsten Fall verfügt allerdings auch hier der Großteil der Haushalte (87%) über mindestens DM 200,- weniger, als ihnen laut offizieller Armutsgrenze zustünde. Im günstigsten Fall sind diese Haushalte per definitionem nicht depriviert, d.h. liegen in ihrem Einkommen oberhalb der Armutsgrenze.

Um einen differenzierteren Einblick in die finanzielle Situation der drei Vergleichsgruppen zu erhalten, wurde nach einem vereinfachten Verfahren das *monatliche pro-Kopf-Einkommen* der Haushalte bestimmt. Bei der Gewichtung der einzelnen Haushaltsmitglieder ging der erste Erwachsene im Haushalt mit dem Faktor 1, Kinder unter 14 Jahren mit dem Faktor 0,5 und ältere Kinder sowie weitere Erwachsene mit dem Faktor 0,7 in die Berechnung ein. Als monatliches Einkommen des Haushalts wurde die jeweilige Klassenmitte der angegebenen Kategorie eingesetzt. Erwartungsgemäß unterscheidet sich das monatliche pro-Kopf-Einkommen der deprivierten und nicht deprivierten Haushalte drastisch. In den als sicher depriviert eingestuften Haushalten liegt das pro-Kopf-Einkommen mit durchschnittlich DM 557,- weit unter dem Vergleichswert nicht deprivierter Haushalte (DM 1.953,-). Auch die Haushalte im Grenzbereich verfügen mit durchschnittlich DM 935,- über nicht einmal 50% des mittleren pro-Kopf-Einkommens nicht deprivierter Haushalte.

2. Wer ist betroffen?
Risikofaktoren ökonomischer Deprivation

Im folgenden wird zunächst geprüft, inwieweit sich das Risiko, von Einkommensarmut betroffen zu sein, für einzelne soziale Gruppen unterscheidet. Hierbei geht es sowohl um jene Risikofaktoren, die die Ausbildungs-und Erwerbssituation sowie die berufliche Stellung der Befragten bzw. ihrer Partner charakterisieren, als auch um familienspezifische Besonderheiten wie die Partnerschaftskonstellation, die jeweilige Phase in der Familienentwicklung und die Kinderzahl. Anschließend werden besondere Lebenslagen betrachtet, die entweder als Stressoren zu mehr oder minder vorübergehenden Einkommenseinbußen führen oder auch aus finanziellen Notlagen resultieren können.

Bei diesen Analysen wird gleichzeitig gefragt, ob sich die Risikofaktoren ökonomischer Deprivation über unterschiedliche Bildungsgruppen hinweg und für Männer wie Frauen generalisieren lassen, oder ob jeweils spezifische Zusammenhänge zwischen Merkmalen der familiären Situation und der finanziellen Lage zu beobachten sind. Hierzu wird zum einen nach der Schulbildung (maximal Hauptschulabschluß versus höhere Abschlüsse; n = 3.290 versus 2.846), zum anderen nach dem Geschlecht der Befragten unterschieden.

2.1 Bildungsressourcen und Erwerbssituation der Männer und Frauen

Betrachten wir zunächst, inwieweit sich das Risiko, von Einkommensarmut betroffen zu sein, für Frauen und Männer sowie nach deren Bildungsressourcen, beruflicher Stellung und Erwerbssituation unterscheidet. Wie Tabelle 1 zeigt, ist das Armutsrisiko für Frauen annähernd doppelt so hoch wie für Männer. Diese Diskrepanz übertrifft noch das Verhältnis von Männern und Frauen unter allen faktischen Sozialhilfeempfängern, das 1985 "nur" 1:1,3 betrug (HAUSER 1988). Da die Sozialhilfestatistik - anders als die vorliegende Studie - auch ältere Bürger/innen enthält, sollte dort das Verhältnis von Männern und Frauen eher extremer sein, denn der Anteil der Frauen ist vor allem unter den älteren Sozialhilfeempfängern sehr hoch. Daß hier das Armutsrisiko für Frauen so weit über dem der Männer liegt, ließe sich zunächst darauf zurückführen, daß nicht nur faktische Sozialhilfeempfänger, sondern auch potentielle Empfänger in der Stichprobe enthalten sind. Tatsächlich legen auch andere Studien nahe, daß verdeckte Armut unter den Frauen höher ist als unter den Männern. Allerdings geben in der hier verwendeten Stichprobe auch annähernd dreimal so viele Frauen wie Männer (2,9% vs. 1%) an, Sozialhilfe zu empfangen. Ob dies auf Unterschiede in der Mitteilungsbereitschaft oder Besonderheiten der Stichprobe zurückzuführen ist, läßt sich an dieser Stelle nicht klären.

Tabelle 1:
Armutsrisiko je nach Geschlecht und höchstem Schulabschluß der Männer und Frauen (in Zeilenprozent)a

	ökonomische Deprivation				
	nein	Grenz-bereich	ja	Gesamt	
	%	%	%	%	(n)
Geschlecht					
Männer	75,4	19,9	4,8	100,0	(2.583)
Frauen	66,6	24,5	8,9	100,0	(3.617)
Schulbildung					
max. Hauptschule					
Männer	67,7	25,8	6,5	100,0	(1.354)
Frauen	55,7	30,8	13,5	100,0	(1.936)
Mittlere Reife					
Männer	84,5	12,4	3,2	100,0	(534)
Frauen	78,5	17,9	3,5	100,0	(1.053)
FHS-Reife/Abitur					
Männer	83,7	13,7	2,6	100,0	(664)
Frauen	81,3	15,8	2,9	100,0	(595)

Geschlecht: $Chi^2 = 67.06$, df = 2, p < .001
Schulbildung:
Männer: $Chi^2 = 93.02$, df = 4, p < .001
Frauen: $Chi^2 = 250.91$, df = 4, p < .001

Vergleicht man das Armutsrisiko in unterschiedlichen *Bildungsgruppen*, so zeigt sich ein deutlicher Nachteil derjenigen, die maximal die Hauptschule absolviert haben. Dies gilt vor allem für Frauen: Mit 13,5% sicher Deprivierten ist der Anteil der Armen bei den niedrig gebildeten Frauen sogar doppelt so hoch wie bei den Männern dieser Vergleichsgruppe (6,5%). Das Abitur verschafft jedoch gegenüber der mittleren Reife keinen nennenswerten Vorteil. Der Anteil derer, die mit diesen Bildungsabschlüssen unterhalb der Armutsgrenze angelangt sind, liegt für Männer und Frauen zwischen 2,6% und 3,5%. Ähnlich bestimmt auch die gegenwärtige oder - bei derzeit nicht Berufstätigen - die letzte *berufliche Stellung* das Armutsrisiko (Tabelle 2). Hierbei fallen die Unterschiede zwischen den Berufsgruppen für Frauen wiederum noch etwas stärker aus als für Männer. An- und ungelernte Arbeiter/innen haben das jeweils höchste Armutsrisiko, wobei der Anteil sicher Deprivierter unter den Frauen mit 19,6% doppelt so hoch ist wie bei den Männern dieser Berufsgruppe (9,4%). Angehörige der Dienstleistungsklassen[5] sind demgegenüber mit 0,8% bis 5% sicher Deprivierten jeweils am besten gestellt. Bezieht man auch die im Grenzbereich Deprivierten ein, so nivellieren sich in den höheren Berufsgruppen die Armutsrisiken für Männer und Frauen weitgehend.

Tabelle 2:
Armutsrisiko je nach Berufsposition der Männer und Frauen
(in Zeilenprozent)

	ökonomische Deprivation				
	nein	Grenz-bereich	ja	Gesamt	
	%	%	%	%	(n)
ungelernte Arbeiter					
Männer	58,5	32,1	9,4	100,0	(265)
Frauen	44,5	35,9	19,6	100,0	(607)
Facharbeiter					
Männer	64,9	28,3	6,8	100,0	(576)
Frauen	57,0	31,4	11,7	100,0	(223)
Einfache Angest/Beamte					
Männer	79,8	17,3	2,8	100,0	(496)
Frauen	70,5	22,8	6,6	100,0	(1.717)
Dienstleistungskl.II					
Männer	92,3	6,9	0,8	100,0	(518)
Frauen	85,6	11,5	2,9	100,0	(514)
Technische Berufe					
Männer	75,0	21,4	3,6	100,0	(252)
Frauen	73,0	10,8	16,2	100,0	(37)
Kleine Selbständige					
Männer	76,4	14,5	9,1	100,0	(165)
Frauen	70,3	22,8	6,9	100,0	(145)
Dienstleistungskl.I					
Männer	93,8	4,8	1,4	100,0	(208)
Frauen	89,1	5,9	5,0	100,0	(119)

Männer: Chi^2 = 218.15, df = 12, p < .001
Frauen: Chi^2 = 299.97, df = 12, p < .001

Interessanterweise hat die Berufsposition jedoch für alleinstehende Männer einen geringeren Einfluß auf das Armutrisiko als für Männer, die mit ihrer (Ehe-) Partnerin zusammenleben[6]: Die Unterschiede zwischen den Berufsgruppen alleinstehender Männer sind sehr moderat, während das Armutsrisiko für diejenigen mit Partnerin deutlich nach der beruflichen Stellung variiert. Ausschlaggebend hierfür sind vor allem die niedrigen Berufsgruppen, bei denen sich der Nachteil von Familien am stärksten bemerkbar macht. Gehören unter den Alleinstehenden noch 76,9% der un- und angelernten Arbeiter zu den nicht Deprivierten, so gilt dies nur für 50,8% der un- und angelernten Arbeiter, die mit ihrer Partnerin zusammenleben. Angehörige der höchsten Berufsgruppe (Dienstleistungsklasse I) sind demgegenüber generell gut gestellt, unabhängig davon, ob sie alleinstehend sind oder mit ihrer Partnerin zusammenleben (96,2% und 93,4% nicht deprivierte). Offensichtlich fallen die geringen Einkünfte der niedrigeren Berufsgruppen bei einer Familiengründung bzw. Erweiterung des Haushalts wesentlich häufiger unter die Armutsgrenze als die Verdienste höherer Berufspositionen.

Für Frauen ist das jeweilige Armutsrisiko der einzelnen Berufsgruppen jedoch nicht gleichermaßen von der Partnerschaftssituation abhängig. Die Unterschiede im Anteil der Deprivierten je nach beruflicher Stellung sind in beiden Fällen hochsignifikant[7]. Zudem sind es bei den Frauen eher die Alleinstehenden, bei denen sich die Nachteile der niedrigen Berufsgruppen zeigen: Während fast jede dritte alleinstehende un- und angelernte Arbeiterin von Armut betroffen ist (29,5% sicher Deprivierte), gilt dies nur für jede sechste Frau dieser Berufsgruppe, die mit einem Partner zusammenlebt (17,4% sicher Deprivierte).

Wie zu erwarten bestimmt vor allem die *Erwerbssituation* der Befragten das jeweilige Armutsrisiko (Tabelle 3). Nur 30,7% der arbeitslosen Männer leben oberhalb der Armutsgrenze, verglichen mit 79,7% der erwerbstätigen Männer. Für Frauen fallen die Unterschiede zwischen Arbeitslosen und Erwerbstätigen mit 40,9% versus 77,1% nur geringfügig schwächer aus. Diejenigen, die noch in Ausbildung stehen, haben ebenfalls ein größeres Armutsrisiko, wobei vor allem der Anteil derer im Grenzbereich erhöht ist.

Auch wenn die Frau Hausfrau ist, fällt das Einkommen häufiger unter die Armutsgrenze. In dieser Hinsicht sind Familien mit höherer Bildung im Vorteil: 72% der Haushalte mit nicht erwerbstätiger Hausfrau leben oberhalb der Armutsgrenze, während dies bei niedriger Bildung nur 46,8% der Hausfrauen-Haushalte erreichen. Allerdings bedeutet das nicht, daß die Erwerbssituation bei höheren Bildungsressourcen weniger zum Tragen kommt. Zwar haben Frauen und Männer mit höherer Schulbildung insgesamt - über alle Erwerbslagen hinweg - ein geringeres Armutsrisiko, die jeweiligen Unterschiede je nach der Erwerbssituation entsprechen sich jedoch in beiden Bildungsgruppen weitgehend.

Tabelle 3:
Armutsrisiko je nach Erwerbssituation der Männer und Frauen (in Zeilenprozent)[a]

	ökonomische Deprivation				
	nein	Grenz-bereich	ja	Gesamt	
	%	%	%	%	(n)
Erwerbstätig					
Männer	79,7	16,7	3,6	100,0	(2316)
Frauen	77,1	16,9	6,0	100,0	(1891)
In Ausbildung					
Männer	33,3	56,8	9,9	100,0	(81)
Frauen	41,2	47,1	11,8	100,0	(68)
Arbeitslos					
Männer	30,7	48,9	20,5	100,0	(88)
Frauen	40,9	44,5	14,5	100,0	(110)
Hausfrau/-mann					
Frauen	56,0	31,8	12,3	100,0	(1419)
Sonstiges					
Männer[a]	48,0	38,8	13,3	100,0	(98)
Frauen	64,6	27,6	7,9	100,0	(127)

Männer: $Chi^2 = 251.40$, $df = 6$, $p < .001$
Frauen: $Chi^2 = 221.55$, $df = 8$, $p < .001$

a einschließlich der Hausmänner (n = 9), die aufgrund der zu geringen Gruppengröße nicht separat betrachtet werden können

Daß keineswegs nur die berufliche Situation der Männer sondern auch die Erwerbsbeteiligung der Frauen einen entscheidenden Einfluß auf das Armutsrisiko der Haushalte hat, zeigt sich nicht zuletzt, wenn man bei zusammenlebenden (verheirateten oder nicht verheirateten) Paaren die *Erwerbskonstellation beider Partner* betrachtet, also neben der Erwerbsbeteiligung der Befragten auch die der Partner/innen einbezieht (Tabelle 4). Familien, in denen nur die Frau erwerbstätig ist, der Mann jedoch nicht, fallen mit ihrem Einkommen kaum häufiger unter die Armutsgrenze als Familien, in denen ausschließlich der Mann zur Einkommenssicherung beiträgt. Ist jedoch keiner der Partner erwerbstätig, so verdoppelt sich das Armutsrisiko: Nur noch 33,5% dieser Familien leben oberhab der Armutsgrenze. Haushalte, in denen beide Partner verdienen, sind demgegenüber erwartungsgemäß am besten gestellt. 81,8% von ihnen gehören zu den nicht Deprivierten.

Schließlich finden sich auch für den Umfang der Erwerbsbeteiligung die erwartbaren Unterschiede im Armutsrisiko: Längere Arbeitszeiten pro Woche senken die Wahrscheinlichkeit eines zu geringen Einkommens (Tabelle 5).

Tabelle 4:
Armutsrisiko je nach Erwerbsbeteiligung beider Partner
(in Zeilenprozent)a

ökonomische Deprivation

	nein %	Grenz-bereich %	ja %	Gesamt %	(n)
beide erwerbstätig	81,8	14,5	3,7	100,0	(2.294)
nur Mann erw.	64,7	27,6	7,7	100,0	(2.272)
nur Frau erw.	62,7	23,1	14,2	100,0	(169)
keiner erwerbstätig	33,5	40,2	26,3	100,0	(224)

$Chi^2 = 393.85$, df = 6, p < .001

a nur zusammenlebende Paare

Lediglich Frauen, die über 51 Wochenstunden arbeiten, leben etwas häufiger unterhalb der Armutsgrenze als Vollzeitbeschäftige mit geringerer Stundenzahl, d.h. Frauen, deren Arbeitszeit zwischen 37,5 und 51 Wochenstunden variiert. Vermutlich sind extrem hohe Arbeitszeiten teils auch durch finanzielle Notlagen bedingt.

Anders als man vorderhand erwarten würde, sind es keineswegs die Männer, deren Wochenarbeitszeit den stärkeren Ausschlag für das Unterschreiten bzw. Überspringen der Armutsgrenze gibt, sondern die Frauen.[8] Wie Abbildung 1 zu entnehmen ist, variiert die Arbeitszeit der Frauen weitaus deutlicher zwischen armen und nicht deprivierten Familien als die Arbeitszeit der Männer. Zwar haben erwerbstätige Männer, die weniger als vollzeit arbeiten, ähnlich wie Frauen ein deutlich erhöhtes Armutsrisiko. Da jedoch nur sehr wenige Männer teilzeitbeschäftigt sind, kommt dieser Faktor in den von Armut betroffenen Familien insgesamt kaum zum Tragen.

Zumindest für Frauen erweist sich wiederum die Partnerschaftssituation als bedeutsam, da das zusätzliche Einkommen eines im Haushalt lebenden Partners vor allem bei teilzeitbeschäftigten Frauen das Armutsrisiko senkt: Alleinstehende Frauen, die teilzeit arbeiten, haben - wie zu erwarten - ein wesentlich höheres Armutsrisiko als teilzeitbeschäftigte Frauen, die mit ihrem (Ehe-) Partner zusammenleben. Betrachtet man die maximal halbtagsbeschäftigten Frauen (mit bis zu 20 Wochenstunden), so leben 29,8% der Alleinstehenden sicher unterhalb des Sozialhilfeniveaus, während dies nur für 8,8% der Frauen in Partnerschaften gilt. Nur jede dritte teilzeitbeschäftigte alleinstehende Frau ist nicht depriviert (36,2%), verglichen mit immerhin zwei Drittel derjenigen, die mit ihrem Partner zusammenleben (68,4%).

Tabelle 5:
Armutsrisiko je nach wöchentlicher Arbeitszeit für Männer und Frauen
(in Zeilenprozent)[a]

	ökonomische Deprivation				
	nein	Grenz-bereich	ja	Gesamt	
	%	%	%	%	(n)
bis 20 Stunden					
Männer	63,6	18,2	18,2	100,0	(11)
Frauen	65,3	23,9	10,8	100,0	(481)
20,5 - 37 Std.					
Männer	76,7	20,0	3,3	100,0	(60)
Frauen	70,6	21,6	7,8	100,0	(357)
37,5 - 39,5 Std.					
Männer	77,8	19,1	3,1	100,0	(482)
Frauen	83,1	13,5	3,4	100,0	(207)
40 Stunden					
Männer	78,6	18,1	3,3	100,0	(941)
Frauen	87,8	10,1	2,1	100,0	(572)
40,5 - 51 Std.					
Männer	83,5	13,3	3,2	100,0	(436)
Frauen	87,4	7,0	5,6	100,0	(143)
über 51 Std.					
Männer	85,7	10,4	4,0	100,0	(328)
Frauen	76,4	18,1	5,6	100,0	(72)

Männer: Chi^2 = 24.57, df = 10, p < .01
Frauen: Chi^2 = 103.85, df = 10, p < .001

[a] nur Erwerbstätige

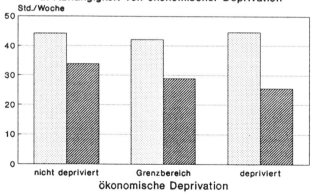

Abbildung 1: Wochenarbeitszeit von Männern und Frauen in Abhängigkeit von ökonomischer Deprivation

nur Erwerbstätige

Selbst bei einer Arbeitszeit von bis zu 37 Wochenstunden zeigen sich noch diese Unterschiede (Alleinstehende versus mit Partner: 46,4% versus 75,1% nicht Deprivierte). Erst bei Vollzeitbeschäftigten (über 37 Wochenstunden) gleicht sich die finanzielle Lage an. Wenngleich also für alleinerziehende Mütter eine Teilzeitbeschäftigung erstrebenswert ist, um mehr Zeit für die Kinder zur Verfügung zu haben, so wird dies doch nur in einem Drittel der Fälle den finanziellen Mindestbedürfnissen der Familie gerecht. Bei Männern ist die entsprechende Datenbasis zu gering, um reliable Aussagen zu machen.

2.2 Partnerschaftskonstellation, Familienentwicklung und Kinderzahl

Daß vor allem der Familienstand für Frauen das Risiko ökonomischer Deprivation bestimmt, ist bekannt und wird auch durch die vorliegenden Daten bestätigt (Tabelle 6). Ehemals verheiratete Frauen leben mit deutlich höherer Wahrscheinlichkeit unterhalb der Armutsgrenze als verheiratete und ledige Frauen und als Männer ohnehin. Am stärksten sind dabei keineswegs die Geschiedenen, sondern vor allem die getrennt Lebenden betroffen, vermutlich da ihr Unterhalt durch den (ehemaligen) Ehepartner noch nicht rechtlich abgesichert ist. Zwar wäre auch denkbar, daß die Armutsquote unter den getrennt Lebenden erhöht ist, weil von Armut betroffene Paare aus finanziellen Gründen häufiger ihre Scheidung verzögern; dagegen spricht jedoch der drastische Unterschied zwischen der Situation der Frauen und der der Männer. So gehört jede vierte getrennt lebende Frau zu den sicher Deprivierten, während dies nur für 3,2% der getrennt lebenden Männer gilt. Für Männer erhöht allenfalls die Ehe das Armutsrisiko, insgesamt hat jedoch der Familienstand für sie nur einen geringfügigen Einfluß.

Fragt man nicht nur nach dem Familienstand, sondern auch nach der *gegenwärtigen Partnerschaftsform*, so scheint zunächst der Partner im Haushalt für Frauen das Armutsrisiko deutlich zu senken: Frauen, die in nicht-ehelicher Lebensgemeinschaft mit ihrem Partner zusammenwohnen, stehen sich mit einem Anteil von 73,3% nicht Deprivierten sogar noch geringfügig besser als die verheiratet zusammenlebenden (68,4%), während diejenigen ohne Partner im Haushalt nur zu knapp 60% auf der finanziell sicheren Seite sind. Daß die Haushaltszugehörigkeit des Partners entscheidend ist, liegt auch insofern nahe, als ein Partner, der nicht im gemeinsamen Haushalt lebt, keinen finanziellen Vorteil gegenüber alleinstehenden Frauen ohne Partner verschafft (59,3% vs. 56,9% nicht Deprivierte). Für Männer ergibt sich ein spiegelbildlich gegenläufiges Bild: Das geringste Armutsrisiko haben diejenigen, deren Partnerin über einen eigenen Haushalt verfügt, während die Verheirateten am schlechtesten gestellt sind.

Tabelle 6:
Armutsrisiko je nach Familienstand für Männer und Frauen (in Zeilenprozent)

ökonomische Deprivation

	nein %	Grenz-bereich %	ja %	Gesamt %	(n)
verheiratet					
Männer	73,5	21,0	5,2	100,0	(1862)
Frauen	68,4	23,7	7,9	100,0	(2647)
getrennt lebend					
Männer	87,1	9,7	3,2	100,0	(31)
Frauen	39,2	32,9	27,8	100,0	(79)
geschieden					
Männer	83,5	14,6	1,9	100,0	(158)
Frauen	46,6	34,8	18,6	100,0	(279)
verwitwet					
Männer	88,5	11,5	0,0	100,0	(26)
Frauen	64,5	20,9	14,5	100,0	(110)
ledig					
Männer	78,3	18,4	3,4	100,0	(506)
Frauen	73,0	22,4	4,6	100,0	(500)

Frauen: $Chi^2 = 125.32$, df = 8, p < .001
Männer: $Chi^2 = 18.70$, df = 8, p < .05

Allerdings bleiben auch für Frauen, die mit ihrem Partner zusammenwohnen, Unterschiede im Armutsrisiko je nach Familienstand bestehen: Leben 20% der ehemals Verheirateten (getrennt Lebende, Geschiedene und Witwen) unterhalb der Armutsgrenze, so gilt dies nur für 5,1% der Ledigen. Die vergleichsweise bessere Situation von Frauen in nichtehelichen Lebensgemeinschaften beruht im wesentlichen also auf dem höheren Anteil der Ledigen in dieser Gruppe (71,6% versus 44,8% unter den Alleinstehenden), die insgesamt das geringste Armutsrisiko aufweisen. Daß hierbei die jeweils unterschiedliche familiäre Situation, vor allem der höhere Anteil Alleinerziehender unter den ehemals Verheirateten, die entscheidende Rolle spielt, liegt auf der Hand.

Auch die einzelnen Phasen der *Familienentwicklung* sind mit einem unterschiedlichen Armutsrisiko verbunden, wobei die Diskrepanzen wiederum für Frauen stärker ausfallen als für Männer (Tabelle 7). Sobald Kinder vorhanden sind, verdoppelt sich das Armutsrisiko für Männer, während es sich für Frauen annähernd verdreifacht (sicher Deprivierte und jene im Grenzbereich zusammengerechnet). Familien mit Schulkindern (6 bis 17 Jahre) sind hierbei gegenüber denjenigen mit Kleinkindern keineswegs im Vorteil. Die häufig unterstellten besseren Erwerbschancen von Müttern mit Schulkindern scheinen also nicht zum Tragen zu kommen, vermutlich da die Erwerbstätigkeit

der Mütter vielfach durch variierende Schulzeiten und ein mangelndes Angebot an Nachmittagsbetreuung von Schulkindern behindert wird.
Familien mit älteren Jugendlichen bzw. erwachsenen Kindern (ab 18 Jahren) sind kaum besser gestellt. Der Anteil der sicher Deprivierten ist nach Angaben der Männer in dieser Phase mit 9,7% sogar noch höher als in früheren Phasen. Auf die höhere Kinderzahl der Familien in späteren Entwicklungsphasen läßt sich dies nicht zurückführen. Zwar haben die "älteren" Familien tatsächlich häufiger mehr Kinder (28,7% der Familien mit erwachsenen Kindern im Haushalt haben drei und mehr Kinder, verglichen mit 19,3% der Familien mit Klein- und Vorschulkinder); für das pro-Kopf-Einkommen sind jedoch nur Kinder im Haushalt ausschlaggebend, und in dieser Hinsicht übertreffen sogar eher Familien mit Vorschul- und Schulkindern die restlichen Gruppen. Vielmehr dürfte sich hier der Ausbildungsnachteil älterer Kohorten bemerkbar machen, der die Verdienstmöglichkeiten dieser Eltern einschränkt.

Tabelle 7:
Armutsrisiko je nach Stellung im Familienzyklus für Männer und Frauen
(in Zeilenprozent)

	ökonomische Deprivation				
	nein	Grenz-bereich	ja	Gesamt	
	%	%	%	%	(n)
Als jüngstes Kind leben im Haushalt...					
(noch) keine Kinder					
Männer	85,1	12,5	2,4	100,0	(831)
Frauen	84,4	13,9	1,7	100,0	(825)
Klein- und Vorschulkinder					
Männer	67,3	27,0	5,7	100,0	(529)
Frauen	58,6	31,4	10,0	100,0	(899)
(Schul)Kinder bis 17 J.					
Männer	64,3	29,7	6,0	100,0	(485)
Frauen	56,5	29,3	14,1	100,0	(849)
erwachsene Kinder					
Männer	70,4	19,9	9,7	100,0	(423)
Frauen	60,6	26,2	13,2	100,0	(675)
keine Kinder mehr					
Männer	87,0	12,1	1,0	100,0	(315)
Frauen	80,4	17,2	2,5	100,0	(367)

Männer: $Chi^2 = 142.62$, $df = 8$, $p < .001$
Frauen: $Chi^2 = 252.98$, $df = 8$, $p < .001$

Erst wenn die Kinder in der "empty nest-Phase" aus dem Haus sind, steigt das pro-Kopf-Einkommen wieder häufiger über die Armutsgrenze, wobei allerdings die meist beträchtlichen Ausgaben für Kinder außerhalb des Haushalts nicht berücksichtigt wurden (siehe VASKOVICS 1990).
Am drastischsten sind die Unterschiede zwischen den einzelnen Familienphasen für alleinstehende Frauen (Abbildung 2). Während von den alleinstehenden kinderlosen Frauen 76,7% oberhalb der Armutsgrenze leben, gilt

dies nur für 23% der alleinstehenden Frauen mit Klein-und Vorschulkindern. Frauen mit Partner im Haushalt sind demgegenüber in der Kleinkindphase mit 61,8% nicht Deprivierten deutlich besser gestellt als alleinerziehende Mütter. Auch sie haben allerdings gegenüber den kinderlosen Frauen mit Partner (89,7% nicht Deprivierte) noch beträchtliche finanzielle Nachteile. Für alleinerziehende Mütter senkt sich die Armutsquote erst, wenn die Kinder das Jugendalter erreichen.

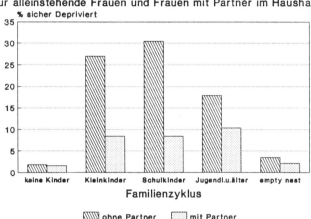

Abbildung 2: Anteil der Deprivierten nach Familienzyklus für alleinstehende Frauen und Frauen mit Partner im Haushalt

Das alte Dictum, daß Armut kinderreich sei, bestätigen auch die vorliegenden Daten. Vor allem mit dem dritten und vierten Kind steigt das Armutsrisiko beträchtlich, verdoppelt es sich doch jeweils von knapp 10% bei zwei Kindern auf 20% bei drei und 43% bei vier Kindern (nur sicher Deprivierte). Dies gilt sowohl für die Gesamtzahl der Kinder als auch, wenn lediglich Kinder im Haushalt betrachtet werden, und zwar für Männer und Frauen gleichermaßen. Für alleinerziehende Mütter stellen jedoch drei und mehr Kinder im Haushalt ein eklatant größeres Armutsrisiko dar als für Frauen mit (Ehe-)Partner: Leben noch 45,7% der kinderreichen Mütter mit Partner oberhalb der Armutsgrenze, so gilt dies nur noch für 3,8% der alleinerziehenden Mütter mit drei und mehr Kindern (Tabelle 8).

Tabelle 8:
Armutsrisiko je nach Anzahl der Kinder im Haushalt für alleinstehende Frauen und Frauen mit Partner im Haushalt
(in Zeilenprozent)

	ökonomische Deprivation				
	nein	Grenz-bereich	ja	Gesamt	
	%	%	%	%	(n)
keine Kinder					
ohne Partner	74,8	23,1	2,1	100,0	(424)
mit Partner	87,8	10,4	1,8	100,0	(768)
ein Kind					
ohne Partner	44,7	37,1	18,2	100,0	(159)
mit Partner	69,1	23,4	7,5	100,0	(926)
zwei Kinder					
ohne Partner	24,1	45,5	30,4	100,0	(112)
mit Partner	59,7	30,9	9,4	100,0	(918)
drei u. mehr Kinder					
ohne Partner	3,8	26,9	69,2	100,0	(26)
mit Partner	45,7	31,9	22,3	100,0	(282)

ohne Partner: $Chi^2 = 216.06$, df = 6, p < .001;
mit Partner: $Chi^2 = 271.47$, df = 6, p < .001

2.3 Besondere Lebensereignisse

Strukturelle Besonderheiten der jeweiligen Lebenslage wie Bildungsnachteile oder die fehlende familiäre Absicherung Alleinerziehender, die in den vorherigen Abschnitten behandelt wurden, können nicht nur direkt zum Armutsrisiko beitragen. Der eingangs vorgestellten Medationshypothese zufolge tun sie dies vielmehr auch indirekt, vermittelt über mehr oder minder einschneidende Ereignisse, die in unterprivilegierten Lebenssituationen gehäuft vorkommen und gleichzeitig das Risiko finanzieller Belastungen erhöhen. Um diese Annahme zu prüfen, wurden die Angaben der Deprivierten und nicht Deprivierten zu insgesamt 16 kritischen Lebensereignissen verglichen, die sich auf das Jahr vor der Befragung beziehen. Die Mediationshypothese wird jedoch kaum durch die Daten bestätigt (Tabelle 9)[9]. Zwar geben Befragte im Grenzbereich der Armut und aus sicher deprivierten Haushalten etwas seltener als nicht Deprivierte an, keines dieser Ereignisse erlebt zu haben (49,6% und 45,8% gegenüber 52,1%). Diese Unterschiede sind jedoch minimal. Auch die Art der Ereignisse, die in von Armut betroffenen Familien häufiger auftreten, spricht kaum dafür, daß diese Ereignisse zur finanziellen Notlage der Familien beigetragen haben. Dies gilt allenfalls für den Auszug eines Familienmitglieds, den Deprivierte häufiger berichten als nicht Deprivierte: Soweit das ausgezogene Familienmitglied zum Haushaltseinkommen beigetragen hat, ist in der Tat eine Verknappung finanzieller Ressourcen zu erwarten, wenngleich die geringere Haushaltsgröße prinzipiell auch zu einer Entspannung der Einkommenslage führen könnte. Tatsächlich geben jedoch vor allem die von Armut betroffenen Frauen an, daß ein Familienmitglied ausgezogen sei (6,5% der sicher Deprivierten und 4,1% derjenigen im Grenzbereich der Armut versus 2,2% der nicht Deprivierten). Es liegt nahe, daß es sich hierbei um eine Trennung vom Partner mit allen finanziellen Konsequenzen handelt.

Tabelle 9:
Prävalenz ausgewählter kritischer Lebensereignisse[a] für Deprivierte und nicht Deprivierte
(in Spaltenprozent)

	ökonomische Deprivation				
	nein	Grenz-bereich	ja	Gesamt[b]	
	%	%	%	%	(n)
Auszug Familienmitgl.	2,4	3,2	5,2	2,8	(172)
Probleme m.Partner	6,1	7,7	8,8	6,6	(410)
Probleme m.Kindern	4,8	7,4	9,4	5,7	(355)
Ärger m.Behörden	2,9	4,7	7,6	3,6	(225)
Störung im Alltag	3,1	4,7	7,2	3,7	(232)
Schwierigkt.im Beruf	8,7	6,6	3,8	7,9	(487)
durchschnittl.Anzahl der Ereignisse	0,80	0,88	0,97	0,83	(6.136)

[a] nur Ereignisse, deren Prävalenz sich für die Vergleichsgruppen signifikant unterscheidet
[b] Relative (%) und absolute (n) Häufigkeit der Befragten, für die das jeweilige Ereignis zutrifft. Die Basis beträgt jeweils n = 6.198.

Alle anderen Ereignisse wie Probleme mit dem Partner und den Kindern, Ärger mit Behörden und Störungen im Alltag sind vermutlich eher als Folge der finanziellen Härten zu sehen. Daß Schwierigkeiten im Beruf (z.B. Arbeitsüberlastung, Probleme mit Vorgesetzten) von den Deprivierten sogar seltener genannt werden, ist wohl am ehesten auf die Arbeitslosen zurückzuführen. Selbst Krankheiten oder Unfälle, die zu Verdienstausfällen führen können, werden nicht generell häufiger von den Deprivierten berichtet. Lediglich von Armut betroffene Männer geben mit 20,3% (sicher Deprivierte) versus 12,8% (nicht Deprivierte) häufiger Krankheiten bzw. Unfälle an. Dies könnte auf besondere Berufsrisiken zurückzuführen sein, da Arbeiter sowie Angehörige technischer Berufe unter den Armen überrepräsentiert sind.

Interessanterweise treten Probleme mit den Kindern vor allem unter den höher gebildeten Deprivierten auf (bei 12,5% versus 8,3% der sicher Deprivierten mit niedriger Bildung; nicht Deprivierte: 4,5% versus 5,3%). Stärkere Beeinträchtigungen von Kindern speziell aus höher gebildeten deprivierten Familien zeigten sich auch in einer anderen Studie, allerdings nur im Bereich der Leistungsbereitschaft (WALPER 1988). In solchen Fällen können sehr wohl Konflikte über Schulleistungen entstehen. Die Befundlage ist in dieser Hinsicht nicht einheitlich. Andere Befunde legen nahe, daß sich finanzielle Härten eher in Unterschichtfamilien nachteilig auf die Kinder auswirken (z.B. ELDER 1974; WALPER 1988).

Probleme in der Ausbildung geben ebenfalls eher die Deprivierten der höheren Bildungsgruppe an (14,8% der sicher deprivierten versus 7,7% der nicht deprivierten und 3,7% der sicher Deprivierten mit niedriger Bildung). Allerdings befinden sich Befragte mit maximal Hauptschulabschluß kaum noch in der Ausbildung, so daß Probleme in diesem Bereich für sie ohnehin weitgehend unwahrscheinlich sind. Störungen im Alltag betreffen jedenfalls keineswegs nur die höher Gebildeten unter den Armen sondern mindestens ebenso die Hauptschulabsolventen.

Summiert man die potentiellen kritischen Ereignisse und prüft in einer einfaktoriellen Varianzanalysen den Einfluß ökonomischer Deprivation, des Geschlechts der Befragten sowie deren Schulbildung, so finden sich lediglich signifikante Unterschiede zwischen Deprivierten und nicht Deprivierten sowie zwischen den beiden Bildungsgruppen[10]. Wer unterhalb der Armutsgrenze lebt, gibt etwas mehr Ereignisse an als nicht Deprivierte (siehe Tabelle 9), und auch höher Gebildete erfahren mehr derartige Veränderungen ihrer Lebenssituation (durchschnittlich 0.90 versus 0.76 Ereignisse). Das Geschlecht hat jedoch keinen Einfluß und auch die Interaktionseffekte sind statistisch unbedeutend. Armut geht also weder für Frauen mit mehr kritischen Ereignissen einher als für Männer, noch unterscheiden sich die Bildungsgruppen danach, mit wievielen Ereignissen von Armut Betroffene konfrontiert sind.

2.4 Zwischenbilanz

Die These, daß nur Zweidrittel der Bevölkerung in der Bundesrepublik am gesellschaftlich erreichten finanziellen Wohlstand teilhaben können, während ein Drittel hiervon ausgeschlossen bleibt, wird auch durch die vorliegenden Daten gestützt. Knapp 30% der hier betrachteten Stichprobe lebt zumindest im Grenzbereich der Einkommensarmut. Dies ist eine umso beträchtlichere Zahl, als Personen über 55 Jahre vom Survey nicht erfaßt wurden und komplexere Haushaltsstrukturen von den Analysen ausgeschlossen waren. Bedenkt man etwa, daß gerade Armut die Aufnahme weiterer Personen, die nicht zur Kernfamilie gehören, notwendig machen kann, so muß damit gerechnet werden, daß die Zahl der Deprivierten hier noch unterschätzt wird.

Festzuhalten bleibt, wie maßgeblich insbesondere der Erwerbsstatus für das Armutsrisiko ist: Wenngleich geringe Bildung und niedrige Berufspositionen mit einer erwartbar höheren Wahrscheinlichkeit ökonomischer Deprivation einhergehen, so läßt sich doch das höchste Armutsrisiko weniger an den Bildungsressourcen oder der Berufsposition festmachen als vielmehr an der aktuellen Erwerbssituation der Befragten. Am ehesten zeigen sich die strukturellen Nachteile einer niedrigen Bildung noch bei den Frauen, während die Berufsposition für Männer wie Frauen gleichermaßen die Wahrscheinlichkeit ökonomischer Deprivation bestimmt. Allerdings wird der Einfluß, den eine niedrige Berufsposition des Mannes auf das Armutsrisiko des Haushalts hat, zusätzlich durch die Familiensituation akzentuiert. Während für Alleinstehende die Berufsposition noch relativ irrelevant ist, kommt sie bei Männern, die mit ihrer (Ehe-)Partnerin zusammenleben, deutlich zum Tragen.

Offensichtlich machen sich strukturelle Nachteile mit steigender Familiengröße umso stärker bemerkbar, etwa dann, wenn mehrere Personen nur vom Einkommen eines Familienmitglieds abhängig sind. Dem entspricht, daß Haushalte mit Hausfrauen vor allem in der niedrigen Bildungsgruppe ein erhöhtes Armutsrisiko aufweisen, während sie in der höheren Bildungsgruppe keinen vergleichbar extremen finanziellen Nachteil gegenüber Haushalten mit erwerbstätiger Frau in Kauf nehmen müssen. Die Bildungsressourcen und damit verbundene Verdienstmöglichkeiten haben demnach einen nicht unbeträchtlichen Einfluß auf den finanziellen Handlungsspielraum, der Frauen und ihren Familien bei der Gestaltung der Rollenverteilung bleibt. Dies gilt umso mehr, als es gerade die Frauen sind, deren Erwerbsbeteiligung in der Partnerschaft einen bedeutsamen Beitrag zur Senkung des Armutsrisikos liefert.

Daß für Frauen der Zusammenhang zwischen Berufsposition und Armutsrisiko nicht durch die Partnerschaftskonstellation moderiert wird, dürfte darauf zurückzuführen sein, daß sich unter den alleinstehenden Frauen häufig ein-Elternteil-Familien befinden. Der Vorteil einer geringen Haushaltsgröße kommt also für alleinstehende Frauen seltener zum Tragen als für alleinstehende Männer. Vermutlich ist es gerade die Kumulation struktureller Nachteile, die den Einfluß einzelner Faktoren (wie den der Berufsposition) auf das Armutsrisiko erhöht. So dürften etwa berufsbedingte Verdienstmöglichkeiten für alleinerziehende Mütter eine weitaus einflußreichere Rolle spielen als für alleinstehende Frauen ohne Kinder. Eine solche Akzentuierung von Risikofaktoren in ein-Elternteil-Familien zeigt sich auch darin, daß die Kinderzahl für alleinerziehende Mütter ein deutlich stärkerer Prädiktor des Armutsrisikos als in Familien mit beiden Eltern.

Die These, daß kritische Lebensereignisse eine Vermittlerfunktion zwischen strukturellen Nachteilen der Lebenslage und Armutsrisiko spielen, wird durch die vorliegenden Befunde nicht gestützt. Die Art der Ereignisse, die in deprivierten Familien vermehrt auftreten, spricht eher dafür, daß Probleme im Alltag aus der finanziellen Notlage resultieren statt sie zu bedingen. Dies gilt nicht zuletzt für Schwierigkeiten mit den Kindern, die vor allem von den

Deprivierten der höheren Bildungsgruppe berichtet werden. Darauf, wie sich die inner- und außerfamiliäern Sozialbeziehungen der von Armut Betroffenen in beiden Bildungsgruppen darstellen, geht der folgende Abschnitt näher ein.

3. Sozialbeziehungen bei ökonomischer Deprivation

Im folgenden wird nun die Frage aufgegriffen, ob und inwieweit mit der finanziellen Notlage auch Anzeichen sozialer Deprivation und eines Rückzugs in die Familie einhergehen. Hierbei muß offen bleiben, ob derartige Einschränkungen der Beziehungen eine Folge ökonomischer Deprivation darstellen oder ihrerseits zur finanziellen Notlage beitragen, weil entscheidender Rückhalt im Netzwerk informeller Sozialbeziehungen fehlt. Bisherige Befunde legen jedoch nahe, daß Rückzugstendenzen und depressives Verhalten etwa bei Arbeitslosigkeit eher eine Auswirkung der belastenden Situation sind als daß sie hierzu beitragen (z.b. FRESE 1978; GORE 1978). Zunächst betrachten wir die Größe des sozialen Netzwerks, das in einzelnen ausgewählten Lebensbereichen bzw. zur Befriedigung einiger wesentlicher Bedürfnisse zur Verfügung steht. Im Anschluß hieran wird die Freizeitgestaltung näher untersucht, um zu prüfen, ob sich von Armut Betroffene in ihrer Freizeit stärker auf den engeren Kreis der Familie zurückziehen oder auch gleichermaßen den Kontakt zu Freunden und Bekannten aufrechterhalten wie nicht Deprivierte.

Schon die bisherigen Analysen haben gezeigt, daß Haushalt und Familie der von Armut Betroffenen Besonderheiten aufweisen, die ihrerseits die Gestaltung inner- und außerfamiliärer Beziehungen beeinflussen dürften. Derartige Unterschieden können leicht zu Fehlinterpretationen der Befunde führen und müssen daher als sogenannten "Drittvariablen" kontrolliert werden. So fällt etwa die Anzahl der Haushaltsmitglieder sowie die der Kinder in deprivierten Familien höher aus als in nicht deprivierten (Haushaltsgröße der sicher Deprivierten: 3.62, wahrscheinlich Deprivierte: 3.10, nicht Deprivierte: 2.65)[11]. Über einen insgesamt größeren Familienkreis scheinen von Armut Betroffene allerdings nicht zu verfügen. Da die Anzahl der Haushaltsmitglieder und der Kinder mit r = .71 hoch korreliert, wird in den folgenden Analysen nur einer der beiden Faktoren, nämlich die Anzahl der Haushaltsmitglieder kontrolliert.

3.1 Zur Größe des sozialen Netzwerks

Wie unterscheidet sich nun das informelle soziale Netzwerk von Personen, die unterhalb der Armutsgrenze leben, von den Sozialbeziehungen finanziell besser gestellter? Aufschluß hierüber geben vier Fragen, die sich auf den Kreis derer beziehen, mit denen die Befragten
- Dinge besprechen, die ihnen persönlich wichtig sind
- regelmäßig gemeinsame Mahlzeiten einnehmen (ohne Kantine und Arbeitsessen)

- eine sehr enge gefühlsmäßige Beziehung haben und
- hauptsächlich ihre Freizeit verbringen.

Angesprochen sind also prototypische Funktionen der Familie, die aber nicht zwangsläufig nur im Rahmen der Haushaltsgemeinschaft erfüllt werden (siehe BIEN/MARBACH in Band I). Zunächst gilt es zu klären, ob Armut mit Einschränkungen der Sozialbeziehungen einhergeht, d.h. ob die ökonomisch Deprivierten in den angesprochenen Bereichen weniger Interaktionspartner nennen als finanziell besser Gestellte. Soweit Armut einen sozialen Rückzug bewirkt, sollte das informelle Netzwerk der Deprivierten kleiner sein. Umgekehrt könnte jedoch die haushaltsbezogene Gelegenheitsstruktur den Deprivierten sogar einen Vorteil für die Gestaltung ihrer alltäglichen Interaktionen verschaffen: Bedenkt man, daß die Haushalte der Armen durchschnittlich größer sind als die der nicht Deprivierten, so wäre zu erwarten, daß sie jeweils mehr Personen als Ansprechpartner für persönliche Fragen, als Freizeitpartner etc. nennen.

Um diese Fragen zu beantworten, wurden multivariate Varianzanalysen berechnet, in denen sowohl Effekte der finanziellen Lage als auch die anderer relevanter Kontextfaktoren wie der Schulbildung, des Geschlechts und der Partnerschaftskonstellation der Betroffenen geprüft wurden. Damit sind zum einen die Effekte ökonomischer Deprivation um diejenigen der anderen Faktoren bereinigt, zum anderen läßt sich anhand der Interaktionseffekte prüfen, ob sich die Auswirkungen finanzieller Notlagen je nach Bildungsstand oder Geschlecht etc. unterscheiden. Abhängige Variablen sind die jeweilige Anzahl der genannten Personen für jeden der vier Bereiche. Jede Analyse wurde zusätzlich als Kovarianzanalyse wiederholt, wobei Einflüsse der Haushaltsgröße (über die Anzahl der Haushaltsmitglieder als Kovariate) kontrolliert sind.

Betrachtet man die Effekte von ökonomischer Deprivation, Schulbildung, Geschlecht und Partnerschaftskonstellation (siehe Tabelle A-1 und A-2 im Anhang), so zeigt sich zwar zunächst, daß die von Armut Betroffenen hinsichtlich ihrer Mahlzeiten, ihrer engen gefühlsmäßigen Bindungen und der Freizeitgestaltung über größere Netzwerke verfügen als nicht Deprivierte. Diese Unterschiede sind jedoch alle auf die höhere Zahl der Haushaltsmitglieder zurückzuführen. Lediglich hinsichtlich der Gesprächspartner für persönliche Angelegenheiten bleibt der Effekt ökonomischer Deprivation auch in der Kovarianzanalyse bestehen. Im Sinne der Rückzugsthese geben die sicher Deprivierten tatsächlich durchschnittlich weniger Gesprächspartner an (1.54) als nicht Deprivierte (1.77) und Personen im Grenzbereich der Sozialhilfebedürftigkeit (1.72). Allerdings sind diese Unterschiede - wenngleich statistisch hochsignifikant - in ihrer Größenordnung eher moderat.

Weder die Bildung, noch die Partnerschaftskonstellation oder das Geschlecht der Befragten spielt hierbei eine moderierende Rolle. Entgegen unseren Erwartungen scheinen also die Sozialbeziehungen der höher Gebildeten nicht stärker anfällig zu sein für nachteilige Auswirkungen ökonomischer Deprivation. Hinweise auf einen stärkeren Rückzug finden sich jedenfalls hinsichtlich der Größe des sozialen Netzwerks nicht. Allerdings werden wir die Frage nochmals bei der näheren Betrachtung der Freizeitgestaltung aufgreifen (siehe Abschnitt 3.2).

Unterschiedliche Effekte ökonomischer Deprivation je nach dem Stand der Familienentwicklung bestehen ebenfalls nicht[12]. Zwar hat es zunächst den Anschein, als hätten Deprivierte in den Phasen mit Klein-, Schulkindern und Jugendlichen sogar mehr Partner für gemeinsame Mahlzeiten und Freizeitgestaltung. Diese Unterschiede lassen sich jedoch vollständig auf die jeweilige Haushaltsgröße zurückführen. Selbst wenn kleine Kinder zu versorgen sind, scheint also das soziale Netzwerk nicht stärker unter den Belastungen der Armut zu leiden als in anderen Phasen des Familienzyklus. Dies ist insofern bemerkenswert, als Untersuchungen zu den psychosozialen Folgen von Arbeitslosigkeit nahelegen, daß Väter mit Kleinkindern Arbeitslosigkeit als besonders belastend erleben und unter stärkeren gesundheitlichen Beeinträchtigungen leiden als Arbeitslose in späteren Phasen der Familienentwicklung (JACKSON 1990). Allerdings mögen sich die gesundheitlichen und sozialen Folgen von ökonomischer Deprivation durchaus unterscheiden.

3.2 Die Freizeitgestaltung

Wenngleich sich die sozialen Netzwerke Deprivierter und nicht Deprivierter in den hier betrachteten Interaktionsbereichen kaum hinsichtlich der jeweiligen Größe unterscheiden, so kann doch durchaus die Zusammensetzung des jeweiligen Personenkreises Besonderheiten aufweisen, die für einen Rückzug der Armen sprechen. Vor allem wäre zu erwarten, daß finanzielle Belastungen mit einer stärkeren Fokussierung auf den engeren Familienkreis einhergehen, sei es aus rein finanziellen Gründen - weil Außenkontakte auch Unkosten bereiten - oder aus Prestigegründen - weil die prekäre finanzielle Situation gegenüber Außenstehenden verborgen bleiben soll. Einige Befunde früherer Studien lassen vermuten, daß vor allem Personen mit vormals höherer sozialer Stellung mit Problemen des sozialen Abstiegs zu kämpfen haben, die sie durch "face saving"-Strategien zu bewältigen suchen (z.B. ELDER 1974). Entsprechend könnten sich höher Gebildete, die von Armut betroffen sind, stärker in die engere Familie zurückziehen als Deprivierte mit niedriger Bildung.

Diesen Fragen wurde am Beispiel der Freizeitgestaltung näher nachgegangen. Um zu klären, mit wem die Befragungsteilnehmer ihre Freizeit verbringen, wurde der jeweilige Anteil unterschiedlicher Personengruppen an allen Freizeitpartner/innen ermittelt. Dieses Maß ist unabhängig von der Gesamtzahl derer, mit denen die Befragten ihre Freizeit verbringen und gibt Aufschluß über die Zentralität einer bestimmten Person oder eines Personenkreises im Vergleich zu allen Freizeitpartner/innen. Die vier neu gebildeten Variablen sind: (1) Anteil des (Ehe-)Partners, (2) Anteil der Kernfamilie (Partner und Kinder einschließlich Stief-, Pflege- und Schwiegerkinder), (3) Anteil sonstiger Verwandter und (4) Anteil nicht verwandter Personen.

Da die jeweiligen Prozentsätze zum Teil sehr schief verteil sind, wurden sie für die Varianzanalysen in normalverteile Variablen transformiert. Wiederum wurden die Effekte von ökonomischer Deprivation, Schulbildung, Geschlecht und Partnerschaftskonstellation in einer multivariaten Varianzanalyse geprüft, wobei sich die Analysen zunächst nur auf Befragte mit Partner (n = 5.257) beschränken. Die F-Werte der multi- und univariaten Effekte sind in Tabelle A-3 und die Gruppenmittelwerte in Tabelle A-4 im Anhang ersichtlich.

Tatsächlich zeigt sich ein hochsignifikanter Unterschied zwischen Deprivierten und nicht Deprivierten, der zunächst nur den jeweiligen Anteil des (Ehe-) Partners an den Personen betrifft, mit denen die Befragten ihre Freizeit verbringen. Entgegen unseren Erwartungen spielt der Partner in deprivierten Familien eher eine geringere Rolle in der Freizeitgestaltung, d.h. er hat einen geringeren Anteil an allen Freizeitpartnern als es bei nicht Deprivierten der Fall ist. Dies ist jedoch auf die größeren Haushalte der Deprivierten zurückzuführen. Kontrolliert man die jeweiligen Anzahl der Haushaltsmitgliedern, so ist der generelle Unterschied der Vergleichsgruppen statistisch unbedeutend. Unberührt bleiben allerdings die spezifischen Besonderheiten der Armen in beiden Bildungsgruppen. Wie Abbildung 3 verdeutlicht, tritt vor allem bei den Armen mit niedriger Bildung der Partner in den Hintergrund, hat also einen geringeren Anteil an allen Freizeitpartnern. In der höheren Bildungsgruppe bleibt demgegenüber die Zentralität des Partners in der Freizeitgestaltung von den finanziellen Härten relativ unberührt. Zur größeren Anschaulichkeit sind in Abbildung 3 und folgenden die jeweiligen Prozentsätze (ohne Transformation) wiedergegeben.

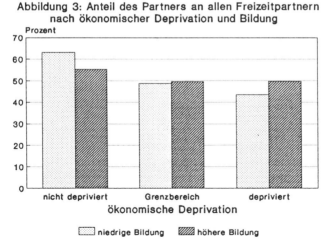

Abbildung 3: Anteil des Partners an allen Freizeitpartnern nach ökonomischer Deprivation und Bildung

nur Personen mit Partner (n = 5.257)

Betrachtet man den jeweiligen Anteil von nicht verwandten Personen wie Freunden und Kollegen an allen Freizeitpartnern, so ergibt sich ein spiegelbildlich umgekehrtes Bild (siehe Abbildung 4). Vor allem in der höheren Bildungsgruppe haben die von Armut Betroffenen deutlich weniger außerfamiliäre Kontakte als die finanziell besser Gestellten. In der niedrigen Bildungsgruppe fallen die Unterschiede zwischen Deprivierten und nicht Deprivierten eher moderat aus. Hier bestätigt sich also die Erwartung, daß Armut besonders dann einen Rückzug von außerfamiliären Kontakten begünstigt, wenn die finanziellen Härten mit sozialem Abstieg verbunden ist.

Abbildung 4: Anteil Nicht-Verwandter an den Freizeitpartnern nach ökonomischer Deprivation und Bildung

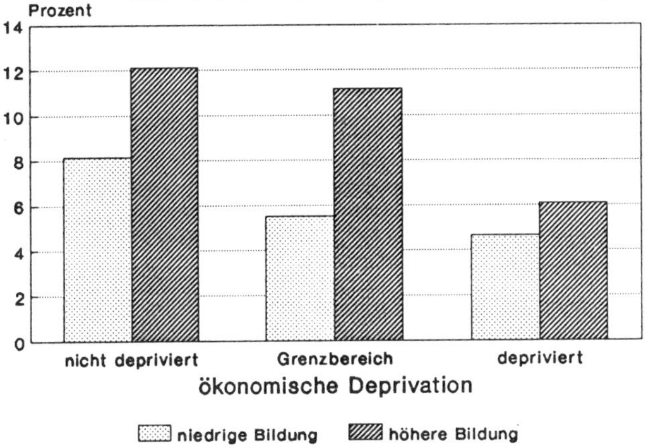

nur Personen mit Partner (n = 5.257)

Schließlich legen die entsprechenden Befunde für die Kernfamilie nahe, daß in der höheren Bildungsgruppe die außerfamiliären Kontakte zugunsten der Freizeitgestaltung im engeren Familienkreis reduziert werden. Während Armut in der niedrigen Bildungsgruppe eher dazu beiträgt, daß Partner und Kinder eine weniger zentrale Rolle in der Freizeitgestaltung spielen, erhalten sie in den deprivierten Familien mit höherer Bildung eine dominantere Stellung (Abbildung 5). Wenngleich sich also die Freizeitaktivitäten nicht zunehmend auf den Partner fokussieren, so scheinen doch zumindest die Kinder mehr in die Gestaltung der Freizeit einbezogen zu werden. Es ist durchaus denkbar, daß vor allem die Erwerbslosen in der höheren Bildungsgruppe die freie Zeit nutzen, um sich stärker mit den Kindern zu beschäftigen (vgl. MADGE 1983, WALPER 1988). Ob es sich hierbei um eine faktisch stärkere Zuwendung zur Kernfamilie - etwa auch eine Intensivierung der gemeinsamen Zeit - handelt oder ob die Kernfamilie lediglich in Relation zu den reduzierten Außenkontakten aufgewertet wird, bleibt hierbei dahingestellt.

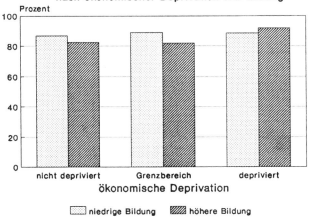

Abbildung 5: Anteil der Kernfamilie an den Freizeitpartnern nach ökonomischer Deprivation und Bildung

nur Personen mit Partner (n = 5.257)

Wie sich ökonomische Deprivation auf das Netzwerk der Freizeitpartner auswirkt, hängt jedoch nicht nur von der Schulbildung ab, sondern auch vom Geschlecht der Befragten sowie der Partnerschaftskonstellation, in der sie leben. So sind es vor allem die Frauen und Alleinstehende (ohne Partner im Haushalt), die sich bei ökonomischer Deprivation von außerfamiliären Kontakten zurückziehen und stärker auf Partner und Kinder konzentrieren (siehe Tabelle A-4 im Anhang). Daß gerade Alleinstehende bei Armut weniger außerfamiliäre Freizeitpartner angeben, dürfte auf den höheren Anteil Alleinerziehender unter den Deprivierten zurückzuführen sein. Tatsächlich sind es auch vor allem Frauen, für die diese unterschiedlichen Effekte ökonomischer Deprivation je nach Partnerschaftskonstellation zu beobachten sind[13].

Bezieht man auch diejenigen Befragten ein, die derzeit keinen Partner haben, und betrachtet den Anteil der außerfamiliären Freizeitpartner, so ändert sich nochmals das Bild[14]: Auch die Unterschiede zwischen Deprivierten und nicht Deprivierten sind in diesem Fall statistisch signifikant. Zudem zeichnen sich neben dem generellen Effekt ökonomischer Deprivation Besonderheiten je nach der Partnerkonstellation und dem Geschlecht ab: Vor allem alleinstehende Frauen ohne Partner weisen die größten Unterschiede je nach der finanziellen Lage auf. Während die nicht Deprivierten gegenüber allen anderen Vergleichsgruppen mit Abstand am stärksten auf außerfamiliäre Freizeitpartner fokussiert sind, ziehen sich die deprivierten Frauen ohne Partner deutlich von Außenkontakten zurück, weitaus mehr als von Armut betroffene Männer ohne Partnerin (siehe Abbildung 6). Allerdings überwiegen die generellen Unterschiede je nach der Partnerschaftskonstellation. So übertreffen selbst noch diejenigen Alleinstehenden ohne Partner, die unterhalb der Armutsgrenze leben, alle anderen Deprivierten im Anteil außerfamiliärer Freizeitpartner.

Abbildung 6: Anteil Nicht-Verwandter an den Freizeitpartnern nach ökonomischer Deprivation und Partnerschaft

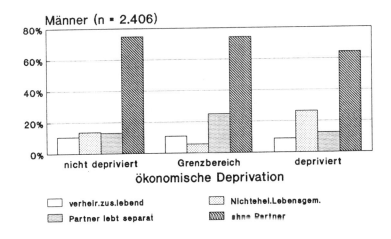

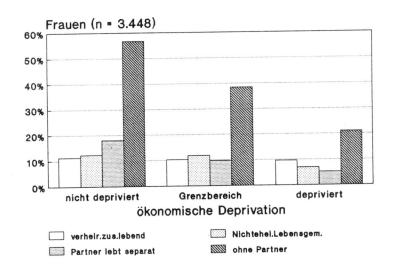

378

Insgesamt sprechen diese Befunde für die These, daß finanzielle Notlagen mit einem Rückzug in die Familie verbunden sind. Dies gilt vor allem für höher Gebildete, für Frauen und für Alleinstehende ohne Partner. Daß insbesondere Frauen ohne Partner bei ökonomischer Deprivation ihre Außenkontakte so deutlich reduzieren, dürfte auf die speziellen Probleme Alleinerziehender hinweisen, die bei Armut häufig zusätzlich in sozialer Isolation leben. Bei Männern und Frauen mit Partner nehmen die jeweiligen (Ehe-)Partner jedoch keineswegs eine zentralere Rolle in der Freizeitgestaltung der Armen ein. Im Gegenteil haben sie sogar einen geringeren Anteil an allen Freizeitpartnern, vor allem in der niedrigen Bildungsgruppe. Ob dieser Rückzug vom Partner der Vermeidung bzw. Bewältigung innerfamiliärer Spannungen dient, muß an dieser Stelle offen bleiben.

4. Zusammenfassung und Schlußfolgerungen

Nachdem bildungs-, berufs- und familienspezifische Risikofaktoren ökonomischer Deprivation betrachtet wurden, galt unser Hauptaugenmerk der Frage, in welchem Ausmaß Einkommensarmut mit Anzeichen sozialer Isolation oder einem Rückzug in die Familie einhergeht. Stellt man in Rechnung, daß die Deprivierten durchschnittlich mehr Kinder haben und entsprechend in größeren Haushalten leben als finanziell besser Gestellte, und vergleicht hiervon unabhängig zunächst die jeweilige Größe der sozialen Netzwerke in unterschiedlichen Lebensbereichen, so finden sich nur geringe Unterschiede. Männer und Frauen, die unterhalb der Armutsgrenze leben, können zur Sicherung wesentlicher Alltagsfunktionen und interpersoneller Bedürfnisse auf ebenso viele Personen zurückgreifen wie nicht Deprivierte. Auch spezifische Risikogruppen wie Alleinstehende, Kinderreiche und Personen mit geringen Bildungsressourcen, scheinen keine Ausnahme zu bilden. Lediglich für Gespräche über persönliche Angelegenheiten stehen den Armen im Sinne der Isolationsthese weniger Ansprechpartner zur Verfügung.

Wenn Studien mit Problemgruppen weitaus deutlichere Zusammenhänge zwischen Armut und sozialen Beeinträchtigungen nahelegen (z.B. SELLIN & BESSELMANN 1987), so ließe sich dies zunächst noch auf Besonderheiten der untersuchten Population zurückführen. Dennoch sollten keine voreiligen Schlüsse über die Immunität von Sozialbeziehungen gegenüber armutsbedingten Belastungen gezogen werden. Zum einen geben die verfügbaren Daten keine Auskunft darüber, wie lange die finanzielle Notlage schon anhält, so daß nicht zwischen kurz- und langfristig Betroffenen unterschieden werden kann. Da Belastungsreaktionen und Anpassungsprozesse vielfach nach einem charakteristischen Muster zu verlaufen scheinen (BAKKE, 1969), könnten sich Phasen erhöhter Verletzbarkeit der Beziehungen bei Armut identifizieren lassen. Auch der stärkeren Vulnerabilität von schon zuvor belasteten Beziehungen innerhalb und außerhalb der Familie kann hier nicht Rechnung getragen werden. Und schließlich fehlen Angaben dazu, wie die Betroffenen selbst ihre Lage einschätzen, welche finanziellen Ressourcen noch zur Vergfügung stehen und als wie einschneidend die erforderlichen Anpassungen in der Haushaltsführung erlebt werden. Gerade die subjektive Einschätzung der eigenen Situation ist jedoch ausschlaggebend für die Konsequenzen finanzieller Notlagen (ELDER et al., 1989).

Betrachtet man die Gestaltung von Freizeitbeziehungen näher, so finden sich jedoch Unterschiede zwischen den Freizeitpartnern der Armen und der nicht Deprivierten, die zumindest teilweise für einen Rückzug in die Familie sprechen. Allerdings zeigen die beiden Bildungsgruppen hierbei ein differenzielles Muster: Vor allem höher Gebildete konzentrieren sich bei finanzieller Knappheit stärker auf den engeren Familienkreis, vermutlich vor allem die Kinder, denn die Rolle des Partners in der Freizeitgestaltung scheint unberührt. Außenkontakte nehmen im Gegenzug ab, d. h. nicht Verwandte haben einen geringeren Anteil unter allen Freizeitpartnern der höher gebildeten Deprivierten. Dies spricht für jene Rückzugstendenzen, die im Zuge des sozialen Abstiegs erwartet wurden.

Wie sich die Beziehung zu den Kindern in deprivierten Familien der höheren Bildungsgruppe gestalten, muß an dieser Stelle offen bleiben. Einerseits scheinen die Kinder eine größere Rolle bei Freizeitaktivitäten zu spielen, andererseits werden aber auch häufiger Probleme mit den Kindern genannt. Möglicherweise bieten sich bei stärkerer Zuwendung zu den Kindern mehr Anlässe für Spannungen. Umgekehrt könnte auch vermehrtes Problemverhalten von deprivierten Kindern der höheren Bildungsgruppe dazu beitragen, daß die Eltern ihre Bemühungen um die Kinder verstärken. Insofern müssen beide Befunde nicht im Widerspruch zueinander stehen. Allerdings ist nicht auszuschließen, daß sie für jeweils unterschiedliche Altersgruppen der Kinder gelten. Frühere Studien legen nahe, daß Arbeitslose ihre Beschäftigung mit den Kindern vor allem bei jüngeren Kindern intensivieren, während sich die Kontakte zu älteren Kindern, vor allem Jugendlichen, eher problematisch gestalten (KOMAROVSKY 1973).

Anders als in der höheren Bildungsgruppe geht Armut bei niedrigen Bildungsressourcen eher mit einem Rückzug vom Partner zugunsten vermehrter Außenkontakten einher. Die naheliegende Frage, wie sich die Partnerbeziehungen der von Armut Betroffenen gestalten, kann an dieser Stelle nicht beantwortet werden. Vorläufige Analysen liefern jedoch keine Hinweise auf massive Konflikte oder Beeinträchtigungen des Zusammenhalts. Vermutlich bietet die Konzentration auf Außenbeziehungen den von Armut Betroffenen der niedrigen Bildungsgruppe ein gewisses Regulativ zur Konfliktvermeidung in der Partnerbeziehung.

Anhang:

Tabelle A-1:
Größe des sozialen Netzwerks für ausgewählte Bereiche in Abhängigkeit von ökonomischer Deprivation, Schulbildung, Geschlecht und Partnerschaftskonstellation: F-Werte der multivariaten (Ko-) Varianzanalyse[a]

	multivariat	pers. Gespräche	Mahl- zeiten	Gefühls- bindung	Frei- zeit
		univariat			
Haupteffekte					
ökon.Depriv.	13.04	6.74	43.08	3.40	9.07
Kov.Haush.größe	2.08	7.30	n.s.	n.s.	n.s.
Schulbildung	11.39	32.48	n.s.	20.09	n.s.
Kov.Haush.größe	14.33	33.14	9.29	31.32	11.06
Geschlecht	13.70	20.20	15.53	40.30	4.61
Kov.Haush.größe	9.76	19.38	n.s.	27.92	n.s.
Partnerkonstell.	58.05	n.s.	233.65	27.08	37.34
Kov.Haush.größe	4.61	2.65	9.62	n.s.	8.67
zweifakt.Interaktionen					
ökon.Depr.					
x Schulbildung	2.11	n.s.	n.s.	n.s.	4.93
Kov.Haush.größe	n.s.	n.s.	n.s.	n.s.	n.s.
x Partnerkonst.	2.16	n.s.	4.12	2.57	n.s.
Kov.Haush.größe	n.s.	n.s.	n.s.	2.62	n.s.
Schulbildung					
x Partnerkonst.	3.05	4.47	3.16	3.44	3.70
Kov.Haush.größe	3.76	4.68	4.47	5.94	6.96
Geschlecht					
x Partnerkonst.	1.75	n.s.	5.07	n.s.	n.s.
Kov.Haush.größe	n.s.	n.s.	n.s.	n.s.	n.s.

[a] (n = 6.051) Angegeben sind nur die F-Werte signifikanter Effekte (p < .05). Statistisch unbedeutende Effekte (n.s.) sind nicht im einzelnen ausgewiesen. Alle Effekte sind wechselseitig um alle anderen Effekte (einschließlich zweifaktorieller Interaktionen) bereinigt (Regressionsmethode). Zum Vergleich sind die Befunde der Kovarianzanalyse mit Haushaltsgröße als Kovariate direkt unterhalb den Effekten der Varianzanalyse wiedergegeben.

Tabelle A-2:
Anzahl der Gesprächspartner für persönliche Dinge und Anzahl enger gefühlsmäßiger Bindungen in Abhängigkeit von ökonomischer Deprivation und Partnerschaftskonstellation

	ökonomische Deprivation				
	nein	Grenz-bereich	ja	Gesamt	
	M	M	M	M	(n)
persönl.Gespräche	1.77	1.72	1.54	1.74	(6.051)
Gefühlsbindung	2.40	2.55	2.62	2.45	(6.051)
Partnerkonstellation:					
verheir.zus.lebend	2.58	2.67	2.77	2.61	(4.411)
nicht-ehel.LG	2.10	2.03	2.55	2.12	(440)
Partner getrennt	2.09	2.68	1.73	2.20	(413)
ohne Partner	1.72	2.06	2.34	1.87	(787)

Tabelle A-3:
Anteil unterschiedlicher Personengruppen an allen Freizeitpartnern in Abhängigkeit von ökonomischer Deprivation, Schulbildung, Geschlecht und Partnerschaftskonstellation: F-Werte der multivariaten Varianzanalyse[a]

Partner	multivariat sonstige	Ehe-partner	univariat Freunde, und Kinder[b]	Ver-wandte[c]	Kolleg. sonst.
Haupteffekte					
ökon.Depriv.	8.03	18.10	n.s.	n.s.	n.s.
Kov.Haush.größe	2.03	n.s.	n.s.	n.s.	n.s.
Schulbildung	3.39	7.11	n.s.	n.s.	n.s.
Kov.Haush.größe	n.s.	n.s.	n.s.	n.s.	n.s.
Geschlecht	6.39	5.47	n.s.	n.s.	5.46
Kov.Haush.größe	5.64	n.s.	n.s.	n.s.	5.07
Partnerkonstell.	12.77	12.22	11.15	n.s.	10.77
Kov.Haush.größe	10.24	28.70	4.04	n.s.	6.15
zweifakt.Interaktionen					
ökon.Depr.					
x Schulbildung	4.21	11.08	6.56	n.s.	5.07
Kov.Haush.größe	3.18	5.74	7.48	n.s.	5.43
x Geschlecht	2.76	n.s.	5.29	n.s.	4.28
Kov.Haush.größe	2.98	n.s.	5.20	n.s.	4.22
x Partnerkonst.	2.03	n.s.	4.74	n.s.	4.37
Kov.Haush.größe	2.06	3.94	4.48	n.s.	4.24
Schulbildung					
x Partnerkonst.	2.48	6.68	n.s.	n.s.	n.s.
Kov.Haush.größe	n.s.	n.s.	n.s.	n.s.	n.s.
Geschlecht					
x Partnerkonst.	2.75	n.s.	3.79	n.s.	3.55
Kov.Haush.größe	2.38	n.s.	3.43	n.s.	3.36

[a] nur Befragte mit (Ehe-)Partner, unabhängig vom Wohnsitz des Partners (n = 5.257) Angegeben sind nur die F-Werte signifikanter Effekte ($p < .05$). Statistisch unbedeutende Effekte (n.s.) sind nicht im einzelnen ausgewiesen. Alle Effekte sind wechselseitig um alle anderen Effekte (einschließlich zweifaktorieller Interaktionen) bereinigt (Regressionsmethode).
[b] einschließlich Stief-, Pflege- und Schwiegerkinder (eigene und des Partners)
[c] einschl. (Groß-)Eltern, Geschwister und Enkel (jeweils eigene und des Partners)

Tabelle A-4:
Anteil unterschiedlicher Personengruppen an allen Freizeitpartnern in Abhängigkeit von ökonomischer Deprivation für ausgewählte Subgruppen (tranformierte und adjustierte Gruppenmittelwerte)[a]

	ökonomische Deprivation			
	nein	Grenz-bereich	ja	Gesamt
	M	M	M	M
Anteil (Ehe-)Partner				
gesamt	.42	.20	.09	
Schulbildung:				
niedrig	.50	.12	-.19	.16
hoch	.34	.28	.33	.32
Anteil Partner und Kinder				
gesamt	.13	.10	.23	
Schulbildung				
niedrig	.19	.17	.08	.15
hoch	.06	.03	.35	.15
Geschlecht				
Männer	.16	.04	.17	.12
Frauen	.09	.16	.28	.10
Partnerkonstellation				
verheir.zus.lebend	.22	.23	.33	.26
nicht-ehel.LG	.16	.22	.15	.17
Partner getrennt	.01	-.16	.20	.00
Partnerkonst. nur für Frauen:				
verheir.zus.lebend	.19	.20	.27	.22
nicht.ehel.LG	.15	.19	.33	.22
Partner getrennt	-.07	.11	.23	.09
Anteil Freunde,Kolleg.etc.				
gesamt	-.06	-.09	-.16	
Schulbildung				
niedrig	-.14	-.18	-.08	-.13
hoch	.02	.00	-.22	-.07
Geschlecht				
Männer	-.08	-.05	-.02	-.05
Frauen	-.04	-.12	-.27	-.15
Partnerkonstellation				
verheir.zus.lebend	-.15	-.19	-.26	-.20
nicht-ehel.LG	-.07	-.18	-.05	-.10
Partner getrennt	.05	.11	-.16	.01
Partnerkonst. nur für Frauen:				
verheir.zus.lebend	-.14	-.19	-.23	-.19
nicht-ehel.LG	-.08	-.10	-.32	-.17
Partner getrennt	.10	-.09	-.26	-.08

[a] transformierte Normalverteilung der Prozentsätze für jede Beziehungskategorie, angepaßt um die Effekte aller anderen Faktoren (ohne Kovariate)

1. Ein Vergleich der Kernfamilien- und erweiterten Haushalte erbrachte, daß sich deren Angaben zum monatliches Nettoeinkommen kaum unterscheiden, obwohl die durchschnittliche Anzahl der Haushaltsmitglieder mit 3,8 versus 2,8 Personen in den erweiterten Haushalten deutlich über derjenigen in Kernfamilienhaushalten liegt. Folglich fällt auch die Quote der Deprivierten in den erweiterten Haushalten erheblich höher aus (30,3% vs. 7% als sicher depriviert eingestufte Haushalte; zur Kategorisierung ökonomischer Deprivation siehe Text).

2. Ich danke Andreas Netzler für die hilfreiche Unterstützung bei der Berechnung des Sozialhilfeanspruchs.

3. Ausgehend von einem Mietpreis von DM 8,- pro Quadratmeter und einer jeweiligen Wohnfläche entsprechend der Kölner Empfehlung von 1971 werden für den Haushaltsvorstand DM 350,-, für Kinder unter 12 Jahren DM 80,- und für weitere Haushaltsangehörige DM 90,- veranschlagt.

4. Vorgegeben waren: Erwerbseinkommen aus selbständiger und/oder nicht selbständiger Tätigkeit, Einkünfte aus Vermögen, Rente/Pension, Arbeitslosengeld, -hilfe, Sozialhilfe, Wohngeld, Ausbildungsförderungen, Mutterschafts-, Erziehungsgeld und Unterstützung/-Unterhaltszahlungen durch andere. Auf eine Erhebung der Einzelbeträge mußte jedoch verzichtet werden.

5. Dienstleistungsklasse 1: akademische freie Berufe, Selbständige mit mindestens zehn Mitarbeitern, Beamte im höheren Dienst, Richter, Angestellte mit umfassenden Führungsaufgaben und Entscheidungsbefugnissen; Dienstleistungsklasse 2: Beamte im gehobenen Dienst und Angestellte, die selbständig Leistungen in verantwortungsvoller Tätigkeit erbringen (siehe BERTRAM/DANNENBECK in diesem Band).

6. Effekte der Berufsposition auf das Armutsrisiko für alleinstehende Männer: $Chi^2 = 23.60$ (df = 12, p < .05), für Männer, die mit ihrer (Ehe-)Partnerin zusammenleben: $Chi^2 = 221.72$ (df = 12, p < .001).

7. Alleinstehende Frauen: $Chi^2 = 99.39$, df = 12 p < .001; Frauen mit Partner: $Chi^2 = 225.49$, df = 12, p < .001.

8. Eine Varianzanalyse der wöchentlichen Arbeitszeit mit den Faktoren ökonomische Deprivation, Geschlecht und Schulbildung zeigt, daß neben den beiden Haupteffekten von ökonomischer Deprivation (F = 28.57, df = 2, p < .001) und Geschlecht (F = 319.17, df = 1, p < .001) auch die Interaktion beider Faktoren hochsignifikant ist (F = 10.74, df = 2, p < .001).

9. Armutsrisiko bei keinem kritischen Lebensereignis im Vorjahr: $Chi^2=7.82$, p<.05; Auszug eines Familienmitglieds: $Chi^2=12.87$, p<.01; Probleme mit dem Partner: $Chi^2=6.13$, p<.05; Probleme mit den Kindern: $Chi^2=24.87$, p<.001; Ärger mit den Behörden: $Chi^2=32.36$, p<.001; Störungen im Alltag: $Chi^2=23.72$, p<.001; Schwierigkeiten in Beruf/Ausbildung: $Chi^2=16.71$, p<.001; ernste Krankheit/Unfall in Fam. für Männer: $Chi^2=7.49$, p<.05; Nicht signifikant: Ausbildungs-/Berufswechsel, Fälligkeit von großen

Zahlungen, Rechtsstreitigkeiten, familiärer Todesfall, Drogenprobleme in Fam., Probleme mit Eltern, Fehlgeburt/Schwangerschaftsabbruch, sexuelle Probleme.

10. Haupteffekte von Armut: $F = 13.53$, $df = 2$ $p < .001$ und Schulbildung: $F = 38.29$, $df = 1$ $p < .001$.

11. Varianzanalyse mit den Faktoren: ökonomische Deprivation, Schulbildung, Geschlecht und Partnerschaftskonstellation. Sowohl die Kinderzahl ($F=56.63$, $p<.001$) als auch die Haushaltsgröße ($F=93.08$, $p<.001$) variieren je nach finanzieller Situation, nicht jedoch die Zahl der Familienmitglieder ("subjektive Familie").

12. Multivariater Interaktionseffekt von ökonomischer Deprivation und Familienzyklus: $F = 1.22$ ($df = 32$, n.s.), geprüft mit den zusätzlichen Faktoren: Schulbildung, Geschlecht, (Ehe-)Partner im gemeinsamen Haushalt und der Haushaltsgröße als Kovariate (n = 6.051). Interaktionseffekt ohne Kontrolle der Haushaltsgröße: $F = 1.87$ ($df = 32$, $p < .01$).

13. In einer zusätzlichen Analyse wurde der Interaktionseffekt von ökonomischer Deprivation und Partnerschaftskonstellation speziell für Frauen (als genesteter Interaktionseffekt) geprüft. Der Effekt ist sowohl multivariat ($F=2.52$, $df=16$, $p<.001$) als auch univariat für den Anteil der Kernfamilie ($F=5.70$, $df=4$, $p<.001$) und den der nicht Verwandten ($F = 5.66$, $df = 4$, $p<.001$) hochsignifikant (Mittelwerte siehe Tabelle A-4 im Anhang).

14. Vierfaktorielle Varianzanalyse mit den Faktoren ökonomische Deprivation, Partnerschaftskonstellation (einschl. Befragte ohne Partner) Geschlecht und Schulbildung (Regressionsmethode). Die Haupteffekte ökonomischer Deprivation ($F=6.37$, $df=2$, $p<.01$), der Partnerschaftskonstellation ($F=194.62$, $df=3$, $p<.001$) sowie der Interaktionseffekt von ökonomischer Deprivation und Partnerschaftskonstellation ($F=2.31$, $df=6$, $p<.05$) sind signifikant In einer zusätzlichen Analyse wurde wiederum der Interaktionseffekt von ökonomischer Deprivation und Partnerschaftskonstellation speziell für Frauen gestestet (nested design). Dieser Interaktionseffekt ist hochsignifikant ($F = 4.53$, $df = 6$, $p<.001$) .

Kinder

Bernhard Nauck

Familien- und Betreuungssituationen im Lebenslauf von Kindern[1]

1. Einleitung

2. Zur methodischen Anlage der Analyse

3. Kindschaftsverhältnisse in Deutschland

4. Kinder in unterschiedlichen Familienverhältnissen

4.1 Familiäre Haushaltssituationen von Kindern
4.2 Erlebnis von Familienbildung und -lösung

5. Kohortenunterschiede des Erlebens von Familienbildung und -lösung im Lebenslauf von Kindern

 Anhang

1. Einleitung

Lange Zeit ist in der wissenschaftlichen Diskussion die familiäre Situation von Kindern ausschließlich als ein Epiphänomen elterlichen Verhaltens abgehandelt worden. So sind z.B. in der Soziologie ehelicher Machtverhältnisse und in ehelichen Interaktionsanalysen die Betreuungsaufgaben für Kinder als ein Faktor der innerfamiliären Arbeitsteilung betrachtet worden, wobei darin neben der Rollenanalyse von Ehepartnern zunehmend eine insbesondere durch sozialpolitische Überlegungen in den Vordergrund gerückte Thematik die Interrollenkonflikte von erwerbstätigen Müttern geworden ist. In der Familien- und Haushaltsökonomie sind Kinder als ein Zeit- und Kostenfaktor im Zeit- und Haushaltsbudget der Eltern behandelt worden. Schließlich hat sich die gesamte Diskussion um den Familienzyklus wesentlich an den Entwicklungsaufgaben entzündet, die Familien mit dem Heranwachsen von Kindern zu bewältigen haben. Es ist offensichtlich, daß solche Analysen nicht die Situation von Kinder selbst zum Gegenstand haben, sondern Kinder als einen Bedingungsfaktor elterlichen Verhaltens und als Veränderungsfaktor in deren Lebenssituation betrachten, d.h. die Diskussion wurde wesentlich durch eine eltern- (bzw. prononcierter: mütter-)zentrierte Perspektive dominiert.

Erst in jüngster Zeit sind zunehmend Versuche zu verzeichnen, den sozialstrukturellen Wandel von Familien, d.h. Kompositionseffekte der Sozialstruktur auf die Realisierung von Familientypen und die Pluralisierung der familiären Lebensbedingungen, sowie die Konsequenzen innerfamiliärer Entscheidungen, d.h. Effekte der Individualisierung der Lebensführung und unterschiedlicher Lebensstile, direkt auf die Konsequenzen für die familiäre und ökologische Situation von betroffenen Kindern zu beziehen. Doch auch hier ist zunächst eine eher indirekte Betrachtungsweise zu verzeichnen, bei der Überlegungen über die Auswirkungen der Pluralisierung von Lebenslagen und der Individualisierung von Lebensführung bei der Erwachsenengeneration auf die Lebensbedingungen von Kindern im Vordergrund stehen. Tatsächlich läßt sich die ganze Aufgeregtheit in der Debatte um "Individualisierungsschübe" in der Gesellschaft überhaupt nur verstehen, wenn man berücksichtigt, daß dabei die - mehrheitlich bedrohlich oder gefährdend empfundenen - Konsequenzen für Kinder teils latent, teils explizit mitbedacht werden. Dies wird überdeutlich, wenn man sich die dabei hauptsächlich verwendeten Indikatoren vor Augen führt: Der Aufweis eines Anstiegs von Einpersonenhaushalten, von nichtehelicher Lebensgemeinschaften, von nicht an Haushaltsgemeinschaften gebundenen Lebensformen, von Ehen und Familien, die über mehrere Wohnorte hinweg geführt werden (Commuter-Ehen), von Trennungen in Partnerschaften und Scheidungen in Ehen würde bei weitem nicht die Brisanz und die Aufmerksamkeit entwickeln, wenn nicht dabei stets die vermeintliche oder berechtigte Sorge (jedenfalls aber: die bewertende Einordnung) im Hinblick auf betroffene Kinder enthalten wäre. Tatsächlich können die Mehrzahl der einschlägigen Analysen ihre Herkunft aus einer durkheimianischen Denktradition nicht verleugnen, nach der durch Tradition oder Solidarität verbindlich gemachte gesamtgesellschaftliche Werte und Normen eine wesentliche Vorbedingung des Fortbestandes von Gesellschaften ist und mithin zu beobachtende Wert"erosionen" und "Individualisierungsschübe" allemal Anzeichen einer anomischen Situation sind.

Bereits deutlicher wird der Hinweis auf veränderte Lebensbedingungen von Kindern in der Individualisierungsdiskussion bei den Analysen zur multiplen Elternschaft, zu Stiefelternschaft und -adoption, zur familialen und ökologischen Kontextabhängigkeit des Kinderalltages (ENGELBERT 1986; 1986a; HERLTH 1986; HERLTH & SCHLEIMER 1982), zur Verinselung kindlicher Lebenswelten (RABE-KLEBERG & ZEIHER 1986; ZEIHER 1989; 1989a; 1990) und zu den sozialen und regionalen Disparitäten im Kinderaufkommen und ihren Konsequenzen für die Sozialisationsbedingungen (BERTRAM 1990). Anders als bei den zuvor skizzierten Ansätzen werden Kinder hier nicht entweder als Bedingungsfaktoren der Lebensbedingungen von Erwachsenen oder als Objekt sozialpolitischer Sorge betrachtet. Vielmehr werden hier sozialstrukturelle Faktoren benannt, die in eine sozialwissenschaftliche Analyse kindlicher Lebensbedingungen einbezogen werden können.

Die folgende Analyse ist einem solchen Ansatz insofern verpflichtet, als hier der Versuch unternommen wird, Eltern, Familie und sozial-ökologisches Umfeld als *Kontextbedingungen der Lebenssituation von Kindern* zu analysieren, und somit der familiären Situation von Kindern eine selbständige Darstellung mit einer eigenen theoretischen Perspektive zu widmen. Hierzu finden sich in der Forschungsliteratur zur Sozialberichterstattung wenig Anknüpfungspunkte. Als wesentliches Vorbild kann eine ähnlich konzipierte Studie von BRONFENBRENNER (1976) gelten, die er unter dem Titel 'Wer kümmert sich um unsere Kinder?' als Bestandteil seiner ökologischen Sozialisationsforschung ist: Anhand von sozialstatistischen Zeitreihen wird der Wandel familiärer Lebensbedingungen von Kindern unterschiedlicher Lebensalter dargestellt, wie z.B. den Wandel der Erwerbsbeteiligung von Müttern mit Kindern verschiedenen Alters, der Anteile erweiterter oder nichtehelicher Familienhaushalte mit Kindern, von Haushalten mit einem Elternteil sowie der Wandel des Anteils der von Scheidung und Wiederverheiratung betroffenen Kinder. Zur deutschen Gesellschaft liegt lediglich die im SFB 3 erstellte Arbeit zu "Lebensbedingungen und Lebensqualität von Kindern" vor (LANG 1985), in der in einem eigenen Kinder-Survey erhobene Indikatoren zur subjektiven Perzeption verschiedener Lebensbereiche durch 8-10 jähriger Kinder zu unabhängig erhobenen familiären und schulischen Bedingungen in Beziehung gesetzt worden sind.

Die folgende Darstellung der familiären Situation von Kindern unterscheidet sich von diesem Kinder-Survey schon allein hinsichtlich der berücksichtigten Altersspanne: Es soll nicht nur eine kleine Altersgruppe aus der mittleren Kindheit analysiert werden, vielmehr steht die Gesamtheit der familiären Bedingungen des Aufwachsens im Zentrum des Untersuchungsinteresses. In einem ersten Einstieg in dieses Untersuchungsfeld sollen dabei die lebensaltersspezifischen Veränderungen der familiären Situation von

Kindern ins Blickfeld gerückt werden, um auf diese Weise die teilweise sehr spekulativ geführte Diskussion um die Pluralisierung und Individualisierung kindlicher Lebensverhältnisse (vgl. z.B. BÜCHNER 1989) empirisch zu fundieren.

Damit soll ein Beitrag zur differenzierungstheoretischen Diskussion von Lebensaltern geleistet und dem Umstand Rechnung getragen werden, daß in modernen Gesellschaften
- die veränderten Lebenserwartungen in Kombination mit der zunehmenden funktionalen Gesellschaftsifferenzierung zu neuen Phasierungen der Lebensalter führen,
- Kindheit und Jugend zunehmend als Lebensphasen perzipiert werden, die einen Wert in sich selbst tragen und deshalb zunehmend weniger ausschließlich in ihrer Vorbereitungsfunktion auf das Erwachsenenalter begriffen werden können,
- die institutionelle Spezialisierung der sozialen Beziehungen in zunehmend früherem Alter erfolgt und die sich ebenso zunehmende Ausdifferenzierung familienergänzender Einrichtungen (bei aller regionalen und sozialen Ungleichheit auch in diesem Bereich) zu zusätzlichen Optionen in den Lebensverhältnissen von Kindern werden.

Eine Übersetzung dieser lebenslauf- und differenzierungstheoretischen Problemstellung in empirisch prüfbare Fragestellungen bedeutet in diesem Zusammenhang grundsätzlich, beispielsweise folgenden Fragestellungen nachzugehen:
- In welchem Ausmaß sind unterschiedliche Formen biologischer, rechtlicher und sozialer Eltern-Kind-Beziehungen festzustellen?
- In welchem Ausmaß treten Ereignisse der Familienbildung und Familienlösung im Lebensverlauf von Kindern auf?
- Die Beantwortung dieser Fragen ist eine Grundvoraussetzung dafür, die defizitäre Forschungssituation im Bereich einer sozialstrukturellen Analyse der Kindheit in der Gegenwartsgesellschaft zu korrigieren und erste Befunde zur differenzierungstheoretischen Diskussion von Lebensaltern für diese Altersphase zu gewinnen. Von den Antworten auf diese Fragen können jedoch auch Rückschlüsse darauf gezogen werden, in welchem Ausmaß sich die derzeit stark in der Diskussion befindlichen Pluralisierungs- und Individualisierungsthesen in Bezug auf eine Zustandsbeschreibung von Kindheit aufrechterhalten werden können.

Es ist eine empirisch durchaus offene Frage, inwiefern die darin implizierte Trendhypothese über eine zunehmende Individualisierung und Pluralisierung der Lebensführung in immer breiteren Bevölkerungssegmenten auch für die Lebenssituation von Kindern zutrifft. Eine plausible Gegenhypothese wäre die Annahme, daß für kindliche und jugendliche Lebensverläufe vielmehr eine weitgehende Standardisierung kindlicher und jugendlicher Lebensverläufe erfolgt, indem diese Lebensphase durch altersspezifisch definierte institutionelle Betreuung strukturiert wird und indem gesamtgesellschaftlich in sehr starkem Maße geteilte normative Erwartungen an die Lebensphase Kindheit und Jugend - bezogen auf deren familiäre Lebens- und Betreuungssituation - zu einer hohen Stabilität kindlicher und jugendlicher Lebensverhältnisse über alle sozialstrukturellen Disparitäten hinweg führen, d.h., daß die Lebenslagen von Kindern und Jugendlichen sich als bei weitem homogener erweisen als die der Angehörigen aller anderen Altersphasen.

Einige theoretische Überlegungen, aber auch einige empirische Indizien sprechen dafür, daß die Verläufe in dieser Altersphase anders strukturiert sind als im Postadoleszenz- und Erwachsenenalter: Bevölkerungsstatistische Zeitreihen zeigen, daß durch die fast vollständige Erfassung der Altersphasen bis zur Volljährigkeit durch die Ausbildungssysteme und durch die starke Zunahme der Familiarisierung in der Betreuung von Kindern und Jugendlichen eher von einer Standardisierung der Altersphasen Kindheit und Jugend zu sprechen ist. Pflegekinder haben im Zeitraum zwischen 1950 und 1985 von 121 000 auf 65 000 abgenommen, Fürsorgeerziehung von 48 000 auf 1 200 Kinder (vgl. NAUCK 1989). Abweichungen von der Normalbiographie sind somit zunehmend weniger feststellbar, woraus sich eine zunehmend hohe Planbarkeit des Lebensverlaufs in diesen Altersphasen ergibt (was selbstverständlich Rückwirkungen auf die Familienbiographie der jeweiligen Eltern hat).

Ein solcher Befund müßte dabei keineswegs im Widerspruch zu tatsächlichen (oder auch nur: vermeintlichen) Pluralisierungs- und Individualisierungstendenzen im Erwachsenenalter stehen, wenn man Argumenten bezüglich einer funktionalen Differenzierung bei den Reproduktionsaufgaben moderner Gesellschaften folgt (NAUCK 1991). Aus einer solchen differenzierungstheoretischen Argumentation folgt auch, daß in den Lebensverhältnissen der Gesamtheit aller Erwachsenen konstatierte Trends keinesfalls zwangsläufig auch Geltung für die Lebensverhältnisse von Kindern haben müssen. Die gesonderte Analyse von Pluralisierung und Individualisierung in der familiären Situation von Kindern und Jugendlichen scheint somit eine sinnvolle Ergänzung der Diskussion zu sein.

Die folgende Analyse will in diesem Zusammenhang einen festumrissenen Teilbeitrag leisten. Bezogen auf die Gegenwartssituation der deutschen Gesellschaft sollen für einen Ausschnitt der Lebensverhältnisse von Kindern möglichst differenzierte Befunde bereitgestellt werden. Diese Befunde beziehen sich auf

- die *Kindschaftsverhältnisse* und die Frage, in welchem Ausmaß Abweichungen vom Normalitätsentwurf eines Kindschaftsverhältnisses zu verzeichnen sind, das durch die Haushaltsgemeinschaft des Kindes mit den verheirateten leiblichen Eltern gekennzeichnet ist,
- die *Familienverhältnisse* und die Frage, in welchem Ausmaß Kinder in verschiedenen Familien- und Haushaltsformen aufwachsen und in ihrem Lebenslauf mit Familienbildungs- und Lösungsereignissen, wie z.B. (Wieder-) Heirat, Trennung, Scheidung und Elternverlust, konfrontiert werden.

Diese Befunde werden in einem ersten Schritt auf das Lebensalter des Kindes zum Befragungszeitpunkt bezogen. Dabei ist es eine empirisch interessante Frage, inwiefern sich die hochaggregierten Befunde der Bevölkerungsstatistik durch Individualdaten aus Querschnittsbefragungen replizieren lassen. *Methodisch* handelt es sich dabei somit ausschließlich um einen Querschnittsvergleich von Kindern und Jugendlichen verschiedener Altersgruppen und nicht um eine längsschnittliche Analyse des Lebensverlaufs. Auf diesen Sachverhalt gilt es deshalb ausdrücklich hinzuweisen, weil die Altersgruppen-Querschnittsvergleiche *theoretisch* auch als lebenslaufspezifische Veränderungen interpretiert werden, wobei die konfundierten kohortenspezifischen Wandlungsprozesse zunächst ausgeblendet werden. Dies liegt zunächst größtenteils daran, daß die meisten kindbezogenen Informationen ausschließlich gegenwartsbezogen und nich retrospektiv auf eine bestimmte Altersphase erhoben worden sind. Es sprechen jedoch eine Reihe von theoretischen Überlegungen dafür, daß die Effekte lebenslaufspezifischer Veränderungen bei weitem stärker sind als kohortenspezifischer Wandel.

Diese Restriktionen in den Analysemöglichkeiten sind jedoch im Hinblick auf eine Fragestellung schwerwiegend: Wesentliche Argumente der Diskussion um die Individualisierung und Pluralisierung privater Lebensführung sind als sozialhistorische Trendhypothesen gefaßt. Solche Trendhypothesen lassen sich mit auf einen einzigen Zeitpunkt bezogenen Querschnittsdaten selbstverständlich nicht direkt prüfen. Ohne hier auf die generellen methodologischen Probleme solcher Trendhypothesen im Kontext sozialwissenschaftlicher Erklärungsversuche (insbesondere dann, wenn sie einen so geringen Präzisionsgrad besitzen wie die zur Individualisierung und Pluralisierung) eingehen zu können, sei hier allerdings auf folgenden Sachverhalt aufmerksam gemacht: Trendhypothesen sind zunächst nichts anderes als die kombinierte Behauptung des Vorliegens bestimmter Randbedingungen zu zwei unterschiedlichen Zeitpunkten - häufig der Art, daß 'früher' (t_1) etwas anders gewesen ist (hier: weniger Individualisierung und Pluralisierung) als 'heute' (t_2) (wobei das 'früher' ebenfalls häufig unspezifiziert bleibt). Zwar ist es nicht möglich, Trendhypothesen dieser Art durch Daten ausschließlich zum Zeitpunkt t_2 zu prüfen, aber zumindest sind Befunde zu erwarten, aus denen zu entnehmen ist, welche Ausprägung empirische Indikatoren zu diesem Problemkomplex in t_2 haben und ob dieser Befund überhaupt berechtigt, in der Trendhypothese überhaupt eine solide Basis für eine Gegenwartsdiagnose (jenseits aller Erklärungsansprüche) zu sehen. Bezogen auf die Individualisierungsthese bedeutete dies, daß eine Minimalanforderung darin zu erblicken wäre, daß die darin behaupteten Randbedingungen zum Zeitpunkt t_2 überhaupt in nennenswertem Umfang vorliegen; wäre dies nicht der Fall, könnten die behaupteten Trends zwar immer noch zutreffen und die Hypothese damit wahr sein, sie wäre jedoch nicht einmal zur Benennung wesentlicher Strukturmerkmale der Gegenwartsgesellschaft (geschweige denn zu ihrer Erklärung) geeignet.

Ein direkterer Zugang zu Fragen des sozialhistorischen Wandels in den kindlichen Lebensverhältnissen ist in der nachfolgenden Analyse nur in einem Punkt möglich: Bei den von den Kindern erlebten Familienbildungs- und

-lösungsereignissen ist deren genaue Datierung im Lebenslauf der Kinder möglich und damit eine analytische Trennung von Effekten des Lebenslaufs von solchen des sozialhistorischen Wandels. Aus diesem Grunde wird abschließend an diesem - in der theoretischen Diskussion zentralen - Beispiel selektiv geprüft, in welchem Ausmaß sich Individualisierungs- und Pluralisierungstrends auf die Lebenssituation von Kindern auswirken. Ließe auch dies die Konstatierung einer "Individualisierung von Kindheit und Jugend" eher nicht zu, so wäre dann in einem weiteren Analyseschritt umso dezidierter der Frage nach den sozialstrukturellen und regionalen Disparitäten in den Lebensbedingungen von Kindheit und Jugend nachzugehen, um damit einen eigenen Beitrag zur Sozialberichterstattung über die Lebenssituation von Kindern und Jugendlichen zu liefern.

2. Zur methodischen Anlage der Analyse

Für die Beschreibung der familiären Situation von Kindern ist ein Datensatz erforderlich, bei dem Kinder die Analyseeinheit darstellen. Zu diesem Zweck wurden beim Survey, der die familiäre Situation einer Erwachsenenpopulation zwischen 18 und 55 Jahren erhoben hat, umfangreiche methodische Reorganisationsarbeiten an den erhobenen Daten notwendig.

Aus den 10 043 Interviews wurden zunächst diejenigen 6 380 mit Personen selektiert, die angaben, selbst Kinder zu haben. Dazu gehören alle leiblichen Kinder des Befragten, aber auch Pflege- und Adoptivkinder, sowie Stiefkinder aus einer Ehe oder Partnerschaft, die mit dem Befragten in einer Haushaltsgemeinschaft leben; nicht erfaßt werden sollten durch diese Kriterien "symbolische" Kindschaften, wenn weder ein rechtliches noch ein durch die Haushaltsgemeinschaft konstituiertes Verhältnis existiert, z.B. Patenkinder und Kinder des (Ehe-) partners aus dessen früherer Beziehung, die beim anderen leiblichen Elternteil verblieben sind. Anschließend wurde für jedes genannte Kind unter Berücksichtigung der dafür vom befragten Elternteil gemachten Angaben ein Datensatz erstellt, so daß nun das jeweilige Kind, und nicht der befragte dazugehörige erwachsene Elternteil die Analyseeinheit darstellt, wohingegen das befragte Elternteil mit seinen Einstellungen und Werten ebenso ein sozialer Kontext darstellt wie mögliche weitere Geschwister und die gesamte miterhobene Familiensituation. Je nach der gegebenen Kinderzahl kann dabei dasselbe befragte Elternteil sozialer Kontext mehrerer in die Analyse einbezogener Kinder darstellen: Mehrkinderfamilien werden somit entsprechend ihrer quantitativen Bedeutung bei der Bereitstellung von Sozialisationsbedingungen gewichtet.

Diese Analyseperspektive ermöglicht es nicht zuletzt, die Aktionsräume von Kindern mit der der erfaßten Erwachsenenpopulation zu vergleichen. Auf diese Weise ist ein Datensatz gebildet worden, der Informationen zu 12 687 Kindern umfaßt. Dieser Datensatz erfüllt alle Repräsentativitätskriterien in gleicher Weise wie die Erhebungsstichprobe, dürfte ihr wahrscheinlich sogar in dieser Hinsicht überlegen sein, da die erhebungstechnisch problematischen, schlecht erreichbaren Personenkategorien unter den *Befragten mit Kindern* eher nicht zu suchen sind. Der einzig denkbare systematische Fehler, der aus einer selektiven Mortalität (und einer entsprechenden Nichtberücksichtigung von Waisenkindern) resultieren könnte, ist deshalb zu vernachlässigen, weil in der Altersspanne der Befragten die Mortalität insgesamt gering ist. Da alle, auch nicht im Haushalt des Befragten lebenden Kinder, erfaßt werden, beschreibt diese Stichprobe die quantitativen Verteilungen in der Lebenssituation von Kindern genauer als alle bevölkerungsstatistischen Analysen, die auf Haushaltsstichproben basieren. Da sich die Analysen bei den Kindern ausschließlich auf objektivierbare Sachverhalte wie Kindschafts-, Familien- und Betreuungsverhältnisse und nicht auf deren Wahrnehmungen und Dispositionen beziehen, sind Gültigkeitsprobleme nicht zu erwarten. Aufgrund der verfügbaren Datenstruktur handelt es sich dabei allerdings vornehmlich um ein Potential, das eine *Kontextanalyse kindlicher Lebensbedingungen* mit dem Ziel ermöglicht, Aussagen über die familiären Bedingungen des Aufwachsens von Kindern und Jugendlichen auf einer - für Deutschland bislang einmalig breiten quantitativen Basis - zu treffen. Diese breite empirische Basis ermöglicht es u.a., für eine Reihe von Phänomenen deren quantitative Verbreitung in Deutschland erstmals genauer abzuschätzen. Für eine Reihe von Fragestellungen zur Sozialstrukturanalyse kindlicher Lebensbedingungen ist die hier praktizierte Methode denkbaren Alternativen deutlich überlegen: Sie erlaubt auch für solche Kinder entsprechende Analysen anzustellen, die - aufgrund ihres Alters oder wegen des Befragungsinhalts - selbst nicht befragt werden können.

Der Kontextanalyse familiärer Bedingungen des Aufwachsens von Kindern und Jugendlichen wird in Anlehnung an die Grundüberlegungen der sozialökologischen Sozialisationsforschung ein Mehrebenenmodell sozialer Kontexte zugrundegelegt. Damit kann in der empirischen Analyse das Ziel verfolgt werden, Variationen auf der Ebene der kindlichen Lebensverhältnisse auf Ursachen zurückzuführen, die auf der Ebene der familiären Gruppe, des Haushalts und des ökologischen Kontexts angesiedelt sind; so können beispielsweise familienzyklische Entwicklungen, Erwerbskarrieren von Eltern und altersbedingte Verwandtschaftszusammensetzungen ebenso als Veränderungen in den Handlungsopportunitäten der Kinder untersucht werden wie (elterliche) regionale Mobilität oder lebenslaufspezifische Veränderungen in den Besitzverhältnissen von Wohneigentum. In der folgenden Analyse wird dieses Modell allerdings ausschließlich zu heuristischen Zwecken einer deskriptiv-analytischen Darstellung altersspezifischer Veränderungen in den Lebensbedingungen von Kindern verwendet, wobei es primär um den Aufweis bedeutsamer altersabhängiger oder alterskontingenter Prozesse auch in der Situation der Eltern geht; eine simultane Prüfung von Mehrebenen-Kontexteffekten wird demgegenüber zurückgestellt.

3. Kindschaftsverhältnisse in Deutschland

Wenn von Kindschaftsverhältnissen in Deutschland gesprochen wird, dann verbirgt sich hinter dem dabei zweifellos unterstellten "Normalfall" ein relativ komplexes analytisches Konzept: Ein ehelich geborenes Kind, das mit seinen leiblichen Eltern zusammen in einem Familienhaushalt lebt (oder diesen z.B. zum Zweck der eigenen Familiengründung verlassen hat und in einem eigenen Haushalt lebt). Dieser Normalentwurf setzt sich bei dem Versuch einer Aufgliederung aus folgenden Einzeldimensionen zusammen: (1) Die *Eltern* des Kindes sind *miteinander verheiratet*, das Kind ist (2) *ehelich geboren* und ist (3) ein *leibliches Kind* der Eltern, wobei (4) diese *Eltern in einer Haushaltsgemeinschaft leben* und zugleich (5) eine *Haushaltsgemeinschaft mit dem Kind bilden*. Abweichungen von diesem Normalentwurf sind auf jeder der angesprochenen Dimension möglich: Die Eltern können (1) (beide oder zu einem Teil) *unverheiratet, geschieden oder verwitwet* sein, das Kind kann (2) *außerhalb einer Ehe geboren* sein, es kann (3) ein *Adoptiv-, Stief- oder Pflegekind* sein, (4) *getrennt voneinander lebende Eltern* besitzen und (5) selbst *getrennt von (einem oder beiden) Elternteilen* aufwachsen (z.B. als Internats-, Heim-, Pflege-, Stief-, Adoptivkind).

Mit dem vorliegenden empirischen Material ist es möglich, die empirische Verteilung der Kindschaftsverhältnisse auf die sich aus diesen Dimensionen ergebenden Typen näherungsweise festzustellen. Da die Kindschaftsverhältnisse primär in Relation zum befragten Elternteil abgebildet worden sind, werden die Kinder danach klassifiziert, ob
(1) dieses Elternteil ledig (NV), verheiratet (V), verwitwet oder geschieden (GW) ist,
(2) das Kind ehelich (E) ist, d.h. ein verheiratetes Elternteil hat und im Verlauf seines Lebens keine Ehelösung des Elternteils (durch Trennung, Scheidung oder Tod eines Partners) erlebt hat oder ein geschiedenes Elternteil hat und im Laufe seines Lebens eine Ehelösung des Elternteils erlebt hat (die geringfügigen Fälle multipler Ehelösungen sind vernachlässigt worden), oder nichtehelich (NE), d.h. ein unverheiratetes Elternteil hat, oder ein verheiratetes Elternteil und im Laufe seines Lebens eine Ehelösung erlebt, oder ein geschiedenes bzw. verwitwetes Elternteil, aber keine Ehelösung erlebt hat,
(3) das Kind ein leibliches Kind (L) des Elternteils ist, oder dessen Stief-, Adoptiv- oder Pflegekind (NL),
(4) ob das Kind mit dem Elternteil in einer Haushaltsgemeinschaft lebt (H), oder ob das Kind außerfamiliär betreut wird (NH),
(5) ob das Kind mit dem Partner des Elternteils in einer Haushaltsgemeinschaft lebt (PH) oder nicht (NPH), wobei nicht immer geprüft werden kann, in welchem Kindschaftsverhältnis es zu diesem Partner steht.

Aufgrund der Erhebungstechnik über eine Elternstichprobe ist festzuhalten, daß das Universum der Stichprobe über die Beziehung zum befragten Elternteil bestimmt wird, die durch Abstammung, durch deren rechtliche

Substitution (Adoption und Pflegschaft) oder durch gemeinsame Haushaltsführung (Stiefelternschaft) konstituiert wird; Kinder des jetzigen oder früheren Partners, die diese Bedingungen nicht erfüllen, weil sie z.B. in einem eigenen Haushalt, im Haushalt des dazugehörigen anderen Elternteils wohnen oder fremdbetreut werden, zu denen aber gleichwohl sozial-emotionale Beziehungen kindschaftsähnlicher Art bzw. eine Art "symbolisch-ideeller" Elternschaft bestehen mögen, werden damit nicht erfaßt. Dadurch ergibt sich möglicherweise zunächst ein zu restriktives Bild moderner Kindschaftsverhältnisse bzw. von multipler und "symbolischer" Elternschaft. Darüber hinaus ist zu erwarten, daß folgende Ergebnisverzerrungen vorliegen: Vollwaisen sind in der Population überhaupt nicht, Halbwaisen zur Hälfte unterrepräsentiert - sofern sie nicht als Pflege- oder Adoptivkinder in der Stichprobe in Erscheinung treten. Demgegenüber müßten Pflege-, Stief- und Adoptivkinder, von denen die biologischen und sozialen Eltern leben, doppelt repräsentiert sein, da sie bei beiden Eltern genannt werden sollten. Da Elternverlust durch Verwaisung wegen der hohen Lebenserwartung nach der Elternschaft vergleichsweise selten ist, multiple Elternschaft durch die Ausdifferenzierung der Kindschaftsverhältnisse in biologische, rechtliche und soziale entsprechend der Individualisierungthese dagegen zunehmen sollte, werden sozialhistorisch frühe Phänomene in der folgenden Analyse eher unterschätzt, moderne Entwicklungstendenzen dagegen eher überschätzt, zumindest was eine materiale, durch gemeinsame Haushaltsführung und nicht allein durch "ideelle" Elternschaft begründete Kindschaftsverhältnisse anbetrifft.

In der folgenden Darstellung werden Kindschaftsverhältnisse danach gruppiert, wieviele der fünf Kriterien des Normalitätsentwurfs erfüllt worden sind. Die Darstellung berücksichtigt Veränderungen im Kindschaftsverhältnis in Abhängigkeit vom Alter der Kinder bis zu deren Volljährigkeit und danach, ob das befragte Elternteil der Vater (V) oder die Mutter (M) ist.

Die Darstellung auch von Kindschaftsverhältnissen, die quantitativ von keiner Bedeutung sind, erfolgt hier trotz der dadurch eintretenden Unübersichtlichkeit in Tabelle 1 deshalb, weil durch diesen Datensatz erstmals die Möglichkeit besteht, Kindschaftsverhältnisse auch über die Kombinationsmöglichkeiten der zugrundeliegenden Dimensionen sehr differenziert zu erfassen. Diese Darstellung bietet damit die derzeitig valideste und vollständigste Datenbasis für eine Beurteilung der Diversifikation von Kindschaftsverhältnissen in Deutschland. Die übliche Darstellungsweise anhand der Familienverhältnisse der betroffenen Kinder erfolgt im nachfolgenden Abschnitt. Tabelle 1 gibt wieder, in welchem Ausmaß die Kindschaftsverhältnisse (in den jeweiligen Altersgruppen) dem Normalitätsentwurf folgen (Typ 1) und in welchem Umfang davon Abweichungen auf einer Dimension (Typ 2 bis 5), auf zwei Dimensionen (Typ 6 bis 12), auf drei Dimensionen (Typ 13 bis 19) oder vier Dimensionen (Typ 20 und 21) auftreten. Die Klassifikation erfolgt dabei anhand der erläuterten formalen Kriterien, die umgangssprachlichen Benennungen der dadurch gewonnenen Typen können den angezielten Sachverhalt nur näherungsweise treffen.

Als Hauptergebnis dieser Analyse ist festzuhalten, daß mehr als 85 Prozent aller minderjährigen Kindern in Deutschland in einem Kindschaftsverhältnis stehen, das dem Normalitätsentwurf entspricht (Typ 1): Über 90% werden als *Kinder verheirateter, zusammenlebender Eltern* geboren, doch reduziert sich dieses Kindschaftsverhältnis mit zunehmendem Alter auf etwa 80%.

Die zweitgrößte Gruppe von 3.3% der Kinder wird von *Stiefkindern* gebildet (Typ 2). Diese Kinder leben im Haushalt des wiederverheirateten Elternteils mit dessen neuem Partner zusammen; 80 Prozent davon sind Kinder, die mit ihrer Mutter und einem Stiefvater zusammenleben. Die Wahrscheinlichkeit, in ein Stiefkindschaftsverhältnis diesen Typs zu kommen, steigt bereits im frühen Kindesalter rasch an: leben 0.6% der Kinder unter 2 Jahren als Stiefkinder, so sind es bei den Kindern bis 4 Jahre bereits 2.7%; bis zur Volljährigkeit wächst der Anteil dieser Stiefkinder auf über 4% an.

Die drittgrößte Gruppe wird von solchen Scheidungskindern gebildet, die nicht mit dem befragten wiederverheirateten Elternteil, sondern mit dessen früherem Ehepartner zusammenleben (Typ 4 mit 1.6%), wobei nicht zu klären ist, ob dieses Elternteil wieder geheiratet hat oder nicht. Kinder diesen Typs leben zu ca. 85% von ihrem wiederverheiraten Vater getrennt und mit ihrer leiblichen Mutter zusammen. Die viertgrößte Gruppe mit 1.5% wird schließlich von den Stiefkindern gebildet, die als Kinder des Ehepartners der Befragten mit in die Ehe gebracht worden sind (Typ 3). Dabei handelt es sich erneut zu ca. 85% um Kinder, die von Müttern mit in die Ehe gebracht worden sind.

Erläuterungen zu Tabelle 1:

NV	= Elternteil nicht verheiratet
V	= Elternteil verheiratet
GW	= Elternteil geschieden oder verwitwet
NE	= Kind nicht-ehelich geboren
E	= Kind ehelich geboren
NL	= Kind nicht-leiblich
L	= Kind leiblich
NH	= Kind lebt nicht im Haushaltdes Elternteils oder im eigenen Haush.
H	= Kind lebt im Haushalt des Elternteils oder im eigenen Haushalt
NHP	= Kind lebt nicht mit anderem Elternteil/Ehepartner/Lebenspartner zusammen
HP	= Kind lebt mit anderem Elternteil/Ehepartner/Lebenspartner zusamme

Tabelle 1: Typologie der Kindschaftsverhältnisse

TYP	<2	<4	<6	<8	ALTER DES KINDES <10	<12	<14	<16	<18	ELTERN V	M	T <18	UMGANGSSPRACHLICHE BEZEICHNUNG
1. V-E-L-H-HP	91.1	89.9	88.7	85.2	84.0	81.9	85.3	80.2	80.5	84.1	86.3	85.3	Normalitätsentwurf
2. V-E-L-H-NHP	.6	2.7	2.6	3.6	4.3	4.0	2.9	4.6	4.4	1.3	4.6	3.3	Stiefkind
3. V-E-NL-H-NHP	.1	.5	1.5	1.4	.6	2.3	1.2	1.7	2.7	2.5	.4	1.5	Stiefkind
4. V-E-L-NH-HP	.5	.1	1.2	1.5	1.7	2.3	1.5	3.1	2.5	3.0	.5	1.6	Scheidungswaise/Stiefkind
5. GW-E-L-H-HP	.2	.4	.3	.3	1.1	1.0	1.5	1.4	1.5	.5	1.1	.8	Stiefkind
6. NV-NE-L-H-NHP	4.5	2.0	1.3	1.4	1.3	.4	.1	.2	.0	1.1	1.5	1.3	Kind in Lebensgemeinsch. fremdbetreutes Kind
7. V-E-L-NH-NHP	.0	.1	.4	.5	.4	.3	.9	.8	.9	.2	.7	.5	fremdbetreutes Kind
8. V-E-NL-H-NHP	.0	.8	.6	.6	1.1	.9	1.3	2.0	1.7	1.3	.8	1.0	Pflege- und Adoptivkind
9. V-E-NL-NH-HP	.0	.0	.0	.0	.0	.1	.7	.2	.0	.0	.2	.1	Scheidungswaise/Stiefkind
10. GW-NE-L-H-NHP	1.4	1.0	.1	.4	.6	.1	.4	.2	.1	.5	.5	.5	Kind in Lebensgemeinsch.
11. GW-E-L-H-NHP	.1	.4	.6	1.3	1.0	1.2	1.2	1.2	1.1	.1	1.4	.9	Scheidungswaise
12. GW-E-L-NH-NHP	.0	.1	.6	1.3	2.4	3.2	1.0	2.9	2.7	3.0	.5	1.5	Scheidungswaise/Stiefkind
13. NV-NE-L-H-NHP	.7	.7	1.3	.9	.4	.3	.0	.3	.0	.0	.9	.5	Einelternkind
14. NV-NE-L-NH-NHP	.4	.4	.3	.6	.4	.0	.0	.3	.0	.7	.0	.3	Einelternkind/Stiefkind
15. NV-NE-NL-H-NHP	.1	.3	.1	.3	.0	1.0	.9	.3	.1	.6	.1	.3	Stiefkind
16. V-E-NL-NH-NHP	.0	.0	.1	.0	.0	.0	.0	.0	.1	.1	.0	.0	fremdbetr. Adoptiv- und Pflegek.
17. GW-NE-L-NH-NHP	.0	.0	.0	.4	.3	.1	.0	.3	.4	.0	.3	.2	Einelternkind
18. GW-NE-L-NH-NHP	.1	.3	.1	.3	.6	.3	.6	.3	.5	.7	.1	.3	Eineltern-/Stiefkind
19. GW-E-L-NH-NHP	.0	.0	.0	.0	.0	.1	.3	.0	.7	.1	.1	.1	fremdbetr. Halbwaisenkind
20. NV-L-NH-NHP	.0	.0	.0	.0	.0	.0	.3	.0	.0	.0	.1	.0	fremdbetr. Einelternkind
21. NV-NE-NL-NH-HP	.0	.1	.0	.1	.0	.0	.3	.0	.0	.2	.0	.1	symbolisches Stiefkind
	802	734	684	786	719	681	686	646	748	2641	3831	6486	

Faßt man die letzten drei Typen zu "Stiefkindschaften" zusammen, so ergibt sich folgendes Bild (das allerdings durch die doppelte Berücksichtigungschance bei leiblichen und Stiefeltern sowie durch den nicht geklärten Familienstand des mit dem Kind zusammenlebenden Elternteils im vierten Typ erheblich verzerrt ist): 6.4% der genannten Kindschaftsverhältnisse beinhalten eine Stiefelternschaft, wobei diese Kinder zu über 80% bei ihrer Mutter bleiben und mit einem Stiefvater aufwachsen. Bei den Kindern unter 2 Jahren beträgt der Anteil der Stiefkinder wenig mehr als 1 Prozent, liegt bei den Kindern bis zum 4. Lebensjahr bei 3.3%, bei den Kindern bis zum 12. Lebensjahr 8.6% und erreicht seinen Spitzenwert bei den ältesten Kindern vor der Volljährigkeit mit knapp 10%.

Einen geringfügigen Teil unter den Kindschaftsverhältnissen machen mit 0.8% die Kinder aus, die *infolge Scheidung oder Tod eines Elternteils verwaist* sind und mit dem anderen leiblichen Elternteil (zu zwei Dritteln: die Mutter) und dessen neuem, mit ihm nicht verheirateten Partner zusammen in einem Haushalt leben (Typ 5). Diese Kindschaftsverhältnisse treten erst ab einem Alter von 9 Jahren deutlicher in Erscheinung und bilden in den Altersgruppen ab 13 Lebensjahren 1.5 Prozent aller Kindschaftsverhältnisse.

Einen Anteil von über 1 Prozent erreichen *Kinder aus nichtehelichen Lebensgemeinschaften* (Typ 6). Bedeutsam ist ihr Anteil ist bei Kindern unter 2 Jahren (4.5%), sinkt dann aber schnell ab; Kinder aus nichtehelichen Lebensgemeinschaften von mehr als zehn Lebensjahren sind in Deutschland praktisch nicht anzutreffen. Dies läßt darauf schließen, daß diese Kindschaftsverhältnisse relativ häufig im frühen Kindesalter legalisiert oder in ein Stiefkindverhältnis überführt werden.

Zu vernachlässigen ist dagegen mit 0.5% der Anteil der leiblichen Kinder aus fortbestehenden Ehen, die außerfamiliär betreut werden und außerhalb des Elternhauses aufwachsen (Typ 7). Bis zum Alter von 12 Jahren liegt der Anteil der *weggegebenen Kinder* unter 0.5% und steigt erst im späteren Jugendalter auf annähernd 1 Prozent. In gleicher Weise geringfügig ist mit 1.0% der Anteil der Kinder, die als *Pflege- und Adoptivkinder* in den ehelichen Haushalt aufgenommen worden sind (Typ 8). Aus der Tatsache, daß weit mehr Väter als Mütter von diesem Kindschaftsverhältnis berichten, ist zu schließen, daß es sich bei einer sehr großen Anzahl der Adoptionen um Stiefkindadoptionen handelt. Dafür spricht weiterhin, daß dieser Kindschaftstyp vergleichsweise häufig im zweiten Lebensjahrzehnt anzutreffen ist, d.h. das Stiefkindverhältnis wird in ein Adoptionsverhältnis überführt, wenn die Beziehung zu dem Kind längere Zeit Bestand und an Intensität gewonnen hat.

Ein indirektes, eher symbolisches Kindschaftsverhältnis besteht zwischen dem Befragten und *Kindern des Ehepartners aus dessen früheren Beziehungen, die nicht mit im eigenen, sondern im Haushalt von dessen früheren (Ehe-)Partner leben* (Typ 9). Solche symbolischen Kindschaftsverhältnisse sollten durch die Erhebung eigentlich nicht erfaßt werden; sie werden auch nur von 0.1% der Befragten angegeben. Empirisch dürften sie dagegen häufiger auftreten (je nach Wiederverheiratungsquote von Eltern, die Kinder aus früheren Beziehungen bei ihren früheren Partnern zurücklassen). Kindschaftsverhältnisse dieser Art werden ausschließlich von (symbolischen) Stiefmüttern genannt und betreffen Kinder von mehr als 10 Lebensjahren, zu denen offenbar eine eigene Beziehung aufgebaut worden ist.

Ein etwas häufiger vertretener Kindschaftstyp besteht aus den leiblichen Kindern im Haushalt von geschiedenen oder verwitweten Personen, die nicht aus der voraufgegangenen Ehe, sondern aus einer nachfolgenden Partnerschaft stammen, d.h. *Kinder aus einer nichtehelichen Lebensgemeinschaft von geschiedenen und verwitweten Personen*, die 0.5% aller Kindschaftsverhältnisse ausmachen (Typ 10). Der Anteil dieses Kindschaftsverhältnisses verringert sich mit dem Lebensalter, was erneut auf Legalisierungstendenzen bei diesen Kindschaftsverhältnissen schließen läßt.

Doppelt so häufig ist mit 0.9% der Kindschaftstyp, der aus den leiblichen, ehelichen Kindern von Geschiedenen oder Verwitweten besteht, die mit diesen zusammen einen Haushalt bilden, d.h. den klassischen (Scheidungs-)Halbwaisen (Typ 11). Diese Halbwaisen aus Eineltern-Haushalten steigen mit zunehmendem Alter leicht an und betrifft fast ausschließlich geschiedene bzw. verwitwete Mütter mit ihren Kindern. Häufiger tritt der Fall auf, daß dieser (Scheidungs-)Halbwaise nicht mit dem befragten, sondern im Haushalt des anderen Elternteils aufwachsen (Typ 12). Dieser Kindschaftstyp wird genau umgekehrt sechsmal so häufig von Vätern berichtet als von Müttern. Dies ist darauf zurückzuführen, daß Verwaisung mehr als doppelt so häufig auf Scheidung als auf Tod eines Elternteils zurückzuführen ist, und daß - wenn diese Wahl besteht - die Zuordnung des Kindes zum Haushalt der Mutter sehr stark präferiert wird.

Ein weiterer Kindschaftstyp wird von den *leiblichen Kindern alleinerziehender unverheirateter Mütter* gebildet, der von 0.5% der befragten Mütter und 0.3% der befragten Väter berichtet wird (Typ 13 und 14). Dieser Kindschaftstyp nimmt zunächst bis zum Schuleintrittsalter des Kindes zu, verschwindet jedoch bei älteren Kindern fast vollständig, was erneut mit den Legalisierungschancen des Kindschaftsverhältnisses und der Wahrscheinlichkeit zu einer neuen Partnerschaft zu tun hat: Zunächst wird dieser Effekt durch die sinkenden Chancen der Bildung einer nichtehelichen Lebensgemeinschaft und der Legalisierung des Kindschaftsverhältnisses, später durch die steigende Wahrscheinlichkeit einer neuen Partnerschaft und Haushaltskomposition hervorgerufen.

Relativ selten ist mit 0.3% ebenfalls das Kindschaftsverhältnis, das in einer nichtehelichen Lebensgemeinschaft zwischen dem Stiefelternteil und dem in diese Partnerschaft mitgebrachten Kind besteht, d.h. eine *nichteheliche Stiefelternschaft* (Typ 15). Sie betrifft erneut sechs Mal häufiger Stiefväter als nichteheliche Stiefmütter und hat ihren Schwerpunkt bei Kindern im Sekundarschulalter.

Eine kleine Gruppe wird durch die *unehelichen Kinder von Geschiedenen und Verwitweten* gebildet, die mit ihrem leiblichen Elternteil in einem Haushalt leben (Typ 17). Für 0.2% der Kinder gaben die befragten Eltern ein solches Kindschaftsverhältnis an; darüber hinaus wird für weitere 0.3% der Kinder berichtet, daß das Kind beim anderen Elternteil lebt (Typ 18). Auch bei diesen Kindschaftsverhältnissen wird der Haushalt beinahe ausschließlich durch die alleinerziehende geschiedene bzw. verwitwete Mutter und ihrem aus einer nachehelichen Beziehung entstammenden Kind gebildet. Der Schwerpunkt dieser Kindschaftsverhältnisse liegt bei Kindern im Sekundarschulalter.

Genausowenig wie die außerehelichen Kinder des Ehepartners, die beim dazugehörigen anderen Elternteil leben (Typ 9), die adoptierten oder zur Pflege angenommenen Kinder, die nicht in der Haushaltsgemeinschaft leben (Typ 16), die fremdbetreuten Halbwaisen (Typ 19) sind auch die fremdbetreuten Kinder von Ledigen (Typ 20) und (die ebenfalls eigentlich ausgeschlossenen) symbolischen Stiefelternschaften zu Kindern eines alleinerziehenden Partners in einer nichtehelichen Lebensgemeinschaft (Typ 21) von irgendeiner quantitativen Bedeutung. Empirisch überhaupt nicht realisiert worden ist ein Kindschaftsverhältnis, bei dem ein nicht lediges Elternteil allein mit einem nicht-leiblichen (Adoptiv-, Pflege-)Kind zusammenlebt (NV-NE-NL-H-NP), die fremdbetreuten Kinder alleinerziehender Geschiedener und Verwitweter (GW-NE-L-NH-NP) und es wurden auch keine Kinder genannt, bei denen keine Komponente des Normalentwurfs von Kindschaftsverhältnissen erfüllt ist, d.h. zu denen der Befragte keinerlei Beziehung hat (NV-NE-NL-NH-NP) - was für die Qualität der erhobenen Daten spricht.

Zusammenfassend kann somit zu der empirischen Verteilung von Kindschaftsverhältnissen in der Bundesrepublik Deutschland festgestellt werden, daß von einer Pluralisierung und Individualisierung nur in sehr eingeschränktem Maße gesprochen werden kann. Dies betrifft zunächst die vorgefundenen Verteilungen und die Relation der Kindschaftstypen untereinander:
- Der Haupttyp der Kindschaftsverhältnisse (Normalitätsentwurf) umfaßt 85.3% aller Kinder bis 18 Jahre.
- Die empirische Realisierung eines Kindschaftstyps ist umso wahrscheinlicher, auf je weniger Dimensionen er vom Normalitätsentwurf abweicht.
- 14 von den analysierten 24 Kindschaftsverhältnissen weisen Anteile von unter 1.0% aller Kinder bis 18 Jahre auf, zwei weitere Typen wurden empirisch überhaupt nicht realisiert.

Neben der breiten Streuung bei den vielen vom Normalitätsentwurf abweichenden Kindschaftsverhältnissen zeigt sich dieses Ergebnis aber auch an den zugrundeliegenden Familienbildungs- und -lösungsprozessen im Lebensverlauf der Kinder:
- *Über 80 Prozent aller Kinder wachsen während ihrer gesamten Kindheit und Jugend in einem Eltern-Kind-Verhältnis auf, daß dem Normalitätsentwurf in vollem Umfang entspricht.*
- Bei den übrigen Kindern dominieren solche Kindschaftsverhältnisse, die weniger durch das Fehlen eines Elternteils, sondern vielmehr durch *multiple Elternschaft* infolge einer erneuten Aufnahme einer (ehelichen) Beziehung durch das Elternteil, das mit dem Kind eine Haushaltsgemeinschaft bildet, bestimmt sind.

- *Sehr selten sind dagegen Kindschaftsverhältnisse, die nicht durch Ehen oder die Legalisierung vorehelicher Kinder, sondern durch dauerhaft-nichteheliche Lebensgemeinschaften konstituiert werden*; von Individualisierungstendenzen der Art, daß das Eingehen von Ehe und Elternschaft voneinander getrennte Entscheidungsbereiche wären, kann somit keine Rede sein.
- Kindschaftsverhältnisse basieren fast ausschließlich auf einer Haushaltsgemeinschaft von Müttern und ihren Kindern, so daß Stiefelternschaft als deutlicher Regelfall in der Form von Stiefvaterschaft auftritt. Während eine *sehr hohe Konstanz in der Haushaltsgemeinschaft von Müttern und Kindern* zu verzeichnen ist, machen sich Familienbildungs- und -lösungsprozesse sowohl durch Zu- als auch durch Fortzüge von leiblichen und Stief-Vätern bemerkbar.
- Kindschaftsverhältnisse, die durch Alleinerziehende und ihre Kinder konstituiert werden, sind sehr selten und haben die Tendenz, im Verlaufe der Kindheit in legalisierte oder ergänzte Kindschaftsverhältnisse überführt zu werden.
- Außerordentlich selten sind Kindschaftsverhältnisse, die durch Fremdbetreuung aufrechterhalten werden, vielmehr wird das große Bestreben sichtbar, das Kindschaftsverhältnis auf leibliche, oder substitutiv auf ergänzte soziale Elternschaft in Haushaltsgemeinschaft mit dem Kind zu begründen. Dies macht sich auch in der sehr geringen Anzahl von Pflege- und solchen Adoptivkindern bemerkbar, die nicht zugleich durch Stiefelternschaft gekennzeichnet sind.

In den Ergebnissen lassen sich wenig Hinweise dafür finden, daß symbolische Elternschaft - als freiwillig übernommene Verpflichtungen in einer Beziehung zu Kindern, zu denen weder eine biologische, noch eine rechtliche oder Haushaltsbeziehung besteht - ein quantitativ bedeutsames Phänomen ist, das ein Substitut materialer Elternschaft in einem individualisierten Lebensstil darstellt. Vielmehr belegen die Ergebnisse sehr nachdrücklich die Familienzentriertheit der Kindschaftsverhältnisse in Deutschland sowohl in den quantitativen Relationen der einzelnen Kindschaftstypen als auch in der lebensaltersspezifischen Tendenz der Familienergänzung nach Trennung, Scheidung oder Verwitwung. Zwar kann anhand des Datenmaterials allein nicht entschieden werden, ob diese Familienzentriertheit der Kindschaftsverhältnisse ein sozialhistorisch "altes" oder "neues" Phänomen ist, doch spräche für die letztere Interpretation zumindest der bereits erwähnte Rückgang der Fremdbetreuung und die damit indizierte hohe Akzeptanz des durch ein leibliches Kindschaftsverhältnis begründeten Verpflichtungsgrades - zumindest bei Müttern - sowie das starke Bestreben, sich durch die Kooptation eines Stiefelternteils dem Normalitätsentwurf auch nach Familienlösungen erneut zu nähern. Insofern wäre eine "Normierungs-" und "Standardisierungs-"hypothese durch diese Analyse der Kindschaftsverhältnisse weit eher zu stützen als die einer "Individualisierung".

4. Kinder in unterschiedlichen Familienverhältnissen

Die Analyse von Kindschaftsverhältnissen berücksichtigt bereits die *Kombination* einer Vielzahl von Einzeldimensionen, die üblicherweise in der Diskussion und empirischen Begründung der Pluralisierungs- und Individualisierungsthese als *Einzelindikatoren* angeführt werden, wenn beispielsweise auf die Zunahme von Scheidungswaisen, Stiefkindern, Alleinerzogenen oder von Kindern in nichtehelichen Lebensgemeinschaften verwiesen wird. Aus diesem Grunde sollen nun die einzelnen Dimensionen gesondert analysiert werden, um ein genaueres Bild der familiären Lebensverhältnisse von Kindern unterschiedlichen Alters zu bekommen.

Wenn schon die komplexe Typologie der Kindschaftsverhältnisse keine die Individualisierungs- und Pluralisierungsthese stützende Ergebnisse erbrachte, so ist dies für die Analyse der Einzelindikatoren noch viel weniger zu erwarten, vielmehr werden diese ein noch weit "konservativeres" Bild familiärer Lebensverhältnisse von Kindern vermitteln. Dies wird bereits deutlich, wenn die Verteilungen des Ehestandes des befragten Elternteils in den verschiedenen Altersgruppen der Kinder betrachtet werden (Abbildung A1 im Tabellenband).

4.1 Familiäre Haushaltssituationen von Kindern

Der Anteil lediger Eltern an denen aller Kinder unter 26 Jahren beträgt 2.0%. Er sinkt rasch von 6.8% in der Gruppe der Kinder in den ersten beiden Lebensjahren auf 1.1% bei den 10-11jährigen. Jugendliche mit ledigen Eltern sind sehr selten, nur ca. 0.5% aller Jugendlichen ab 12 Jahre haben (mindestens) ein lediges Elternteil. Ebenso selten sind Kinder von Witwern und Witwen (2.1%). Bei ihnen gilt umgekehrt, daß echte Halbwaisen unter 8 Jahren sehr selten sind (ca. 0.5% aller Kinder diesen Alters), bei den 9-10jährigen steigt ihr Anteil auf 1.8% und erreicht in der Gruppe der ältesten Kinder sein Maximum von 5.3%. Der Anteil der Kinder von Geschiedenen in der gesamten Altersspanne beträgt 7.3%. Die Zunahme von Scheidungskindern erfolgt in einer deutlichen, vom Alter der Kinder abhängigen Welle: Das Ausgangsniveau bei den Kindern im Vorschulalter liegt bei 3%, im Grundschulalter steigt dann der Anteil der Kinder von geschiedenen Eltern rasch an und liegt bei Kindern über 10 Jahren auf dem Endniveau von konstant ca. 9%. Dieser wellenförmige Verlauf läßt darauf schließen, daß das Vorhandensein von Kindern im Vorschulalter ein Anlaß ist, die Scheidung bis zum Schuleintritt des Kindes hinauszuzögern. Demgegenüber finden sich keine Hinweise für eine zweite vom Alter der Kinder abhängige Scheidungswelle in den Ergebnissen, wonach deren Auszug aus dem Elternhaus in späteren Altersphasen eine nochmalige Scheidungswelle begünstigt.

Demgegenüber haben 88.6% der Kinder (nicht unbedingt: miteinander) verheiratete Eltern. Dabei nimmt die Verheiratungsquote einen altersabhängig kurvenförmigen Verlauf: Die Quote steigt von 90.7% bei der jüngsten Altersgruppe auf 92.7% bei den Eltern 4-5jähriger Kinder, sinkt im Grundschulalter der Kinder, beträgt bei Kindern zwischen 10 und 20 Jahren ca. 88% und erreicht ihren Minimalwert in der ältesten Gruppe mit 84.5%. Während also zunächst noch eine Tendenz zur Legalisierung der Lebensgemeinschaft für einen Anstieg der Verheiratetenquote bei den Eltern von Vorschulkindern sorgt, überwiegt ab dann die Erosion durch (fortbestehende) Scheidung und Verwitwerung.

Abbildung 1:
Familienform des Elternteils und Alter des Kindes

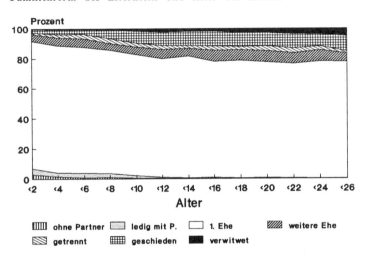

Diese Befunde werden nicht wesentlich modifiziert, wenn die unverheirateten Eltern danach unterschieden werden, ob sie in einer Partnerschaft leben oder nicht, und in der die Verheirateten danach unterschieden werden, ob sie in erster Ehe leben oder nicht und ob sie in Trennung leben (Abbildung 1). Dabei ergibt sich nämlich, daß Alleinerziehende und nichteheliche Partnerschaften demselben abnehmenden Trend folgen, aber in jeder Altersgruppe etwa doppelt so viele nichteheliche Partnerschaften (insgesamt: 1.3%) wie Alleinerziehende (0.6%) zu verzeichnen sind. Der Anteil der Kinder von Eltern, die in erster Ehe verheiratet sind, beträgt 80.1%, mehrfach verheiratete Eltern haben 6.1%, getrennt lebende Eltern haben 2.4% der Kinder. Mit dem Alter der Kinder nehmen die Anteile der in erster Ehe verheirateten Eltern von 85.0% in der jüngsten Altersgruppe auf ca. 78% bei den 16jährigen Jugendlichen ab, um sich dann auf diesem Niveau zu stabilisieren. Mehrfach verheiratete Eltern haben ca. 5% der Vorschul- und Grundschulkinder, danach erhöht sich ihr Anteil auf ca. 7%. Der Anteil getrennt lebender Eltern liegt nur in der jüngsten Altersgruppe deutlich niedriger (1.0%), ab dem 3. Lebensjahr oszilliert der Anteil um den Durchschnittswert von 2.4%. Diese Tendenzen werden auch dann nicht modifiziert, wenn das Geschlecht des befragten Elternteils kontrolliert wird, denn die geschlechtsspezifischen Abweichungen im Familienstand des Elternteils betragen maximal 0.3% (zugunsten lediger, und zulasten verwitweter und verheirateter Mütter), und die Trendverläufe sind bei beiden Befragtengruppen identisch.

Abbildung 2:

Haushaltskontext und Alter des Kindes

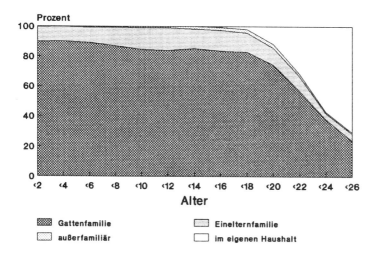

Als Ergebnis (auch) dieser Analyse ist somit festzustellen, daß bezüglich des Familienstandes der Eltern sich der Normalitätsentwurf (von verheirateten Eltern) als sehr breites weißes Band durch beide Tabellen zieht. Abweichende Formen von Elternschaft sind dagegen (nach wie vor) seltene Ereignisse, die die zusätzliche Tendenz in sich tragen, (erneut) in das Normalkonzept überführt zu werden. Ergänzt werden kann dieser Befund durch eine Analyse des Haushaltskontextes, in dem die Kinder der jeweiligen Altersgruppen leben.

Dabei wird zunächst unterschieden, ob das Kind im Haushalt einer Gattenfamilie von zwei zusammenlebenden Verheirateten aufwächst, oder ob es in einer Einelternfamilie, in einem außerfamiliären Betreuungskontext oder bereits in einem eigenen Haushalt lebt (Abbildung 2):

- 90% aller Vorschulkinder wachsen in einer Gattenfamilie auf; bis zum Volljährigkeitsalter reduziert sich deren Anteil auf 83%, fällt dann scharf ab und liegt bei der ältesten Altersgruppe bei nur mehr 23.7%.
- Außerfamiliäre Lebensorte spielen mit durchschnittlich 1.2% bei keiner Altersgruppe der Kinder eine bedeutsame Rolle; bis zum Alter von 12 Jahren liegt der Anteil bei weniger als 1%.
- Mit dem Volljährigkeitsalter setzt ein verstärkter Umzug in einen eigenen Haushalt ein; von den 16-17jährigen Jugendlichen leben 1.9% im eigenen Haushalt, bei den 20-21jährigen sind es 56.8%, in der ältesten Altersgruppe 70.6%.

Die Abbildungen 3 und 4 zeigen ergänzend eine differenzierte Aufschlüsselung der Kinder in Einelternhaushalten, je nachdem, ob sie mit ihrem Vater oder ihrer Mutter zusammenleben und diese ledig sind, getrennt leben, geschieden oder verwitwet sind.

Kinder, die allein mit ihren *ledigen* Vätern zusammenleben, sind selten (insgesamt: 0.4% aller Haushaltskontexte von Kindern): ihr Anteil beträgt 1.9% bei der jüngsten Altersgruppe, sinkt bis zum Einschulungsalter auf 0.6%; ältere Kinder aus einem solchen Haushaltskontext sind praktisch nicht vorhanden. Kinder von alleinerziehenden Müttern treten dagegen dreimal häufiger auf (insgesamt: 1.3%), zeigen aber den gleichen altersbezogenen Trend: ihr Anteil beträgt 4.6% bei der jüngsten Altersgruppe, sinkt bis zum Ende des Grundschulalters auf weniger als 1% und beträgt bei den Kindern von mehr als 12 Jahren weniger als 0.5%.

Abbildung 3:
Formen von Einelternfamilien und Alter des Kindes

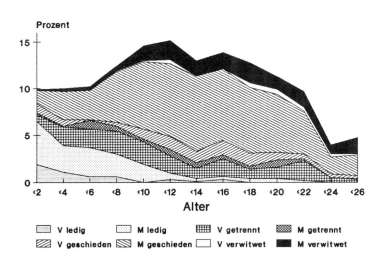

Abbildung 4:
Nichteheliche Kinder und Scheidungskinder in den Altersgruppen

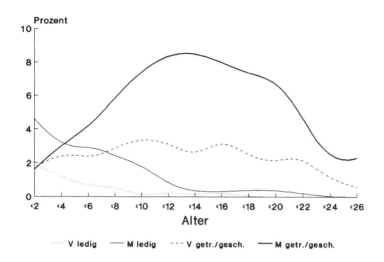

Kinder, die im Haushalt ihrer von ihren Ehefrauen *getrennt lebenden* Vätern leben, sind mehr als dreimal so häufig (insgesamt 1.5% aller Haushaltskontexte) wie Kinder, die im Haushalt ihrer getrennt lebenden Mütter leben (insgesamt: 0.4%): Der Anteil von Kindern, die mit getrennten Vätern zusammenleben, steigt von 0.7% in der jüngsten Altersgruppe auf den Maximalwert von 2.5% bei den 6-7jährigen an und sinkt dann bis zur Volljährigkeit wieder auf 1.0%. Aufgrund der außerordentlich geringen Fallzahlen sind bei den Kindern getrennt lebender Frauen keine altersspezifischen Trends erkennbar.

Scheidungswaisen (d.h. Kinder von geschiedenen Alleinerziehenden) sind vier Mal so häufig wie Waisen infolge des Todes eines Elternteils. Dabei leben Kinder mehr als sechs Mal so häufig im Haushalt ihrer *geschiedenen* Mutter (insgesamt 5.0% aller Haushaltskontexte) als bei ihren geschiedenen Vätern (insgesamt: 0.8%). Spitzenwerte erreichen diese Formen von Einelternfamilien bei Kindern im Sekundarschulalter: Bei den Kindern, die mit ihrem geschiedenen Vater zusammenleben, wird der Maximalwert im Alter von 14-15 Jahren erreicht (1.6%), bei den mit ihrer alleinerziehenden Mutter zusammenlebenden Kindern liegt er bei 8.0% im Alter von 12-13 Jahren. Bis zum Schulalter liegt der Anteil der Scheidungswaisen durchweg unter 4 %. Genau umgekehrt ist die Situation in Bezug auf Kinder von alleinerziehenden Witwern und *Witwen.* Sechs Mal so häufig wie der Tod der Mutter (0.2 %) führt der Tod des Vaters (1.3%) zu Alleinerziehendenhaushalten. Der Anteil von Kindern alleinerziehender Witwer und Witwen steigt langsam bis zum Erreichen der Volljährigkeit an; bis zum Schulalter beträgt der Anteil dieser Kinder weniger als 0.5%.

Abbildung 5:
Alter von Stief-, Adoptiv- und Pflegekindern bei Vätern

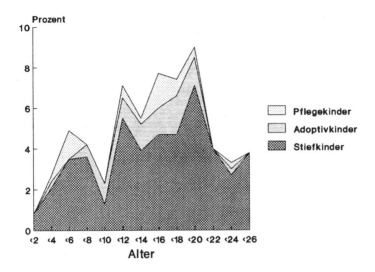

Insgesamt nimmt damit der Anteil von Kindern aus Einelternfamilien einen kurvenförmigen Verlauf in den einzelnen Altersgruppen: Im Vorschulalter beträgt der Anteil dieser Kinder konstant 10 Prozent; danach steigt der Anteil rasch auf 15% in der Altersgruppe der 10-11jährigen an; anschließend sinkt der Anteil bis zum Alter von 22 Jahren leicht, bevor dann durch vermehrt eigene Haushalte gegründet werden.

Ein anderer Aspekt des Kindschaftsverhältnisses wird dadurch ausgedrückt, ob es sich bei dem Kind in bezug auf das jeweilige Elternteil um ein leibliches Kind oder ein Stief-, Adoptiv- oder Pflegekind handelt. In den Abbildungen 6 und 7 sind diese Kindschaftsverhältnisse in Bezug auf männliche und weibliche Elternteile dargestellt.

Wichtigstes Ergebnis hierzu ist, daß in Bezug auf Mütter das Kindschaftsverhältnis der leiblichen Elternschaft nur bei 1.6% der Kinder geändert wird, d.h. bei den befragten Müttern sind 98.4% der Kinder leiblich, und in keiner der Altersgruppen überschreitet die nicht-leibliche Elternschaft 3%. Den größten Anteil hiervon bilden die Stiefkinder mit 1.1%, deren Anteil doppelt so hoch ist wie der von Adoptiv- (0.4%) und Pflegekindern (0.2%). Die Wahrscheinlichkeit, daß Kinder mit Stief-, Adoptiv- und Pflegemüttern konfrontiert werden, ist im Vorschulalter äußerst gering (unter 1%), erst im Sekundarschulalter steigt diese Wahrscheinlichkeit etwas an (auf mehr als 2%). Demgegenüber ist die Substitution des leiblichen Vaters durch Stief-, Adoptiv- oder Pflegeväter um Einiges wahrscheinlicher: bei den befragten Vätern sind nur 95.1% der Kinder leiblich, dagegen 3.7% Stiefkinder, 0.7% Adoptiv- und 0.5% Pflegekinder. Die Wahrscheinlichkeit, einen Stiefvater zu bekommen, steigt für die Kinder bereits im Vorschulalter rasch an und liegt im Alter von 6 Jahren bereits bei 3.5%. Ein weiterer Gipfel wird bei den 10-11jährigen Kindern erreicht (5.5%), d.h. schwerpunktmäßig tritt Stiefvaterschaft (aber auch: Adoptiv- und Pflegevaterschaft) im Sekundarschulalter auf.

Abbildung 6:
Alter von Stief-, Adoptiv- und Pflegekindern bei Müttern

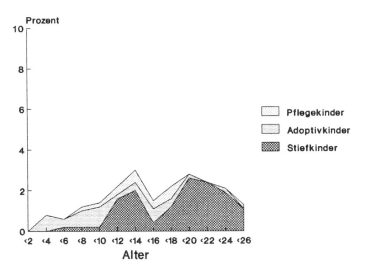

4.2 Erlebnis von Familienbildung und -lösung

Genauer verfolgt werden kann dieser Sachverhalt, wenn die Kinder in den verschiedenen Altersgruppen daraufhin untersucht werden, in welchem Ausmaß sie Familienbildungs- und Familienlösungsereignisse bei ihren Eltern erlebt haben. Hierzu ist für die Familienbildung überprüft worden, ob das Ereignis des Kennenlernens eines neuen Partners, des Beginns einer neuen Partnerschaft, des Zusammenwohnens mit einem neuen Partner oder einer Heirat im bisherigen Lebensverlauf des Kindes aufgetreten ist oder nicht. Nicht überprüft werden kann dabei, ob es sich dabei um Familienbildungsereignisse han-

411

delt, die sich auf die eigenen leiblichen Eltern beziehen; so kann ein aufgetretenes Heiratsereignis ebenso die Legalisierung eines nichtehelichen Kindschaftsverhältnisses wie den Beginn eines (weiteren) Stiefkindschaftsverhältnisses bedeuten. Analog ist für die Familienlösungsereignisse untersucht worden, ob das Ereignis der Beendigung einer Partnerschaft, der Trennung und Scheidung oder des Todes eines Elternteils aufgetreten ist. Jedes dieser Familienbildungs- und -lösungsereignisse ist maximal vier Mal in der Erhebung erfaßt worden, doch tritt im Lebenslauf der Kinder bis zu ihrer Volljährigkeit eine Ereignisklasse maximal drei Mal auf. Tabelle 2 gibt in der oberen Hälfte die Häufigkeitsverteilung aller Ereignisse für Kinder bis zum 18. Lebensjahr an.

Familienbildungsereignisse kommen häufiger im Lebenslauf von Kindern vor als Familienlösungsereignisse. So erleben (mindestens) 9.5% der Kinder bis zu ihrer Volljährigkeit, daß eines ihrer Elternteile einen Partner kennenlernt, 11.1% erleben den Beginn einer Partnerschaft, 13.3% erleben die Bildung eines neuen Haushalts und 13.9% eine (erneute) Heirat. Demgegenüber stehen 3.3% der Kinder, die die Beendigung einer nichtehelichen Partnerschaft erleben, 8.3% der Kinder erleben eine eheliche Trennung, 7.7% eine Scheidung und 1.4% werden mit dem Tod eines Elternteils in diesem Alterszeitraum konfrontiert.

Familienbildungs- und lösungsereignisse der Eltern sind im Lebensverlauf von Kindern keine voneinander unabhängigen Ereignisse. Insbesondere wenn die These des Normalisierungsdrucks zutrifft, ist nicht nur zu erwarten, daß eine hohe Wahrscheinlichkeit des gemeinsamen Auftretens von mehreren Familienbildungs- oder -lösungsereignissen gegeben ist: Wenn sich schon ein neuer Partnerschaftsbeginn des Elternteils ereignet, dann steigert dies die Wahrscheinlichkeit von Heiraten, bzw. wenn eine Trennung erfolgt, macht dies eine Scheidung wahrscheinlicher. Vielmehr ist auch zu erwarten, daß in gleicher Weise Familienlösungs- und -gründungsereignisse gemeinsam im Leben der Kinder auftreten. Zur Prüfung dieses Zusammenhangs ist untersucht worden, in welcher Weise und in welcher Häufigkeit die einzelnen Ereignisse gemeinsam im Leben der Kinder auftreten.

Bei dieser Analyse ist allerdings erneut darauf hinzuweisen, daß die Mehrzahl der Kinder von solchen Ereignissen nicht betroffen ist: 80.0% der Kinder unterhalb des Volljährigkeitsalters erleben kein Familienbildungsereignis und 86.6% kein Familienlösungsereignis, 75.8% erleben keines dieser Ereignisse. Erste Hinweise auf eine starke wechselseitige Beeinflussung dieser Familienlösungs- und -bildungsprozesse sind aus der stark positiven Korrelationen beider Ereignisklassen zu entnehmen (r = .62), d.h. je mehr Familienlösungsereignisse im Leben des Kindes (bis zu seiner Volljährigkeit) auftreten, desto mehr Familienbildungsereignisse treten auch auf (und umgekehrt). Genauere Hinweise gibt die untere Hälfte der Tabelle 2, in der die relative Häufigkeit des gemeinsamen Auftretens der verschiedenen Ereignisse (oberhalb der Diagonalen) und die Interkorrelationen (unterhalb der Diagonalen) eingetragen sind.

Tabelle 2: Anzahl und Interkorrelationen der von Kindern erlebten Familienbildungs- und Lösungsereignisse bis zu ihrer Volljährigkeit (n = 7 567)

Anzahl	FAMILIENBILDUNG				FAMILIENLÖSUNG			
	Kennenlernen	Beginn Partnerschaft	Zusammenziehen	Heirat	Partnerschaftsende	Trennung	Scheidung	Tod
kein Ereignis	90.5	88.9	86.7	86.1	96.7	91.7	92.3	98.6
ein Ereignis	8.1	9.4	11.7	13.3	2.9	6.1	7.6	1.4
zwei Ereignisse	1.3	1.6	1.5	.6	.4	2.1	.1	-
drei Ereignisse	1	.2	.0	.0	-	.1	-	-
Interkorrelationen								
Kennenlernen	-	9.5 %	7.8 %	5.0 %	2.5 %	4.8 %	5.3 %	.6 %
Partnerschaftsbeg.	.91	-	9.1 %	6.1 %	2.7 %	5.2 %	5.6 %	.6 %
Zusammenziehen	.66	.71	-	8.9 %	2.2 %	4.3 %	4.7 %	.5 %
Heirat	.36	.42	.60	-	1.2 %	3.0 %	3.5 %	.4 %
Partnerschaftsende	.42	.41	.29	.12	-	.9 %	1.0 %	.1 %
Trennung	.50	.49	.35	.20	.13	-	6.0 %	.1 %
Scheidung	.58	.56	.41	.27	.16	.73	-	.1 %
Tod	.14	.13	.09	.06	.02	-.02	-.00	-

Sowohl die relativen Häufigkeiten des gemeinsamen Auftretens von Ereignissen als auch die Korrelationen zeigen übereinstimmend die Nähe bzw. Distanz der Ereignisse zueinander. Eine Ausnahme bildet hier lediglich die Verwitwerung, die einmal am seltensten (nicht nur im Zusammenhang mit anderen Ereignissen) bis zur Volljährigkeit der Kinder auftritt, zum anderen aber auch nur geringe Kontingenzen mit den anderen Ereignissen aufweist: zu Trennung und Scheidung sind sogar leicht negative Korrelationen gegeben, am ehesten tritt der Tod eines Elternteils für Kinder noch gemeinsam mit dem Kennenlernen eines neuen Partners und dem Beginn einer neuen Partnerschaft auf. Für die übrigen Ereignisse, die die Eigenschaft gemeinsam haben, durch intentionales Handeln erzeugt zu sein, gilt jedoch als Hauptergebnis, daß sie - teilweise sehr hohe - positive Korrelationen aufweisen und daß diese Korrelationen einem systematischen Trend folgen. So sinken die Korrelationen zwischen dem 'Kenenlernen' und den anderen Ereignissen vom 'Beginn der Partnerschaft' (r = .91) über 'Zusammenziehen' (.66) auf den niedrigsten Wert bei 'Heirat' (.36), um dann über 'Partnerschaftsende' (.42) und 'Trennung' (.50) bis zur 'Scheidung' (.58) wieder anzusteigen, d.h. Familienlösungen führen, wenn minderjährige Kinder vorhanden sind, in starkem Maße zu Recyclingprozessen durch die Einleitung neuer Partnerschaften. In gleicher Weise stehen 'Trennung' und 'Scheidung' mit dem 'Kennenlernen' (r = .50 bzw. .58) und dem 'Beginn einer neuen Partnerschaft' (.49 bzw. .56) in engem Zusammenhang und weisen gleichzeitig zum 'Ende einer nichtehelichen Partnerschaft' (.13 bzw. .16) und zur 'Heirat' (.20 bzw. .27) die größte Distanz auf.

Diese empirischen Regelmäßigkeiten in der Kontingenz von Familienereignissen im Lebenslauf der Kinder sind deutliche Hinweise auf einen hohen Normalisierungsdruck in Familien von minderjährigen Kindern, d.h. *ein Familienbildungs- oder -lösungsereignis zieht mit großer Wahrscheinlichkeit in zyklischer Form andere Ereignisse nach sich*. Dagegen ist ein wiederholtes Vorkommen desselben Ereignisses nicht sehr häufig: lediglich 1.4% der Kinder erleben ein mehrfaches Kennenlernen eines neuen Lebenspartners des Elternteils bis zu ihrer Volljährigkeit, 1.8% erleben den Beginn von mehr als einer neuen Partnerschaft, 1.5% eine mehrfach veränderte Haushaltszusammensetzung und 0.6% zwei oder drei Heiraten des Elternteils; 0.4% erleben das mehrfache Ende einer nichtehelichen Partnerschaft, 2.2% eine Trennung, aber nur 0.1% auch eine Scheidung in einer weiteren Ehe (vom Stiefelternteil).

Die Wahrscheinlichkeit für Kinder, solche Familienbildungs- und -lösungsereignissen in der Herkunftsfamilie zu erleben, ist natürlich in starkem Maße altersabhängig. In den Abbildungen 6 und 7 ist dargestellt, wieviel Prozent der Kinder der jeweiligen Altersgruppen mindestens einmal dem jeweiligen Familienbildungs- und -lösungsereignis ausgesetzt gewesen ist (es handelt sich somit *nicht* um eine Ereignisdatenanalyse, bei der die Auftretenswahrscheinlichkeit des Ereignisses direkt bestimmten Risikointervallen zugeordnet worden ist; zugunsten einer internen Vergleichbarkeit der Ergebnisse ist eine solche Analyse in diesem Zusammenhang zurückgestellt worden).

Bei den Familienbildungsereignissen ist im Verlauf deutlich zwischen dem 'Kennenlernen eines neuen Partners', dem 'Partnerschaftsbeginn' und dem 'Zusammenziehen' einerseits und der 'Heirat' andererseits zu unterscheiden. 'Bekanntschaft' und 'Beginn' haben ähnliche Verläufe, wobei der relative Anteil neuer Bekanntschaften jeweils niedriger ist als der des Partnerschaftsbeginns: In der jüngsten Altersgruppe tritt das Kennenlernen eines neuen Partners für 0.4% der Kinder auf; die Wahrscheinlichkeit nimmt bis zum Alter von 12 Jahren kontinuierlich bis auf 14.2% zu, verlangsamt sich dann und erreicht ihren Maximalwert bei den 20jährigen Kindern (17.6%). Der Beginn einer neuen Partnerschaft tritt für 1.0% der Kinder in der jüngsten Altersgruppe auf, steigt kontinuierlich auf 12.3% bei den 10-11jährigen Kindern an, verlangsamt sich ebenfalls und erreicht den Maximalwert bei den 22jährigen Kindern (19.7%). Den Zuzug eines (Stief-) Elternteils erleben dagegen bereits 4.8% der Kinder der jüngsten Altersgruppe, ihr Anteil steigt kontinuierlich bis zu den 16jährigen Kindern (20.2%) und erreicht den Maximalwert in der ältesten Gruppe mit 23.2%. Während die Verlaufskurven für diese drei Ereignisse weitgehend parallel verlaufen, ist dies für die 'Heirats'kurve nicht der Fall: Heiraten treten überproportional häufig im Leben kleiner Kinder auf, später ist das (Wieder-)Verheiratungsrisiko der Eltern merklich geringer; bereits in der jüngsten Altersgruppe tritt bei 8.4% eine Heirat auf, 14.3% der 7-8jährigen Kinder haben eine Elternheirat erlebt und 21.4% der über 20jährigen Kinder. Damit schneidet die 'Heirats'-kurve die 'Zusammenzugs'- und die 'Partnerschaftsbeginn'kurve bei den 10jährigen Kindern.

Aus dem Sachverhalt, daß die von der Entwicklungslogik her späten Ereignisse einer Partnerschaftskarriere insbesondere bei den jungen Kindern überrepräsentiert, läßt sich (erneut) schließen, daß es sich bei einer großen Zahl um Intensivierung (gemeinsamer Haushalt) und Legalisierung (Heirat) der Elternschaft und mithin um die Beziehung der leiblichen Eltern des Kindes handelt. Die im Vergleich zu den anderen Familienbildungsereignissen frühe Sättigung der Heiratskurve läßt zusätzlich darauf schließen, daß Heiraten den Eintritt weiterer Familienbildungs- und -lösungsereignisse (zumindest) dann verringert, wenn kleine Kinder vorhanden sind.

Erhärten läßt sich dieser Befund anhand der Ergebnisse zu den Familienlösungsereignissen. Hier weist nur der 'Tod eines Elternteils' einen linearen Anstieg auf (von 0% in der jüngsten auf 5.9% in der ältesten Altersgruppe); 96.2% aller Kinder in Deutschland erleben dieses Ereignis bis zu ihrer Volljährigkeit nicht. Die Wahrscheinlichkeit, daß Kinder die Beendigung einer nichtehelichen Lebensgemeinschaft erleben, ist relativ hoch bei Vorschulkindern; der Prozentsatz der Kinder, die dieses Ereignis erleben, steigt von 0.9% in der jüngsten Altersgruppe auf 3.5% bei den 5-6jährigen, danach ist kein wesentlicher Anstieg mehr festzustellen; bei den über 20jährigen ist der Anteil, die den Tod eines Elternteils erlebt haben, höher als der Anteil, die die Beendigung einer nichtehelichen Lebensgemeinschaft erleben.

Abbildung 7:
Familienbildungsereignisse und Alter der Kinder

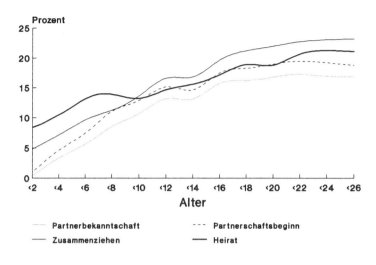

Abbildung 8.
Familienlösungsereignisse und Alter der Kinder

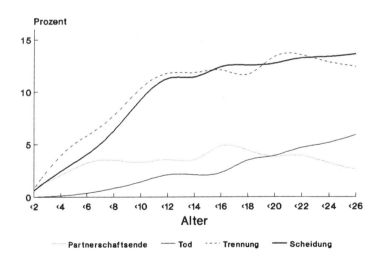

Das Risiko, daß die verheirateten Eltern sich trennen, ist am höchsten in den ersten vier Lebensjahren: Der Anteil der Kinder, die dieses Ereignis erleben, steigt rasch von 0.8% in der jüngsten auf 4.4% in der nächsten Altersgruppe an und bis zum Ende des Grundschulalters bleibt das Trennungsrisiko etwa gleich hoch. Danach reduziert es sich merklich, d.h. die Trennungs-Verlaufskurve erreicht im 10. Lebensjahr der Kinder ihren Sättigungsgrad bei ca. 12% betroffener Kinder. Das Risiko einer Scheidung bei den Eltern folgt dem der Trennung mit zeitlicher Verzögerung. Der Anteil der Kinder, die dieses Ereignis erlebt haben steigt (nach einer geringeren Risikophase im Vorschulalter) insbesondere im Grundschulalter rasch auf ca. 10% an. Der Sättigungsgrad der Scheidungs-Kurve wird entsprechend später erreicht; bis zur Volljährigkeit sind 12.5% der Kinder von einer Scheidung der Eltern betroffen. Danach sind kaum weitere Zuwächse mehr zu verzeichnen.

In einem weiteren Schritt kann nun geprüft werden, inwieweit auch das gemeinsame Auftreten mehrerer Ereignisse sich im Lebensverlauf der Kinder verändert. Abbildung 9 gibt die Anteile der Kinder in den Altersgruppen wieder, die jemals in ihrem Leben sowohl von (mindestens) einem Familienbildungs- als auch einem Familienlösungsereignis betroffen wurden, nur von einem der beiden Ereignisklassen oder von keinem Familienereignis. Zunächst zeigt sich erneut, daß die Mehrzahl der Kinder von Familienbildungs- und -lösungsprozessen nicht betroffen ist: 87.7% der jüngsten Altersgruppe, aber nur noch 68.5% der 16 - 17jährigen haben keinerlei Familienereignis erlebt. Der Anteil der Kinder, die ausschließlich Familienbildungsereignisse erleben, liegt in allen Altersgruppen bei ca. 10%. Dagegen nimmt der Anteil der Kinder, die ausschließlich Familienlösungsereignisse erlebt haben, kontinuierlich mit dem Alter der Kinder von 1.3% auf 5.3% leicht zu. Es entspricht der These vom Normalisierungsdruck, daß die deutlichsten altersspezifischen Zuwächse die Kinder verzeichnen, die Ereignisse aus beiden Klassen erleben: Ihr Anteil steigt von weniger als 1 Prozent bei den Jüngsten auf annähernd 15 Prozent bis zur Volljährigkeit.

Will man darüber hinaus abschätzen, von wieviel Ereignissen insgesamt Kinder betroffen sind, die jemals in ihrem Leben überhaupt Familienbildungs- oder Familienlösungsprozesse erlebt haben und damit von dem Normalitätsentwurf abweichen, so lassen sich hierzu die altersspezifischen Mittelwerte aus der Auszählung aller möglichen (bis zu 16) Familienbildungs- bzw. -lösungsereignisse bilden (Abbildung A2 im Tabellenband). Diese Analyse ergibt, daß die durchschnittliche Anzahl der Familienlösungsereignisse schnell von 0.2 auf 1.1 Ereignisse bei den zehnjährigen Kindern ansteigt, um dann relativ konstant zu bleiben. Familienbildungsprozesse steigen von 1.2 Ereignissen in der jüngsten Altersgruppe auf 3.0 Ereignisse bei den Zwanzigjährigen und erreichen ihren Sättigungsgrad somit deutlich später. Insgesamt kumulieren die Familienereignisse damit von 1.4 Ereignissen auf 4.3 Ereignisse bei den Zwanzigjährigen; die Kinder, die überhaupt von solchen Ereignissen der Familienbildung und Familienlösung betroffen sind, erleben bis zu ihrer Volljährigkeit annähernd vier Ereignisse dieser Art (3.9).

Abbildung 9:
Kombination von Familienereignissen und Alter der Kinder

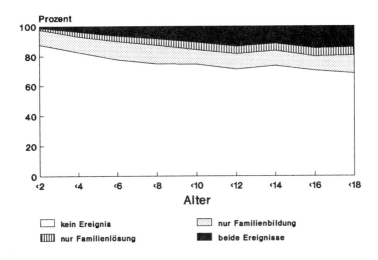

In der empirischen Familienforschung ist in jüngster Zeit mehrfach der Frage nachgegangen worden, ob ein Zusammenhang zwischen dem Geschlecht des Kindes und dem Scheidungsrisiko der Eltern besteht, der dann ggf. mit der familienökonomischen Theorie ehespezifischer Investitionen erklärt werden könnte (BECKER, LANDES & MICHAEL 1977). Tatsächlich erbrachte der Population Survey der Vereinigten Staaten von 1980, daß Ehen mit einer Tochter ein um 9% höheres jährliches Scheidungsrisiko aufweisen als Ehen mit einem Sohn (MORGAN, LYE & CONDRAN 1988), und auch im sozio-ökonomischen Panel 1985 erbrachte die Analyse von DIEKMANN und KLEIN (1991) für Ehen mit einer Tochter ein um 19% höheres Scheidungsrisiko als Ehen mit einem Sohn. Eine diesbezügliche Nachprüfung ergibt, daß geschlechtsspezifische Selektionseffekte beim Erleben von Familienbildungs- und -lösungsereignissen eher nicht zu verzeichnen sind: Geschlechtsspezifische Differenzen im Auftreten dieser Ereignisse bis zur Volljährigkeit der Kinder sind außerordentlich gering (Kennenlernen eines Partners: 0.8%; Beginn einer Partnerschaft: 0.9%; Zusammenziehen: 1.5%; Heirat: 1.0%; Beendigung einer nichtehelichen Partnerschaft: 0.3%; Trennung: 1.3%; Scheidung: 0.9%; Verwitwerung: 0.4%). Wenngleich zwei Ereignisse schwach signifikante Effekte in der behaupteten Richtung aufweisen (Jungen vermindern die Wahrscheinlichkeit der Trennung [$p = .04$] und des Zusammenziehens mit einem neuen Partner [$p = .05$]), dürften diese Ergebnisse eher als eine Bestätigung der Null-Hypothese gewertet werden.

5. Kohortenunterschiede des Erlebens von Familienbildung und -lösung im Lebenslauf von Kindern

Zentrale Bestandteile der Individualisierungs- und Pluralisierungsthese sind als zeitgeschichtliche Trendhypothesen formuliert. Eine Analyse des sozialen Wandels in den Kindschafts-, Familien- und Betreuungsverhältnissen setzt zeitbezogene Daten voraus, um lebensaltersspezifische Veränderungen von zeitgeschichtlichen Veränderungen trennen zu können. Im Familien-Survey liegen die meisten Daten zur familiären Situation von Kindern jedoch lediglich als lebensaltersspezifische Querschnitte vor, so daß Analysen des sozialen Wandels unterbleiben müssen.

Eine Ausnahme hiervon bilden lediglich die Familienbildungs- und -lösungsereignisse, die sich sowohl zeitgeschichtlich als auch lebenslaufspezifisch datieren lassen. Aus diesem Grunde soll abschließend untersucht werden, in welchem Ausmaß sich kohortenspezifische Unterschiede im Lebenslauf der Kinder für die Ereignisse 'Kennenlernens eines neuen Partners' des Elternteils, 'Beginn einer neuen Partnerschaft', 'Beginn einer Haushaltsgemeinschaft' mit einem neuen Partner und 'Heirat' des Elternteils verzeichnen lassen, und wie häufig die Ereignisse 'Beendigung einer nichtehelichen Partnerschaft', 'Trennung', 'Scheidung' und 'Verwitwerung' in den einzelnen Kohorten auftreten. Die Abbildungen 10 bis 13 geben die Ergebnisse zu den Familienbildungsereignissen, die Abbildungen 14 bis 17 die Ergebnisse zu den Familienlösungsereignissen wieder, d.h. wie hoch der relative Anteil der Kinder ist, die diese Ereignisse bis zu ihrem zehnten Lebensjahr erleben. Die Kohorten sind durch Fünfjahres-Intervalle gebildet, wobei die jüngste Kohorte aus solchen Kindern besteht, die mindestens ein und höchstens fünf Lebensjahre vollendet haben (Jahrgänge 1987 bis 1984); die ältesten Kinder, für die Daten vorliegen, sind 1948 geboren worden. Berechnungsgrundlage für die relativen Häufigkeiten, bei denen die entsprechenden Ereignisse eingetreten sind, ist immer die Gesamtheit des Anteils einer Kohorte, der das Lebensalter erreicht hat; dies betrifft besonders die beiden jüngsten Kohorten, die die Lebensspanne bis zum zehnten Lebensjahr nicht vollständig durchlaufen haben und verursacht den teilweise nicht perfekt kumulativen Verlauf der Auftretenshäufigkeit. Für die vorliegenden Befunde bedeutet dies, daß das Ausmaß der Familienbildungs- und -lösungsrisiken der jüngsten Kohorten geringfügig *überschätzt* werden.

Abbildung 10:
Kohortenspezifische Veränderungen des Kennenlernens eines neuen Partners bei den Eltern von Kindern unterschiedlichen Lebensalters

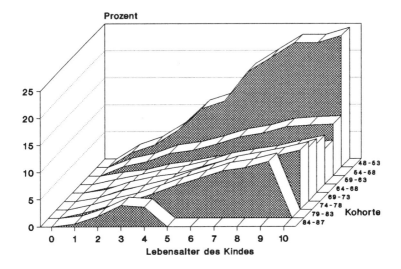

Die Abbildungen 10 bis 13 zeigen, daß die kohortenspezifischen Unterschiede im Risiko der Kinder, daß ihre Eltern Familienbildungsprozesse während ihrer ersten zehn Lebensjahre eingehen, erheblich sind. Durchgängig zeigt sich dabei ein einheitliches Muster kohortenspezifischen Wandels:
- Der kohortenspezifische Wandel der Familienbildungsprozesse im Lebenslauf der Kinder verläuft kurvilinear; das Risiko sinkt von einem hohen Ausgangsniveau in der ersten Nachkriegskohorte (der zwischen 1948 und 1953 geborenen Kinder) rapide auf einen Tiefststand bei den Kindern, die zwischen 1959 und 1963 geboren sind. In den nachfolgenden Kohorten steigt das Risiko langsam und stetig wieder an.
- Das höchste Risiko, Familienbildungsprozesse in den ersten zehn Lebensjahren zu erleben, hatten die Kinder der beiden ältesten Kohorten, d.h. die Kinder, die in den 50er Jahren geboren sind. Die geringsten Risiken dieser Art hatten die in den 60er Jahren geborenen Kinder, doch auch die Risiken der Kinder, die in den 70er und 80er Jahren geboren sind, erreichen bei weitem nicht das Ausmaß der in den 50er Jahren geborenen Kinder.

Abbildung 11:
Kohortenspezifische Veränderungen des Beginns einer neuen
Partnerschaft bei den Eltern von Kindern unterschiedlichen Lebensalters

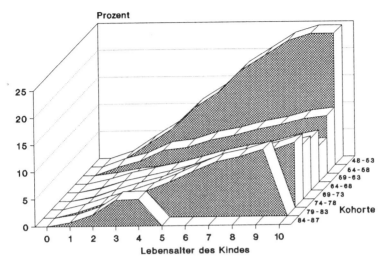

Abbildung 12:
Kohortenspezifische Veränderungen des Zusammenziehens mit einem
neuen Partner bei den Eltern von Kindern unterschiedlichen Lebensalters

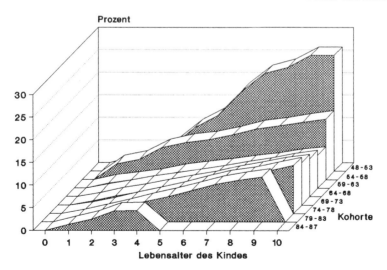

Abbildung 13:
Kohortenspezifische Veränderungen elterlicher Heirat bei Kindern unterschiedlichen Lebensalters

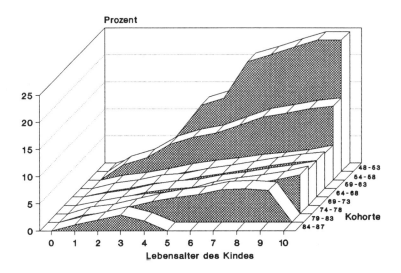

Im Einzelnen zeigen die Detailbefunde in Tabelle 3, daß im Alter von 4 Lebensjahren (dem höchsten für alle Kohorten verfügbaren Lebensalter) und im Alter von 9 Jahren (dem höchsten bis zur zweitjüngsten Kohorte verfügbaren Lebensalter)
- bei den um 1950 geborenen Kindern etwa 10% bis zum Alter von 4 Jahren von Familienbildungsprozessen betroffen worden sind (etwa 25% bis zum Alter von 9 Jahren),
- bei den um 1960 geborenen Kindern dieser Anteil bis zum Alter von 4 Jahrne auf etwa 3% absinkt (bzw. auf etwa 9% bis zum Alter von 9 Jahren) und
- bei den um 1980 geborenen Kindern auf etwa 4 - 5% bis zum Alter von 4 Jahren wieder ansteigt (bzw. auf 6 - 10% bis zum Alter von 9 Jahren).

Über die kohortenspezifischen Veränderungen im Erleben von Familienbildungsereignissen hinaus sind Wandlungen auch im Verhältnis der einzelnen Familienbildungsereignisse untereinander feststellbar. Hauptergebnis hierzu ist, daß bei den ältesten Kohorten sich die Auftretenswahrscheinlichkeit der einzelnen Ereignisse nur minimal unterscheidet, wohingegen bei den jüngsten Kohorten systematische Unterschiede zu verzeichnen sind. Seltenstes Ereignis ist in dieser Kohorte eine Heirat (1.8% bis zum Alter von 4 Jahren, 5.9% bis zum Alter von 9 Jahren), häufigstes Ereignis ist der Beginn einer neuen Partnerschaft (4.9% bzw. 12.3%), das damit mehr als doppelt so häufig auftritt. Dieses Auseinanderfallen der Auftretenswahrscheinlichkeiten der Familienbildungsereignisse bei den jüngeren Kohorten läßt sich mit der Individualisierungsthese in Verbindung bringen: Es weist darauf hin, daß nicht mehr - wie bei den ältesten Kohorten - eine starke zeitliche Kontingenz zwischen allen Ereignissen gegeben ist, vielmehr vollzieht sich eine zunehmende Entkoppelung der Ereignisse mit dem Ergebnis, daß Heiraten (und die Gründung einer Haushaltsgemeinschaft) bei weitem nicht mehr so häufig im Leben der Kinder auftreten wie den Beginn einer neuen Partnerschaft bei den Eltern.

Tabelle 3:
Kohortenspezifisches Risiko des Erlebens von Familienbildungsereignissen von Kindern bis zum Alter von 4 und 9 Jahren

	Kennenlernen	Beginn	Zusammenziehen	Heiraten	
bis zum Alter von 4 Jahren					
48 - 53	10.8	10.8	9.5	12.2	(74)
54 - 58	4.7	5.0	8.2	7.8	(536)
59 - 63	2.8	2.6	3.5	3.0	(1488)
64 - 68	3.4	3.8	3.4	2.8	(2182)
69 - 73	3.5	3.9	3.8	3.0	(2094)
74 - 78	4.1	4.4	4.0	2.5	(2020)
79 - 83	4.5	4.9	4.5	3.8	(2151)
84	3.6	4.9	4.4	1.8	(821)
bis zum Alter von 9 Jahren					
48 - 53	23.0	24.3	25.7	24.3	(74)
54 - 58	9.3	10.1	12.7	13.1	(536)
59 - 63	6.0	6.3	6.8	5.6	(1488)
64 - 68	8.1	8.7	7.7	6.3	(2182)
69 - 73	8.5	9.0	8.7	5.9	(2094)
74 - 78	9.9	10.6	9.5	6.3	(2020)
79	10.4	12.3	9.9	5.9	(375)

Damit wird in Bezug auf Familienbildungsereignisse für die Individualisierungsthese ein differenziertes Ergebnis erzielt:
1. Die in dieser These implizit enthaltene Annahme der stetigen Zunahme von Familienbildungsereignissen im Individualisierungsprozeß als einem langanhaltenden Trend (über die hier beobachteten Kohorten hinaus) kann so nicht aufrechterhalten werden; vielmehr zeigt sich eindeutig, daß Familienbildungsereignisse in den ältesten Kohorten bei weitem am häufigsten aufgetreten sind. Erst seit Beginn der 60er Jahre ist der in der Individualisierungsthese behauptete Trend zu beobachten.

2. Die konstanten Raten bei den einzelnen Familienbildungsereignissen für die Kinder der ältesten Kohorte und die Diversifizierung dieser Raten bei den jüngsten Kohorten zeigt dagegen eine zunehmende Auflösung der zeitlichen Kontingenz von Familienbildungsereignissen und eine zunehmende Ablösung vom "Normalitätsentwurf"; standen in den 50er Jahren tendenziell die Legalisierungen bestehender Partnerschaften nach der Geburt des Kindes im Vordergrund (Zusammenziehen und Heiraten sind bis zu den um 1960 geborenen Kindern die häufigsten Ereignisse), so hat sich in den jüngeren Kohorten der Beginn neuer Partnerschaften an die vorderste Stelle geschoben, d.h. anstelle der "Verfestigung" bestehender Partnerschaften scheint deren "Verflüssigung" getreten zu sein.

Dies läßt sich anhand der Ergebnisse zu Familienlösungsprozessen in den Abbildungen 14 bis 17 detailliert prüfen.

Für die Analyse der Familenlösungsereignisse muß 'Verwitwerung' bzw. Verlust eines Elternteils durch Tod von den konflikthaften Ereignissen 'Beendigung einer nichtehelichen Partnerschaft', 'Trennung' und 'Scheidung' getrennt werden, da nur letztere mit der Individualisierungsthese in Zusammenhang zu bringen sind. Entsprechend ist zu erwarten, daß Verwitwerung von anderen sozialhistorischen Bedingungen beeinflußt wird. Für den Elternverlust durch Tod (Abbildung 17) gilt, daß dies für Kinder diesen Alters in allen (Nachkriegs-)Kohorten ein seltenes Ereignis ohne starke sozialhistorische Trends ist; wahrnehmbar ist allerdings, daß die vor 1960 geborenen Kohorten vom Verlust eines Elternteils häufiger in jungen Jahren betroffen gewesen sind als die später geborenen Kohorten.

Die übrigen Familienlösungsereignisse zeigen wiederum ein einheitliches Muster kohortenspezifischen Wandels, wobei sowohl Parallelen als auch Unterschiede zu den Familienbildungsereignissen festzustellen sind; die geringere Auftretenshäufigkeit von Familienlösungsereignissen (insbesondere bei den Beendigungen nichtehelicher Lebensgemeinschaften) schlägt sich allerdings in einem weniger stabilen Bild nieder:
- Auch der kohortenspezifische Wandel der Familienlösungsprozesse im Lebenslauf der Kinder verläuft kurvilinear. Das Risiko sinkt bei den Beendigungen nichtehelicher Lebensgemeinschaften und den Scheidungen von einem mittleren Ausgangsniveau in der ersten Nachkriegskohorte auf einen Tiefststand bei den Kindern, die zwischen 1959 und 1963 geboren sind; bei den Trennungen ist das Risiko bereits für die zwischen 1954 und 1958 geborenen Kinder am geringsten. In den nachfolgenden Kohorten steigt das Risiko aller drei Familienlösungsereignisse stark an und übertrifft bei den jüngsten Kohorten das der Ausgangsniveau der um 1950 geborenen Kinder.
- Das höchste Risiko, Familienlösungsprozesse in den ersten zehn Lebensjahren zu erleben, haben damit die Kinder der jüngsten Kohorten, d.h. die nach 1974 geborenen Kinder. Die geringsten Risiken dieser Art hatten die zwischen 1954 und 1963 geborenen Kinder. Zumindest, was Trennung und Scheidung anbetrifft, war für die um 1950 geborenen Kinder das Risiko, von Familienlösungsprozessen betroffen zu werden, erheblich.

Abbildung 14:
Kohortenspezifische Veränderungen der Beendigung einer nichtehelichen Partnerschaft bei den Eltern von Kindern unterschiedlichen Lebensalters

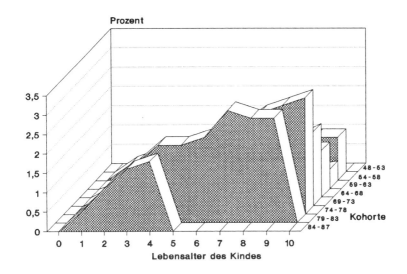

Abbildung 15:
Kohortenspezifische Veränderungen elterlicher Trennung bei Kindern unterschiedlichen Lebensalters

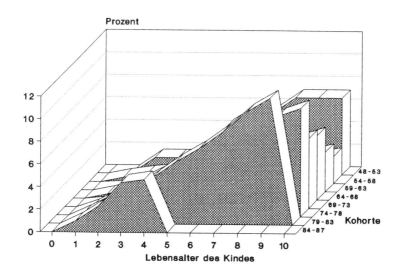

Abbildung 16:
Kohortenspezifische Veränderungen elterlicher Scheidung bei Kindern unterschiedlichen Lebensalters

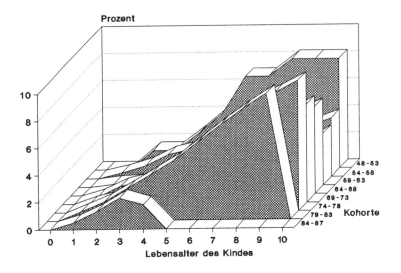

Abbildung 17:
Kohortenspezifische Veränderungen des Verlustes eines Elternteils bei Kindern unterschiedlichen Lebensalters

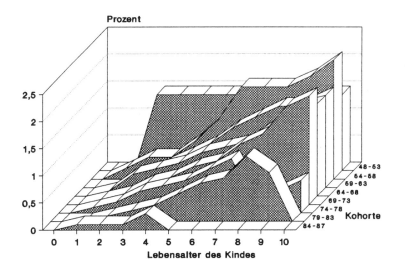

Im Unterschied zur Familienbildung besteht bei der Familienlösung nur bei Trennung und Scheidung die Möglichkeit, daß sich diese Ereignisse auf dieselbe Partnerschaft beziehen; entsprechend sind diese beiden Ereignisse von der Beendigung einer nichtehelichen Partnerschaft zu trennen.

Tabelle 4 zeigt, daß das Risiko, bis zum Alter von 4 Jahren (von 9 Jahren) von der Beendigung einer nichtehelichen Partnerschaft (NEP) betroffen zu werden, zwischen den um 1960 geborenen Kindern und den um 1980 geborenen Kindern von 0.3% auf 2% (von 0.4% auf 2.7%) gestiegen ist. Die Steigerungsraten sind somit recht hoch (sie indizieren eine Versiebenfachung des Risikos), jedoch absolut nach wie vor recht gering. Demgegenüber ist das Risiko, von Trennung und Scheidung betroffen zu werden, in allen untersuchten Kohorten mehr als dreimal so groß. Das Risiko, bis zum Alter von 9 Jahren diese Ereignisse zu erleben, ist gegenüber den um 1960 geborenen Kinder für die um 1980 Geborenen von 3.0% auf 11.2% gestiegen (Trennung), bzw. von 2.8% auf 9.3% (Scheidung), d.h. in den zwanzig Jahren hat sich das Risiko, im Kindesalter von einer Ehelösung der Eltern betroffen zu werden, mehr als verdreifacht.

Tabelle 4:
Kohortenspezifisches Risiko des Erlebens von Familienlösungsereignissen von Kindern bis zum Alter von 4 und 9 Jahren

	Beendg. NEP	Trennung	Scheidg.	Verwitwerung	
bis zum Alter von 4 Jahren					
48 - 53	-	1.4	2.7	1.4	(74)
54 - 58	.7	1.1	2.1	.7	(536)
59 - 63	.3	1.0	.9	.6	(1488)
64 - 68	.5	2.0	1.9	.6	(2182)
69 - 73	.7	2.3	2.6	.5	(2094)
74 - 78	1.4	3.8	2.5	.5	(2020)
79 - 83	2.0	4.1	3.4	.3	(2151)
84	1.8	4.7	1.8	.3	(821)
bis zum Alter von 9 Jahren					
48 - 53	-	6.8	8.1	1.4	(74)
54 - 58	1.1	2.1	3.7	1.9	(536)
59 - 63	.4	3.0	2.8	1.5	(1488)
64 - 68	1.2	5.0	5.6	1.6	(2182)
69 - 73	1.6	5.6	6.2	1.8	(2094)
74 - 78	2.8	8.9	8.7	1.4	(2020)
79	2.7	11.2	9.3	.8	(375)

Die dargestellten Befunde zu Familienbildungs- und -lösungsereignissen im Lebenslauf der Kinder konvergieren mit anderen sozialhistorischen Befunden zum Wandel der Familie in der Nachkriegszeit (DIEKMANN 1990; FEND 1988; GRUNDMANN 1990; HANDL 1988; 1988a; HÖHN 1988; HÖPFLINGER 1987; HUININK 1989; 1989a; 1989b; KAUFMANN 1990; KLEIN 1989; LENGSFELD & LINKE 1988; MEYER & SCHULZE 1989; NAVE-HERZ 1984; 1988; 1989; NAVE-HERZ, DAUM-JABALLAH, HAUSER, MATTHIAS & SCHELLER 1990; PAPASTEFANOU 1990; TÖLKE 1989; TROTHA 1990). Diese Studien thematisieren die Veränderungen im Heirats- und Familiengründungsalter, in der Fertilität oder im Scheidungsverhalten bei der Elterngeneration. Die hier präsentierten Befunde zeigen dazu komplementär, wie sich dieser sozialhistorische Wandel auf die familiäre Situation der Kinder auswirkt.

Die empirischen Befunde belegen auf eindrückliche Weise, wie die umfassenden Reorganisationsprozesse familiärer Verhältnisse in dem ersten Jahrzehnt nach Ende des zweiten Weltkrieges auch in den Lebensverläufen der Kinder sichtbar werden. Sie zeigen, wie die Phase starker Familienzentriertheit im zweiten Jahrzehnt nach dem Ende des Weltkrieges dazu führt, daß Kinder, die in diesem Zeitraum geboren werden, so selten wie keine andere Generation zuvor (insbesondere auch, wenn man die geringe Mortalitätswahrscheinlichkeit von Eltern in der zweiten Hälfte des 20. Jahrhunderts in Rechnung stellt) von Familienlösungs- und -bildungsereignissen betroffen gewesen sind. Schließlich zeigen die Befunde, daß seitdem die Stabilitätsrisiken familiärer Verhältnisse kontinuierlich zunehmen, ohne jedoch bislang das hohe Ausgangsniveau der Nachkriegsgeneration in vollem Umfang erreicht zu haben. Die Befunde tragen damit auch zur Präzisierung der Individualisierungs- und Pluralisierungsthese in Bezug auf die Lebensverhältnisse während der Kindheit bei, für die ja sozialhistorische Trendhypothesen von zentraler Bedeutung sind. Zum einen ist es möglich, den Beginn der 'neueren' Destabilisierung familiärer Verhältnisse und steigender Erlebensrisiken von Familienlösungs- und -bildungsereignissen für Kinder genauer zu bestimmen und in die 60er Jahre zu datieren, in denen eine allgemeine Trendumkehr zu verzeichnen ist. Zum anderen ist es nunmehr möglich, für den Zeitraum des Bestehens der Bundesrepublik Deutschland die jeweiligen Ausgangs- und Endniveaus der beobachteten Veränderungen präzise zu bestimmen. Ob man die jeweiligen Niveaus aber nun diesseits oder jenseits eines cutting points lokalisiert, der da einen 'Individualisierungsschub' anzeigt, dürfte weniger eine Frage der Konstatierung von Sachverhalten sondern von deren Bewertung sein.

Anhang

1. Angelika Tölke danke ich für die sorgfältige Durchsicht des Manuskripts und die Nachprüfung der empirischen Befunde.

Hans Bertram

Einstellung zu Kindheit und Familie

1. Individualismus und Gemeinsinn
2. Die einzelnen Wertdimensionen
2.1. Einstellungen zu Kindern
2.2. Einstellungen zur Ehe
2.3. Erziehungsorientierungen
2.4. Die beruflichen Orientierungen

3. Postmaterialismus und Einstellungen zu Ehe, Kindern, Erziehung und Beruf

4. Lebensformen und Einstellungen zu Kindern, Ehe und Erziehung

5. Arbeit, Beruf und Einstellungen

   Anhang

1. Individualismus und Gemeinsinn

In seinen Studien über die Demokratie in Amerika beschreibt Alexis de TOCQUEVILLE auch die Funktion der Familie in einer demokratischen Gesellschaft.

Im Gegensatz zur traditionalen Familie des untergegangenen Ancien Regime hält TOCQUEVILLE die Konzentration der Eltern auf die Entwicklung und Erziehung der Kinder zu gleichberechtigten Partnern und Staatsbürgern für das hervorstechendste Merkmal der Familie in einer bürgerlichen Gesellschaft. Insbesondere der Vater, wird nicht mehr als Autorität interpretiert, der das Gemeinwesen und den Staat gegenüber den Kindern repräsentiert, sondern als älterer Ratgeber, der den Kindern hilft, sich entsprechend den Anforderungen, die eine demokratische Gesellschaft erhebt, zu entwickeln.

Die Rolle der Mutter wird ähnlich gesehen und das Verhältnis zwischen den Eltern wird als gleiches Verhältnis mit unterschiedlichen Funktionen interpretiert, wobei dem Vater die externe Aufgabe der ökonomischen Sicherung und der Mutter die interne Organisation des Haushaltes und der Familie obliegen.

Dies ist zumindest in bezug auf die Kinder ein sehr 'modernes' Konzept von Familie und Erziehung. Die hinsichtlich einer geschlechtsspezifischen Arbeitsteilung an der traditionellen bürgerlichen Familie des 19. Jahrhunderts orientierte Konzeption von Ehe und Familie, war eingebettet in eine Welt der Nachbarschaft und Verwandtschaft mit einer Vielfalt von Rollenbezügen, die durch persönliche Beziehungen und Traditionen gesteuert wurden.

Ein solches Modell von Ehe, Familie, sowie Kindererziehung setzte die Existenz von Werten wie 'Orientierung am anderen', 'Disziplin', 'Ordnungsbereitschaft' und 'Gemeinsinn' voraus, weil bei der Erziehung der Kinder den vielfältigen Verpflichtungen gegenüber Nachbarschaft und Gemeinde nur auf der Basis solcher Werte nachgekommen werden konnte. Neben diesen bürgerlichen Tugenden sollten aber auch Liebe und Zuneigung zwischen den Ehepartnern und zwischen Eltern und Kindern sowie wechselseitige Solidarität und Rücksichtnahme Basis der innerfamilialen Beziehungen und der Kindererziehung sein (BELLAH u.a. 1987).

BELLAH u.a., die sich mit TOCQUEVILLE auseinandersetzen, machen darauf aufmerksam, daß der Begriff des Individualismus heute möglicherweise genauer zu definieren sei. Ein Individualismus, der nur Wertorientierungen zum Ausdruck bringt, die die Kategorie des Nutzens für den einzelnen in den Mittelpunkt stellen, und der auch die Beziehungen zu anderen vor allem unter einem persönlichen Nutzenaspekt betrachtet, wird zurecht als utilitaristischer Individualismus bezeichnet. Daneben sind jedoch auch Orientierungsmuster denkbar, die zwar die eigene Person in den Mittelpunkt stellen und persönliche Selbstentfaltung als wichtig interpretieren sowie die Möglichkeiten der Partizipation in allen Lebensbereichen als ein wichtiges Element des eigenen Lebensentwurfs begreifen, die aber diese Form der Selbstentfaltung mit einer

Orientierung an anderen verknüpfen. Partizipation, Selbstentfaltung und Selbstverwirklichung sind dann in ein Konzept der Achtung vor anderen, der Bereitschaft, sich um andere zu kümmern, sowie dem Bemühen, andere in die eigenen Entscheidungen und Lebensvorstellungen miteinzubeziehen eingebunden. Einen solchen Individualismus kann man als 'kooperativen Individualismus' bezeichnen.

Diese Orientierungen werden heute, so die These vom Wertwandel, zunehmend in Frage gestellt. Nach LÜBBE (1990) sind 'neue' Werte und Lebensorientierungen in den Vordergrund gerückt: Kreativität, Sensibilität und Selbstverwirklichung. Dieser Prozeß wurde von INGLEHART (1977) als 'stille Revolution' bezeichnet. Werte wie Sicherheit, Ordnung und gesundes Wirtschaftswachstum, als 'materielles Muster' verstanden, verlieren nach INGLEHART an Bedeutung, während andere Werte wie Mitbestimmung oder Partizipation an politischen Entscheidungen, als 'Postmaterialismus' bezeichnet, an Bedeutung gewinnen. Diese Veränderungen von Werten und Einstellungen haben eine erhebliche Bedeutung für das Zusammenleben zwischen Mann und Frau, für die Erziehung der Kinder und die Bereitschaft, Kinder zu erziehen.

So haben beispielsweise STRÜMPEL und SCHOLZ-LIGMA (1988) nachgewiesen, daß eine positive Einstellung zu Kindern, Ehe und Familie sehr eng mit Religiosität, Heimatverbundenheit und Disziplin verknüpft ist, wohingegen Selbstverwirklichung, Unabhängigkeit und bessere Arbeitsbedingungen ein Wertmuster darstellen, das eher bei jüngeren Leuten mit höherer Bildung zu finden ist und nach Auffassung der Autoren gegenwärtig an Bedeutung gewinnt.

INGLEHART (1989) hat sich in einer jüngst vorgelegten Studie explizit mit der Frage auseinandergesetzt, ob das Vordringen postmaterieller Orientierungen einen Einfluß auf die Einstellungen zu Ehe, Familie, Kindern und Religion hat. Dabei kann er deutlich machen, daß postmaterielle Orientierungen bei denjenigen, die die Institution Ehe als besonders wichtig einschätzen, seltener auftreten. Er kann auch zeigen, daß Religion und Kinder für diese Personen eine geringere Bedeutung haben.

Ein Vergleich der empirischen Ergebnisse von INGLEHART und NOELLE-NEUMANN/ PIEL (1983) zur Einstellung von Ehe, Familie und Erziehung bietet uns im folgenden die Möglichkeit, neben einer aktuellen Analyse solcher Einstellungen zu prüfen, inwieweit die hier vorgelegten Ergebnisse den in anderen Studien dargestellten Wandlungstendenzen entsprechen. Dies setzt allerdings voraus, daß möglichst vergleichbare Einstellungen und Orientierungen gemessen werden.

Dieses Erfordernis wurde, soweit möglich, bei allen Items und Einstellungsskalen beachtet, so daß die meisten im folgenden beschriebenen Analyseinstrumente mit denen anderer empirischer Studien vergleichbar sind.

2. Die einzelnen Wertdimensionen

INGLEHART hat 1970 zum ersten Mal Materialisten und Postmaterialisten durch vier Items unterschieden. Wenn Befragte die politischen Ziele 'Aufrechterhaltung der inneren Ordnung eines Landes' und 'Kampf gegen steigende Preise' für wichtiger hielten als 'verstärkte Mitsprache der Menschen bei wichtigen Regierungsentscheidungen' und 'Schutz der freien Meinungs-äußerung', klassifizierte INGLEHART diese Befragten als Materialisten, wohingegen bei der Wahl der beiden anderen Items diese als Postmaterialisten eingestuft wurden. Diese Items wurden 1973 ergänzt, ohne daß die Grundstruktur der Zuordnung verändert wurde.

Im Laufe der Zeit hat es eine intensive Debatte um die Dimensionierung dieser Items gegeben (HERZ 1979, 1987 sowie 1988). Helmut KLAGES (1984) hat darauf hingewiesen, daß es problematisch ist, industrielle Gesellschaften nur auf der Basis solcher Dichotomisierungen zu interpretieren. Er konnte nachweisen, daß individuelle Vorstellungen über Selbstverwirklichung und freie Meinungsäußerung nicht notwendigerweise im Gegensatz zum Streben nach Sicherheit und ökonomischer Stabilität stehen müssen. Obwohl andere Vorschläge theoretisch befriedigender sein mögen als das Konzept von INGLEHART, werde ich mich im folgenden am INGLEHART'schen Modell orientieren, weil es die Möglichkeit eröffnet, die hier vorgelegten Ergebnisse mit den Ergebnissen, die er jüngst in bezug auf Ehe und Familie für Europa vorgelegt hat, zu vergleichen.

Dabei gehe ich, anders als INGLEHART, davon aus, daß die beiden Items 'Aufrechterhaltung von Ordnung' und 'Kampf gegen steigende Preise' eher Ausdruck einer konservativen Grundhaltung als einer materialistischen Weltsicht sind. Ebenso ist die Orientierung an einem verstärkten 'Mitspracherecht bei wichtigen Regierungsentscheidungen' und 'Schutz der freien Meinungsäußerung' nicht notwendigerweise Ausdruck postmaterieller Orientierungen, sondern eher eines gesteigerten Partizipationswunsches des Individuums an Entscheidungen, deren Auswirkungen bis in die Belange des Einzelnen reichen. Ganz im Sinne von BELLAH bringt der INGLEHART'sche Postmaterialismus eher einen Individualismus westlicher Industriegesellschaften zum Ausdruck als einen Postmaterialismus im eigentlichen Sinne.

Diese etwas zurückhaltendere Interpretation des INGLEHART'schen Konzeptes erscheint angemessener als viele der weitreichenden Überlegungen INGLEHARTs zur Entwicklung postmaterieller Werte in unserer Gesellschaft.

Wie das Histogramm 'Materialismus - Postmaterialismus' zeigt, ist in unserer Stichprobe der Anteil der Postmaterialisten mit ca. 35% sehr viel höher als in INGLEHART's Studie (1990, S.123). Dort berichtet er von insgesamt 24% postmaterialistischen gegenüber 17% materialistischen Werttypen, während wir hier ca. 35% Postmaterialisten und ca. 10% Materialisten feststellen. Dabei stellt sich allerdings die Frage, ob hier ein Periodeneffekt vorliegt, da unsere Daten ca. ein Jahr nach den letzten INGLEHART'schen erhoben wurden.

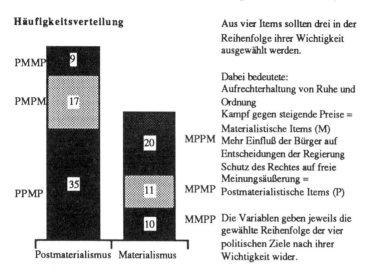

Grafik 1:
Materialismus und Postmaterialismus (Angaben in Prozent)

Wie aber die folgende Grafik, in der Postmaterialisten und Materialisten miteinander verglichen werden, deutlich macht, treten die von INGLEHART nachgewiesenen Alterseffekte auch in der hier untersuchten Population auf. Die älteste Altersgruppe weist den höchsten Prozentsatz von Materialisten (ca. 16%) auf, wohingegen der Anteil in der jüngsten Altersgruppe nur 4% beträgt.

Bei den postmaterialistischen Werten ist die Altersgruppe der zwischen 1958 und 1967 Geborenen diejenige mit den höchsten Präferenzen, wohingegen in der jüngsten Gruppe der zwischen 1968 und 1970 Geborenen ein leichter Rückgang zu beobachten ist.

Wie die Grafik[1] weiter belegt, übersteigen die Anteile der Postmaterialisten diejenigen der Materialisten in allen Altersgruppen. Die älteste Altersgruppe war hier allerdings bis zu 55 Jahre alt, eine Altersgruppe, bei der sich auch in der INGLEHART'schen Untersuchung Materialisten und Postmaterialisten in etwa die Waage hielten.

Grafik 2:
Postmaterialismus - Materialismus nach Altersgruppen (Angaben in Prozent)

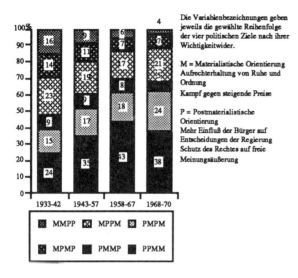

2.1. Einstellungen zu Kindern

Trotz des dramatischen Geburtenrückgangs in den letzten Jahren und angesichts des vieldiskutierten Wertwandels gibt es bisher nur wenige empirische Untersuchungen, die sich neben der Frage des Kinderwunsches und der Zahl der gewünschten Kinder auch damit auseinandergesetzt haben, welche Einstellungen zu Kindern in verschiedenen Bevölkerungsgruppen vorherrschen.

Selbst in der für die Wertwandelsdiskussion immer wieder herangezogene Datenbasis von NOELLE-NEUMANN und PIEL (1983) gibt es bezüglich der Einstellung zu Kindern sehr viel weniger Material als beispielsweise zu Fragen der Erziehung oder Gleichberechtigung.

Auch in dem von INGLEHART (1989) benutzten World Value Survey wird nur ganz allgemein gefragt, ob eine Frau Kinder brauche, um ein erfülltes Leben führen zu können.

Um die Einstellungen zu Kindern und zur Ehe zu erfassen, wurde versucht, auf der Basis der vorhandenen Untersuchungen Statements zusammenzustellen. Dabei wurde davon ausgegangen, daß sowohl Kinder, als auch die Institution der Ehe bestimmte Dimensionen und Aspekte in der eigenen Werthierarchie ansprechen, die für den Befragten einen besonders hohen Stellenwert und eine besonders positive Bedeutung haben. Daneben gibt es andere Aspekte, die den einzelnen Befragten belasten können, wie beispielsweise ein Konflikt zwischen Kindererziehung und Berufstätigkeit. Und es gibt vermutlicherweise Aspekte, die aus gegenwärtigen Belastungen später Vorteile oder Nutzen erwarten lassen, wie beispielsweise Unterstützung durch die eigenen Kinder im hohen Alter.

Um diese unterschiedlichen Dimensionen erforschen zu können, wurde den Befragten eine Liste von Items vorgelegt, die anhand einer dreistufigen Skala beurteilt werden sollten. Die Vermutung, daß sich Befragte in ihren Einstellungen zu Kindern und Ehe nach unterschiedlichen Dimensionen einordnen lassen, wurde im folgenden überprüft[2].

Die im folgenden vorgestellten Einstellungsdimensionen sind also keine Setzungen unsererseits, sondern empirisch überprüfte und bestätigte Dimensionen, die sich auf die Antworten der Befragten stützen. Da darüber hinaus die Ergebnisse mit Verfahren überprüft wurden, die von unterschiedlichen Annahmen bezüglich der Skalenqualität und der Beziehungsstruktur der Items ausgehen, kann man davon ausgehen, daß die hier vorliegenden Ergebnisse keine Artefakte der verwendeten Verfahren sind.

Dies hervorzuheben ist nicht nur aus wissenschaftlichen Gründen erforderlich. Bei der Analyse der Berufs- und Erziehungswerte können später Veränderungen zu früheren Dimensionierungsversuchen nachgewiesen werden. Darüber hinaus wird in der Öffentlichkeit nur selten diskutiert, ob es nicht auch Einstellungsmuster geben könnte, die Kindern einen geringeren Wert beimessen als dies generell unterstellt wird.

Bei den Einstellungen zu Kindern lassen sich theoretisch und empirisch drei Dimensionen unterscheiden. Zum einen eine Wertdimension, die 'Kinder als Belastung' interpretiert. Mit dieser Dimension korrelieren die Items 'Kinder lassen zu wenig Zeit für eigene Interessen', 'Kinder schaffen Probleme mit Nachbarn, auf Reisen und in der Öffentlichkeit', 'Kinder belasten die Partnerschaft', 'Kinder sind eine finanzielle Belastung, die den Lebensstandard einschränkt', ' Kinder bringen Sorgen und Probleme mit sich', 'Kinder machen eine Einschränkung der Berufsarbeit notwendig' und 'wenn Frauen eine berufliche Karriere machen wollen, müssen sie auf Kinder verzichten'.

Von dieser Dimension, die eher Kosten und Lasten von Kindern in den Vordergrund stellt, läßt sich eine weitere Dimension, die man mit 'Kinder als Lebenssinn' oder 'Kinder als Teil des eigenen Lebens' bezeichnen kann, unterscheiden. In ihr kommt eine uneingeschränkt positive Einstellung zu Kindern zum Ausdruck. Hier korrelieren die Items 'Kinder machen das Leben intensiver und erfüllter', 'Kinder geben einem das Gefühl, gebraucht zu werden', 'Kinder im Haus zu haben und sie aufwachsen zu sehen, macht Spaß' und 'Kinder bringen die Partner einander näher' besonders hoch. Die Items, die beim vorherigen Faktor besonders bedeutungsvoll waren, korrelieren hier teilweise negativ.

Als dritte Dimension läßt sich ein Einstellungsmuster, in dem Kinder eher in ihren besonderen Funktionen betont werden, unterscheiden. 'Kinder sind gut, um jemanden zu haben, auf den man sich in Notfällen verlassen kann', aber auch 'Kinder bringen die Partner einander näher' korrelieren hier besonders stark.

Die hier gefundenen Dimensionen wurden zusätzlich einem geschlechtsspezifischen Vergleich unterzogen, um sicherzustellen, daß die Antwortmuster von Männern und Frauen keine Unterschiede aufweisen, und um auch bei geschlechtsspezifischen Vergleichen sicher sein zu können, daß geschlechtsspezifische Unterschiede bei diesen Dimensionen nicht auf unterschiedliche Dimensionen des jeweiligen Antwortverhaltens, sondern auf unterschiedliche Reaktionsmuster zu diesen Dimensionen zurückzuführen ist.

Zu diesem Zwecke wurden die Mokkenskallierungen jeweils getrennt für Männer und Frauen berechnet. Es ergaben sich bei diesen Dimensionierungen kaum Unterschiede, wohingegen später in den einzelnen Analysen gezeigt werden kann, daß deutliche Unterschiede beim Vergleich der Dimensionen auftreten.

2.2. Einstellungen zur Ehe

Auch diese Itemliste[3], die im Anhang wiedergegeben ist, ließ sich auf der Basis einer dreidimensionalen Lösung bestens skalieren. Die Skala 'Ehe als Teil bzw. Sinn des Lebens' umfaß die Items 'wenn zwei Menschen sich lieben sollten sie heiraten', 'Ehe bedeutet die Bereitschaft, füreinander Verpflichtung zu übernehmen' und 'nur wenn die Eltern verheiratet sind, haben die Kinder wirklich ein Zuhause' sowie 'Ehe bedeutet Sicherheit und Geborgenheit'.

Die Einstellung zur Ehe unter der Perspektive von Belastung setzt sich aus den Items 'in einer Ehe zu leben ist mit Streit und Ärger verbunden', 'wenn man heiratet, muß man viele persönliche Freiheiten aufgeben' und 'die Ehe ist wegen der möglichen Scheidungsfolgen mit einem hohen finanziellen Risiko verbunden' zusammen. Sie unterscheidet sich sowohl vom ersten Faktor als auch vom Faktor 'Ehe als Nutzen', der auf den Items 'eine Ehe bringt finanzielle und wirtschaftliche Vorteile' und 'in einer Ehe zu leben bedeutet mehr gesellschaftliche Anerkennung' basiert.

Auch diese drei Dimensionen sind statistisch gesehen unabhängig voneinander, was aber wiederum nicht ausschließt, daß innerhalb einzelner Gruppen und bei einzelnen Personen sehr wohl Beziehungen zwischen ihnen bestehen können.

Die vorgeschlagene dreidimensionale Lösung ermöglicht es hier, anders als in vielen Untersuchungen (NOELLE-NEUMANN/PIEL 1983), nicht nur von positiven oder negativen Einstellungen zu sprechen, sondern die Orientierungsmuster der Befragten daraufhin zu untersuchen, ob und inwieweit die Wertschätzung von Ehe oder die hohe Bedeutung, die Kindern zugemessen wird, auch mit der Einsicht gemischt sein kann, daß eine Ehe ebenso Belastungen und Risiken mit sich bringen kann wie sich auch unmittelbare Vorteile für den einzelnen ergeben können.

Diese mehrdimensionale Darstellung der Einstellungsmuster zu Kindern und Ehe entwirft ein realistischeres Bild als die sonst in der Literatur übliche Verwendung postitiver oder negativer Einschätzungen, weil sich Wertmuster und Einstellungen bei den Befragten möglicherweise altersabhängig, berufsabhängig oder auch abhängig vom Wohnort und der konkreten Lebenssituation auf unterschiedliche Weise vermischen können.

2.3. Erziehungsorientierungen

Bei der Analyse der Erziehungsorientierungen[4] wurde, ähnlich wie bei den Berufsorientierungen, dem Konzept von M.KOHN (1959, 1969, 1985) gefolgt, nicht nur weil KOHN hinsichtlich der Analyse von Erziehungs- und Berufseinstellungen international die weiteste Verbreitung gefunden hat, sondern auch, weil die meisten seiner Items in der Bundesrepublik zur Anwendung gelangt sind, so daß sich hier ein hohes Maß an Vergleichbarkeit herstellen läßt (WEISS 1982, STEINKAMP/STIEF 1979, BERTRAM 1978, GRÜNEISEN/HOFF 1978, REUBAND 1985).

KOHN (1990) hatte auf der Basis seiner Itemlisten ein dreidimensionales Konzept im Bereich von Erziehungsorientierungen entwickelt.

Analog zum oben beschriebenen Vorgehen der empirischen Datenanalyse wurden die von KOHN übernommenen Items einer Clusteranalyse und Mokkenskalierung unterzogen[5]. Entsprechend den KOHN'schen Überlegungen ermöglichen die Ergebnisse eine deutliche Unterscheidung zwischen Items, die stärker auf Konformität und Anpassung, sowie anderen, die mehr auf Selbständigkeit zielen.

Die erste Skala 'Erziehung zu Pflicht und Leistung' ist weitgehend identisch mit dem von KOHN benannten Faktor 'Erziehung zu Konformität' - eine Begrifflichkeit, die in der Deutschen Sprache eine etwas andere Bedeutung als der Begriff 'conformity' im Englischen hat. Die Bezeichnung dieses Faktors als 'Erziehung zu Pflicht und Leistung' scheint angemessener zu sein, weil hier die Items 'Pflichtbewußtsein', 'Fleiß', 'Gehorsam', 'gute Schulleistungen' und 'gute Umgangsformen' eingehen, die in der deutschen Diskussion nicht notwendigerweise mit Konformität gleichgesetzt, sondern häufiger als sekundäre Tugenden bezeichnet werden (LÜBBE 1990). Von diesem Faktor lassen sich zwei weitere Dimensionen unterscheiden, nämlich 'Erziehung zu Selbständigkeit' und 'kooperativer Individualismus'.

In die Dimension 'Selbständigkeit' gehen die Items 'Selbstvertrauen', 'Durchsetzungsfähigkeit' und 'Selbständigkeit' ein, wobei hier interessanterweise auch noch 'gute Umgangsformen' und 'gute Schulleistungen' eine relativ hohe Ladung aufweisen

In Anlehnung an die Überlegung von BELLAH, daß heute neben einem Individualismus, der den persönlichen Nutzen in den Mittelpunkt stellt, auch eine Art von Individualismus zu beobachten sei, der die Beziehung zu anderen, das Verständnis für andere, sowie Verantwortungs-bewußtsein beinhaltet, schien es sinnvoll, neben der Erziehungsorientierung 'Erziehung zur Selbständigkeit' den Faktor 'Erziehung zu kooperativem Individualismus' zu unterscheiden. Für diesen Faktor sind neben dem Verständnis für andere, Kritikfähigkeit und Verantwortungsbewußtsein, Selbständigkeit, Selbstvertrauen und Pflichtbewußtsein bedeutsame Items.

Man könnte einen solchen Faktor möglicherweise auch 'soziale Kompetenz' nennen, doch der Begriff des 'kooperativen Individualismus' bringt genauer zum Ausdruck, daß neben Verständnis für andere und Verantwortungsbewußtsein selbstverständlich auch Selbständigkeit, Selbstvertrauen und Pflichtbewußtsein Elemente eines solchen Erziehungskonzeptes sind. Ein solcher Individualismus, der sich seiner sozialen Verantwortlichkeit gegenüber anderen bewußt ist, scheint mir mit dem Ausdruck 'kooperativer Individualismus' sinnvoll bezeichnet zu sein.

2.4. Die beruflichen Orientierungen

Auf der Basis der Mokkenskalierungen ergab sich auch hier eine dreidimensionale Lösung, die wiederum eine hohe Übereinstimmung mit den Ergebnissen von Melvin KOHN aufweist[6].

Die erste Skala weist den extrinsischen Aspekten der Arbeit größte Bedeutung zu. 'Sichere Arbeitsbedingungen', 'ein Beruf, der einem genügend Zeit für familiäre Verpflichtungen läßt' und 'ein Beruf, der einem viel Freizeit läßt' sind die Items, die diese Dimension kennzeichnen. Davon läßt sich eine zweite Dimension unterscheiden, die als 'Karriereorientierung' bezeichnet wird, weil in ihr 'gute Aufstiegsmöglichkeit', 'hohes Einkommen', 'ein Beruf, der anerkannt und geachtet wird', sowie 'sichere Berufsstellung' die wichtigsten Items darstellen.

Ähnlich wie im Bereich der Erziehungseinstellungen haben wir hier einen Faktor, den wir als beruflichen 'kooperativen Individualismus' bezeichnet haben. In diesem Faktor machen neben Selbständigkeit und Interessantheit der Tätigkeit auch die gesellschaftliche Bedeutung und das soziale Ansehen eines Berufes, sowie der Kontakt mit anderen ein wesentliches Element der beruflichen Einstellungsdimension aus.

Auch hier lautet die These, daß sich die Selbstverwirklichung im Beruf unter einer Nutzenperspektive, vor allem in Hinblick auf Aufstieg, Einkommen und berufliche Sicherheit ausdrückt, weil ein solcher Beruf dem einzelnen ein Höchstmaß an individuellem Nutzen eröffnet.

Ein Einstellungsmuster, das Interessantheit, Selbständigkeit, Kontakt zu anderen, gesellschaftliche Bedeutung und Achtung als zentrale Dimensionen der beruflichen Einstellung ansieht, bringt auch ein hohes Maß an individueller Orientierung und Selbstverwirklichung zum Ausdruck. Dieses ist aber einerseits in ein intrinsisches Orientierungsmuster, weil die Arbeit aus sich selbst heraus interessant sein muß, und andererseits in das soziale Umfeld der Arbeit eingebettet.

Da, anders als bei KOHN, diese Dimension den Kontakt zu anderen Menschen und die gesellschaftliche Bedeutung des Berufs als Items enthält, scheint die gewählte Bezeichnung sinnvoller zu sein als die von KOHN vorgesehene Bezeichnung 'intrinsische Orientierung'. Hier spielen nicht nur intrinsische, sondern auch soziale Komponenten von Beruf und Berufstätigkeit eine Rolle.

Es mag dahingestellt bleiben, ob diese Dimension, ähnlich wie die entsprechende Erziehungsorientierung, mit dem Begriff des 'kooperativen Individualismus' richtig benannt ist. Es kann jedoch nach den vorliegenden Ergebnissen kein Zweifel daran bestehen, daß Selbständigkeit und Interessantheit der Arbeit heute stärker in der soziale Anerkennung, die ein Beruf erhält, verankert ist, als dies noch in den 50er und 60er Jahren der Fall war. Möglicherweise deutet diese Veränderung auch darauf hin, daß Selbständigkeit zumindest bei denjenigen, die diesen Faktor für wichtig hielten, zunehmend mit einer sozialen Orientierung verbunden wird.

Zusammenfassend läßt sich vermuten, daß die Arbeiten von BELLAH und die mehrfach zitierten Konzepte eines kooperativen Indidvidualismus wegweisender sind, als eine simple Gegenüberstellung von primären und sekundären Tugenden beziehungsweise von Selbstverwirklichungstendenzen und Pflicht- bzw. Leistungsorientierungen.

3. Postmaterialismus und Einstellungen zu Ehe, Kindern, Erziehung und Beruf

Wie nachgewiesen wurde (INGLEHART 1970, 1989), sind jüngere Menschen eher postmateriell, d.h. individualistisch und stärker auf ihre persönliche Mitwirkung an politischen Entscheidungen hin orientiert als ältere Menschen. Dabei ist zu beachten, wie Grafik 2 gezeigt hat, daß die Altersgruppe der 1968 bis 1970 Geborenen ein etwas geringeres Maß an Postmaterialismus aufweist, als die der 1958 bis 1967 Geborenen.

Aus dieser Grafik wurde auch deutlich, daß die Zahl der Befragten, die eher für Sicherheit und Ordnung plädieren und eine stabile Wirtschaft für besonders wichtig halten, auch in der ältesten Gruppe geringer ist, als die Zahl der sogenannten Postmaterialisten. Dies gilt für alle Altersgruppen. Der Anteil der Materialisten bei den jüngeren Befragten ist noch geringer als in der ältesten Gruppe. INGLEHART's Untersuchung reicht allerdings nicht nur bis zum 55. Lebensjahr, sondern bezieht auch ältere Gruppen in die Analyse ein.

Untersucht man, welche Personengruppen eher zu individualistischen Orientierungsmustern (Postmaterialismus) tendieren, und in welchen Gruppen jenes Sicherheitsdenken stärker vertreten ist, das INGLEHART Materialismus nennt, fällt auf, daß der Anteil der Ledigen, die Selbstverwirklichung und Partizipation als wichtigstes politisches Ziel ansehen, gegenüber allen anderen Gruppen mit 47% außerordentlich hoch ausfällt (vgl. Grafik 3). Auch die Kinderlosen weisen gegenüber den Befragten mit Kindern mit 45% einen deutlich höheren Wert auf, wohingegen die Geschlechtsunterschiede nicht so deutlich ausfallen

Grafik 3:
Materialismus - Postmaterialismus (Angaben in Prozent)

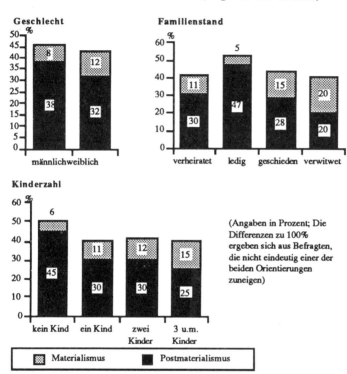

(Angaben in Prozent; Die Differenzen zu 100% ergeben sich aus Befragten, die nicht eindeutig einer der beiden Orientierungen zuneigen)

Gerade die Prozentsätze der Ledigen und Kinderlosen, werden später noch einmal einer Prüfung unterzogen, ob hier möglicherweise ein Alterseffekt vorliegt, da jüngere Menschen häufiger ledig sind und oft noch keine Kinder haben.

Aus den INGLEHARTschen Untersuchungen ist bekannt, daß diejenigen, mit höherem Schulabschluß, einer höheren Berufsposition, und höherem Einkommen auch jeweils höhere Postmaterialismuswerte aufweisen. Dabei fällt auf, daß Befragte mit Abitur zu 63% gegenüber 22% mit Hauptschulabschluß diesem Orientierungsmuster zuneigen. Auch sollte bei den Berufsgruppen die strenge Linearität der Verteilung von Postmaterialismus und Materialismus

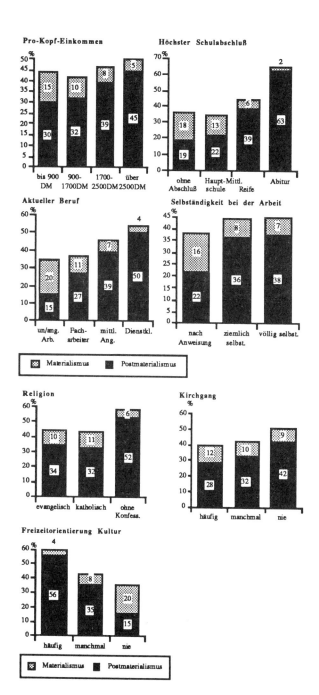

hervorgehoben werden. Während die Hälfte aller Befragten, die der Dienstleistungsklasse angehören, postmaterielle Werte präferieren, gegenüber nur 4%, die dem Materialismus zuneigen, sind es bei den ungelernten und angelernten Arbeitern 15%, die postmaterielle Werte aufweisen, gegenüber 20%, die materialistischen Werten anhängen.

Ähnliche, wenn auch nicht ganz so deutliche Effekte, lassen sich in bezug auf die Selbständigkeit der Arbeit nachweisen. Auch hier sind diejenigen, die über ein hohes Maß an Selbständigkeit verfügen stärker postmateriell eingestellt, als diejenigen, die nach Anweisung arbeiten.

Dieser systematische Zusammenhang zwischen Bildung, Berufsposition, Einkommen und selbständigem Arbeiten wirft allerdings die Frage auf, ob die von INGLEHART vertretene These des Wertwandels stärker als Strukturwandel zu interpretieren ist. Es ist nicht auszuschließen, daß diejenigen Befragten der Dienstleistungsklasse, die der ältesten Altersgruppe angehören, ähnlich wie bei der Bildung, diese Wertpräferenzen nicht so deutlich artikulieren wurden, weil diese Gruppen früher einen geringeren Anteil an der Gesamtgesellschaft ausmachten.

Die von INGLEHART dargestellten Dimensionen sind teilweise zurecht theoretisch und empirisch kritisiert worden, doch darf nicht verkannt werden, daß diese einfachen Dimensionen auch in bezug auf konkretes Verhalten von Personen ganz erhebliche Bedeutung haben.

Wenn beispielsweise von denjenigen Befragten, die in ihrer Freizeit an kulturellen Veranstaltungen teilnehmen, immerhin 56% postmaterielle Orientierungen aufweisen, gegenüber 15%, die nie an solchen kulturellen Veranstaltungen teilnehmen, dann ist davon auszugehen, daß dieses Wertmuster, das INGLEHART mit sehr einfachen Fragen analysiert hat, zwar möglicherweise falsch benannt wurde, aber im bezug auf Einstellungen und Verhaltensweisen in modernen Industriegesellschaften doch eine erhebliche Bedeutung hat. Dies zeigt sich auch am Kirchgang. Diejenigen, die angeben nie zur Kirche zu gehen, sind zu 42% postmaterialistisch orientiert, gegenüber 28% der Befragten, die häufig zur Kirche gehen. Dabei kann man einen Konfessionseffekt ausschließen, weil sich die beiden großen Religionsgemeinschaften in diesem Punkt hinsichtlich der Einstellungen nicht unterscheiden.

Diese Muster von Lebensformen und Verhaltensweisen finden sich in einer Vielzahl anderer Untersuchungen wieder, die nicht explizit den Begriff des Postmaterialismus benutzen, aber beispielsweise bestimmte Wertmuster hinsichtlich des Konsums und Lebensstils untersucht haben (MÜLLER 1990).

Die These, daß diese Muster infolge des Wertwandels in den letzten Jahren erheblich zugenommen habe, kann hier nicht geprüft werden, da die entsprechenden Längsschnittdaten fehlen. Mit den vorliegenden Querschnittsdaten können aber die Zusammenhänge zwischen diesen Wertmustern, wie sie im Bereich der politischen Soziologie und der vergleichenden Kulturforschung erarbeitet wurden, mit Einstellungen zu Ehe, Familie und Kindern verglichen werden, um zu prüfen, ob sich Personen mit individualistischen Einstellungen auch in anderer Hinsicht von der übrigen Bevölkerung unterscheiden. Lassen sich solche Unterschiede finden, hätte man zumindest eine plausible Interpretation für die Abnahme bestimmter Einstellungs- und Verhaltensweisen im Bereich von Ehe, Familie und Kindern.

Bei der Darstellung des Begriffs 'Postmaterialismus' ist schon darauf hingewiesen worden, daß hier möglicherweise eine individualistische Orientierung zum Ausdruck kommt, die stärker Selbstverwirklichung, Partizipation und freie Meinungsäußerung als wesentliche Elemente der eigenen politischen Orientierung betont. Diese Interpretation wird durch die Ergebnisse gestützt, die zeigen, welcher Zusammenhang zwischen den Einstellungen zu Ehe, Familie und Kindern und diesen individualistischen Orientierungen besteht (vgl. Grafik 4).

Die Ehe als wesentliches Element der Lebensführung, als wechselseitige Verpflichtung oder auch als institutionelle Sicherheit wird von den postmateriell orientierten Personen eher skeptisch beurteilt. Auch die Erziehung zu Pflicht und Leistung ist kein Erziehungskonzept, das von Postmaterialisten vertreten wird. Hier gibt es klare negative Beziehungen. Kinder werden nicht hinsichtlich ihrer möglichen Unterstützungsfunktion im Alter interpretiert. Bei den Erziehungs- und Berufsorientierungen wird jener kooperative Individualismus, der einerseits auf Selbständigkeit bzw. intrinsische Aspekte der Arbeit Wert legt, andererseits aber die soziale Verantwortlichkeit für sich selbst und für die Arbeit berücksichtigt, von Postmaterialisten deutlich häufiger gewählt als von anderen.

Wie auch immer man theoretisch bzw. empirisch zum Konzept des Materialismus bzw. Postmaterialismus stehen mag, und wie auch immer man die theoretischen Interpretationen von INGLEHART u.a. einschätzen mag - es kann doch kein Zweifel daran bestehen, daß diese Orientierungsmuster, die sich in den letzten Jahren deutlich verstärkt haben, eine erhebliche Bedeutung für die Einstellungen zu Ehe, Beruf und Erziehung haben.

Personen mit solchen Wertmustern sind offenkundig weniger institutionell (auf die Ehe hin) orientiert, teilweise seltener karrierebewußt und weniger an Pflicht und Leistung orientiert als an den Möglichkeiten, sowohl sich sowohl im Beruf als auch im Bereich der Erziehung unter Berücksichtigung der Interessen anderer zur Entfaltung bringen zu können. Hieraus könnte man ableiten, daß das Aufkommen dieser Orientierungsmuster mit der Veränderung der Einstellung zu Kindern zusammenhängt, was aber nach den hier analysierten Daten nicht der Fall ist.

Personen mit postmaterieller Orientierung unterscheiden sich von anderen hinsichtlich des Kinderwunsches oder der Einstellung zu Kindern nicht. Wenn also der Wertwandel eine Bedeutung für die Ehe, die Familie, die beruflichen Orientierungen und auch die Einstellungen zu Erziehung hat, so hat er scheinbar weniger Bedeutung für die Einstellung zu Kindern. Hier müssen andere Faktoren eine Rolle spielen.

Grafik 4: Wertorientierungen der Postmaterialisten
(Die Werte der y-Achse geben die Anzahl der Befragten wieder)

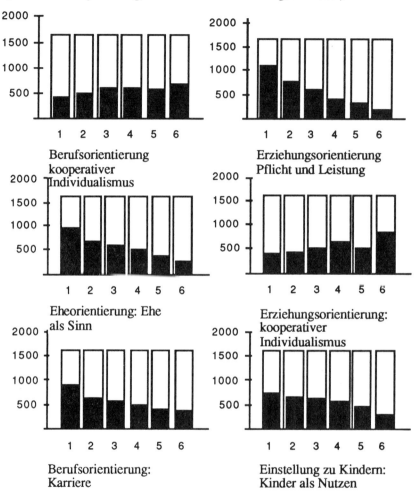

Die Einstellungsfaktoren wurden in 6 gleiche Gruppen zu je 16,6% geteilt.

4. Lebensformen und Einstellungen zu Kindern, Ehe und Erziehung

Im vorhergehenden Abschnitt wurde deutlich, daß die Form der persönlichen Lebensführung, die im Familienstand zum Ausdruck kommt, einen erheblichen Einfluß auf individualistische Orientierungsmuster hat. Vergleicht man Ledige mit Verheirateten hinsichtlich deren Einstellungen zu Kindern, Ehe und Erziehung, werden eklatante Unterschiede deutlich. Ledige sind kaum der Meinung, daß Kinder als Sinn des eigenen Lebens interpretiert werden müssen, oder daß die Ehe in ihrem Leben einen hohen Stellenwert einnehmen muß, worin sie sich ganz deutlich von den Verheirateten unterscheiden, die genau anders herum votieren (vgl. Grafik 5).

Auch hinsichtlich der Erziehungsorientierung 'Pflicht und Leistung' unterscheiden sich Ledige und Verheiratete. Dabei sei hervorgehoben, daß sich auch Befragte, die Kinder haben, von kinderlosen Befragten unterscheiden. Dies deutet darauf hin, daß diejenigen, die keine Kinder zu erziehen haben, hinsichtlich ihrer Erziehungsvorstellungen liberaler sind, als diejenigen, die alltäglich mit der Realität der Erziehung und Entwicklung von Kindern konfrontiert sind.

Ich habe schon weiter vorne darauf hingewiesen, daß der vielzitierte Wertwandel möglicherweise nicht so sehr ein Wandel von allgemeinen Einstellungen darstellt, als vielmehr Ausdruck der Tatsache sein könnte, daß ein immer größerer Prozentsatz von Menschen Formen der Lebensführung wählt, die Werte und Einstellungen mit sich bringen, welche auch früher schon nachweisbar gewesen sind. Auf der Basis unserer Daten können keine entsprechenden Vergleiche dazu angestellt werden. Es kann jedoch ein Altersgruppenvergleich in bezug auf Wertorientierungen und Familienstand durchgeführt werden. Wenn sich bei einer solchen Analyse Unterschiede zwischen den Lebensformen, die in allen Altersgruppen gleich sind, nachweisen lassen, dann wäre dies ein Hinweis darauf, daß viele der heute diskutierten Einstellungen und Verhaltensweisen schon immer vorhanden gewesen sind und nur die Bevölkerungsgruppen, die Träger dieser Einstellungen waren, eine quantitativ geringere Bedeutung hatten.

Dies gilt insbesondere für Ledige, da auch aus den Daten der amtlichen Statistik bekannt ist, daß die Zahl der ledigen Personen zwischen 30 und 55 Jahren zwischen den Volkszählungen von 1970 und 1988 dramatisch zugenommen haben (BERTRAM 1991). Auch in der von uns untersuchten Stichprobe sind in der Altersgruppe der 1933 bis 1942 Geborenen lediglich 2 bis 3% der Frauen und ca. 8% der Männer ledig, wohingegen in der Gruppe der 1943 bis 1957 geborenen Frauen schon 9% und bei den Männern derselben Altersgruppe sogar schon 18% ledig sind[7].

Grafik 5: Verteilung der Ledigen und Verheirateten auf Einstellungen zu Kindern, Ehe und Erziehungsorientierung 'Pflicht und Leistung'
(Die Werte der y-Achse geben die Anzahl der Befragten wieder)

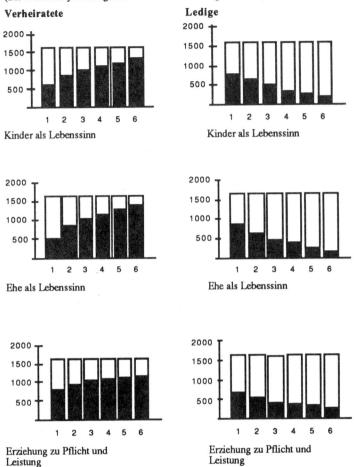

Die Einstellungsfaktoren wurden in 6 gleiche Gruppen zu je 16,6% geteilt.

Bei den jüngeren Altersgruppen kann man über den Familienstand gegenwärtig noch wenig aussagen. Die Einstellungsunterschiede, die sich bei postmaterialistischen und materialistischen Orientierungen, bei Ehe als Sinn, sowie Kindern als Sinn nach Familienstand nachweisen lassen, sind, nach Geschlecht getrennt, auch für die verschiedenen Altersgruppen nachweisbar (vgl. Grafiken 6 bis 8).

Grafik 6:
Materialismus - Postmaterialimus nach Geschlecht und Alter (Angaben in Prozent)

Die Differenzen zu 100% ergeben sich aus Befragten, die nicht eindeutig einer der beiden Orientierungen zuneigen

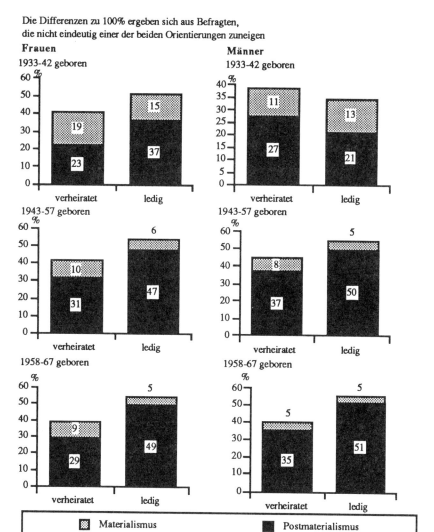

Grafik 7:
Einstellung zu Kindern als Sinn nach Geschledcht, Alter und Familienstand (Angaben in Prozent)

(Angaben in Prozent; es sind nur die Extremgruppen genannt)

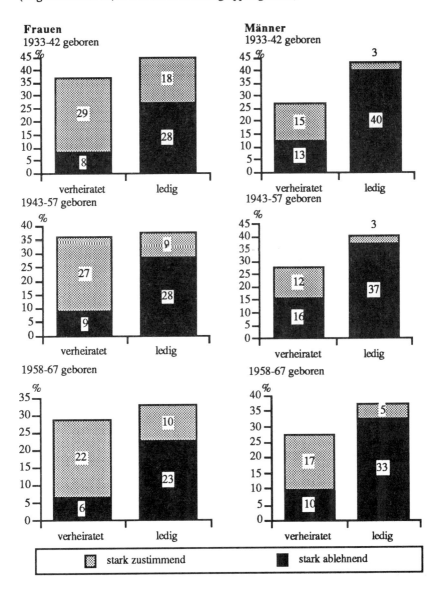

Grafik 8:
Einstellung zur Ehe als Sinn nach Geschlecht, Alter und Familienstand (Angaben in Prozent)

(Angaben in Prozent; Es sind nur die Extremgruppen aufgeführt)

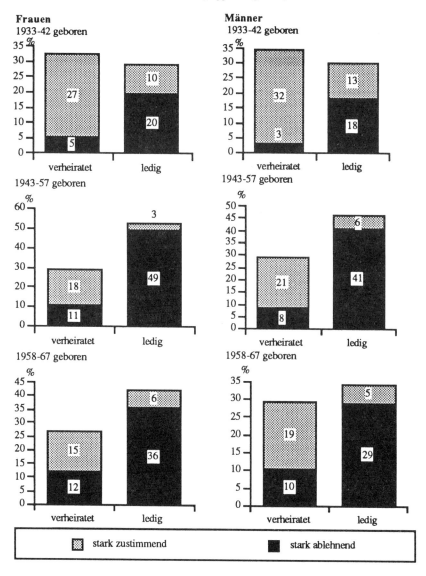

Die zwischen 1933 und 1942 geborenen Frauen sind zwar nur zu einem geringen Prozentsatz ledig, aber zu 37% postmateriell orientiert. Zu 20% lehnen sie Ehe als Lebenssinn ab und zu 28% sind Kinder für ihren Lebensentwurf wenig bedeutungsvoll.

Dieses Muster ist bei der Gruppe der zwischen 1943 und 1957 geborenen Frauen noch ausgeprägter. Hier sind 47% der Ledigen postmateriell orientiert, gegenüber 31% der Verheirateten. 49% der ledigen Frauen gegenüber 11% der verheirateten Frauen sehen in der Ehe keinen Lebenssinn, 28% gegenüber 9% verbinden auch mit Kindern keinen Lebenssinn.

Man kann gegenwärtig nicht wissen, ob die Frauen, die nach 1958 geboren wurden, ihre Einstellungen und Orientierungen gegenüber Ehe und Kindern noch ändern werden. Die Einstellungsmuster der jüngeren ledigen Frauen sind mit den Mustern der älteren ledigen Frauen eher vergleichbar als mit den Mustern der jeweiligen Verheirateten. 49% sind postmaterialiell orientiert, 36% der Ledigen gegenüber 12% der Verheirateten lehnen Ehe als Lebenssinn ab und auch bezüglich der Einstellung zu Kindern lehnen immerhin 23% der Ledigen, gegenüber nur 6% der Verheirateten die entsprechenden Statements ab. Auch wenn man davon ausgehen kann, daß sich Einstellungen und Orientierungsmuster im Lebensverlauf ändern können, ist es doch überraschend, daß sich ledige Frauen der jüngeren Gruppe hinsichtlich ihrer Einstellungen und Orientierungen stärker mit den älteren Frauen vergleichen lassen als mit den verheirateten Frauen ihrer eigenen Altersgruppe.

Diese Konstanz der Einstellungsmuster über die Altersgruppen hinweg zeigt sich teilweise auch bei Männern. In der Altersgruppe der 1933 bis 1942 geborenen Männer sind 40% der ledigen gegenüber 13% der verheirateten Männer nicht der Meinung, daß Kinder einen Teil des Lebenssinns ausmachen, 18% der ledigen Männer stehen der Ehe eher ablehnend gegenüber. Bei den verheirateten Männern sind dies nur 3% und lediglich beim Postmaterialismus erreichen die ledigen Männer der ältesten Gruppe nicht die Werte der Frauen. Dagegen sind in der Altersgruppe der 1943 bis 1957 geborenen Männer 37% der Ledigen gegenüber 16% der Verheirateten in bezug auf Kinder skeptisch, bei der Ehe sind es 41% der Ledigen, gegenüber 8% der Verheirateten und auch in der jüngsten Gruppe sind 33% der Ledigen gegenüber 10% der Verheirateten nicht der Meinung, daß Kinder einen wesentlichen Teil des eigenen Lebens darstellen sollten. Dabei gibt es gerade in dieser Altersgruppe gegenüber den Frauen einen interessanten Unterschied: bezüglich der Einstellung zu Kindern weisen ledige Männer eine um 10% höhere Ablehnung auf, wohingegen umgekehrt die Ablehnung der Ehe als Lebenssinn bei den Männern mit 29% etwas geringer ausfällt als bei den Frauen dieser Altersgruppe (36%).

Ungeachtet des Geschlechtes bleibt festzuhalten, daß Einstellungen und Orientierungsmuster aller Altersgruppen nach Familienstand deutlich variieren, wobei das Muster der Variation über alle Altersgruppen hinweg in etwa gleich bleibt. Verheiratete sind gegenüber Ledigen in allen Altersgruppen bezüglich Ehe und Kindern sehr viel positiver eingestellt. Auch postmaterielle Wertmuster sind eher bei Ledigen als bei Verheirateten nachweisbar. Anhand der vorliegenden Ergebnisse läßt sich nun noch einmal darüber spekulieren, ob diese Einstellungen Folge entsprechender Lebensführungen sind und mit der quantitativen Zunahme dieser Lebensführungen stärker in das Bewußtsein der Öffentlichkeit geraten sind, oder ob umgekehrt durch eine stärkere Verbreitung der Orientierungsmuster diese Lebensführungen heute häufiger gewählt werden.

Ich neige zu der Auffassung, daß die Orientierungsmuster sehr viel stärker Folge der gewählten Form der Lebensführung sind und weniger die Lebensführung Folge dieser Wertvorstellungen ist. Aus den Tabellen ist zu entnehmen, daß die Geschiedenen beiderlei Geschlechts in allen Altersgruppen höhere Ablehnungswerte in bezug auf Kinder und Ehe aufweisen, als dies bei den Verheirateten der Fall ist. Hier wäre ein Längsschnitt-Vergleich sinnvoll, oder zumindest eine Replikation dieser Untersuchung zu einem späteren Zeitpunkt, um die Stabilität bzw. Variabilität der Einstellungen innerhalb einzelner Lebensformen überprüfen zu können. Auch wenn dies hier nicht im einzelnen überprüft wird, kann doch davon ausgegangen werden, daß durch die Zunahme der Ledigen die eher distanzierte Haltung zu Kindern und Ehe auch zunehmen wird. Dabei ist hervorzuheben, daß die distanzierte Haltung zu Kindern, insbesondere bei den ledigen Männern ausgeprägter ist als bei den ledigen und verheirateten Frauen, wobei die insgesamt positivere Einstellung der verheirateten und ledigen Frauen zu Kindern auch nicht dadurch getrübt wird, daß sie gleichzeitig die höhere Belastung sehen, die Kinder mit sich bringen können. Trotz einer realistischen Betrachtungsweise von Kindern seitens der Frauen ist die positive Einstellung von Frauen zu Kindern in allen Altersgruppen viel größer als bei Männern.

Diese hier berichteten Effekte in bezug auf Einstellungen, Familienstand, Alter und Geschlecht lassen sich in gleicher Weise nachweisen, wenn man statt des Familienstands das Merkmal Kinder oder Kinderlosigkeit heranzieht. Die Unterschiede sind ähnlich. So gibt es parallel zur Zahl der Kinder eine zunehmende Zustimmung zur Ehe als Sinn des Lebens als auch eine zunehmend positivere Einstellung zu Kindern als Sinn des Lebens. Welche der beiden Indikatoren man auch heranziehen mag, man kann zu der These gelangen, daß die nachweisbaren Veränderungen zwischen den Altersgruppen, möglicherweise einen Interaktionseffekt des von INGLEHART u.a. beschriebenen und diskutierten Wertewandels in unserer Gesellschaft darstellen. Gleichzeitig können sie auch Ausdruck der Tatsache sind, daß bestimmte Formen der Lebensführung, die schon immer mit diesen Werten assoziiert waren, heute sehr viel stärker gelebt werden, als dies früher der Fall gewesen ist. Es ist sinnvoll, hier von einem Interaktionseffekt zu sprechen, weil selbst dann, wenn bestimmte Bevölkerungsgruppen schon früher solche Werte, wie sie hier diskutiert worden sind, vertreten haben, die Zunahme dieser Bevölkerungsgruppen ihrerseits von einem entsprechenden Wertwandel herrühren kann.

5. Arbeit, Beruf und Einstellungen

M.KOHN hat mit seinen Arbeiten 'berufliche Erfahrung und Persönlichkeit' (KOHN/ SCHOOLER 1983) über Jahre hinweg ein Modell entwickelt, das den Zusammenhang zwischen sozialer Position, Ausbildung, Arbeitsplatzerfahrungen und Erziehungseinstellungen sowie beruflichen Orientierungsmustern klärt. Dieses Modell wird auch hier zugrundegelegt, um den Einfluß von Sozialstruktur, Ausbildung und sozialer Herkunft auf Erziehungseinstellungen und Einstellungen zum Beruf überprüfen zu können.

Wie schon oben ausgeführt, sind wurde bei der Konstruktion der Einstellungsdimensionen zu Erziehung und Beruf weitgehend den KOHN'schen Vorgaben gefolgt, wenn auch die Dimensionen sowohl im Erziehungsbereich als auch im beruflichen Bereich etwas abweichend benannt worden sind. Abweichend von KOHN wurde sowohl bei den beruflichen Einstellungen wie bei den Erziehungseinstellungen eine dreidimensionale Faktorenanalyse durchgeführt.

Bei den beruflichen Orientierungen wurde die Abweichungen vom KOHNschen Modell damit begründet, daß der Faktor 'kooperativer Individualismus' im Berufsbereich nicht nur die Interessantheit und Selbständigkeit der Arbeit betont, sondern auch die gesellschaftliche Bedeutung und den Kontakt zu anderen als eine wichtige Dimension enthält.

Bei den Erziehungsorientierungen wurde eine ähnliche Gewichtung der Items in bezug auf den Faktor des 'kooperativen Individualismus' vorgenommen. Hier stellen Verständnis für andere und Verantwortungsbewußtsein neben Selbständigkeit, Selbstvertrauen und Kritikfähigkeit wichtige Aspekte dar. Trotz dieser Abweichungen sind die Übereinstimmungen mit den KOHNschen Ergebnissen nach 20 Jahren außerordentlich beeindruckend.

Zunächst wurde der Einfluß der Schulbildung des Vaters, der eigenen Schulbildung, der Selbständigkeit bei der Arbeit, sowie der erreichten Berufsposition (Berufsklassen nach FEATHERMAN) überprüft, wobei zusätzlich der Faktor Geschlecht einbezogen wurde[8].

Die Selbständigkeit bei der Arbeit ist die wichtigste externe Bedingung, um die Berufsorientierung 'kooperativer Individualismus' im Beruf erklären zu können (vgl. Tabellenband). Auf sie allein ist fast ein Drittel der erklärten Varianz zurückzuführen. Als nächstwichtiger Faktor ist die erreichte Berufsposition zu nennen.

In diesem Zusammenhang ist die Tatsache hervorzuheben, daß das Geschlecht für die Einstellung eine größere Bedeutung hat als der Schulabschluß des Vaters oder der eigene Schulabschluß, beides Faktoren, die in keiner signifikanten Beziehung zum 'kooperativen Individualismus' stehen.

Ein hohes Maß an Selbständigkeit bei der Arbeit, eine hohe Berufsposition zu haben und weiblichen Geschlechts zu sein, sind für diese Orientierung offensichtlich die wichtigsten erklärenden Faktoren (insgesamt 9% erklärter Kovarianz).

Die berufliche Karriereorientierung, d.h. die Einschätzung eines Berufs aufgrund seines Einkommens, seiner Aufstiegsmöglichkeiten und seiner Sicherheit werden im wesentlichen durch die Höhe des Schulabschlusses bestimmt. Je höher der Schulabschluß, desto geringer werden diese Aspekte eingestuft, und für die erklärte Varianz von 9% ist dieser Faktor zu mehr als einem Drittel verantwortlich. Aber auch hier spielt die Geschlechtszugehörigkeit eine erhebliche Rolle. Bei Frauen ist die Karriereorientierung weniger stark ausgeprägt als bei Männern.

Die extrinsischen Aspekte eines Berufes werden vor allem von denjenigen geschätzt, die in der Berufshierarchie ganz unten stehen. Daneben kommt auch hier der Geschlechtszugehörigkeit eine gewissen Bedeutung zu. Frauen tendieren eher dazu, diesen Wert höher einzuschätzen als Männer. Die erklärte Gesamtvarianz von 5% ist zwar statistisch ebenso hochsignifikant, allerdings ist dieses Modell insgesamt nicht so erklärungskräftig wie die beiden vorgenannten Modelle.

Die hier vorgelegten Ergebnisse sind, unabhängig von der Replikation der KOHNschen Ergebnisse, in sich außerordentlich konsistent und plausibel. Die berufliche Orientierung an einer interessanten und selbständigen Tätigkeit, die ein hohes Maß an gesellschaftlicher Bedeutung aufweist und viele Kontaktmöglichkeiten eröffnet, wird vor allem dann entwickelt, wenn der einzelne bei der Arbeit über ein hohes Maß an Dispositionsmöglichkeiten verfügt und er auch eine entsprechende Berufsposition erreicht hat. Darüber hinaus scheint dieses Einstellungsmuster bei den berufstätigen Frauem deutlicher ausgeprägt zu sein. Demgegenüber sind die männlichen Befragten karriereorientierter, d.h. mehr an hohem Einkommen, Aufstieg und beruflicher Sicherheit interessiert als die weiblichen Befragten, wobei bei der Karriereorientierung vor allem die Schulbildung ausschlaggebend ist. Insbesondere Abiturienten entwickeln eine solche Einstellung relativ selten. Freizeit, Gesundheit und Zeit für die Familie sind Items, die den Faktor extrinsische Orientierung im wesentlichen beschreiben. Dieser kann nur zu einem geringeren Grad durch die hier berücksichtigten Determinanten erklärt werden, die erreichte Berufsposition ist von besonderer Bedeutung. Dieses Ergebnis scheint nicht verwunderlich, weil plausiblerweise bei einer niedrigen Berufsposition die nicht berufsbezogenen Aspekte von Arbeit im Vordergrund stehen.

Das Modell von M.KOHN ging nicht nur davon aus, daß Schulbildung, Berufsposition und berufliche Erfahrung in systematischer Weise die beruflichen Orientierungen beeinflussen, sondern auch, daß über die Entwicklungen solcher Orientierungen hinaus Erziehungsvorstellungen entwickelt werden.

Entsprechend dieses Modells wurden mehrfaktorielle Varianzanalysen gerechnet, in die neben den Grundvariablen aktuelle Berufsposition, höchster Schulabschluß und Selbständigkeit bei der Arbeit, auch die Berufsorientierungen, die wir gerade untersucht haben, einbezogen wurden. Es sollte festgestellt werden, ob sich diese Beziehung, die KOHN vermutet, replizieren läßt.

Es besteht eine sehr enge Beziehung zwischen der beruflichen kooperativ--individualistischen Orientierung und dem gleichnamigen Erziehungseinstellungsfaktor 'kooperativer Individualismus', obwohl beide auf unterschiedlichen Items basieren. Aber anders als bei der beruflich kooperativ-individualistischen Orientierung spielt hier die Berufserfahrung keine Rolle, sondern der höchste Schulabschluß ist die wichtigste Variable.

Ein hoher Schulabschluß und eine ausgeprägte berufliche kooperativ-individualistische Orientierung führt offenkundig auch zu einem ausgeprägten kooperativen Individualismus bei den Erziehungsvorstellungen, wohingegen die Selbständigkeit bei der Arbeit eine untergeordnete Rolle spielt.

Dieses Modell kann insgesamt 8% Kovarianz erklären[9] und ist damit in seiner Erklärungskraft schlechter als das Modell, das die Erziehungseinstellungen zu Pflicht und Leistung erklärt (20%). Die Erziehungseinstellung Pflicht und Leistung wird zum einen in erheblichem Umfang von der beruflichen Karriereorientierung beeinflußt, zum anderen negativ vom höchsten Schulabschluß. Derjenige, der ein hohes Einkommen für wichtig hält, aufstiegsorientiert ist und die Sicherheit des Berufs für ebenso wichtig hält wie die gesellschaftliche Anerkennung, der entwickelt offenkundig auch eine Erziehungseinstellung, die gute Schulleistungen, Gehorsam, Pflichtbewußtsein, sowie gute Umgangsformen als wichtig erachtet.

Diese Einstellungsmuster korrelieren ebenso negativ mit dem höchsten Schulabschluß wie die berufliche Karriereorientierung. Wenn also Autoren wie beispielsweise LÜBBE (1990) den Verlust sekundärer Tugenden heraus stellen, so muß man aufgrund der hier vorliegenden Ergebnisse davon ausgehen, daß diese sekundären Tugenden in einem negativen Verhältnis zum erreichten Bildungsniveau stehen. Es scheint aber, daß eine geringere Wertschätzung dieser Tugenden nicht notwendigerweise bedeutet, daß man sich weder beruflich noch im Bereich der Erziehung engagieren will. Diese sogenannten sekundären Tugenden scheinen insbesondere bei Personen mit höherer Bildung und einem hohen Grad an selbständiger Arbeit durch Werte und Orientierungsmuster überlagert zu werden, die auf der einen Seite Selbständigkeit und Handlungsspielräume für einen selbst als wichtig erachten, daneben aber auch interessante Aufgaben anstreben, ohne die soziale Einbindung des eigenen Handelns zu vernachlässigen.

Auch hier ist es bedauerlich, daß keine Längsschnitt- und keine replikativen Daten in ausreichendem Umfang vorliegen, weil die Verschiebung solcher Wertmuster außerordentlich viel über die Veränderung von Werten und Orientierungsmustern in einer Gesellschaft aussagen. Darüber hinaus könnte das KOHNsche Modell mit seinen erklärenden Faktoren Schulabschluß, erreichte Berufsposition und Selbständigkeit im Beruf auch ein plausibles Erklärungsmodell für solche Veränderungen darstellen.

In bezug auf die Schichtungsgruppen gibt es eine in meinen Augen interessante Variation zu den Ergebnissen, die KOHN vorgelegt hat. Es ist zwar richtig, daß in den unteren Berufsgruppen der ungelernten Arbeiter, der Facharbeiter, sowie der unteren Angestellten und Beamten die Orientierung an Pflicht und Leistung ausgeprägter ist als beispielsweise in der Dienstleistungsklasse, aber es verdient hervorgehoben zu werden, daß die unmittelbar darüber liegenden Gruppen der kleineren Selbständigen und der technischen Intelligenz ein höheres Maß an Orientierung zu Pflicht und Leistung aufweisen, als die Angehörigen der Dienstleistungsklasse.

Die Replikation des KOHN'schen Modells wurde vorgenommen, um zu prüfen, ob die Einstellungen zu Kindern und Ehe im Rahmen eines solchen Modells ebenso überprüft werden können wie der Zusammenhang zwischen sogenannten postmateriellen Orientierungen und beruflichen Einstellungen sowie Erziehungszielen. Abschließend kann in bezug auf Ehe, Familie, Erziehung und Kinder noch einmal die These diskutiert werden, ob das, was wir heute an Einstellungsänderungen in diesen Bereichen beobachten können, möglicherweise nicht, wie es INGLEHART u.a. nahelegen, Ausdruck eines Wertwandels ist, der dadurch hervorgerufen wird, daß sich in einer materiell gesicherten Gesellschaft die Menschen zunehmend um ihre Selbstverwirklichung sorgen, sondern sehr viel stärker darauf zurückzuführen ist, daß strukturelle Veränderungen im Bildungs- und Berufssystem Auslöser dieser Entwicklung sind.

Wie die Tabelle mit den Ergebnissen der Varianzanalysen bezüglich der Einstellungen zu Ehe und Kindern deutlich macht, sind die Faktoren, die auch in das Modell von KOHN eingehen, nicht ohne Bedeutung (vgl. Anhang).

So kann kein Zweifel bestehen, daß Personen mit höherer Schulbildung in der Ehe insgesamt seltener einen Sinn ihres Lebens sehen, als Befragte mit geringerer Schulbildung. Diese Mittelwertsdifferenzen können den größten Teil der erklärten Varianz des Faktors 'Ehe als Lebenssinn' erklären. Als zweite bedeutungsvolle Variable spielt wiederum das Geschlecht eine Rolle. Allerdings zeigen Männer, was die Ehe in bezug auf Lebenssinn angeht, eine stärkere Zustimmung als Frauen. Bei der Variablen 'Kinder als Sinn des Lebens' sind wiederum diese beiden Faktoren ausschlaggebend, wobei die mittleren Schulabschlüsse, d.h. Hauptschulabschlüsse und mittlere Reife, eine positive Kovariation aufweisen, wohingegen keine Abschlüsse bzw. Abitur tendenziell geringere Zustimmung erfahren. Anders als bei der Ehe weisen Frauen zu diesem Faktor ein höheres Maß an Zustimmung auf als Männer. Die Ehe als Einschränkung der persönlichen Freiheit wird eher bei Personen mit geringerem Schulabschluß und geringerer Schichtzugehörigkeit gesehen, wie auch die Ehe deutlicher als soziale Anerkennung bzw. als finanzieller Vorteil betrachtet wird.

'Kinder als Einschränkung des eigenen Freiheitsspielraums' wird in wesentlichem Umfang nur vom Geschlecht beeinflußt, d.h. Frauen signalisieren hier ein höheres Maß an Zustimmung als Männer, wie sie dies auch bei dem Faktor 'Kinder als Teil und Sinn des eigenen Lebens' getan haben. Kinder werden von Frauen in hohem Maß als Teil der eigenen Lebensaufgabe interpretiert, die auch Freude und Befriedigung in hohem Umfang mit sich bringen. Gleichzeitig wird offenkundig auch gesehen, daß dieses mit Einschränkungen und Begrenzungen verbunden ist. Männer erleben dies nicht so, was auf der Basis der Ergebnisse im Kapitel von KEDDI/ SEIDENSPINNER in bezug auf die innerfamiliale Arbeitsteilung bestätigt wird.

Das in der Sozialpolitik häufig benutzte Argument, daß Kinder aus der Überlegung heraus gezeugt werden, sie als Unterstützung im Alter oder in Notfällen für die Eltern heranziehen zu können, ist nach unseren Ergebnissen eine Argumentation, die sich vor allem in den unteren sozialen Schichten bzw. in den unteren Bildungsgruppen findet und ansonsten vorzugsweise bei Männern, die Kindern in größerem Umfang solche Funktionen zuschreiben als dies Frauen tun.

Die Varianzanalysen zu den Einstellungen zeigen deutlich, daß von den überprüften Faktoren auf der einen Seite die Schulbildung bzw. Berufspositionen Bedeutung für die Einstellung zu Kindern und Ehe haben und auf der anderen Seite das Geschlecht, insbesondere was die Einstellung zu Kindern angeht, von erheblicher Bedeutung ist.

Die große Bedeutung, die Schulbildung und Berufsposition für die Einstellung zu Kindern und Ehe haben, führt zu der Diskussion über den Wertwandel und die damit verknüpften Thesen zurück, daß die jüngere Generation häufiger an Selbstverwirklichung interessiert sei als daß eine Bereitschaft bestünde, zugunsten von Familie und Kindern Verzicht zu leisten (WISWEDE 1990). Der Einstellungswandel wäre in dieser Interpretation nicht mehr durch die quantitative Zunahme der Personen, die auch schon in der Vergangenheit diese Wert- und Einstellungsmuster vertreten haben, zu erklären.

Diese These wurde durch eine Reihe von Varianzanalysen, nach Altersgruppen getrennt, geprüft, mit dem Ergebnis, daß in allen Altersgruppen die Einstellungen zu Kindern in gleicher Weise durch den höchsten Schulabschluß bzw. das Geschlecht und die Schichtzugehörigkeit beeinflußt werden. Diese Varianzanalysen zeigen, sowohl in bezug auf den Postmaterialismus als auch auf jene Einstellungen, die durch den Postmaterialismus beeinflußt werden, keinen Unterschied zwischen den Altersgruppen. In allen Altersgruppen wiederholen sich die Muster, die für die Gesamtgruppe gelten. Sowohl diejenigen, die vor dem Zweiten Weltkrieg geboren wurden, als auch die jüngeren Altersgruppen interpretieren Ehe als notwendigen Teil des eigenen Lebens signifikant seltener, wenn sie postmateriell orientiert sind.

'Pflicht und Leistung' sowie 'berufliche Karriereorientierung' wird ebenfalls von den Postmaterialisten aller Altersgruppen als weniger wichtig eingestuft als von den übrigen Befragten.

Die Varianzanalysen zeigen aber auch, daß in allen Altersgruppen, wie auch in der Gesamtgruppe, für viele dieser Einstellungen in erheblichen Umfang der höchste Schulabschluß verantwortlich ist. In allen Altersgruppen gibt es eine deutliche Differenzierung zwischen den verschiedenen Bildungsstufen hinsichtlich der Einschätzung der Bedeutung von Kindern wie der Ehe. 'Ehe als Sinn des Lebens' und 'Kinder als Sinn des Lebens' werden in allen

Altersgruppen von den Befragten mit höherem Bildungsabschluß als weniger wichtig eingestuft als von denjenigen mit geringerem Bildungsabschluß, wobei bei fast allen Faktoren der höchste Schulabschluß auch immer die erklärungskräftigste Variable darstellt. Selbst die Geschlechtsunterschiede zeigen sich, wenn auch in unterschiedlich starker Ausprägung in allen Altersgruppen, d.h. sowohl die ältesten als auch die jüngsten Frauen messen Kindern eine größere Bedeutung in ihrem Leben bei als die Männer. Die Einstellung zur Ehe scheint sowohl in der ältesten, als auch in der jüngsten Gruppe bei Männern positiver zu sein als bei Frauen.

Die Konstanz innerhalb der Altersgruppen spricht also doch dafür, daß Einstellungsmuster, die heute unter dem Thema Wertwandel intensiv diskutiert werden, heute in das Bewußtsein der öffentlichen Diskussion getreten sind, nicht, weil sie nicht auch schon in früheren Jahren vorhanden gewesen wären, sondern einfach, weil die Personen, die solche Werte und Einstellungsmuster zeigen, heute zahlreicher geworden sind.

In bezug auf berufliche Werte und Einstellungen kann man diese These nicht nur auf der Basis der hier vorgelegten Untersuchung begründen. Die Untersuchungen, die M.KOHN in bezug auf Erziehungseinstellungen zum ersten Mal 1953 durchgeführt und dann im Abstand von sieben bis acht Jahren wiederholt hat, zeigen, daß der Zusammenhang Arbeitsplatzerfahrung, Berufsposition und Bildung eine konstante Beziehung darstellt, die sich seit Jahrzehnten in unterschiedlichen Untersuchungen replizieren läßt. So muß man auch festhalten, daß vor 20 oder 30 Jahren der Anteil der Personen, die über eine hohe Bildung und über einen entsprechenden Arbeitsplatz verfügten, viel geringer war als heute. Im Laufe der letzten 20 bis 25 Jahre haben sich besonders im Bereich der Dienstleistungsklasse vielfältige Berufspositionen herausgebildet, die heute einen wesentlichen Bestandteil der Berufsstruktur unserer Gesellschaft ausmachen, so daß diese Einstellungsmuster einer eher negativen Einstellung zu Pflicht, Unterordnung, Gehorsam und Anpassung bei hohem Bildungsstand, Autonomie am Arbeitsplatz und Mitgliedschaft in der Dienstleistungsklasse Mitte oder Ende der 60er Jahre, als KOHN die esten großen Untersuchungen vorlegte, noch nicht so in das Bewußtsein der Öffentlichkeit getreten waren, als später, als mehr Berufstätige aufgrund ihrer höheren Bildung und geänderter Arbeitsplatzsituationen ein solches Bewußtsein zeigten.

Dieser Prozeß hat möglicherweise auch dazu geführt, daß bestimmte Einstellungsmuster zu Kindern und Ehe in dieser Weise bisher nicht kontinuierlich untersucht worden sind. Für diese These spricht auch, daß der Anteil der Ledigen in den letzten Jahren deutlich gestiegen ist und gleichzeitig innerhalb dieser Gruppe der Anteil derjenigen mit höherer Bildung überproportional zugenommen hat. So ist der Prozentsatz der Ledigen in der Altersgruppe der zwischen 1933 und 1942 Geborenen mit etwa 5% sehr gering, wohingegen in der nächsten Altersgruppe, der zwischen 1943 und 1957 Geborenen der Anteil der Ledigen mit 13% schon deutlich höher liegt. Dies entspricht auch den Daten der Amtlichen Statistik (Statistisches Bundesamt, 1989). Zeigte sich bei den

Ledigen in der ältesten Altersgruppe schon ein tendenziell höheres Bildungsniveau als bei den übrigen Befragten (was aber aufgrund der geringen Fallzahl mit einer gewissen Skepsis zu betrachten ist), zeigt sich bei den Ledigen, die zwischen 1943 und 1957 geboren sind deutlich, daß die Abiturienten mit 44% erheblich höher repräsentiert sind. Bei den zwischen 1933 und 1942 Geborenen geben lediglich 22% an über Abitur zu verfügen. Möglicherweise drückt sich in diesen Zusammenhängen jene von KAUFMANN (1989) diskutierte Rücksichtslosigkeit der Arbeitswelt gegenüber Ehe, Familie und Kindern aus, weil gerade die höher qualifizierten Berufe mit ihrer anspruchsvolleren Ausbildung die Vereinbarkeit von Familie und Beruf besonders aufgrund der Tatsache in Frage stellen, daß eine sehr lange Ausbildungszeit zunächst eine Familiengründung problematisch erscheinen läßt und später auch die Integration in das Erwerbsleben, gerade bei den höherqualifizierten Berufen, hohe Anforderungen an diejenigen stellt, die in diese Berufe eintreten. Dies ist häufig nur möglich, wenn einer der Partner auf einen entsprechenden Beruf verzichtet, wie es das traditionelle Modell der bürgerlichen Familie gerade in den hochqualifizierten Berufen vorgesehen hat.

Dies kann hier nur vermutet werden, doch scheint eine weitere Analyse gerade der Gruppe der Ledigen mit höherer Qualifikation und ihren Einstellungen und Lebensvorstellungen eine wichtige Aufgabe zu sein, um herauszufinden, ob sich hier nicht jene strukturelle Rücksichtslosigkeit des Arbeitsmarktes gegenüber der Familie mit Kindern besonders deutlich manifestiert.

Anhang:

1. In den folgenden Grafiken werden bezüglich der kulturellen Orientierungen lediglich die beiden Extremgruppen aufgeführt, da diese Befragten aufgrund ihrer Wahlen die vergleichsweise 'reinsten' Ausprägungen hinsichtlich postmaterialistischer bzw. materialistischer Orientierung aufweisen. Danach entspricht:
MMPP = Materialisten
PPMM = Postmaterialisten

2. Itemliste: *Einstellungen zu Kindern*:
Kinder machen das Leben intensiver und erfüllter
Kinder lassen zu wenig Zeit für eigene Interessen
Kinder sind gut, um jemanden zu haben, der einem im Alter hilft
Kinder schaffen Probleme mit Nachbarn, auf Reisen und in der Öffentlichkeit
Kinder belasten die Partnerschaft
Kinder geben einem das Gefühl, gebraucht zu werden
Kinder sind eine finanzielle Belastung, die den Lebensstandard einschränkt
Kinder bringen Sorgen und Probleme mit sich
Kinder im Haus zu haben und sie aufwachsen zu sehen macht Spaß
Kinder machen eine Einschränkung der Berufsarbeit notwendig
Kinder sind gut, um jemanden zu haben, auf den man sich in Notfällenverlassen kann
Kinder bringen die Partner einander näher
Wenn Frauen eine berufliche Karriere machen wollen, müssen sie auf Kinder verzichten
Diese Itemliste (wie auch die folgenden bezüglich Ehe, Erziehung und Beruf) wurden mit Hilfe von Clustern und Mokkenskalierungen daraufhin überprüft, ob und inwieweit sich aus ihnen unterschiedliche Dimensionen und Skalen bilden lassen. Empirisch ließ sich - wie auch bei den folgenden Analysen - eine dreidimensionale Lösung im Rahmen der Mokkenskalierung am besten skalieren, so daß wir davon ausgehen können, daß die im folgenden vorgestellten drei Dimensionen empirisch überprüfte eindimensionale Skalen darstellen. Da die Mokkenskalierung an die Eindimensionalität der jeweiligen Dimensionen recht hohe Anforderungen stellt, sind die folgenden Ergebnisse auf jeden Fall als empirisch valider einzustufen, als viele Skalierungsversuche in diesem Bereich, die sich lediglich auf additive Indizes stützen.

3. Itemliste: *Einstellungen zur Ehe:*
Eine Ehe bedeutet Sicherheit und Geborgenheit
In einer Ehe zu leben ist mit Streit und Ärger verbunden
Eine Ehe bringt finanzielle und wirtschaftliche Vorteile
Wenn man heiratet, muß man viele persönliche Freiheiten aufgeben
In einer Ehe zu leben bedeutet mehr gesellschaftliche Anerkennung
Nur wenn die Eltern verheiratet sind, haben die Kinder wirklich ein Zuhause
Die Ehe ist wegen der möglichen Scheidungsfolgen mit einem hohen finanziellen Risiko verbunden
Ehe bedeutet die Bereitschaft, füreinander auch Verpflichtungen zu übernehmen
Wenn zwei Menschen sich lieben, sollen sie auch heiraten

4. Itemliste: *Erziehungsziele:*
Pflichtbewußtsein
Gehorsam
Fleiß
Verständnis für andere
Kritikfähigkeit
Verantwortungsbewußtsein
Gute Schulleistungen
Selbständigkeit
Durchsetzungsfähigkeit

Gute Umgangsformen
Selbstvertrauen

5. Zu den Ergebnissen der Clusteranalysen und Mokkenskalierungen vergleiche Tabellenband.

6. Itemliste: *Berufliche Orientierungen:*
Sichere Berufsstellung
Hohes Einkommen
Gute Aufstiegsmöglichkeit
Ein Beruf, der anerkannt und geachtet wird
Ein Beruf, der einem viel Freizeit läßt
Interessante Tätigkeit
Eine Tätigkeit, bei der man selbständig arbeiten kann
Viel Kontakt zu anderen Menschen
Ein Beruf, der für die Gesellschaft wichtig ist
Sichere und gesunde Arbeitsbedingungen
Ein Beruf, der einem genügend Zeit für familiäre Verpflichtungen läßt

7. Vergleiche Grafik Tabellenband

8. Vergleiche Varianzanalysen Tabellenband

9. Die geringe Kovarianz unterscheidet sich nicht von den KOHN'schen Ergebnissen (KOHN 1969)

Henrike Löhr

Kinderwunsch und Kinderzahl

1 Einleitung
2. Die verbreitete Norm der Zwei-Kinder-Familie
3. Der Rückgang der realisierten Kinderzahl
4. Das Zurückbleiben der realisierten hinter der gewünschten Kinderzahl
5. Herkunftsfaktoren - Geschwisterzahl und Wandel der Familiengröße
6. Partnerbeziehungen und Partnerschaftsformen im Wandel
7. Bildungseinflüsse
8. Steigende Erwerbsbeteiligung der Frauen
8.1. Erwerbsbeteiligung der Frauen nach Kinderzahl, Partnerschaftsform und Bildungsniveau differenziert
8.2. Kinderwunsch und Kinderzahl erwerbstätiger und nicht erwerbstätiger Frauen nach Partnerschaftsform und Schulbildung
9. Zusammenfassung und Ausblick

Tabellenanhang

1. Einleitung

In diesem Beitrag geht es um Wandlungstendenzen im generativen Verhalten, um den Kinderwunsch und seine Realisierung, und den allgemeinen Geburtenrückgang, der weitreichende Konsequenzen sowohl für die verschiedensten gesellschaftlichen Bereiche als auch für den unmittelbaren Erfahrungs- und Lebenszusammenhang von Individuen, von Männern, Frauen und Kindern hat. Die tiefgreifenden Wandlungstendenzen in Partnerschaft und Familie, von manchen als Krisen- und Auflösungserscheinungen, von anderen als weniger dramatische Wandlungsprozesse eingestuft, werfen Fragen von grundlegender Bedeutung auf. Sind wir auf dem Weg in eine kinderlose Gesellschaft? Wie sieht die Familie der Zukunft aus? Wie steht es um die Zukunft der Familie?

Fragen, die das generative Verhalten betreffen, sind aufs engste mit dem Wandel familialer Lebensformen und der Zukunft der Familie (KAUFMANN 1990) verflochten, oder - wie es ELISABETH BECK-GERNSHEIM formuliert - in einer breiteren Perspektive zu betrachten, "die Geburtenzahlen nicht isoliert sieht, sondern als Teil von 'Familie damals' und 'Familie heute' begreift, eingebunden in einen historischen Wandel, der die Gesellschaft ebenso wie den einzelnen trifft". Die Kernfrage könnte heute lauten: "Warum und seit wann wird Kinderhaben überhaupt eine Frage? Und warum ist diese (...) so zwiespältig, so emotionsgeladen? Was macht Kinderhaben gerade heute so schwierig, trotz Sozialstaat und Wohlstand, Waschmaschine und Kühlschrank?" (BECK-GERNSHEIM 1984). Auch MAX WINGEN bringt die veränderte Problem- und Entscheidungslage auf den Punkt: "Während es in der Vergangenheit einer bewußten Entscheidung bedurfte, wenn ein weiteres Kind nicht geboren werden sollte, ist heute die bewußte Entscheidung für ein Kind eine Voraussetzung seiner Geburt" (WINGEN 1979). Und diese Entscheidung scheint immer schwieriger zu werden.

Viele Prozesse und Faktoren sind an dem beschleunigten Wandel der letzten Jahrzehnte beteiligt. Ich will hier nur einige, in unserem Kontext besonders bedeutsame, herausgreifen. Auf der individuellen Ebene haben sich die Ansprüche, Bedingungen und Erwartungen an Ehe, Elternschaft, Familie und "ein Stück eigenes Leben" (BECK-GERNSHEIM 1983) verändert, sind in mancherlei Hinsicht reduziert, in vielerlei Hinsicht jedoch komplizierter und voraussetzungsvoller geworden. Auf der gesellschaftlichen Ebene hat ein tiefgreifender Normen- und Wertwandel stattgefunden (Stichworte: Wertepluralismus, abnehmende soziale Kontrolle, fortschreitende Individualisierung usw.), der zum einen Reaktionsform auf ökonomische und soziale Veränderungen ist, zum anderen jedoch auch unabhängig von sozioökonomischen Prozessen als eigenständiger Wandlungsfaktor wirkt (ROSENMAYER 1986; HOFFMANN-NOWOTTNY 1988). Die Hauptrichtung des Wandels geht weg von "Pflicht- und Akzeptanzwerten" hin zu "Selbstentfaltungswerten", weg von einem traditionalen, mehr an normativen Gehalten und Werten orientierten Wertepol, hin zu einem mehr individualistischen Wertepol. Traditionelle Werte und Lebensformen büßen immer mehr an kultureller Legitimität und faktischer Monopolstellung ein. Die beobachtbaren Pluralisierungs- und Individualisierungstendenzen (vgl. z.b. BERTRAM/BORRMANN-MÜLLER 1988, BERTRAM 1990, BECK 1983 und 1986, HOFFMANN-NOWOTTNY 1988) haben neben der bereits angesprochenen Steigerung und Ausdifferenzierung von individuellen Ansprüchen und Bedürfnissen zu einer zunehmenden Herauslösung der Individuen aus traditionellen Bindungen, Glaubenssystemen und Sozialbeziehungen, zu einer Freisetzung aus vielfältigen Abhängigkeiten und Zwängen und zu wachsenden Handlungsspielräumen und Chancen (aber auch neuen Zwängen und Risiken) geführt. Theoretisch wie empirisch begründet wird heute vielfach davon ausgegangen, daß sozialinstitutionelle und "klassische" sozialstrukturelle Faktoren zugunsten kultureller und subjektiver Faktoren immer mehr an Gewicht, an Einfluß verlieren, während der Bereich der individuellen Lebensgestaltung und Entscheidung zunehmend an Bedeutung gewinnt (vgl. z.B. auch JÜRGENS/POHL 1975). Dieser These möchte ich ebenso wie dem allgemeinen "Krisengeschrei" angesichts der Wandlungstendenzen in Partnerschaft und Familie ein kritisches Fragezeichen entgegenhalten.

Einerseits erweisen sich beispielsweise Bildungs- und Herkunftseinflüsse im Hinblick auf die von uns untersuchten Variablen Kinderwunsch und Kinderzahl als anhaltend bedeutsam, andererseits haben die beschriebenen Entwicklungen - zumindest bislang - nicht zu einer Auflösung herkömmlicher traditioneller Muster und Orientierungen geführt, sondern vielmehr - als wesentlichstes Resultat - eine wachsende Vielfalt an Optionen und Orientierungen entstehen lassen. Noch immer leben die meisten Menschen in der Lebensform der bürgerlichen (Kern-)Familie. Auch MAX WINGEN teilt die Einschätzung, daß die "(...) traditionelle Familie aus zusammenlebenden Ehegatten, die Kinder aufziehen, (..) auch auf absehbare Zukunft eine stabile und vorherrschende Einheit in der Gesellschaft" bleiben wird (WINGEN 1981). Doch die Fraglosigkeit, Selbstverständlichkeit und Verbindlichkeit des bürgerlichen Ehe- und Familienmusters ist der Pluralisierung zum Opfer gefallen. Hier ist das eigentlich Wesentliche der Wandlungstendenzen der letzten Jahrzehnte zu sehen. Individualisierte Lebensformen sind auf dem Vormarsch. "Alleinerziehende Mütter, die nicht auf der Suche nach einem Partner fürs Leben sind, unverheiratet zusammenlebende Paare, die nicht ans Heiraten denken, kinderlose Ehepaare, denen ihr Leben nicht leer und unerfüllt vorkommt, Singles, denen das Alleinleben nicht Einsamkeit bedeutet, all diese Arrangements (...) gelten (...) nicht mehr als ´unordentlich´, nicht mehr als Problemfälle, und vor allem nicht mehr als Provokation der herrschenden Normalitätsvorstellungen. (...) Somit wurde durch die Pluralisierung nicht nur eine neue Form von ´Normalität´ konstituiert, sondern der Bereich dessen, was als ´normal´ Anerkennung findet, hat sich erheblich ausgeweitet" (WEHRSPAUN 1988). Der Wandel, der hier stattgefunden hat, kann vor allem hinsichtlich der gestiegenen gesellschaftlichen Akzeptanz als erstaunlich bezeichnet werden. Ohne diesen kulturellen Wandel und ohne die mit verbesserten Bildungs- und Berufschancen wachsende wirtschaftliche Unabhängigkeit der Frauen wären die aktuellen Entwicklungstendenzen nicht möglich gewesen.

Bislang scheinen die Wandlungstendenzen in Form von Destabilisierungs- und Deinstitutionalisierungstendenzen in stärkerem Maße die Ehe und das Partnersystem als die Elternschaft oder global die Familie (SIMM 1987) zu betreffen. Auch in unseren Analysen wird deutlich, daß man von einer "Motivationskrise" im Hinblick auf Elternschaft bislang nicht sprechen kann. Im faktischen Verhalten spiegeln sich allerdings bedeutsame Veränderungen wider. Die gestiegene gesellschaftliche Akzeptanz erlaubt es heute auch ohne Heirat und Eheschließung zu haben, was bis vor wenigen Jahrzehnten nur in einer Ehe gesellschaftlich und sozial akzeptiert möglich war. So hat - wie es TYRELL (1979, 1985, 1988) in seinem Konzept der Deinstitutionalisierung des bürgerlichen Familienmusters umschreibt - ein Prozeß der zunehmenden Entkopplung von Zusammenleben, Sexualität und Ehe stattgefunden, in (bislang) nur geringerem Umfang auch von Ehe und Elternschaft. Angestrebte Elternschaft wird noch immer, oder sogar immer mehr, mit Heirat gekoppelt, wird zu einem zentralen Eheschließungsgrund. Aber der Schritt in die Ehe und der Übergang zur Elternschaft wird - trotz anhaltend hoher Wertschätzung von Ehe und Familie (vgl. z.B. auch NAVE-HERZ 1988 und 1989; HABERMEHL/SCHULZ 1982) zunehmend seltener oder später im Lebenslauf vollzogen.

Welche Auswirkungen diese Tendenz auf die weitere Geburtenentwicklung haben könnte, soll in diesem Beitrag über eine Analyse des Kinderwunsches von Befragten in unterschiedlichen Phasen des Lebenslaufes untersucht werden. In Untersuchungen und Diskussionen zum Geburtenrückgang wird immer wieder zu wenig zwischen demographischen Faktoren (Veränderungen im Altersaufbau, in der zahlenmäßigen Besetzung der Heiratsjahrgänge usw.) und nichtdemographischen Faktoren (Veränderungen im generativen Verhalten) unterschieden. Dabei stellt sich die Frage, in welchem Umfang die sinkende Heiratshäufigkeit als demographischer Faktor wirkt bzw. in welchem Umfang die auf dem Vormarsch befindlichen nichtehelichen Partnerschaftsformen ein Ausdruck für verändertes generatives Verhalten sind. Ich werde auch dieser Frage in diesem Beitrag nachgehen und darüber hinaus prüfen, welchen Einfluß die veränderte Bildungs- und Erwerbsbeteiligung (insbesondere der Frauen) in diesem Zusammenhang hat. Damit sollen Wechselwirkungen zwischen Veränderungen in zentralen Lebensbereichen ansatzweise sichtbar gemacht werden. Doch zunächst eine kurze Beschreibung des allgemeinen Entwicklungstrends.

2. Die verbreitete Norm der Zwei-Kinder-Familie

Während sich die Kinderzahl in den letzten Jahrzehnten sehr verändert hat (zum einen bleiben zunehmend mehr Männer und Frauen kinderlos, zum anderen nimmt die Kinderzahl in den Familien immer mehr ab), blieb der *Kinderwunsch* (vgl. z.B. Übersichten bei KIEFL/SCHMID 1985) bemerkenswert konstant. Er hat insgesamt nur schwach und nicht kontinuierlich abgenommen, während die Geburtenzahlen insgesamt wesentlich stärker sanken. Mit unseren Daten läßt sich der Wandel in den Wunschvorstellungen nicht über Längsschnittanalysen nachvollziehen, da zur gewünschten Kinderzahl - im Gegensatz zur realisierten Kinderzahl - nur Querschnittsinformationen erhoben wurden. Ob sich die älteren Befragten schon immer soviele Kinder wünschten, wie sie zum Befragungszeitpunkt angaben, sich insgesamt gewünscht zu haben, läßt sich mit unseren Daten nicht überprüfen. Dennoch spiegelt auch die aktuelle Bestandsaufnahme die in zahlreichen Erhebungen der letzten zwei Jahrzehnte sichtbaren Tendenzen hinsichtlich der gewünschten Kinderzahl wider. Die nun folgenden Auswertungen beziehen sich auf die gesamte Stichprobe des Surveys (N=10043).

Die älteste Altersgruppe der 50- bis 55jährigen wünscht sich im Durchschnitt 2,3 Kinder, die 40- bis 44jährigen nur mehr 2,1 Kinder, und die jüngeren Befragten im Alter von 18 bis 39 Jahren wünschen sich durchschnittlich ebenfalls 2,1 Kinder in allen Altersgruppen. In vielen Untersuchungen werden die Entwicklungstendenzen über Durchschnittswerte aufgezeigt, die die wirklich bedeutsamen Veränderungen nur ungenügend erfassen. Ein Blick auf die nach Altersgruppen differenzierten Verteilungen der gewünschten Kinderzahl aller Befragten (vgl. Grafik 1) macht den engen Zusammenhang zwischen Veränderungen in der gewünschten Kinderzahl und der realisierten Kinderzahl bzw. dem allgemeinen Geburtenrückgang schon deutlicher. Von besonderer Relevanz ist vor allem der in vielen Studien erkennbare Rückgang der Anteile derer, die sich mehr als zwei Kinder wünschen, und die für die früher noch vorhandenen Geburtenüberschüsse sorgten.

In unseren Daten wird sichtbar, wie der Anteil der Männer und Frauen, die sich vier und mehr Kinder wünschen, um so geringer ist, je jünger die Befragten sind. Dasselbe gilt für den Wunsch nach drei Kindern. Der Anteil derer, die sich keine Kinder wünschen, ist bei den Jüngeren nur geringfügig höher als bei den Älteren. Der Wunsch nach einem Kind - bei den mittleren Altersgruppen relativ häufig verbreitet - findet bei den unter 30jährigen noch weniger Anklang als bei den Älteren. Ein Kind wünschen sich nur die wenigsten, während tatsächlich immer mehr Paare nur ein Kind bekommen. Dafür orientieren sich immer mehr Männer und Frauen - Männer noch stärker als Frauen - am Leitbild der Zwei-Kinder-Familie. Je jünger die Befragten sind, desto häufiger werden zwei Kinder und desto seltener werden mehr als zwei Kinder genannt. An zweiter Stelle steht noch immer der Wunsch nach drei Kindern, aber mit abnehmender Bedeutung.

Grafik 1:
Der Kinderwunsch der 18- bis 55jährigen nach Altersgruppen differenziert
(Angaben in %)

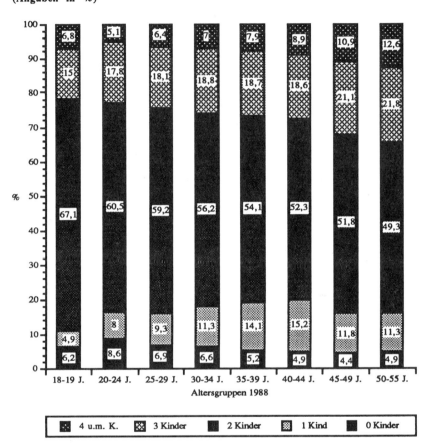

Insgesamt wünschen sich die 18- bis 55jährigen Männer und Frauen im Durchschnitt 2,1 Kinder. 6 % wünschen sich keine Kinder, 11,3 % ein Kind, 55,2 % zwei Kinder, 19,2 % drei Kinder und 8,4 % mehr als drei Kinder.

Differenziert man nach *Geschlecht*, so zeigt sich - und dieser Unterschied bleibt auch bei weitergehenden Differenzierungen in der Regel erhalten -, daß sich Frauen mehr Kinder wünschen als Männer. Die durchschnittlich gewünschte Kinderzahl der Männer liegt bei 2,0, die der Frauen bei 2,2 Kindern. Männer wünschen sich etwas häufiger als Frauen keine Kinder und seltener (nur jeder vierte bis fünfte Mann, aber jede dritte Frau) mehr als zwei Kinder.

In allen *Altersgruppen* finden sich diese geschlechtsspezifischen Unterschiede. Nur bei den *18- bis 19jährigen* sind es etwas häufiger die Frauen, die sich keine Kinder wünschen. Dafür wünschen sich die Frauen dieser Altersgruppe aber auch wesentlich häufiger als die Männer mehr als zwei Kinder. 29 % der 18- bis 19jährigen Frauen, aber nur 13,7 % der 18- bis 19jährigen Männer wünschen sich mehr als zwei Kinder. Bei den *20- bis 24jährigen* sind es dann wieder die Männer, die sich deutlich häufiger als die Frauen kein oder nur ein Kind wünschen.

Im Altersgruppenvergleich wird auch deutlich, daß der *Trend zur Zwei-Kinder-Familie* in wesentlich stärkerem Maße von den Männern als von den Frauen getragen wird. Je jünger die Befragten sind, desto größer wird der Unterschied zwischen den prozentualen Anteilen der Männer und Frauen, die sich zwei Kinder wünschen. Bei den 35- bis 55jährigen sind es in allen Altersgruppen je etwa 5 % mehr Männer als Frauen, die sich zwei Kinder wünschen. Bei den unter 35jährigen wird die Differenz um so größer, je jünger die Männer und Frauen sind. So wünschen sich 57,7 % der 20- bis 24jährigen Frauen und 63,9 % der 20- bis 24jährigen Männer zwei Kinder. Bei den 18- bis 19jährigen sind es 59,3 % der Frauen und 75,9 % der Männer. Die 20- bis 24jährigen Männer wünschen sich relativ häufig (11,4 %) keine Kinder.

Zusammenfassend möchte ich zum Abschluß dieses Kapitels, in dem der Kinderwunsch der Befragten nach Alter und Geschlecht differenziert beschrieben wurde, festhalten, daß zum einen der Wunsch nach mehr als zwei Kindern, d.h. nach einer kinderreichen Familie, immer mehr zurückgeht, zum anderen eine wachsende Verbreitung und Verfestigung der Norm der Zwei-Kinder-Familie festzustellen ist. Der Wunsch nach einem Kind nimmt ab, kein Kind wünschen sich die jüngeren Befragten etwas häufiger als die Älteren. Wie steht es nun mit der bereits vorhandenen, nur z.T. bereits endgültigen Kinderzahl der 18- bis 55jährigen?

3. Der Rückgang der realisierten Kinderzahl

Zunächst eine kurze Beschreibung der bereits *vorhandenen Kinderzahl* der 18- bis 55jährigen Männer und Frauen in der gesamten Stichprobe. 36,5 % der Befragten sind (noch) kinderlos, 21,6 % haben ein Kind, 27,7 % haben zwei Kinder, 9,8 % haben drei Kinder und 4,4 % haben mehr als drei Kinder. Mit steigendem Alter sinkt - naheliegenderweise - die Zahl der Befragten, die keine Kinder haben, und steigt die Zahl der Kinder in den Familien. Von den 18- bis 24jährigen haben noch mehr als 90 % keine Kinder, bei den 35- bis 39jährigen sind es 17,3 % und bei den über 40jährigen beträgt der Anteil derer, die keine Kinder bekommen haben, etwa 13 % (nur ca. 5 % dieser Altersgruppen haben sich auch keine Kinder gewünscht).

Große geschlechtsspezifische Unterschiede lassen sich vor allem in der noch nicht erwähnten Altersgruppe der 25-bis 34jährigen feststellen: fast doppelt soviele Männer wie Frauen haben in dieser Altersstufe (noch) keine Kinder. Bei den 25- bis 29jährigen sind es 72,6 % der Männer gegenüber 42,9 % der Frauen, und bei den 30- bis 34jährigen sind es 43,1 % der Männer gegenüber 22 % der Frauen, die (noch) keine Kinder haben. Hier kommen vor allem geschlechtsspezifische Unterschiede im Familiengründungsalter zum Tragen.

Um *Wandlungstendenzen* in der realisierten Kinderzahl aufzeigen zu können, wurde mit Hilfe der in unserer Untersuchung retrospektiv erhobenen Verlaufsdaten (Zeitpunkt der Geburt von Kindern etc.) die jeweils bis zu einem bestimmten Alter der Befragten (25 und 30 Jahre) erreichte Kinderzahl der Männer und Frauen ausgewählter Geburtsjahrgänge berechnet und in Grafik 2 dargestellt. Für die Altersgruppe der 20- bis 29jährigen konnte nur bei einem Teil der Befragten, bei den 26- bis 29jährigen, die erreichte Kinderzahl berechnet werden, und dies auch nur bis zum Alter von 25 Jahren, nicht aber bis zum Alter von 30 Jahren. Diese Gruppe wurde trotzdem in die Abbildung mit-aufgenommen, um die weitere Entwicklungstendenz bei den Jüngeren aufzeigen zu können.

Grafik 2:
Die bis zum Alter von 25 Jahren bzw. bis zum Alter von 30 Jahren realisierte Kinderzahl der Männer und Frauen ausgewählter Altersgruppen bzw. Geburtsjahrgänge

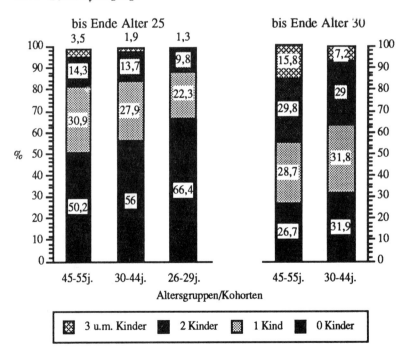

Deutlich wird in der Abbildung zunächst einmal, daß immer mehr Männer und Frauen im Alter von 25 Jahren und auch im Alter von 30 Jahren noch keine Kinder haben. Auch der Anteil kinderreicher Familien (mehr als zwei Kinder) wird in diesen Altersstufen bei den jüngeren Befragten immer geringer. Dieser Wandel hängt eng mit den Veränderungen im Heiratsverhalten und in der zeitlichen Datierung von Heirat und Geburt eines ersten Kindes zusammen. Der Übergang zur Elternschaft wird von immer mehr Männern und Frauen auf einen späteren Zeitpunkt im Lebenslauf verschoben. Über die endgültige Kinderzahl der noch jüngeren Befragten können wir zum jetzigen Zeitpunkt nur spekulieren. Dennoch kann man aus mancherlei Gründen vermuten, daß ein wachsender Anteil von ihnen auch auf Dauer, und damit endgültig, kinderlos bleiben wird, und daß die Kinderzahl der jüngeren Befragten weiter sinken wird. Zum einen spielen physiologische Faktoren mit steigendem Alter eine wachsende Rolle, zum anderen - das wird im folgenden noch deutlicher werden - scheint auch der Kinderwunsch eine Veränderung zu erfahren, je länger die Befragten kinderlos bleiben, je älter sie werden und je länger sie bereits erwerbstätig sind. Zunächst ganz ungeplant und ungewollt könnte bei immer mehr Männern und Frauen aus einer zunächst nur befristet gedachten Kinderlosigkeit eine dauerhafte, lebenslange werden - sei es, weil es zu spät wird, weil es nicht mehr geht (ein häufig zu wenig bedachtes Problem mit wachsender Bedeutung), oder weil sich der Kinderwunsch unter veränderten Bedingungen gewandelt hat.

4. Das Zurückbleiben der realisierten hinter der gewünschten Kinderzahl

Ich möchte in diesem Kapitel den Zusammenhang zwischen gewünschter und vorhandener Kinderzahl etwas näher beschreiben und aufzeigen, in welchem Umfang die gewünschte Kinderzahl unter- bzw. überschritten wird, welche Wandlungstendenzen dabei zu beobachten sind, und in welchem Ausmaß die Pläne und Wünsche hinsichtlich Elternschaft und Kinderzahl mit fortschreitendem Lebensalter und damit einhergehenden Veränderungen in der beruflichen und familiären Situation variieren.

Der als wechselseitig zu betrachtende Zusammenhang zwischen gewünschter und realisierter Kinderzahl ist naheliegenderweise um so enger, je älter die Befragten sind. Um *Wandlungstendenzen* und nicht nur Altersunterschiede aufzeigen zu können, muß auch hier wieder auf ausgewählte Altersgruppen bzw. einen Teil der gesamten Population zurückgegriffen werden. Wir betrachten die nahezu endgültige Kinderzahl der älteren Befragten (40 Jahre und älter) in Abhängigkeit von der von ihnen geäußerten gewünschten Kinderzahl. Der Rückgang bzw. die Veränderungen der gewünschten Kinderzahl wurden ja bereits beschrieben. Nun wird dargestellt (siehe Grafik 3) in welchem Umfang die gewünschte Kinderzahl nicht nur zurückgegangen ist, sondern darüber hinaus auch immer häufiger nicht erreicht, also unterschritten wurde. Während 59,3 % der 50- bis 55jährigen Männer und Frauen, die sich vier und mehr Kinder wünschten, auch die gewünschte Kinderzahl realisierten, sind es bei den 40- bis 44jährigen nur mehr 22,2 %. Immer mehr Befragte bekommen, obwohl sie noch den Wunsch nach einer kinderreichen Familie haben, nur ein oder zwei Kinder. Je jünger die Befragten sind, desto stärker unterschreiten sie die jeweils noch als gewünscht angegebene Kinderzahl.

Grafik 3:
Realisierte Kinderzahl ausgewählter Altersgruppen nach gewünschter Kinderzahl (Angaben in %)

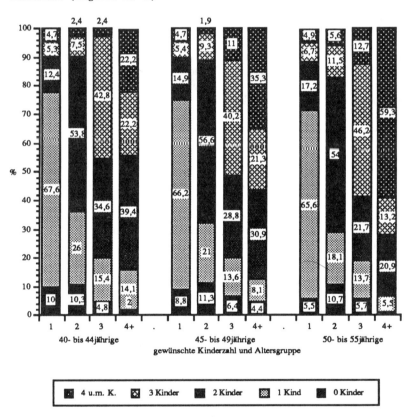

Auch von den in Grafik 3 nicht dargestellten jüngeren Männern und Frauen wünschen sich noch relativ viele mehr als zwei Kinder, nur wenige ein oder kein Kind. In welchem Umfang sie ihren Kinderwunsch verwirklichen werden, kann zum gegenwärtigen Zeitpunkt nicht beantwortet werden. Was die Analysen zur gewünschten Kinderzahl jedoch deutlich machen können - und das halte ich für ein sehr wichtiges Ergebnis -, ist, daß die Bereitschaft zur Elternschaft und zur Familiengründung prinzipiell noch in sehr starkem Maße vorhanden ist. Der Realisierung des Kinderwunsches wirken jedoch immer mehr Faktoren entgegen. Es wird im folgenden noch deutlich werden, bei welchen Teilgruppen die Diskrepanz zwischen geäußertem Kinderwunsch und realisierter Kinderzahl besonders ausgeprägt ist.

In einem nächsten Schritt wird *die gewünschte Kinderzahl in Abhängigkeit von der bereits vorhandenen Kinderzahl* betrachtet. Mit der Zahl vorhandener Kinder steigt die angegebene Zahl gewünschter Kinder. Die jeweils höchsten Anteile derjenigen, die sich keine, ein, zwei oder mehr Kinder wünschen, finden sich jeweils bei denjenigen, die keine, oder bereits ein, zwei oder mehr Kinder haben. Keine Kinder wünschen sich fast ausnahmslos nur Befragte, die (noch) keine Kinder haben. Der Wunsch nach einem Kind wird am häufigsten von denjenigen genannt, die ein Kind haben. Der Wunsch nach zwei Kindern (mit 71,2 % der in Grafik 4 insgesamt höchste Anteil überhaupt) ist am häufigsten bei der Gruppe derer zu finden, die zwei Kinder haben.

Bis zur realisierten Kinderzahl von zwei Kindern dominiert die Norm der Zwei-Kinder-Familie bzw. der Wunsch nach zwei Kindern. Die durchschnittlich gewünschte Kinderzahl nimmt von 1,8 Kindern bei den Kinderlosen auf 2,3 Kinder bei den Zwei-Kinder-Familien zu, und steigt dann auf 2,8 bei den Drei-Kinder-Familien bzw. 3,2 bei den Vier-und-mehr-Kinder-Familien. Bei Männern und Frauen zeigt sich grundsätzlich das gleiche Muster - nur auf etwas unterschiedlichem Niveau. Die Frauen wünschen sich generell mehr Kinder als die Männer.

Zwischen dem zweiten und dem dritten vorhandenen Kind liegt eine Schwelle, d.h. kinderreiche Befragte (mit mehr als zwei Kindern) wünschen sich überdurchschnittlich viele Kinder, favorisieren mehrheitlich nicht mehr die Zwei-Kinder-Familie, sondern das Modell der Drei- bzw. Vier-Kinder-Familie. Gleichzeitig nimmt aber auch der Anteil derer zu, die mehr Kinder haben, als sie eigentlich wollen. 30,4 % der Befragten, die bereits drei Kinder haben, und 47 % der Befragten, die vier oder mehr Kinder haben, geben an, sich weniger Kinder zu wünschen bzw. insgesamt gewünscht zu haben. Die konkreten Erfahrungen mit dem ersten und weiteren Kindern führen z.T. zu einer gewissen Anpassung und Veränderung des Kinderwunsches, was wiederum - bei den Jüngeren - die weiteren Kinderzahlen bzw. die Wahrscheinlichkeit der Geburt weiterer Kinder beeinflußt. Insgesamt wird die gewünschte Kinderzahl in wesentlich größerem Umfang unterschritten als überschritten.

Grafik 4:
Gewünschte Kinderzahl 18- bis 55jähriger nach Anzahl bereits vorhandener
Kinder (Angaben in %)

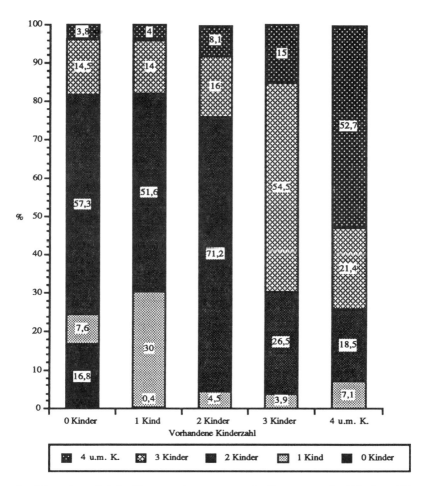

Im folgenden wird der Frage nachgegangen, wie die gewünschte Kinderzahl in Abhängigkeit von der bereits vorhandenen Kinderzahl mit *fortschreitendem Lebensalter* variiert. In Grafik 5 wird sichtbar, was auch in noch differenzierteren Analysen als klares Muster zu erkennen ist, daß sich nämlich mit steigendem Lebensalter ein immer größerer Anteil von *Männern und Frauen, die noch keine Kinder haben*, unabhängig vom Familienstand und weiteren Merkmalen immer häufiger auch keine Kinder mehr wünscht, z.T. auch nie welche gewünscht hat. Die Anteile wachsen von Altersgruppe zu Altersgruppe beträchtlich an, von 6,4 % (18- bis 19jährige) auf 9,7 % (20- bis 24jährige), 12,2 % (25- bis 29jährige), 22,4 % (30- bis 34jährige), 30,3 % (35- bis 39jährige) auf schließlich 37,9 % bei den 50- bis 55jährigen.

Grafik 5:
Der Kinderwunsch 20- bis 44jähriger Lediger und Verheirateter mit/ohne Kindern

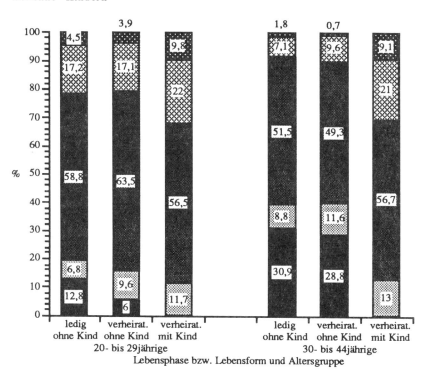

Dasselbe Muster findet sich mit Abweichungen auch, wenn man jeweils die Gruppe derjenigen, die ein bzw. zwei Kinder haben und sich nur ein Kind bzw. zwei Kinder wünschen, in den einzelnen Altersgruppen vergleicht. So nimmt z.B. der *Anteil derer, die nur ein Kind haben und sich auch nur ein Kind wünschen*, von ca. 15 % bei den 20- bis 24jährigen über 17,4 % bei den 25- bis 29jährigen auf 26,7 % bei den 30- bis 34jährigen, 35,7 % bei den 35-

473

bis 39jährigen und 36,5 % bei den 40- bis 44jährigen zu. Bei den über 44jährigen, die nur ein Kind haben, sind es 35,8 %, die angeben, sich auch nur ein Kind zu wünschen bzw. insgesamt gewünscht zu haben.

Zusammenfassend läßt sich festhalten: Es besteht ein enger Zusammenhang zwischen dem geäußerten Kinderwunsch und der realisierten Kinderzahl. Auch im Kinderwunsch spiegelt sich die tatsächliche Geburtenentwicklung durchaus wider. Bei beiden Indikatoren des generativen Verhaltens ist ein Rückgang festzustellen. Die Kluft zwischen Kinderwunsch und -wirklichkeit wird darüber hinaus aber tendenziell auch noch größer. Vor allem bei denjenigen, die sich noch vergleichsweise viele Kinder wünschen, wird die gewünschte Kinderzahl in immer geringerem Umfang realisiert. Darüber hinaus könnte die beobachtbare Tendenz zum Aufschub von Eheschließung und Elternschaft, den Trend zur Kinderlosigkeit und Kinderarmut noch verstärken, wenn sich bestätigen sollte, was in den bisherigen Analysen sichtbar wurde, daß sich nämlich mit steigendem Alter die (noch) kinderlosen Befragten immer häufiger keine Kinder (mehr) wünschen. Leider können wir mit unseren Daten nicht feststellen, wieviele dieser Befragten sich schon immer keine Kinder gewünscht haben, und bei wievielen ein Wandel ihrer Wunschvorstellung eingetreten ist.

Welcher Zusammenhang zwischen einem frühen oder späten Übergang zur Elternschaft und der als gewünscht angegebenen Kinderzahl bzw. der realisierten Kinderzahl besteht, diese Frage soll im folgenden noch untersucht werden. Betrachtet man nur die *Befragten mit Kindern* und differenziert nach dem *Alter der Mütter und Väter bei Geburt ihres ersten Kindes*, so ergibt sich folgendes Bild: Zum einen besteht nur ein ausgesprochen schwacher Zusammenhang zwischen der *gewünschten Kinderzahl* und dem Zeitpunkt des Übergangs zur ersten Elternschaft. Erst bei denjenigen, die ihr erstes Kind nach dem 30. Lebensjahr bekommen haben, deuten sich Abweichungen von der sonst in der gesamten Stichprobe gewünschten Kinderzahl an: der Wunsch nach drei und mehr Kindern ist dann etwas seltener und mehr Mütter und Väter (19 %) wünschen sich insgesamt nur ein Kind. Die Zwei-Kinder-Familie ist aber auch hier das dominante Leitbild.

Wesentlich deutlicher sind die Abweichungen hinsichtlich der *realisierten Kinderzahl* bei den Vätern und Müttern, die erst im Alter von 31 Jahren und mehr den Übergang zur Elternschaft vollzogen haben. Der Zusammenhang ist bei Frauen geringfügig stärker als bei Männern, zeigt aber ansonsten bei beiden Geschlechtern dasselbe Muster. Je später der Übergang zur Elternschaft vollzogen wird, desto geringer wird die Wahrscheinlichkeit weiterer Geburten und damit die insgesamt erreichte Kinderzahl. 73 % derjenigen, die ihr erstes Kind vor dem 25. Lebensjahr zur Welt gebracht haben, haben zwei und mehr Kinder (45,3 % zwei Kinder, 18,3 % drei Kinder und 9,4 % vier und mehr Kinder). Bei denjenigen, die den Übergang zur Elternschaft im Alter von 25 bis 30 Jahren vollzogen haben, beträgt der Anteil von Zwei- und Mehr-Kinder-Familien 61,5 %. Dieser Anteil sinkt weiter auf 43 % bei denen, die erst nach dem 30. Lebensjahr ein erstes Kind bekommen haben.

Bildungseinflüsse spielen hier eine wichtige Rolle. Zwischen dem Alter bei Geburt des ersten Kindes und dem Bildungsniveau (höchster Schulabschluß) der Befragten mit Kindern besteht ein deutlicher Zusammenhang. Mit steigender Schulbildung sinkt die Wahrscheinlichkeit eines frühen Übergangs zur Elternschaft. Während 61 % der befragten Väter und Mütter ohne Schulabschluß bzw. mit Volks-/Hauptschulabschluß ihr erstes Kind vor dem 25. Lebensjahr bekommen haben, sind es bei denjenigen mit Fach-/Hochschulreife nur 25,7 %. Fast jede(r) Fünfte der Höhergebildeten hat sein/ihr erstes Kind erst nach dem 30. Lebensjahr bekommen. Bildungseinflüsse erlangen ein immer stärkeres Gewicht. Das wird in Kapitel 6 noch deutlicher werden. Zuvor möchte ich jedoch prüfen, welche Bedeutung Einflüsse der Herkunftsfamilie noch heute für den Kinderwunsch und die Kinderzahl besitzen. Die gravierenden Wandlungstendenzen der letzten Jahrzehnten dürften - so möchte ich es als These formulieren -, auch über die Wirksamkeit der nun im nächsten Kapitel behandelten Faktoren den Geburtenrückgang weiter beschleunigen und verstärken.

5. Herkunftsfaktoren - Geschwisterzahl und Wandel der Familiengröße

Wie mit den bisherigen Ausführungen beschrieben wurde, nimmt die Kinderzahl in den Familien immer mehr ab. Abnehmende Kinderzahlen bedeuten abnehmende Geschwisterzahlen. In zahlreichen Studien wurden immer wieder signifikante Beziehungen zwischen der Geschwisterzahl in der Herkunftsfamilie und der gewünschten und der realisierten Kinderzahl nachgewiesen. Auch mit unseren Daten läßt sich die anhaltende Bedeutung dieses Zusammenhanges feststellen. Je größer die Kinderzahl in der Herkunftsfamilie, desto größer die gewünschte und auch die realisierte Kinderzahl der 18- bis 55jährigen Männer und Frauen. Dieser positive Zusammenhang findet sich bei beiden Geschlechtern. Die Koeffizienten variieren bei Männern und Frauen nur geringfügig. Die Geschwisterzahl wirkt sich auf die Kinderzahl bei Frauen etwas stärker aus als bei Männern, der Einfluß auf den Kinderwunsch ist bei Männern etwas stärker als bei Frauen.

Die durchschnittlich gewünschte Kinderzahl der Befragten (mit/ohne bereits vorhandenen Kindern), die ohne Geschwister aufgewachsen sind, liegt bei 1,9. Befragte, die drei und mehr Geschwister haben, wünschen sich durchschnittlich 2,3 Kinder.

Um Effekte der Kinderzahl auszuschließen, wollen wir gesondert *die (noch) kinderlosen Befragten* betrachten. Die durchschnittlich gewünschte Kinderzahl der kinderlosen Männer und Frauen liegt insgesamt deutlich niedriger, der Zusammenhang bleibt jedoch (auf niedrigerem Niveau) bestehen.

(Noch kinderlose) Befragte, *die keine Geschwister haben*, wünschen sich besonders häufig keine Kinder (jede(r) Vierte); diejenigen, die einen Kinderwunsch haben, wünschen sich durchschnittlich 2,0 Kinder. Insgesamt liegt die durchschnittlich gewünschte Kinderzahl der kinderlosen Befragten ohne Geschwister bei 1,5. Deutlich höher liegt der Wert bei den kinderlosen Männern und Frauen, *die ein oder mehr Geschwister haben.* Durchschnittlich 1,8 Kinder wünschen sich diejenigen, die nur einen Bruder oder eine Schwester haben. 1,9 Kinder wünschen sich die kinderlosen Befragten, die zwei und mehr Geschwister haben. Männer und Frauen mit Geschwistern wünschen sich seltener keine Kinder und häufiger mehr als zwei Kinder. Die durchschnittlich gewünschte Kinderzahl (nur) derjenigen, die sich Kinder wünschen und Geschwister haben, liegt bei 2,2 Kindern (Befragte mit einem oder zwei Geschwistern) bzw. 2,3 Kindern (Befragte mit mehr als zwei Geschwistern).

Hinsichtlich der durchschnittlich bereits *vorhandenen Kinderzahl* (berechnet einschließlich der Männer und Frauen *ohne Kinder*) unterscheiden sich diejenigen, die weniger als drei Geschwister haben, nur wenig (je um 0,1). Erst bei den Befragten mit drei und mehr Geschwistern erhöht sich der Wert deutlich von 1,2 (Befragte mit zwei Geschwistern) auf 1,6 (Befragte mit mehr als zwei Geschwistern). Die durchschnittliche Kinderzahl der *Familien (nur Befragte mit Kindern)* variiert nicht so stark. Sie nimmt von 1,8 bei denjenigen, die keine Geschwister haben, auf 2,1 bei denjenigen mit drei und mehr Geschwistern zu. Generell sind die Unterschiede zwischen den betrachteten Gruppen immer dann vergleichsweise groß, wenn alle Befragten, auch die, die keine Kinder haben, in die Analysen mit einbezogen werden. Vergleicht man nur die Kinderzahl derjenigen, die bereits Kinder haben, dann werden die Unterschiede in der Regel deutlich geringer.

Zusammenfassend läßt sich festhalten: Es bestehen hochsignifikante, wenn auch nicht gerade starke Beziehungen zwischen der Geschwisterzahl in der Herkunftsfamilie und dem Kinderwunsch (eta = .14) bzw. der Kinderzahl (eta = .16). Diese Zusammenhänge bleiben auch bei Kontrolle der *Schulbildung* der Befragten, die ebenfalls eine wichtige Rolle spielt, bestehen. Bei den Befragten mit *Fach-/Hochschulreife* zeigt sich in der gesamten Stichprobe der engste Zusammenhang. 44,9 % der Männer und Frauen dieser Bildungsgruppe, die mehr als zwei Geschwister haben, wünschen sich auch mehr als zwei eigene Kinder. Bei den Befragten mit Fach-/Hochschulreife, die als Einzelkinder aufgewachsen sind, sind es nur 18,9 %. Vergleicht man diese Werte mit den entsprechenden Anteilen bei den Männern und Frauen mit *Volks-/Hauptschulabschluß*, so sind es nur 31,5 % derjenigen, die mit mehr als zwei Geschwistern aufgewachsen sind, und 16,5 % derjenigen, die keine Geschwister haben, die sich mehr als zwei Kinder wünschen.

Grafik 6:
Gewünschte und vorhandene Kinderzahl 18- bis 55jähriger nach Geschwisterzahl in der Herkunftsfamilie (Angaben in %)

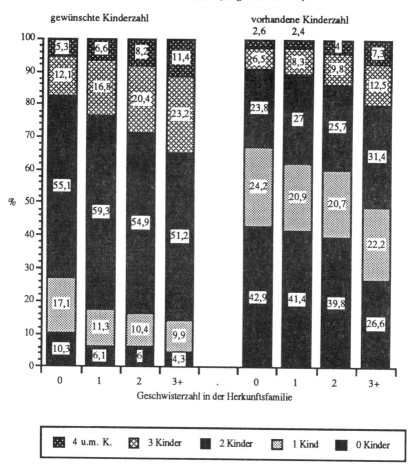

Diejenigen, die ohne Geschwister aufgewachsen sind, wünschen sich in allen Bildungsgruppen deutlich häufiger kein oder nur ein Kind als diejenigen, die Geschwister haben. In mehrfaktoriellen Varianzanalysen (mit multipler Klassifikation) wird deutlich, daß der Effekt der Geschwisterzahl in der Herkunftsfamilie bei Berücksichtigung der Effekte anderer wichtiger Variablen zwar schwächer wird, aber nicht verschwindet, und ferner im Altersgruppenvergleich insgesamt keine Abnahme der (isolierten und bereinigten) Effekte dieses Faktors auf den *Kinderwunsch* festzustellen ist. Hinsichtlich der *Kinderzahl* zeigt sich: Bei den Befragten mittleren Alters (30 bis 44 Jahre) ist der Einfluß der Geschwisterzahl auf die Kinderzahl schwächer als bei den älteren Altersgruppen, bei den unter 30jährigen dagegen wieder stärker. Damit kann insgesamt von einer abnehmenden Bedeutung dieses Herkunftsfaktors - zumindest bislang - nicht gesprochen werden. Das bedeutet, daß mit weiter sinkenden Kinder- und damit Geschwisterzahlen in den Familien von heute diese Zusammenhänge eine weitere Beschleunigung des Geburtenrückganges bewirken könnten.

Zum Abschluß noch ein kurzer Blick auf den schon bei der jetzigen Generation deutlich sichtbaren Wandel. 52,2 % der befragten 18- bis 24jährigen sind in einer Ein- oder Zwei-Kinder-Familie groß geworden (40,7 % in einer Zwei-Kinder-Familie), 21,2 % haben mehr als zwei Geschwister. Bei den 50- bis 55jährigen waren es noch knapp 40 %, die mit mehr als zwei Geschwistern aufgewachsen sind, und nur 39,2 % hatten weniger als zwei Geschwister. Die Anteile schwanken zwar etwas bei den einzelnen Altersgruppen, doch der allgemeine Trend wird schon sichtbar. Die Mehrheit der jungen Erwachsenen heute ist bereits mit deutlich weniger Geschwistern aufgewachsen als die Befragten der älteren Altersgruppen. Daß dies nicht nur auf die weitere Entwicklung des Kinderwunsches, sondern auch auf die Kinderzahl einen negativen Einfluß haben wird, ist mit großer Wahrscheinlichkeit erwartbar.

Zu den besonders bedeutsamen Wandlungstendenzen der letzten Jahrzehnte gehört auch die starke Zunahme der Scheidungshäufigkeit und weitere Veränderungen in den Partnerbeziehungen, wie die Zunahme der Zahl von Partnerschaften im Lebenslauf und die wachsende Verbreitung alternativer Lebensformen. Inwieweit diese Wandlungstendenzen mit Veränderungen im generativen Verhalten einhergehen, soll im folgenden Kapitel untersucht werden.

6. Partnerbeziehungen und Partnerschaftsformen im Wandel

Zu Beginn dieses Beitrages wurde bereits die Frage nach möglichen Zusammenhängen und Folgewirkungen der bislang eher die Ehe und das Partnersystem als die Elternschaft und global die Familie betreffenden Wandlungstendenzen angesprochen. Zwischen der zunehmenden Verbreitung individualisierter Lebensformen (wie nichteheliche Lebensgemeinschaften usw.) und den Veränderungen im generativen Verhalten bestehen vielfältige Zusammenhänge. Im Unterschied zu den Verheirateten hat ein Großteil der Befragten, die nicht in einer Ehe leben oder nicht verheiratet sind, (noch) keine Kinder. In welchem Umfang der enge Zusammenhang zwischen Lebensform und Elternschaft auch mit unterschiedlichen Wunschvorstellungen hinsichtlich Elternschaft und Kinderzahl einhergeht, soll in diesem Kapitel untersucht werden. Eine Analyse des Kinderwunsches der einzelnen Gruppen (nach Familienstand, Partnerschaftsform und Anzahl Partnerbeziehungen differenziert) kann Hinweise darauf liefern, welche Einflüsse die hier betrachteten Veränderungen in den Partnerbeziehungen und Lebensformen auf die weitere Entwicklung der Geburtenzahlen haben könnten und umgekehrt.

Zunächst einige Anmerkungen zu der noch immer vorhandenen engen Kopplung von Ehe und Elternschaft. Ein Blick auf den *Familienstand der Befragten, die Kinder haben*, zeigt, daß in allen Altersgruppen mehr als 80 % der Väter und Mütter verheiratet sind. Zählt man zu den Verheirateten auch die übrigen Befragten mit Eheerfahrung, nämlich die Geschiedenen und die Verwitweten, die bei den jüngeren Altersgruppen noch kaum anzutreffen sind, dann erhöht sich der Anteil bei den Älteren auf mehr als 98 %. Obwohl sich von der ältesten zur jüngsten Altersgruppe der Anteil der Männer und Frauen mit Kind(ern), die verheiratet sind bzw. Eheerfahrung haben, zunehmend zugunsten des Anteils lediger Mütter und Väter (ca. 1 % bei der ältesten Kohorte, 2 % bei der mittleren Kohorte und knapp 10 % bei den 20- bis 29jährigen) verschiebt, also durchaus bedeutsame Wandlungstendenzen zu beobachten sind, kann man dennoch feststellen, daß sich an dem engen Zusammenhang, an der engen Kopplung von Elternschaft und Heirat bislang noch relativ wenig geändert hat. Sind Kinder konkret gewünscht, geplant oder bereits "unterwegs", wird noch immer in der Regel geheiratet. Der Anteil vorehelicher Geburten ist zwar gestiegen, doch wird auch in diesen Fällen meist nach einiger Zeit noch eine Eheschließung nachgeholt, so daß der Anteil nichtehelicher Partnerschaften mit Kindern nicht in dem Umfang zugenommen hat, wie vor einigen Jahren noch vermutet worden war. Da von den angesprochenen jüngeren ledigen Müttern und Vätern vermutlich ein Teil noch heiraten wird, dürfte der Anteil hier außerdem auch noch insgesamt etwas geringer werden.

Differenziert man statt nach dem Familienstand nach der *aktuell gelebten Lebens- bzw. Partnerschaftsform* ((1) ohne Partner(in), (2) nichteheliche Partnerbeziehung mit getrennten Haushalten, (3) nichteheliche Lebensgemeinschaft mit gemeinsamem Haushalt und (4) Ehe, d.h. hier nur verheiratet zusammenlebende Partner) ergibt sich ein ähnliches Muster. Elternschaft findet in der Regel in einer Ehe statt. Nur 5,6 % der 45- bis 55jährigen leben überhaupt in einer nichtehelichen Partnerschaftsform ((2) und (3)). Bei den 30- bis 44jährigen sind es schon annähernd doppelt soviele, nämlich 10,4 %. Und bei den 20- bis 29jährigen sind es ca. ein Drittel der Befragten, die unverheiratet zusammen oder getrennt leben. Mit Einschränkungen verdeutlichen diese Unterschiede die eingangs skizzierten historischen Wandlungstendenzen hinsichtlich Partnerbeziehungen und Ehe. Abgesehen von der wachsenden Verbreitung dieser Lebensformen interessiert uns im besonderen, daß auch hier wieder eine gewisse Zunahme außerehelicher Elternschaft beobachtet werden kann, dennoch der Anteil verheiratet zusammenlebender Mütter und Väter relativ konstant bei über 80 % geblieben ist. Auch die 20- bis 29jährigen sind in der Regel verheiratet oder heiraten, wenn sie Kinder haben oder wollen.

Da - wie bereits dargestellt wurde - zwischen dem Kinderwunsch und der (bereits vorhandenen) Kinderzahl der Befragten ein enger Zusammenhang besteht, und die Kinderzahl wiederum eng mit der Lebensform korreliert, soll im folgenden zunächst nur den *Kinderwunsch der (noch) kinderlosen Befragten in unterschiedlichen Lebensformen* verglichen werden. Dabei zeigt sich dann, daß die bei fehlender Kontrolle der Kinderzahl bestehenden Unterschiede im Kinderwunsch der *Verheirateten* und *Ledigen* nahezu vollständig verschwinden. Hinsichtlich der durchschnittlich gewünschten Kinderzahl beider Gruppen (nur Kinderlose) bestehen dann keine nennenswerten Unterschiede mehr, obwohl bei den Ledigen der Anteil derer, die sich keine Kinder wünschen, etwas höher ist (am deutlichsten in der Altersgruppe der 20- bis 29jährigen). Im *Altersgruppenvergleich* zeigt sich darüber hinaus: Kinderlose Verheiratete wie kinderlose Ledige im Alter von 30 Jahren und mehr wünschen sich durchschnittlich je nur 1,4 Kinder und liegen damit deutlich unter der insgesamt in den jeweiligen Altersgruppen gewünschten Kinderzahl. Mit 2,0 wesentlich höher liegt im Vergleich dazu die durchschnittlich gewünschte Kinderzahl der gegenwärtig (noch) kinderlosen ledigen und verheirateten Befragten im Alter von 20 bis 29 Jahren.

Differenziert man wiederum nicht nur nach dem Familienstand, sondern auch nach der *aktuellen Lebens- bzw. Partnerschaftsform*, so ergeben sich geringfügig stärkere Unterschiede, wenn man den *Kinderwunsch der kinderlosen Befragten* im Alter von *18 bis unter 30 Jahren* vergleicht. Erwähnenswert sind vor allem die unterschiedlich großen Anteile von Befragten, die sich keine Kinder wünschen: bei denjenigen, die (noch) keinen Partner haben, sind es 13,6 %, bei den in nichtehelichen Partnerschaftsformen Lebenden 9,3 % und bei den in einer Ehe lebenden kinderlosen Befragten 5,7 %. Betrachtet man nur diejenigen, die sich grundsätzlich Kinder wünschen, dann lassen sich keine großen Unterschiede zwischen den einzelnen Gruppen feststellen. Die insgesamt feststellbaren geringfügigen Unterschieden resultieren weniger aus Wandlungstendenzen und Unterschieden, die mit der "bevorzugten" Lebens- bzw. Partnerschaftsform zusammenhängen, sondern spiegeln vielmehr Effekte des Lebensalters und der Lebensphase, sowie Effekte der Erwerbsbeteiligung der Frauen wider. Als Ergebnis läßt sich zusammenfassend festhalten: Solange keine Kinder da sind, unterscheiden sich die Befragten im Alter von 18 bis unter 30 Jahren in den verschiedenen Partnerschaftsformen hinsichtlich ihres Kinderwunsches kaum.

Bezieht man *alle Befragten* (mit und ohne Kinder, mit und ohne Kinderwunsch) in die Analysen mit ein und differenziert nach Familienstand und Lebensform, dann ergeben sich mit unterschiedlichen Kinderzahlen auch deutlich voneinander abweichende Durchschnittswerte für den Kinderwunsch in den einzelnen Gruppen. Die durchschnittlich gewünschte Kinderzahl der verwitweten und verheirateten Personen übertrifft dann in allen Altersgruppen diejenige der ledigen Männer und Frauen sehr deutlich.

Immer mehr Männer und Frauen leben - zumindest zeitweise - in einer nichtehelichen Lebensgemeinschaft. Daß diese Veränderungen in den Lebensformen nicht mit deutlich unterschiedlichen Einstellungen zu Kindern und zur Zahl gewünschter Kinder einhergehen, zeigen die Ergebnisse.

Wie auch an anderer Stelle in diesem Band beschrieben (siehe TÖLKE) ist mit der zunehmenden Verbreitung nichtehelicher Partnerschaftsformen auch ein Trend zu mehr Partnerschaften, d.h. zu häufigeren *Partnerwechseln* zu beobachten. Welcher Zusammenhang läßt sich zwischen diesen Wandlungstendenzen und dem Kinderwunsch bzw. der Kinderzahl der 18- bis 55jährigen feststellen? Abgesehen von den Männern und Frauen, die (noch) keine Partnerbeziehung haben und die sich in ihrem Kinderwunsch deutlich von denjenigen mit einer oder mehreren Partnerbeziehungen unterscheiden (20,5 % der noch partnerlosen Befragten wünschen sich keine Kinder, was ebenfalls sehr stark mit dem Alter und der Lebensphase der Befragten zusammenhängt), zeigt sich folgendes Muster: Je mehr Partnerbeziehungen, desto größer der Anteil der Befragten, die sich keine Kinder wünschen. Diejenigen, die bereits mehr als drei Partnerschaften haben, wünschen sich mit 12,6 % etwa dreimal so häufig keine Kinder wie die Befragten mit nur einer Partnerschaft.

Die gleiche Tendenz zeigt sich bei der vorhandenen Kinderzahl dieser Personengruppen. Nur 26,9 % der Männer und Frauen, die nur eine Partnerbeziehung haben, sind kinderlos. Bei den Befragten mit zwei Partnerschaften sind es 36,5 %, bei denjenigen mit drei Partnerbeziehungen 44,8 % und bei vier (und mehr) Partnerbeziehungen beträgt der Anteil schon 54,3 %. Und auch bei denjenigen, die Kinder haben, sinkt die Kinderzahl mit steigender *Anzahl Partnerbeziehungen*. Da häufigere Partnerwechsel vor allem bei den Jüngeren und bei denjenigen, die in nichtehelichen Lebensformen leben, zu beobachten sind, läßt dieser Zusammenhang auf weitere Entwicklungstendenzen schließen.

7. Bildungseinflüsse

An verschiedenen Stellen wurde bereits die Bedeutung von Bildungseinflüssen angesprochen (vgl. z.B. Kapitel 4). Die längeren Ausbildungszeiten und das steigende Bildungsniveau beeinflussen zum einen den Zeitpunkt von Übergängen im Lebenslauf (wie Berufseinmündung, Eheschließung und Übergang zur Elternschaft), zum anderen aber auch das Auftreten von Ereignissen überhaupt. Insbesondere bei den Höhergebildeten läßt sich eine (wachsende) Kluft zwischen Kinderwunsch und -wirklichkeit feststellen. Mit steigender Schulbildung wünschen sich die Befragten zwar durchschnittlich mehr Kinder, die realisierte Kinderzahl nimmt jedoch ab. Der höchste Durchschnittswert für die gewünschte Kinderzahl und die zugleich niedrigste realisierte Kinderzahl finden sich bei allen Altersgruppen bei Frauen mit Fach-/Hochschulreife. Gleichzeitig weist diese Gruppe auch den relativ höchsten Anteil von Personen ohne Kinderwunsch auf. Hier werden gewisse Polarisierungstendenzen sichtbar: Männer und Frauen mit höherer Schulbildung tendieren auf der einen Seite stärker als die anderen Bildungsgruppen dazu, sich keine Kinder zu wünschen. Auf der anderen Seite ist der Wunsch nach mehr als zwei Kindern bei ihnen besonders häufig verbreitet. Trotz dieser insgesamt stärkeren Orientierung am Leitbild einer kinderreichen Familie bleibt die Kinderzahl dieser Männer und Frauen jedoch im Vergleich zu den übrigen Bildungsgruppen am weitesten hinter der Wunschvorstellung zurück.

In der *gesamten Stichprobe (alle Altersgruppen)* ergibt sich folgendes Bild: Die meisten Kinder haben die Männer und Frauen mit niedriger Schulbildung. Befragte mit *Volks-/Hauptschulabschluß* (immer einschließlich der Befragten ohne Abschluß) haben durchschnittlich 1,6 Kinder. Die geschlechtsspezifischen Unterschiede hinsichtlich der Kinderzahl sind in dieser Bildungsgruppe am größten. Männer mit niedrigem Schulabschluß haben durchschnittlich 1,3 Kinder, die Frauen 1,8. Bei Männern und Frauen mit *mittlerer Reife* bzw. *Realschulabschluß* bewegt sich die durchschnittlich vorhandene Kinderzahl zwischen 0,9 (bei den Männern) und 1,2 (bei den Frauen). Die mit je 0,8 Kindern durchschnittlich geringste Kinderzahl weisen Männer und Frauen mit *Fach-/Hochschulreife* auf. Diese Werte beziehen sich je auf die gesamten Teilpopulationen (Bildungsgruppen), einschließlich der Befragten ohne Kinder.

Betrachtet man nur die Kinderzahl derjenigen, *die bereits Kinder haben*, so fallen die Unterschiede zwischen den Bildungsgruppen deutlich geringer aus. Befragte mit Volks-/Hauptschulabschluß haben dann durchschnittlich 2,1 Kinder (Männer 2,0 - Frauen 2,1), Befragte mit Fach-/Hochschulreife durchschnittlich 1,9 Kinder (Männer 2,0 - Frauen 1,8). Die Unterschiede ergeben sich also in starkem Maße aus den bei den einzelnen Bildungsgruppen unterschiedlich großen Anteilen von Befragten, die (noch) keine Kinder haben.

Differenziert man darüber hinaus nach dem *Alter* der Befragten, so zeigt sich: In allen Altersgruppen - nicht nur bei den Jüngeren - ist der Anteil kinderloser Männer und Frauen bei denjenigen mit Fach-/Hochschulreife deutlich höher als bei denjenigen mit Volks-/Hauptschulabschluß. Von den 25- bis 29-jährigen mit höherer Schulbildung haben 79,2 % (noch) keine Kinder, bei den Befragten mit Volks-/Hauptschulabschluß sind es 41,9 %. Hier spielen bildungsspezifische Unterschiede im Alter bei Geburt eines ersten Kindes eine (noch) starke Rolle. Bei den darauffolgenden Altersgruppen nehmen diese Unterschiede daher ab, sie verschwinden aber nicht. Auch bei den 30- bis 34jährigen und den 35- bis 39jährigen liegt der Anteil der noch kinderlos Gebliebenen bei den Männern und Frauen mit Fach-/Hochschulreife etwa doppelt so hoch wie bei den Männern und Frauen mit Volks-/Hauptschulabschluß. Bei den über 40jährigen beträgt die Differenz relativ konstant etwa sieben Prozentpunkte.

Bei den Befragten mit Fachhochschulreife/Abitur sind die *geschlechtsspezifischen* Unterschiede hinsichtlich Kinderwunsch und Kinderzahl am geringsten. Frauen mit Abitur haben fast ebenso häufig noch keine Kinder wie die Männer. Die Männer mit Abitur haben andererseits etwas häufiger als die Frauen bereits mehr als zwei Kinder. In allen anderen Bildungsgruppen überwiegen hier sonst die Anteile bei den Frauen.

Grafik 7:
Der Kinderwunsch 18- bis 55jähriger nach höchstem Schulabschluß und Geschlecht (Angaben in %)

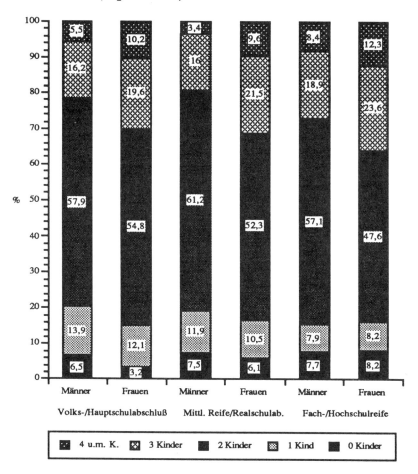

Grafik 8:
Kinderzahl 18- bis 55jähriger nach höchstem Schulabschluß und Geschlecht

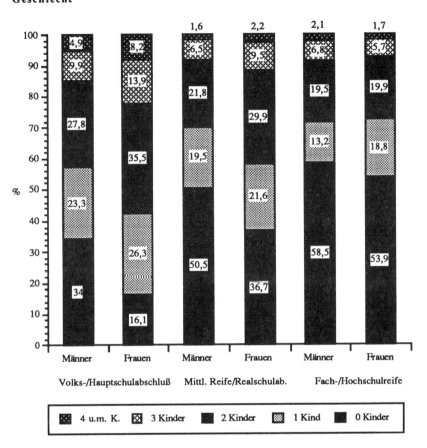

Wie bereits erwähnt, bleiben die beobachtbaren Unterschiede zwischen den Bildungsgruppen auch bei einer Differenzierung nach Altersgruppen bestehen. Tendenziell verringern sich die bildungsspezifischen Unterschiede bei den jüngeren Geburtskohorten nicht, sondern sie nehmen sogar zu. Da sich die Qualifikationsstruktur von der ältesten zur jüngsten Altersgruppe deutlich verändert hat, in beträchtlichem Umfang immer mehr Frauen und Männer höhere Bildungsabschlüsse erreichen, beeinflußt das generative Verhalten der Bessergebildeten in immer stärkerem Maße die weitere Geburtenentwicklung, während das Verhalten der unteren Bildungsgruppen relativ an Gewicht verliert.

Wir wollen im folgenden den Kinderwunsch der Befragten mit niedriger und hoher Schulbildung betrachten, die sich noch vor oder bereits in der Phase der Familiengründung befinden. Das sind die *jungen Erwachsenen im Alter von 20- bis 29 Jahren*, deren generatives Verhalten die weitere Entwicklung maßgeblich beeinflussen wird.

Von den *20- bis 24jährigen* Befragten mit *Volks-/Hauptschulabschluß* wünschen sich nur 5 % keine Kinder, 11 % wünschen sich ein Kind, 65,8 % zwei Kinder und 18,3 % mehr als zwei Kinder. Bei den 20- bis 24jährigen mit *Fach-/Hochschulreife* sind es dagegen 12,4 %, die sich keine Kinder wünschen, nur 6,2 % (deutlich weniger als bei den Befragten mit niedrigem Schulabschluß) wünschen sich ein Kind, 55,2 % zwei Kinder und 26,2 % mehr als zwei Kinder. Die bereits mehrfach angesprochenen Polarisierungstendenzen bei den Höhergebildeten werden hier wieder sichtbar: entweder fehlt der Kinderwunsch (vergleichsweise häufig) ganz, oder es werden relativ häufig gleich mehr als zwei Kinder gewünscht.

Bei den *25- bis 29jährigen* sind es etwas weniger Männer und Frauen mit höherem Bildungsabschluß, die sich keine Kinder wünschen (nur 8,2 %). Der Anteil der Männer und Frauen mit Volks-/Hauptschulabschluß, die sich keine Kinder wünschen, bleibt bei 5 %. Dafür wünschen sich in der Altersgruppe der 25- bis 29jährigen besonders viele Männer und Frauen mit höherer Schulbildung (32,4 %) mehr als zwei Kinder. Nur 20 % von ihnen haben bislang Kinder - in den meisten Fällen ist es auch erst ein Kind. Ob ihr Wunschbild einer kinderreichen Familie Wirklichkeit werden wird, ist zweifelhaft. Der Kinderwunsch als Indikator des generativen Verhaltens scheint auf der individuellen Ebene an Vorhersagekraft einzubüßen. Dennoch kann er sichtbar machen, daß sich auch diejenigen, die keine oder nur wenige Kinder bekommen, grundsätzlich Kinder - und oft nicht einmal wenige - wünschen. Auch über weitere Einstellungsvariablen wird deutlich, daß Elternschaft und Kinder eine nach wie vor sehr hohe Wertschätzung genießen. Im Mittelpunkt weiterer Forschungsvorhaben müßten deshalb Untersuchungen stehen, die den Gründen für die immer häufiger (zunächst noch) aufgeschobene oder dann aber auch immer häufiger gar nicht mehr erfolgende - Realisierung von Kinderwünschen nachgehen.

Insgesamt zeigt der Einfluß der Bildungsvariablen auf den *Kinderwunsch* in den einzelnen Altersgruppen keine gravierenden Veränderungen, nur leichte Tendenzen. Der Einfluß auf die *Kinderzahl*, bei den Frauen wesentlich stärker als bei den Männern, hat dagegen von der ältesten zur jüngsten Altersgruppe deutlich zugenommen, wobei natürlich nur mit Einschränkungen von einer "Zunahme" gesprochen werden kann. Etwas vorsichtiger könnte man formulieren, daß der Zusammenhang bei den Jüngeren stärker ist als bei den Älteren, und daß diese im Querschnitt feststellbaren Unterschiede zwischen den Altersgruppen vermutlich mehr als nur Effekte bildungsspezifisch unterschiedlichen Alters bei erster Eheschließung und Übergang zur Elternschaft sind. Mit gewisser Plausibilität kann vermutet werden, daß es sich bei einem Teil der beobachtbaren Unterschiede tatsächlich um Wandlungstendenzen handelt, deren genaues Ausmaß wir erst dann kennen werden, wenn die heute noch im fortpflanzungsfähigen Alter stehenden jüngeren Männer und Frauen so alt sind wie unsere älteste Vergleichsgruppe, die 45- bis 55jährigen. Die Bedeutung der schulischen Ausbildung hat - so möchte ich hier zusammenfassend als Hypothese formulieren - zugenommen und nicht, wie im Rahmen individualisierungstheoretischer Überlegungen zu vermuten wäre, an Gewicht verloren. Die Bildungsunterschiede im generativen Verhalten treten deutlicher und stärker hervor.

8. Steigende Erwerbsbeteiligung der Frauen

Zu den besonders bedeutsamen - mit der veränderten Bildungsbeteiligung in engem Zusammenhang stehenden - Wandlungstendenzen der letzten Jahrzehnte, gehört die steigende Erwerbsbeteiligung insbesondere verheirateter Frauen und Mütter mittleren Alters. Die Erwerbsquote verheirateter Frauen, die 1950 noch bei 25 % lag (über alle Altersgruppen berechnet), hat sich bis 1988 auf 43,3 % erhöht. Diese Daten des Statistischen Bundesamtes spiegeln den wachsenden Stellenwert der Berufstätigkeit im Leben von Frauen wider. Betrachtet man statt der Erwerbsquote, die alle Erwerbspersonen - Erwerbstätige und Erwerbslose - umfaßt, nur die Erwerbstätigenquote, so war im Erhebungsjahr 1988 jede zweite verheiratete Frau (im Alter bis 55 Jahren) erwerbstätig.

In diesem Kapitel soll zum einen die veränderte Erwerbsbeteiligung von Frauen nach Lebensform und -phase sowie Bildung differenziert beschrieben werden, zum anderen die Frage beantwortet werden, ob und wie sich die vermehrt erwerbstätigen Frauen in ihrem Kinderwunsch und ihrer Kinderzahl von den nicht erwerbstätigen Frauen unterscheiden. Die referierten empirischen Befunde beschreiben wechselseitige Einflüsse und Zusammenhänge, keine kausalen Beziehungen. Die Frage von Ursache und Wirkung können wir mit den uns zur Verfügung stehenden Daten nicht beantworten. Ob sich beispielsweise erwerbstätige Frauen, die sich keine oder nur wenige Kinder wünschen, schon immer keine oder nur wenige Kinder gewünscht haben, welche Rolle dabei individuelle Erfahrungen in Beruf und Partnerschaft spielen usw., diese und weitere Fragen können hier nicht beantwortet werden.

Wir wissen, daß erwerbstätige Frauen im Durchschnitt weniger Kinder haben als die nichterwerbstätigen Frauen, und daß die Erwerbsbeteiligung von Frauen mit der Zahl ihrer Kinder abnimmt. Wie beispielsweise KARL SCHWARZ (1981) aufzeigt, besteht zwischen der steigenden Erwerbsbeteiligung von Frauen und dem langfristigen Geburtenrückgang keine direkte und keine kausale Beziehung. Beide Entwicklungen müssen als voneinander relativ unabhängige Prozesse mit gemeinsamen Wurzeln betrachtet werden, die mit z.T. großen zeitlichen Verschiebungen relativ asynchron verliefen. Erst seit 1965 verläuft die Entwicklung sehr synchron. Beide Trends beeinflussen sich jedoch wechselseitig und verstärken sich damit. Mit wachsender Erwerbsbeteiligung und Berufsorientierung der Frauen sinkt die Kinderzahl in den Familien. Umgekehrt begünstigen geringere Kinderzahlen und Kinderlosigkeit eine weitere Zunahme der Frauenerwerbstätigkeit. Der wachsende Stellenwert der Berufstätigkeit im Leben von Frauen hat zur Folge, daß es für diese Frauen immer schwieriger wird, sich bewußt für Kinder und Elternschaft zu entscheiden, weil die Kosten einer andauernden Doppelbelastung durch Kinder und Beruf und die Kosten einer Berufsunterbrechung sehr hoch sind. Viele berufstätige Frauen stecken hier in einem Dilemma, auf das sie häufig zunächst mit einer befristeten Zurückstellung ihres Kinderwunsches reagieren, der die Kinderzahl dieser Frauen deutlich niedriger ausfallen läßt. Auch die Zahl gewünschter Kinder ist etwas geringer. Dennoch kann man gleichzeitig auch sagen, daß sich die meisten dieser Frauen - wie in diesem Kapitel noch deutlich werden wird - Kinder wünschen, und sich ein erheblicher Anteil auch genausoviele Kinder wünscht, wie die nicht erwerbstätigen Frauen.

Eine Fülle von Faktoren beeinflussen die Entscheidungen, den Weg, den Frauen gehen. Ob sie sich mehr für bzw. zugunsten von Kindern entscheiden, oder der Berufstätigkeit den Vorrang geben, hängt von ihren Einstellungen, Orientierungen, Lebenszielen, der Entwicklung der Partnerbeziehung(en), situativen Komponenten, ihrem Bildungsniveau und weiteren sozioökonomischen Faktoren ab. Immer mehr Frauen schieben die Realisierung ihres Kinderwunsches hinaus, verzögern den Übergang zur Elternschaft oder bleiben ganz kinderlos. Immer mehr Frauen gehen aber auch einer Erwerbstätigkeit nach, wenn sie bereits Kinder haben. Hier finden sich ganz unterschiedliche - schichtspezifische - Verhaltensmuster von Frauen. Einige dieser Muster wollen wir im folgenden etwas ausführlicher betrachten.

Ein immer geringer werdender Anteil von Frauen nimmt nie eine Erwerbstätigkeit auf. Bekannt ist, daß sich diese Frauen deutlich von den Frauen unterscheiden, die zumindest eine zeitlang einer Erwerbstätigkeit nachgegangen sind. In der gesamten Stichprobe haben *Mütter ohne Berufserfahrung* durchschnittlich 2,4 Kinder, während *Mütter mit Berufserfahrung* durchschnittlich 2,0 Kinder haben. Auch die durchschnittlich gewünschte Kinderzahl ist bei den nie berufstätig gewesenen Frauen höher. Die Unterschiede zwischen beiden Gruppen (Mütter mit Berufserfahrung - Mütter ohne Berufserfahrung) sind ausgeprägt bei den älteren Altersgruppen und nehmen bei den jüngeren Frauen stark ab. In der Altersgruppe der 45- bis 55jährigen haben Mütter ohne Berufserfahrung durchschnittlich 2,9 Kinder, während diejenigen, die berufstätig sind oder waren nur durchschnittlich 2,3 Kinder haben. Auch bei den 30- bis 44jährigen finden sich diese großen Unterschiede noch wieder: Mütter ohne Berufserfahrung haben durchschnittlich 2,6 Kinder, Mütter mit Berufserfahrung durchschnittlich 1,9 Kinder. Bei den 20- bis 29jährigen Müttern sind die Unterschiede (1,7 gegenüber 1,5) nur gering. Auch die Unterschiede hinsichtlich des geäußerten Kinderwunsches sind bei den Müttern der jüngeren Altersgruppe nicht groß. Mit der generell steigenden Erwerbsneigung und Erwerbsbeteiligung der

Frauen werden die noch weiterhin bestehenden Unterschiede im generativen Verhalten dieser zwei Gruppen eine weiter abnehmende Bedeutung haben. Die kleine Fallzahl dieser Frauen in unserem sample läßt es nicht zu, sie nach weiteren Merkmalen differenziert zu beschreiben.

Geringer sind die Unterschiede, wenn nicht die niemals und jemals erwerbstätig gewesenen Frauen miteinander verglichen werden, sondern die zum Befragungszeitpunkt *erwerbstätigen* und *nicht erwerbstätigen* Frauen. Sie unterscheiden sich in erster Linie hinsichtlich ihrer Kinderzahl und nur in geringem Umfang auch hinsichtlich ihres Kinderwunsches. So beträgt der Anteil der (noch) kinderlosen Frauen bei den erwerbstätigen Frauen 37,6 %, bei den nicht erwerbstätigen Frauen 20,6 % (nur 3,5 % wollen auch kein(e) Kind(er) bekommen). Jede dritte nicht erwerbstätige Frau (35,8 %) wünscht sich mehr als zwei Kinder, jede fünfte (20,6 %) hat auch drei oder mehr Kinder. Bei den erwerbstätigen Frauen ist die Zahl gewünschter, vor allem aber die Zahl vorhandener Kinder geringer: 6,6 % wünschen sich kein Kind, 13,0 % eine Kind, 53,6 % zwei Kinder und 26,9 % mehr als zwei Kinder. Faktisch haben bislang nur 12,0 % dieser Frauen auch mehr als zwei Kinder, 25,4 % haben zwei Kinder und 25,0 % ein Kind. Die durchschnittlich vorhandene Kinderzahl der erwerbstätigen Frauen liegt bei 1,2 Kindern (die durchschnittlich gewünschte Kinderzahl beträgt 2,1). Die durchschnittlich vorhandene Kinderzahl aller übrigen nicht erwerbstätigen Frauen liegt bei 1,6 Kindern (gewünscht: 2,3).

Nimmt man diejenigen Frauen aus der Berechnung heraus, die aufgrund von Arbeitslosigkeit oder Ausbildung gegenwärtig nicht erwerbstätig sind, dann erhält man als durchschnittliche Kinderzahl der nichterwerbstätigen Frauen einen Wert von 2,1 (gewünscht: 2,4).

8.1. Erwerbsbeteiligung der Frauen nach Kinderzahl, Partnerschaftsform und Bildungsniveau differenziert

Mit steigender Kinderzahl nimmt die Erwerbsbeteiligung der Frauen ab. In der gesamten Stichprobe sind 64,3 % der Frauen, die (noch) keine Kinder haben, erwerbstätig. Bei den 30- bis 44jährigen liegt der Anteil bei über 80 %, bei den 20- bis 29jährigen und den 45- bis 55jährigen entsprechend niedriger. Mit einem ersten vorhandenen Kind reduziert sich der Anteil erwerbstätiger Frauen auf 52,6 %, mit einem zweiten Kind auf 40,6 %, und von den Frauen, die drei und mehr Kinder haben, sind noch etwa 37 % erwerbstätig.

Differenziert man - wie schon in Kapitel 6 - nach dem Familienstand sowie nach der *aktuell gelebten Partnerschaftsform* (ohne Partner, nichteheliche Partnerbeziehung, Ehepartner), so ergeben sich deutliche Unterschiede in der Erwerbsbeteiligung der Frauen. Die Verheirateten sind in geringerem Umfang erwerbstätig als die übrigen Gruppen. Bis zum Alter von 34 Jahren sind am häufigsten diejenigen Frauen erwerbstätig, die in einer nichtehelichen Lebensgemeinschaft (nichtehelicher Partner im gemeinsamen Haushalt) leben, gefolgt von den Frauen, die entweder keinen Partner oder eine nichteheliche Partnerbeziehung (ohne gemeinsamen Haushalt) haben.

Ein Blick auf die *Bildungsunterschiede* in der Erwerbsbeteiligung der Frauen in unterschiedlichen Lebensformen und Lebensphasen macht deutlich, daß es vor allem die Frauen mit höherer Schulbildung sind, die in mittlerem und höherem Alter erwerbstätig sind (oder bleiben), wenn bereits Kinder vorhanden sind. Bis zum Alter von 30 Jahren sind noch relativ viele Frauen mit höherer Schulbildung aufgrund längerer Ausbildungszeiten nicht erwerbstätig. Bei den *20- bis 24jährigen* sind z.B. nur 26,6 % der Frauen mit Abitur erwerbstätig, aber 68,1 % der Frauen mit Mittlerer Reife und 60,2 % der Frauen mit Volks-oder Hauptschulabschluß. Bei den *25- bis 29jährigen* ändert sich das Verhältnis zwischen den Bildungsgruppen schon deutlich: nur mehr 43,8 % der Frauen mit Volks-/Hauptschulabschluß (die jetzt schon zu einem größeren Teil Kinder bekommen haben - vgl. auch Kapitel 4), aber 50,2 % der Frauen mit Fach-/Hochschulreife sind erwerbstätig. Tabelle 1 und Tabelle 2 enthalten die prozentualen Anteile erwerbstätiger Frauen nach dem Alter, der Schulbildung (höchster Schulabschluß), dem Vorhandensein bzw. der Zahl

Tabelle 1:
Erwerbsbeteiligung 18- bis 55jähriger Frauen nach Altersgruppe, Schulbildung und Kinderzahl (Anteil erwerbstätiger Frauen in %)

	20 - 29 Jahre	30 - 44 Jahre	45 - 55 Jahre
VS/HS			
ohne Kind	82,5	85	56,5
mit Kind(ern)	28,1	42,3	43
Mittl. Reife			
ohne Kind	78,5	87,5	72,9
mit Kind(ern)	38,2	47,1	46,3
Abitur			
ohne Kind	37,2	78,5	85,7
mit Kind(ern)	40,7	57,2	58,6

von Kindern und dem Alter des jüngsten Kindes differenziert. In Tabelle 1 wird insbesondere die erhöhte Erwerbsbeteiligung der *Mütter mit höherer Schulbildung* deutlich. In allen Altersgruppen sind sie häufiger erwerbstätig als die Mütter mit niedrigerem Bildungsniveau.

Kontrolliert man Zahl und Alter vorhandener Kinder, dann bleiben die bildungsspezifischen Unterschiede im Erwerbsverhalten der Frauen bestehen, wie in Tabelle 2 deutlich wird: je höher die Schulbildung, desto höher der Anteil der Mütter, die während unterschiedlicher Phasen des Familienzyklus erwerbstätig sind. Je älter die Kinder, je älter insbesondere das jüngste Kind, desto häufiger gehen die Frauen aller Bildungsgruppen (wieder) arbeiten. Am häufigsten tun dies aber Frauen mit höherer Schulbildung. Nur 16,6 % der Mütter mit Volks-/Hauptschulabschluß arbeiten, wenn ihr jüngstes Kind weniger als drei Jahre alt ist. Bei den Frauen mit Abitur sind es dagegen 39,9 %. Ist das jüngste Kind im Schulalter, sind noch nicht einmal die Hälfte der Frauen mit niedriger Schulbildung erwerbstätig, aber mehr als zwei Drittel der Frauen mit höherem Schulabschluß. Solange nur ein oder zwei Kinder vorhanden sind, sind die Bildungsunterschiede in der Erwerbsbeteiligung der Frauen sehr ausgeprägt. Erst wenn mehr als zwei Kinder vorhanden sind, sinkt die Erwerbstätigenquote bei Frauen aller Bildungsschichten auf ein nahezu gleiches Niveau von etwa 37 %.

Tabelle 2:
Erwerbsbeteiligung 18- bis 55jähriger Frauen nach Schulbildung, Kinderzahl und ausgewählten Phasen des Familienzyklus (Anteil erwerbst. Frauen in %)

	VS/HS	Mittl. Reife	Abitur
Kinderzahl			
kein Kind	74,1	72,8	47
1 Kind	47,5	56,7	64,3
2 Kinder	38,2	40,4	52,6
3 u.m. Kinder	36,5	36	36,7
Alter d. jüngst. Kindes			
unter 3 Jahre	16,6	33,5	39,9
3 - 5 Jahre	34,2	40,1	51,6
6 - 14 Jahre	40,3	50,8	67,6

In der vergleichsweise hohen Erwerbsbeteiligung der Frauen und Mütter mit höherer Schulbildung kommt auch der hohe Stellenwert zum Ausdruck, den die Berufstätigkeit insbesondere im Leben dieser besser ausgebildeten Frauen hat. Sie suchen in stärkerem Maße als Frauen mit niedriger Schulbildung Elternschaft und Berufstätigkeit miteinander zu verbinden. Zum Teil spielen allerdings auch die unterschiedlichen Rahmenbedingungen und Möglichkeiten, die beispielsweise bei Beamtinnen (Lehrerinnen etc.) besonders günstig sind, eine wichtige Rolle.

8.2. Kinderwunsch und Kinderzahl erwerbstätiger und nicht erwerbstätiger Frauen nach Partnerschaftsform und Schulbildung

Wie wir bereits festgestellt haben, wünschen sich die erwerbstätigen Frauen generell etwas häufiger keine Kinder oder nur ein Kind und seltener drei und mehr Kinder als die nicht erwerbstätigen Frauen. Dieser Unterschied bleibt auch weitgehend erhalten, wenn man nach dem Familienstand und der aktuellen Partnerschaftsform differenziert.

Eine differenzierte Betrachtung nur der *erwerbstätigen* Frauen und Mütter in *unterschiedlichen Lebens- bzw. Partnerschaftsformen* ergibt, daß sich verheiratet zusammenlebende und in einer nichtehelichen Partnerbeziehung lebende erwerbstätige Frauen, die *noch keine Kinder* haben, in ihrem Kinderwunsch nicht wesentlich unterscheiden, die *Mütter* dagegen schon. So wünschen sich von den 20- bis 29jährigen erwerbstätigen *Müttern*, die in einer *nichtehelichen Partnerschaftsform* leben, nur 16,6 % mehr als zwei Kinder, und fast jede Dritte wünscht sich nur ein Kind. Bei den *verheirateten* erwerbstätigen Müttern dieser Altersgruppe sind es dagegen nur 10 %, die sich nur ein Kind wünschen, und 28,6 % wünschen sich mehr als zwei Kinder.

Betrachtet man in einem nächsten Schritt nur die mit einem Ehepartner *verheiratet zusammenlebenden erwerbstätigen und nicht erwerbstätigen Frauen* und analysiert ihren Kinderwunsch und ihre Kinderzahl in Abhängigkeit von der *Erwerbskonstellation in der Partnerschaft*, so ergibt sich folgendes Bild: Frauen, die in einer traditionellen Hausfrauenehe leben (nur Ehemann erwerbstätig) wünschen sich mehr Kinder (durchschnittlich 2,4) und haben auch mehr Kinder (durchschnittlich 2,0) als die Frauen, die in einer Ehe leben, in der beide Ehepartner berufstätig sind. Bei der zuletzt genannten Gruppe beträgt die durchschnittlich gewünschte Kinderzahl 2,2 und die durchschnittlich realisierte Kinderzahl 1,8. Die Unterschiede werden etwas geringer, wenn man jeweils nur die Frauen, die bereits Kinder haben, miteinander vergleicht.

Bei den *(noch) kinderlosen erwerbstätigen und nicht erwerbstätigen Ehefrauen* zeigt sich dann das bereits bekannte Muster, daß die gewünschte Kinderzahl, sowohl bei den nicht erwerbstätigen (Hausfrauenehe), als auch bei den erwerbstätigen verheirateten Frauen insgesamt auf einem deutlich niedrigeren Niveau liegt. Die nicht erwerbstätigen kinderlosen Ehefrauen wünschen sich durchschnittlich 1,8 Kinder, die erwerbstätigen 1,6. Beide Werte liegen weit unter dem Durchschnittswert der gesamten Stichprobe.

Abschließend möchte ich festhalten: Erwerbstätige Frauen wünschen sich in allen Gruppen durchschnittlich etwas weniger Kinder als die nicht erwerbstätigen Frauen. Am meisten Kinder wünschen sich sowohl die verheirateten wie auch die geschiedenen nicht erwerbstätigen *Mütter* (2,4 bzw. 2,5 Kinder). Sind Kinder bereits vorhanden, so liegt die durchschnittlich gewünschte Kinderzahl - unabhängig von der Erwerbsbeteiligung der Frau - generell in allen Gruppen höher. Am wenigsten Kinder wünschen sich die verheirateten und geschiedenen erwerbstätigen Frauen, die keine Kinder haben. Sie wünschen sich durchschnittlich nur 1,6 Kinder.

Zuletzt möchte ich noch auf die *Bildungsunterschiede* im Kinderwunsch erwerbstätiger und nichterwerbstätiger Frauen etwas näher eingehen. Dazu einige grundsätzliche Anmerkungen.

Frauen mit höherer Schulbildung sind zwar unabhängig von der familiären Situation häufiger erwerbstätig als Frauen mit niedriger Schulbildung, sie stellen unter den 18- bis 55jährigen erwerbstätigen Frauen jedoch insgesamt - und auch in den einzelnen Altersgruppen - noch eine relativ kleine Gruppe dar. Fast die Hälfte aller 18- bis 55jährigen erwerbstätigen Frauen hat noch Volks-/Hauptschulabschluß, nur knapp jede Fünfte hat Fach-/Hochschulreife. Bei den älteren erwerbstätigen Frauen ist der Anteil derer, die Volks-/Hauptschulabschluß haben, noch größer, bei den jüngeren erwerbstätigen Frauen wird er zugunsten der Bessergebildeten immer geringer. Insgesamt wird die durchschnittlich gewünschte Kinderzahl der erwerbstätigen Frauen bislang noch am stärksten durch den Kinderwunsch der Befragten mit niedrigerem Schulabschluß beeinflußt. Doch das wird sich in der nächsten Zeit, wenn immer mehr Frauen mit höherer Schulbildung auf den Arbeitsmarkt kommen, weiter ändern. Neben den allgemeinen Entwicklungstendenzen im generativen Verhalten beeinflußt auch der sozialstrukturelle Wandel, der zu veränderten Anteilen der einzelnen Sozialgruppen führt (vgl. auch KLEIN/ENGSFELD 1985) die weitere Geburtenentwicklung. Wir wollen den Bildungsunterschieden deshalb im folgenden noch besonderes Augenmerk widmen.

Wie in Kapitel 7 gezeigt wurde, wünschen sich die Frauen mit höherer Schulbildung einerseits etwas häufiger keine Kinder, andererseits besonders häufig mehr als zwei Kinder. Im Vergleich zu den Frauen mit niedrigerer Schulbildung bleibt ihre (bisherige) Kinderzahl jedoch (noch) besonders weit hinter der geäußerten Wunschvorstellung zurück. In Kapitel 4 wurde beschrieben, wie die höhergebildeten Frauen zum einen den Übergang zur Elternschaft im Lebenslauf immer weiter hinausschieben. Zum anderen wurde im jetzigen Kapitel auch deutlich, daß diese Frauen - wenn sie bereits Kinder haben - häufiger als die Frauen mit niedrigerem Bildungsniveau erwerbstätig bleiben, also auf unterschiedliche Weise den Wunsch nach Berufstätigkeit und Familie zu verwirklichen suchen. Im Altersgruppenvergleich wird allerdings auch deutlich, daß sich Frauen, je älter sie sind und je länger sie den Übergang zur Elternschaft hinauszögern, immer seltener (noch) Kinder wünschen (vgl. auch Kapitel 4), und daß sie insgesamt dann auch weniger Kinder bekommen. Diese Entwicklung könnte - ganz ungewollt und zunächst nur wenig bewußt wahrgenommen - in kürzester Zeit dazu führen, daß Kinderlosigkeit und Kinderarmut zu einer ganz normalen, verbreiteten Erscheinung im Leben von Frauen - und damit auch im Leben von Männern - wird.

Wenn wir untersuchen, in welcher Weise sich die erwerbstätigen und die nicht erwerbstätigen Frauen mit unterschiedlichem Bildungsniveau hinsichtlich ihres *Kinderwunsches* unterscheiden, finden wir sowohl die bekannten *Effekte der Erwerbsbeteiligung*, als auch die bekannten *Effekte des Bildungsniveaus* wieder. In allen Bildungsgruppen wünschen sich die erwerbstätigen Frauen häufiger kein Kind oder nur ein Kind und seltener mehr als zwei Kinder als die nichterwerbstätigen Frauen. Je höher das Bildungsniveau, desto höher jeweils der Anteil der Frauen, die sich keine Kinder wünschen oder die sich mehr als zwei Kinder wünschen (das gilt sowohl für die erwerbstätigen als auch für die nicht erwerbstätigen Frauen). Dieses Muster findet sich mit nur geringen Abweichungen in allen Altersgruppen. Auch hinsichtlich der *Kinderzahl* gilt: Die erwerbstätigen Frauen haben in allen Bildungsschichten häufiger keine Kinder und seltener mehr als zwei Kinder als die nicht erwerbstätigen Frauen. Und je höher das Bildungsniveau der Frauen, desto seltener sind mehr als zwei Kinder und desto häufiger haben diese Frauen gar keine Kinder.

In Tabelle 3 (siehe Tabellenanhang) sind die prozentualen Anteile der Frauen, die sich kein Kind (´0 Kinder gew.´) oder mehr als zwei Kinder (´3 u.m.K. gew.´) wünschen, sowie die Anteile der Frauen, die (noch) keine (´0 Kinder vorh.´) bzw. bereits mehr als zwei Kinder (´3 u.m.K. vorh.´) haben, nach Alter, Bildung und Erwerbsbeteiligung differenziert dargestellt.

Nicht dargestellt sind u.a. die jeweiligen Anteile der Frauen, die sich nur ein Kind wünschen. Auch hier gilt jedoch: Der Wunsch nach nur einem Kind ist generell häufiger bei den erwerbstätigen Frauen und in der Regel auch um so häufiger, je niedriger das Bildungsniveau der erwerbstätigen und nicht erwerbstätigen Frauen ist.

Hinsichtlich der Zahl gewünschter Kinder unterscheiden sich die erwerbstätigen und nicht erwerbstätigen Frauen mit unterschiedlichem Bildungsniveau in wesentlich geringerem Maße als hinsichtlich der *Zahl realisierter Kinder*. Durchschnittlich haben die erwerbstätigen Frauen mit Volks-/Hauptschulabschluß 1,5 Kinder, die nicht erwerbstätigen Frauen dieser Bildungsgruppe 2,1 Kinder. Bei den Frauen mit Mittlerer Reife betragen die Durchschnittswerte bei den Erwerbstätigen 0,9 und bei den Nichterwerbstätigen 1,7. Die erwerbstätigen und nicht erwerbstätigen Frauen mit Fach-/Hochschulreife schließlich haben durchschnittlich je 0,9 Kinder. Die durchschnittlich gewünschte Kinderzahl bewegt sich dagegen nur zwischen 2,1 und 2,4 Kindern.

In mehrfaktoriellen Varianzanalysen zum Kinderwunsch und zur Kinderzahl der 18- bis 55jährigen Frauen wird deutlich, daß beide Variablen - das Bildungsniveau und die Erwerbsbeteiligung der Frau - einen etwa gleich starken partiellen Effekt ausüben. Mit steigender Schulbildung erhöht sich die gewünschte Kinderzahl und sinkt die vorhandene Kinderzahl bei erwerbstätigen wie bei nicht erwerbstätigen Frauen, und erwerbstätige Frauen wünschen sich unabhängig vom Bildungsniveau generell etwas weniger Kinder und haben vor allem auch weniger Kinder.

9. Zusammenfassung und Ausblick

Wenn wir die wesentlichsten Ergebnisse noch einmal zusammenfassend betrachten, dann wird deutlich, daß vieles dafür spricht, daß sich der Rückgang der Geburtenzahlen noch weiter beschleunigen könnte. Diejenigen sozialen Gruppen, die besonders wenige Kinder bekommen (z.b. Höhergebildete, erwerbstätige Frauen, Männer und Frauen aus kinderarmen Familien) nehmen immer mehr zu und beeinflussen mit ihrem generativen Verhalten in immer stärkerem Maße die gesamtgesellschaftliche Geburtenentwicklung. Diejenigen sozialen Gruppen, die traditionellerweise viele Kinder bekommen, nehmen immer mehr ab, und auch das generative Verhalten dieser Gruppen unterliegt einem stetigen Wandel, wie er in Kapitel 2 und 3 dargestellt wurde.

Der beschleunigte Wandel schafft neue Realitäten und Normalitäten nicht nur hinsichtlich der Partnerbeziehungen (Stichwort: individualisierte Lebensformen auf dem Vormarsch), sondern auch hinsichtlich Elternschaft. Immer mehr Männer und Frauen könnten sich daran "gewöhnen" und es als normal erachten, auf Kinder in ihrem Leben zu verzichten.

Zwischen den in diesem Beitrag angesprochenen Prozessen wie den Wandlungstendenzen in Ehe und Partnersystem und der steigenden Bildungs- und Erwerbsbeteiligung, insbesondere der Frauen, bestehen zahlreiche, wechselseitige Einflüsse, die den Trend insgesamt verstärken.

Um den Stellenwert des Kinderwunsches für die Kinderzahl der heutigen und künftigen Generationen abschätzen zu können ist es unabdingbar, auch weiterhin - und noch verstärkt - die Veränderungen des Kinderwunsches und der Einstellung zu Kindern auf Individualebene im Längsschnitt zu untersuchen. Mit solcherlei Daten wäre so manche noch offene Frage besser zu beantworten. Darüber hinaus wäre es ausgesprochen wichtig, das generative Verhalten in ein Konzept des Lebenslaufes einzubinden, mit dem zum einen eine Verknüpfung von individuellen und gesamtgesellschaftlichen Entwicklungsprozessen und damit eine Integration von Perspektiven und Ansätzen auf unterschiedlichen Bezugsebenen möglich wäre, zum anderen der variable Stellenwert der einzelnen Einflußgrößen im Lebenslauf besser berücksichtigt werden könnte.

Aus den in diesem Beitrag zusammengestellten empirischen Befunden Prognosen für die weitere Entwicklung abzuleiten, wäre, da ja auch nur ein kleiner Ausschnitt relevanter Faktoren behandelt werden konnte, verfrüht. Eine Vielzahl miteinander verflochtener Faktoren auf unterschiedlichen Ebenen (Mikro-, Meso- und Makroebene), deren Einflüsse sich kumulieren oder gegenseitig kompensieren können, wirken auf die Entwicklungstendenzen im generativen Verhalten und die allgemeine Geburtenentwicklung ein. Auch SCHUBNELL weist darauf hin, "(...) daß wir es mit einem sehr vielschichtigen und komplizierten Geflecht von Ursache- und Wirkungszusammenhängen zu tun haben, wobei die Wirkungsfaktoren regional, im zeitlichen Ablauf und in den verschiedenen Bevölkerungsgruppen offenbar ein sehr unterschiedliches - und sich ständig änderndes - Gewicht besitzen" (SCHUBNELL 1973).

Sehr fruchtbar wäre es, in Zukunft noch stärker als bisher den sozialen und familialen Kontext (Partnerschaftsdynamik und Familienentwicklung etc.) in Analysen zum generativen Verhalten explizit zum Thema zu machen. Einerseits zeigen unsere Befunde, daß sich die Männer und Frauen in unterschiedlichen Partnerschafts- und Lebensformen in ihrem Kinderwunsch nicht nennenswert unterscheiden, andererseits scheint aber gerade auch die zunehmende Instabilität und problematischer werdende Dauerhaftigkeit der Beziehungen einen deutlich negativen Effekt auf die Realisierung des Kinderwunsches zu haben. Und je länger der Übergang zur Elternschaft hinausgezögert wird, desto wahrscheinlicher wird es nicht nur, daß entweder keine oder nur vergleichsweise wenige Kinder geboren werden, sondern daß auch der Wunsch nach Kindern eine Veränderung in negativer Richtung erfährt.

Bekommen Männer und Frauen heute häufiger keine Kinder oder weniger Kinder, weil es immer schwieriger wird, einen Partner fürs Leben zu finden? Oder wird nicht mehr geheiratet, weil man sich eh keine Kinder wünscht, und für eine Eheschließung dann kein hinreichender Anlaß mehr besteht? Oder sind es in erster Linie die perzipierten Belastungen und Opportunitätskosten, die Frauen, die berufstätig sein wollen oder müssen, daran hindern, ihren Kinderwunsch Wirklichkeit werden zu lassen? Mit Sicherheit - das wage ich zu behaupten - würden mehr Kinder geboren, wenn zum einen das Problem der beeinträchtigten Berufschancen und der Vereinbarkeit von Beruf und Familie für Frauen zufriedenstellender gelöst würde, und wenn zum anderen die von vielen Männern und Frauen zurecht befürchteten deutlichen Einbußen im Lebensstandard bei Verwirklichung einer größeren Kinderzahl durch höhere Ausgleichsleistungen als bisher noch stärker abgemildert würden.

Noch haben Kinder und hat Familie - zumindest in den Wunschvorstellungen der untersuchten Populationen - einen ganz hohen Stellenwert.

Tabellenanhang

Tabelle 3:
Kinderwunsch (keine Kind/mehr als zwei Kinder) und Kinderzahl (kein Kind/mehr als zwei Kinder) erwerbstätiger und nicht erwerbstätiger Frauen nach Bildungsniveau und Alter (Angaben in %)

	VS/HS-erw.	VS/HS-n.erw.	Mittl.R.-erw.	Mittl.R.-n.erw.	Abitur-erw.	Abitur-n.erw.
20-24jährige						
0 Kinder gew.	3,5	2,7	3	8,9		14,1
3 u.m.K. gew.	20,3	22,7	27,6	32,9	30,8	33,4
0 Kinder vorh.	88,4	33,8	93,1	72	93,4	94,2
3 u.m.K. vorh.	5					
25-29jährige						
0 Kinder gew.	3,9	0,6	8,6	5,5	9	9,3
3 u.m.K. gew.	15	25,9	17,2	33,6	39	40,2
0 Kinder vorh.	47,4	5,3	63,4	13,8	73,1	64,5
3 u.m.K. vorh.	1,6	11,7		8,6		2,8
30-34jährige						
0 Kinder gew.	9,4	0,4	12,6	1,6	12	4,3
3 u.m.K. gew.	18,8	31,3	24,5	37,9	24	42
0 Kinder vorh.	26,7	2,9	42,5	5,5	49	21,9
3 u.m.K. vorh.	11,7	18	6,2	15,6		13,7
35-39jährige						
0 Kinder gew.	5,4	1,6	11,5		6,3	3,5
3 u.m.K. gew.	26,4	32,9	24	35,8	24	36,9
0 Kinder vorh.	14,6	2,4	21,7	3,2	29,9	10,3
3 u.m.K. vorh.	15,1	27,4	10,4	24,2	8	15,5
40-44jährige						
0 Kinder gew.	ns	ns	ns	ns	ns	ns
3 u.m.K. gew.	24,7	32,1	31,8	37,7	39	42,2
0 Kinder vorh.	13,8	3	18,9	6,5	11,1	5,3
3 u.m.K. vorh.	21,8	30,1	13	14,3	9,5	31,6
45-49jährige						
0 Kinder gew.	4	1,4	4,4	1,3	11,5	7,1
3 u.m.K. gew.	33,2	38,6	25,3	45,6	34,6	53,6
0 Kinder vorh.	12	5,5	20	6,2	27,6	7,1
3 u.m.K. vorh.	28,4	32,1	15,8	28,4	12,1	32,2
50-55jährige						
0 Kinder gew.	3	3,5	8,6	2,4	13,9	4,3
3 u.m.K. gew.	30,6	39,8	35,7	48,8	50	65,2
0 Kinder vorh.	9,5	7,1	22,2	9,4	37,8	13
3 u.m.K. vorh.	29,6	39,1	23,6	40	21,6	56,5

Christian Alt

Stichprobe und Repräsentativität der Survey-Daten

1. Anlage der Untersuchung
1.1 Zur Grundgesamtheit der Stichprobe
1.2 Die Anlage der Stichprobe
1.3 Die Ziehung

2. Die Repräsentativität der Untersuchung
2.1 Vergleich ausgewählter Variablen mit der amtlichen Statistik
2.2 Familienstand
2.3 Geschlecht
2.4 Haushaltstyp
2.5 Familientypen
2.6 Regionale Verteilung
2.7 Bevölkerung nach Altersgruppen
2.8 Schulabschluß
2.9 Erwerbstätigkeit

3. Darstellung der Ergebnisse der beiden Stichprobenverfahren
3.1 Familienstand
3.3 Haushaltstyp
3.4 Familientyp
3.5 Regionale Verteilung
3.6 Schulabschluß
3.7 Erwerbstätigkeit
3.8 Zusammenfassung

4. Zur Stabilität der Stichprobenwerte
4.1 Alter
4.2 Familienstand
4.3 Haushaltstyp
4.5 Familientypen

5. Gründe für die Abweichungen der Stichproben von den amtsstatistischen Daten

Anhang

Stichprobe und Repräsentativität der Survey-Daten

Das Erkenntnisinteresse dieser Untersuchung richtet sich auf die Vielfalt von gelebten Familienbeziehungen in der Bundesrepublik. Ein Hauptaugenmerk ist die Fragestellung, inwieweit der Einzelne eingebunden ist in seine Herkunftsfamilie oder seine Kernfamilie, oder welche alternativen Lebensformen daneben existieren. Ein weiterer zentraler Aspekt sind die biographischen Veränderungen familialer Lebensformen; sie werden einerseits als Entwicklungsprozess und anderseits auf der Basis von Kohortenvergleichen als allgemeiner Wandlungsprozeß analysiert.

Darüber hinaus richtet sich das Interesse auch auf die Einbettung der Familie in Nachbarschaft und Verwandtschaft. D.h. es wurde festgestellt, wer welche Aktivitäten mit welchen Personen durchführt. Durch den methodischen Zugang über egozentrierte Netze werden die gelebten sozialen Beziehungen von Menschen abgebildet. Dies ist deswegen von besonderem, nicht nur methodischem Interesse, weil sich die Analyse familialer Beziehungen nicht mehr nur an der traditionellen Definition von Haushalt orientiert.

Zudem beschäftigt sich diese Studie mit jenem Zusammenspiel zwischen Familie und Beruf, traditionellen und neuen Formen der Partnerschaft, die heute nicht nur die politischen Diskussionen beherrschen, sondern die für Familien mit Kindern, für Alleinerziehende und junge Paare, die eine Familie gründen wollen, von besonderer Bedeutung sind. Weitere Aspekte sind dabei die Bereiche wie ökonomische Situation der Familie, deren Wohnsituation und die jeweilige Belastung.

Daneben greift der Survey jene Themen auf, die in der Bundesrepublik unter dem generellen Begriff Wertewandel - besonders in bezug auf die Familie - diskutiert werden. Die Anlage der Studie und deren Methodenvielfalt bietet darüber hinaus die Möglichkeit die gelebten Lebensformen direkt in Beziehung zu setzten mit den individuellen Einstellungen.

Gemäß dem Erkenntnisinteresse der Studie untergliedert sich das Erhebungsinstrument hinsichtlich der unterschiedlichen Fragestellungen und angewendeten Methoden wie folgt:

Kinderschema	Frage 11 bis Frage 18
Partnerbiographie	Frage 21 bis Frage 42
Ausbildungsbiographie	Frage 46 bis Frage 51
Berufsbiographie	Frage 52 bis Frage 62
Netzwerkfragen	Frage 42A bis Frage 45
Erwerbstätigkeit	Frage 64 bis Frage 78

Einstellung zu Kinder, Ehe und politischer Orientierung	Frage 7, Frage 70, Frage 83 bis Frage 88
Arbeitsteilung	Frage 79 bis Frage 82, Frage 84, Frage 89, Frage 90
Wohnen	Frage 92 bis Frage 100
Ökonomische Situation	Frage 101 bis Frage 110
Streßereignisse	Frage 111 bis 116, Frage 119

(Das vollständige Befragungsinstrument befindet sich im Tabellenband zu diesem Reader)

Die Fragen wurden so ausgewählt, daß wann immer es möglich war auf erprobte standartisierte Formulierungen zurückgegriffen wurde, um die Vergleichbarkeit mit anderen Studien zu ermöglichen. Insbesondere wurde darauf geachtet, daß eine Vergleichbarkeit mit dem Mikrozensus möglich wurde. Cirka 35 Fragen sind daher parallel zum Mikrozensus gestellt worden. Neben dieser Hauptuntersuchung hat es eine Reihe von angeschlossenen z.t. selbständigen Untersuchungen auch anderer Institutionen gegeben, die z.T. den hier vorgestellten Fragebogen nahezu vollständig übernommen haben.

Die Erstellung des Fragebogens erfolgte in enger Zusammenarbeit mit ZUMA und Infratest. Ferner waren an der Konstruktion der einzelnen Fragenkomplexe ein Konsultantengremium[1] beteiligt. Durch die wissenschaftliche Beratung und das persöhnliche Engagement von Konsultanten und Beratern haben diese einen nicht unwesentlichen Beitrag zum Gelingen dieses Surveys geleistet. Dafür sei allen an dieser Stelle nochmals gedankt.

Dieses ausdifferenzierte System von Fragekomplexen läßt sich nur dann sinnvoll handhaben, wenn auch die entsprechende Infrastruktur in Form von Datenbanken und entsprechender Anwendungs- bzw. Auswertungssoftware vorhanden sind. Hier hat das Deutsche Jugendinstitut innerhalb der letzten vier Jahre ein integratives Datenbankkonzept entwickelt, das es uns ermöglicht, sowohl statistische Analysen auf hohem Niveau durchzuführen, als auch Strukturdaten mit Surveydaten in Beziehung zu setzen. Darüberhinaus eröffnet es die Möglichkeit, strukturelle mit individuellen Entwicklungen in Beziehung zu setzen. Insbesondere die Verbindung zu Regionaldaten, d.h. strukturellen Informationen auf der Ebene von Kreisen als Gebietskörperschaften ist innerhalb des Datensystems möglich und wurde auch von uns durchgeführt (z.B. BERTRAM in diesem Reader).

Die vorliegende Untersuchung ist als erste Welle eines replikativen Surveys konzipiert, der cirka alle fünf Jahre wiederholt werden soll. Die methodische Besonderheit der ersten Welle liegt darin, daß zwei verschiedene Stichprobenziehungsverfahren realisiert wurden. So wurde neben der für empirische Studien eher selteneren Zugangsweise der Ziehung von Adressen über die Einwohnermeldeämter auch das sehr viel häufiger angewandten Random Route Verfahren verwendet. Diese Eigenheit der Untersuchung ist Grundlage für die folgenden Darstellungen.

1. Anlage der Untersuchung

1.1 Zur Grundgesamtheit der Stichprobe

Die Grundgesamtheit der Untersuchung bestand aus allen zum Zeitpunkt der Befragung (1988) in Privathaushalten lebenden Personen deutscher Staatsangehörigkeit in den alten Bundesländern im Alter von 18 bis 55 Jahren, einschließlich der Bewohner von West Berlin. Ausländer ebenso wie die Bewohner von Anstalten sind aus inhaltlichen und methodische Gründen aus dieser Grundgesamtheit ausgeschlossen.

Das angestrebte Ziel der Studie ist eine verallgemeinerbare Darstellung familialer und individueller Lebensformen. Da es sich dabei jedoch um eine sehr unscharfe Definition der einzelnen Elemente einer zu erhebenden Grundgesamtheit handelt, haben wir uns zu einer Personenstichprobe entschlossen, die - durch entsprechende Gewichtung - in eine Haushaltsstichprobe oder eine Familienstichprobe umgewandelt werden kann. Diese Form des Zugangs zum Feld wurde gewählt, da das Erkenntnisinteresse der Untersuchung insbesondere auf die Fragestellung wie heute Beziehungen gelebt werden ausgerichtet war.

Ein weiteres Argument für eine Personenstichprobe ist die Replikation diese Studie nach 5-6 Jahren. Der gewählte Zugang zum Feld über Individuen ist dabei insofern von Vorteil, als davon ausgegangen werden muß, daß sich im Laufe der Zeit die Haushaltszusammensetzungen bzw. Familienkonstellationen verändern können. Wählt man keine Personenstichprobe ist ein Panel durch die Veränderungen in den Familien nicht möglich.

Über die Personenstichprobe soll im Verlauf der Analysen die Beschreibung der eigentlichen Grundgesamtheit - familiale und individuelle Lebensformen - anhand unterschiedlicher Begriffskategorien vorgenommen werden können. Zu diesen Begriffen gehören u.a. Kategorien wie Haushalt, der durch Verwandtschaftsbeziehungen bestimmte Familienbegriff oder die aus dem Alltagsverständnis herrührenden Funktionen der Familie. Die daraus resultierende möglicherweise unterschiedliche Beschreibung der Population Familie sollte es ermöglichen Vergleiche z.B. mit den amtsstatistischen Daten anzustellen und Auswirkungen von Fehlzuweisungen, insbesondere auf die Repräsentativität der Stichprobe, zu überprüfen.

Der Umfang der Stichprobe mußte so groß gewählt, damit eine Vielfalt von Lebensformen, darunter auch kleinen Gruppen (z. B. alleinstehende Väter mit mehreren Kindern) mit Fallzahlen in einer Zufallsstichprobe zur

Verfügung stehen, die relevante Aussagen darüber erlauben. Zum einen kann dies erreicht werden, indem man bei einer uneingeschränkten Zufallsauswahl eine sehr umfangreiche Stichprobe zieht. Andererseits könnte man auch eine geschichtete Stichprobe ziehen, die in einem ersten Schritt aus einer ungeschichteten Bruttostichprobe bestehen würde, aus der heraus schichtproportional interessierende Typen ausgewählt werden. Dadurch käme man auf eine relativ kleine Stichprobe, die allerdings den Nachteil hätte, daß Aussagen über die Grundgesamtheit zusätzlich gewichtet werden müßten. Außerdem bestände bei diesem Verfahren die Gefahr, daß durch eine vorweggenommene Schichtung die Definition anderer Subsamples für spätere Vergleiche ausgeschlossen würde.

1.2 Die Anlage der Stichprobe

Die Stichprobe war bundesweit angelegt. Dabei gab es zwei Ziehungsarten, mit denen die zu befragenden Personen zufällig ausgewählt wurden:
Eine Personenenstichprobe (Personenbezogenens Sample)
- gezogen aus den Einwohnermeldedateien der Gemeinden. Grundlage dieser Stichprobe waren die Einwohnermelderegister.
Eine Haushaltsstichprobe (Haushaltsbezogenes Sample)
- gezogen aus der Gesamtheit der Privathaushalte (Haushaltsstichprobe), die durch ein "random route" Verfahren erreichbar sind. Grundlage dieses Samples war das sogenannte ADM-Netz, über das Haushaltskontakte erstellt worden sind.
Die Stichprobe selber verteilte sich auf die Auswahlverfahren wie folgt:
- die Einwohnermeldeamtsstichprobe sollte 3.000 Zielpersonen umfassen.
- und die Haushaltsstichprobe sollte 7.000 Zielpersonen erfassen.
Für die Wahl der beiden Stichproben und deren Umfang waren folgende Überlegungen ausschlaggebend:
-gemäß dem Erkenntnisinteresse der Studie wäre eine Personenstichproben sicherlich angemessen gewesen.
-da aber die Kosten für eine reine Einwohnermeldeamtsstichprobe dazu geführt hätte, daß der Stichprobenumfang deutlich unter der erforderlichen Größe (10 000) zurückgeblieben wäre, mußte der größere Teil der Untersuchung per Random Route erhoben werden.
- trotzdem sollte der Umfang der Personenstichprobe so gewählt werden, daß sie als repräsentativ gelten kann.
Aus dem festgelegten Umfang der Stichproben ergeben sich zwei - legt man das übliche Verständnis der Umfrageforschung über repräsentative Stichproben zugrunde - repräsentative Stichproben aus der Grundgesamtheit.
Im folgenden sollen nun die beiden Auswahlverfahren im einzelnen kurz dargestellt werden, um Gemeinsamkeiten und Unterschiede der beiden Verfahren deutlich zu machen.

Tabelle 1:
Die Auswahlverfahren

	Einwohnermeldeamtsstichprobe (EWA)	Random Route Stichprobe (RR)
1. Auswahlstufe		
2. Auswahlstufe	Schichtung der Grundgesamtheit nach Bundesland, Regierungsbezirk und Boustedttypen. Die Auswahl von Samplepoints erfolgte Schichtenproportional in systematischer Auswahl mit Zufallsstart.	
3. Auswahlstufe	Auswahl einer je Samplepoint gleichen Anzahl von Zielpersonen aus dem Melderegister	Auswahl einer je Samplepoint gleichen Zahl von Privathaushalten mit mindestens einer Zielperson
	entfällt	Auswahl einer Zielperson je Haushalt

Quelle : Infratest Methodenbericht 1989

Beide Auswahlverfahren sind in der Anlage und Auswahl der ersten Stufe identisch. Sie unterscheiden sich jedoch in der Zahl der folgenden Auswahlstufen und der jeder Zielperson zuzurechnenden Auswahlwahrscheinlichkeit. Bei beiden Verfahren wurden die Daten in systematischer Zufallsauswahl erhoben. Durch die Einwohnermeldeamtsstichprobe wurden insgesamt 3011 Inteviews realisiert, durch das Random - Route Verfahren 6931. Darüber hinaus wurden 101 Personen, die bereits in einem Pretest befragt wurden, nochmals in der Haupterhebung befragt, um damit einen Reliabilitätstest durchführen zu können. Die gesamte Stichprobengröße des Surveys liegt somit bei 10043 befragten Personen.

1.3 Die Ziehung

Die Basis der Ziehungen waren die auf der Grundlage der ADM-Netze erstellten Sample-points. Dafür wurden alle ADM-Netze von Infratest zusammengespielt und dann die Samplepionts gezogen. Diese sind fixe Einheiten für die festgelegt wird, wieviele Interviews jeder Interviewer zu realisieren hat. Dabei entspricht ein Sample-point einem Stimmbezirk der amtlichen Wahlkreisordnung. Diese Stimmbezirke der Wahlkreise umfassen bis zu 2500 Personen. Da ein Sample-point mindestens 400 Personen umfassen soll, einzelne Stimmkreise aber auch unterhalb dieser Grenze liegen können, wurden zunächst die Stimmbezirke ausgewählt, die der minimalen Sample-point Größe von 400 Personen entsprechen (42247). Ferner wurden 7133 synthetische

Bezirke gebildet, die nach der Fusionierung einzelner Wahlkreise die Minimalgröße der Sample-points erfüllten [2].
Dieses Verfahren schließt aus, daß in einer Stichprobe nur Gemeinden einer bestimmten Größenordnung oder einer bestimmten Region ausgewählt werden. D.h. man ist damit sehr gut in der Lage, schichtproportional die Grundgesamtheit abzubilden.

Bei den Einwohnermeldeamtsstichproben wurden zunächst einmal 300 sample-points gezogen. In jeder gezogenen Gemeinde sollten dann in Zufallsauswahl 30 Adressen ausgewählt werden. Die Gemeinden wurden angewiesen vermittels eines vorgeschriebenen Ziehungsverfahrens eine Zufallsauswahl zutreffen. Diese Adressenlisten wurden zunächst einmal auf 20 Adressen reduziert. Mit dem Rest ist ein entsprechender Pool von Befragungsadressen aufgebaut, für den Fall, daß der Anteil der falschen Adressen es erforderlich machen würde, neue zusätzliche Adressen zu ziehen, um auf die geforderte Mindestinterviewzahl zu kommen.

Für die "random-route" Stichprobe wurden 882 Sample-points gezogen, mit der Absicht, je Sample-point 20 Interviews zur Verfügung zu haben. Diese sollten durch die Interviewer über einen Random-walk[3] eruiert werden. Maximal 20 Haushaltsadressen sollten auf diese Art und Weise aufgelistet werden. Gleichzeitig hatten die Interviewer die Aufgabe, bei der Kontaktaufnahme festzustellen, ob im ausgesuchten Haushalt überhaupt Zielpersonen nach unserer Definition vorhanden sind. Lebten mehr Zielpersonen im Haushalt, so sollte über den sogenannten Schwedenschlüssel[4] eine Person zufällig ausgewählt werden.

Für jeden Ausfall (z. B. im angetroffenen Haushalt leben nur Personen, die älter als 55 Jahre sind, bzw. nur Ausländer) sollte eine zusätzliche Adresse erhoben werden, wobei die Obergrenze der aufzulistenden Haushalte 30 nicht überschreiten durfte. Nach Beendigung dieser Haushaltsliste verfügte der Interviewer im Schnitt je Sample-point über ein Adressenpool von 20 Haushaltungen, aus denen heraus er 10 Interviews realisieren mußte.

Da es sich aber bei der Einwohnermeldeamtsstichprobe (EWA) um eine Personen -, im anderen Fall aber um eine Haushaltsstichprobe handelt, muß man, will man Daten in derselben Qualität (Individualdaten) haben, die Haushaltsstichprobe mit einem Designgewicht versehen, um die unterschiedlichen Auswahlwahrscheinlichkeiten zwischen den beiden Stichproben zu egalisieren. Der Grund hierfür liegt darin, daß die Anzahl der größeren Familien in der Personenstichprobe relativ zur Haushaltsstichprobe überschätzt werden.

2. Die Repräsentativität der Untersuchung

Um für die vorliegende Untersuchung die Repräsentativität der Stichprobe beurteilen zu können, wird in einem ersten Schritt ein Abgleich des Surveys mit der amtlichen Statistik (Mikrozensus 1988) vorgenommen. Der zweite Teil der Arbeit soll dann der Frage nachgehen, ob die erzielten Verteilungen der Gesamtstichprobe den Anforderungen an stabile Daten entsprechen. D.h.

es soll eruiert werden, ob die für den Survey erhaltenen Verteilungswerte in Abhängigkeit von der Stichprobengröße stark variieren. Ferner soll in einem dritten Schritt auf mögliche Fehlerquellen für die Abweichungen der empirischen Ergebnisse in Bezug auf die Referenzstatistik hingewiesen werden. Den Schluß bildet eine kurze Beschreibung des Erhebungsinstruments und seiner Besonderheiten.

2.1 Vergleich ausgewählter Variablen mit der amtlichen Statistik

Wenn im folgenden von Repräsentativität der Verteilungen gesprochen wird, dann liegt dem die Vorstellung zugrunde, daß im Zusammenhang mit der Prüfung der Daten auf Repräsentativität der Grundsatz gilt, daß nur einige wenige in der amtlichen Statistik wie in der empirischen Untersuchung gleiche Variablen auf ihre Kongruenz überprüft werden, das Ergebnis aber für alle anderen Variablen ebenfalls Gültigkeit hat.

Durch den Vergleich der empirischen Werte mit den Merkmalsverteilungen des Mikrozensus 88 (als Referenzstatistik) soll nun eine externe Validierung vorgenommen werden, d.h. es soll festgestellt werden, wie gut oder schlecht die empirischen Daten die Werte des Mikrozensus replizieren können. Zunächst erfolgt dies ausschließlich mit den Werten des Gesamtsamples. Inwieweit die beiden Stichproben die Werte der des Surveys beeinflußt haben wird im Anschluß daran untersucht werden. Die Referenzstatistik - der Mikrozensus - ist eine 1% Stichprobe der Bevölkerung der Bundesrepublik, welche jährlich stattfindet, um über Bevölkerungsaufbau und dessen Wandel Informationen zu erhalten. Für unseren Vergleich wurde aus dem Mikrozensus nur die Altersgruppen der 20 bis 54jährigen ausgewält. Ein Vergleich mit den Werten des Mikrozensus ist nur dort möglich, wo die Ausprägungen der Variablen identisch mit denen der empirischen Daten sind. Dies trifft für den vorliegenden Datensatz für folgende Variablen zu :

Altersgruppe, Geschlecht, Erwerbstätigkeit, Familienstatus, (höchster) Schulabschluß, Ortsgössenklasse und Boustedt-typen. Für die Variablen Haushaltstyp und Familientyp, die für die vorliegende Untersuchung eine zentrale Rolle spielen, mußte in Zusamenarbeit mit dem Zentrum für Umfragen, Methoden und Analysen (ZUMA), Mannheim, die Daten des Mikrozensus gemäß unseren Vorgaben aufbereitet werden. Dabei wurde aus den Mikrozensusdaten wiederum eine Stichprobe gezogen mit 104 511 Befragten.

2.2 Familienstand

Hinsichtlich des Familienstands findet man in der Literatur keine eindeutigen Aussagen darüber, wo Verzerrungen auftreten könnten bzw. in welche Richtung sich diese bewegen müßten. Eine für unsere Stichprobe mögliche Fehlerquelle ergibt sich aus der Tatsache, daß im Gegensatz zum Mikrozensus, die

Einwohnermeldeamtsstichprobe eine Personenstichprobe ist. Daraus könnten sich eventuell auch größere Abweichungen ergeben.

Tabelle 2:
Repräsentativitätsvergleich des Familienstandes mit der Referenzstatistik

	Survey %	MZ88 %
verheiratet	63,7	62,4
geschieden	6,1	5,2
verwitwet	1,9	1,3
ledig	28,3	31,0
	100%	100%
n	10043	ca.22mio.

Es zeigt sich, daß im Gesamtsample die Verheirateten und die Geschiedenen leicht überrepräsentiert sind, die Ledigen deutlich unterschätzt werden. Ob dafür die Einwohnermeldeamtsstichprobe ausschlaggebend war, soll im folgenden Kapitel näher untersucht werden.

2.3 Geschlecht

In der Literatur werden hier Abweichungen vom Mikrozensus erwartet, die für die Frauen darauf zurückzuführen sind, daß der Anteil der Verweigerer besonders hoch ist; bei den Männern eher darauf, daß hier die schlechte Erreichbarkeit vor allem in bestimmten Altersgruppen unterstellt werden muß (siehe dazu auch ERBSLÖH und KOCH 1988; ESSER 1973).

Tabelle 3:
Geschlechterverteilung in der Stichprobe und der Referenzstatistik

	Survey %	MZ88 %
Männer	45,3	50,6
Frauen	54,7	49,4
	100%	100%

Die Verteilung nach dem Geschlecht zeigt, daß hier die Vorgaben des MZ88 von der Gesamtstichprobe nicht repliziert werden konnten. Männer sind deutlich unterrepräsentiert, die Frauen hingegen überrepräsentiert. Ob der Grund für diese Unterschiede in den Stichprobenverfahren liegt und welchen Effekt diese Abweichungen für die einzelnen Altersgruppen haben, wird im folgenden Kapitel diskutiert werden.

2.4 Haushaltstyp

Haushalte sind nach der amtsstatistischen Definition "jede zusammenwohnende und eine wirtschaftliche Einheit bildende Personengemeinschaft, sowie Personen, die alleine wohnen und wirtschaften (Statistisches Bundesamt 1989)". Durch die Tatsache, daß die Einwohnermeldeamtsstichprobe im Gegensatz zu dem Mikrozensus eine Personenstichprobe ist, könnten gerade bei dieser Variablen Abweichungen auftreten. Der Vergleich der empirischen Daten mit der Referenzstatistik konnte für diese Variable erst durch eine Sonderauswertung über Statisbund von ZUMA erfolgen. Dafür wurde eine 15% Stichprobe des Mikrozensus erstellt, die dann entsprechend den Vorgaben des Surveys ausgewertet wurde. Der Stichprobenumfang waren ca. 115 000 Personen.

Die auftretenden Abweichungen sind ausgesprochen gering. Es zeigt sich jedoch, daß die Ein- und Mehrgenerationenhaushalte zu Lasten der Einpersonenhaushalte überrepräsentiert sind.

Tabelle 4 :
Verteilung der Haushaltstypen in der Stichprobe und der Referenzstatistik

	Survey %	MZ88 %
Einpersonenhaushalte	10,6	12,4
Ein- und Mehrgenerationenhaushalte	81,6	80,6
Verwandtenhaushalte	0,6	0,5
Nichtverwandtenhaushalte	7,1	6,4

2.5 Familientypen

Der Familientyp wurde in den vorliegenden Vergleich mit aufgenommen, da er für die Thematik der Untersuchung von besonderer Relevanz ist. Verteilungsprobleme oder typische Verzerrungen für empirische Untersuchungen sind aus der Literatur nicht bekannt. Ein besonderes Problem bildete der Abgleich mit der Amtsstatistik deshalb, da dort Ledige nicht als Familienform vorkommen sondern als nicht familiale Lebensform explicit definiert sind. Der vorliegende Vergleich konnte deshalb nur in Zusammenarbeit mit ZUMA erstellt werden, die entsprechend unseren Vorgaben die Familientypen neu aus den Daten des Mikrozensus zusammengestellt haben. Dabei wurde dieselbe Stichprobe verwendet, wie bei den Haushaltstypen.

Tabelle 5:
Familientypenvergleich des Surveys mit der Referenzstatistik

Familientyp	Survey %	MZ88 %
verwitwet od. geschieden mit Kind	3,8	5,2
verwitwet/geschieden	4,1	7,1
getrennt lebend mit Kind	1,0	1,0
getrennt lebend	0,6	2,3
verheiratet mit Kind	46,0	42,3
verheiratet	15,1	14,1
ledig mit Kind	1,5	1,3
Nichtfamilienhaushalte	28,0	26,6

Die empirischen Daten replizieren erstaunlich gut die Werte der Amtsstatistik. Dennoch fällt deutlich die Überrepräsetativität der Verheirateten mit Kind(ern) auf. Gleichzeitig zeigt es sich, daß getrennt Lebende und Geschiedene mit Kind unterrepräsentiert sind. Welchen Einfluß die unterschiedlichen Stichprobenverfahren auf dieses Ergebnis haben, soll im folgenden Kapitel noch dargestellt werden.

2.6 Regionale Verteilung

Im Rahmen dieser Untersuchung ist die Verteilung der Befragten über die Regionen von besonderem Interesse. Zum einen, da dies als ein Merkmal der Repräsentativität der Daten gelten kann, zum anderen sind nur bei einer der amtlichen Statistik näherungsweise adäquaten Verteilung Aussagen über z.B. einen Stadt-Land Vergleich möglich. In der folgenden Tabelle ist zunächst die Verteilung nach den Gemeindetypen von Boustedt widergegeben.

Tabelle 6 : **Gemeindetypen nach Boustedt**

Einwohner	Survey %	MZ88 %
500 000 u.m. Kernzone	28.8	27.2*
500 000 u.m. Randzone	15.9	16.8
100-500 000 Kernzone	9.6	9.5
100-500 000 Randzone	6.6	6.5
50 000-100 000	2.9	3.3
20 000- 50 000	7.8	7.8
5 000- 20 000	14.9	15.5
2 000- 5000	7.1	7.3
unter 2000	6.0	6.1
	100%	100%

Quelle : Infratest 1988   * geschätzter Wert für 18-55-jährige Deutsche

Die Tabelle zeigt, daß der Survey nahezu identische Werte im Vergleich zur Amtsstatistik erhoben hat. Lediglich die urbanen Zentren sind eher überproportional vertreten.

2.7 Bevölkerung nach Altersgruppen

Übereinstimmend wird in der Literatur zur Umfrageforschung davon berichtet, daß vorallem die älteren Personen (60-65jährigen) unterschätzt werden (Esser 1973, Hawkins 1975). Als Grund hierfür wird in der Regel die Verweigerung der Teilname am Interview genannt und nicht etwa die schlechtere Erreichbarkeit dieser Altersgruppe. Zu ganz ähnlichen Ergebnissen kommt auch die Nonresponse Studie von Erbslöh und Koch (1988). Auch hier konnte gezeigt werden, daß vorallem die älteren Zielpersonen die Teilnahme an den Interviews verweigert haben. Diese Studie zeigte auch, daß die sehr jungen Zielpersonen (unter 20 Jahre) desswegen unterschätzt wurden, weil diese in der Regel schwerer zu erreichen sind, als die übrigen Altersgruppen. Für die vorliegende

Studie wird daher erwartet, daß die jüngsten und ältesten Altersgruppen von der Referenzstatistik deutlich abweichen werden.

Tabelle 7 :
Bevölkerung nach Altersgruppen in der Stichprobe und der Referenzstatistik

Alter in Jahren	Survey %	MZ88 %
20 - 24	13.3	17.0
25 - 29	15.8	15.6
30 - 34	13.4	12.9
40 - 44	11.4	11.6
45 - 49	12.8	15.8
50 - 54	12.4	13.2
	100%	100%

Auch in dieser Studie zeige es sich, daß die jügste Altersgruppe und die beiden ältesten Altersgruppen z.T. deutlich unterrepräsentiert sind. Leichte Abweichungen in Richtung auf eine Überrepräsentanz liegen bei den Altersgruppen der 30 - 39jährigen vor. Dies entspricht den Erwartungen an empirische Daten und ist durch die unterschiedliche Erreichbarkeit und Teilnahmebereitschaft auch erklärbar.

2.8 Schulabschluß

In der vorliegenden Untersuchung wurde sehr differenziert nach dem Schulabschluß gefragt. So wurde neben dem ersten allgemeinbildenden Schulabschluß auch noch nach weiteren Ausbildungen und den damit verbundenen höheren Abschlüssen gefragt. Da diese Differenzierung so im Mikrozensus nicht gemacht wird, wurde für die folgende Darstellung der erste Schulabschluß aus den empirischen Daten mit dem allgemeinbildenen Schulabschluß des Mikrozensus verglichen .

Die empirischen Daten weisen deutlich zu wenige Volks- und Hauptschüler auf. Eher überproportional vertreten sind die mittleren und höheren Schulabschlüsse. Dies entspricht durchaus den in der Umfrageforschung üblichen Ergebnissen, wonach vorallem die unteren Schichten (Arbeiter mit geringer Schulbildung) aufgrund ihrer schlechten Kooperationsbereitschaft häufig unterrepräsentiert sind (siehe dazu ERBSLÖH/KOCH 1988).Der hohe Wert bei den Sonstigen ist darauf zurückzuführen, daß in dieser Kategorie im Survey auch noch diejenigen enthalten sind, die noch zur Schule gehen.

Tabelle 8:
Vergleich des Schulabschlusses in den Stichproben und der Referenzstatistik

	Survey %	MZ88 %
Volks-/ Hauptschulabschluß	52.2	59.2
Mittlerer Abschluß	26.3	24.3
Fach-/ Hochschulabschluß	17.3	16.2
Sonstige	4.1	0.3
	100%	100%

2.9 Erwerbstätigkeit

Bezüglich der Erwerbstätigkeit ist ein Vergleich mit der Referenzstatistik nur begrenzt möglich, da in den empirischen Daten die eigentliche Anzahl der Erwerbsperson erst festgestellt werden kann, wenn die Erwerbsbiographie ausgewertet ist. Im Unterschied zur Amtsstatistik weisen die Werte der Stichprobe daher keine in beruflicher Ausbildung befindlichen Personen aus.

Tabelle 9:
Verteilung der Erwerbstätigkeit in den Stichproben und der Referenzstatistik

	Survey %	MZ88 %
erwerbstätig	66.8	77.4
nicht erwerbstätig	33.2	22.6
	100%	100%

Der Survey weicht deutlich von der Amtstatistik ab. Dies liegt sicherlich zum einen an der Tatsache, daß die Amtsstatistik Personen, die in der betrieblichen Berufsausbildung stehen, den Erwerbstätigen zurechnet, zum anderen weiß man, daß Erwerbstätige für die Interviewer schwerer zu erreichen sind.

Zusammenfassend läßt sich aus den vorliegenden Analysen zur Repräsentativität zunächst einmal sagen, daß die erzielten Werte des Surveys durchaus den Anforderungen von Repräsentativität genügt. In zentralen Variablen der

Untersuchung wie Familientyp oder Haushaltstyp wurde sogar besonders gute Ergebnisse erzielt. Die beobachteten Abweichungen von der Referenzstatistik bewegen sich in dem für empirische Studien üblichen Rahmen bewegen und sind im Rahmen der anstehenden Strukturanalysen voll tollerierbar. Es hat sich aber auch gezeigt, daß das Gesamtsample eine Verzerrung hinsichtlich verheirateter, nicht Erwerbstätiger und Frauen aufzuweisen hat. Darauf sollte immer dann Rücksicht genommen werden, wenn bei der Analyse der Daten vergleichende Aussagen über Gruppen gemacht werden, die von dieser Abweichung substantiell betroffen sein können. Solange das Ziel der Analysen strukturelle Aspekte betrifft, sind diese Abweichungen ohne weitere Bedeutung für die Daten. Immer dann aber, wenn Aussagen in Form von Extrapolationen gemacht werden sollen, müßte vorab eine Gewichtung des Datensatzes vorgenommen werden. Nur so ist zu gewährleisten, daß zumindestens in den in die Gewichtung eingeflossenen Vaiablen die Werte der Referenzstatistik exakt vergleichbar sind.

3. Darstellung der Ergebnisse der beiden Stichprobenverfahren

Der Vergleich zwischen Survey und Mikrozensus hat ergeben, daß die empirischen Daten repräsentativ sind. Da die Untersuchung auf zwei unterschiedliche Erhebungsverfahren beruht, soll im folgenden der Frage nachgegangen werden, ob die beiden Stichprobenverfahren zu denselben oder unterschiedlichen Ergebnissen gekommen sind.

3.1 Familienstand

In bezug auf den Familienstand hat sich bereits gezeigt, daß die Verheirateten unter- , die Ledigen überschätzt worden sind. In diesem Zusammenhang liegt die Vermutung nahe, daß die Einwohnermeldeamtsstichprobe dafür verantwortlich gemacht werden kann, da sie im Gegensatz zu dem Mikrozensus eine Personenstichprobe ist. Wie die folgende Graphik[5] zeigt ist dem aber nicht so.
Die Befürchtung, daß die Verzerrung der Anteilswerte der Ledigen im Gesamtsample sich vor allem aufgrund der Einwohnermeldeamtsstichprobe so ergeben hat, erweist sich als falsch. Im Gegenteil, die Personenstichprobe reflektiert die Mikrozensuswerte besser, als die von uns durchgeführte Haushaltsstichprobe. Die Verzerrungen des Surveys - die Geschiedenen und die Verheirateten leicht zu überschätzen, die Ledigen im Gegensatz dazu zu unterschätzen, gehen eher zu Lasten des Random Route Verfahrens. Mögliche Gründe hierfür werden im Kapitel 5 diskutiert.

Graphik 1:
Abweichungen der Anteilswerte beim Familienstand der Stichproben von der Referenzstatistik

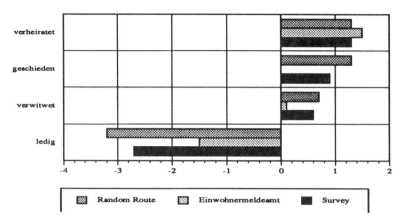

Bei der Differenzierung des Familienstandes nach Altersgruppen ergibt sich folgendes Bild (dabei wurden nurmehr die Verheirateten und Ledigen betrachtet, da die anderen Altersgruppen zu gering besetzt sind):

Diese Altersdifferenzierung weist einen ganz deutlichen Trend zur Überrepräsentierung der 30-44 jährigen Verheirateten in der Einwohnermeldeamtsstichprobe auf und zur Unterrepräsentation der Ledigen dieser Altersgruppe. In der Random Route Stichprobe verhält sich dies genauso, mit dem Unterschied, daß sich der Trend bereits eine Altersgruppe früher (25-39 jährige) bemerkbar macht. Damit ergibt sich ein Bias in Richtung auf die Verheirateten bezüglich der mittleren Altersgruppen, die in beide Stichproben überproportional häufig vertreten sind (Graphik 2). Erklären läßt sich dies durch die geringere Wahrscheinlichkeit die jüngeren Altersgruppen zu erreichen und durch die höhere Wahrscheinlichkeit der Antwortverweigerung bei den älteren Altersgruppen. Auffällig auch, daß der Anteil der Ledigen in den Stichproben für alle Altersgruppen unterschätzt wird (Graphik 3), was mit dem Ergebnis von oben korrespondiert. Diese Anteilswerte der Ledigen sind mit steigender Altersgruppe fallend, was auf den sinkenden Anteil Lediger in den höheren Altersgruppen zurückzuführen sein dürfte.

Graphik 2 :
Abweichungen des Anteils der Verheirateten von der Referenzstatistik in Prozent

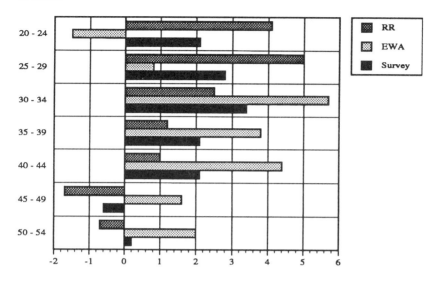

Graphik 3 :
Abweichungen des Anteils der Ledigen von der Referenzstatistik in Prozent

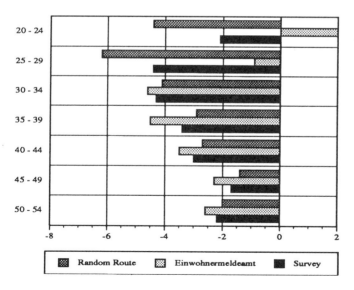

3.2 Geschlecht

Für die Verteilung der Geschlechter in dem vorliegenden Survey hat sich bereits gezeigt, daß hier deutliche Abweichungen vorliegen. Wie die folgenden Tabellen und Graphiken zeigen, gilt dies gilt in noch größerem Umfang für die Random Route Stichprobe. Auffallend ist, mit welcher Genauigkeit die Einwohnermeldeamtsstichprobe das Ergebnis des Mikrozensus replizieren kann. Ob dies auf die in der Literatur angegebenen Ursachen wie die schlechte Erreichbarkeit von Männern bzw Berufstätigen zurückzuführen ist, kann hier nicht festgestellt werden. Wie aber unten noch gezeigt werden wird, können diese Abweichungen mit den Vorgaben des jeweiligen Stichprobenverfahrens zu tun haben.

Graphik 4:
Abweichungen des Anteils der Frauen nach Altersgruppe in den Stichproben von der Referenzstatistik

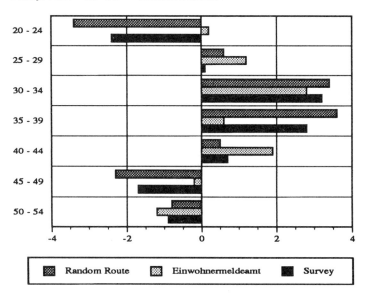

Das Random Route Verfahren überschätzt die Männer in der Altersgruppe der 25-29jährigen und unterschätzt die Altersgruppe der 20-24 und der 44-54jährigen. Das Einwohnermeldeamtsverfahren überschätzt gleichfalls die Altersgruppe der bis zu 25jährigen und die 40-44jährigen, ist sonst aber fast identisch mit den Werten der Amtsstatistik.

Die Frauen werden durch beide Verfahren in der Kategorie der 25-44 jährigen z.T. recht deutlich überrepäsentiert. Diese Alterskategorien entsprechen in etwa der Lebensphase, in der viele Frauen Mütter von kleinen Kinder sind, sie daher wahrscheinlich nicht oder nur sehr eingeschränkt berufstätig und somit für Interviewer leichter als andere Bevölkerungsgruppen erreichbar sind.

3.3 Haushaltstyp

Die Variable Haushaltstyp hat sich bei der oben erfolgten Betrachtung als sehr gute Abbildung der Referenzstatistk herausgestellt. Trotzdem sollen auch hier die Ergebnisse der beiden Stichprobenverfahren nochmal dargestellt werden, da auf grund der Tatsache, daß die Einwohnermeldeamtsstichprobe eine Personenstichprobe ist, hier Verzerrungen erwartet worden sind.

Aufgrund des Auswahlverfahrens müßte eigentlich die Random Route Stichprobe eine genaue Abbildung der Verteilung der Haushaltstypen liefern, da auf Haushalte, unabhängig von deren Haushaltsstrukturen zugegriffen wird. In Einwohnermeldeamtsverfahen hingegen werden bekanntermaßen kleinere Haushalte unterschätzt. Dies liegt zum einen an der leichteren Erreichbarkeit - in der Personenstichprobe sind relativ mehr Einheiten von größeren Familien enthalten als in einer Haushaltsstichprobe (ein Einpersonenhaushalt hat nue einmal die Chance ausgewählt zu werden, ein 10 Personenhaushalt zehnmal vs. jeder Haushalt nur einmal in der Haushaltsstichprobe) und damit höheren Auswahlwahrscheinlichkeit für die größeren Haushalte, wie aber auch an der höheren Verweigerungsrate bei den Einpersonenhaushalten.

Wie die Ergebnisse zeigen, sind die Erwartungen für die Einwohnermeldeamtsstichprobe erfüllt worden. Gerade die Einpersonen-haushalte sind in dieser Stichprobe deutlich unterrepräsentiert, die Mehrgenerationen-Haushalte deutlich überrepräsentiert. Dagegen hat das "random route" Verfahren hier erwartungsgemäß fast identische Werte mit dem Mikrozensus geliefert.

Die Differenzierung nach den Altersgruppen soll auch hier wieder auf Unterschiede in den Stichprobenverfahren aufmerksam machen. Dabei sollen nur die Einpersonenhaushalte und die Ein- und Mehrgeneationenhaushalte in die weitere Betrachtung mitaufgenommen werden.

Die Abweichungen von den Vorgaben der Referenzstatistik sind hier evident. Beide Verfahren weisen viel zu niedrige Werte für die jüngste Altersgruppe der Einpersonenhaushalte auf. Überschätzt wird von beiden Verfahren die Altersgruppe der 25-39jährigen, die in Ein- oder Mehrgenerationenhaushalten leben. Dies mag wieder mit der Konstellation der jungen, nichterwerbstätigen Mütter zusammenhängen, die möglicherweise für die Interviewer leichter erreichbar sind. Deutlich unterschätzt wird auch die Altersgruppe der 45-49 jähigen, die in Mehrgenerationenhaushalten leben.

Die aus dem Vergleich Survey - Mikrozensus sich ergebende relativ gute Anpassung an die Vorgaben der amtlichen Statistik erweist sich nach der Analyse der Ergebnisse der beiden Stichprobenverfahren als ein Artefakt des Untersuchungsdesigns. Sehr vereinfacht kann gesagt werden, daß immer dort, wo das Einwohnermeldeamtsverfahen hohe Abweichungen aufweist, diese durch die Random Route Stichprobe auf Grund seiner besseren Angepaßtheit an die Werte des Mikrozensus und durch seine höhere Fallzahl diesen Effekt eliminieren konnte. Welche Auswirkungen dies auf inhaltliche Fragestellungen haben kann, ist hier nicht zu beantworten.

3.4 Familientyp

Entsprechend der Relevanz der Variablen für die gesamte Untersuchung soll auch hier der Vergleich der Stichprobenergebnisse der beiden Erhebungsverfahren dargestellt werden. Da aus dem Repräsentativitätsvergleich bekannt ist, daß die Verheirateten mit Kind(ern) überrepräsentiert sind, aus der Literatur über das Ausmaß von Abweichungen oder Verzerrungen aber nichts bekannt ist, sollten beide Stichprobenverfahren auch zu ähnlichen Ergebnissen führen.

Die Graphik macht deutlich, daß beide Verfahren in großer Übereinstimmung dir Familientypen erhoben haben. In Übereinstimmung mit den Ergebnissen von oben ergibt sich für beide Verfahren eine deutliche Überrepräsentation vor allem der Verheirateten mit Kindern. Die Verwitweten und die Geschiedenen mit und ohne Kinder werden deutlich unterschätzt. Dies weist auf eine Verzerrung hin, die dem gesamten Datensatz anhaftet. Wie bereits im ersten Kapitel sowie im Methodenbericht von Infratest (1988) festgestellt worden ist, sind insbesondere verheiratete, nichterwerbstätige Frauen mit Kindern überproportional häufig im Datensatz vertreten. Durch eine entsprechende Gewichtung können diese Werte auf die Refrenzstatistik wieder abgebildet werden.

Graphik 5:
Abweichungen des Anteils der Familientypen von der Referenzstatistik in Prozent[6]

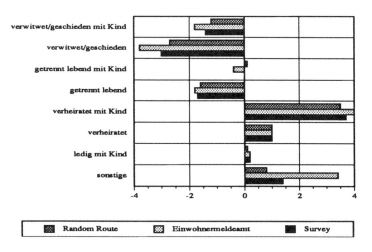

3.5 Regionale Verteilung

Auf Grund der Ergebnisse aus dem Vergleich Survey - Mikrozensus hat sich für diese Variable ein besonders gutes Ergebnis gezeigt. Dies ist schon deshalb erstaunlich, da man weiß, daß das Einwohnermeldeamtsverfahren in den Kernzonen urbaner Zentren zu eher schlechteren Ausschöpfungen kommt, die ländlichen Regionen dafür i.d.R. eher überschätzt.

Die Ergebnisse zeigen, daß das Einwohnermeldeamtsverfahren Probleme hat die Kernzonen der Ballungsräume repräsentativ abzubilden. Die ländlichen Regionen (unter 5000 Einwohner) werden hingegen etwas überrepräsentiert. Beim Random Route Verfahren gilt, daß hier die Kernzonen der Ballungsräume (über 500 000 Einwohner) eher überrepräsentiert, die ländlichen Regionen eher unterrepräsentiert sind. Dies ist in der Regel eine Folge des Ziehungsverfahrens, welches in Ballungsräumen zu höheren Auswahlwahrscheinlichkeiten kommen kann, in ländlichen Gegenden die Ausschöpfung geringer ausfällt.

Für die Werte des Surveys ergibt sich, daß diese, dadurch daß die Verzerrungen in den einzelnen Stichproben sich gegenseitig wieder aufheben, sehr gut in der Lage sind, die Referenzstatistik zu replizieren. Was dies für die inhaltlichen Aspekte für Konsequenzen hat, kann hier nicht festgestellt werden. Das Ergebnis legt aber eine Schlußfolgerung nahe: um die Auswirkungen auf die innhaltlichen Bereiche der Untersuchung zu minimieren, sollte jedes Verfahren für sich eine Gewichtug in der erforderlichen Weise erhalten, da nur so sicher gesellt werden kann, daß die Gewichtung des Gesamtsamples zu keinen falschen Werten führt.

3.6 Schulabschluß

Der Vergleich des Gesamtsamples mit dem Mikrozensus ergab eine Ungleichverteilung der Schulabschlüsse derart, daß eher zuviel höhere Schulabschlüsse erhoben worden sind. Für den folgenden Vergleich war es von besonderem Interesse festzustellen, ob dieser Effekt eventuell durch eines der beiden Stichprobenverfahren hervorgerufen wurde.

Die Daten des Mikrozensus 1988 gehen auf Daten aus dem Jahre 1985 zurück. Neuere Daten liegen für den Schulabschluß nicht vor. Auch im Statistischen Jahrbuch 1988 wird auf das Jahr 1985 zurückgegriffen.

Die Daten zeigen einen leichten Trend zur Überrepräsentierung der höheren Schulabschlüsse. Dieser Trend gilt unabhängig vom Erhebungsverfahren und ist so auch aus anderen empirischen Studien bekannt. Dies steht auch in Einklang mit den Ergebnissen von ERBSLÖH und KOCH (1988), wonach die unteren Schichten (Arbeiter mit Schulbildung Hauptschulabschluß) sich eher unkooperativer verhalten. Die These eines Mittelschichtsbias (Angehörige der unteren und der oberen Schicht liegen unter den Werten der Amtsstatistik), wie sie von SCHEUCH (1953) festgestellt wurde, läßt sich mit dem vorliegenden Ergebnis nicht bestätigen.

Differenziert man den Schulabschluß nochmals nach den Altersgruppen, so ergibt sich, daß vorallem die jungen Altersgruppen für die Fehleinschätzung verantwortlich sind. Die Altersgruppe der 20-29jährigen weist deutlich zu wenige Hauptschulabschlüsse auf und entsprechend zuviele Hochschulabschlüsse[7].

3.7 Erwerbstätigkeit

Wie der Repräsentativitätsvergleich bereits zeigte, ist diese Variable die einzige, die Abweichungen um mehr als 10% aufweist. Allein dies war bereits ein Grund nachzuschauen, inwieweit dieses Ergebnis von den Werten der unterschiedlichen Stichprobenverfahren beinflußt worden ist.

Die Differerung nach dem Alter zeigt, daß die 20 - 29 jährigen deutlich unter der erwarteten Erwerbstätigenanzahl liegen. Der Grund hierführ dürften die fehlenden Angaben zu der betrieblichen Ausbildung sein. Gleichzeitig zeigt sich bei der weiteren Differenzierung nach dem Geschlecht, daß die erwerbstätigen Frauen im Alter von 25-34 Jahren ebenfalls weit hinter den Vorgaben der Amtsstatistik zurück bleiben. Damit bestätigt sich, daß die Frauen, die in der vorliegenden Stichprobe eigentlich überrepräsentiert sind, unterdurchschnittlich häufig erwerbstätig sind.

Tabelle 10:
Erwerbstätigkeit nach Alter und Geschlecht

Altersgruppen in Jahren	Survey m / w	EWA m / w	RR m / w	MZ88 m / w
20 - 24	49.9 / 51.5	53.6 / 54.0	47.7 / 50.2	77.4 / 68.1
25 - 29	75.0 / 51.4	76.5 / 57.6	74.3 / 49.3	84.7 / 58.7
30 - 34	88.6 / 48.8	90.1 / 50.8	87.9 / 48.1	81.1 / 53.6
35 - 39	94.4 / 50.0	92.5 / 57.8	95.2 / 47.5	97.2 / 55.0
40 - 44	95.0 / 57.7	97.2 / 62.8	93.9 / 55.5	96.4 / 56.3
45 - 49	92.8 / 52.5	92.4 / 50.9	93.1 / 53.3	93.7 / 52.8
50 - 54	87.2 / 45.0	90.5 / 53.4	85.0 / 41.7	90.1 / 45.7

3.8 Zusammenfassung

Die Analyse der Ergebnisse der beiden Stichprobenverfahren hat ergeben, daß die relative guten Werte des Surveys in bezug auf die Repräsentativität in der Mehrzahl der Fälle darauf zurückzuführen ist, daß die Stichprobenverfahren zu sehr ähnlichen Ergebnissen geführt haben. Dies zeigt sich beispielsweise an den Werten zum Familientyp. Andererseits gab es z.B. bei der Variablen regionale Verteilung die bemerkenswerte Konstellation, daß die beiden Verfahren zu entgegengestzten Ergebnissen kamen. Dennoch wurden vom Gesamtsample in ganz hervorragender Form die Vorgaben der amtlichen Statistik repliziert. Dieser Effekt der Kompensation stichprobenspezifischer Abweichungen wurde aber nicht weiter auf seine Auswirkungen auf inhaltliche Fragestellungen untersucht. Dieses Artefakt führt aber zu der Annahme, daß im Gegensatz zu der Gewichtung, wie sie für das Gesamtsample vorliegt, eine Gewichtung der einzelnen Stichproben für die Gewähr unverzerrter Daten notwendig wäre. Ferner zeigt sich, daß fast durchweg durch das Einwohnermeldeamtsverfahren die Werte der Referenzstatistik besser repliziert weren konnten, als es die als Haushaltsstichprobe angelegte Random Route Stichprobe vermochte.

4. Zur Stabilität der Stichprobenwerte

Die folgenden Analysen sollen nun zeigen, daß die Verteilung der empirischen Variablen sich nur geringfügig verändern, wenn der Stichprobenumfang (systematisch) variiert wird. Für die inhaltlichen Auswertungen ist dies insofern von Bedeutung, als dabei i.d.R. durch die Selektion bestimmter Variablen und deren Ausprägungen zwangsläufig der Stichprobenumfang reduziert wird. Wenn nun anhand ausgewählter Variablen gezeigt werden kann, daß sich deren Verteilung mit der Reduzierung des Stichprobenumfangs nicht wesentlich verändert, so kann man unter der gleichen Annahme, wie sie in der Repräsentativität unterstellt wird, davon ausgehen, daß auch die mit kleinen Fallzahlen erzielten Ergebnisse valide sind. Zu diesem Zweck wurde eine 50% - und eine 10%-Stichprobe aus dem Gesamtsample gezogen[8].

4.1 Alter

Vergleicht man die einzelnen Stichproben mit ihren Subsamples so zeigt sich deutlich, daß die empirischen Werte für die Variable Alter auch in der Split-half-Stichprobe (50%) stabil bleiben. Größere Abweichungen (über 1 %) kommen nicht vor. Die Schwankungen unterhalb dieser Grenzen sind tolerierbar. Selbst in der 10 % Stichprobe sind die erzielten Werte noch von erstaunlicher Stabilität. Die maximale Abweichung in der Altersgruppe der 35-39jährigen liegt bei 3 % in der Einwohnermeldeamtsstichprobe. Diese Abweichungen läßt sich auf die sehr kleine Fallzahl (301) zurückzuführen. Auffällig ist, daß Abweichungen über 1% vorallem in der Altersgruppe der 2029jährigen (EWA 10%) und in der Altersgruppe der 45-54jährigen (EWA 50% und 10%) vorkommen.

Auch wenn man die Ergebnisse der einzelnen Subsamples mit den Werten der Gesamtstichprobe (Survey) vergleicht, weisen die Werte eine hohe Stabilität auf. Gravierende Abweichungen (mehr als 5%) sind nicht festzustellen.

4.2 Familienstand

Vergleicht man wieder in einem ersten Schritt die einzelnen Stichproben untereinander so zeigt sich, daß die Werte der 50% Stichproben die Vorgaben der Gesamtstichprobe ohne allzugroße Verzerrungen replizieren. Ausgenommen die Werte der Einwohnermeldeamtsstichprobe betragen die Abweichungen unter 1%. Es sind vorallem die Werte für die Verheirateten und die Ledigen, die in der Split-half Stichprobe Abeichungen aufweisen. Beim 10% Subsample wird dieser Trend noch stärker. Hier sind - vermutlich aufgrund der doch bereits sehr kleinen Fallzahlen - Abweichungen bis zu 5% festzustellen (verheiratet / EWA). Dies korrespondiert mit den Ergebnissen aus der Repräsentativitätsuntersuchung, bei der sich herausgestellt hat, daß überproportional viele Verheiratete erhoben worden sind. Aussagen, die nurmehr auf der Basis von ca. 500 Personen gemacht werden, sollten dies berücksichtigen.

4.3 Haushaltstyp

Die 50 % Stichprobe liefert nahezu identische Werte für alle Teilstichproben entsprechend der Gesamterhebung. Bei der 10% Stichprobe fallen die Verwandtenhaushalte heraus. Die übrigen Werte variieren mit +/- 2% um die Werte der Gesamtstichprobe. D.h. auch hier kann man wieder von sehr stabilen Werten in den Substichproben ausgehen. Deutlich sichtbar wird hier, daß die unterschiedlichen Stichprobenverfahren die Haushaltstypen unterschiedlich erreichen. So werden Einpersonenhaushalte durch das Random Route Verfahren deutlich häufiger als im Einwohnermeldeamtsverfahren selektiert. Dies ist - wie oben bereits gezeigt wurde - ein Artefakt des Erhebungsverfahrens.

Tabelle 11 :
Stabilität der Variablen Haushaltstyp (HH) in den Subsamples

Haushalts-type	Survey %	RR %	EWA %	Survey 50%	RR 50%	EWA 50%	Survey 10%	RR 10%	EWA 10%
Einper.HH	10,6	12,1	7,2	10,2	11,9	6,6	10,7	12,0	7,7
1-3 Generationen HH	81,6	80,1	85,0	82,1	80,5	85,7	81,2	80,2	83,6
Verw.HH	0,6	0,6	0,8	0,7	0,6	0,6	0	0	0
Nichtverw.	7,1	7,2	7,0	7,1	7,0	7,0	8,1	7,8	8,7
n	9965	6874	3091	4946	3397	1549	989	691	298

4.5 Familientypen

Der Familientyp wurde in den vorliegenden Vergleich mit aufgenommen, da er für die Thematik der Untersuchung von besonderer Relevanz ist. Abweichend von der Amtsstatistik wurden auch die Ledigen als Familienformen zugelassen, da die vorliegende Untersuchung nicht von vorgefaßten Familiendefinitionen ausgeht, sondern eruieren möchte, wie Familie heute gelebt wird. Dabei kann die Lebensform der Singels durchaus von Relevanz sein.

Tabelle 12:
Stabilität der Variablen Familientyp (FamTyp) in den Subsamples

	Survey %	RR %	EWA %	Survey 50%	RR 50%	EWA 50%	Survey 10%	RR 10%	EWA 10%
Fam.Typ									
Ledig	28,0	27,4	29,3	27,1	27,2	27,5	28,6	27,2	31,8
Ledig.m.Kind	1,5	1,4	1,5	1,6	1,6	1,6	1,3	1,2	1,4
Verheiratet	15,1	15,1	15,1	14,9	15,7	16,0	14,9	15,4	13,8
Verh.m.Kind	46,0	45,8	46,3	46,9	45,8	47,0	46,7	48,1	43,6
Getr.Lebend	0,6	0,7	0,5	0,6	0,6	0,6	0,1	0,0	0,3
Getr.Lebend m.Kind	1,0	1,1	0,6	1,0	1,0	0,5	1,0	1,5	0,0
Verw./geschieden	4,1	4,4	3,3	4,0	4,5	3,5	3,9	3,1	5,5
Verw./geschieden m.Kind	3,8	4,0	3,4	3,8	3,6	3,3	3,5	3,6	3,5
n:	9647	6662	2985	4809	3334	1500	959	670	298

Es zeigt sich, daß die 50 % Stichprobe als Substichprobe wiederum sehr stabile Werte mit der Gesamtstichprobe aufzuweisen hat. Die Abweichungen liegen auch hier wieder im Bereich von +/-1%. Für die 10% Stichprobe gilt, daß hier die extremsten Abweichungen nicht mehr als 3% betragen. Abweichungen findet man vorallem im Einwohnermeldeamtsverfahren, sind dort aber plausibel durch die bereits sehr geringe Fallzahl erklärbar. Auffallend ist, daß im Random Route Verfahren die getrennt Lebenden, im Meldeamtsverfahren die getrennt Lebenden mit Kinder in der 10% Stichprobe herausgefallen sind. Dies zeigt, daß Analysen mit marginalen Gruppen nur mit der gesamten Stichprobe oder mit sehr großen Teilstichproben vorgenommen werden können.

Als Ergebnis kann festgehalten werden, daß die Werte aus der Gesamtstichprobe empirisch stabil sind. Es hat sich gezeigt, daß in der Regel die Abweichungen der einzelnen Ergebnisse der Teilstichproben nur in ganz wenigen Ausnahmen mehr als 1% von den Vorgaben abweichen. Selbst bei Fallzahlen unter 500 erwiesen sich die Werte als sehr stabil innerhalb einer maximalen 5%igen Abweichung.

5. Gründe für die Abweichungen der Stichproben von den amtsstatistischen Daten

Wie bereits oben aufgezeigt, führen die von uns verwendeten Stichprobenverfahren nicht in jedem Falle zu gleichen Ergebnissen. Es soll nun der Versuch gemacht werden, die folgende Frage zu bantworten[9]:
Kann das Interviewerverhalten mögliche Abweichungen der Stichprobe vom Mikrozensus erklären?
Grundsätzlich sind zwischen den beiden Verfahren keine Abweichungen zu erwarten. Darüberhinaus sollten auch keine Abweichungen zu den Mikrozensusdaten auftreten.

Bereits eine erste Grundauszählung zeigte (s.o.), daß im Vergleich der Werte über den gesamten Survey mit den Mikrozensusdaten deutliche Abweichungen z. B. bei den Variablen Geschlechterverteilung oder Erwerbstätigkeit vorlagen. In ihrem Umfang geringere Abweichungen liegen bei anderen soziodemographischen Variablen vor z. B. beim Alter, beim Schulabschluß, bei den politischen Gemeindegrößenklassen, den gemeinen Typen nach Boustedt bzw. dem Familienstand.

Differenziert man diese Variablen nach den beiden Stichprobenverfahren zeigt sich, daß vor allem im Random Route-Verfahren in den Variablen Geschlecht und Erwerbstätigkeit deutliche Verzerrungen zur Referenzstatistik auftreten.

Tabelle 13:
Verteilung von Geschlecht und Erwerbstätigkeit in den Stichprobenverfahren

Gechlecht	EWA %	RR %	MZ %
männlich	50.1	43.0	50.6
weiblich	49.9	57.0	49.4
erwerbstätig	71.3	63.8	77.4

Dieses Ergebnis heißt nun, daß sich die unterschiedlichen Stichprobenverfahren hinsichtlich der Qualität der erhobenen Daten z. T. erheblich unterscheiden.

Wenn die Verfahren ordnungsgemäß durchgeführt würden, können keine Abweichungen auftreten. Treten Abweichungen trotzdem auf, liegt dies zwangsläufig an Fehlereinflüßen. Ein möglicher Fehler kann durch den unterschiedlichen Spielraum der Interviewer beim Zugang zu den Interviewpersonen erklärt werden. So lassen die vorgegebenen Zielpersonen (Name und Adresse) aus der Einwohnermeldeamtsstichprobe keinerlei Spielraum hinsichtlich der Auswahl der zu interviewenden Person zu. Im anderen Fall ist dieser Spielraum theoretisch ebenfalls nicht vorhanden, das Verfahren kann aber praktisch leichter manipuliert werden, da hier die Kontrollmaßnahmen wesentlich schwieriger durchzuführen sind. Die möglichen Zielpersonen sind zwar faktisch determiniert. Nicht kontrolliert wird aber, wie der Interviewer mit der Determinierungsanweisung umgeht.

Eine Möglichkeit, dies zu überprüfen, ist festzustellen, wo sich die beiden Verfahren in der Ausführung unterscheiden, sie aber von der Theorie her keine Unterschiede aufweisen dürften.

Z. B. dürften sich die Interviewer nicht darin unterscheiden, beim wievielten Versuch ein Interview erfolgreich abgeschlossen wird. Dieser Zeitpunkt wurde als Indikator für den unterschiedlichen Zugang zum Feld in beiden Stichprobenverfahren herangezogen. Betrachtet man unter diesem Aspekt die Verteilung der erfolgreich abgeschlossenen Interviews, so zeigt sich, daß es dabei auffällige Differenzen zwischen dem Random RouteVerfahren und dem Einwohnermeldeamtsverfahren gibt.

Grafik 6:
Anzahl der Kontaktversuche in den Stichproben

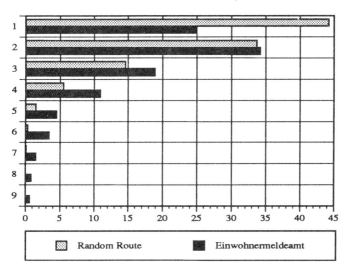

Geht man von einer 90%- igen Erfolgsquote realisierter Interviews aus, so zeigt sich, daß maximal 5 Kontakte notwendig sind, um ein Interview erfolgreich abzuschließen.Im Random Route Verfahren zeichnet sich dabei deutlich eine rechtsschiefe Verteilung ab, d.h. die meisten Interviews werden in diesem Verfahren mit dem ersten Kontakt realisiert. Demgegenüber zeigt der Verlauf der Einwohnermeldeamtsstichprobe, daß hier die meisten Interviews beim zweiten Kontaktversuch erfolgreich abgeschlossen werden. Gleichzeitig wird deutlich, daß im Einwohnermeldeamtsverfahren erheblich mehr Kontaktversuche (max. 9) benötigt werden, um die Interviews abschließen zu können. Damit zeigt sich: hinsichtlich der Erfolgsquote besteht kein nennenswerter Unterschied. Beide Verfahren haben mit dem 5-ten Kontaktversuch mindestens 90% der Interviews realisiert. Hinsichtlich des Zeitpunktes dieser Realisation aber unterscheiden sich die beiden Verfahren recht deutlich.

Dieser Unterschied dürfte - soll er zu keiner Verzerrung der Stichprobe führen - keine Auswirkung haben auf die zu interviewende Person. Dies soll anhand der Geschlechterverteilung im jeweiligen Kontaktversuch untersucht werden.

Tabelle 14 :
Geschlechterverteilung nach benötigten Kontakten in den Stichprobenverfahren

	RR		EWA	
	m	w	m	w
	%	%	%	%
1. Kontakt	41.1	58.9	46.6	53.4
2. Kontakt	43.5	56.5	50.5	49.5
3. Kontakt	47.6	52.4	53.9	46.1
4.u.m Kontakte	46.9	53.1	48.9	51.2
Mikrozensus	50.6	49.4	50.6	49.4

Es fällt auf, daß die Verteilung der Geschlechter zwischen den Stichproben deutlich variiert. Während bei dem Random Route-Verfahren - die meisten Interviews werden hier im ersten Kontakt realisiert - die Frauen deutlich überwiegen, weicht die Verteilung der Geschlechter bei der Einwohnermeldeamtsstichprobe - dort werden die meisten Interviews im zweiten Kontakt erfolgreich erhoben - deutlich geringer vom Mikrozensus ab.

Diese Verzerrung dürfte so nicht vorkommen, wenn die Äquivalenz der Stichprobenverfahren zutreffend ist. Die Frage war, ob mit der Ungleichverteilung der Geschlechter auch noch weitere Variablen deutliche Abweichungen von der Refferenzstatistik aufweisen würden.

Um dies zu überprüfen, wurde die Erwerbstätigkeit der interviewten Person in den jeweiligen Kontaktversuchen näher untersucht.

Tabelle 15 :
Erwerbstätigkeit nach Anzahl der Kontakte in den Stichprobenverfahren

	Random Route		Einwohnermeldeamt	
	erwerbstätig	nicht erw.	erwerbstätig	nicht erw.
	%	%	%	%
1. Kontakt	57.4	42.6	62.3	37.7
2. Kontakt	59.8	40.2	70.3	29.7
3. Kontakt	62.3	37.7	65.7	36.3
4.u.m Kontakte	59.0	41.0	73.9	26.1
Mikrozensus	77.4	23.6	77.4	23.6

Es zeigt sich, daß hier das Random Route-Verfahren über alle Kontaktversuche hinweg weniger Variation zwischen Erwerbstätigen und Nichterwerbstätigen aufweisen kann, als die Einwohnermeldeamtsstichprobe. Gleichzeitig ist die Abweichung zu den Werten des Mikrozensus im Random Route-Verfahren wieder deutlich größer als bei der Einwohnermeldeamtsstichprobe. Diese Unterschiede widersprechen nun deutlich der Annahme der Äquivalenz der beiden Stichprobenziehungsverfahren.

Projiziert man die beiden Ergebnisse aufeinander, so zeigt sich, warum die Erhebungsverfahren zu unterschiedlichen Ergebnissen führen. Die Personen, die im ersten Kontaktversuch zu realisierten Interviews geführt haben, sind in beiden Verfahren überdurchschnittlich viele Nichterwerbstätige und überdurchschnittlich viele Frauen. Während sich dieses Verhältnis ab dem zweiten Kontaktversuch deutlich bei der Einwohnermeldeamtsvorgehensweise relativiert, bleibt dieses Verhältnis im Random Route-Verfahren über die ersten vier Kontaktversuche relativ konstant. Dabei gilt es anzumerken, daß unabhängig vom Verfahren mit dem vierten Kontakt über 90 % der Interviews realisiert sind. Die Frage, die sich in diesem Zusammenhang stellt, ist, ob für diese Unterschiede eventuell der jeweilige Interviewer verantwortlich ist?

Da die Anzahl der realisierten Interviews pro Interviewer sehr stark schwankte (im Random Route-Verfahren haben 48 Interviewer 1 963 Interviews realisiert, im Einwohnermeldeamtsverfahren 12 Interviewer immerhin noch 393 Interviews) wird im folgenden vorallem das Realisierungsprofil der Inteviewer im ersten Kontakt näher untersucht werden. Die Vermutung war, daß Interviewer, die sehr viele Interviews durchgeführt haben (mehr als 25 Interviews), für die aufgetretenen Verzerrungen mehr verantwortlich waren als diejenigen, die unterdurchschnittlich viele Interviews (weniger als 20) realisiert haben. Die folgende Tabelle zeigt die Ergebnisse der Untersuchung:

Tabelle 16:
Verteilung der Gechlechter bei realisierten Interviews durch Viel - oder Weniginterviewer

	RR		EWA	
	m	w	m	w
	%	%	%	%
Viele Interviews	42.0	58.0	55.8	44.2
Wenig Interviews	45.4	54.6	50.4	49.6
Mikrozensus	50.6	49.4	50.6	49.4

Interviewer, mit den überduchschnittlich vielen Interviews, weisen in etwa die gleichen Ergebnisse bezogen auf das Geschlecht und die Erwerbstätigkeit auf, wie wir es bereits aus der Darstellung der Stichprobenverfahren an sich kennen. D.h. im Random Route-Verfahren tendieren diese eher zu Frauen und Nichterwerbstätigen, was aber fast im gleichen Umfang auch für die unterdurchschnittlichen Interviewer gilt. Im Einwohnermeldeamtsverfahren zeigt sich, daß die Vielinterviewer eher dazu tendieren die Männer zu überschätzen und die Erwerbstätigen zu unterschätzen. Die Vergleichsgruppe realisieren hier annähernd die Vorgaben des Mikrozensus.

Tabelle 17:
Verteilung der Erwerbstätigkeit bei realisierten Interviews durch Viel - oder Weniginterviewer

	RR		EWA	
	nerwerb	berwerb	nerwerb	erwerb
	%	%	%	%
Viele Interviews	41.6	58.4	34.4	65.6
Wenige Interviews	39.9	60.1	28.7	71.3
gesamt:				
random route	41.7	59.3		
EWA			32.1	67.9
MZ	23.6	77.4	23.6	77.4

Damit entsteht zunächst der Eindruck, die Vielinterviewer produzieren den Trend, der durch den Stichprobenvergleich sichtbar geworden ist. D.h., daß nicht das Verfahen, sondern die impliziten Manipulationsspielräume im Random Route Verfahren maßgebend für die beobachteten Abweichungen sind. Unter den sehr rigiden Vorgaben der Einwohnermeldeamtsstichprobe sind Abweichungen weitgehend ausgeschlossen, zumal dann, wenn die Interviewer nicht über Soll arbeiten.

Um diese Vermutung zu untermauern, wurde über die folgenden Variablen eine Korrelation mit den differenzierteren Werten (7 Klassen der Professionalität) (Tabelle 18) aus beiden Stichproben berechnet:

- Klasse   Klassifikation der Interviewer nach Anzahl realisierter Interviews
- Geschlecht   nur Frauen
- Erwerbstätigkeit   nur Hausfrauen
- Kontakt   nur Erstkontakt

Tabelle 18:
Anteilswerte der Variablen Geschlecht, Erwerbstätigkeit und Kontakthäufigkeit in den Interviewerklassen

Anzahl Interviews	Klasse	Random Route			EWA		
		Geschlecht %	Erwerb %	Kontakt %	Geschlecht %	Erwerb %	Kontakt %
1-6	1	54.8	20.0	38.7	48.1	11.5	26.8
7-10	2	57.6	22.1	46.1	48.6	17.3	25.9
11-14	3	58.1	23.1	38.5	51.9	14.8	25.9
15-19	4	57.2	20.2	41.5	48.4	16.8	18.4
20-29	5	55.8	21.2	43.7	49.9	17.3	26.0
30-34	6	59.9	25.0	51.0	49.2	12.8	22.4
35 u. mehr	7	57.9	20.8	44.6	50.6	15.7	27.0

Die Korrelation (nach Pearsaon) brachte folgendes Ergebnis:

Tabelle 19:
Korrelationsmatrix der Anteilswerte der Variablen Geschlecht, Erwerbstätigkeit und Kontakthäufigkeit in den Interviewerklassen

	Random Route				Einwohnermeldeamt		
	Klasse	Geschl	Erwerb	Kontakt	Geschl	Erwerb	Kontakt
Geschlecht	.54	-					
Erwerb	.26	.82	-				
Kontakt	.57	.66	.60	-			
Geschlecht	.37	.33	.32	-.17	-		
Erwerb	.22	.01	-.22	.08	.15	-	
Kontakt	.07	-.33	-.11	-.31	.51	-.34	-

In der Korrelationsmatrix werden vorallem für das random routeVerfahren einige Zusammenhänge ganz offensichtlich. Zunächst zeigt sich hier ein Zusammenhang zwischen Erfolg im Erstkontakt und der Klassifikation der Interviewer derart, daß mit einer höheren Eingruppierung des Intervierwers auch ein größerer Erfolg im Erstkontakt auftritt (.57). Im Einwohnermeldeamtsverfahren gibt es einen solche Zusammenhang nicht.

Ferner besteht ein Zusammenhang im random route-Verfahren zwischen Erstkontakt und Geschlecht. Dieser hat etwa folgende Logik: wer Erfolg im Erstkontakt hat, erreicht dabei besonders Frauen (.66). Gleichzeitig besteht im Erstkontakt eine hohe Erreichbarkeit von Hausfrauen (.60). Darüber hinaus gilt, daß, wenn man eine Frau als Interviewpartner erreicht, diese sehr wahrscheinlich eine Hausfrauen (.82) ist.

Auch im Einwohnermeldeamtsverfahren findet man eine überduchschnittlich hohe Erreichbarkeit von Frauen als Interviewpartnern (.51) vor. Die Korrelation zwischen Erstkontakt und Hausfrauenstatus ist jedoch negativ (-.34), d.h. hier wird kein Zusammenhang erkennbar derart, daß wenn eine Frau im Erstkontakt interviewt würde, diese gleichzeitig auch Hausfrau sein müßte. Dies unterstreicht nochmal der sehr niedrige Koeffizient zwischen Geschlecht und Hausfrauenstatus (.15).

Aufgrund dieser Zahlen darf als gesichert angenommen werden, daß die großen Abweichungen im Random Route-Verfahren auf die Manipulation der Interviewer bei der Auswahl ihrer Interviewpartner zurückzuführen ist. Professionalität, oder besser zu viele Interviews führen zu höheren Manipulationseffekten. Die Einschränkung von Manipulationsmöglichkeiten verbessert die Qualität der Erhebung.

Anhang

1.Frau MinRn Elisabeth Haines
Bundesministerium für Familie und Senioren

Frau Dr. Charlotte Höhn
Bundesinstitut fr Bevölkerungsforschung

Herrn Prof. Dr. Max Kaase
Lehrstuhl für politische Wissenschaften der Universität Mannheim

Frau PD Dr. Dagmar Krebs
Zentrum für Umfragen, Methoden und Analysen e.V. - ZUMA

Herrn Prof. Dr. Friedhelm Neidhardt
Wissenschaftszentrum Berlin für Sozialforschung

Herrn Prof. Dr. Klaus Schneewind
Institut für Psychologie Universitt Mnchen

Herrn Dr. Wolfgang Schwartz
Familienwissenschaftliche Forschungsstclle
Stat.Landesamt Baden-Wrttemb.

Herrn Prof. Dr. Wolfgang Sodeur
Gesamthochschule Essen

Herrn Bernhard v.Rosenbladt
INFRATEST

Frau Prof. Dr. Rosemarie von Schweitzer
Justus-Liebig-Universität Gießen

Frau RD'in
Dr. Gertrud Zimmermann
Bundesministerium für Familie und Senioren

2. Die Anordnung der Samplepoints un d deren Verteilung auf die Länder der alten Bundesrepublik vollzieht sich , indem zunächst die Gemeinden der BRD (ca 8500) regional von Nord nach Süd angeordnet werden, um danach innerhalb der gebildeten Schichten weitere Anordnungen vornehmen zu können:

1: Bundesländer werden innerhalb der Bundesländer geschichtet

2: Regierungsbezirke innerhalb der Regierungsbezirke

3: Kreise werden zunächst nach kreisreien Städten und dann nach Landkreisen geordnet

4: Die Gemeinden nach den Gemeindgrößenklassen nach Boustedt

5: Die Gemeinden nach Alphabet innerhalb der Gemeinden

6: Stimmbezirke nach amtlicher Nummerierung

3. Der Random Walk ist ein weitestgehend vordefinierter Weg, den ein Interviewer zurückzulegen hat, auf dem er nach einem vorgeschriebenen Verfahren Kontaktadressen zufällig zihen soll.
So erhält er eine Startadresse von der aus er , wenn er mit dem Gesicht zum Eingang steht, sich zunächst das nach links wenden soll, in das zweite Haus auf der rechten Seite gehen und dort jede fünfte Adresse auflisten muß, indem er von oben nach unten die Klingelschilder abliest. Zum Aufsuchen weiterer Haushalte soll er dann in derselben Richtung weiter gehen und wiederjedes zweite Haus der rechten Strassenseite auswählen. (Siehe dazu Noelle S:127 ff)

4. Der Schwedenschlüssel ist ein Verfahren zur Auswahl von Zielpersonen, die in einem Random Walk in ausgewählten Haushalten angetrofen werden. In Haushalten mit mehreren Zielpersonen werden danach alle Zielpersonen dem Alter nach aufgelistet. Am Rande dieser Liste steht eine Reihe von Zahlen. Dieser Auswahlschlüssel, der auf die Listen per Zufall angeordnet wurde, bestimmt dann die zu interviewende Person.

5. Die Werte der Graphik (sowie aller folgenden Graphiken dieses Kapitels) sind dadurch zustande gekommen, daß die Differenz zwischen den Vorgaben der amtlichen Statistik und der jeweiligen Stichprobe gebildet wurde. Damit entspricht der Wert 0 in der Graphik dem Wert des Mikrozensus; die Balken geben die Größe der Abweichung von diesem Wert an.

6. Die Kategorie "sonstige" umfaßt vorallem die Ledigen, die im Mikrozensus nicht als Familienform auftaucht. Das erstaunliche an dem Ergebnis der Sonderauswertung zu den Familientypen ist, daß trotz dem , daß die Ledigen deutlich unterrepräsentiert sind, der Familientyp - soweit man hier davon sprechen kann - überrepräsentiert wird.

7.

Tabelle I : Anteil der Befragten mit Volks/Hauptschulabschluß nach Altersgruppen in den Stichproben und der Referenzstatistik

Alter in Jahren	Survey %	EWA %	RR %	MZ88 %
20 - 24	30.2	34.8	27.6	45.2
25 - 29	37.9	37.9	37.9	51.3
30 - 34	43.8	44.9	43.3	58.9
35 - 39	53.8	54.2	53.7	64.9
40 - 44	54.6	57.2	53.1	68.1
45 - 49	58.4	57.7	58.8	76.3
50 - 54	69.7	70.1	69.5	80.1

Tabelle II : Anteil der Befragten mit mittlerem Schulabschluß nach Altersgruppen in den Stichproben und der Referenzstatistik

Alter in Jahren	Survey %	EWA %	RR %	MZ88 %
20 - 24	33.9	31.8	35.1	30.1
25 - 29	29.9	30.4	29.7	23.8
30 - 34	27.7	27.4	27.8	20.6
35 - 39	22.2	25.0	21.1	19.0
40 - 44	25.1	25.1	25.0	18.9
45 - 49	22.2	24.8	20.8	14.4
50 - 54	16.1	14.1	17.0	12.5

Tabelle III : Anteil der Befragten mit Fach/Hochschulabschluß nach Altersgruppen in den Stichproben und der Referenzstatistik

Alter in Jahren	Survey %	EWA %	RR %	MZ88 %
20 - 24	35.1	32.2	36.7	24.7
25 - 29	30.2	29.3	30.6	24.7
30 - 34	26.3	24.2	27.2	20.4
35 - 39	22.5	18.3	24.0	15.9
40 - 44	18.1	13.9	20.2	12.9
45 - 49	17.9	15.4	19.2	9.2
50 - 54	11.1	12.8	10.3	7.2

8. Sowohl die 50% Stichprobe als auch die 10% Stichprobe wurden mit Hilfe von SPSSX erzeugt. Dabei wurden jeweils nur die gewünschten Anteilswerte der zu ziehenden Stichprobe

angegeben, was dazu führen kann, daß nicht exakt die Fallzahlen einer 50% (10%) Stichprobe erzielt werden. Die Fallzahlen weichen immer dann besonders stark von dem 50% (19%) Niveau ab, wenn Variablen betrachtet werden, die durch die Filterführung im Erhebungsinstrument nicht an alle Befragten gestellt worden sind.

9. Siehe zu dem folgenden auch die ausführlichere Darstellung in ZUMA Nachrichten 28 Alt/Bien/Krebs Wie zuverlässig ist die Verwirklichung von Stichprrobenverfahren? Randon Route versus Einwohnermeldeamtsstichprobe.

Literatur

ALLENSBACH: Einstellungen zu Familie im Wandel der Zeit. Stuttgart, 1985
ALLERBECK, K./HOAG, W.: Jugend ohne Zukunft? Einstellungen, Umwelt, Lebensperspektiven. München, 1985
ALLERBECK, K./HOAG, W.: Zur Methodik der Umfrage Projekt: Integrationsbereitschaft der Jugend im sozialen Wandel. Frankfurt, 1985
ALT, C./ BIEN, W./KREBS, D.: Wie zuverlässig ist die Verwirklichung von Stichprobenverfahren? In: ZUMA Nachrichten 28 /1991
ANDERSON, M.: Family Structure in Nineteenth-century. Lancashire. Cambridge, 1971
ANDREß, H.-J.: Multivariate Analyse von Verlaufsdaten. (Methodentext, Bd. 1). Mannheim, Zuma: 1985
ANGELL, R.C.: The family encounters the Depression. (orig.1936). Gloucester, Mass. 1965
ARIES, P.: Geschichte der Kindheit. München, 1975
ARIES, P./ ANDRE, B./FOUCAULT, M. u. a.: Die Masken des Begehrens und die Metamorphosen der Sinnlichkeit. Zur Geschichte der Sexualität im Abendland, (1982). Frankfurt, 1986
ARIES, P.: Liebe in der Ehe. In: Ariès, P./ André, B./Foucault, M. u. a. (Hrsg.): Die Masken des Begehrens und die Metamorphosen der Sinnlichkeit. (1982), Frankfurt, 1986, S. 165-174.
AXHAUSEN, S.: Hintergründe der wachsenden Armut von Frauen,. In: Frauenforschung, 8 /1990, S. 15-24
BADINTER, E.: Ich bin Du. München, 1987
BAHRDT, H.: Humaner Städtebau. Hamburg, 1968
BAHRDT, H.: Umwelterfahrung. München, 1974
BAKKE, E.W.: The unemployed worker. Hammden, Conn., 1969 (orig. 1940)
BARTH, H.P.: Wandlungen der Familie. In: CLAESSENS, D./MILHOFFER, P. (Hrsg.): Familiensoziologie. Ein Reader als Einführung. Frankfurt a.M., 1973, S. 110-122
BASSAND, M./HENZ, A. (Hrsg.): Zur Zukunft des Wohnens. Zürich (ETH), 1989
BAUMANN, R./ZINN, H.: Kindergerechte Wohnungen für Familien. Bern, 1973

BECK, U./BRATER, M.: Berufliche Arbeitsteilung und soziale Ungleichheit. Eine historisch-gesellschaftliche Theorie der Berufe. Frankfurt, New York, 1978
BECK, U.: Jenseits von Stand und Klasse. Soziale Ungleichheiten, gesellschaftliche Individualisierungsprozesse und die Entstehung neuer sozialer Formationen und Identitäten. In: Kreckel, R. (Hrsg.): Soziale Ungleichheiten. Sonderband 2 der Sozialen Welt. Göttingen, 1983, S. 35-74
BECK, U.: Risikogesellschaft. Auf dem Weg in eine andere Moderne. Frankfurt/Main, 1986
BECK, U.: Die Industriegesellschaft schafft sich selber ab. In: Frankfurter Allgemeine vom 19.10. /1990, S. 35 ff
BECK, U.: Freiheit oder Liebe. Vom Ohne-, Mit- und Gegeneinander der Geschlechter innerhalb und außerhalb der Familie. In: Beck, U./Beck-Gernsheim, E. (Hrsg.): Das ganz normale Chaos der Liebe. Frankfurt am Main, 1990a
BECK-GERNSHEIM, E.: Geburtenrückgang - Die wissenschaftliche Karriere eines politischen Themas. In: Beck, U. (Hrsg.): Soziologie und Praxis. Sonderband 1 der Sozialen Welt. Göttingen, 1982, S. 243-274
BECK-GERNSHEIM, E.: Vom "Dasein für andere" zum Anspruch auf "ein Stück eigenes Leben". Individualisierungsprozesse im weiblichen Lebenszusammenhang. In: Soziale Welt 34 /1983, S. 307-340
BECK-GERNSHEIM, E.: Vom Geburtenrückgang zur Neuen Mütterlichkeit? Frankfurt a.M., 1984
BECK-GERNSHEIM, E.: Bis daß der Tod euch scheidet? Wandlungen von Liebe und Ehe in der modernen Gesellschaft. In: Archiv für Wissenschaft und Praxis der sozialen Arbeit. Heft 2-4 /1986
BECK-GERNSHEIM, E.: Die Kinderfrage - Frauen zwischen Kinderwunsch und Unabhängigkeit. 2. Aufl. München, 1989
BECKER, G. S./ LANDES, E. M./MICHAEL, R. T.: An economic analysis of marital instability. In: Journal of Political Economy 85 /1977, S. 1141-1187.
BECKER, U.: Frauenerwerbstätigkeit - Eine vergleichende Bestandsaufnahme. In: Aus Politik und Zeitgeschichte, B 28 /1989, S. 22-33
BEHNKEN, I. u. a.: Raumerfahrung in der Biographie. Das Beispiel Kindheit und Jugend. MS Hagen, 1987
BELLAH, R.N.: Gewohnheiten des Herzens. Köln, 1987
BENDER, D.R.: A refinement of the concept of household: Families, coresidence, and domestic functions. In: American Anthropologist 69 /1967, S. 493-504

BERARDO, F.M.: Family research and theory: Emergent topics the 1970s and the prospects for the 1980s. In: Journal of Marriage and the Family 43 /1981, S. 251-254
BERGER, P./HRADIL, S. (Hrsg.): Lebenslagen, Lebensläufe, Lebensstile. Sonderband der Sozialen Welt. Göttingen, 1990
BERGER-SCHMITT, R.: Innerfamiliale Arbeitsteilung und ihre Determinanten. In: BERGER-SCHMITT, R./GLATZER, W. (Hrsg.): Haushaltsproduktion und Netzwerkhilfe. Die alltäglichen Leistungen der Familien und Haushalte. Frankfurt und Mannheim, 1986
BERTELS, L./HERLYN, U. (Hrsg.): Lebenslauf und Raumerfahrung. Opladen, 1989
BERTRAM, H.: Sozialstruktur und Sozialisation - Zur mikroanalytischen Analyse von Chancenungleichheit. Darmstadt, Neuwied, 1981
BERTRAM, H.: Von der schichtspezifischen zur sozialökologischen Sozialisationsforschung. In: VASKOVICS, L.A. (Hrsg.): Umweltbedingungen familialer Sozialisation. Beiträge zur sozialökologischen Sozialisationsforschung. Stuttgart, 1982, S. 25-54
BERTRAM, H./BAYER, H.: Berufsorientierung erwerbstätiger Mütter. Zum Struktur- und Einstellungswandel mütterlicher Berufstätigkeit. München, 1984
BERTRAM, H./BORRMANN-MÜLLER, R.: Individualisierung und Pluralisierung familialer Lebensformen. In: Aus Politik und Zeitgeschichte, B 13, Beilage zur Wochenzeitung Das Parlament. 25. März /1988, S. 14-23
BERTRAM, H./BORRMANN-MÜLLER, R.: Von der Hausfrau zur Berufsfrau? Der Einfluß struktureller Wandlungen des Frauseins auf familiales Zusammenleben. In: GERHARDT, U./SCHÜTZE, Y. (Hrsg.): Frauensituation. Veränderungen in den letzten zwanzig Jahren. Frankfurt/ M, 1988, S. 251-273
BERTRAM, H.: Immer weniger Kinder, immer mehr Erziehung? In: Deutsches Jugendinstitut (Hrsg.): Wie geht's der Familie? Ein Handbuch zur Situation der Familien heute. München, 1988, S. 67-75
BERTRAM, H.: Neue Eltern - neue Kinder? Vortrag beim Fachkongreß Kindheit des Pestalozzi-Fröbel-Verband e.V. 1990
BERTRAM, H.: Mütter und Kinder. Zur Individualisierung der Kinder- und Frauenrolle in der Gesellschaft.Aus Politik und Zeitgeschichte. In: Beilage zur Wochenzeitung Das Parlament. 40-41/90 /1990, S. 30-39.
BIEN, W./MARBACH, J. H.: Die Untersuchung familialer Lebensformen im Familiensurvey. Arbeitspapier 0-004 zum Projekt "Wandel und Entwicklung familialer Lebensformen". München, 1989

BIEN, W./ MARBACH, J. H./TEMPLETON, R.: Social Networks of Single Person Households. Zur Veröffentlichung vorgesehen. In: MARSH, C./ ARBER, S. (Hrsg.): Families and Households: Divisions and Change. Birmingham, 1991
BIRG, H./ FELBER, W./FLÖTHMANN, E.-J.: Arbeitsmarktdynamik, Familienentwicklung und generatives Verhalten. In: Institut für Bevölkerungsforschung und Sozialpolitik. Universität Bielefeld (Hrsg.): IBS Materialien Nr. 16.: 1984
BLOSSFELD, H.-P./HUININK, J.: Die Verbesserung der Bildungs- und Berufschancen von Frauen und ihr Einfluß auf den Prozeß der Familienbildung. In: Zeitschrift für Bevölkerungswissenschaft, 4 /1989, S. 383-404
BLOSSFELD, H.-P./JAENICHEN, U.: Educational Expansion and Changes in Women's Entry into Marriage and Motherhood in the Federal Republic of Germany. Paper prepared for the ESF Workshop on "Applications of the Life Course Approach to Household Dynamics in Contemporary Europe. Ghent/Belgium, 1990
BOLTE, K.M.: Typen generativer Entscheidungen. In: Zeitschrift für Bevölkerungswissenschaft 1 /1980, S. 5-23
BOLTE/ KAPPE/SCHMID: Bevölkerung 4. Aufl. Opladen, 1980
BOLTE, K.M./MEYER-NEUMANN, U.: Feststellungen und Überlegungen zum Stand bevölkerungswissenschaftlicher Forschung in der Bundesrepublik. In: Zeitschrift für Bevölkerungswissenschaft, 3 /1981, S. 401-432
BOLTE, K. M./HRADIL, S.: Soziale Ungleichheit in der Bundesrepublik Deutschland. Opladen, 1984
BOTT, E.: Familiy and crisis. 1957
BOURDIEU, P.: Entwurf einer Theorie der Praxis, auf der ethnologischen Grundlage der kabylischen Gesellschaft. Frankfurt a.M., 1979
BRAUDEL, F./LABROUSSE, E. (Hrsg.): Wirtschaft und Gesellschaft in Frankreich im Zeitalter der Industriealisierung 1789 - 1880. 2 Bände. Frankfurt a.M., 1986
BRAUDEL, F./ DUBY, G./AYMARD, M.: Die Welt des Mittelmeeres. Zur Geschichte und Geographie kultureller Lebensformen. Frankfurt a.M, 1987
BRAUDEL, F.: Frankreich I - Raum und Geschichte. Stuttgart, 1989
BRONFENBRENNER, U.: Ökologische Sozialisationsforschung. Stuttgart, 1976
BRONFENBRENNER, U.: Toward an experimental ecology of human development. In: American Psychologist 32/ /1977, S. 513-531
BRONFENBRENNER, U.: The social role of the child in ecological perspective. In: Zeitschrift für Soziologie 7 /1978, S. 4-20

BUCHHEIT, R.: Soziale Wohnungspolitik. Sozialstaat und Wohnungsversorgung in der Bundesrepublik. Darmstadt, 1984
BUNDESFORSCHUNGSANSTALT FÜR LANDESKUNDE UND RAUMORDNUNG (BfLR): Atlas zur Raumentwicklung, Band 10: Raumordnung. Bonn, 1982
BUNDESINSTITUT FÜR BEVÖLKERUNGSFORSCHUNG (BIB) (Hrsg.): Familienbildung in der Bundesrepublik Deutschland. Anlage und Durchführung der Panelstudie des Bundesinstituts für Bevölkerungsforschung. Materialien zur Bevölkerungswissenschaft Heft 45. Wiesbaden, 1985
BUNDESMINISTERIUM FÜR BAUWESEN (BMBAU) (Hrsg.): Gemeindetypisierung. Schriftenreihe des BMBAU, Bd.03.002.X Bonn-Bad Godesberg, 1972
BUNDESMINISTERIUM FÜR BAUWESEN (BMBAU) (Hrsg.): Kinderfreundliche Umwelt. Schriftenreihe des BMBAU, Bd. 03.075, Bonn–Bad Godesberg, 1979
BUNDESMINISTERIUM FÜR BAUWESEN (BMBAU) (Hrsg.): Hinweise der Sozialwissenschaft zur Wohnungsplanung. Schriftenreihe des BMBAU, Bd.04.077. Bonn–Bad Godesberg, 1982
BUNDESMINISTERIUM FÜR BAUWESEN (BMBAU) (Hrsg.): Starter Homes – zur Marktfähigkeit erweiterungsfähiger Starter–Home–Lösungen. Schriftenreihe des BMBAU, Bd. 04.088. Bonn–Bad Godesberg, 1982
BUNDESMINISTERIUM FÜR JUGEND, FAMILIE UND GESUNDHEIT (Hrsg.): Nichteheliche Lebensgemeinschaften in der Bundesrepublik Deutschland. Band 170 der Schriftenreihe. Stuttgart, 1985
BUNDESMINISTERIUM FÜR JUGEND, FAMILIE UND GESUNDHEIT (Hrsg.): Familie und Wohnen. Schriftenreihe des BMJFFG, Bd. 20. Stuttgart, 1975
BUNDESMINISTERIUM FÜR JUGEND, FAMILIE UND GESUNDHEIT (Hrsg.): Bericht über Bestrebungen und Leistungen der Jugendhilfe – 8.Jugendbericht. Bonn, 1990
BUNDESMINISTERIUM FÜR JUSTIZ UND BUNDESMINISTERIUM FÜR JUGEND, FAMILIE UND GESUNDHEIT (Hrsg.): Gemeinsam leben ohne Trauschein, Bonn, 1986
BUNDESMINISTER FÜR JUGEND, FAMILIE, FRAUEN UND GESUNDHEIT (Hrsg.): Vereinbarkeit von Familie und Beruf - Neue Forschungsergebnisse im Dialog zwischen Wissenschaft und Praxis. Schriftenreihe Bd. 230. Stuttgart, 1987
BUNDESMINISTER FÜR JUGEND, FAMILIE UND GESUNDHEIT (Hrsg.): Zweiter Familienbericht. Bonn/ Bad Godesberg, 1975

BUNDESMINISTER FÜR JUGEND, FAMILIE UND GESUNDHEIT (Hrsg.): Der Kinderwunsch in der modernen Industriegesellschaft. Schriftenreihe Bd. 81. Stuttgart, 1980
BUNDESMINISTER FÜR JUGEND, FAMILIE UND GESUNDUNDHEIT (Hrsg.): Ursachen des Geburtenrückgangs - Aussagen, Theorien und Forschungsansätze zum generativen Verhalten. Schriftenreihe Bd. 63. Stuttgart, 1979
BURKART, G./KOHLI, M.: Ehe und Elternschaft im Individualisierungsprozeß: Bedeutungswandel und Milieudifferenzierung. In: Zeitschrift für Bevölkerungswissenschaft, 4 /1989, S. 405-426
BURKHARD, W./MEULEMANN, H.: Die "Rolle des Mannes" und ihr Einfluß auf die Wahlmöglichkeiten der Frau. Schriftenreihe des Bundesministers für Jugend, Familie und Gesundheit, Band 41. Bonn, 1976
BURT, R. S.: Network items and the General Social Survey. In: Social Networks 6 /1984, S. 293-339
BURT, R. S.: Kinds of Relations in American Discussion Networks. In: CALHOUN, C. J./ MEYER, M. W./SCOTT, W. R. (Hrsg.): Structure of Power and Constraint.: Cambridge, 1989
BÜCHNER, P.: Individualisierte Kindheit 'Jenseits von Klasse und Schicht'? Überlegungen zum Stellenwert neuer Dimensionen sozialer Ungleichheit im Kindesalter. In: GEULEN, D. (Hrsg.): Kindheit. Neue Realitäten und Aspekte.: Weinheim, 1989, S. 146-161
CAPLOW, T. u. a.: Middletown Families. Fifty Years of Change and Continuity. Minnesota, 1982
CAVAN, R. C./RANCK, K. H.: The family and the Depression. (orig. 1938). New York, 1969
CHODOROW, N. J.: Divorce, Oedipal Asymmetries, and the Martial Age Gap. In: Friedman, R. M./Lerner, L. (Hrsg.): New York, 1986
CLAUSEN/ LINKE: Studie des BIB zur "Sonderauswertung von Mikrozensusdaten" für 1972 bis 1982. In: BMJFFG (Hrsg.): Bd. 170, 1985
COCHRAN, M./BRASSARD, J. A.: Child development and personal networks. In: Child Development 50 /1979, S. 601-616
COLEMAN, J.: Die asymmetrische Gesellschaft. Vom Aufwachsen in unpersönlichen Systemen. Weinheim, 1986
COLLINS, R.: The credential society. New York: Academic Press, 1979
CORNELIUS, I.: Modellrechnungen zur wirtschaftlichen Lage von Familienhaushalten unterschiedlicher Kinderzahl. In: Statistisches Landesamt Baden--Württemberg, F. F. (Hrsg.): Materialien und Berichte, Heft 19, 1987
DAHRENDORF, R.: Gesellschaft und Demokratie in Deutschland. München, 1958

DEMOS, J.: A Little Commonwealth: Family Life in Plymouth Colony. New York, 1970
DESSAI, E./ALT-ROSENDAHL, R.: Wohnen und Spielen mit Kindern. Düsseldorf, 1976
DESSAI, E.: Auf dem Weg in die kinderlose Gesellschaft. Reinbek b. H.: 1979
DEUTSCHES JUGENDINSTITUT (Hrsg.): Familien in den 80er Jahren, München, 1987
DIEKMANN, A.: Determinanten des Heiratsalters und Scheidungsrisikos. Unveröffentlichte Habilitationsschrift. Universität München, 1987
DIEKMANN, A.: Der Einfluß schulischer Bildung und die Auswirkungen der Bildungsexpansion auf das Heiratsverhalten. In: Zeitschrift für Soziologie 19, Heft 4 /1990, S. 265-277.
DIEKMANN, A./KLEIN, T.: Geschlecht von Kindern und Ehescheidungsrisiko. Bern/Karlsruhe, 1991
DIEKMANN, A.: Der Zeitpunkt der Erstheirat und die Streuung des Heiratsalters. Zum Wandel von Heiratsmustern in der Kohortenfolge. In: Voges, W./Behrens, J. (Hrsg.): Statuspassagen und Institutionalisierung, 1991
DIEKMANNN, A./MITTER, P.: Methoden zur Analyse von Zeitverläufen. Stuttgart, 1984
DIEWALD, M./ZAPF, W.: Wohnbedingungen und Wohnzufriedenheit. In: GLATZER, W./ZAPF, W. (Hrsg.): Lebensqualität in der Bundesrepublik. Objektive Lebensbedingungen und subjektives Wohlbefinden. Darmstadt, 1984, S. 73-96
DIEWALD, M.: Sozialkontakte und Hilfeleistungen in informellen Netzwerken. In: GLATZER, W./BERGER-SCHMITT, R. (Hrsg.): Haushaltsproduktion und Netzwerkhilfe. Die alltäglichen Leistungen der Familien und Haushalte. Frankfurt, New York, 1986, S. 51-84
DRITTER FAMILIENBERICHT: Die Lage der Familien in der Bundesrepublik Deutschland. Bericht der Sachverständigen-Kommission der Bundesregierung, 8. Wahlperiode. Drucksache 8/31. Bonn/Bad Godesberg, 1979
EID, V./VASKOVICS, L. (Hrsg.): Wandel der Familie - Zukunft der Familie. Mainz, 1982
ELDER, G. H. Jr.: Children of the Great Depression. Chicago, 1974
ELDER, G. H. Jr./CASPI, A./DOWNEY, G.: Problem behavior and family relationships: Life course and intergenerational themes. In: SORENSEN, A./ WEINERT, F./SHERROD, L. (Hrsg.): Human development and the life course: Multidisciplinary perspecitves. Hillsdale, N.J.: 1984, S. 293 - 340

ELDER, G. H. Jr./CONGER, R. D./FOSTER, E. M.: Families under economic pressure. Unpublished manuscript. University of North Carolina at Chapel Hill, 1989
EMNID-INSTITUT, Bielefeld: Repräsentativerhebung. In: BMJFG (Hrsg.): Bd. 170, Stuttgart, 1985
ENGELBERT, A.: Kinderalltag und Familienumwelt. Eine Studie über die Lebenssituation von Vorschulkindern. Frankfurt/New York, 1986
ENGELBRECH, G.: Erwerbsverhalten und Berufsverlauf von Frauen: Ergebnisse neuerer Untersuchungen im Überblick. In: Mitteilungen aus der Arbeitsmarkt- und Berufsforschung 20 /1987, S.181-196
ERBSLÖH, B./KOCH, A.: Nonresponse Studie zum ALLBUS 1986 Problemstellung, Design und erste Ergebnisse. In: ZUMA Nachrichten 22, S.29-44
ERLER, G./ JAECKEL, M./ PETTINGER, R./SASS, J.: Kind? Beruf? Oder beides? Eine repräsentative Studie über die Lebenssituation und Lebensplanung junger Paare zwischen 18 und 33 Jahren in der Bundesrepublik Deutschland im Auftrag der Zeitschrift Brigitte. Hamburg/München: Brigitte/DJI 1988
ERNST, A.: Leitfaden zur Ehe ohne Trauschein,. In: Arbeitsgemeinschaft für Jugendhilfe (AGJ) (Hrsg.): Die nichteheliche Lebensgemeinschaft: Freiburg/ Breisgau, 1983
ESSER, H.: Kooperation und Verweigerung beim Interview. In Studien zum Interview. Meisenheim, 1973
ESSER, H./FRIEDRICHS, J.: Generation und Identität. Opladen, 1990
FAGIN, L./LITTLE, M.: The forsaken families - the effects of unemployment on family life. Harmondsworth, 1984
FAMILIE - TATSACHEN, PROBLEME, PERSPEKTIVEN: Sonderveröffentlichung aus Anlaß des 71. Deutschen Fürsorgetages vom 29. bis 31. Oktober 1986 in München (zugleich Heft 2 bis 4 des ARCHIVs für Wissenschaft und Praxis der sozialen Arbeit). Frankfurt a.M., 1986
FAMILIE IST ZUKUNFT, XIV. Internationaler Kongreß für die Familie. Bonn, April 1989. Vorträge, Diskussionen, Arbeitskreise. Bonn, 1989
FATKE, R.: Kompensatorische Erziehung im Vorschulalter. In: HUNDERTMARCK, G./ULSHOEFFER, H. (Hrsg.): Kleinkindererziehung, Band 3: Institutionen der Kleinkindererziehung. München, 1972, S. 187-211
FAUSER, R.: Zur Isolationsproblematik von Familien - Sozialisationstheoretische Überlegungen und empirische Befunde. München, 1982
FAUSER, R.: Was leistet Familie heute zur Reproduktion gesellschaftlicher Ungleichheit? - Am Beispiel von Bildungserwartungen in Arbeiterfamilien.

Beitrag zum Kolloquium der Sektion Familien- und Jugendsoziologie der Deutschen Gesellschaft für Soziologie. Konstanz, 1983
FEATHERMAN, D. L./HAUSER, R. M.: Opportunity and Change. New York, 1978
FELD, S. L.: The focused organization of social ties. In: American Journal of Sociology 86 /1981, S. 1015-1035
FEND, H.: Gesellschaftliche Bedingungen schulischer Sozialisation. Soziologie der Schule I. Weinheim, 1974
FEND, H.: Sozialgeschichte des Aufwachsens. Bedingungen des Aufwachsens und Jugendgestalten im zwanzigsten Jahrhundert. Frankfurt, 1988
FISCHER, C. S.: To Dwell Among Friends. Personal Networks in Town and City. Chicago, London, 1982
FLADE, A./KRÖNING, W.: Familiengerechtes Wohnen im Geschosswohnungsbau. (IWU, Institut Wohnen und Umwelt). Darmstadt, 1985
FLADE, A.: Wohnen, psychologisch betrachtet. Bern, 1987
FlANDRIN, J. L.: Familien, Soziologie, Ökonomie, Sexualität. Frankfurt, 1978
FRANKE, L./JÜRGENS, H. W.: Keine Kinder - keine Zukunft? Schriftenreihe des Bundesinstituts für Bevölkerungsforschung Bd. 4. Boppard, 1978
FRESE, M.: Arbeitslosigkeit, Depressivität und Kontrolle: Eine Studie mit Wiederholungsmessung. In: Universität Bielefeld (Hrsg.): Bielefelder Arbeiten zur Sozialpsychologie 29, 1978
FUCHS, W.: Jugend als Lebensphase. In: Jugendliche und Erwachsene '85. Generationen im Vergleich. Band 5. Studie im Auftrag des Shellwerks der Deutschen Shell. Leverkusen, 1985
GALLER, H. P.: Familiale Lebenslagen und Familienlastenausgleich. Zu den Opportunitätskosten familialer Entscheidungen. In: Familienlastenausgleich und demographische Entwicklung. Berlin, 1988, S. 83-112
GEISSLER, H.: Die neue soziale Frage. Freiburg, 1976
GEISSLER, B./PFAU, B.: Die Arbeitszeit als Ansatzpunkt der Frauenförderung - Ein arbeitsmarktpolitisches Modell zur Vereinbakeit von Elternschaft und Erwerbsarbeit. In: Frauenforschung 7 /1989, S. 43-65
GENSIOR, S.: Moderne Frauenarbeit. Arbeitszeitflexibilisierung und elektronische Heimarbeit. In: Karriere oder Kochtopf? Jahrbuch für Sozialökonomie und Gesellschaftstheorie. Opladen, 1984
GERHARD, U.: Gleichheit ohne Angleichung. Frauen im Recht. München, 1990

GERSTEL, N. R.: The feasability of commuter marriage. In: STEIN, P. J./ J.RICHMAN/HANNON, N. (Hrsg.): The Family: Functions, conflicts, and Symbols.: Reading (Mass.), 1977
GESELLSCHAFT ZUR FÖRDERUNG REGIONALWISSENSCHAFTLICHER ERKENNTNISSE (Hrsg.): Wohnen und Stadtentwicklung. Geogr. Hochschulmanuskripte 7/1. Oldenburg, 1979
GIBSON, G.: Kin family network: Overheralded structure in past conceptualizations of family functioning. In: Journal of Marriage and the Family 34 /1972, S. 13-23
GLATZER, W.: Wohnungsversorgung im Wohlfahrtsstaat. Frankfurt a. M.: 1980
GLATZER, W.: Haushaltsproduktion in der modernen Gesellschaft. Repräsentative Daten zum Lebensstil in der Bundesrepublik. Frankfurt, Mannheim, 1983
GORE, S.: The effect of social support in moderating the mental health consequences of unemployment. In: Journal of Health and Social Behavior, 19 /1978, S. 157 - 165
GROSS, H. E.: Dual-career couples who live apart: Two types. In: Journal of Marriage and the Family 42 /1980, S. 567-576
GRUNDMANN, M.: Warum Männer keine Väter werden. Vaterabwesenheit und Kinderlosigkeit bei Männern der Geburtskohorten 1929-31, 1939-41 und 1949-51. In: Zeitschrift für Sozialisationsforschung und Erziehungssoziologie 9 /1990, S. 33-52.
GRÜNEISEN, V./HOFF, E.-H.: Familienerziehung und Lebenssituation. Der Einfluß der Lebensbedingungen und Arbeitserfahrungen auf Erziehungseinstellungen und Erziehungsverhalten von Eltern. Weinheim, 1977
GRÜNEISEN, V./HOFF, E.: Familienerziehung und Lebenssituation. Weinheim/ Basel, 1977
GYSI, J.: Wandel in den Familienformen - Wandel in der Lebensweise. In: HOFFMANN-NOWOTNY, H.-J. (Hrsg.): Kultur und Gesellschaft. Gemeinsamer Kongreß der Deutschen, der Österreichischen und der Schweizerischen Gesellschaft für Soziologie, Zürich 1988. Beiträge der Foschungskomitees, Sektionen und Ad-hoc-Gruppen. Zürich, 1989, S. 596-599
HABERMEHL, W./SCHULZ, W.: Ehe und Familie in Österreich und der Bundesrepublik Deutschland - ein Ländervergleich. In: Kölner Zeitschrift für Soziologie und Sozialpsychologie, 34 /1982, S. 732-747
HABICH, R./ HEADEY, B./KRAUSE, P.: Armut im Reichtum - ist die Bundesrepublik Deutschland eine zwei-Drittel-Gesellschaft? In: RENDTEL, U./WAGNER, G. (Hrsg.): Zur Einkommensdynamik in Deutschland seit 1984. Frankfurt/New York, 1991, S.487 - 508

HANDL, J.: Berufschancen und Heiratsmuster von Frauen. Empirische Untersuchungen zu Prozessen sozialer Mobilität. Frankfurt/New York, 1988
HANDL, J.: Der langfristige Geburtenrückgang in Deutschland: Heiratskohorten 1920 - 1960. In: Zeitschrift für Bevölkerungswissenschaft 14 /1988, S. 295-318.
HANEFELD, U.: Das sozioökonomische Panel, Grundlagen und Konzeption. Frankfurt, 1987
HAREVEN, T. K.: Family Time and Historical Time. In: Mitterauer, M./ Sieder, R. (Hrsg.): Historische Familienforschung, Frankfurt/M.: 1982, S. 64-87
HAREVEN, T. K.: Themes in the historical development of the family. In: PARKE, R. D. (Hrsg.): Review of Child Development Research, Vol. 7: The Family, Chicago, London, 1984, S. 137-178
HAREVEN, T. K.: Historical analysis of the family. In: SUSSMAN, M. B./STEINMETZ, S. K. (Hrsg.): Handbook of Marriage and the Family. New York, London, 1987, S. 37-57
HAUSER, R.: Ergebnisse der Armutsforschung in der Bundesrepublik Deutschland. In: Akademie der Arbeit (Hrsg.): Mitteilungen, N.F. 38, 1988, S. 5 - 29
HAUSER, R.: Ursachen und Perspektiven der Armut in der Bundesrepublik Deutschland. In: Hauswirtschaft und Wissenschaft 5 /1990, S.204-214
HEINELT, H./ WACKER, A./WELZER, H.: Arbeitslosigkeit in den 70er und 80er Jahren - Beschäftigungskrise und ihre Sozialen Folgen. In: Archiv für Sozialgeschichte, 27 /1987, S. 259 - 317
HERLTH, A./STROHMEIER, K. P.: Sozialpolitik und der Alltag von Kindern. In: VASKOVICS, L. A. (Hrsg.): Umweltbedingungen familialer Sozialisation. Beiträge zur sozialökologischen Sozialisationsforschung, Stuttgart, 1982, S. 307-329
HERLTH, A./SCHLEIMER, I.: Kinder im sozialen Umfeld. Außerfamiliale Kontakte von Vorschulkindern. Frankfurt/New York, 1982
HERLTH, A.: Die Chancen zu spielen. Familiale Bedingungen sozialer Benachteiligung von Kindern. Bielefeld, 1986
HERLYN, U. (Hrsg.): Großstadtstrukturen und ungleiche Lebensbedingungen in der Bundesrepublik. Verteilung und Nutzung sozialer Infrastruktur. Frankfurt a. M.: 1980
HERLYN, I./HERLYN, U.: Wohnverhältnisse in der Bundesrepublik. 2. Aufl. Frankfurt a. M.: 1983
HERLYN, I.: Wohnung und Wohnumwelt. Wohnverhältnisse der Familien und familienorientierte Wohnungspolitik. In: KONRAD-ADENAUER-

STIFTUNG (Hrsg.): Familie und Familienpolitik. Forschungsbericht 44. Melle, 1985, S. 105–116

HERLYN, U.: Leben in der Stadt. Lebens- und Familienphasen in städtischen Räumen. Opladen, 1990

HERZ, T.: Der Wandel der Wertvorstellungen in westlichen Industriegesellschaften. In: Kölner Zeitschrift für Soziologie und Sozialpsychologie 31 /1979, S.282-302

HERZ, T.: Werte, sozio-politische Konflikte und Generationen. Eine Überprüfung der Theorie des Postmaterialismus. In: Zeitschrift für Soziologie 16 /1987, S.56-69

HERZ, T.: Politische Konflikte, Wertwandel und Modernisierung. In: Lutte, H.-O./Meulemann, H. (Hrsg.): Wertwandel - Faktum oder Fiktion. Bestandsaufnahme und Diagnose aus soziologischer Sicht, Frankfurt/ New York, 1988, S.48-72

HILL, R.: Decision making and the family life style. In: SHANAS, E./ STREIB, G. (Hrsg.): Social Structure and the Family: Generational Relations, Englewood Cliffs, New Jersey, 1965, S. 113-139

HILL, P. B.: Unterschiedliche Operationalisierungen von egozentrierten Netzwerken und ihr Erklärungsbeitrag in Kausalmodellen. In: ZUMA-Nachrichten 22 /1988, S. 45-57

HOFFMANN-NOWOTNY, H.-J.: Ehe und Familie in der modernen Gesellschaft. In: Aus Politik und Zeitgeschichte. Beilage zur Wochenzeitung Das Parlament, B 13, 25. März /1988, S. 3-13

HOLTMANN, D.: Die Erklärungskraft verschiedener Berufsstruktur- und Klassenmodelle für die Bundesrepublik Deutschland: Ein Vergleich der Ansätze von IMSF, PKA, Walter Müller, Eric O. Wright und des Berufsstrukturmodells auf der Basis der bundesdeutschen Sozialstatistik. In: Zeitschrift für Soziologie 1 /1990, S. 26 - 45

HÖHN, C./OTTO, J.: Bericht über die demographische Lage in der Bundesrepublik Deutschland und über die Weltbevölkerungstrends. In: Zeitschrift für Bevölkerungswissenschaft, 4 /1985, S. 445-518

HÖHN, C.: Einflußfaktoren des generativen Verhaltens. In: Zeitschrift für Bevölkerungswissenschaft, 3 /1986, S. 309-323

HÖHN, C.: Soziale Konsequenzen eines Bevölkerungsrückgangs. In: Zeitschrift für Bevölkerungswissenschaft, 3 /1987, S. 289-302

HÖHN, C.: Von der Großfamilie zur Kernfamilie? - Zum Wandel der Familienformen während des demographischen Übergangs. In: Zeitschrift für Bevölkerungswissenschaft 14 /1988, S. 237-250.

HÖPFLINGER, F.: Die Wahrnehmung familialen Verhaltens im Paarvergleich. In: Zeitschrift für Soziologie 1 /1986

HÖPFLINGER, F.: Wandel der Familienbildung in Westeuropa. Frankfurt/ New York, 1987
HÖRNING, K. H./ GERHARD, A./MICHAILOW, M.: Zeitpioniere. Flexible Arbeitszeit - neuer Lebensstil. Frankfurt, 1990
HUBBARD, W. H.: Familiengeschichte. Materialien zur deutschen Familie seit dem Ende des 18. Jahrhunderts. München, 1983
HUBER, J./SPITZE, G.: Trends in Family Sociology. In: Smelser, N. (Hrsg.): Handbook of Sociology. London, 1988
HUININK, J.: Die demographische Analyse der Geburtenentwicklung mit Lebensverlaufsdaten. In: Allgemeines Statistisches Archiv, Band 72. Göttingen, 1988
HUININK, J.: Ausbildung, Erwerbsbeteiligung von Frauen und Familienbildung im Kohortenvergleich. In: WAGNER, G./ OTT, N. /HOFFMANN--NOWOTNY, H. J. (Hrsg.): Familienbildung und Erwerbstätigkeit im demographischen Wandel.: Berlin/Heidelberg/New York, 1989, S. 136-158
HUININK, J.: Das zweite Kind. Sind wir auf dem Weg zur Ein-Kind-Familie? In: Zeitschrift für Soziologie 18, Heft 3 /1989, S. 192-207
HUININK, J.: Kohortenanalyse der Geburtenentwicklung in der Bundesrepublik Deutschland. In: HERLTH, A./STROHMEIER, K. P. (Hrsg.): Lebenslauf und Familienentwicklung. Mikroanalysen des Wandels familialer Lebensformen.: Opladen, 1989, S. 67-94
HURRELMANN, K.: Sozialisation und Lebenslauf. Reinbek, 1976
HURRELMANN, K.: Warteschleifen. Keine Berufs- und Zukunftsperspektiven für Jugendliche? Weinheim/Basel, 1989
INFRATEST (Hrsg.): Familie und Partnerbeziehungen in der Bundersrepublik. Methodenbericht zur Haupterhebung 1988. München, 1989
INGLEHART, R.: The Silent Revolution in Europe. Intergenerational Change in Post-Industrial Societies. In: American Political Science Review 65 /1971
INGLEHART, R.: The Silent Revolution, Changing Values and Political Styles Among Western Publics. Princeton, 1977
INGLEHART, R.: Wertwandel in den westlichen Gesellschaften: Politische Konsequenzen von materialistischen und postmaterialistischen Prioritäten. In: Klages, H./Kmieciak, P. (Hrsg.): Wertwandel und gesellschaftlicher Wandel, Frankfurt a.M., 1979, S.279-316
INGLEHART, R.: Zusammenhang zwischen sozioökonomischen Bedingungen und individuellen Wertprioritäten. In: Kölner Zeitschrift für Soziologie und Sozialpsychologie 32 /1980, S.144-153
INGLEHART, R.: Kultureller Umbruch. Wertewandel in der westlichen Welt. Frankfurt a.M., 1989

JACKSON, P.R.: Individuelle und familiäre Bewältigung von Arbeitslosigkeit. In: SCHINDLER, H./ WACKER, A./ WETZELS, P. (Hrsg.): Familienleben in der Arbeitslosigkeit. Ergebnisse neuerer europäischer Studien. Heidelberg, 1990
JAHODA, M/ LAZARSFELD, P.F./ ZEISEL, H: Die Arbeitslosen von Marienthal. Ein soziographischer Versuch. Frankfurt, Suhrkamp 1975 (original 1938)
JAHODA, M.: Wieviel Arbeit braucht der Mensch? Weinheim/Basel, 1983
JÜRGENS, H. W./POHL, K.: Kinderzahl - Wunsch und Wirklichkeit. Schriftenreihe des Bundesinstituts für Bevölkerungsforschung Bd. 1. Wiesbaden, 1975
JÜRGENS, H. W.: Sozialpsychologische Aspekte eines Bevölkerungsrückganges. In: Zeitschrift für Bevölkerungswissenschaft /1977, S. 3-16
JÜRGENS, H. W./POHL, K.: Partnerbeziehung und generatives Verhalten. In: Zeitschrift für Bevölkerungswissenschaft, 3 /1978, S. 247-268
KAMAROWSKY: Dilemmas of Masculinity. A Study of College Youth. New York, 1976
KAUFMANN, H. G.: Professionals in the search of work. New York, 1982.
KAUFMANN, F. X./STROHMEIER, K. P.: (Projektleitung): Familienentwicklung in Nordrhein-Westfalen. Generatives Verhalten im sozialen und regionalen Kontext. Kurzbericht über das Forschungsprojekt "Generatives Verhalten in Nordrhein-Westfalen. Prozesse der Familienentwicklung in sozialräumlichen Kontexten und Möglichkeiten ihrer Prognostizierbarkeit". Institut für Bevölkerungsforschung und Sozialpolitik. Universität Bielefeld, 1984
KAUFMANN, F. X.: Sozialpolitik und Familie. In:. In: Aus Politik und Zeitgeschichte. Beilage zur Wochenzeitung Das Parlament. 25. März /1988, S. 34-43
KAUFMANN, F.-X.: Zukunft der Familie. Stabilität, Stabilitätsrisiken und Wandel der familialen Lebensformen sowie ihre gesellschaftlichen und politischen Bedingungen. Gutachten zu Hd. des Bundeskanzleramts. Bonn, 1990
KÄHLER, H. D.: Ressourcen aus dem sozialen Netzwerk zur Bewältigung von schwierigen Alltagssituationen: Ergebnisse aus einer Erkundungsstudie. In: Neue Praxis 13 /1983, S. 262-272
KEDDI, B./SEIDENSPINNER, G.: Veränderter weiblicher Lebensentwurf und Individualisierung des Lebenslaufs. In: Neue Sammlung 4 /1990
KERCKHOFF, A. C.: Nuclear and extended family relationships: A normative and behavioral analysis. In: SHANAS, E./STREIB, G. (Hrsg.): So-

cial Structure and the Family: Generational Relations. Englewood Cliffs, New Jersey, 1965, S. 93-112
KIEFL, W./SCHMID, J.: Empirische Studien zum generativen Verhalten. Schriftenreihe des Bundesinstituts für Bevölkerungsforschung Bd. 15. Boppard, 1985
KLAGES, H./KMIECIAK, P. (Hrsg.): Wertwandel und gesellschaftlicher Wandel. Frankfurt/New York, 1979
KLEIN, T./LENGSFELD, W.: Sozialstrukturelle Ursachen des Geburtenrückgangs. In: Zeitschrift für Bevölkerungswissenschaft, 1 /1985, S. 57-74
KLEIN, T.: Sozialer Abstieg und Verarmung von Familien durch Arbeitslosigkeit. Eine mikroanalytische Untersuchung für die Bundesrepublik Deutschland. Frankfurt/M., 1987
KLEIN, T.: Bildungsexpansion und Geburtenrückgang. Eine kohortenbezogene Analyse zum Einfluß veränderter Bildungsbeteiligung auf die Geburten von Kindern im Lebensverlauf. In: Kölner Zeitschrift für Soziologie und Sozialpsychologie 41 /1989, S. 483-503.
KLEIN, T.: Soziale Determinanten des generativen Verhaltens und der Geburtenentwicklung in der Bundesrepublik Deutschland. Unveröffentliche Habilitationsschrift. Universität Karlsruhe, 1989
KLEIN, T.: Zur wohlfahrtsgerechten Bemessung von Sozialeinkommen. In: Hauswirtschaft und Wissenschaft 5 /1990, S.224-236
KLEINING, G.: Struktur- und Prestigemobilität in der Bundesrepublik Deutschland. In: Kölner Zeitschrift für Soziologie und Sozialpsychologie 23 /1971, S. 1 - 33
KLEINING, G.: Soziale Mobilität in der Bundesrepublik Deutschland. Status und Prestigemobilität. In: Kölner Zeitschrift für Soziologie und Sozialpsychologie 4 /1975, S. 273 - 292
KOHN, M. L.: Social Class and Parental Values. In: American Journal of Sociology 64 /1959, S.337-351
KOHN, M. L./SCHOOLER, C.: Class, Occupation and Orientation. 1969
KOHN, M. L.: Class and Conformity. A Study in Values. Chicago, 1969
KOHN, M. L.: On the Transmission of Values in the Familiy. A preliminary Formulation. Greenwich, 1983
KOHN, M. L.: Continuity of Learning - Generalisation the Effect of Job on Men. In: American Journal of Sociology 3 /1985
KOMAROVSKY, M.: The unemployed man and his family: The effects of unemployment upon the status of the man in fifty-nine families (orig. 1940). New York, 1973

KÖCHER, R.: Einstellungen zu Ehe und Familie im Wandel der Zeit. Stuttgart, 1985
KÖCHER, R.: Unterschätzte Funktionen der Familie. In: Aus Politik und Zeitgeschichte - Beilage zur Wochenzeitung Das Parlament, 25. März /1988, S. 24-33
KÖNIG, R.: Alte Probleme und neue Fragen in der Familiensoziologie. In: CLAESSENS, D./MILHOFFER, P. (Hrsg.): Familiensoziologie. Ein Reader als Einführung. Frankfurt a.M.: 1973, S. 123-143
KRUSE, L.: Räumliche Umwelt. Die Phänomenologie des räumlichen Verhaltens als Beitrag zu einer psychologischen Umwelttheorie. Berlin, 1974
KRUSKAL, W./MOSTELLER, F.: Representative Sample. In: International Statistical Review. Vol 47/1979, Vol 48 /1980
KRÜGER, H./ BORN, C./ EINEMANN, B./ HEINTZE, S./SAIFI, H.: Privatsache Kind - Privatsache Beruf. Opladen, 1987
KRÜGER, H./ BORN, C./KELLE, U.: Sequenzmuster in unterbrochenen Erwerbskarrieren von Frauen. Arbeitspapier Nr. 7 des SFB 186. 1989
KRÜSSELBERG, H.-G./ AUGE, M./HILZENBECHER, M.: Verhaltenshypothesen und Familienzeitbudgets - Die Ansatzpunkte der "Neuen Haushaltsökonomik für Familienpolitik. Stuttgart, 1986
KRÜSSELBERG, H.-G.: Das gesellschaftliche Problem der Vereinbarkeit von Familientätigkeit und Erwerbstätigkeit. Vortrag zur Konferenz "Kind, Familie und Gesellschaft". Luxemburg, 27. bis 29. Mai 1991 Philipps-Universität Marburg, FB Wirtschaftswissenschaft. 1991
LAHMANN, H.: Wohnen. In: KRUPP, H./ SCHUPP, J. (Hrsg.): Lebenslagen im Wandel: Daten 1987.: Frankfurt a. M.: 1988, S. 42–79
LAKEMANN, U.: Veränderungen der Haushaltsproduktion seit 1950. In: Hauswirtschaft und Wissenschaft, 3 /1989, S. 129-134
LAMPERT, H.: Ordnungspolitische und verteilungspolitische Aspekte der Familienpolitik in der Bundesrepublik Deutschland. In: Lampert, H.:/Wingen, H. (Hrsg.): Familien und Familienpolitik: Bestandsaufnahme und Perspektiven. Köln, 1986, S.9-49
LANG, S.: Lebensbedingungen und Lebensqualität von Kindern. Frankfurt/ New York, 1985
LAPPE, L.: Die Arbeitssituation erwerbstätiger Frauen. Frankfurt. New York, 1981
LASLETT, P.: The World We Have Lost: England Before the Industrial Age. New York, 1965
LE PLAY, F.: Les ouvriers européens, études sur les traveaux, la vie domestique et la condition morale des populations ouvrières de l´Europe, précédés d´un exposé de la méthode d´observation. Paris: 1855

LE ROY LADURIE, E.: Montaillou. Ein Dorf vor dem Inquisitor. Frankfurt/M.: Berlin, Wien o.J.
LEDIG, M./NISSEN, U.: Kinder und Wohnumwelt. Eine Literaturanalyse zur Straßensozialisation. München, 1987
LEHR, U.: Familie in der Krise? Ein Plädoyer für mehr Partnerschaft in Ehe, Familie und Beruf. München/ Wien, 1982.
LENGSFELD, W./LINKE, W.: Die demographische Lage in der Bundesrepublik Deutschland. In: Zeitschrift für Bevölkerungswissenschaft 14 / 1988, S. 341-435.
LEPSIUS, R. M.: Soziale Ungleichheit und Klassenstrukturen in der BRD. In: Wehler, H.-U. (Hrsg.): Klassen in der europäischen Sozialgeschichte. Göttingen, 1974/ 1979
LEUBE, K.: Neue Männer, Neue Väter - Neue Mythen? In: Deutsches Jugendinstitut (Hrsg.): Wie geht's der Familie? München, 1988
LEVINSON/MAYER, K. U.: Lebensverläufe und Wohlfahrtsentwicklung. In: Antrag auf Einrichtung und Finanzierung des Sfb 3 "Mikroanalytische Grundlagen der Gesellschaftspolitik. Frankfurt a.M./ Mannheim, 1978, S. 181-217
LEVINSON, D.-J.: Das Leben des Mannes. Wendekrisen/ Wendepunkt /Entwicklungschancen. Köln, 1979
LIKER, J. K./ELDER, G. H. Jr.: Economic hardship and marital relations in the 1930s. In: American Sociological Review, 48 /1983, S. 343 - 359.
LINTON, R.: 1936: The Study of Man. New York, 1980
LIPP, W.: Familie und Wohnen. Wohnbedürfnisse im Wandel. In: Zeitschrift für Familienforschung. Jg.2, H.2, /1990, S. 128–142
LITWAK, E.: Occupational mobility and extended family cohesion. In: American Sociological Review 25/ /1960, S. 9-21
LITWAK, E.: Geographic mobility and extended family cohesion. In: American Sociological Review 25 /1960, S. 385-394
LITWAK, E.: Extended kin relations in an industrial democratic society. In: SHANAS, E./STREIB, G. (Hrsg.): Social Structure and the Family: Generational Relations. Englewood Cliffs, New Jersey, 1965, S. 290-323
LITWAK, E./SZELENYI, I.: Primary group structures and their functions: Kin, neighbors, and friends. In: American Sociological Review 34 /1969, S. 465-481
LOPATA, H. Z.: Contributions of extended families to the support systems of metropolitan area widows: Limitations of the modified kin network. In: Journal of Marriage and the Family 40 /1978, S. 355-364
LOWENTHAL, M. P./HAVEN, C.: Interaction and adaptation: Intimacy as a critical variable. In: American Sociological Review 33 /1968, S. 20-30

LUHMANN, N.: Liebe als Passion: Zur Codierung von Intimität. Frankfurt/M., 1982
LUHMANN, N.: Soziale Systeme: Grundriß einer allgemeinen Theorie. Frankfurt/M., 1985
LUTZ, B.: Die Interdependenz von Bildung und Beschäftigung und das Problem der Erklärung der Bildungsexpansion. In: Mathes, J. (Hrsg.): Sozialer Wandel in Westeuropa, Frankfurt, New York, 1979
LÜBBE, H.: Der Lebenssinn der Industriegesellschaft. Berlin, 1990
LÜSCHEN, G./LUPRI, E.: Soziologie der Familie. In: Kölner Zeitschrift für Soziologie und Sozialpsychologie Sonderheft 14, 1970
LÜSCHEN, G./ STOLTE-HISKANEN, V./ STAIKOFF, Z./WARD, C.: Family, ritual and secularization. In: Social Compass, 1972, S. 519 - 536
LÜSCHEN, G./ HAAVIO-MANNILA, E./ STOLTE-HEISKANEN, V./ WARD, C.: Familie, Verwandtschaft und Ritual im Wandel. In: Franz, H. W. (Hrsg.): 22. Soziologentag, 1985, S. 25 - 29
LÜSCHEN, G.: Familial-verwandtschaftliche Netzwerke. In: NAVE-HERZ, R. (Hrsg.): Wandel und Kontinuität der Familie in der Bundesrepublik Deutschland. Band 8 der Reihe "Der Mensch als soziales und personales Wesen". Stuttgart, 1988, S. 145-177
LÜSCHER, K.: Sozialpolitik für das Kind. In: Kölner Zeitschrift für Soziologie und Sozialpolitik, Sonderheft 19 (Soziologie und Sozialpolitik) 1977, S. 591-628
LÜSCHER, K./ SCHULTHEIS, F./WEHRSPAUN, M. (Hrsg.): Die " postmoderne" Familie. Konstanz, 1988
MACKENROTH, G.: Bevölkerungslehre. Berlin/München/Göttingen, 1953
MACKENSEN, R. (Hrsg.): Empirische Untersuchungen zum generativen Verhalten. Berlin, 1979
MACKLIN, E. D.: Nontraditionale Familiy Forms: A Decade of Research. In: Journal of Marriage and the Family. 11 /1980, S. 905-922.
MAIER, F.: Patriarchale Arbeitsmarktstrukturen,. In: Feministische Studien, 1 /1991, S. 107-116
MARBACH, J. H./MAYR-KLEFFEL, V.: Soweit die Netze tragen. In: Jugendinstitut, D. (Hrsg.): Wie geht's der Familie? Ein Handbuch zur Situation der Familien heute. München, 1988, S. 281-290
MARBACH, J. H.: Soziale Netzwerke von Familien - Wer hat, dem wird gegeben. In: Familienalltag. Ein Report des Deutschen Jugendinstituts (Hrsg.): Frauensichten - Männersichten. Reinbek, 1989, S. 82-120
MARBACH, J.: Size and Multiplexity of Egocentered Networks. An Attempt to apply Emerson's Theory of Value to Network Data. Paper presented

at the Deuxieme Conference Europeene sur l'Analyse des Reseaux Sociaux. Paris, 1991
MARSCHALCK, P.: Die Ursachen des Geburtenrückgangs in der Bundesrepublik Deutschland. IBS-Materialien Nr. 6. Institut für Bevölkerungsforschung und Sozialpolitik. Universität Bielefeld:. 1982
MARSDEN, D./DUFF, E.: Workless: Some unemployed men and their families. Harmondsworth, 1975
MARSDEN, P. V.: Core discussion networks of Americans. In: American Sociological Review 52 /1987, S.122-131
MAYER, K. U.: Lebensverläufe und Wohlfahrtsentwicklung. (Antrag auf Einrichtung und Finanzierung des SFB 3 "Mikroanalytische Grundlagen der Gesellschaftspolitik. Frankfurt a.M./Mannheim, 1978
MAYER, K. U.: Soziale Ungleichheit und die Differenzierung von Lebensverläufen. Vortrag auf dem 25. Deutschen Soziologentag. Frankfurt, 1990
McLOYD, V. C./FLANAGAN, C. A. (Hrsg.): Economic stress: Effects on family life and child development. New Directions for Child Development 46. 1990
MERZ, F.: Geschlechterunterschiede und ihre Entwicklung. Göttingen, 1979
METZ-GÖCKEL, S./MÜLLER, U.: Der Mann. Im Auftrag der Zeitschrift Brigitte. Weinheim, 1985
METZ-GÖCKEL, S./MÜLLER, U.: Die Partnerschaft der Männer ist (noch) nicht die Partnerschaft der Frauen. In: WSI-Mitteilungen, 39, 8, /1986, S. 549-558
MEYER, S./SCHULZE, E.: Nichteheliche Lebensgemeinschaften - Alternativen zur Ehe? In: Kölner Zeitschrift für Soziologie und Sozialpsychologie 35 /1983, S. 735-754
MEYER, S./SCHULZE, E.: Nichteheliche Lebensgemeinschaften - Eine Möglichkeit zur Veränderung des Geschlechterverhältnisses? In: Kölner Zeitschrift für Soziologie und Sozialpsychologie 40 /1988, S. 337-356
MEYER, S./SCHULZE, E.: Auswirkungen des II. Weltkrieges auf Familien. Zum Wandel der Familie in Deutschland. Berlin, 1989
MEYER-EHLERS, G.: Wohnung und Familie. Stuttgart, 1968
MILLHOFER, P./CLAESSENS, D. (Hrsg.): Familiensoziologie. Ein Reader als Einführung. Königstein, 1980
MINISTERPRÄSIDENT DES LANDES NORDRHEIN WESTFALEN (Hrsg.): Partnerbeziehungen und Familienentwicklung in Nordrhein-Westfalen. Generatives Verhalten im sozialen und regionalen Kontext. Düsseldorf, 1987

MITSCHERLICH, A.: Die Unwirtwirklichkeit unserer Städte. Anstiftung zum Unfrieden. Frankfurt a. M.: 1965
MITTERAUER, M.: Auswirkungen von Urbanisierung und Frühindustrialisierung auf die Familienverfassung. In: CONZE, W. (Hrsg.): Sozialgeschichte der Familie in der Neuzeit Europas.: Stuttgart, 1976, S. 53-146
MITTERAUER, M./SIEDER, R.: Vom Patriarchat zur Partnerschaft. Zum Strukturwandel der Familie. München, 1977
MORGAN, S. P./ LYE, D. N./CONDRAN, G. A.: Sons, daughters, and the risk of marital disruption. In: American Journal of Sociology 94 /1988, S. 110-129.
MUCHOW, M./MUCHOW, H.H.: Der Lebensraum des Großstadt-Kindes. Bensheim, 1978
MÜLLER, W.: Familie - Schule - Beruf. Analyse zur sozialen Mobilität und Statuszuweisung in der Bundesrepublik Deutschland. Opladen, 1975
MÜLLER, H.: Wo Jugendliche aufwachsen. Umweltaneignung in verschiedenen Lebensräumen. München, 1983
MÜNKEL, W.: Geburtenrückgang als Folge veränderten generativen Handels des Mannes. In: Zeitschrift für Bevölkerungswissenschaft, Jg. 10, Heft 2, /1984, S. 193-207
NAUCK, B.: Demographische Entwicklung der Jugend in der Bundesrepublik Deutschland. In: NAVE-HERZ, R./MARKEFKA, M. (Hrsg.): Handbuch der Familien- und Jugendforschung. Band 2: Jugendforschung. Neuwied/Frankfurt, 1989, S. 273-292
NAUCK, B.: Migration, ethnische Differenzierung und Modernisierung der Lebensführung. In: ZAPF, W. (Hrsg.): Modernisierung der Moderne. Verhandlungen des 25. Deutschen Soziologentages in Frankfurt 1990.: Frankfurt/New York, 1991
NAVE-HERZ, R.: Familiäre Veränderungen in der Bundesrepublik seit 1950. In: Zeitschrift für Sozialisationsforschung und Erziehungssoziologie 4, /1984, S. 45-63.
NAVE-HERZ, R.: Kontinuität und Wandel in der Bedeutung, in der Struktur und Stabilität von Ehe und Familie in der bundesrepublik Deutschland. In: NAVE-HERZ, R. (Hrsg.): Wandel und Kontinuität der Familie in der Bundesrepublik Deutschland. Band 8 der Reihe "Der Mensch als soziales und personales Wesen".: Stuttgart, 1988, S. 61-94
NAVE-HERZ, R.: Kinderlose Ehen. Weinheim/München, 1988
NAVE-HERZ, R. (Hrsg.): Wandel und Kontinuität der Familie in der Bundesrepublik Deutschland. Stuttgart, 1988
NAVE-HERZ, R./MARKEFKA, M. (Hrsg.): Handbuch der Familien- und Jugendforschung. Bd.1 Familienforschung. Neuwied/ Frankfurt a.M.: 1989

NAVE-HERZ, R.: Zeitgeschichtlicher Bedeutungswandel von Ehe und Familie in der Bundesrepublik Deutschland. In: NAVE-HERZ, R./MARKEFKA, M. (Hrsg.): Handbuch der Familien- und Jugendforschung. Bd. 1: Familienforschung.: Neuwied/Frankfurt, 1989, S. 211-222
NAVE-HERZ, R./ DAUM-JABALLAH, M./ HAUSER, S./ MATTHIAS, H./SCHELLER, G.: Scheidungsursachen im Wandel. Eine zeitgeschichtliche Analyse des Anstiegs der Ehescheidungen in der Bundesrepublik Deutschland. Bielefeld, 1990
NEIDHARDT, F.: Strukturbedingungen und Probleme familialer Sozialisation. In: CLAESSENS, D./MILHOFFER, P. (Hrsg.): Familiensoziologie. Frankfurt/M, 1973, S 205-232
NEIDHARDT, F.: Systemtheoreitsche Analysen zur Sozialisationsfähigkeit der Familie. In: NEIDHARDT, F. (Hrsg.): Frühkindliche Sozialisiation, Theorien und Analysen. Stuttgart, 1975, S.162-187
NEIDHARDT, F.: Soziale Beziehungsnetze und Unterstützungsprobleme in der Bevölkerung. Forschungsbericht des Forschungsinstituts für Soziologie der Universität zu Köln. Köln, 1985
NEUBAUER, E.: Alleinerziehende Mütter und Väter: Eine Analyse der Gesamtsituation. Schriftenreihe des BMJFFG, Bd. 219. Stuttgart, 1988
NOELLE, E.: Umfragen in der Massengesellschaft. Hamburg, 1963
NOELLE-NEUMANN, E./PIEL, E.: Eine Generation später - Bundesrepublik Deutschland. München, 1983
NOELLE-NEUMANN, E./PIEL, E.: Allensbacher Jahrbuch der Demoskopie 1978-1983. Band VIII. München, 1983
NOLL, H.-H.: Erwerbstätigkeit und Qualität des Erwerbslebens. In: GLATZER, W./ZAPF, W. (Hrsg.): Lebensqualität in der Bundesrepublik. Frankfurt, New York: Campus, 1984, S. 97 - 123
OEVERMANN, U.: Schichtspezifische Formen des Sprachverhaltens und ihr Einfluß auf die kognitive Prozesse. In: Roth, H. (Hrsg.): Begabung und Lernen. Deutscher Bildungsrat, Stuttgart, 1969
OGBURN, W./TIPPITZ, N.: President-Commission-Report 1933.
OSWALD, H./KRAPPMANN, L.: Soziale Beziehungen und Interaktionen unter Grundschulkindern. Materialien aus der Bildungsforschung. Bd. 33. Berlin, 1988
PAPASTEFANOU, G.: Familiengründung im Lebensverlauf. Eine empirische Analyse sozialstruktureller Bedingungen der Familiengründung bei den Kohorten 1929-31, 1939-41 und 1949-51. Stuttgart, 1990
PAPPI, F. U.: Die Netzwerkanalyse aus soziologischer Perspektive. In: PAPPI, F. U. (Hrsg.): Methoden der Netzwerkanalyse. Techniken der empirischen Sozialforschung Bd. 1. München, 1987, S.11-37

PAPPI, F. U./MELBECK, C.: Die sozialen Beziehungen städtischer Bevölkerungen. In: Kölner Zeitschrift für Soziologie und Sozialpsychologie Sonderheft 29 (Soziologische Stadtforschung) /1988, S. 223-250
PARSONS, T.: The kinship system of the contemporary United States. American Anthropologist 45. In, 1943, S.22-38
PARSONS, T.: The American family: Its relations to personality and the social structure. In: PARSONS, T./BALES, R. F. (Hrsg.): Family, Socialization and Interaction Process. Glencoe, 1955, 3-21
PARSONS, T.: Beiträge zur soziologischen Theorie. Neuwied/ Berlin, 1964
PEISERT, H.: Soziale Lage und Bildungschancen in Deutschland. München, 1967
PETTINGER, R.: Junge Familien. Zur wirtschaftlichen Situation und zum Haushaltsaufbau "Junger Familien" in der Bundesrepublik Deutschland. Schriftenreihe des Bundesministers für Jugend, Familie und Gesundheit, Bd 29. Stuttgart-Berlin-Köln-Mainz, 1975
PETTINGER, R.: Familie und Wohnen. Zur Wohnungsversorgung in der Bundesrepublik Deutschland. München, 1990
PFEIL, E.: Die Familie im Gefüge der Großstadt. Schriftenreihe der Gesellschaft für Wohnungs- und Siedlungswesen e.V. Hamburg, 1965
PFEIL, E./GANZERT, J.: Die Bedeutung der Verwandten für die großstädtische Familie. In: Zeitschrift für Soziologie 2 /1973, S. 366 - 383
PFENNING, U.: Egozentrierte Netzwerke: Verschiedene Instrumente - verschiedene Ergebnisse? In: ZUMA-Nachrichten 21 /1987, S. 64-77
PFISTER, W.: Soziologische und psychologische Aspekte der Lebenssituation von Kindern in nichtehelichen Lebensgemeinschaften. In: Arbeitsgemeinschaft für Jugendhilfe (AGJ) (Hrsg.): Die nichteheliche Lebensgemeinschaft. Freiburg/Breisgau, 1983
POHL, K.: Konzeption und derzeitiger Stand der Paneluntersuchung des Bundesinstituts für Bevölkerungsforschung zu Fragen des Familienbildungsprozesses. In: Zeitschrift für Bevölkerungswissenschaft, 4 /1982, S. 499-521
POHL, K.: Wende - oder Einstellungswandel? - Heiratsabsichten und Kinderwunsch 18- bis 28jähriger deutscher Frauen 1978 und 1983. In: Zeitschrift für Bevölkerungswissenschaft 1 /1985, S. 89-110
PORST, R.: Haushalte und Familien 1982. Zur Erfassung und Beschreibung von Haushalts- und Familienstrukturen mit Hilfe repräsentativer Bevölkerungsumfragen. In: Zeitschrift für Soziologie 13 /1984,, S. 165-175
PÖSCHL, H.: Formen des Zusammenlebens 1988. In: Wirtschaft und Statistik, Heft 10 /1989, S. 627-634

PRENZEL, W./STRÜMPEL, B.: Männlicher Rollenwandel zwischen Partnerschaft und Beruf. In: Zeitschrift für Arbeits- und Organisationspsyhologie, Heft 1, /1990, S. 37-45
PROSS, H. (Hrsg.): Familie wohin? Reinbek b. Hamburg, 1979
PRUETT, K. D.: Die neuen Väter. München, 1988
QUARM, D.: Random Measurement Error as a Source of Discrepancies between the Reports of Wives and Husbands concerning marital Power and Task Allocation. In: Journal of Marriage and the Family, August /1981
RABE-KLEBERG, U./ZEIHER, H.: Kindheit und Zeit. Über das Eindringen moderner Zeitorganisation in die Lebensbedingungen von Kindern. In: HURRELMANN, K. (Hrsg.): Lebenslage, Lebensalter, Lebenszeit.: Weinheim/ Basel, 1986, S. 24-38
RAPIN, H. (Hrsg.): Der private Haushalt: Daten und Fakten. Frankfurt/New York, 1990
RERRICH, M. S.: Kinder ja, aber ... In: Deutsches Jugendinstitut (Hrsg.): Wie geht's der Familie? Ein Handbuch zur Situation der Familien heute. München, 1988, S. 59-66
RERRICH, M. S.: Balanceakt Familie. Zwischen alten Leitbildern und neuen Lebensformen. Freiburg, 1988
REUBAND, K.-H.: Arbeit und Wertewandel - Mehr Mythos als Realität? Von sinkender Arbeitszufriedenheit, schwindender Arbeitsethik und "vergiftetem" Arbeitsleben als deutscher Sondersituation. In: Kölner Zeitschrift für Soziologie und Sozialpsychologie 37 /1985, S.723-746
REUBAND, K.-H.: Von äußerer Verhaltenskonformität zu selbständigem Handeln: Über die Bedeutung kulturelle und struktureller Einflüsse für den Wandel in den Erziehungszielen und Sozialisationsinhalten. In: Lutte, H. -O./Meulemann, H. (Hrsg.): Wertwandel - Faktum oder Fiktion. Bestandsaufnahme und Diagnose aus soziologischer Sicht.: Frankfurt/New York, 1988, S.73-97
RIEKEN, I.: Der zergliederte Alltag, Frauen im Umgang mit Zeit. In: Frauenforschung 7, Heft 4, /1989, S. 56-71
ROSENBAUM, H.: Formen der Familie. Untersuchungen zum Zusammenhang von Familienverhältnissen, Sozialstruktur und sozialem Wandel in der deutschen Gesellschaft des 19. Jahrhunderts. Frankfurt a.M., 1982
ROSENBAUM, H.: Die Konzeption der Sozialstruktur in der schichtenspezifischen Sozialisationsforschung. In: Kölner Zeitschrift für Soziologie und Sozialpsychologie 1 /1983, S. 41 - 58
ROSENMAYR, L.: Ist die moderne Familie eine Problemfamilie? In: Asperger, H./Haider, F. (Hrsg.): Das Werden sozialer Einstellungen in Familie, Schule und anderen Sozialformen. Wien, 1974, S. 32-60

ROSENMAYR, L.: Jugend. In: König, R. (Hrsg.): Handbuch der empirischen Sozialforschung, Bd. 6, 2. Aufl.: Stuttgart, 1976
ROSENMAYR, L.: Über Familie in den Strukturumbrüchen heute. In: Familie - Tatsachen, P.: Perspektiven: a.a.O.: (Hrsg.): 1986, S. 48-81
RUPP, S./ SCHWARZ, K./WINGEN, M. (Hrsg.): Eheschließung und Familienbildung heute. Wiesbaden, 1980
RÜCKERT, G.-R.: Geburtenrückgang und Erwerbstätigkeit der Frauen und Mütter in der Bundesrepublik Deutschland im internationalen Vergleich. Materialien zum Dritten Familienbericht der Bundesregierung. München, 1979
RYFFEL-GERICKE, C.: Männer in Familie und Beruf. Diessenhofen:. 1983
SCHELSKY, H.: Wandlungen der deutschen Familie in der Gegenwart. Stuttgart, 1953
SCHELSKY, H.: Schule und Erziehung in der industriellen Gesellschaft. Würzburg, 1961
SCHENK, H.: Freie Liebe - wilde Ehe. Über die allmähliche Auflösung der Ehe durch die Liebe. München, 1987
SCHEUCH, E.: Ein Interview über das Interview. Eine Untersuchung über die Haltung der Bevölkerung in Deutschland zum Interview. Köln, 1953
SCHEUCH, E./DAHEIM, H. J.: Sozialprestige und soziale Schichtung. In: Glass, D. V./Koenig, R. (Hrsg.): Soziale Schichtung und soziale Mobilität. Sonderheft 5 der Kölner Zeitschrift für Soziologie und Sozialpsychologie. S. 65 -103, Opladen, 1961
SCHINDLER, H./ WACKER, A./ WETZELS, P. (Hrsg.): Familienleben in der Arbeitslosigkeit. Ergebnisse neuerer europäischer Studien. Heidelberg, 1990
SCHMIDT, M.: Karrierefrauen und Partnerschaft. Münster/ New York, 1989
SCHNEEWIND, K. A./ BECKMANN, M./ENGFER, A.: Bedingungen und Auswirkungen sozialer Netzwerke bei Eltern und Kindern. In: SCHNEEWIND K.A./ BECKMANN, M./ENGFER, A. (Hrsg.): Eltern und Kinder. Umwelteinflüsse auf das familiäre Verhalten. Stuttgart, Berlin, Köln, Mainz, 1983, S. 68-93
SCHNEEWIND, K. A.: Konsequenzen der Ersteltemschaft. In: Psychologie, Erziehung, Unterricht. München/Basel, 1983
SCHNEEWIND, K. A./VASCOVICS, L. A.: Optionen der Lebensgestaltung junger Ehen und Kinderwunsch. Zwischenbericht für das BMJFFG. München, 1989

SCHUBNELL, H.: Der Geburtenrückgang in der Bundesrepublik Deutschland. Schriftenreihe des Bundesministers für Jugend, Familie und Gesundheit Bd. 6. Stuttgart, 1973
SCHULZ, W.: Von der Institution 'Familie' zu den Teilbeziehungen zwischen Mann, Frau und Kind. In: Soziale Welt 4 /1983, S. 401-419
SCHUMACHER, A.: Zum Kinderwunsch von Jugendlichen. In: Zeitschrift für Bevölkerungswissenschaft, 4 /1982, S. 559 - 574
SCHWARZ, K.: Einkommen und Kinderzahl. In: Zeitschrift für Bevölkerungswissenschaft, 3 /1979, S. 299-315
SCHWARZ, K.: Erwerbstätigkeit der Frau und Kinderzahl. In: Zeitschrift für Bevölkerungswissenschaft, 1 /1981, S. 59-86
SCHWARZ, K.: Kinderzahl der Ehen nach Bevölkerungsgruppen im Jahre 1981. In: Zeitschrift für Bevölkerungsforschung, 4 /1982, S. 575-587
SCHWARZ, K.: Eltern und Kinder in unvollständigen Familien. In: Zeitschrift für Bevölkerungswissenschaft, Jg. 10, 1 /1984, S. 3-36
SCHWARZ, K./HÖHN, C.: Weniger Kinder - weniger Ehen - weniger Zukunft? Bevölkerungsentwicklung in der Bundesrepublik Deutschland gestern, heute und morgen. Ottweiler, 1985
SCHWARZ, K.: Einkommen, Frauenerwerbstätigkeit und Kinderzahl. In: Zeitschrift für Bevölkerungswissenschaft, 3 /1986, S. 412-417
SCHWARZ, K.: Familienpolitik und demographische Entwicklung in den Bundesländern nach dem Zweiten Weltkrieg. In: Bundesinstitut für Bevölkerungsforschung (Hrsg.): Materialien zur Bevölkerungswissenschaft Heft 57, Wiesbaden, 1988
SCHWARZ, K.: Die Bildungsabschlüsse der Frauen und ihre Bedeutung für den Arbeitsmarkt, die Eheschließung und die Familienbildung. In: Zeitschrift für Bevölkerungswissenschaft, 4 /1989, S. 361-382
SCHWARZ, K.: Wann verlassen die Kinder das Elternhaus? In: Zeitschrift für Bevölkerungswissenschaft, Jg. 15, 1 /1989, S. 39-58.
SCHWEITZER, R. v.: Altern in unserer Gesellschaft. In: DEUTSCHES JUGENDINSTITUT (Hrsg.): Jahresbericht 1986. München, 1987, S.160-173
SEIDENSPINNER, G./BURGER, A.: Mädchen '82. Eine repräsentative Untersuchung über die Lebenssituation und das Lebensgefühl 15- bis 19jähriger Mädchen in der Bundesrepublik, durchgeführt vom Deutschen Jugendinstitut München im Auftrag der Zeitschrift Brigitte. 2 Bände. Hamburg, 1982
SEIDENSPINNER, G./BURGER, A.: Mädchen - auf der Suche nach Vorbildern. In: Deutsches Jugendinstitut (Hrsg.): Immer diese Jugend! München, 1985

SELLIN, C./BESSELMANN, K.: Erscheinungsformen und Auswirkungen sozialer Not und Verarmung. Köln, 1987
SHORTER, E.: Einige demographische Auswirkungen des postmodernen Familienlebens. In: Zeitschrift für Bevölkerungswissenschaft 3 /1989, S. 22-1-233
SIEBEL, W.: Wohnen und Familie. In: MARKEFKA, M./NAVE-HERZ, R. (Hrsg.): Handbuch der Familien- und Jugendforschung. Bd.I Familienforschung. Neuwied, 1989, S. 265-285
SIEDER, R.: Sozialgeschichte der Familie. Frankfurt/M., 1987
SILBEREISEN, R. K./ WALPER, S./ALBRECHT, H.: Family income loss and economic hardship: antecedents and adolescnts' problem behavior. In: McLOYD, V. C./FLANAGAN, C. A. (Hrsg.): Economic stress: Effects on family life and child development. New Directions for Child Development 46, 1990, S.27 - 46.
SIMM, R.: Partnerschaftsdynamik und Familienentwicklung. Die interne Dynamik von Partner- und Familiensystemen und ihre strukturellen Bedingungen und Folgen. Institut für Bevölkerungsforschung und Sozialpolitik Bielefeld, 1987
SIMM, R.: Partnerschaftsdynamik und Familienentwicklung. IBS-Materialien Nr. 25. Institut für Bevölkerungsforschung und Sozialpolitik. Universität. Bielefeld, 1987
SKOLNICK, A. S.: The Intimate Environment. Exploring Marriage and the Family. Boston/ Toronto, 1987
STATISTISCHES BUNDESAMT (Hrsg.): 1%-Wohnungs-Stichprobe 1978. Fachserie 5, Hefte 4, 5 und 6. Stuttgart, 1981
STATISTISCHES BUNDESAMt: Bevölkerung und Erwerbstätigkeit,. In: STATISTISCHES BUNDESAMT (Hrsg.): Fachserie 1, Reihe 3: Haushalte und Familien 1981, Stuttgart und Mainz: 1982
STATISTISCHES BUNDESAMT (Hrsg.): Frauen in Familie, Beruf und Gesellschaft. Ausgabe 1987. Mainz, 1987
STATISTISCHES BUNDESAMT (Hrsg.): Die Wohnsituation der Haushalte 1985. Wiesbaden, 1989
STATISTISCHES BUNDESAMT (A) (Hrsg.): Bevölkerung und Erwerbstätigkeit . Fachserie 1, Reihe 3: Haushalte und Familien 1989. Wiesbaden, 1990
STATISTISCHES BUNDESAMT (B) (Hrsg.): Familien heute. Strukturen, Verläufe und Einstellungen. (Mikrozensus 1988). Stuttgart, 1990
STATISTISCHES LANDESAMT BADEN WÜRTTEMBERG Familienwissenschaftliche Forschungsstelle (Hrsg.): Ökonomische Rahmenbedingungen der Familien, Materalien und Berichte, H. 15, Stuttgart, 1986

STÄNDIGER AUSSCHUSS FÜR MIETE UND FAMILIENEINKOMMEN IM INTERNATIONALEN VERBAND FÜR WOHNUNGSBAUWESEN, (Hrsg.): Kölner Empfehlungen. Luxemburg, 1971
STEINKAMP, G./STIEF, W. H.: Familiale Lebensbedingungen und Sozialisation. Beziehungen zwischen gesellschaftlicher Ungleichheitslage, familialer Sozialisation und Persönlicheitsmerkmalen des Kindes. In: Soziale Welt 30 /1979, S. 172-204
STIMPEL, R.: Der verbaute Markt. Villenglück und Wohnungsnot. Frankfurt a. M., 1990
STRÄTZ, H. W.: Rechtsfragen des Konkubinats im Überblick. In: FamRZ Jg. 27 /1980, S. 301-308, 434-440
STRÜMPEL, B./SCHOLZ-LIGMA, J.: Bewußtseins- und sozialer Wandel. Wie erleben die Menschen die Wirtschaft? In: Lutte, H.-O./Meulemann, H. (Hrsg.): Wertwandel - Faktum oder Fiktion. Bestandsaufnahme und Diagnose aus soziologischer Sicht.: Frankfurt/New York, 1988, S.21-47
STUEVE, A./FISCHER, C. S.: Social Networks and Older Women. Berkeley, 1978
SUSSMAN, M. B./BURCHINAL, L.: Kin family network: Unheralded structure in current conceptualization of family functioning. In: Marriage and Family Living 24 /1962, S. 231-240
SUSSMAN, M. B.: Relationships of adult children with their parents in the United States. In: SHANAS, E./STREIB, G. (Hrsg.): Social Structure and the Family: Generational Relations, Englewood Cliffs, New Jersey, 1965, S. 62-92
SUSSMAN, M. B.: From the catbird seat. Observations on marriage and the family. In: SUSSMAN, M. B./STEINMETZ, S. K. (Hrsg.): Handbook of Marriage and the Family.: New York, London, 1987, S. XXXI-XLII
TACKE, W.: Glück, Zufriedenheit und generative Verhaltensvorstellungen. In: Zeitschrift für Bevölkerungswissenschaft, 4 /1978, S. 395-423
THIESSEN, V./ROHLINGER, H.: Die Verteilung von Aufgaben und Pflichten im ehelichen Haushalt. Köln, 1988
TIPPELT, R./ KRAUSS, J./BARON, S. M.: Jugend und Umwelt. Weinheim/Basel, 1986
TOQUEVILLE, A. d.: Über die Demokratie in Amerika. Band 2, De la Democratie en Amerique. 4 Bände. 1833-35. Zürich, 1987
TÖLKE, A.: Lebensverläufe von Frauen. Familiäre Ereignisse, Ausbildungs- und Erwerbsverhalten. Weinheim/München, 1989
TÖLKE, A.: Familiengründung im Wandel. In: DJI-Bulletin /1990, S. 8-13
TROTHA, T. v.: Zum Wandel der Familie. In: Kölner Zeitschrift für Soziologie und Sozialpsychologie 42 /1990, S. 452-473

TYRELL, H.: Familie und gesellschaftliche Differenzierung. In: Pross, H. (Hrsg.): Familie Wohin? Reinbeck b. Hamburg, 1979, S. 13-77
TYRELL, H.: Literaturbericht. In: Nichteheliche Lebensgemeinschaften in der Bundesrepublik Deutschland. Schriftenreihe des Bundesministers für Jugend, Familie und Gesundheit, (Hrsg.) Bd. 170. Stuttgart, 1985, S. 93-140
TYRELL, H.: Ehe und Familie - Institutionalisierung und Deinstitutionalisierung. In: Lüscher, K./ Schultheis, F./Wehrspaun, M. (Hrsg.): Die "postmoderne" Familie. Konstanz, 1988, S. 145-156
ULMER, F.: Wahlprognosen und Meinungsumfragen. In: Zeitschrift für Markt-, Meinungs und Zukunftsforschung Heft 30/31
V. ROSENSTIEL, L.: Zur Motivation des generativen Verhaltens. In: Zeitschrift für Bevölkerungswissenschaft, 2/1978, S. 161-175
VASCOVICS, L. A.: Familie im Auflösungsprozeß. Vortrag anläßlich des 6. DJI-Symposiums am 15.01.1991 in München.
VASKOVICS, L. A.: Sozialökologische Einflußfaktoren familialer Sozialisation. In: VASKOVICS, L. A. (Hrsg.): Umweltbedingungen familialer Sozialisation. Beiträge zur sozialökologischen Sozialisationsforschung,; Stuttgart, 1982, S. 1-24
VASKOVICS, L. A.: Veränderungen der Wohn- und Wohnumfeldbedingungen in ihren Auswirkungen auf die Sozialisationsleistung der Familie. In: NAVE-HERZ, R. (Hrsg.): Wandel und Kontinuität der Familie in der Bundesrepublik Deutschland. Band 8 der Reihe "Der Mensch als soziales und personales Wesen". Stuttgart, 1988, S. 36-60
VASKOVICS, L. A./ BUBA, H. P./ EGGEN, B./JUNGE, M.: Familienabhängigkeit junger Erwachsener und ihre Folgen. In: Universität Bamberg, Sozialwissenschaftliche Forschungsstelle (Hrsg.): Material-Dokumentationsband, 1988
VASKOVICS, L.A./ BUBA, H.-P./ RUPP, M./FRANZ, P.: Optionen der Elternschaft und der Lebensgestaltung in nichtehelichen Lebensgemeinschaften. Forschungsbericht der Sozialwissenschaftlichen Forschungsstelle/Universität Bamberg. Bamberg, 1990
VASKOVICS, L. A./SCHNEIDER, N.: Vortrag auf der Sitzung der Sektion Familiensoziologie in München. 1990
VASKOVICS, L.A.: Beziehungen zwischen jungen Erwachsenen und ihren Eltern. Vortrag auf der Sitzung der Sektion Familien- und Jugendsoziologie der DGS in München, 14.-16. Juni 1990
VOLLMER, C.: Konflikt Beruf und Familie. Eine gesellschaftliche Schlüsselfrage. Hamburg VSA, 1989

VON LÜDE, R.: 'Liberalisierung des Wohnungswesens' als Abkehr von einer sozialverpflichteten Wohnungspolitik. In: FRANZ, H. –./ KRUSE, W./ROLFF, H. –. (Hrsg.): Neue alte Ungleichheiten. Berichte zur sozialen Lage der Bundesrepublik. Opladen, 1986, S. 171–195
WACKER, A.: Einleitung. In: SCHINDLER, H./ WACKER, A./ WETZELS, P. (Hrsg.): Familienleben in der Arbeitslosigkeit. Ergebnisse neuerer europäischer Studien. Heidelberg, 1990
WAGNER, G./ OTT, N./HOFFMANN-NOWOTNY, H. J. (Hrsg.): Familienbildung und Erwerbstätigkeit im demographischen Wandel. Proceedings, Bad Homburg, Februar 1989. Berlin, 1989
WALPER, S.: Familiäre Konsequenzen ökonomischer Deprivation. München, 1988
WEBER, M.: Wirtschaft und Gesellschaft. (5.revidierte Auflage). Tübingen, 1985
WEGENER, B.: Gibt es Sozialprestige? In: Zeitschrift für Soziologie 3 /1985, S. 209 - 235
WEHRSPAUN, M.: Alternative Lebensformen und postmoderne Identitätskonstitution. In: Lüscher, K./ Schultheis, F./Wehrspaun, M. (Hrsg.): Die "postmoderne" Familie. Konstanz, 1988, S. 157-168
WEISS, W. W.: Familienstruktur und Selbständigkeitserziehung. Ein empirischer Beitrag zur politischen Sozialisation in der Familie. Göttingen, 1982
WHYTE, M. K.: Dating, Mating, and Marriage. New York, 1990
WILLEKE, F.-U./ONKEN, R.: Allgemeiner Familienlastenausgleich in der Bundesrepublik Deutschland. Eine empirische Analyse zu drei Jahrzehnten monetärer Familienpolitik. Frankfurt/New York, 1990
WILLEKE, F.-U./ONKEN, R.: Familienlastenausgleich mit variablem Kindergeld. In: Steuer und Wirtschaft, 1 /1991, S. 3-16
WINGEN, M.: Bevölkerungsrückgang und Familie. In: Zeitschrift für Bevölkerungswissenschaft, 3 /1976, S. 74-102
WINGEN, M.: Zur Bedeutung der Erforschung der Ursachen des Geburtenrückgangs. Einleitung. In: Bd. 63 der Schriftenreihe des Bundesministers für Jugend, Familie und Gesundheit, 1979, S. 9-18
WINGEN, M.: Der soziologische Tatbestand der nichtehelichen Lebensgemeinschaft. In: Zeitschrift für das gesamte Familienrecht, 28//4 /1981, S. 331-337
WINGEN, M.: Kinder in der Industriegesellschaft - wozu? Analysen - Perspektiven - Kurskorrekturen. Zürich/ Osnabrück, 1982
WINGEN, M.: Auf dem Weg in die kinderlose Gesellschaft? Analysen, Perspektiven, Kurskorrekturen. In: Eid, V./Vaskovics, L. (Hrsg.): Wandel der Familie - Zukunft der Familie, Mainz, 1982,, S. 112-135

WINGEN, M.: Generative Entscheidungen im Spannungsfeld zwischen individueller und gesellschaftlicher Rationalität. Hg. vom Statistischen Landesamt Baden-Württemberg. Stuttgart, 1983
WINGEN, M.: Nichteheliche Lebensgemeinschaften: Formen - Motive - Folgen. Osnabrück, Zürich, 1984
WINGEN, M.: Aufschlußreiche empirische Ergebnisse zur Ehe in der jungen Generation. In: Zentralblatt für Jugendrecht, 72//1 /1985, S. 1-6
WINGEN, M./CORNELIUS, I.: Einkommenssituation und Konsumverhalten unterschiedlicher Familientypen. In: Nave-Herz/Markefka (Hrsg.): Handbuch der Familien- und Jugendforschung, Bd 1, Neuwied und Frankfurt/M, 1989, S. 241-264
WINGEN, M./(Projektleitung), Grundzüge einer Familienstruktrubeobachtung auf der Basis einer familienbezogenen Auswertung der amtlichen Statistik. In: Familienwissenschaftliche Forschungsstelle im Statistischen Landesamt Baden-Würtemberg (Hrsg.): 1989
WINKLER, G.: Sozialreport DDR. Berlin, 1990
WIRTH, L.: Urbanism as a way of life. In: American Journal of Sociology 44 /1938, S. 3-24
WISWEDE, G./SAHLINS, M.: Wertwandel und Konsum. München, 1990
WOHNBUND/BRECH, J. (Hrsg.): Neue Wohnformen in Europa. Darmstadt, 1989
YOUNG, M./WILLMOTT, P.: The Symmetrical Familiy. A Study of Work and Leisure in the London Region. London, 1973
ZEIDLER, W.: Ehe und Familie;. In: Benda, E./ Maihofer, W./Vogel, H.-J. (Hrsg.): Handbuch des Verfassungsrechts. Berlin, New York, 1983, S. 555-607.
ZEIHER, H.: Die vielen Räume der Kinder. Zum Wandel räumlicher Lebensbedingungen seit 1945. In: PREUSS-LAUSITZ, U. (Hrsg.): Kriegskinder - Konsumkinder - Krisenkinder. Zur Sozialisationsgeschichte seit dem Zweiten Weltkrieg. 2. Aufl. Weinheim/Basel, 1989, S. 176-195
ZEIHER, H.: Modernisierungen in den sozialen Formen von Gleichaltrigenkontakten. In: GEULEN, D. (Hrsg.): Kindheit. Neue Realitäten und Aspekte. Weinheim, 1989, S. 68-85
ZEIHER, H.: Organisation des Lebensraums bei Großstadtkindern - Einheitlichkeit oder Verinselung? In: BERTELS, L./HERLYN, U. (Hrsg.): Lebenslauf und Raumerfahrung. Opladen, 1990, S. 35-58
ZINN, H.: Kinder und Jugendliche unter beengten Wohn- und Wohnumfeldbedingungen. In: IWU (Hrsg.): Wohnungspolitik am Ende? Köln, 1981, S. 242-256

Schlagwortverzeichnis

Adoptivkind 399
Alleinerziehende III, VI, 28-29, 37-39, 278, 281, 282, 286, 307, 319, 321, 335, 356-357, 366, 369, 373, 405-406, 408, 465, 500
Alleinlebende VI, 28, 51, 287, 300
Alter VI, X-XI, XVI, 7, 9, 12, 14, 25-26, 39, 41, 55, 98, 100-101, 115, 119, 120, 121-126, 128, 130, 130-133, 135-141, 143-145, 149, 151, 153, 159, 163-164, 166, 179-181, 185-186, 194, 196-200, 204, 209-212, 216-219, 221-222, 224-225, 231, 252, 254, 256, 263, 270, 272, 278-281, 284, 286, 292, 297-304, 306-307, 309, 311, 314-315, 317-319, 323-325, 328, 332-335, 339, 349-350, 354-357, 393-394, 400-401, 403-404, 407-413, 417-420, 424-425, 429, 437, 445, 449-450, 453, 458, 467, 469-471, 476, 482-484, 487-488, 490-491, 495, 498-499, 502, 505, 511, 520-521, 524
Altersdifferenz 127, 129, 130
Altersgruppen XVI, 25-26, 44, 47, 53, 75, 81, 99-101, 107, 181, 196-199, 223, 227-228, 244-247, 249, 255, 258-260, 262-263, 265, 270, 273-274, 284, 287-288, 291, 297, 300-304, 307-311, 325, 335, 339-340, 357, 382, 396, 400, 407, 409, 411-413, 419, 435-436, 441, 447-448, 452-453, 458-459, 467-472, 475, 480-483, 486-489, 491, 494-495, 499, 506-507, 510-511, 514, 517, 520
Altersgruppenvergleich 273, 308, 447, 469, 479, 482, 494
Amtsdaten 90, 93
Amtsstatistik III, XV, 14-15, 31-32, 48-50, 52, 83, 99, 129, 135, 197, 279, 337, 508, 510, 512, 516, 519-520, 523
Äquivalenz 306, 526-527
Arbeitsteilung XVI, 57-59, 72, 74, 78, 159-169, 172-173, 176, 179-180, 182-187, 209, 214, 219, 241, 392, 457, 501
Arbeitsteilungstyp 168-169, 172-175, 179, 182
Arbeitsvertrag 204-205
Arbeitszeit I, 104, 164, 201, 203-204, 208-209, 216, 226, 229, 364-365
Arbeitszeitregelung 204
Armut XIV, 354, 356, 360, 362, 364, 366, 369-372, 374-376, 378-379, 381-382
Ausbildung 57-59, 61, 69, 72-73, 86, 141, 147, 150, 178, 183, 193, 195-196, 198-201, 205-206, 208, 210-213, 223-224, 228-229, 238, 245, 282, 362, 363, 372, 454, 460, 488, 490, 512, 520
Ausbildungsniveau 132, 141, 144
Ausbildungssituation 57, 69, 71-72, 77, 147, 193, 196

Beruf I, V, XI-XIII, 45, 54, 58-59, 72-75, 79, 87, 102-103, 105, 118, 127, 160, 162, 171, 193-195, 202-203, 223-224, 226, 238, 241-242, 244-246, 259-260, 370-371, 391, 431, 437, 440-441, 445, 453-454, 456, 460, 488-489, 497, 500
berufliche Qualifizierung 147, 278
berufliche Position 132, 133, 202, 223, 325, 333, 339
berufl. Situation 76-77, 199-200, 211, 229, 363
Berufsklassen XIII, 91, 202-203, 206-207, 224, 242, 244-245, 252-257, 263, 265-267, 270-272, 274, 309, 454
Berufsklassifikation 92, 202

Betreuung 104-105, 164, 166, 169, 174-176, 182-183, 224, 226, 306, 344, 351, 394-395, 406
Beziehungsmuster X, 45, 59, 62, 72, 74, 79, 254
Bildung 39-40, 42, 141, 145, 164, 168, 182, 184, 213, 241, 245, 247, 258, 344, 354, 357, 362, 372-373, 375-378, 404, 444, 456, 459, 488, 495
Bildungsabschluß 150
Bildungsbeteiligung 87, 488
Bildungsniveau 85-86, 91, 93, 95, 124-126, 133-135, 142, 144, 146, 149, 150, 170, 182, 186, 213, 249, 250, 285, 456, 459, 463, 477, 483, 489-491, 494-495, 498
Bildungsniveau der Eltern 250
Bildungssystem 223, 240-241, 249

Deprivation XIV, 353-357, 359-361, 363-369, 371, 377, 379, 381, 383-386
Dichte 4, 82-83, 321, 331-332, 342, 345
Dienstleistungsklasse 26, 92, 202, 205, 242-244, 252-255, 257-259, 261-268, 272-274, 325, 339-340, 361-362, 444, 456-457, 459
Dienstleistungszentren 83, 86-87, 89-90, 92-93, 97-99, 102
Differenzierung XVI-XVII, 13, 31-32, 45, 47, 52-53, 67, 79, 81-82, 131, 241, 257, 259, 272, 278-279, 284, 290, 297, 299, 301, 306, 395, 458, 486, 511, 514, 517, 520
Dreigenerationenfamilie 28

Ehe I-IV, X-XII, XIV, XVII-XVIII, 6, 18, 46-51, 53-59, 61-75, 77-78, 102, 106-108, 116-118, 121, 125-127, 129, 134, 136-139, 144, 145, 149-151, 161-162, 174, 176, 178-179, 186, 195, 206, 208, 217, 222, 225-226, 231, 265, 270, 356-357, 362, 364, 366, 369, 373, 376-377, 381, 385-386, 391, 397, 399, 401, 403, 404, 406, 408, 416, 431, 434, 436, 438, 441, 444, 445, 447-448, 450, 452-453, 457-460, 464-466, 480-482, 493, 496, 501
Eheschließung 55, 59, 115, 117, 120,125, 126, 128, 132, 136-138, 140, 142-145, 147, 148, 149, 162, 198, 245, 409, 466,

476, 481, 483, 487, 497
Einkommen XIV, 91, 95, 127, 193, 196, 213, 215-216, 223-224, 241, 245, 252-255, 258, 277, 279-283, 285-287, 289-291, 293-294, 296, 298, 300-302, 304, 307-309, 315, 317, 320, 324, 326, 333-335, 340, 349-350, 357-359, 362-364, 368, 373, 440, 442, 444, 455-456
Einkommensquellen 358
Einkommensverteilung 203, 284
Einpersonenhaushalt 13, 32, 517
Einstellungen III, V, IX-XII, VIV, XVI, 9, 45, 79, 87, 101-102, 105, 107, 109, 221, 238, 270, 314, 331, 355, 391, 397, 431, 433, 436-439, 441, 444-445, 447, 452-454, 457-460, 482, 489, 500
Einstellungsdimensionen 437, 454
Einstellungsmuster 118, 437-438, 440, 452, 455-456, 458, 459
Eltern II-III, VI-IX-XII, XIV XV, 3-4, 6-12, 14, 17-18, 21-22, 30, 32, 34-40, 49-51, 61, 63-70, 73, 78, 80, 97, 99-101, 107, 238, 247, 249-250, 255, 257-258, 266, 271-273, 278, 282, 285-290, 296-298, 300-302, 304, 306-307, 314-317, 325-328, 331, 354, 356-357, 368, 370, 373, 382, 385, 392-395, 398-401, 403-405, 407-409, 413-414, 417-420, 422-423, 425, 427, 429-430, 432, 438, 458
Elterngeneration 46, 54, 69, 93
Elternschaft 71-72, 74, 114, 139, 163, 393, 400, 405-406, 409, 412, 464, 466, 471, 473, 476-477, 480-481, 483, 487, 489, 492, 494, 496-497
Entscheidungsstruktur 159, 163, 166, 171, 178, 182
Entwicklung I-IV, IX-XIV, XVII-XVIII, 8, 47, 55, 70-71, 81, 105, 108-109, 121-123, 139, 140, 148, 149, 161, 164, 209, 240, 262-263, 267, 278, 314, 315, 327, 329, 432, 434, 447, 457, 480-481, 487-489, 494, 496
Erwerb 238, 298, 307, 334, 337, 340, 528-529
Erwerbsbeteiligung 90, 193-194, 198, 200-201, 213-214, 224, 279, 289, 291,

356, 357, 363, 373, 393, 463, 466, 482,
488-493, 495, 496
Erwerbsquote 194, 198, 213, 224, 488
Erwerbstätigkeit XIV, 58-59, 74, 78, 89, 91,
104, 118, 159-161, 164, 180-184, 193-196,
198-201, 205-208, 210-211, 214-219,
221-226, 231, 242, 256, 257, 279, 289, 290,
293, 294, 297, 306, 307, 308, 309, 311, 355,
367, 489, 499, 500, 506, 512, 520, 524,
526, 528, 529
Erziehung I, III, XI-XII, 54, 59, 240, 315, 391,
431-433, 436-437, 439, 441, 445, 447, 454,
456-457
Familie I-XV, XVII-XVIII, 3-16, 18-19, 21-28,
30-32, 34, 36-38, 40, 42-43, 45-46, 57, 61,
66-68, 72-75, 78-81, 87, 89-91, 95, 98,
102-103, 105-106, 114, 116-119, 127, 128, 137,
146-148, 159-160, 162-164, 166, 181,
193-196, 202, 209, 223, 226, 237-238,
240-242, 245, 250, 256-257, 263, 266-268,
270, 272, 278, 292, 295, 301, 309, 313-314,
316, 319, 322-323, 325, 331, 333, 335-336,
342, 345, 354-356, 366, 374-376, 381-382,
393, 430-434, 444-445, 455, 457-458, 460,
463-467, 469, 472-473, 476, 480, 484, 487,
494, 497, 500-502, 523
Familie mit Kindern 295, 460
Familienbildung 73, 75, 147, 391, 394, 413, 419,
421, 429
Familiendefinition VII, 18, 26, 48, 68
Familienlösung 419, 429
Familienpolitik IX, 4, 114, 119, 240, 257, 278,
306, 315
Familienstand 25-26, 47-48, 50, 89, 91, 196,
201, 210, 216, 224, 263, 268, 273-274, 284,
366-367, 403, 409, 447-450, 452-453, 474,
480-482, 490, 493, 499, 506, 513, 521, 524
Familienstatistik 6, 27, 50, 52
Familientyp 308, 351, 499, 506, 508-509, 512,
518, 520, 523
Familienverhältnisse 395, 400
Familienzyklus 14, 25-26, 39-40, 46, 78, 88,
91, 180, 186, 193, 196, 199-201, 211-212,
218-219, 225, 263, 266-267, 291-292, 294,
316-317, 329, 368, 376, 392, 491-492
Frauen II, X, 25, 42, 54, 57, 65-67, 73, 75-76,
90, 104-105, 116-119, 121-131, 132, 159-183,
185-187, 193-208, 213-216, 218-228, 230,
242, 244-245, 249-250, 256, 259, 262, 265,
268, 270, 272-273, 279-280, 283-284,
293-294, 306, 316, 342, 344, 347,
353-354, 359-369, 371-373, 379, 381, 386,
411, 437-438, 447, 452-453, 455, 457-459,
463-464, 466-474, 476-478, 481-484,
486-498, 507, 513, 516, 518, 520, 526-530
Frauenerwerbstätigkeit 118, 221, 489
Freizeit 9-11, 13, 24, 30, 33-34, 36-40, 62-63,
65-66, 72-73, 374-378, 440, 444, 455
Freizeitpartner 375-376, 379, 380

Geburtsjahrgang 121, 124-126, 139, 148, 464,
466-467, 477, 488
Geburtsjahrgangsgruppe 122
Geburtskohorte 55, 121
Gelegenheitsstruktur 42, 64, 120, 262, 314,
340, 375
Gemeinsinn 391, 431-432
Generatives Verhalten 466, 487
Geschlecht 12, 25-26, 119, 131, 141, 145, 149,
150 165, 167-168, 170-171, 174-175, 177,
197-198, 204, 206, 221, 225, 242, 244-245,
256, 260, 263, 272, 278, 359-360, 364, 372,
374-377, 379, 383, 385-386, 409, 420,
448-450, 453-454, 457-458, 468-469,
485-486, 499, 506-507, 515, 520, 524,
528-530
geschlechtsspezifisch 121, 127, 134, 146, 160,
163, 165, 176, 183, 223
Geschwister 10, 12, 17, 30, 67-68, 290, 328,
385, 477-480
Geschwisterzahl 463, 477-480
Großeltern VIII, XV, 10, 12, 17, 30, 32, 80
Großstädte 82-83, 86-87, 92, 97, 108, 320, 336,
341-343, 347

Hausarbeit 58, 160-162, 164, 166, 169-170,
173-176, 180-183, 185-186, 193, 195, 213-215,
224
Hausfamilie 3, 5, 24, 30, 43
Hausfrauen 183, 199-200, 214, 224, 243, 283,
362, 373, 529-530
Haushalt III, VI-VII, IX, XIV, 3-4, 6, 9, 12-16,
18-32, 35, 37, 39, 41, 43, 48-59, 61-65,
69-70, 78, 89-90, 95, 97, 100-101, 114,
159-166, 168-170, 173-181, 183, 186,
199-200, 208, 211-214, 216, 218, 225, 252,

565

254-256, 263, 265-268, 270, 272, 278-282, 284-295, 297, 300-301, 303-304, 307-309, 311, 319, 322, 324-326, 329-331, 333-334, 345, 349-351, 356-358, 364, 366, 368-369, 374, 376, 379, 398-401, 403-405, 409-411, 417, 481, 490, 491, 500-502, 504-505, 517
Haushaltsfamilie VIII, 3, 5, 21, 23-28, 43, 98, 268, 270
Haushaltsnettoeinkommen 252, 255, 257, 282, 286-287, 289, 291, 295, 297, 304, 306, 310-311, 319-320, 323-325, 332-335, 339, 350, 357
Haushaltstyp 499, 506, 508, 512, 517, 522
Heirat 59, 61, 115, 117, 120, 126-128, 131, 133-149, 151-154, 176, 178, 206, 224, 262, 395, 413-414, 416-417, 420-421, 424, 466, 471, 481
Heiratsalter 129, 130, 136-138, 139, 140, 142-147, 150, 152, 154
Herkunftseinflüsse 465
Herkunftsfamilie 61, 65, 67-68, 73, 99, 133, 147, 238, 241, 273, 356, 416, 477-479, 500
Homogamie XIII, 115, 120, 128, 133, 258, 260
Homogenisierung 241, 267, 274

Individualisierte Lebensformen 465, 496
Individualisierung XVIII, 6, 114, 115, 119, 123, 140, 141, 239, 265, 392, 394-397, 405-406, 464
Individualismus 45, 79, 106, 391, 431-434, 439-440, 445, 456
Inklusion 47
Isolation 42, 272, 354-355, 381

Junge Paare 45-46, 49, 53, 55, 67, 70, 73-74, 79, 128, 500

Kernfamilie IV, VII, 3, 5-7, 11, 16, 24, 28, 36-38, 42-43, 68, 114, 272, 357, 372, 376, 378-379, 500
Kinder I-II, V-IX, XII-XIV, 4, 6, 8-10, 12-18, 21-22, 25-26, 28-30, 32, 34-41, 48, 50-51, 53-55, 59, 62, 65-73, 75, 78, 80, 86-87, 89-90, 101-105, 108, 114, 120, 139, 161, 163-164, 166, 169, 171-176, 178-183, 185-186, 194, 196, 198-201, 209-226, 230-231, 238, 240, 245, 247-250, 252, 254-257, 263, 265-268, 272-273, 278-281, 284-295, 300-304, 306-311, 313, 315-335, 337-342, 344-347, 349-351, 354, 356-357, 359, 366-370, 372-374, 376, 378-379, 381-382, 386, 391-393, 395, 397-401, 403-414, 416-422, 425-426, 429-430, 432-433, 436-438, 442, 445, 447, 452-453, 457, 463, 465, 467-478, 480-484, 487-498, 500, 516, 518, 523
Kinder im Haushalt 13-15, 25-26, 39, 41, 89-90, 254-256, 263, 265-268, 278, 284-287, 291-292, 294-295, 300-301, 303-304, 307-309, 311, 324-326, 329-333, 345, 349-351, 368-369
Kinderinfrastruktur 313, 340-346
kinderreich 369
Kinderwunsch III, XI, 45, 72, 79, 102, 463-465, 467-469, 471-473, 475-479, 481-488, 493-495, 497-498
Kinderzahl IV, 26, 68, 70, 81, 89-91, 95, 102, 180, 216, 245, 255-256, 263-264, 266-268, 273-274, 279-280, 285, 287, 290-291, 296, 298, 304-306, 308-309, 325, 329-330, 334, 345, 353, 359, 366, 368, 373-374, 397, 463, 465, 467-474, 476-480, 482-484, 486, 498
Kinderzahl in der Herkunftsfamilie 477
Kinderzimmer 315, 320, 322, 327-330
Kindschaftsverhältnis 16, 399-401, 403-406
Klassen 239, 244, 528
Kohorte 55, 119, 121, 122, 123, 125, 126, 129, 133, 134, 136, 138-146, 148, 149, 421, 424, 426, 481
Konfession 321
kritische Lebensereignisse 373

ländliche Regionen 320-321, 333
Lebensentwurf 163, 187, 452
Lebensform III, 28, 32, 42, 46, 53-54, 56, 75, 90, 97, 99159, 173-174, 176-180, 186, 225, 266, 267, 270, 465, 480, 482, 488, 508, 523
Lebensführung XIII, XVIII, 6, 33, 73-74, 160, 162, 239, 392, 394, 396, 445, 447, 453
Lebenslage 317-318, 356, 370, 373

Lebensstil 406
Lebensverlauf IX, 242-243, 273, 394, 413-414, 419, 452

Männer 115-119, 121, 122, 124-131, 132-141, 143-155
Mehrgenerationenfamilie 3, 5, 7, 31
Mikrozensus VIII, XV, 5-6, 13-14, 28, 47-48, 119, 283-284, 322, 337, 501, 505-508, 511, 513, 516-519, 524, 526-528
Mobilität I, II, IV, 74, 80, 93, 99, 108, 239, 272-274, 318, 398
Mütter 161, 176, 178, 181-184, 186-187, 194, 199-200, 224, 243, 316, 344, 366-367, 369, 373, 403, 392, 404, 411-412, 465, 476-477, 481, 488-489, 491-493, 516-517

Nähe 31-32, 45, 62, 79, 95, 97-98, 101, 107, 272, 416
Netzwerk 3, 8-9, 36, 41-42, 120, 374-376, 379
Netzwerksituation 62-63
nichteheliche Kinder 411
nichteheliche Lebensgemeinschaft 46, 52, 75, 186, 481
nichteheliche Partnerschaft 46, 59
Nutzen XI, 17, 25, 126, 144, 226, 281, 345-346, 378, 437-440

ökonomische Situation 61, 255-257, 500
Orientierung X, 104, 146, 160, 163, 432, 434-435, 440-441, 445, 454-456, 484, 501
Orientierungsmuster IX-XI, XVIII, 54, 238, 432, 438, 440, 442, 445, 447, 452-453, 456

Paare VII, IX, 6, 45-46, 48-59, 62-65, 67-68, 70-74, 79, 90, 115, 120, 128-132, 150, 162-163, 173, 178, 180, 195, 208-214, 219-220, 222, 225, 229, 231, 258, 287-288, 300, 319, 364, 366, 465, 467, 500
Partnerbeziehung 64, 115, 120-122, 125, 128, 238, 354, 382, 481, 483, 489-491, 493
Partnereltern 17
Partnerschaft IX, XIV, 13, 18, 46, 48, 50, 52-56, 59, 61-63, 68-71, 74, 78, 81, 114, 115, 117, 121, 122, 125, 127, 128, 130, 132, 133, 149-152, 159-160, 163, 168, 173-174, 176, 193, 195-196, 208-209, 211-222, 225-226, 229, 231, 256, 273, 279, 373, 397,
404, 408, 414, 416-417, 420-421, 423, 425-427, 429, 437, 464-465, 483, 488, 493, 500
Partnerschaftsbeginn 414, 417
Partnerschaftsformen 45, 47-48, 52-53, 56, 62-65, 68, 71, 79, 463, 466, 480, 482-483, 493
Partnerwechsel 126, 483
Persönliches Einkommen 293-294, 307-308
Pflegekind 399, 412
Plazierung V, XIII, 238, 240-241, 247, 249
Pluralisierung 7, 239, 241, 267, 274, 392, 394-396, 405, 465

Realisierte Kinderzahl 470, 472, 477, 483, 493
Regionen XII-XIII, XVI-XVII, 44-45, 79-95, 97-102, 104-109, 241, 320-323, 325-326, 329, 333, 335, 340, 342, 347, 510, 519
Regionstypen 82, 86
Religion 109, 433
Repräsentativität 14, 247, 499-500, 502, 505-506, 510, 512, 520-521
Rollenmuster 45, 57, 79, 126, 135, 179, 181
Rollenverteilung 58, 161, 373

Scheidung IX, 74, 127, 242, 270, 366, 393, 395, 399, 403-404, 406-408, 414, 416, 419, 421, 426, 428-429
Schicht XIII, 93, 133, 181, 204, 238, 258, 262, 266, 519
Schichtarbeit 203-204, 224
Schulabschluß 39, 91, 93-94, 124, 126, 132-135, 141, 143, 144, 146, 150, 152-155 181, 183, 185-186, 197, 227, 245-248, 360, 442, 454-458, 477, 484-487, 491-492, 494, 499, 506, 511, 519-520
Schulbildung 132, 159, 213, 218, 359-360, 362, 364, 372, 374-377, 379, 383, 385-386, 454-455, 457-458, 463, 477-478, 483-484, 487, 491-495, 511, 519
Selbständigkeit X, 62, 73, 99, 163, 203, 207-208, 224, 327, 439-441, 444-445, 454-456
Single 13, 97, 99
Singularisierung 99-100
Sinn 105, 395, 438, 447-450, 453, 457-458
soziale Ungleichheit XIII, 26-27, 81, 161, 195, 202
soziale Herkunft 133

567

Soziale Position 263
soziale Ungleichheit 237, 239-241, 246, 300
soziales Netzwerk 3, 36
Sozialstruktur 45, 79, 88, 91, 93, 239, 240, 454
Stabilität 78, 106, 241, 245-247, 250, 263, 395, 434, 453, 499, 521-523
Status 26, 196, 119, 127, 196, 209-210, 225, 239, 241-242
Stellung im Beruf 193, 202-203
Stiefeltern 403

Teilzeitarbeit 183, 200, 203, 217, 220-221, 224
Trennung 4, 56, 72, 74, 121, 270, 371, 395, 397, 406, 408, 414, 416, 419-420, 426-427, 429

Umweltoffenheit 40-42
unverheiratete Paare 59, 70, 208
Urbanisierung 5, 45, 79, 106

verheiratete Paare 68, 163, 173, 208-211, 225, 287, 319
Verwandte IX, 6-7, 16, 18-22, 26, 32-34, 41,43, 50-52, 382
Verwandtschaft II, VII, XV, 6, 11, 13, 18, 26, 43, 66, 80, 102, 263, 272, 432, 500
Verwitwerung 408, 420-421, 426
Vorhandene Kinderzahl 479, 484, 490, 495

Wandel II-IV, IX-XI, XIII-XIV, 46, 54, 74, 94, 108-109, 116, 122, 132, 133, 138, 141, 146, 160, 173, 196, 209, 241, 245, 250, 257, 266, 271, 270, 278, 357, 392-393, 396, 422, 426, 430, 447, 463, 465-467, 471, 476-477, 480, 494, 496, 506
Wertewandel 242, 433, 445, 447, 453, 458-459, 464
Wohndichte 315, 326-327, 333, 345-346, 351
Wohneigentum 285, 298, 307-308, 323, 325, 331, 336-338, 340, 398
Wohnkosten 285, 298-299, 313, 315, 324, 326, 333-336, 347, 349-350
Wohnräume 330-331, 337, 351
Wohnumfeld 313, 318, 340, 342
Wohnungsbau 316, 322, 328
Wohnungsmarkt 31,
Wohnverhältnis 313, 325, 333, 336-337, 339
Wohnversorgung 313-315, 317-318, 320-322, 327, 346
Zwei-Kinder-Familie 267